此书献给中国 11 世纪伟大杰出的政治家、求索勇进的改革家、融通百家的思想家、独领风骚的文学家、博大精深的经学家、桃李天下的教育家、成就卓越的文字学家、自成一体的书法家、睿智超迈励精图治的经济学家、运筹帷幄决胜千里的军事战略家、诸多学科和领域造诣厚重高深的全才宰相，节义操守高山仰止的道德楷模——王安石诞辰 1000 周年。

江西抚州王安石纪念馆　　　　　　王安石画像

王安石辞相后居住地南京"半山园"

王安石行书《过从帖》,台北故宫博物院藏

王安石行书《楞严经旨要》(局部),上海博物馆藏

顾　问	吴全智　王凤胜　孙功奇　张锦印
	张玉民　董玉清　张秋月　刘精忠
审　核	王新文　张江辉　马华军
校　对	罗　奇　王晓寒　王　蒙

解读王安石

JIEDU WANG ANSHI

王魁英 著

河南大学出版社
·郑州·

图书在版编目(CIP)数据

解读王安石／王魁英著. -- 郑州：河南大学出版社，2022.5

ISBN 978-7-5649-4931-0

Ⅰ.①解… Ⅱ.①王… Ⅲ.①王安石(1021-1086)-人物研究 Ⅳ.①K827=441

中国版本图书馆 CIP 数据核字(2021)第 260581 号

责任编辑	李 云
责任校对	时 海
封面设计	马 龙

出版发行	河南大学出版社
	地址:郑州市郑东新区商务外环中华大厦2401号
	邮编:450046
	电话:0371-86059701(营销部)
	网址:hupress.henu.edu.cn
排　版	河南大学出版社设计排版部
印　刷	河南初日润彩印务有限公司
版　次	2022 年 5 月第 1 版
印　次	2022 年 5 月第 1 次印刷
开　本	787 mm × 1092 mm　1/16
印　张	36
字　数	610 千字
定　价	96.00 元

(本书如有印装质量问题,请与河南大学出版社营销部联系调换)

代　序

　　魁英同志创作的《解读王安石》终于出版发行,这是他长期学习中国传统文化、潜心研究这一重要文史人物的厚积薄发,可喜可贺!

　　我和魁英1998年春季在中央党校学习时相识,当时他担任中共南乐县委常委,因为1996年获得全国优秀党务工作者殊荣,被选拔参加地厅级干部进修班。在近五个月的学习生活中,同为河南学员,接触交流比较多。他勤奋好学,谦虚低调,在河南学员中口碑很好。让我印象最深的是他除了认真听取本班课程,还挤时间旁听其他班授课,一次听课笔记就是几千字。星期天他去听学术报告,去书店、图书馆读书,去阅览室抄写资料。他把一些学员聚会访友应酬的时间全部用到了学习上。

　　正因为他长期坚持读书勤学,精耕创作,才有了今天的收获成果。可谓苍天不负有心人。

　　魁英同志所有的成就,尤其是《解读王安石》的出版,是漫长马拉松坚持不懈奋斗的结果。为了圆大学梦,弥补"文革"多年辍学耽误的宝贵时光,他上大学时,带着不满7岁的孩子就读河大附小,除自己学习外还要照顾孩子,又要挤时间进行文学创作。他参加工作40余年,敬业执着始终不渝,即使中央党校毕业以后,他人到中年,却仍一如既往,工作学习激情丝毫不减当年。两次荣立二等功;受到省委、省政府表彰。

　　他长期坚持自学,深入研究宋史及王安石变法,积累了丰富的中国传统文化知识。2013年10月,他接受中央数字电视《国学频道》邀请,义务宣讲《解读王安石》30讲,2014年元月播向全国。而他自小学到大学在校读书时间仅12年,全靠刻苦自学登上国家级讲坛,确属不易,难能可贵。

　　他退休后恪守学无止境自励,整理发表讲座文稿,自加压力,向着更高的目标奋进冲刺,终有今日新作。书中50余幅插图及大量经济数据,增强了学术作品的直观性和说服力。

他数十年工作争先,勤奋学习,笔耕不辍,践行了他"人生在世总要做点事,做不成大事做小事,绝不能虚度年华不做事"的人生格言。

多年积累,终得大作。他身为中华诗词学会会员,长期钻研诗词,所编《中华诗词选》选取作者广,佳篇多,内容翔实。将诗词、名言、名文、人物点评等集于一书,可谓体裁与内容创新的尝试,而且多有潜心感悟独具慧眼的新颖之处,是诗词爱好者的必读新书。

古人"立德、立功、立言"为人生三不朽;期待魁英同志志存高远,鹰击长空。

是为序。

吴全智
2021 年 9 月于郑州

前　言

我当作家的理想,源于1964年上小学时父亲的教诲。由于"文革"中两度辍学务农6年,蹉跎岁月为生计辛勤劳碌,文学创作起步晚,且断断续续,至今未能完全实现父亲的期望。除主观外客观原因在校读书时间短,初中、师范、大学合计不足6年;且因革命大批判等所学知识大缩水;自小学后3次间断上学长达16年,学习知识欠系统全面。其次是工作后尤其是县区8年,时间精力注重工作争先,受国家级表彰后憧憬于数百平方公里土地上有所作为,以求县志有名,创作进展缓慢。由于我"欲为时用少时材",华龙区工作仅3年被调市文联。因此早于原设想数年将时间精力转移至文学创作,方有今日成果。可谓"失之东隅,收之桑榆"。且事物都是一分为二的:"自古雄才多磨难","艰难困苦玉汝于成"。我非雄才,乃天下芸芸众生之凡人。但早年坎坷磨难砥砺了我的意志毅力,更加激励鞭策我走出故土,拼搏进取改变命运,奋发有为的人生追求;为我修身写好人字奠基坚实。多个岗位基层领导工作敬业实践,深化了我对社会人生的思考,坚定执着我心系农民情怀;更使我对中国历代兴革、王安石变法及今日改革开放感悟至深。因此作品多散发大地泥土的芳香及有别他人独到思想观念。(见《后记》)

四十多年文学创作回顾

我的文学创作尝试于1979年担任母校内黄县四中教导员时。当时全国改革开放春潮涌动,我深受社会变革时期拨乱反正,解放思想,抓纲治国,大干快上激励,憧憬教育战线春天早日到来。在繁忙紧张工作之余,加班熬夜潜心创作教育改革小说《校园春雷》。写了不到两万字就搁浅了,原因就在于上师范时侧重数理化,文学知识浅薄,仅凭激情冲动不可能写出好作品。此后我陆续写些小文章练笔,逐步提高文学基础知识和驾驭语言文字能力。

我真正说得上文学创作始于大学读书期间。1985年我以高出录取线28分考入河南大学,终于圆了自少年时期20多年的大学梦。33岁进入全省最高学府,对于实现我的人生理想,犹如庄稼久旱天降甘霖恢复生机,虽汲取大地营养,但抽穗拔节已过节气,难结硕果;却也凭勤奋执着、矢志不渝终获晚秋小果(见558页发表作品简表),不负父亲期望,无愧我心,今生无憾。

河南大学建于辛亥革命后的1912年，文史专业国内外久负盛名。我聆听名师讲授《诗经》，孔子《论语》，屈原《离骚》，司马迁《史记》《报任安书》，"三曹"诗文，王勃《滕王阁序》，唐诗宋词，八大家文章，路遥《平凡的世界》等古今中外名著，如沐春风。两年中我如饥似渴，夜以继日，国学知识与日俱增。

开封自公元960年作为北宋都城长达167年，曾经发生过影响深远的王安石变法。中国封建时代商鞅、王安石、张居正三大改革家中，王安石变法错综复杂，学术界至今仍众论不一，是块硬骨头。基于欲为改革开放作点滴贡献，我和同学陈相斋选定攻关这一题材。我俩阅读《宋史》，查找资料；在物理系任教的表哥刘凤臣请周宝珠教授为我俩解疑释惑。一年多不懈阅读笔耕，创作出电影剧本《熙宁风云》第一稿。毕业后我经过两年精心修改完成第二稿，1989年庆祝建国40周年，发表于河南省连续内部资料《时代》刊物。

2002年我担任濮阳市文联主席兼《时代》总编辑，我坚持写好每期卷首篇。2006年发表10集电视剧本《王安石变法》。2008年纪念改革开放30周年，为省委党校学员作"王安石变法的启示"讲座；2010—2013年为濮阳、开封电视台和央视《国学频道》义务录制讲座58期；其中30期播向全国。

古代中国可以说是一个诗的国度，宋词与诗并列，同是中华民族博大精深传统文化重要组成部分。我上小学时爱好背诵诗词，工作之余潜心其中，其乐无穷。到市文联后逐渐萌生了选编中华诗词集的念头。一接触实际才感到力不从心。我传统文化底蕴浅薄，选择攻关这一重大课题，确实有点自不量力。

世上无难事，只要肯登攀。我连续刻苦研读诗词典籍数年，2013年4月初稿排版，10余次修改，选取作者800多人、诗词1600余首，名文、名句约1300篇、段、句，书写人物点评文章40余篇。阅读欣赏，甄别推敲，钻研求索，遴选取舍，耗时费神；查找数据考证史实，为名家作有点新意的点评，更是殚精竭虑。选编古今他人诗集想似平常容易，实则"事非经过不知难"，其中甘苦一言难尽，可谓"成如容易却艰辛"。经过十年磨一剑锲而不舍的努力，2016年12月《解读王安石》《中华诗词选》铅印成书，我终于为实现父亲殷切期望迈出一大步。两书捐赠国家图书馆、北京大学、清华大学、河南大学、郑州大学、我读书母校及工作单位、濮阳市直等20多家机关院校，甚感奉献社会的欣喜。

6年来，我坚持"咬定青山不放松"，对两书尤其是《解读王安石》进行了只争朝夕、呕心沥血的再创作。于2021年12月应邀参加中国社科院、江西省政府、北京大学举办的纪念王安石诞辰1000周年学术研讨会，发言受到好评；我将样书、央视讲座光盘等捐赠抚州王安石国际研究中心、王安石纪念馆。

自 1985 年攻读宋史,研究王安石变法以及选编中华诗词集,38 个春夏秋冬,无数个不眠之夜,深夜灵感闪现急忙披衣下床,冬日则在被窝中抓紧速记;出差路途中、散步时思考,背诵诗词;日以继夜查阅史书等。随着年龄增长,精力减退,记忆力、视力下降,操作电脑困难,往往事倍功半,每前进一步都要付出巨大努力。至今背诵诗词仅 500 余首,其中王安石诗词仅 120 首。

我长期恪守"有志者,事竟成","板凳宁坐十年冷,文章不许一句空",专心致志沉浸其中心无二用,常常迷路撞树、坐错公交。30 多年坚持不懈,挑灯夜读,笔耕不辍,无数心血汗水倾注其中,"可怜白发生"。换来的是书稿满屋,翻烂工具书《大辞海》等多本,正所谓"文章千古事,得失寸心知"。而我"衣带渐宽终不悔",阅读笔耕中知识的增长、心灵的净化、道德修养的提升,精神的享受乐在其中。同时因水平所限,深感"书到用时方恨少"。

我在长期文学创作中,始终坚持一以贯之:一是潜心思考,求索新意;严肃谨慎笔耕,不戏说不调侃,力求言之有据"成一家之言";使读者耳目一新,读后思索回味。二是对重要事件和文化现象等简介来龙去脉,将相关知识融为一体。比如历代中国选人制度的变迁、科举取士"制度选"的进步性、宋代文化盛世及其启示、中国历代改革回顾、儒释道三教简介等。三是恪守社会责任。青少年是祖国的未来,我力求全面正确解读王安石与弘扬中华优秀传统文化相融合,在春风化雨润物无声中为青少年读者树立人生弘毅、奋发有为、奉献社会的家国情怀,以己绵薄之力助其健康成长,提供点精神营养。我践行以上夙愿,数十年倾情其中学无止境,笔耕不辍,本书稍有所成,甚感欣慰。

本书主要内容独特看点

本书内容分为主文、附录。主文四部 36 章:第一部励志求索。介绍王安石少年志比天高,效法古代圣贤,刻苦勤奋读书;高中进士,加压磨砺,终成政坛新星,文化大家;众望所归,蓄势待发恩泽天下。第二部救世补天。面对内忧外患,他 1069 年主政后统筹国家大局,发扬"三不足"大无畏精神,披荆斩棘,排除守旧派地震海啸般反对干扰破坏,义无反顾,坚定不移全方位推进变法改革,开创"换了人间"的崭新时代。第三部学界泰斗。解读"通儒"王安石文学、哲学、经学、教育、文字学等许多学科无与伦比的巨大成就贡献;大家族人才济济,才女最众,成为文化世家典范;及其巨大深远的世界影响。第四部圣贤风范。他践行中华民族传统美德,是追贤求圣崇高道德操守的典范,可谓中华民族脊梁灵魂;其变法改革对于今日改革开放具有重要启示借鉴意义。

附录两方面内容：一是反映王安石变法10集电视剧本《熙宁春雷》、精心整理内容翔实丰富的《王安石生平及重要作品表》以及《宋史·王安石传》（节选）；二是《忧乐人生范仲淹》，文字占全书约2%。基于两家世交，二人同为品德高尚、志同道合报效天下的政治改革家，天地间不世出的一流人物。

面对《宋史》记载失实，甚至颠倒是非，难辨真伪；各种野史笔记小说千年来对王安石诬陷诋毁，致使其被泼洒满身脏水，面目全非：我尽力为其洗脏水，拂灰尘，拨迷雾，力求解说清楚，使读者读懂王安石。坚持穿越时空，发思古之幽情，倾情神游故国，潜心沉浸于千年前的宋代，尽可能深入透彻研究当时政治、经济、社会风俗以及文化学术思想诸多领域状况，设身处地思考探求特殊历史背景下，王安石成长为"学贯千载"伟人、全才宰相的心路历程和人生轨迹，追根溯源他冰清玉洁的崇高道德修养；探讨他与士大夫名流的友好交往，及其主政变法时多分道扬镳，对北宋中后期政局及中国历史的深远影响，以及王安石的不足等；一切以事实为依据，加以合理的逻辑推理，比较评说他们功过是非；尤其是王安石与寇准、范仲淹、欧阳修、司马光、苏轼等名臣、大家多方面异同，彰显其无与伦比圣贤风范。谨将长期以来求索钻研感悟与读者共享：

一、王安石受家教熏陶，少年弘毅："意气与日争光辉。"他胸怀报效天下，不同常人广读万卷，行万里路，高中进士仍苦其心志，终生不懈。(1—4章)

二、王安石以"宰相起于州部"自励，特立独行，坚辞京官甚至皇帝侍臣，执着任职地方，经受综合治政磨砺，为建立盖世功业蓄势待发。(4—7章)

三、王安石深刻丰富的教育及人才思想，讲学宣传朴素唯物论及辩证法思想；培养陆游祖父陆佃等3位副宰相等国家栋梁，众多时才，奠定日后变法人才基础；我国近代以及今日教育的成就和应补的短板。(8章)

四、王安石面对天降大任，披荆斩棘，勇往直前："虽千万人，吾往矣。"他犹如中流砥柱，排除无数阻力干扰，全面谋划统筹协调变法改革，消除积弊，激发全社会生机活力；综合国力达到鼎盛，成就贡献影响深远。(11—15章)

五、比较我国1978年国内生产总值仅占世界总量1.8%，没能解决全国人民温饱；改革开放30年成为世界第二大经济体，比例提高约9倍，不同行业绝对值为1978年几十甚至数百倍，可以想见王安石变法改革调整生产关系，使之适应生产力发展，精神变物质，促进经济腾飞，社会巨变。(17章)

六、王安石坚持开源节流并重。作《风俗》倡导"君子制俗以俭，其弊为奢"，他终生俭朴传为美谈。他治国理财，发展经济开源同时，剥夺皇室贵族特权;裁减超 36 万约 32%冗兵;裁撤 158 个州、县;压缩各级政府 40%财政开支等,节省全国财政支出约 40%巨额资金。(14—15 章)

七、王安石是北宋宰相中以战略眼光藐视辽、夏,以正确策略应对两国,胸怀恢复汉唐一统天下宏图的唯一。他运筹帷幄,力排内外干扰,坚定神宗思想,支持指导王韶取得河湟大捷;夺取反击交趾(今越南)胜利,改变了北宋朝廷畏敌忍辱苟且的困局,军力达到太宗之后的巅峰,可谓军事战略家。简评两宋 18 位帝王功过是非,由其灭亡昭示"人治"的局限性。(9、16、20、35 章)

八、坚持以实践标准评价变法成效,大量经济数据等证明变法实现了第一步战略目标。他曲高和寡,孤掌难鸣,没能实现天下一统。邓广铭《新法的被推翻不等于新法的失败》,实为真知灼见。(17—18 章)南宋高宗赵构必欲否定王安石及明清极端专制最高统治者仇视打压他的阴暗心理。(20 章)

九、王安石注释《三经新义》等,以儒学为本融通百家,创立博大精深的"荆公新学",其学术经世致用,振兴国家:"靡然变天下之俗。"(14、23 章)

十、王安石是上承欧阳修,下启苏轼北宋第二代文坛领袖。诗文题材广泛、体裁多样、思想深刻、创新独到、艺术高度令人叹为观止。(24、30 章)

十一、王安石与司马光由好友到绝交,后者应负主要责任。司马光思想守旧食古不化,看问题片面绝对;反新法诋毁王安石丧失理智;担任宰相复辟,开启折腾误国先河,实为北宋灭亡源头;他提拔蔡京失察后患无穷。(19、29 章)

十二、王安石为苏轼制科考官,苏轼为其门生晚辈。苏轼政见不合时宜。他由反对新法后反省错误,拜访王安石感激营救大恩:"从公已觉十年迟。"王安石去世前后他自食前言,如前诋毁之,政治反复无常,实为人品瑕疵。他由王安石当政时仕途宽松到后来遭遇三贬,反思咎由自取:"我被聪明误一生。"

司马光和苏轼对变法少善言建议,必欲将王安石批倒,赶下朝堂,逆转朝政,激化矛盾对立,无益国家。王安石对其等人从不失君子风范。(25、30 章)

十三、王安石带领家族成为成就贡献巨大文化世家典范。家族三代六进士,兄弟两宰相,四人入《宋史》《辞海》;弟安国、安礼及儿子王雱并称"临川三王",才女"王荆公家最众"。其家族获得独有的辉煌荣耀:他与父亲王益任县令被百姓建祠堂纪念;与儿子王雱同时担任帝师;与儿子配享、从祀孔庙。他为中国封建政治家修齐治平、立德、立功、立言圆满的典范。(26—27 章)

十四、宋代文化盛世孕育大家如井喷涌现,江西人杰地灵领先全国;王安石为中华民族数千年文明史上大圣巨贤。(21、35 章及 864 字四字文)

十五、为方便直观阅读,除引用外自作插图等图表47幅:1章《宋代三位文化巨匠受教贤惠母亲表》、9章《1005—1068年宋对辽夏输出"岁币""岁赐"表》、16章《王安石变法期间对内对外用兵简表》、17章《军事改革主要新法成效表》《直接兴农改善民生诸法成效表》、19章《北宋中后期政局剧变天下波动表》、21章《宋代科考荣耀家族管窥》《中国历代科举取士简表》、23章《中国古代王姓思想家一览表》、26章《中国封建社会王安石家族独有荣耀表》、27章《王雱及北宋四大名臣担任龙图阁直学士比较表》、29章《司马光对待王安石过激行为简表》、30章王安石与苏轼交往总结等。他尊重万民,认为坐轿把人当作牲畜役使,终生不为。(34章"王安石骑驴图")

十六、王安石是孔子后对世界影响巨大的中国古代伟人。他受到政治制度不同的中、苏、美领导人毛泽东、列宁、美国原副总统华莱士高度评价,为我国古代政治家之唯一。日本、朝鲜以及欧美许多国家的学者对他佩服赞誉。近20年韩国学者众多,研究深入,成果丰硕。王安石既是中国的,又是世界的。他的成就贡献、道德操守、精神风范与山河永存,与天地长久,与日月同辉。必将在人类文明薪火传承中永续绽放灿烂的辉煌。(28、35章、结语)

王安石与商鞅、张居正变法改革的比较。中国封建社会改革家唯有王安石得以善终原因。王安石变法对于今日改革开放的千载重要启示。(36章)

欲知以上及其余内容有别同仁之见,敬请开卷,开卷有益。

"天道酬勤",多年笔耕不辍,锲而不舍,殚精竭虑,终有今日收获。水平所限,难以尽如人意,乃至疏漏失误。孔子曰:"六十而耳顺。"我年过耳顺,值此书出版及《中华诗词选》扩充修改完毕之际,愿广听天下读者之见,更期待来自史学巨匠司马光和文学大家苏轼故乡学者商榷探讨,切磋交流。唯求同心协力广集众智,更加精准、科学、客观公正研究王安石变法改革,以求索真理,古为今用。愿中华民族世代薪火传承王安石大无畏精神,弘扬因时而变"新桃换旧符"等崇高思想。居安思危,防患于未然,进一步提高我国改革开放水平,众志成城做好中国的事情,全面提升我国综合国力,早日实现近代以来无数志士仁人梦寐以求的中华民族伟大复兴。

王魁英
2021年10月于濮阳悠乐居

目　录

绪论 …………………………………………… 1

第一部　励志求索

第 一 章　先贤德泽 …………………………… 5
第 二 章　弘毅少年 …………………………… 13
第 三 章　科考骄子 …………………………… 21
第 四 章　签判扬州 …………………………… 31
第 五 章　小试牛刀 …………………………… 41
第 六 章　特立独行 …………………………… 55
第 七 章　蓄势待发 …………………………… 62
第 八 章　讲学育人 …………………………… 69

第二部　救世补天

第 九 章　积重难返 …………………………… 85
第 十 章　君臣知遇 …………………………… 95
第十一章　大展宏图 …………………………… 107
第十二章　兴农治本 …………………………… 117
第十三章　整军强兵 …………………………… 126
第十四章　全面推进 …………………………… 137
第十五章　中流砥柱 …………………………… 148
第十六章　四方凯歌 …………………………… 160
第十七章　神州巨变 …………………………… 174
第十八章　成败两说 …………………………… 183
第十九章　折腾误国 …………………………… 195
第二十章　身后风波 …………………………… 209

第三部　学界泰斗

第二十一章　文化盛世 …………………… 224
第二十二章　潜心学术 …………………… 249
第二十三章　创立新学 …………………… 257
第二十四章　文坛领袖 …………………… 266
第二十五章　文人相重 …………………… 280
第二十六章　诗书世家 …………………… 293
第二十七章　帝师王雱 …………………… 303
第二十八章　世界影响 …………………… 312

第四部　圣贤风范

第二十九章　宽容君实 …………………… 321
第 三 十 章　善待苏轼 …………………… 335
第三十一章　不迩声色 …………………… 357
第三十二章　淡泊名利 …………………… 364
第三十三章　清廉俭朴 …………………… 371
第三十四章　平民宰相 …………………… 378
第三十五章　脊梁灵魂 …………………… 387
第三十六章　千载启示 …………………… 401
结语 ……………………………………… 411

附　录

熙宁春雷(10集电视剧文学剧本) …………… 414
王安石生平及重要作品表 ………………… 520
宋史·王安石传(节选) …………………… 538
忧乐人生范仲淹 …………………………… 544
参考书目 ………………………………… 557
后记 ………………………………………… 559

绪 论

我国自战国时期一直到清代两千多年漫长的历史时空中,曾经涌现出许多终生追求变法图强的政治改革家。他们以天下为己任,锐意求索,顺应时代潮流勇毅进取:"虽千万人,吾往矣",义无反顾,披荆斩棘,百折不挠。重典治国,革除时弊,振兴天下,使江河日下疲惫的衰世焕发生机活力;他们掌舵引航,中国历史车轮加速前进,天下大治。他们谋国不谋身,以毕生精力甚至不惜以身殉国,血沃大地,演奏了一幕幕响彻九州气壮山河的变法改革交响大剧,推动了中国社会发展进步。他们如椽大笔浓墨重彩,中华文明更加绚丽辉煌。其薪火传承中华民族开拓创新、与时俱进伟大精神,开创新时代的杰出成就贡献,为我们留下厚重的政治遗产和宝贵的文化思想财富。他们的精神风范足以启迪借鉴未来;他们不仅深刻影响了中国,而且为世界文明增光添彩。

在所有的变法改革中,尤以战国时期秦国秦孝公时的商鞅变法、北宋中后期宋神宗时期的王安石变法、明朝后期明神宗时期的张居正改革最为著名,影响深远。商鞅、王安石、张居正也因此被称为中国封建时代三大改革家。对于商鞅变法和张居正改革,我国学术界多有共识,没有太大异议。而唯有900多年前的王安石变法,自古至今学术界众说纷纭。争议的焦点主要是:

一、怎样评价王安石变法改革的成效。有人说王安石变法解除了北宋的内忧外患,焕发了全社会的生机活力,基本上达到了富国强兵、改善民生的预期目的,开创了崭新的时代,推动了历史的进步,因此说王安石变法是成功的。这是现代以来学术界的主流认识。也有人说王安石变法没有达到预期的目的,他的变法为国敛财,加重了天下百姓的负担;致使朝野激烈党争,社会震荡,间接造成了北宋的灭亡,因此认为王安石变法是失败的。这主要是南宋直到明清官方主流评价。两种评价截然相反,孰是孰非?

二、对与他变法改革评价相联系的他本人成就贡献、道德修养的评价。也有两种根本不同的看法。有人认为王安石是成就贡献巨大、品德高山仰止的全才宰相,实为中华民族数千年文明史上少见的完人,即完美无缺的人。而否定反对他的人说他是千古以来第一小人、罪臣。为什么同样一个王安石,对他的评价却是天渊之别?王安石究竟是一个什么样的人?

三、我国历史上许多变法改革,引起朝野及天下各阶层激烈对抗震荡;往往是正义与邪恶、进步与反动、真理与谬误的较量;表现为人与人之间作为正义、进步、真理化身的忠臣和作为邪恶、反动、谬误的奸佞的斗争。而王安石变法时,他和当时反对变法改革的许多代表人物,比如司马光、苏轼等人,他们的学识、道德修养,都是世人楷模;他们成就贡献巨大,皆为社会公认的时代精英。然而就是这样同为正人君子的名流大家,仅仅是因为世界观、思想观念的不同,政见不一,发生非常严重的冲突,到后来竟然势不两立,甚至不共戴天。如果他们同心联手,中国历史将会改写;由于他们激烈的政见之争,尤其是司马光赌气刚愎自用蛮横废除新法,引起后来永无休止的折腾不已,致使北宋后期元气大伤,国家江河日下。王安石去世后仅40年北宋灭亡,至今令许多人扼腕叹息。王安石与司马光、苏轼等人之间既然不是忠臣和奸臣之间的斗争较量,他们之间有没有是非?有没有对错?应当如何评判?

四、王安石相比历史上许多改革家善终的原因。我国历史上许多改革家生前报效天下,毕生精力奉献国家,却往往不能自保,难以善终。比如战国时期在楚国推行变法的吴起,公元前381年被乱箭射杀后车裂,成为中国历史上为变法改革献身的第一人。43年后的公元前338年,商鞅因在秦国变法,后被车裂。车裂是非常残酷的刑罚,体现了当权者及旧贵族对二人的极端仇恨。公元前154年,西汉时期辅佐汉景帝进行削弱地方藩镇权势,强化中央集权的忠臣晁错被腰斩;公元前80年辅佐汉武帝进行财政改革,后为托孤大臣的桑弘羊被处死;唐代"安史之乱"后整顿漕运改革盐政的刘晏,公元780年被赐死;一年后推行"两税法"的杨炎被"缢杀":唐朝中期"理财双杰"皆死于非命。永贞二年(806)王叔文改革仅146天,支持他改革的唐顺宗被迫退位,他被即位的唐宪宗李纯赐死。明代内阁首辅张居正铁腕推进大刀阔斧的10年改革,挽明朝大厦于将倾。他于万历十年(1582)去世后,1584年被抄家,长子被逼自尽,家人被饿死,亲友受迫害;他提拔重用的戚继光等许多人受到排挤靠边站。晚清戊戌变法"百日维新"刚拉开序幕,谭嗣同等"六君子"于光绪二十四年(1898)血染京城。

以上是自战国至近代比较著名变法改革家以身殉国的悲惨结局。为什么历史上几乎所有的改革家都难以自保善终?而王安石与其他改革家相比,同样是一生只求国泰民安、天下一统,只求谋国,不谋自身,勇往直前,百折不挠,却与其他改革家结局截然不同。唯有王安石不仅安度晚年,即使元丰八年

(1085)宋神宗去世后,直至元祐元年(1086)他去世长达一年多时间,守旧派上台,对他政治学术清算时,也没有进行人身迫害,直至南宋灭亡也没有株连他的家人及其后代。要说王安石变法规模之大、范围之广、历时之久、触动旧制伤筋动骨之深重、受到反对之激烈,在中国封建社会空前绝后。唯有他全身而退,得以善终,似乎不可理解,这究竟是为什么呢?原因何在?

五、王安石可谓墙里开花墙外香,王安石的影响远远超出了国界。从他主政大展宏图的熙宁变法直到今天,日本、韩国、朝鲜学者对他情有独钟,900多年来对他称赞崇拜。19世纪以来他更是受到了法国、英国、德国、俄国、加拿大等国学者高度关注。除了博古通今思想深邃的开国领导人毛泽东,还有苏联领导人列宁和美国原副总统华莱士,都对他给予了高度评价。中、苏、美世界影响最大的三个国家地处亚、欧、北美洲,文化传统不同,社会意识形态政治制度有别,甚至尖锐对立,三国领导人都对他赞赏有加;全世界从古至今王安石尚属唯一。而且比较南宋直到明清我国官方对他政治和学术的否定,甚至对他人品诋毁,国外学界千年来对他政治与学术一致充分肯定,对他人品道德修养更是仰视尊崇,从来没有贬词。为什么国内外评价反差天渊之别?

以上五个方面,尤其是王安石变法改革对于我们今天的改革开放有什么启示和借鉴?有什么教益?需要我们认真进行探讨。

让我们穿越历史时空的隧道,进入到公元11世纪时的那个赵宋王朝,全方位审视宋代社会状况,审视王安石在当时的家庭条件、社会环境下怎样从一个少年学子步入官场,最后迈向权力的巅峰,演奏出惊天动地的变法改革大剧。让我们拂去900多年来受各种因素影响沉积在王安石脸上的灰尘,洗去泼洒在他身上的脏水,由表及里,由浅入深,多维度立体观察王安石,以求去伪存真,尽可能还原一个最接近真实的王安石形象,共同来解读王安石一生,看他生前做了些什么?他为后世留下了什么?客观评价王安石变法成效、文学学术多领域成就贡献、个人道德修养,探讨王安石变法的经验教训对于我国今天改革开放的现实意义,以求抛砖引玉,古为今用。

面对当今错综复杂严峻、更多不确定性的国际形势,迎接百年未有世界大变局挑战,传承发扬光大王安石精神思想宝贵财富,全面提高国民素质,提升中国的软实力,凝聚14亿人民的智慧和力量,练好内功,做好中国自己的事情尤为重要。唯此才能全面提升综合国力,中国才能跻身世界民族强林之列,才能任凭世界风云变幻,永远稳如泰山巍然屹立于世界的东方。

第一部 励志求索

第一章　先贤德泽

王安石,字介甫,号半山,抚州临川(今江西抚州)人,出生于宋真宗天禧五年(辛酉鸡年)农历十一月十二日(公元1021年12月18日)辰时,即7—9时,北宋江南西路临江军府第,即今天的江西省清江县,其父王益时任临江军判官。

宋朝地方最高行政机构为路,相当于我们今天的省;路下设同一级别府、州、军、监,相当于今天的地、市,下设县为基层政权。

王安石的祖籍,他在早期的作品《先大夫述》开篇记载:

> 王氏其先出太原,今为抚州临川人,不知始所以徙。其后有隐君子某,生某,以子故赠尚书职方员外郎。职方生卫尉寺丞某,公考也。

宋朝时地名太原有两处,除了今天的山西省会太原,还有江西九江彭泽县与秋浦交界处太原。虽然王安石没有说明祖籍是哪个太原,笔者认为应该是山西太原。理由有两点:一是山西太原为海内外绝大多数今人王姓发源地;海外太原王氏联谊后援会依据《太原王氏通谱》,将王安石家族收录编入《太原王氏》一书。二是两地比较,九江附近太原仅为乡镇,知名度低;而山西太原自公元前247年设郡,沿革至宋1000多年为州府大郡。自隋末李渊担任太原留守时起兵反隋建立唐朝,直到宋朝王安石生活的年代,都是繁荣发达的大都会。宋时说到太原当指山西太原无疑。如果其祖籍不是山西太原,而是九江附近的乡镇太原,以两地知名度之悬殊,王安石绝不会因省略几个字含糊不清,造成其家族后代及天下人误会。因此其祖籍尽管个别作者持有两地待证说,但山西太原说是从古到今学术界的主流观点。笔者对此说深信不疑。

王安石家族何时什么原因迁徙至江西抚州,王安石文中已说并不知晓。今人著文说其前辈为避唐末五代战乱南迁,似有一定道理。

王安石家族世代书香。其曾祖父王明曾任知松江府(今江苏省)事,官授职方员外郎。其祖父王贯曾做过扬州学正、大理卫尉寺丞等小官;他的二叔祖父王贤宋咸平三年(1000)成为王家迁至江南后第一名进士,三叔祖父王资终生未入仕途。据王安石《主客郎中叔祖墓志铭》记载,其叔祖王贤自36岁登科进入官场,后担任提点淮南刑狱兼劝农事,他清理冤狱积案、兴修水利,"利田至五万九十顷",受到真宗皇帝嘉奖。后因宰相丁谓请其关照当地两位官员,王贤未照顾丁谓情面,揭发两官员罪行,其受到丁谓报复被贬。文中充满了对叔祖父学识、才干、节操的崇敬。

王安石名字怎么来的?这是有出处讲究的,是父亲王益借用李白"但用东山谢安石,为君谈笑静胡沙"诗句而来。李白目睹"安史之乱"致使唐朝山河破碎、民处水火,想到东晋名相谢安曾指挥"淝水之战",以少胜多,大破前秦军队,并成功组织北伐,收复洛阳等许多州府,成为扭转乾坤的一代名相;李白期盼朝廷重用像谢安那样的救时贤臣,扫平安史叛贼乱军,结束百姓苦难生活,实现天下大治。谢安字安石,王益为儿子用谢安之字取名,他期望王安石长大能像谢安一样,挽救危机四伏的大宋王朝,成为建立盖世功业的中兴名臣。望子成龙是中国古今天下父母共同的期盼,从取名足见王益对王安石寄予的殷切期望。

王安石在《先大夫述》中详细记载了父亲王益非凡的事迹:

公讳某,始字损之,年十七,以文干张公咏,张公奇之,改字公舜良。

祥符八年,得进士第,为建安主簿。时尚少,县人颇易之。既数月,皆畏,翕然,令赖以治。尝疾病,阖县为祷祠。县人不时入税,州咎县,公曰:"孔目吏尚不时入税,贫民何独为邪?"即与校至府门,取孔目吏以归,杖二十,与之期三日。尽期,民之税亦无不入,自将已下皆侧目。为判官临江军,守不法,公遇事辄据争之以故事。一政吏为文书谩其上,至公辄阁。军有萧滩,号难度,以腐舡船度辄返,吏呼公为"判官滩"云。豪吏大姓,至相与出钱,求转运使下吏出公。领新淦县,县大治。今三十年,吏民称说如公在。改大理寺丞,知庐陵县,又大治。移知新繁县,改殿中丞。到县,条宿奸数人上府,流恶处,自余一以恩信治之,尝历岁不笞一人。

知韶州,改太常博士、尚书屯田员外郎。夷越无男女之别,前守类以为俗然,即其得可已,皆弗究。公曰:"同是人也,不可渎其伦。夫所谓因其俗者,岂谓是邪?"凡有萌蘖,一切摘抉穷治之。时未几,男女之行于市者,不敢一途。胡先生瑗为《政范》,亦掇公此事。

部县翁源多虎,公教捕之。民言虎自毙者五。令断虎头,舆致州,为颂以献。公麾舆者出,以颂还令,其不喜怪,不以其道说之不说也如此。

蜀效忠士屯者五百人，代不到，谋叛。诏，小州，即有变，无所可枝梧，佐吏始殊恐，公不为动，独捕其首五人，即日断流之。护出之界上。初，佐吏固争请付狱，既而闻其徒谋，若以首赴狱，当夜劫之以叛，众乃愈服。公完营驿仓库，建坊道，随所施设，有条理。长老言自岭海服朝廷，为吾州守未有贤公者。丁卫尉府君忧，服除，通判江宁府，阅两将，一以府倚公办。宝元二年二月二十三日，以疾弃诸孤官下，享年四十六。

公于忠义孝友，非勉也，宦游常奉亲行，独西川以远，又法不听，在新繁未尝剧饮酒，岁时思慕，哭殊悲。其自奉如甚啬者，异时悉所有以贷于人。治酒食，须以娱其亲，无秋毫爱也，人乃或以为奢。居未尝怒笞子弟，每置酒，从容为陈孝悌仁义之本，古今存亡治乱之所以然，甚适。其自任以世之重也，虽人望公则亦然，卒之官不充其材以夭。呜呼！其命也。

母谢氏，以公故封永安县君。娶某氏，封长寿县君。子男七人，女一人适张氏，处两人。将以某月日葬某处，子某等谨撰次公事如右，以求有道而文者铭焉，以取信于后世。

王安石上文记录了父亲王益许多感人事迹。王益出生于宋淳化五年（994），是一个标准的儒士。大中祥符八年（1015）他与989年出生长他5岁的范仲淹中同榜进士。此前他于真宗大中祥符三年（1010）曾游历昇州（今南京），以文拜谒时任昇州知州、后任礼部尚书的张咏，张咏佩服其文才，二人结为忘年之交。张咏将他的字"损之"改为"舜良"，期望他将来能够建功立业于天下。士之交游，起于先秦，沿袭两汉晋唐，宋人诗作"举世重交游""人生一世间，所重惟交游"更是时代写照。天下士人为广博见闻，扩大视野，多交朋友，有为时代，建功国家，交游天下为当时普遍社会现象。

张咏（946—1015），太平兴国五年（980）进士，是北宋太宗、真宗两朝名臣。他为官强干，清正廉洁，时人敬重。他一生最为突出的贡献有两项：一是治蜀。我国古代中原通往蜀地路途遥远，山路崎岖；因为天高皇帝远，因此历史上四川多产生割据政权。蜀地自汉唐以来以难治著称。三国时期曾经有诸葛亮治蜀后世传颂。张咏真宗景德二年（1005）担任益州（成都）知州，他受任于宋廷平定王小波、李顺大规模武装起义之后，当时四川满目疮痍，民不聊生。张咏宽待起义农民，教化百姓，鼓励向学科考，发展经济，改善民生。他传播中原儒家思想，使蜀地从思想观念上逐步认同融入儒家文化。他的第二项大贡献,就是调查总结当地百姓在实践中创新以纸币"交子"代替金属货币,针对这一具有划时代意义的新生事物,研究解决存在问题,采取得力措施办法,使其不断完善发展,成为真正使用方便的货币。这一发明创造比欧洲纸币早600年。张咏亦颇有断案奇才大名。

王益感念张咏知遇之恩,他1015年三月考中进士后,前去陈州拜访张咏,八月张咏以70岁高龄,卒于陈州任上。诏赠左仆射(从一品),谥号忠定。韩琦为其作神道碑,文彦博等对他给予了很高的评价。

王益和龙图阁直学士大诗人梅挚有许多唱和诗词。他17岁能以文才与长他48岁的朝廷重臣张咏结识并被看重,小范仲淹5岁却与之为同榜进士,与梅挚文章诗词结谊,其德才学识可见一斑。王益进入仕途首任建安县主簿,当时他仅22岁,属吏和地方豪绅开始并不把他放在眼里。王益协助县令整顿县衙,惩治违法官员,大显身手,仅几个月时间,人们便对他敬畏有加。县令倚重其才干胆略推行政务,县衙风气大变。当时该县许多百姓拒交税赋,州官责备县令。王益经调查发现,原因在于家在属县州吏未能按时缴纳。王益当即带人到州衙将吏员带回县衙,重责20大板,限令其三日交齐。州吏不敢违抗。县民纷纷及时交纳。王益铁面无畏,县衙内外有口皆碑。他为当地百姓办了许多实事好事。王益患病时,县城内外百姓为他修建祠堂祈祷。

王益1018年调任江南西路临江军判官,其上司郡守不按法理办事,王益根据法律情理与之面争,毫不退让。王益对下属更是严格管理,严惩当地不法豪绅。当地有一难渡的萧滩渡口,王益因坚持法理,难以徇私通融,被府吏称谓"判官滩",意为万难越度之萧滩。王益因秉公处事得罪了当地许多豪强大户,他们串通贿赂朝廷派来考察地方官吏政绩的转运使,以王益政绩突出为名将其调出临江军,提拔为辖区新淦县县令。任职三年间,他抑豪强,张公义,为民做主,全县大治。后又以大理寺丞(正八品)任职庐陵(今江西吉安)县令,因政绩突出,以殿中丞重用至新繁(今属四川)任县令。

王益刚到任四川新繁县就微服私访,查询民情。他通过调查了解到城东有一伙地痞恶棍,鱼肉百姓,无恶不作,县城内许多百姓深受其害,对他们恨之入骨却敢怒而不敢言。王益通过调查私访搜集罪证,精心组织,雷厉风行,把这些人全部逮捕归案,然后从重处罚首恶,判刑发配到外地,对于胁从者注重教育,坚持治病救人。他恪守德主刑辅中国传统治政思想,惩治首恶与教育大多数并重,以恩惠诚信治县,教化百姓,力求少讼慎刑,收到了很好的效果。

王益"减刑狱,兴学校,倡风化",仅三年时间全县社会风气明显改善,百姓交口称赞。为了纪念王益这位济世安民、清正廉洁的"父母官",南宋建炎年间(1127—1130),新繁知县沈居中在县城建三贤堂,纪念曾经担任新繁县令,被梁启超誉为中国六大政治家之一的唐朝后期宰相李德裕(787—850)、王益(994—1039)以及曾经担任龙图阁学士的乡人梅挚(994—1059)三位先贤。(见下图,引自饶媛兰、高琦《王安石与故里临川》)三人中王益最高官职为江宁通判,仕途并不显达,其余二人官高位尊。王益和梅挚更是互相敬重的诗友。

新繁县三贤堂王益雕像(右一)

王益1030年以太常博士、尚书屯田员外郎担任广南东路韶州(今广东韶关)知州,管辖四县。由于我国南方少数民族地区开发较晚,儒家文化尚未普及,当地生活习惯男女少差别,衣食起居等礼仪风俗落后于内地。他的前任认为当地民族风俗难以改变,听之任之。王益不以为然,他坚持既然是在大宋王朝管辖之地,就必须推广弘扬儒家思想及中华民族的传统美德,是人就要遵守而不能亵渎人伦道德,男女有别。岂可弃正就邪?他践行孔子政刑与德礼并重思想,革除陋习,制定男女衣食起居出行等方面规矩制度,对百姓进行文明礼仪教化,收效良好。宋代大儒教育家胡瑗将其事迹编入记录施政典范的《政范》一书。

韶州所辖的翁源县丘陵多山,老虎经常出没,危害百姓生命财产。王益责令该县组织猎户打猎。翁源县令将猎户们打死的5只老虎头割下来,然后敲锣打鼓送到王益州衙,献上颂词,说5虎闻风自毙而亡。王益首先痛斥他胡说八道,然后严厉批评教育。县令欲巴结讨好上级的企图,在王益那里行不通,根本不可能得逞。

韶州屯兵500人,按照当时"更戍法"三年换防,因接替士兵迟迟未到,原驻士兵激愤当地生活艰苦,不能按期离开,有人鼓噪兵变。当时韶州地处边远,邻州有数百里之遥。一旦兵变,很可能洗劫府衙街市,殃及百姓。王益审时度势,迅速果断逮捕为首者5人,当日流放外地。他的助手不同意流放,都建议将为首者入狱审问再行定夺。王益不听众人固请,坚持己见。后来听说有人策划夜间劫狱救出5人叛乱,由于王益当日将为首5人流放,劫狱计划流产。这一叛乱图谋,因群龙无首,满天风云顷刻消散。若非王益果断处事,后果不堪设想。且所有兵变士卒将获重罪并殃及家人。属吏众人非常佩服王益临危不惧,思虑周全,处事果断。王益在韶州修建士兵营房、驿站、仓库、道路等基础设施,韶州面貌大变。当地长老称赞王益为韶州入宋管辖以来几十年间最贤良的州官。

王益忠于君王朝廷,恪尽职守,治政干练,为民做主,百姓称颂。他孝敬奉养老人,唯恐不尽。他远在四川任职时,路远险阻,不能侍奉双亲,年末岁首,思念亲人以至悲泣痛哭。他生活清苦,却常对贫民解囊相助。

王益任职不断迁徙,辗转数省,他把王安石时刻带在身边。王安石耳闻目睹父亲勤政为民,教化百姓,不畏权贵,惩恶扬善,打击豪强,兴利除弊,所任皆治。父亲的人品操守及学识才干深深地刻印在他幼小的心灵。王益公务之余教育孩子读书、做人、修德,讲古今治乱存亡的道理,讲国家面临的危机,讲历代贤臣的千秋功业,讲江西乡贤宰相晏殊等感人事迹,鼓励孩子从小立志,长大报效国家,造福百姓。他教育子女春风化雨,润物无声,可谓严师慈父。王安石童年受到了父亲儒家优秀传统思想潜移默化的深刻影响。他自为父亲守孝始,怀着对父亲崇敬的心情,注重收集父亲为官事迹,有的是从他母亲那里听说,有的是从父亲任职的地方志中获得,还有他懂事起亲眼所见。他在《答韶州张殿丞书》中说:

> 先人之存,安石尚少,不得备闻为政之迹。然尝侍左右,尚能记诵教诲之余。盖先君所存,尝欲大润泽于天下,一物枯槁,以为身羞。

父亲王益广博天下大爱的高尚品德,深刻影响了幼儿少年时代的王安石。1048年他担任鄞县县令时,汇集父亲事迹,创作了《先大夫述》。

王安石的母亲是临川东南金溪县吴家的大家闺秀,吴家为金溪县的名门望族。王安石外祖父与两位舅父皆进士及第,外祖母亦有一定的文化教养。

王安石少年时曾在外祖父家读书。他聪明,悟性高,勤学苦读,甚得外祖父一家人喜欢。他和表兄弟姐妹常常比试诗文,切磋学问,游戏玩耍,他的学识与日俱进。外祖父家幸福快乐的少年读书生活,成为他一生美好的记忆。

王安石的母亲是一位文化教养较高的贤惠女性,相夫教子,操持家务。她孝侍双亲,关心体贴丈夫,为王益分忧解难。

曾巩为王安石母亲所作墓志铭中,称颂其:

> 好学强记,老而不倦,其取舍是非,有人所不能及者。

王益去世后,王安石妹、弟等7人尚未成年,她承担起全家生活重担。尤其是对待王益前妻所生孩子胜似亲生,无微不至地关心,以至王安石两位兄长竟长期不知其为继母。她以自己的高尚品德和文化修养,对王安石兄妹言传身教。她就像辛勤的园丁一样对孩子施肥浇水,精心培育。作为孩子的启蒙老师,她的品德学识潜移默化地影响陶冶着10个子女,王安石等如沐春风,在她的滋养培育下健康茁壮成长,受益终生。

自古至今许多学识广博、才能卓越、品德高尚、贡献巨大的杰出人物,除受父亲的教诲影响外,往往都与具有良好文化教养、恪守中华民族传统美德贤惠的母亲或妻子密切相关。唐宋散文八大家中多受道德修养高尚和学识不同常人的母亲熏陶,比如柳宗元及北宋三大文坛领袖之所以成为国家栋梁,其母亲功不可没。欧阳修景德四年(1007)生,1010年丧父,家境贫苦,母亲郑氏用荻草秆枝在铺好的沙地上教其写字,成语"画荻教子"即源于此。欧阳修终成北宋第一代文坛领袖,官至参知政事即副宰相。王安石母亲大家闺秀,协助王益培养儿子4人进士,王安石和弟弟王安礼两宰相。尤其是王安石成为千古名相。苏轼的父亲苏洵虽天赋较高,但少年时读书不努力,整日游乐,后来受到夫人程氏劝诫激励,浪子回头,27岁始发愤读书,终于大器晚成。《三字经》依据苏洵为夫人所写《祭妻文》,及司马光治平三年(1066)撰写《武阳县君程氏墓志铭》,记载此事:"苏老泉,二十七,始发愤,读书籍。"印证传颂了程氏的功德,程氏给苏轼讲解汉代范滂遵从母训,不畏生死勇斗宦官奸佞故事,她发誓效法范母,激励苏轼为国尽忠,其品德深刻影响了苏轼终生。1057年苏轼、苏辙同榜进士,父子三人均入唐宋散文八大家,其文学成就在中华民族五千年文明史上,可与汉末"三曹"即曹操、曹丕、曹植父子三人媲美。伟大母亲孕育培养杰出人物居功至伟,比比皆是。在中国两千多年的封建社会历史中,这类事例不胜枚举。

表1-1 宋代三位文化巨匠受教贤惠母亲表

欧阳修	母亲郑氏 (981—1052)	欧阳修1010年4岁丧父。幼年时母亲以大地为纸,以荻草秆为笔教其写字。稍长时教育其继承父亲勤学修身、施政宽简等美德。他日后成为文坛巨匠,政界名臣,史学大家,母亲居功至伟。
王安石	母亲吴氏 (998—1063)	王安石母亲对王益病故前妻二子比亲生更加关爱:"吾爱之甚于吾子,然后家人爱之能不异于吾子也。"以中华美德教育儿女成长上进,成为宋代才女最多家族。王安石深受母亲教益,勤学修身,追求"三立",终成才学品德高山仰止的千载全才名相。
苏 轼	母亲程氏 (1010—1057)	苏轼母亲承担家务,激励苏洵浪子回头,大器晚成。以誓作汉代名臣范滂母亲教育苏轼恪守道义,忠贞不屈,为国家作贡献。为"三苏"成为唐宋八大家功不可没。可惜48岁病逝,未能享受苏轼兄弟高中进士的惊喜及后为文学大家朝廷重臣的荣耀。

第二章　弘毅少年

王安石时刻铭记父母殷切期望,他少年立志报效天下。请看他早期创作的长诗《忆昨诗示诸外弟》:

> 忆昨此地相逢时,春入穷谷多芳菲。
> 短垣囷囷冠翠岭,踯躅万树红相围。
> 幽花媚草错杂出,黄蜂白蝶参差飞。
> 此时少壮自负恃,意气与日争光辉。
> 乘闲弄笔戏春色,脱略不省旁人讥。
> 坐欲持此博轩冕,肯言孔孟犹寒饥。
> 丙子从亲走京国,浮尘坌并缁人衣。
> 明年亲作建昌吏,四月挽船江上矶。
> 端居感慨忽自寤,青天闪烁无停晖。
> 男儿少壮不树立,挟此穷老将安归。
> 吟哦图书谢庆吊,坐室寂寞生伊威。
> 材疏命贱不自揣,欲与稷契遐相希。

这是王安石1042年科考入仕后,1043年任职扬州时回家探亲到外祖父家,写给诸位表弟的420字长诗中的一部分。诗中前三句42字回忆了他在外祖父家读书时与表弟欣赏阳春三月美景:花草争艳,深谷芳香,漫山遍野,无限碧绿,万千杜鹃,花红冈峦,蝴蝶蜜蜂花间飞舞。是王安石少年快乐生活的写照。

第四句笔锋一转,"此时少壮自负恃,意气与日争光辉",他少年气盛,恃才自负,气宇轩昂,意气风发;发誓凭借健康的体魄、广博的知识,锐意拼搏进取,要像普照大地孕育万物的太阳一样,给天下万民带来恩泽和光明。

第五至六句:闲暇之时,操笔诗文,高歌春色,指点江山;从不在意别人讽刺非议;决心直面任何艰难困苦,凭借才学博取功名;至圣孔子、亚圣孟子况且曾经挨冻忍饥,难得温饱,自己吃点苦又何妨!

第七至八句:写1036年跟着父兄到京城开封,日夜奔波,身上落满了浮尘;半年京城生活,开阔了眼界,增长了学识。1037年父亲任职江宁(今南京),四月随父乘船绕过长江激流。

第九至十一句:静心思考,忽然醒悟,光阴如太阳运转永不停歇,如水入东海永不西归。男儿少壮如不励志自强,虚度年华,到老难有作为。他以"少壮不努力,老大徒伤悲"古训自勉,从此谢绝一切社会庆吊等交往,坚持不懈发奋苦读经典诗文;虽然书房寂寞,无暇打扫卫生,室内阴潮滋生虫害,他全不在乎。

第十二句:"材疏命贱不自揣,欲与稷契遐相希。"稷和契,传说为尧舜时代两位贤臣。稷为尧时主管农事的田官之长,曾教民稼穑,为五谷神之首;契为传说中商的始祖,帝喾之子,曾助大禹治水有功,被舜任命为司徒,掌管教化。稷、契都是辅佐古代圣君,相当于后世成就贡献功盖天下的宰相。他说自己不思量才疏学浅,命运微贱,却要向历史上稷、契一样的贤相看齐,与他们比试高低,抒发了他心比天高,誓以报效天下为己任的胸怀。

以上12句168个字,王安石回忆了少年时代成长的心路历程,抒发了他惜时读书,发誓效法先贤,追求建立盖世功业的崇高理想和雄心壮志。在这一伟大理想的激励鞭策下,他坚持从小严格修身苦读。

王安石读书不同于常人,具有以下三个特点:

一是唯书所好,勤奋苦读,废寝忘食。不管春夏秋冬,严寒酷暑,一书在手即废寝忘食,夜以继日,读书困乏常常捧书而眠。"少狂喜文章,颇复好功名。……青灯数寒更。拨书置左右,仰屋慨平生","一灯岑寂拥书眠"。以上诗作真实地记录了他少年励志,挑灯夜读的情景。

尽管他随父任职迁徙数路许多州县,缺乏长期稳定的学习环境,但他牢记父母教诲,随父亲赴任途中坚持以书为师,以父亲为师。他的诗作《舟中读书》中"未能忘慷慨,聊以古人谋"一句,更是抒发了他时刻牢记远大理想,学习效法古代圣贤,担当天下大任的胸怀。

1033年王安石12岁时祖父去世,他随父亲守丧从韶州(今广东韶关)回到临川老家。王益把他送到离家80里的宜黄仙岩山上的仙洞书院继续读书。他学习非常勤奋刻苦。一次他读书通宵达旦,猛然间想起该自己值日做饭,他急忙到灶房,看见火种已经熄灭。他顾不得多想,立即跑下山去,到村里农户家借火。途中遇到起早的农夫,见他慌张匆忙的神情,农夫问清缘由后,手指山上书院里的灯光说:"那不是火种吗?哪用得着下山呢?"王安石平时非常聪明,这次全因读书入迷,才舍近求远下山借火闹出笑话。想到此他不禁自言自语:

> 苦读天已晓,日高竟忘饥。早知灯是火,饭熟几多时。

回到书院,同学们听说这事,都亲切地称他"书迷"。

二是涉猎广泛,遨游书海,无所不读。他发誓:"我读万卷书,识尽天下理。"恪守"读书破万卷",务求知识广博,为做学问和日后从政奠定坚实基础。他不仅认真研读孔子、孟子、老子、墨子、庄子、韩非子、荀子等诸子百家之书,涉猎儒、法、道、佛等各家学问;还读一般士人所不屑的医卜五行、农耕、刑律和前人笔记、杂记等与科考无关的百科杂书,比如《黄帝内经》《本草》及许多小说。他在《答曾子固书》中说:

> 某自百家诸子之书,至于《难经》、《素问》、《本草》、诸小说无所不读,农夫、女工无所不问,然后于经为能知其大体而无疑。

他读书范围极为宽广,涉猎之博欲穷尽天下知识,以吸取人类社会一切优秀文化思想成果为己所用。正因此,王安石后来担任神宗皇帝老师,神宗每有询问,他旁征博引,对答如流。他以广博的知识启迪神宗,激励神宗要做奋发有为的明君。当他担任宰相议定新法时,涉及各行各业知识和各地政情民意,他胸有成竹。在他执政7年间,推行全方位改革,所定十几项新法基本符合国情民生。这与他少年读书广博,终生勤学是密不可分的。

三是潜心研读,融会贯通,"惟理之求",创新致用。他坚持读书做事,从不画地自限,贵在能发新义,要书为人用,反对拘泥于书本,为书所困。他批评不动脑筋死读书的现象:

> 今人读书,止于记诵、玩索章句,课试文章,无问无思,是以难能发明新义。(范文汲《一代名臣王安石》)

他从不满足于熟读背诵,对各种经典和社会百科实用知识,他坚持不迷信前人,不盲从圣贤,不轻视庶民,他恪守:

> 善学者,读其书惟理之求。有合吾心者,则樵牧之言犹不废;言而无理,周、孔所不敢从。(惠洪《冷斋夜话》)

他深入思考,思接千载,视通万里,多问为什么,知其然还要知其所以然。每读书常常自问自答,凡有疑问,必究其理,层层分解,务求真知,旨在使所学得能印证,可济世致用。他认为即使国史,限于各种原因记载论说难免失实,仍需深思钻研以求真知。他广集百家精华,博采众长,形成独到的思想见解,务求有为于世。他数十年求索钻研,创立了治国安邦引领社会发展的"荆公新学",辅佐神宗开创了新时代。他的学术作为国家意识形态的理论基础长达近60年,这与他终生读书为我所用,汲取百家营养,自成一家之言,其学说紧贴时代现实是密切相联系的。

1036年王安石随父亲赴京,宋代文化教育非常发达,京城书馆林立,更使王安石如鱼得水。虽然15岁正是好奇游玩的年龄,他身处当时世界最大都市,却两耳不闻京城喧嚣,跑遍开封许多书铺,潜心书斋。谢绝应酬和社会交往,世间一切皆置脑后,遨游于知识的海洋。半年的京城生活,他的学识水平各方面有了很大提高。王安石天赋极高,《宋史·王安石传》记载:

安石少好读书,一过目终身不忘。其属文动笔如飞,初若不经意,既成,见者皆服其精妙。

王安石青少年时期知识之广博、学识之深厚、见解之新奇独到已远近闻名,令人刮目。他在京城时结识了长他两岁的抚州同乡,后为唐宋散文八大家之一的曾巩。他和曾巩谈古论今,知无不言,相见恨晚。曾巩非常佩服其学识水平和勤奋精神,创作550字长诗称赞王安石,如诗中言:

君材信魁崛,议论恣排辟。如川流浑浑,东海为委积。
如跻极高望,万物着春色。寥寥孟韩后,斯文大难得。(《寄王介卿》)

当年冬他高度评价王安石寄来文章,说其文汪洋恣肆,如临东海;春色满园,如跻泰岳。观其议论纵横,大匠难裁,孟(子)韩(愈)之后,唯此一人。

曾巩作为散文大家且年长于他,对王安石文章评价如此之高,足见王安石青少年时期文才学识确实卓尔不群。他一生写了许多反传统见解,使人耳目一新、振聋发聩,精辟独到的"翻案"诗文,比如《读孟尝君传》《明妃曲》等,这与他早年读书之多、思考之深,融会贯通百家精粹为己所用是分不开的。

王安石学习动力源于崇高的理想,他的雄心壮志,更与时代紧密相连。当时宋廷积重难返,危机四伏,国家入不敷出,农民起义风起云涌,辽夏侵扰边境不宁。1004年冬,辽圣宗和萧太后率大军深入宋境千里,兵临距京城仅200多里的北边门户澶州重镇(今河南濮阳),京师震动。王钦若等许多大臣主张迁都南京或成都。名相寇准力谏真宗御驾亲征。真宗虽亲临澶州,但仅是被动做个姿态,无心恋战,苟且求和。宋廷以输出大量钱物为代价,与辽签订了屈辱的城下"澶渊之盟"。

在宋朝的西北,原宋廷管辖的我国宁夏、甘肃、陕西北部一带的李氏割据势力,几十年反复无常,扩充实力,侵扰宋境。1036年父亲王益等待任命,带王安石入京。此前,少年王安石作流传至今最早七律《闲居遣兴》:"谁将天下安危事,一把诗书子细论。"感慨南方边境动乱,朝中无人筹谋退敌安边。表现了少年王安石非凡的志气襟怀。1038年,王安石18岁时,李元昊公然宣布独立建国,史称西夏,此后对宋侵扰抢掠危害远甚于辽。这些都给胸怀天下、心系国家安危的王安石以极大的震撼。

王益于1036年底被任命为江宁通判,为其终生最高职务。江宁即今天的南京,为宋朝繁华大城市,是仁宗即位前的封地。宋朝地方州府通判与知府同级,权力与知府不相上下。王安石自幼跟随父亲到广东、四川、江西许多州县及京城开封;虽然耽误了在校读书时间,但更多地受到父亲当面教诲,而且增长了见识,开阔了视野,了解了许多地方风土民情和百姓疾苦。眼看国家内忧外患危机四伏,更加激励了他勤奋苦读、学以致用、救国济民的雄心壮志。

王安石的学习生活也不是一帆风顺的。他除了少年漂泊各地,学无定所,受教无定师,学习条件差,对他打击最大的莫过于父亲的去世。正当他憧憬美好理想,遨游书海学识日新月异成长进步的关键时刻,父亲王益由于繁重的公务和家庭重负,以及对王安石等10个子女呕心沥血教育培养,积劳成疾,于1039年春天去世于江宁通判任上,年仅46岁。父亲正当英年突然离世,王安石全家可谓天塌地陷。王安石《忆昨诗示诸外弟》记录了全家悲痛欲绝、艰难困苦的情景:

  旻天一朝畀以祸,先子泯没予谁依。
  精神流离肝肺绝,眦血被面无时晞。
  母兄呱呱泣相守,三载厌食钟山薇。

上天忽然间降下了大祸,父亲去世了,我还能靠谁?今后怎么办?全家陷入失去父亲的极大悲痛之中。刚满17岁的王安石上有祖母、母亲,下有弟弟妹妹7人,5人10岁以下,嗷嗷待哺,生活困顿,他的两个同父异母兄长也尚未考取功名。家道中落,世态炎凉,生计无着,家人为父亲守丧肝肠寸断,精神恍惚失常,每天以泪洗面,眼睛哭出血来。骤然失去勉强维持全家生计的父亲俸禄,老家也没有田产,全家十几口突然中断衣食来源,生活更加窘迫困苦。全家人吃了上顿没下顿,靠挖野菜充饥得以活命。这就是当时其全家在煎熬中生存的真实写照,但是这一切并没有压倒王安石,他没有沉沦。

其实王安石当初本不愿出仕,"辍学以从仕,仕非吾本谋"(《答虞醇翁》)道出了他的心声。他原本的人生理想是抛开人世间功名利禄的束缚,终身学习钻研道义学术,求贤追圣。他的父亲如果有常人的寿命,以其德才绝不至于长久五品州官,很有可能担任地方大员,进入六部甚至朝廷铺臣。按当时惯例60岁以上甚至70岁致仕,宋代官员俸禄较高,王安石全家应衣食无忧,他完全可以实现自己一生学无止境成为大家圣贤的初心。但是父亲英年早逝,祖母、母亲需要奉养,多个弟妹嗷嗷待哺,他在《上张太博书二》其一说道:

> 中不幸而失先人,母老弟弱,衣穿食单,有寒饿之疾,始怃然欲出仕。

面对全家人生存严酷的现实,履行孝道义务责无旁贷,他只好暂时搁置自己的理想初心,承担家庭重担。当时宋朝内忧外患,他深知作为大宋子民,入仕从政担当振兴国家造福万民现实的责任,要比钻研学术成为圣贤隐士的成就更为重要迫切。不管尽孝还是尽忠,参加科举考试是唯一的通道。鉴于此他与两位兄长进入江宁府学,由原来广读百家万卷转为注重科考内容,以求守丧期满后一举考中,实现他"钓取薄禄欢庭帏"以尽孝养家,"意气与日争光辉""誓与稷契遐相希"以尽忠报国。

他深知只有苦读从政,为国家和百姓作出贡献,才是对父亲最好的纪念和继承,才是对祖母及母亲的报答和安慰。为父亲守孝期间,他读书学习更加刻苦用功,他和兄长一道,协助母亲分担家庭重担同时,他对儒家等诸子百家研读理解更加深刻。他盼望着守孝期满之后参加科举考试,迈出实现人生长远理想坚实的第一步:入仕从政领取俸禄,改变家庭窘境,振兴困顿的家庭。

王安石一生始终牢记初心,他入仕从政以后直至担任宰相日理万机,坚持不懈读书,终于成为文化巨匠、学术大家"通儒",其学说成为治国安邦的主流意识形态,政治与学术达到的高度被时人媲美孔孟周公,与之相提并论。

在为父亲守孝期间,他怀着对祖先崇敬的感情,收集祖父、叔祖父治学、为官的事迹,为先辈撰写了墓志铭。他收集了父亲在各地任职兴利除弊造福百姓的善政事迹和100多首诗词,编辑成《先大夫集》,并写了序言。

1041年,年轻的王安石已经实现了"读万卷书,行万里路"人生的第一个目标,为父亲守孝已经期满。当时为父母守孝"丁忧"名为三年,实为27(另说25)个月。他满腹才学正待朝廷科考,他憧憬鱼跃龙门,鲲鹏展翅翱翔苍穹。

王安石少年读书三个特点：一是唯书所好，勤奋苦读，废寝忘食。二是涉猎广泛，遨游书海，无所不读。三是潜心研读，"惟理之求"；学以致用，报效天下。他不同常人，刻苦钻研，求索精深，为他修身至善，成为文坛巨匠，"通儒"全才政治家，建立盖世功业，开创崭新时代，奠定了坚实的知识基础。

> 我读万卷书
> 识尽天下理
>
> 王安石拟寒山拾得诗 王翘英书

以上诗句选自王安石《拟寒山拾得诗二十首》之七:

　　我读万卷书,识尽天下理。智者渠自知,愚者谁信尔。
　　奇哉闲道人,跳出三句里。独悟自根本,不从他处起。

　　诗作表现了王安石为实现报效天下、与日月争辉的伟大理想,发誓读尽世间书,终生学无止境,求索钻研天下真理,为治国安邦追求崇高的思想境界。

第三章　科考骄子

1041年底,王安石为父亲丁忧期满,他和长兄王安仁一道,从第二故乡江宁长途跋涉约2000里,赶赴京城汴京(今河南开封)参加科考。其《忆昨诗示诸外弟》记载:

> 属闻降诏起群彦,遂自下国趋王畿。
> 刻章琢句献天子,钓取薄禄欢庭闱。

说适逢皇帝下诏,朝廷举办科考取士,广招英才,他与长兄安仁从南京一路风尘赶赴京城。他精心著文呈献天子,以求金榜题名,就像垂钓者钓鱼一样,获取微薄的俸禄,缓解家庭困顿,告慰饱受哀伤的家人以欢乐喜悦。

这次来到京城,与他第一次进京大不相同。6年前父亲担任韶州知州期满,到京城述职,为了使他和安仁多接触社会民生,增长阅历见闻,父亲带他兄弟二人入京。当时王益尽管官位不高,但几届地方官政绩卓著,正待朝廷提拔重用,处于仕途的上升阶段,可谓春风得意。初到京城的王安石,耳闻目睹一切都非常新鲜好奇。兄弟二人衣食住行等一切都由父亲操持安排。父亲带他二人参观国家最高学府国子监、国家考取进士的贡院、京城大相国寺、开封府衙、京城各大书铺等。父子三人参观国子监时,巧遇同乡国子监直讲,受到了热情接待。直讲领着他们边参观边详细介绍国子监古今,瞻仰圣哲画像等。直讲盛情安排食宿,第二天又带领他们父子三人选近路乘船登岸,详细参观讲解礼部贡院和宋朝立国以来科考情况。虽然他们都肯定宋朝学校教育繁荣,称道科举考试取士客观公正,但都质疑诟病教育方法和科举考试注重记诵,而不求实用,培养人才缺乏经世致用的实际能力,认为确需改革。这些为王安石35年后担任宰相时,在全国范围内大刀阔斧改革教育和科考埋下了伏笔。直讲见王安石器宇轩昂,谈吐涉猎广泛,见解独到,少年胸怀修齐治平伟大理想,虽喜亦忧。忧其尽反世俗,恐日后为时不容。直讲还向父子三人介绍了在京参加科考未中的曾巩。曾王两家本来就是亲戚,京城相见,王安石父子和曾巩都非常高兴。王安石小曾巩两岁,二人相见恨晚,彻夜长谈。

北宋开封为全国政治经济文化中心,有学者认为人口达150万,是世界上最大的都市。正像《清明上河图》描绘的那样,京城的繁华、市井百态等都给王安石留下了深刻印象。父亲还带领他们会见故交友人和乡贤;讲解北宋历史、京城风土人情,带领他俩拜访同榜开封知府范仲淹。范仲淹称赞王安石聪颖。是年范仲淹忠谏直言得罪权贵,遭贬外放筠州。父亲像老牛舐犊一样呵护兄弟二人,关怀备至。王安石无忧无虑,走遍京城书铺读书,游览名胜景观快活惬意,听父亲讲解闻所未闻,每天都有新的收获。他的学识水平和对国家社会民生的了解,都升华到了新的境界。

这次入京与6年前相比,京城繁华依旧,而今物是人非。父亲音容笑貌历历在目,追思缅怀时刻萦绕心头,但却是阴阳两隔,再也不能对他言传身教,呵护关爱。每想欲孝亲不待,他不禁悲从中来,情不能抑,潸然泪下。

王安石回忆父亲带他游览汴京的情景,终生念念不忘。1068年神宗皇帝召他到京城"越次入对"时,王安石故地重游,触景生情,回忆1036年与父兄京城往事,写下《题西太一宫壁》六言绝句二首:

>柳叶鸣蜩绿暗,荷花落日红酣。三十六陂春水,白头想见江南。(其一)

>三十年前此地,父兄持我东西。今日重来白首,欲寻陈迹都迷。(其二)

说32年前由父兄带领陪伴,三人携手同游东太一宫和西太一宫。时光飞逝,日月穿梭,当年黑发少年今日白首重游,父兄俱已英年早逝,悲伤惆怅怀念之情永远萦绕心头。王安石这时已满47岁,"欲寻陈迹都迷",说寻找32年前游览旧地却迷路难觅。他对父亲难以割舍的怀念永无止息。

这次他是身受为父亲守孝三年精神心灵的创伤,承载着家人沉重殷切的期盼来到京城的。如果父亲健在,以他的学识和雄心壮志,或早已安排他入京应试。想到家中拮据,母亲为他二人筹措银两不易,母亲语重心长的嘱咐,时时回响在耳旁;祖母期望的神情浮现眼前,父亲临终遗嘱更使他刻骨铭心。他已经年满二十,承担社会家庭责任,孝敬祖母、母亲已是时不我待。虽然他第一次参加科考,但他没有退路,必须考中,唯此才能入仕从政,迈出实现远大理想的第一步,才能使家人摆脱靠野菜充饥的困顿。想到肩负为国尽忠、为长辈尽孝、振兴家庭的重任,王安石心潮翻滚难以入眠。他盼望与长兄如愿考中,早日践行父亲报国救民遗志,接替母亲家庭重任,带领弟弟妹妹成长上进。

我国科举考试首创于隋朝,广泛普及实行于唐朝,严格规范完备于宋朝,沿袭至明清两朝。中国的选官制度历经数千年的探索,最终确定科考取士选才,延续长达 1300 余年。科举制中的文举光绪三十一年(1905)谢幕,此前武举 1901 年废止。

下面简要回顾一下中国选官制度的变迁。周代之前选官制度难以详考。周代选官实行世卿世禄制度,即世袭制。商鞅变法的战国时代,各国为了一统天下或者自保,比较普遍实行了军功制等激励制度措施,极大地冲击了世袭制。秦始皇统一天下后实行天下所有官员由他任免掌控的职官制度,世袭制完全退出了历史舞台。西汉时期官吏实行"察举"和"征辟"。汉文帝下令各地方州郡向朝廷推荐"孝廉"和"秀才",诏举"贤良方正能直言敢谏者",具有一定的历史进步意义。曹操为统一天下,主张唯才是举,不拘一格选拔人才,亦是因时制宜。其子曹丕称帝后,创立九品中正制度,其实质仍然是"人选"而非"制度选"。两晋南北朝时期九品中正制在实践中走样变味,失去了它的积极作用,国家政权完全被门阀世族控制,出现了中国历史上的"门阀政治",这是历史的倒退。时代呼唤选官制度改革势在必行。隋文帝杨坚创立的科举考试,虽然还很不完备,但已经是由"人选"到"制度选"前进了一大步,属于具有重要意义的历史性变革。

自隋炀帝杨广大业元年(605)"置明经、进士二科""试策",中国逐步打破了贵族门阀世袭统治,首次开创采用考试以才取人的新途径,畅通了寒门子弟入仕实现自身价值的大道。这种选拔人才方法比以往任何选官制度都更加公平合理,对于提高官僚队伍素质和国家治理水平意义重大,是历史的进步,是我国对世界文明的贡献。我国目前实行的选拔公务员考试借鉴于此。

公元 618 年唐朝建立,唐武德五年(622)孙伏伽成为中国历史上第一位状元。宋朝实行地方主持的州试(也称乡试)、中央礼部主持的省试(也称会试)、皇帝主持的殿试三级科考制度。元朝不注重科考选拔人才,举行科考仅 16 次,取士仅 1000 余人,且没有充分发挥他们的才能。此后明清两朝,科举制久盛不衰。科举制自始至终 1300 多年,共选拔出近千名状元,约超 19 万名进士、超百万名举人。进士成为宋朝和明清两朝官僚队伍的核心主体。

我国封建时代考取进士非常难,尤其是隋朝和五代时期战乱及宫廷政变频繁,王朝如走马灯一样时间短暂,每次录取进士数量很少。唐朝虽为盛世,每次科考取士也仅十几人,多则几十人。绝大多数学子苦读到老,考到白头,甚至终其一生不中。时有"五十少进士"的说法。之后科举考试千年间,无数考生终生苦读名落孙山者屡见不鲜。清朝曾有超过百岁老人参加科考,风烛残年即使考中,实际上仅是为晚辈读书求取功名做榜样。

唐代科考试卷不糊名,缺乏对考官的有效制约监督,因此请托之风盛行。《全唐文》《旧唐书》记载:唐玄宗时期诗人大家王维,虽然才高学富,他自信能考中进士,但没有把握实现状元理想。他请求岐王李范引见,拜见玄宗妹妹玉真公主。王维当场弹曲诵诗,玉真公主深服其才,将她已经答应推荐给别人的状元换成了王维,王维终于得遂凤愿。无独有偶,据《唐摭言》卷六《公荐》记载,唐朝后期大诗人杜牧考前请求当时德高望重的名士吴武陵推荐。吴非常欣赏杜牧文才,就向主考官崔郾力荐杜牧为状元,但主考官说前四名已许诺他人。皇榜上杜牧高中内定第五名。散文大家韩愈前三次榜上无名,第四次靠兄长好友副考官梁肃向著名政治家、主考官陆贽推荐,终于遂愿为录取23人之一。唐代这类事例不计其数。以上三人文才确实超人,但考前确定入围甚至名次,有违科考程序及客观公正。不具备三位家庭经济实力和社会关系的寒门高才,仍然不免榜上无名。

宋代自1015年王益、范仲淹参加科考开始,除实行糊名制等严格考场原有各项措施防止作弊,国家还专门设立誊录院,统一安排重新抄写生员试卷。考官只能看到考生文章内容,而不见其姓名字迹,有效防范了考官徇私,保障了科考的公正,对国家选取人才至关重要,有利于像王安石这样学识广博精深的青年才俊脱颖而出。这一措施延续至清末,效果最为称道的当属宋朝。

当时参加科考的学子,有的考前首先拜谒朝廷重臣,想方设法结交主持科考的文坛泰斗,献上自己的文章诗词,引起上层重视举荐,扩大在士林中的影响,以求顺利跻身仕途。与王安石同时代的三苏父子,虽然才华横溢,但即使是心高气傲的苏洵,也曾带领两个儿子拜访家乡父母官益州知州张方平(后为端明殿学士兼礼部侍郎、副宰相),张方平向当时文坛领袖欧阳修写信力荐。苏洵到京城连夜精心撰写书信,自我推荐,抓紧求见翰林学士欧阳修、宰相文彦博、副宰相富弼等朝中大臣,积极宣传推销自己。以三苏之才,苏洵尚且为自己和儿子前程煞费苦心、委屈求人,可见宋代知识分子对科考入仕做官的强烈追求,即使名人大家也难免脱俗。

王安石兄弟到京城应试,虽然枢密使晏殊、文坛名流欧阳修都是其乡贤,且不排除父亲生前同僚友人担任京官,但二人厌恶世俗请托,王安石深信自己多年来虽然没有全力以赴专注于科考内容,时间和精力分散于百家万卷杂书,但凭他对儒家经典的理解和学识的广博,对科考充满了自信。他和兄长安顿食宿,熟悉考场,互相切磋勉励,认真做好考前各项准备。兄弟二人经过紧张严格的考试后,和许多学子一样,游览京城名胜,等待放榜。许多学子多少年昼夜苦读,皓首穷经,盼的就是金榜题名。无数学子既期盼榜上有名,又担心名落孙山现实残酷。虽曰放松游览,心中却焦虑纠结,忐忑不安。

宋代科考彻底消除了唐朝请托等人为因素的弊端,真正做到了布大信于天下。比较唐朝出身限制许多人被拒科考大门之外,宋朝最大限度放宽身份限制,平民子弟成为科举考试的主体。南宋宝祐四年(1256)文天祥中状元这一榜,进士及第601人中,平民家庭出身的417人,占69.4%。宋朝取士平民比例之高,很可能是1300多年中国科考史上之最。吕蒙正、范仲淹、欧阳修等无数寒门学子都是通过严格公正的科考,实现人生的华丽转身,成为国家栋梁。三人后来担任宰相建功天下,流芳千古。吕蒙正洛阳人,少年失去双亲,读书时穷困潦倒,买不起仅几文钱的一瓜;眼看卖瓜者挑着担子掉下一瓜走远后,他和学友捡起来分食。他担任宰相后为了不忘贫贱,永葆本色牢记根本,在拣瓜处建了个"噎瓜亭",后人传颂至今。范仲淹两岁时父亲去世,在饥寒交迫的煎熬中勤奋苦读,砥砺操守,终为千古名臣。他为振兴国运,锐意兴利除弊,主持庆历新政。《岳阳楼记》中崇高的忧乐天下的人生精神,至今仍然激励着中华民族无数后人。欧阳修幼时孤寒,全凭读书终成一代文坛领袖、副宰相。王安石为父"丁忧",吃野菜充饥,科考入仕,终成千古名相伟人。宋代孤寒子弟靠读书博取功名者不胜枚举。

宋代科考主考官即使欲照顾请托,也往往难以做到。宋哲宗元祐三年(1088),旷世奇才苏轼担任主考官,随即被送入贡院,与外界隔绝。黄庭坚担任详定官。苏轼深知自己的得意门生李廌("苏门六学士"之一)文才学识超人,欲定其名列前茅。他发现一份考卷文风酷似李廌,就判定为第一名。所有被录取人试卷当众拆封后,查遍全部录取名单,李廌竟然不在其中。苏轼和黄庭坚都为此写诗表示惋惜与遗憾。李廌则从此不再参加科考,绝意仕途。

科举取士从制度方面公平公正解决了学子进入官场的入门问题,就像今天的高考和公务员考试一样。但是学子入门当官之后提拔重用,人类社会至今未能探索出像科考或竞技体育那样客观公正无可争议的赛场规则。这一世界难题未能解决,正因此,古今中外官场乱象与腐败永无绝迹。

千万学子在忐忑不安中迎来了放榜这一天,榜文前人山人海,王安石在当年录取的诸科839名进士中,高居金榜第四名,王安仁、曾巩虽年长于他却没有考中。二人分别于1049年、1057年考中时已是35岁、38岁。前来看榜的学子少数欢喜众人愁。因为隋唐实行科考以来，举办时间原无定制，录取人数也很少。宋朝英宗治平三年(1066)规定三年一次；录取比例虽然最高，也仅定为10%。还有90%的举人名落孙山。此前乡试已经淘汰90%，有资格参加会试的仅10%。这样参加乡试的所有考生，最后考中进士的仅约1%。加上大批有心参加科考，限于各种原因未能进入考场者，天下学子数百人才取一名进士。唐朝一次科考多则录取进士几十人，更是数千名学子仅一人榜上有名。

唐宋散文八大家除苏洵外，其余7人都是20多岁科考入仕。宋代6家中欧阳修、王安石、苏轼兄弟都是一考即中，比较顺利；苏洵多次应试一生未能遂愿；曾巩因父亲去世，他操持大家庭事务，迫于生计等考中入仕较晚；欧阳修的父亲欧阳观公元1000年49岁考中进士，与王安石二叔祖父王贤同榜。

明代著名书画家、文学家文徵明九试不中，大文学家归有光八次参加科考落第，花甲之年60岁考中；清朝诗、书、画三绝的大才子郑板桥，则是康熙朝秀才，雍正朝举人，乾隆朝考中进士已是44岁，三项功名历经三朝。科举考试金榜题名真难！除了十年甚至数十年寒窗之苦，远离京城的学子几个月路途的艰辛，以及考场考生受到丧失尊严近于非人道的严苛，都是对考生意志和承受能力的严峻考验。比如在考场连续数日吃喝拉撒睡等，常人难以忍受。考场内晕倒的、精神失常的、自残的屡见不鲜。没有超常的身体、心理承受能力，即使文才出众，也难免名落孙山。苏洵对考生丧失尊严情形有过痛苦的回忆：

> 少年(宝元元年，1038年)尝举茂材，中夜起坐，裹饭携饼，待晓东华门外，逐队而入，屈膝就席，俯首据案，其后每思至此，即为寒心。

这是他继1037年29岁乡试未中后第二次落榜，他作："振鞭入京师，累岁不得官，悠悠故乡念，中夜成惨然。"道出了参加科考的酸甜苦辣。他回到故乡，一怒之下，将旧作诗文数百篇一烧而光，发誓永不再考，终生绝意科考。

中国封建时代许多家族痴迷追求科举考试成名，甚至深受其害，明代徐霞客家族教训惨痛。徐家本为江南名门望族，徐霞客(1587—1641)名弘祖，字振之，号霞客，为徐家第17代人。第12代徐元献科考不中，继续苦读积劳成疾，29岁去世；其父亲徐颐因痛失爱子，同年去世。徐元献的儿子徐霞客的高祖父徐经1499年与好友唐伯虎一起入京应试，因为被怀疑贿赂考官作弊，同被判为"黜充吏役"。徐经数年后去世于申诉平反的进京路上。唐伯虎从此绝意科考,他反抗礼教,放浪形骸,专注于绘画,混迹于市井江湖。徐霞客曾祖父徐洽七试不中,其祖父徐沔芳六试不中,由科考失望到绝望,忧虑抑郁成疾,再一次上演同一年子死父丧悲剧。徐家书香门第,数代才学超人,奋力拼搏角逐于科场,功名仅仅止于举人;短短数十年,五代丧生,科举梦碎。这是中国科考史上最惨痛、最残酷的大家族悲剧。徐霞客的父亲徐有勉痛定思痛,不再要求徐霞客参加科考,一生作为任由其志趣。徐霞客少年时代就立下了"大丈夫当朝碧海而暮苍梧"大志。父亲去世后,他本不忍心母亲上了年纪,自己出外远游。母亲王氏主动承担管理家庭田产商铺,经营20多台纺织机创名牌布等一切内外事务,支持徐霞客放心远游。这真是一位了不起的开明母亲。徐霞客毅然放弃科考,坚持走自己的路。由此中国可能少了一位科考进士,但世界多了一位早于西方200年著名的地理学家、旅行家、文学家。他一生志在四方,徒步10万里,历20余省,足迹踏遍大半个中国,跋山涉水,历经艰难险阻,穿越无数奇境,达人之未达,究人之未知,探幽寻秘,写下了60多万字的《徐霞客游记》,为国人提供了全国各地的地质地貌、山川河流、树木森林、风土人情、商业贸易等丰富翔实内容,不愧为当时的百科全书。为纪念徐霞客,2011年国务院将每年5月19日定为"中国旅游日"。

王安石名列第四实属不易。据宋人王铚《默记》记载,王安石曾被主考官初议定为状元,因文中一语引起仁宗皇帝不悦,被排除在前三名之外:

> 庆历二年,御试进士,时晏元献(殊)为枢密使。杨察,晏婿也,时自知制诰,避亲,勾当三班院。察之弟寘时就试毕,负魁天下望。未放榜间,将先宣示两府上十人卷子。寘因以赋求察问晏公己之高下焉。晏公明日入对,见寘之赋已考定第四人,出以语察。察密以报寘。而寘试罢与酒徒饮酒肆,闻之,以手击案,叹曰:"不知哪个卫子夺吾状元矣。"不久唱名,再三考定第一人卷子进御。赋中有"孺子其朋"之言,(上)不怿曰:"此语忌,不可魁天下。"即王荆公卷子。第二人卷子即王珪,以故事"有官人不为状元",令取第三人,即殿中丞韩绛;遂取第四人卷子进呈,上欣然曰:"若杨寘,可矣。"复以第一人为第四人。寘方以鄙语骂时,不知自为第一人也。然荆公平生未尝略语曾考中状元,其气量高大,视科第为何等事而增重耶!

说宋仁宗庆历二年即1042年,王安石和天下学子一道参加科举考试。当时晏殊任国家最高军事长官枢密使。今人著文有说其为当年主考,查阅史料未见出处。晏殊的女婿杨察的弟弟杨寊参加当年科考，许多人都认为杨寊文才高，且为晏殊亲戚，很可能夺得头名状元。当时规定放榜公布名次前，考官须将初步议定的前10人试卷先通报"两府"，即宰相府和枢密院，如"两府"无异议，再报皇帝钦定。杨寊请求杨察探听自己名次。第二天，晏殊看到杨寊初定为第四名，出来告诉杨察。杨察将此告诉弟弟。这时杨寊正与他人饮酒作乐，手拍桌案怒吼："不知哪个小子夺了我的状元！"主考官反复评审，将第一名的试卷呈送皇帝御览钦点。仁宗看到文章中有"孺子其朋"语句，不高兴地说：此语忌讳，不可为头名状元。后来才知道该文章是王安石试卷。仁宗又让取第二、三名试卷，因其二人都是在职官员，按规定不准定为状元。很可能是因其此前已通过恩荫享受特权；或已参加过科考，从公平竞争考虑不宜再定为状元；以鼓励天下寒门后起之秀脱颖而出。当看到第四名试卷，仁宗说：这个杨寊可矣。遂将杨寊钦点为状元。按说王安石应顺延为第二名，但是仁宗可能刻意要把他排除在前三名之外，将他与杨寊对换为第四名。王安石对于由初议状元到发榜第四名，平生从未向任何人谈及，他淡泊名利的胸怀气度，把科举名次看作区区小事进而增加了人们对他的敬重。

当时王安石的好友曾巩等对其降为第四名愤愤不平，因为前三名的荣耀不可比拟。当时考中进士，已是"久旱逢甘霖，他乡遇故知，洞房花烛夜，金榜题名时"人生四大喜之一大喜；已是平地一声雷，由平民百姓向朝廷官员的华丽转身。有了金榜题名，不愁洞房花烛及随之而来的荣华富贵。孝则可光宗耀祖，忠则可建功天下。但科考前三名更是一步登天，分别称为状元、榜眼、探花，是有名分的，以下仅排名次。前三名尤其是状元的荣耀和仕途通达，更令其他进士羡慕。宋代自真宗时由执金吾即皇帝的侍卫官骑马开道，为状元京城，夸官祝贺。这时京城万人空巷，陷入狂热的喜庆中。新科状元远比万里征战凯旋班师的高级将帅荣耀得多。科考名列前茅者有的会被选为皇帝的东床驸马，或被朝中重臣选为女婿，时称"榜下抢婿"。被选中为婿的更是青云直上，前途无量。因此我们就不难理解吴敬梓《儒林外史》中范进考中离进士一步之遥的举人，激动喜极，精神失常竟至疯癫。孟郊46岁考中后作《登科后》，对中进士的喜悦更有淋漓尽致的描写：

昔日龌龊不足夸，今朝放荡思无涯。
春风得意马蹄疾，一日看尽长安花。

多少年苦读未能考中,数次名落孙山,被人看不起,极度压抑落寞;一旦金榜题名,欣喜若狂,傲视天下,畅游京城,尽情宣泄与释放。

前三名初入仕途较四名后官职之悬殊,更是令人羡慕嫉妒。前三名除兼任京官外,都安排至地方担任通判。设置通判是朝廷专门制衡州官的安排,其职责相当于现在的组织纪检监察官员,而且有向皇帝密奏的特权。这是有别于其他同等级别官员特殊的政治待遇。通判和知府联署文件才能生效,各项政务才能实行,其权势可与五品知府分庭抗礼,可谓位高权重。

王安石这一榜第一名杨寘,安徽合肥人,钦点状元后即被任命为将作监丞、颍州通判。尚未到任,回家为母亲守孝,哀伤过度,1044 年仅 31 岁暴病身亡。第二名王珪(1019—1085)被任命为扬州通判。第三名韩绛(1012—1088)被任命为郴州通判。前三名都较王安石年长甚至 10 岁。而王安石被安排到扬州任签书淮南东路节度判官厅公事,与前三名五品州官无法比拟。王安石担任前三名起点职务舒州通判已是近 10 年之后的 1051 年秋,而且是在担任千古少有全国典范县令之后。

王安石虽未被点为科考状元,但当他 1070 年 12 月与韩绛同为宰相,王珪任副宰相,为二人助手(后为宰相)。王安石曾作《题中书壁》记载此事:

夜开金钥诏辞臣,对御抽毫草帝纶。
须信朝家重儒术,一时同榜用三人。

说三人当年同榜考取进士名列前茅,后来同时在宰相府担任执政大臣;常被皇帝夜诏入宫,撰写治国安邦的文章。同榜二至四名三人同时担任宰相,中国科考史上绝无仅有,一甲三相被传为天下佳话。这一榜除以上三位,还有韩缜、吕公著、苏颂共六人担任过宰相,(另说王安石亲家吴充亦出自此榜,后来任相,则为一榜七宰相)可以与 1057 年欧阳修担任主考官时,录用士子日后成就之高被称为"龙虎榜"相媲美。

王安石虽科考被降至第四名,但在执掌国家大政时,变法改革开创新时代,成为皇帝一人之下,天下官僚万人之上,名副其实的千古少见名相。

仁宗为什么要将王安石降为第四名?原因就在于王安石的文章中有"孺子其朋"引起仁宗不悦。这句话本来引自经典《尚书·洛诰》,源于周公辅佐侄子成王(武王的儿子),教育他作为国君,要尊重臣子,与之交友,共同努力,勤勉开创伟业。仁宗可能觉得引用这个典故有损其尊严。此语即使有教诲当今圣上之嫌,但属于引用经典,也不应将王安石排除在前三名之外。引起仁宗不悦还有两种说法:一是古代"朋"与"崩"谐音,皇帝去世称驾崩;二是宋代加强中央集权,皇帝非常反感朋党干政,因此仁宗忌讳"朋"字。其实不论任何原因引起一言九鼎的皇帝不悦,文章再好也必定与状元无缘。

王安石之所以对此事看得很淡泊,毫不在乎,平生未曾向人谈及,这是因为他并非凡夫俗子,他胸怀远大志向,不计较名次区区小事,他不在乎官位高低,俸禄多少。他幼承母亲启蒙,从懂事起受父亲教诲,由于勤奋苦读,天赋极高,触类旁通,少年时作文已是动笔如飞,年龄稍大则无所不读,后来更是潜心研读,不耻下问,刨根问底,求知海纳百川。他以历代贤相自励,读书、交友都以求索真理、兴利除弊、治理天下为己任。依他的个性,他对科举考试内容死记硬背脱离现实,所选人才日后从政,虽有能臣栋梁,但更多循吏腐儒现象,自有看法。因此他日后执政时将改革科考作为变法重要内容。但在当时科考为入仕从政所必须,是不可逾越的第一步,是实现自己远大理想的基础和前提。而且当时家庭生活困难,一日三餐难以为继,为了安慰祖母和母亲,摆脱家庭困境,王安石才改变初衷走科考这条路。他只求考中录用,能够进入仕途,为日后发展实现远大理想奠定基础;同时可以改善全家生计,为祖母、母亲分忧尽孝。

按当时科考规定,凡考中进士前10名,都要拜见执政官即宰相、枢密使。王安石考前未拜谒任何朝臣,足见其才学自信及志气操守。他按照朝廷规定,名正言顺地前去拜访了同乡一品高官枢密使晏殊等执政大臣。晏殊深知科考内幕,尽管他的亲戚被钦点状元,未见史书记载其曾徇私情,但他深知可能是皇帝对他的恩宠。他非常佩服王安石这个同乡后生的文才,热情接待这位青年新秀,二人畅叙乡情。晏殊为王安石设了祝贺家宴,对王安石寄予厚望,当面勉励,表达了同乡长辈对后生的殷切期望。王安石尊崇晏殊,对长辈乡贤谦恭有礼。

第四章 签判扬州

王安石高中进士,实现了从平民百姓到朝廷官员的重大人生转折,向着实现终生崇高理想迈出了坚实的第一步。1042年8月,朝廷选派他到扬州担任签书淮南东路节度判官厅公事,简称淮南判官,也就是扬州长官知州的幕僚。

这时的王安石离开家乡临川多年,虽然非常思念家乡亲人,但他还是以公务为重,强压抑制思乡之情。每天兢兢业业,履职尽责。直到1043年春天,他请假回家探亲。他在《忆昨诗示诸外弟》中写道:

淮沂无山四封庳,独有庙塔尤峨巍。
时时凭高一怅望,想见江南多翠微。
归心动荡不可抑,霍若猛吹翻旌旗。
腾书漕府私自列,仁者恻隐从其祈。
暮春三月乱江水,劲橹健帆如转机。

说扬州地势低洼,每当他登上巍峨的庙塔,凭高眺望江南家乡,就格外想念家乡青翠掩映的山峦。他归心似箭不可抑制,思绪就像风吹旌旗一样飘荡不止,他恨不得插翅飞回故乡,与家人团聚,共享天伦之乐。他向长官陈述思归之情,宽厚的长官同情答应了他的请求。暮春三月他坐船昼夜兼程,强劲的船桨和坚固的风帆运转迅猛。经过长途跋涉,终于回到了阔别多年的故乡临川。

王安石作为兄弟7人中第一位进士,大家族堂兄弟这一代继承先辈遗志入仕从政的第一人,他的到来,举家欢天喜地。他与家人共享团圆的喜悦。他在《忆昨诗示诸外弟》中写道:

还家上堂拜祖母,奉手出涕纵横挥。

他首先登堂拜见祖母,祖母谢氏看到王安石由10年前的少年成长为朝廷命官,言谈举止,酷似其父,品德学识青出于蓝而胜于蓝,振兴家族就在此孙,不禁喜极而泣,王安石更是涕泪交流。《忆昨诗示诸外弟》记载其外祖父家之行:

>　　出门信马向何许,城郭宛然相识稀。
>　　永怀前事不自适,却指舅馆接山扉。
>　　当时髫儿戏我侧,于今冠佩何顾顾。
>　　况复丘樊满秋色,蜂蝶摧藏花草腓。
>　　令人感嗟千万绪,不忍苍卒回骖騑。
>　　留当开樽强自慰,邀子剧饮毋予违。

以上几句写了王安石出游任马而行,眼前城郭如旧,但相识无几。他追怀往事,心潮难平;走过几座山门,来到30里远的金溪舅父家。10年前与他绕膝嬉戏的幼童,如今已经是衣冠整齐身材修长的成人。眼前满山秋色,草木枯萎,蜜蜂蝴蝶隐迹藏形;回忆往事感慨万千,他对舅父家依依不舍,不忍离开:留下来我当以酒自慰,大家共同开怀畅饮。

探亲期间,王安石和家人一道祭祀先祖,想起他的父亲远在千里之外的江宁,尚未安葬家乡,他情不自禁。他到外祖父家拜见各位长辈,和从小一起读书学习的表兄弟姐妹畅谈。

王安石回家探亲期间,有一件事对他感触震撼很大,他因此写下了千古名篇《伤仲永》。全文如下:

>　　金溪民方仲永,世隶耕。仲永生五年,未尝识书具,忽啼求之。父异焉,借旁近与之,即书诗四句,并自为其名。其诗以养父母、收族为意,传一乡秀才观之。自是指物作诗立就,其文理皆有可观者。邑人奇之,稍稍宾客其父,或以钱币乞之。父利其然也,日扳仲永环谒于邑人,不使学。
>　　余闻之也久。明道中,从先人还家,于舅家见之,十二三矣。令作诗,不能称前时之闻。又七年,还自扬州,复到舅家问焉。曰:"泯然众人矣。"
>　　王子曰:仲永之通悟,受之天也。其受之天也,贤于材人远矣。卒之为众人,则其受于人者不至也。彼其受之天也,如此其贤也,不受之人,且为众人;今夫不受之天,固众人,又不受之人,得为众人而已耶?

全文讲述了少儿神童方仲永天赋极高,诗名乡里,"邑人奇之"。父亲以其敛财求利,"不使学",没有为他提供后天学习的机会。成年后方仲永"泯然众人矣"。王安石由此感慨:方仲永先天聪明"通悟",远在普通人之上,最后沦为"众人",原因就在于缺乏后天教育;如果天赋一般众人,不受后天教育,一辈子也就只能混同于普通常人,不可能大有作为。文章虽短,但说理透彻,言简意赅,深刻地说明了人的天赋与后天教育对于人才成长的关系,强调后者对人才成长必不可少的重要作用,闪耀着朴素唯物主义认识论的光辉。文章既是对世人的劝诫,又是对自己与同龄人的诫勉。方仲永由神童变为常人的教训更加坚定了他读尽天下书、终身求索的决心和信心,增强了他学无止境的意志和毅力。

他看望好友曾巩,和曾巩探讨人生,切磋文学和学术创作,畅谈国家大事。临别时他写下了《同学一首别子固》,称赞曾巩为江南的贤人:

> 江之南有贤人焉,字子固,非今所谓贤人者,予慕而友之。

文中表达了对曾巩的仰慕和愿意与之深交为挚友的情谊,表示二人要互学互勉,携手共进,以圣贤为榜样,努力践行人生理想。

1056年王安石担任常州知州时,曾巩因为家道中落,以长子承担家庭生活重任,科考未中受到讥讽嘲笑。他忍辱负重仍然勤奋读书,坚持操守节义。王安石挺身而出,作《赠曾子固》驳斥他人对曾巩的诬陷,力挺曾巩:

> 曾子文章众无有,水之江汉星之斗。
> 挟才乘气不媚柔,群儿谤伤均一口。
> 吾语群儿勿谤伤,岂有曾子终皇皇。
> 借令不幸贱且死,后日犹为班与扬。

他称赞曾巩的文章就像长江汉水一样浩瀚无际,犹如天空繁星中的北斗灿烂。预言曾巩绝不会一生失意,穷困潦倒。说曾巩的文章气势磅礴,纵横驰骋,与众不同,因此受到世俗偏见者诽谤中伤。预言曾巩即使不幸贫贱早亡,未来必将与汉代的班固、扬雄一样流芳千古。对困境中的曾巩表示了深切的同情,给予了极大的精神安慰和鼓励。

当时有一名官员段缝,听信别人对曾巩的谣言,给王安石写信,无中生有地批评曾巩。王安石在《答段缝书》中批评其身为朝廷官员,混同于其他无知俗人攻击诋毁曾巩,人云亦云,传谣信谣。并剖析曾巩这样的贤人,受嫉妒诽谤诬陷的社会原因:

> 天下愚者众而贤者希,愚者固忌贤者,贤者又自守,不与愚者合。愚者加怨焉。……故贤者常多谤,其困于下者尤甚。

说天下大多数人愚昧无知,君子贤者是少数。愚者因为智慧能力不如贤者而嫉妒贤者；贤者多操守高尚，不与愚者随波逐流、苟合混同。愚者对贤者由嫉妒转为怨恨。因此，贤者常常受到诽谤，诽谤对于地位低下的贤者，影响危害更严重。王安石批判了无知愚人嫉妒怨恨贤者的社会现象，给予曾巩极大的精神安慰，坚定了其直面艰难困苦、走自己的路、任由他人评说的勇气。20多岁的王安石，见解竟如此深刻独到。

处于困境中的曾巩对于王安石挺身而出仗义执言，洗刷泼在自己身上的脏水非常感激。这一时期他写给王安石的诗作有《之南丰道上寄介甫》和文章《怀友》等，表达了对王安石的高度钦佩和深切的感激之情。

王安石回家探亲不忘求师问学。他听说宜黄杜子野先生博学多才，道德高尚，创办鹿冈书院，远近学子慕名前去受教。于是他远赴宜黄前去拜访。与杜子野谈论诸子百家学术，欣赏奇文；谈论时政以及对范仲淹正在推行"庆历新政"的期望。杜子野佩服王安石知识广博、志向高远，他倾其所学和人生经验，毫无保留地传授给前途无量的可畏后生，二人结下忘年之交。后来王安石担任宰相时，杜子野曾去京城，受到王安石亲切接待。

探亲期间王安石遵照长辈安排完婚淑女，迈出了人生转折成家重要的一步。夫人是他堂舅的女儿吴琼，比他小两岁。王安石少年时曾在外祖父家读书，外祖父一家人都很喜欢他。外祖母黄老夫人与王益二人做主，定下这门亲事，两家亲上加亲。我国封建时代姑表亲、姨表亲结亲比较普遍。

王安石少年时代成长的经历，对于今天的青少年仍有重要的启迪，那就是"士不可以不弘毅"。一个人要成就一番大事业，首先必须树立远大的理想，还要有坚定的意志及顽强的毅力，向着远大理想百折不挠的拼搏奋斗精神。其次要以广博精深的知识奠基。实现远大理想，达到人生崇高的境界，就必须以海纳百川的知识支撑。要坚持勤奋学习，学无止境；还要善于学习，读万卷书行万里路，广博见闻；要做到书为我用，融会贯通，博采众长。再次要恪守高尚的道德情操，终身践行中华民族传统美德。修身效法圣贤，追求至善永无止境，做到俯仰天地无愧我心。做到以上三点才能不虚人生，对国家对人民作出较大的贡献。王安石正是因为青少年奠基深厚，终身坚持不懈，矢志不移，最终实现封建政治家追求的修身齐家治国平天下的崇高理想，达到了立德、立功、立言的圆满人生境界。

时光荏苒，王安石假期将尽，他再次赶赴外祖父家，向亲人告别。他和表兄弟姐妹回顾过去，畅谈未来，写下了《忆昨诗示诸外弟》长诗，诗中回顾了他从小立志求学、跟随父亲辗转各地、父亲英年早逝、全家悲痛哀思、生活困顿野菜充饥、十年寒窗苦读、科考入仕从政不平凡的经历,表达了对表弟殷切的勉励。这首长诗记载了王安石22岁之前成长的经历和思想升华的心路历程,是研究王安石早期活动的重要史料。

他处理完一切家事后,恋恋不舍地离开了家乡,一路风尘仆仆赶赴扬州。这时的王安石二十出头,可谓风华正茂,踌躇满志,胸中才学正待施展。但他只是负责起草抄写公文,处理琐碎的日常行政事务的幕僚。处理这些公务对于有状元之才的王安石来说,可以说是大材小用。当时朝廷规定新科进士都必须到基层任职三年,实际上让他们在地方一线政务中了解社会,接受基层公务锻炼磨砺,实现由书生学子到国家官员的转变。

初入仕途的王安石对官场颇不适应。他不嫌官小禄薄,也不嫌公务繁杂,他不适应只因他是胸怀大志特立独行的人,他太正统,太理想化,想独立自主干自己想干的事,但面对封建官场中的潜规则,污浊的染缸弥漫的不良风气,他却无能为力。因为他没有本该自己科考状元担任通判,像同榜王珪那样的职权地位,他仅是一州众多官吏中的普通幕僚。实际上他即使担任通判,甚至知州,也很难从根本上改变官场风气。中国封建社会官场不良风气这一顽疾,是社会制度使然,与封建专制制度同生共存,影响至今。

他的七绝《出城》大约作于此时,反映了他的苦闷心情:

> 惯作野人多野兴,欲为时用少时材。
> 出城偶与沙尘背,转觉溪山入眼来。

说自己本来就是一个乡野之人,有很多一般人所没有的乡野之人的兴趣爱好;自己虽然也想为时所用,报效天下,可惜少有时材,因此难为时用。诗中"野人"泛指古代农夫、乡村百姓,也是士人自谦之词。比如杜甫《赠李白》诗中谦称自己为"野人",诸葛亮谦称自己"山人",意为山野之人,也是此意。"野人""野兴"说其是不同于官场中他人的"另类";"时用""时材"更是对官场看不惯,满腹牢骚的表达。

后两句说偶然出城,离开了污浊的官场和喧嚣的闹市,逃离滚滚沙尘,青山溪流给人以心旷神怡的感觉,出城走近原野,面对清丽的自然景观,一扫心中的烦闷,精神为之一振,耳目一新。一个"偶"字,体现了机会的难得与可贵,一个"背"字准确刻画出他摆脱世俗烦扰的追求。大自然能够抚平他的心烦不满，领略山水佳趣使他归于平静淡定。王安石初入仕途不适应主要是他受上级、同僚尤其是官场因循守旧等世俗风气影响，满腔热血却不能独立自主地践行施展理想，心中烦闷与不平。由于王安石超凡脱俗，特立独行，不随波逐流，坚持己见，同僚认为：

> 介甫数引古义争公事，其言迂阔。

他也可能因此与上司及同僚相处不愉快。但他毫不掩饰自己从来不随波逐流的独立个性，请看其诗作《孟子》：

> 沉魄浮魂不可招，遗编一读想风标。
> 何妨举世嫌迂阔，故有斯人慰寂寥。

说1400多年前去世的孟子不可能复生，但他遗留了王道仁政、轻刑薄赋、以民为本等宝贵的精神财富，是他继承效法的标杆。尽管孟子生前政治主张得不到实行，甚至到处碰壁，世人多认为其迂阔，明知不可而为之，但他愿做孟子思想的践行者，做孟子的知音，为兴利除弊、中兴大宋作出无愧古人的功业。

虽然现实与自己报效天下的终生追求相差甚远，但王安石深知万丈高楼平地起，千里之行，始于足下，今后的路必将是曲折漫长的。要实现自己的宏伟理想，就必须认真履行职责，做好当前的各项公务，为今后长远发展奠定坚实的基础。他是一个脚踏实地的人，他兢兢业业努力做好本职工作，业余时间精力投入读书学习之中，遨游知识海洋。

一般人参加科考金榜题名后，往往因长时间苦学压抑，突然一步登天，而放松学习，甚至追求享乐不求上进。王安石却把此时作为人生求知的第二个黄金期。他惜时如金，利用公务之余及节假日抓紧点滴时间读书学习，并从此正式开始了文学和学术创作。

他读书写作常常通宵达旦，曾因此受到知府误会。有一次他夜读到黎明，不知不觉困倦入睡，醒后来不及洗漱，就急忙奔向府衙。知府韩琦身兼资政殿学士刚到任不久，他曾和范仲淹镇守西北边关，抵御西夏，因参与范仲淹"庆历新政"失败被外放至扬州。韩琦后曾担任宰相，为朝廷作出了较大贡献。他对下属要求严格，看到王安石匆忙进入公堂，满脸倦容，以为这位年轻人可能是晚上饮酒误事。他深知王安石文才，更愿王安石严格要求自己，早成大器，于是就批评他："君少年，无废书，不可自弃！"说王安石正当有为之年，要把业余时间和精力用到读书上,切不可放纵自己,自暴自弃。王安石听后,知道知府错怪了自己,但自己确实未洗漱,且衣冠不整,理应受到批评,于是他就默不作声。从此他进一步严格要求自己,虽然坚持天天夜读但不忘洗漱,按时上班。后来韩琦知道错怪了王安石,他深服王安石的勤学精神。王安石任职期满离开扬州后,有一次韩琦接到一封信,他和部属都不认识里面的几个古字,这时韩琦感慨:"惜乎王廷评不在此,此人颇识难字。"

王安石终生读书勤学,无论是少年时代,还是入仕从政几十年,无论是做州县小官还是做万人之上的宰相,甚至到退休后,许多地方都留下了他读书学习的事迹。《潜山县志》记载了他在舒州担任通判时读书的事迹:

> 舒王台,一作舒台,在县东南,相传宋王安石读书处。王安石后封舒王,因以名台。

这时期王安石的文学、学术创作一鸣惊人。1042 年他刚满 20 岁,初入仕途就写出了散文名篇《送孙正之序》,开篇就讲:

> 时然而然,众人也;己然而然,君子也。己然而然,非私己也,圣人之道在焉尔。

说遇事不思考而随风跟俗,是普通人的处世态度;而自己思考认为正确的,就义无反顾坚持去做,才是有道德的君子所为。坚持己见特立独行不是自以为是,不是为个人利益,而是遵循儒家治国理想和道德行事。他在后文中写道:作为一个君子,应该像孟轲、韩愈那样,自己认为正确的就要坚持,决不动摇,而不能像普通人那样毫无主见,随波逐流。明确表达了自己"得志于君则变时而之道"的志向。可见王安石不随世俗的独特气质,其以天下为己任的政治抱负更是跃然纸上,伟大政治家初出茅庐首次发声就不同凡响。

1043 年王安石写了《张刑部诗序》文学评论文章,全文虽仅约 200 字,但内容丰富,思想深刻。文章批判了北宋初年杨亿、刘筠等为代表的"西昆体"华而不实的诗风,旗帜鲜明地表达了对于不良文风要敢于坚决抵制,至少也要做到自守不污。强调诗作要有思想内容,文风问题也是人品问题;强调继承儒家"诗言志"的传统。这是他现存最早的一篇文论。

他在《上人书》中提出了文学创作为现实服务的主张:

> 尝谓文者,礼教治政云尔。

他在《和中甫兄春日有感》中写道：

> 春风生物尚有意，壮士忧民岂无术。

说春风尚能催生万物，胸怀壮烈有志之士难道就没有解除民忧造福百姓的办法？表达了他不甘做庸吏，欲建功立业恩泽万民的雄心。他在扬州期间作品丰硕，20多岁已进入文学创作的高产期。

扬州任职期间，王安石的哲学研究和创作也取得"一览众山小"的突出成就。他潜心深入钻研诸子百家学说，开始了对哲学中关于阴阳五行、天人关系等重大课题的攻关，以朴素唯物主义辩证法思想为基础，对哲学基本问题探索钻研，达到了领先时代的高度。一部数万字的《淮南杂说》，就是这时撰写流行于世的（另说1051—1053年任舒州通判时所作）。这一哲学论著在当时社会上产生了"世谓其说与孟轲相上下"的巨大影响；在宋学的开创和发展过程中，具有崇高的地位。这时王安石尚不满25岁，已经成为"独负天下大名"的思想家。他钻研诸子百家的感悟尤其是求索儒家经典的高度少有人及。他的政见及学识水平与日俱增，为今后担当大任奠基更加坚实。

王安石刚到扬州任职不久，当时朝廷正酝酿着一场政治改革。庆历三年即1043年，宋廷与西夏议和后，范仲淹由原来坐镇陕西延安一带抵御西夏的边关副帅，调入朝廷担任参知政事即副宰相。面对宋廷内忧外患的严重危机，他力主兴利除弊、变法图强，九月奏请仁宗实行以选官用人为首要内容的十个方面的改革，与富弼、欧阳修等人合力推行"庆历新政"。范仲淹降免了许多德才政绩不称职官员。改革损害了上层统治阶级的既得利益，守旧派疯狂反对，他们诬蔑范仲淹等人为朋党害政；甚至模仿新政官员石介笔迹，伪造其给富弼隐含欲废仁宗信函。这一招击中了仁宗的要害。

欧阳修虽然曾作《朋党论》予以驳斥：君子同道为朋，小人同利为朋；君子为名节为朝廷，为真朋；小人为财富为利禄，为伪朋。君子同心共济助益国家。他劝仁宗：

> 故为人君者，但当退小人之伪朋，用君子之真朋，则天下治矣。

但中国封建帝王历来忌讳臣僚抱团结党，包括士大夫共守道义互为声援的"君子之朋"。仁宗苟且守旧，懦弱无为，更因有人伪造的信件对范仲淹等人猜疑。范仲淹、富弼、欧阳修等人眼看改革难以推行，自请外放州府，仁宗乐见其去,范仲淹直至终老未能再回朝堂。这就是历史上有名的"庆历新政",仅一年即昙花一现,半途而废。朝政又回到改革前万马齐喑死气沉沉的颓废局面。

这时王安石虽初入仕途,人微言轻,自己的主张难以上达朝廷。但他身在扬州,胸怀天下,时刻关注着朝政。他为范仲淹等人当政变法欢欣鼓舞,寄予厚望,期盼宋廷振兴;更为国家栋梁被贬,大宋失去一次中兴的机遇而扼腕叹息,寝食难安。早在"庆历新政"刚开始推行时,他就心有隐忧。他曾作《读镇南邸报,癸未四月作》:

赐诏宽言路,登贤壮陛廉。相期正在治,素定不烦占。
众喜夔龙盛,予虞绛灌憸。太平讵可致,天意慎猜嫌。

他相信范仲淹、欧阳修等人忠君忧国爱民的高尚人品,相信他们的能力;同时他担心仁宗皇帝猜疑动摇,"庆历新政"将难以推行。诗作显示了王安石虽然年轻,却具有深刻的超前预见。他认真思考"庆历新政"失败的原因教训和国家的未来。后来王安石变法时借鉴"庆历新政"前车之鉴,尽最大努力坚定神宗思想,努力避免神宗猜忌,防止神宗动摇;坚持变法改革从易到难,把精简机构、裁撤冗员、废除皇室贵族特权等阻力较大的改革,放到经济军事改革取得明显成效之后,并妥善安置反对变法官员,终于使变法改革取得第一阶段预期成效。

1045年,王安石扬州任职三年期满,赴京述职待命。三年中王安石收获丰硕,他在做好本职公务的同时,创作了大量文学作品;哲学著作世人称颂,士大夫中无出其右。同时他更多地了解到社会民生等许多以前书本上没有的知识,实现了由书生意气青年学子到朝廷命官的转变。

宋代官制,低级别地方官员任满,需入京接受任职年限、有无赃私罪、有无疾病、推荐人等情况考核,称为"参选"。考核合格者即可参加审官东院、审官西院、流内铨、三班院四个部门主持的铨选,称为"四选集注"(注即注官,审查官吏的资历、政绩等,确定其升降级别与职位)。每季度第一个月举行,一年四次。集注前公布职位空缺"阙榜",供参注人依据资历等申请注阙。根据应注者回答,集注官亲批"就"或"不就"明确意见,两天后公布结果。没有被选中者等待下次。这种选任办法似为宋代一定范围、程度的公开选拔官员。宋代官冗阙少,有的官员待选甚至长达七八年。而王安石1045年底入京,由于他曾被考官初定状元屈居第四及在扬州文学和学术成就，一年后即被朝廷任命大理评事、知鄞县事即县令，比较顺利得到重用。

王安石在等待参选、集注漫长时日中，每天都很忙碌。他刚入京正月就被指派临时公务，担任礼部省试试卷点检官，受命后即入贡院与外界隔绝，忙于命题、阅卷四五十天。这是他一生数次担任考官的首次，在文化繁荣昌盛的宋代，他虽然年轻却被任命科考官，可见朝廷对他的肯定器重。

由于他才华天下闻名，其间受人请托写了建筑落成传记、叔祖王贯之等墓志铭许多文章，可谓勤奋的能者多劳。他一生除辞相退休后少有休闲，都在繁忙充实中奉献，生命宽度谁人可比！？（以上部分内容引自崔铭《王安石传》）

1046年底，朝廷任命王安石为明州鄞县（今浙江省宁波市）县令。这时他刚满25岁，朝野没有任何后台背景。这项任命对王安石来说确实是严峻的考验与挑战。这是因为：

　　天下之治始乎县，县之治本乎令。

治理好天下的基础是从每一县做起，治理好一县的根本在于县令。华夏所有县都治理好，何愁天下不治！？

但是当时鄞县难治是出了名的。一是鄞县为浙东第一大县，而且是宋朝对日本、高丽（今朝鲜）经贸和文化交流的重要港口；辖区面积大，人口多，除一般内陆县政务外，还有水务、外贸、港务等，政务繁重。二是鄞县为明州府衙所在地，而且远离京城开封2600里，皇威鞭长莫及；县令施政常受州府官员制约。三是地方豪强士绅勾结官员，逃役漏税，结党营私，争权夺利，讼案繁多，执政环境差。县令施政若不与其妥协退让，则豪绅寻衅滋事，政务难以推行。以往县令多受此困扰，甚至受到诬陷，难以平安离任脱身。往往是在任县令期盼早日调离，接任者视为畏途，避之不及。

王安石仅有三年扬州幕僚的任职经历，此前公务都由知府安排，自己照章办完事交差，承担责任轻。一个县就是一个小社会，麻雀虽小五脏俱全，全县的刑狱断案、收缴赋税、摊派徭役、教化百姓等许多政务都要靠县令决策实施。他深感责任重大，同时也深知这才是深入了解社会民生、兴利除弊、经受磨炼的机遇和平台，是实现自己人生理想真正的起点。

他继承父亲不畏艰难险阻、迎难而上、勇往直前的精神，面对这样一块硬骨头，他毫不畏惧，满怀信心，迎接即将到来的严峻挑战。

第五章　小试牛刀

王安石带着妻子和3岁幼子王雱及14岁弟弟王安礼,经过40多天长途跋涉,于1047年二月中旬到达鄞县。他之所以带上弟弟,为的是减轻母亲负担,同时也便于对其随时言传身教,早日培养成材。王安礼没有辜负兄长期望,他在王安石辞相6年后的1082年担任副宰相,其成就贡献永垂青史。

王安石将家眷稍作安顿,随即理政视事。万事开头难,如何踢好头三脚,烧好三把火,进而为实现全县大治奠定坚实基础;怎样在鄞县进行改革,尝试种好这块实验田,为自己今后在更大范围内报效天下积累经验,成了他心头反复思考的问题。他深知掌握县情是谋事之基、成事之道,决定首先从深入调查研究、了解县情做起。他淡化官场迎送宴请及地方士绅应酬,立即召集重要属吏,同堂议事,要求直言县情及前任治县得失经验教训。

北宋时,一般大县县令之下,有县丞、主簿、县尉三个官员辅佐。县丞协助县令管理日常行政事务,主簿协助县令管理文书、账目、档案等内务,县尉协助县令管理社会治安。三位助手对这位新县令的文才早有耳闻,但对其年轻有无治政方略心存观望。眼见王安石虽然年轻气锐求治心切,却是胆略勇气过人,开诚布公,胸怀坦荡磊落,言简意赅,作风果断,而且不摆官架,很容易相处,甚是佩服。初次相见已有几分敬重,三人对于鄞县民风、物产、赋税、劳役、水利、治安、刑案等方面情况纷纷坦诚相告,建言献策。王安石则认真倾听,不时询问。随后他还对有关问题分别向其他属吏进一步了解印证。

为了准确掌握鄞县社会各界民情,到任仅数日,他就选择一名熟悉当地乡音的随从,为他带路翻译,微服私访。二人都作百姓打扮,走出县衙进集市,穿街巷,行郊区,迈步田间,深入农户详细了解农、工、商各行业生产经营状况。通过多日微服私访,王安石了解到鄞县百姓深受"三害"之苦:

一是高利贷之害。地方豪绅高利盘剥百姓,尤其是青黄不接时,豪绅趁百姓急难,贷款利息有时高达2—3倍,农民迫不得已常常饮鸩止渴,因此被地主豪绅兼并破产,甚至被奴役失去人身自由。

二是旱灾之害。当地水利工程长期失修,河道淤塞,百姓常遭受旱灾歉收等自然灾害,常年苦于生计。

三是赋税徭役之害。尤其是无偿差役繁重，导致农民生产误时，如遇不测则倾家荡产。有的农民为逃避差役出家，有的甚至自残。

几天微服私访，王安石心情沉重，寝食难安。其诗作《郊行》，体现了他对农民深切的同情：

柔桑采尽绿阴稀，芦箔蚕成密茧肥。
聊向村家问风俗，如何勤苦尚凶饥？

说养蚕的农民采尽桑叶，桑树绿荫稀疏，芦苇席上蚕茧饱满肥大。随便向村里农民询问风土人情、生计状况，为什么终年勤劳辛苦，还避免不了凶险饥饿？他深切同情终年辛劳难避凶饥的农民，批判矛头直指朝廷，满腔改革弊政、为民做主的责任感油然而生。

王安石综合县衙内外调查情况，分析轻重缓急，统筹考虑。他决定对症下药，救民于水火，思考近期和长远要办好的几件大事。他首先从整顿县衙风气开始，他深知事在人为，治县之要，治吏为先，只有官清吏不横，百姓才可得安乐。整顿官风，弘扬正气，集全体官吏的智慧力量，才能同心协力为百姓兴利除弊，改善民生，进而达到全县大治。王安石注重法治，他用法则规范官吏行为，针对当时官场和鄞县实际情况，向县衙官吏定下 10 条守则，并请属吏监督自己，与大家共勉：

一、不得积压公事，当日事当日了。

二、逢单日，某留府，直受百姓状词，不得拦阻。

三、凡遇讼案，务须综览案牍，详析是非曲直，加签必注时日，以明责任。

四、遇事绝不迎合权贵，不受关说，但究事实依法公断。

五、执法务严，行法从宽，兼顾情理，不故意刁难，不节外生枝。

六、严禁家人子弟、亲友过问公事，以防交通关节，贻人口实，违者连坐。

七、凡以诽语伤人者，务必求证，查明屈直，背理者，绳之以法，以警来兹。

八、不得私驱差役，役民必于农隙，使民必求其平。

九、财赋簿籍，定期造册，按月陈阅，不得稽延。

十、凡故违者，轻者罚俸、调降，重者黜免，或送法办。（引自台湾学者

范文汲《一代名臣王安石》，本章其余引处不再标注）

以上10条未见大陆学者涉及，可能源自台北故宫博物院史料。

王安石从依法办事断案，严禁说情，属吏各司其职，提高效率，外人不准过问干预公务，严禁造谣诽谤，不准私自役民，公务役民兼顾农时，以及违者处置办法等各方面作了明确严格规定。这就是年仅26岁王安石的与众不同。此前他仅有三年扬州幕僚的经历，却对封建官场陋习顽疾看得透彻，入木三分，敢于下猛药医沉疴。他就是要斩断县衙作奸师爷胥吏一切非法灰色所得，荡涤天下县衙俱有的污泥浊水。他要建立纪律严明、作风过硬、高效廉洁的县衙公务员队伍，为兴利除弊革故鼎新，为造福百姓奠定坚实的施政基础。

其中第二条他庄严承诺单日留府值班，直接受理百姓状词，不准任何人拦阻；更是直接效仿北宋名臣包拯：百姓喊冤，申诉告状，直接进入大堂。王安石直面百姓告状，杜绝他人递状等任何中间环节，避免胥吏等徇私舞弊。这项措施很给力，原来一些久拖不决的案件，王安石通宵达旦，抓紧审结；对于新发生案件更是果断公正，雷厉风行。王安石一心为百姓做主，遵循天理、国法、人情、事理断案，审理案件百姓口服心服；他各方面以身作则，身教重于言教，属吏深受感动，非常佩服王安石的德才学识以及断案处事的魄力胆略。他虽然年轻，竟以超人的才智能力受到县吏高度肯定。人人严格遵守10条规定蔚然成风，县衙作风焕然一新。王安石大名很快传遍了全县。

王安石断案水平不同凡响，声名远扬。当时浙江余杭县有一家侄子与叔父争夺田产案，案情比较复杂，经县、州、路三级审理判决，原告不服，上诉到两浙提刑司。提刑司指派辖区内擅长断案的王安石前去审案。王安石1047年亲赴余杭，详细查证，缜密思考，作出令人信服的判决，原告不再上诉，了结一桩三级衙门未能结案的疑难案件。王安石在《历山赋》序文中简记此事：

> 余姚县人，有与季父争田，于县、于州、于转运使，不直，提点刑狱令余来直之。

仅用29个字记录此事，王安石精练文字的功力可见一斑。

王安石后来担任提点江南东路刑狱，负责一路（相当今天一省）司法；他在京城任知制诰时还负责纠察京城重审案件，依法断案有口皆碑。正因为他早年胸怀依法治国理想，学习不属科考内容的法律，从政后心系天下百姓，研读法律精髓，注重以事实为依据，以法律为准绳，恪守依法执政，因此才在多个执法岗位上大有作为，断案大有"包拯第二"的美名传颂。后来当了宰相推行变法改革，亦是更大规模、更高层次、全方位地依法治国。

王安石通过调研吃透县情，整顿县衙作风从严治吏，以身作则带动属吏，取得了良好效果，百姓有口皆碑，奠定了他开创性施政的坚实基础。他为自己短时间内赢得属吏信服，县衙风气改变，百姓初步认可而高兴。但他深知这仅仅是治政的基础和良好开端，真正考验自己的是通过调研需要为百姓做主的三件大事能否办好。王安石把思虑已久的三件大事，逐步摆上了议事日程。第一件就是兴修水利，从根本上改善农民生产条件。鄞县这个地方涝灾少旱灾多，因为毗邻大海，遇到大雨随时可以排入大海，但因为水利工程年久失修，储水量小，往往是雨水流入大海之后，一段时间无雨就出现旱情。王安石利用当年农业收成好，百姓生活比较宽裕，有兴修水利以改善长远生产条件的愿望，便向当时两浙转运使杜杞写了《上杜学士言开河书》，谈了当时鄞县兴修水利的经济基础和民意支持等有利条件。杜杞感动于王安石心系百姓，对他兴修水利非常支持。王安石不辞劳苦，抓紧时间足迹踏遍了全县所有涉及水利工程的地方，详细调查工程开支预算、资金筹措、组织实施及可能出现的困难和问题。他详细记载了1047年冬下乡12天，历经14乡跋山涉水、顶风冒雨调研水利工程的情况。他在与民同乐中度过26岁生日，生日事只字未提；作《鄞县经游记》仅记政务：

> 庆历七年十一月丁丑，余自县出，属民使浚渠川，至万灵乡之左界……凡东西十有四乡，乡之民毕已受事，而余遂归云。

王安石回到县衙，总结下乡情况，在征求大家意见建议基础上，与属吏再次研究，要求县丞等助手全力以赴，做好全县兴修水利工程各项准备。县府治理河湖、兴修水利的消息传出，许多在河湖渠塘违法经营的豪绅大户互相串联，密谋对策，企图阻挠抗拒。劝阻的信函堆满了王安石桌案，他深感困难阻力之大，面临着鄞县任职以来最严峻的挑战。整治河湖除了既得利益豪强大户公然抗拒，阻力还来自县衙内部以主簿为首的官吏及其亲属等。其亲属在河床非法占田、河内种植养殖影响河道疏浚。主簿等人态度消极更是影响了属吏整体士气。全县许多违法经营的豪强大户，都眼看着王安石如何处置主簿亲属等违法问题。王安石深知打铁必须自身硬，只有属吏带头执行县府公告，做出榜样赢得民心，然后所有官吏齐心协力，才能带领全县百姓令行禁止，整治河湖兴修水利才能成功。他审时度势，当机立断，首先解决县衙内官吏及其亲属违法经营问题。他立即召集三位助手，要求各司其职，精诚合作，强力推进各项水利工程。他特别强调要求主簿详细调查强占河湖种植养殖者姓名身份、占地面积大小、所占年数、经营收入情况、仗势何人等，一一据实弄清。

他人散去后，王安石留下主簿待之以诚，晓以大义。主簿眼看王安石无所畏惧，清理整治违法坚定不移，更感于王安石心底无私，表示一定带头服从县府政令。他立即规劝说服亲戚，及时拆除违章设施，清理违法种植养殖。多数豪绅眼看官吏亲属不打折扣执行县府决策，自知难以抗拒，纷纷按照县府公告抓紧行动。但仍有几个大户豪绅，自恃后台强硬，依然我行我素，迟迟不动。王安石经了解得知，原来是龙图阁直学士兼吏部郎中孙沔为其撑腰，他们才有恃无恐。孙沔1019年科考入仕。他任提点两浙刑狱期间，手下人强取地利，侵占河湖堤岸，其中亦不排除有孙沔利益。他后任数路安抚使等地方大员，且与枢密副使狄青并肩南征，面受帝奖，被誉为朝廷功臣而历来骄横。此时孙沔正在离鄞县较近的故乡越州会稽县丁忧母丧。他的鄞县旧属因水利工程损及自身利益而求其做主，并且造谣挑拨说王安石沽名钓誉，不把他放在眼里，因此他对王安石大为不满。他自认为以学士之尊、吏部之威，一封书信必能吓退小小晚辈县令。孙沔派人到鄞县县衙严词责问，并威胁要上章弹劾王安石。

王安石面对吏部大员的威胁，继承父亲惩治豪强的大无畏精神，知难而进，勇往直前，毫不退缩。他督促属下抓紧工程进度，务必按期竣工。同时复信孙沔《答孙元规大资书》，首先说虽然自己身世贫贱，德才平凡，听说属下左右别业就在鄞县，也从未想过给予关照以求进身。实际上就是明确告知孙沔：公事公办绝不含糊。然后说明整治河湖堤坝兴修水利，皆为百姓民生，驳斥其无理指责，表明其不惧威胁奉陪到底的决心。孙沔接信虽怒气冲天，仔细思量却也无可奈何。他亦知王安石文才之高、官声之佳，足使谗言难入，而且朝中有欧阳修等清流官员支持，只好按捺怒火再待时机。孙沔守孝期满后，专门求任明州知州，意欲报复王安石，以泄私愤，未能得逞。

北宋时吏部是主管官员考核、任职、升迁、降免的六部之首，相当于今天中央组织部和人事部的职能。当时像王安石这样小小七品官，惹怒吏部高官，很可能严重影响今后仕途。王安石谋国为民，不谋自身，他敢于碰硬，坚持排除一切障碍，着眼百姓长远生计，为民做主兴修水利。孙沔气急败坏，但是眼下却无可奈何，因为王安石毕竟立得正、行得正，而且王安石在朝廷中虽然少有私交,不攀附权贵,没有后台背景,但是他在年轻士大夫中,属于后起之秀,朝野有口皆碑,要扳倒王安石还真不容易。原想借孙沔阻止王安石整治河湖,保住违法既得利益的鄞县少数豪绅,但见王安石不畏权贵,孙沔对他尚奈何不得,又眼看县衙属吏齐心协力,而且王安石勤政爱民,有口皆碑,百姓称颂,民心难违,不敢继续对抗,只好束手听命。制服了豪强大户,全县兴修水利势如破竹。王安石带领属吏一鼓作气日夜督导,按期完成了全县水利工程。王安石通过整治河湖,兴修水利工程,极大地改善了鄞县农民生产条件,基本上解除了农民旱涝灾害,为保障百姓丰衣足食,做了功在当时、利在后世的好事。

治平三年(1066)孙沔71岁去世,当时王安石正在第二故乡江宁为母亲守丧,闻讯感慨寄以挽词,他不因小节掩其大功,以"许国言犹在"肯定其一生功绩,40字五律无一贬词。这就是君子风度。这就是不同常人的王安石。

王安石考虑要做的第二件大事,就是开放官仓粮食,低息贷于百姓,避免百姓遭受犹如饮鸩止渴倾家荡产的高利贷盘剥。王安石深知高利贷危害天下百姓,不是鄞县一地问题,而是全社会很难治理的顽疾,是天下普遍存在的毒瘤。天下大事他一县令力不从心,但是在鄞县他可以做主。百姓遭受高利贷盘剥主要是在青黄不接时,即春夏之交百姓存粮吃完,地里的庄稼就差那么半月二十天才能成熟收获,农民面临断炊。当时没有国家银行,明知数倍高息借贷私人,将陷入长期债务泥沼不能自拔,后患无穷;但为了眼下生计和购买生产工具,迫不得已。王安石思考借贷于民,一可以避免百姓债台高筑,救民于水火;二可抑制农村豪强地主兼并;三是百姓新粮收后再归还粮仓,可使官仓粮食新旧相易。虽然一举三得,惠及全县民众,但较兴修水利更为复杂,难度更大,而且年复一年旷日持久。

他想百姓所想,急百姓所急,召集几个重要助手,谈了开放官仓贷粮于民的想法,虽然三人都认为这样做利国利民,确实能解决当下农民急难,但一致认为豪强大户必然串联抗阻,实行起来必将困难重重。再者如果遭灾或者有人故意拖欠不还,不能补齐库存,朝廷追究后果难料。众多属吏纷纷劝其缓行。其实王安石何尝不知这样做的风险,当时"庆历新政"昙花一现仅4年便失败,苟且守旧之风充斥朝野,稍有兴革作为的官员都被御史台及谏官以维护祖制之名参奏罢免。上下官员恪守祖制循规蹈矩,明哲保身,不求有功,但求无过。他心里最清楚这样做可能的严重后果,但他为百姓着想,一切在所不惜。他向三位助手表示天塌下来他顶,一切责任由他承担。他在耐心细致地做好属吏思想工作后,与之详细商量了具体实行的方法步骤,制订了周密严谨的实施方案,明确属吏分工责任。他带领属吏深入村镇严格实施,现场督导落实;身体力行送粮下乡,留下了诗作《发粟至石陂寺》记载其事,体现了他与民同忧乐的高尚情怀。一项无论从当地豪绅阻挠,还是实施复杂困难重重无人敢为的大事,竟然由年轻的县令王安石圆满完成。

实际上这样做不仅有很大政治风险,而且还有大量艰苦细致的工作要做。当时没设乡政府,县衙官吏须分工深入村户组织督导,与全县百姓签订合同,照顾特殊困难百姓,严防并制定对可能出现的少数违约户的处置措施,维护开仓放粮秩序等,尤其是督导粮食归仓,非常具体繁杂;年复一年永续不断工作量之大,王安石承担的压力可想而知。

低息贷粮于民收到了解除百姓危难、农民生计得到改善、豪强大户受到打击、官仓粮食新旧相易的预期效果。同时县衙收取低息,为王安石再行善政积累了资金,取得了良好的社会效益和经济效益。属吏和百姓不禁对这位年轻县令肃然起敬。王安石以超人的胆略和勇气连续为百姓做了两件大事,治理鄞县大见成效。他的名声传遍了明州内外。

王安石要做的第三件大事就是兴办学校。他在鄞县的治政实践中,深感人才缺乏和教化百姓的重要。他深知人才出于学校,要培养勇于任事、心系社稷民生的人才,首先必须兴办学校。王安石筹措经费,组织施工,紧锣密鼓地在城西南以孔庙为基础建成了学校,首开鄞县官方教育的先河,在东南地方县学中具有示范意义。他深知名师出高徒,注重选聘教师。他访问了解到明州有五位博学多才、品行高洁的隐士,而鄞县就有西湖先生楼郁、鄞江先生王致、桃源先生王说,另有慈溪县石台先生杜醇、大隐先生杨适。王安石分别亲自写信(《临川先生文集》中保留有 4 信),盛情邀请。其中文才学识最高的杜醇长期拒绝仕宦,耕桑钓牧,以养其亲;接到王安石第一封信,他婉言谢绝邀请。王安石再次写信,以诚感人,以理服人。杜醇接到王安石第二封信后,感于王安石人品政声,终于欣然应邀入校任教。《王安石散文全集》收录了《请杜醇先生入县学书》两封信,字里行间洋溢着王安石恳请杜醇的坦诚和兴办鄞县教育的决心。王安石与五位先生畅谈办学的各项具体事务,尤其是办学宗旨和教学内容,强调加强道德和实用知识教育,务求培养经世安邦的急需人才。《鄞县志》简要记载了王安石创办鄞县县学的情况:

> 庆历八年,令王安石因庙为学,教养县子弟,请杜醇为师,至是鄞始有学矣。

邻近州县听说王安石兴建校舍,聘请名师,学子纷纷前来,学校办得红红火火。王安石公务之余,经常到学校与杜醇等人切磋诗文,谈古论今,畅谈时政,了解学生情况,解决办学中出现的问题。王安石由鄞县办学想到全州教育,他应邀到邻县慈溪县学切磋交流,写下了《明州慈溪县学记》,宣传社会教化的基础是兴学,只有兴学才能培养人才的教育思想。王安石担任宰相后,接待鄞县人进京,仍不断打听县学和杜醇等名师的情况。后来得知杜醇等二位名师去世,王安石追思二位风范,作了《悼四明杜醇》《悼王致处士》诗文,表达了深切的怀念之情。

王安石礼贤下士,以县令身份邀请五位名师任教,以实际行动弘扬了儒家尊师重道、尊重知识、尊重人才的思想观念。这对于鄞县后任及州内外地方官员,具有极大的示范意义;王安石尊师重道的流风余韵,感染着当地的后任官员,形成了一种源远流长的兴学尊师重教的地方文化传统。

王安石不仅兴办学校,聘请名师,他还亲自教导当地士子。当时很多地方士人跟从王安石学习。他还采取许多措施注重社会风俗教化,比如访问节妇孝子,上报朝廷予以褒奖。据《江邻几杂志》记载:

> 王介甫知鄞县日,奉行赦书节文,访义夫节妇,得三人。

他在百姓中树立道德榜样,以影响带动全县社会风气向善。他还努力进行教导宣谕,逐步改变当地将死者火葬骨灰入海风俗,推行按照儒家礼仪办理丧事,以彰显尊重先人的孝道。

王安石通过办学和对全社会教化等多管齐下,全面提升了鄞县的治理水平。社会风气大为改善,民风淳朴向善,讼案明显减少,全县呈现出政通人和、百业兴旺的良好局面。检验学校教育成果的科考更是硕果累累。许多出自五先生之门的学子,日后成为宋廷栋梁。整个宋代明州籍约1100名进士中,鄞县高达620余人,超过其余五县总和;王安石办学后考中的占大多数。《宋史》有传者四人,许多人为国家作出了较大贡献。从后来他在南京讲学培养出三位副宰相等朝廷重臣看,不能排除他在鄞县教导士子多有高徒。后来王安石执政变法时,从中央到地方大力兴学,全社会进一步形成尊师重教良好风气,成为宋代文化繁荣、学术科技进步的一个重要原因。

王安石在鄞县还对兵民结合实施保甲、保障地方社会治安进行了初步的尝试,并且对全国普遍按户等由当地农民轮流充当县衙差役,改为按户等出钱由县府组织雇人应役,保障百姓不违农时从事农业生产,进行了创新探索。以上就是后来他主政天下时"青苗法""免役法"的早期试验实践。他兴修水利,整顿田赋,堵塞乡绅偷税漏税,增加政府财政收入;打击商业投机兼并行为,平抑物价。这些都是后来"农田水利法""方田均税法""市易法"的雏形。他担任宰相后推行的许多新法,源于并借鉴了他在浙江鄞县精心耕作试验田的实践经验。

王安石在鄞县敢为天下先的许多作为,都体现了儒家崇高的民本思想。皇祐元年(1049)二月,他在县衙门外树立了《庆历善救方》石碑,并撰写《善救方后序》:

> 先王有不忍人之心,斯有不忍人之政。

他引用孟子王者有怜恤别人的仁爱思想,于是便有了善政。《善救方》不正是如此吗?说一国之君,是颁布圣命的人。推行圣命达于万人,是臣下的职分。他将朝廷官修医书刻石公之于民,以便万民随时按需取用。

当时通过各级官府在全国颁行医方甚至发放成药,是朝廷关注民生疾苦的举措。太宗朝汇集《太平惠圣方》颁行天下;真宗年间广南西路转运使陈尧叟,为破除当地患者迷信巫术不服药多误人命的陋习,辑成《集验方》,在桂林的驿站刻石,方便士民取用。朝廷1048年颁行的《善救方》,主要是解决南方民间蛊毒害人陋习。鄞县虽然与福建等地相比蛊毒流行并不严重,但是王安石刻石公布医方,远远早于南方许多蛊毒流行严重的州县,体现了王安石心系百姓,防患于未然的思想。

王安石鄞县任职三年期满,他除正常公务外,为百姓创造性地做了许多兴利除弊的好事实事。鄞县经济发展,民生改善,社会安定,风气大变。《宋史·王安石传》记载:

> 再调知鄞县,起堤堰,决陂塘,为水陆之利;贷谷于民,出息以偿,俾新陈相易,邑人便之。

说王安石扬州任职期满后调任鄞县县令,修筑堤坝,疏治河湖,兴修水利,保障农业生产;将官仓谷粮借贷给农民,让他们收获新粮后加些利息偿还,使官仓旧粮换新，又造福方便了鄞县百姓。

他虽未完全实现心愿，但对鄞县百姓却是问心无愧。他对自己所取得的成效并不满足，并且深感在宋廷当时体制下力不从心，多项兴革仅仅是初步探索尝试。比如改革役法他虽然有过初步的尝试，直到 20 年后他担任宰相时经过三年调研、论证、试点，于 1071 年十月才在全国推行，可见他对大的改革措施深思熟虑，稳妥慎重，也可想见改革的艰难。

他在即将离任前的 1049 年，曾作《鄞县西亭》，表达了心中的遗憾：

收功无路去无田，窃食穷城度两年。
更作世间儿女态，乱栽花竹养风烟。

说自己做官无法尽其所愿，建功于朝廷，恩惠百姓；辞官归去家中又无田产，拿着朝廷俸禄虚度两年，没有大的作为，未能充分施展才干，无奈之下也不免做凡夫俗子，栽花养竹打发时光。这首诗既体现了王安石的谦虚，实际上也反映了王安石对于兴利除弊、创新改革之难的深刻感慨。

鄞县三年期满，按照朝廷规定，他将回京述职，听候调用。他在三年中一心为民，标本兼治，大见成效，是中国封建时代为百姓做好事实事最多的少数县令之一。科学家苏颂（王安石同榜，后为宰相）把他与天台县令石牧之、仙居县令陈襄誉为"江东三贤宰"，他成为为官治县的典范。

他与鄞县百姓情深难舍，他对鄞县的山山水水、一草一木非常留恋，离任前满怀深情地写下了《县舍西亭》七绝二首，请看其二：

山根移竹水边栽，已觉新篁破嫩苔。
可惜主人官便满，无因长向此徘徊。

他更难忘夭折三年的女儿。王安石刚来鄞县两个月即 1047 年四月，夫人生下第一个女儿。1048 年六月，女儿年仅 14 个月不幸夭折。他将女儿埋葬，并为女儿撰写了《鄞女墓志》。王安石就要离开鄞县了，他念念不忘夭折的幼女，他来到幼女墓前，难抑悲痛心情，默默自语：

行年三十已衰翁，满眼忧伤只自攻。
今夜扁舟来诀汝，死生从此各西东。（《别鄞女》）

鄞县百姓听说王安石即将离任，感激他所施各项惠民德政，对他依依不舍，他的不朽业绩，一直被传颂至今。

"政声人走后。"王安石离任后,百姓为他在县城东南35里阿育王山广利寺中建了生祠。嘉祐六年(1061)明州郡守钱公辅,为广利寺王安石生祠立碑,记其功德:

> 介甫之为鄞也,劝农务业,区别善恶,习俗丕变,乡民父老思之,愿立生祠、图像以顺鄞人之心焉。

封建时代为活着的人立生祠始于汉代,兴盛于唐代;非常慎重严肃,百姓当作神灵世代敬奉祭祀,所体现的是百姓的真心感激爱戴和怀念。而且被立生祠者要经得起实践和历史的检验,其往往遭受同僚嫉妒,受到社会严厉苛责。

自从他被百姓建立生祠后,历代祭祀久盛不衰。值得一提的是,县城经纶阁祠堂为其去世后"元祐更化"时期(1086—1093)修建。当时正是守旧派废除新法,否定王安石政治学术时期,在当时政治环境下,没有强大的民意基础,是不可能在非其故乡的鄞县城内为他修建祠堂的。这既体现了当地百姓对他的深切怀念,也是对当局否定王安石的抗争。而且时任县令也是要承担政治风险的。敢于逆朝廷错误潮流,顺从民意的县令也是值得尊敬的。

109年后,南宋绍兴二十五年(1155),王安石弟弟王安国的曾孙王烨,出任鄞县县令,鉴于经纶阁于建炎四年(1130)毁于战火,他顺从民意敬重先人,重修经纶阁和王安石祠堂。吏部侍郎徐度,为王安石祠堂撰文如下:

> 故相国荆文王公,庆历中尝以廷尉评事来为鄞令。于时,年甚少,气甚锐,而学甚富,其志意之所存远矣;……日夜惟以为民兴利除害为事,距今盖一百九年矣!而其所兴造之迹,尚班班可考,遗民子孙相与传诵其事,指其迹而怀思之……愈久而愈不忘也。(范文汲《一代名臣王安石》)

说已故去的荆国公王安石(谥号"文"),仁宗庆历年间,曾任鄞县县令,当时他年轻锐气治政,学识富有,志向胸怀高远。他不分昼夜,为鄞县百姓兴利除害,距今已经109年!而他所兴利造福于民的遗迹,还有许多可以考证,鄞县后人互相传颂他的事迹,指着他兴利除弊的遗迹而怀念追思他,时间虽越来越久远,却永远不忘他的功德。

在王安石时代乃至整个中国封建社会的无数名流大家精英中,许多人文学、学术等某些方面可以与王安石媲美,但王安石以崇高的思想境界以及三年县令辉煌政绩被百姓建立生祠,永远祭祀这一独特的荣耀少有人及。前文谈到其父亲王益担任县令成就贡献卓越,南宋初期赵构极力打压王安石时期,被后人建立"三贤堂"供奉纪念,父子两代县令获此封建时代体现纯真民意的殊荣,在笔者目前阅读史书中更是绝无仅有。在当时严酷社会政治环境下为他父子修建祠堂,这才真正是民心不可违。从他父子担任县令远远超出一般清官廉吏,而是敢为天下先承担风险,兴利除弊造福百姓,可见中华文明重要组成部分的儒家文化,对其父子人格灵魂潜移默化的陶冶影响巨大;王安石子承父志,青出于蓝而胜于蓝,世代书香门第孕育和父母亲言传身教殷切培养,终于成就了他这棵参天大树,永垂不朽的国家栋梁。

从古到今,对于王安石变法改革和学术思想,从来没有达到完全的统一认识,而对他治理鄞县的业绩,即使当时政见不同,刻意反对其变法改革,鸡蛋里头挑骨头,甚至对他无所不用其极造谣诋毁的反对派,也从来没有异议。

综观王安石担任鄞县县令治政实践,可以看出年轻的王安石初任地方主官,治理边远大县,三年有成,百姓有口皆碑,誉满朝野,他卓尔不群的品德和才能,确实迥异于一般的封建士大夫。他把鄞县当作试验田,为以后改革进行了小试牛刀的尝试。他坚持胸怀天下,治政利国利民,施政统筹考虑轻重缓急,把握当前急需和解决长远根本问题的统一。他发扬大无畏精神,对于有违祖制和朝廷法度而造福百姓的事情,不管风险有多大,坚持豁出去,宁丢乌纱甚至身家性命也在所不惜。这些对我们今人仍不失教益。

"治鄞千日,影响千年。"王安石治理鄞县成为千古地方治政经典传颂至今,成为宝贵的精神财富,激励今日各级地方领导干部牢记使命,践行初心,奋发有为,开拓创新。只有像王安石这样治理好全国每一个地方,才能集腋成裘,汇聚成中国960万平方公里天下大治的神州辉煌鼎盛,加快实现中华民族伟大复兴。

王安石 26 岁担任鄞县县令,他通过微服私访,深知农民遭受地主高利盘剥,百姓倾家荡产危害之重。他甘冒风险,当官为民做主,结合县情制定周密方案,带领县衙全体官吏,毅然开仓贷粮于民。铁腕督导落实,救民于危难。

《宋史·王安石传》记载他在鄞县许多兴革事迹:"再调知鄞县,起堤堰,决陂塘,为水陆之利;贷谷于民,出息以偿,俾新陈相易,邑人便之。"

此时少壮自负时
意气与日争光辉
材疏命贱不自揣
欲与稷契遐相希

选自王安石《忆昨诗示诸外弟》。是王安石庆历二年（1042）高中进士入仕从政后，次年回家探亲写给诸表弟 420 字七言古诗（见 2—4 章）。回忆了他少年读书志在争辉日月报效天下—随父入京—辗转祖国各地—三年丁忧—科考高中—任官扬州不平凡的成长经历。抒发了他发誓效法圣贤建立盖世功业的伟大抱负，表达了对家乡亲人的无限深情。

第六章　特立独行

皇祐二年(1050)三月王安石鄞县任职期满,这时他刚满28岁,作为政坛新星的卓越政绩和德才学识已经闻名天下,誉满朝野,前程似锦。王安石入京向朝廷述职。他今后的仕途有两条路:一是担任京官。按照宋朝官制,新科进士基层锻炼三年期满后,可以求试京官,这时的王安石已经在基层两地任职六年。而且他扬州任职期满时已经放弃过一次机会。二是继续任职地方。第一条路是付出少、风险小,稳步升迁的通达之路,第二条路是付出多、风险大,升迁较慢甚至前途莫测的坎坷之途。这是因为,一是京城为全国政治、经济、文化中心,非常繁华,物质文化生活条件好,从《清明上河图》可见一斑。二是京官作为幕僚分工细,政务单纯面窄,责任轻压力小。三是京官作为天子身边的近臣,受宠则扶摇直上,外放则为封疆大吏,一生荣耀享乐不尽。而且宋代重文轻武,士大夫任职京城前程更加看好,许多人梦寐以求。如果任职地方,政务繁杂,肩负责任重,压力大,物质生活、工作条件差;受交通通信条件制约,即使政绩突出朝廷也难以及时了解发现,提拔升迁慢,而且稍有不慎就容易遭到弹劾否决。而离京城较远的贫困地区条件更差。有的地方遇到农民起义或兵变,以及任职边境遭遇辽夏侵扰,更有身家性命之忧。以往像王安石这样的高等进士、后起之秀,经过基层两地六年实践,担任京官则往往安排到藏龙卧虎的史馆、昭文馆、集贤院等代表国家最高文化部门的馆阁任职。虽为清水衙门,但却是进身文学侍臣、翰林学士等必经之路,许多人近水楼台先得月,由此出将入相,青云直上。

欧阳修谈到馆阁之职时曾说:

> 苟非清德美行蔼然众誉,高文博学独出一时,则不得与其选,是以选用至艰。(《文忠集》卷一百十一《奏议十五》)

说具备清正廉洁、品德高尚、众人称誉、文章超群、学识广博才能入选馆阁,因为德才要求非常高,所以尽管许多士大夫趋之若鹜,却很难被选中。馆阁实为宋廷高级人才储备库。许多科班出身尤其是以文才著称盛名天下的年轻士大夫,都把担任京官特别是馆阁职务作为捷径进而荣登高位。以王安石的文才、品德、政声,走京官这条路前途无量。一是他有状元之才却屈居第四名,比前三名任职起点低,朝野士大夫同情他。二是他在地方六年尤其是在鄞县政绩誉满朝野,文学及学术创作成果丰硕,天下称颂。三是朝中大臣宰相晏殊、文彦博及文坛领袖欧阳修等人大力推荐。但是王安石卓尔不群,拒绝参加京官考试。《宋史·王安石传》记载:

> 擢进士上第,签书淮南判官。旧制,秩满许献文求试馆职,安石独否。

说王安石参加科考被选拔为上等进士,朝廷委派他到扬州担任签书淮南判官。按当时规定,扬州任职期满,朝廷允许其呈送文章,参加任职京城馆阁职务的考试。考试只是程序,对于有状元之才的王安石易如反掌。天下士大夫都走这条路,唯有王安石"独否",说明仅他与众不同,卓尔不群。

早在王安石任职扬州时,欧阳修非常欣赏他的诗文,深感王安石人才难得,请曾巩转告他前去面谈。由于王安石当时刚到鄞县,一心为百姓兴利除弊,他不在乎与欧阳修早见面有利于进一步提高声望和仕途升迁,而未应邀前往。在这以后,欧阳修虽然从没有与其谋面,仍多次向朝廷推荐王安石。皇祐五年(1053),正当王安石多次请辞集贤校理时,欧阳修立即向仁宗皇帝上书,举荐王安石担任谏官,欧阳修深知谏官对于劝谏皇帝过失、匡正朝廷决策、树立朝野正气的极端重要性。他上奏说王安石:"久更吏事,兼有时才,曾召试馆职,固辞不就。"称赞王安石:

> 德行文章,为众所推,守道安贫,刚而不屈。

说他"沉默端正,守节难进之臣",是谏官的最佳人选。至和元年(1054)、嘉祐元年(1056)两次向朝廷力荐王安石宜为"左右顾问之臣"。此前1055年他出使契丹时,回答询问称许王安石、吕公著为中国最杰出的德行文章之士。

文彦博说,王安石高中进士第四名,一任期满即可求试馆职,赞扬他:

> 安石凡数任,并无所陈。……且文馆之职,士人所欲,而安石恬然自守,未易多得。

按说王安石走第一条路应该毫不含糊,但是他却特立独行,拒绝求试京官。王安石不仅两地任职期满,拒绝求试京官,更使人难以理解的是,此后朝廷因他德才兼备政绩突出,对他破例免试,多次直接调他担任京官要职,他竟然屡次违背朝廷旨意拒不从命。请看他自26岁至46岁仁宗、英宗两朝20年间多次拒试馆阁、请辞京官记录:

1046 年 26 岁、1050 年 30 岁时两次辞试馆职。

1053 年 33 岁时辞集贤校理。

1055 年 35 岁时辞群牧判官。

1058 年 38 岁时辞直集贤院。

1059 年 39 岁时辞三司度支判官。

1060 年 40 岁时辞同修起居注、知制诰。

1066 年 46 岁时辞赴阙。

除两次辞试外,其余拒任京官竟达六次。《宋史·王安石传》记载:

> 先是,馆阁之命屡下,安石屡辞;士大夫谓其无意于世,恨不识其面,朝廷每欲畀以美官,惟患其不就也。明年,同修起居注,辞之累日。阁门吏赍敕就付之,拒不受;吏随而拜之,则避于厕;吏置敕于案而去,又追还之;上章至八九,乃受。

说此前朝廷多次下达调他到京城馆阁任职的命令,王安石屡次请辞。朝野士大夫都认为他无意显赫于世,淡泊功名利禄,都恨不能早日与他结识交友。朝廷多次想委派他担任名利优厚的高官,都生怕他不肯接受。第二年即 1060 年,朝廷又调他担任同修起居注,他连日请辞。小吏到他办公室给他任命书时,他拒不接受。小吏为了交差,甚至向他下拜请求。王安石则乘其不注意,赶紧跑到厕所躲避不出。小吏找不到他,把任命书放到桌上回身复命。王安石从厕所出来又追上去,把任命书交还给小吏。他连续上章请求辞免达八九次,最后才接受。查阅王安石文集,他因此事先后辞状达 12 篇。

上面这段记载非常形象生动,王安石这个人确实鹤立鸡群,不同于常人。别人对担任京官梦寐以求,有的千方百计甚至不择手段,也要跻身中央机关或皇帝左右;即使不刻意追求京官的人,遇此肥缺美差也会昼夜兼程走马上任,唯恐迟则生变。王安石却抗旨坚辞不从,上章八九次与朝廷僵持两个多月,毫不妥协退让。我国封建时代政治专制,皇帝一言九鼎,朝廷政令如山,百官命运常系皇帝一念之间。两千多年专制统治扼杀无数臣僚个性。而王安石 20 余年我行我素,不从王命,朝廷既未强迫他,更未惩处他。从这里也可以看出宋代对知识分子官员不勉为其不愿,尊重其个性的宽容厚待,尊重士大夫学术政见言论自由,即使出格过头也从无身家性命之忧。难怪英国历史学家汤因比说:

> 如果让我选择,我愿意活在中国的宋朝。

虽然有时反复请辞朝廷不准,他只好勉强到任一段时间,但还是寻找机会再次恳请离京外任。嘉祐元年(1056),他在欧阳修劝导下,担任了待遇优厚的群牧司判官,不久,又写了《上执政书》,要求避开发达繁华州郡,请求到东南幽僻之滨。朝廷尊重他的意愿,将他调任常州知州,后又重用为提点江东刑狱,主管一路司法。后来当他再次被调任三司度支判官时,王安石立即给宰相富弼写了《上富相公书》,要求改变这项任命,请求出任地方州府长官,他再次向朝廷恳请,希望朝廷念其至诚:

  裁赐一小州悠闲之区,寂寞之滨。

他不但拒任京官,而且甘愿放弃京城附近繁华州府,请求到边远落后的地方,为百姓做些雪中送炭的实事。

文彦博推荐夸奖他淡泊名利,人才难得。王安石却说拒任京官是因为家贫亲老等家庭原因,并非恬退,是宰相对自己过奖。当时多位推荐者位高权重,荐任的官职一次比一次高,直至皇帝高级顾问四品大员,即为皇帝起草诏令文告的知制诰。这个职位进一步则为六部尚书,再上则为副宰相。走这条路是迈向权力巅峰的捷径。只要接受任命,随大流当个太平官即可稳步升迁。

王安石拒不接受天上掉下的馅饼,尤其是坚辞皇帝秘书,似乎不可思议。可能有人想他是不是不识抬举?是不是在作秀?其实这正是他与一般官员,与凡夫俗子的根本区别。大家想想看,一个人要作秀可能作几次,作几年,岂能几十年,一辈子作秀?终生都作秀的肯定是品德高尚卓尔不群的伟人。

王安石是一个有独特思想、独立意志,敢于背离世俗,坚定不移按自己意志行事,为人处事惊世骇俗,不同于常人的人。正如他所言:

  士固有离世异俗,独行其意,骂讥、笑侮、困辱而不悔。(《泰州海陵县主簿许君墓志铭》)

他特立独行卓尔不群,全然不顾天下世俗偏见、讥笑咒骂,身遭困顿甚至羞辱决不反悔,坚定不移走自己的路。

王安石为什么20余年抗旨,坚持任职地方呢?其实他既不是不识抬举,也不是作秀。王安石清醒地认识到宋廷内忧外患的严峻形势。他深知"生于忧患,死于安乐",而产生强烈的忧患意识。他深谙韩非"宰相必起于州部,猛将必发于卒伍"的至理名言。深知只有担任宰相、辅佐明君才能振兴宋廷,他追求的不是京官侍臣"向阳花木易为春"守成的高官,而是要做挽宋廷大厦于将倾、建立盖世功业的救时名相。京官工作面窄,受宠官至宰相也是仅精于一点或通于几个方面,守成尚难,治理天下更是力不从心。地方就是一个小社会,只有任职地方,从县令、知州做起,在上面千条线、下面一根针的综合治政中透视天下,不懈求索,经受磨炼考验,积累治国安邦经验,才能担当重任,成就千秋大业。因此,他对朝廷多次委任京官毫不动心,甘愿放弃京城优厚的待遇,却请求担任条件艰苦、责任重大、前途莫测的地方官员,这样的抱负胸怀何等伟大崇高?几人能比?!谁为知音?!

当然以上初衷王安石不好明讲,拒任抗旨是需要理由的。他在请求辞免奏章中只能低调说:京城消费水平高,家人口众,生活困难,且兄嫂尚未安葬;担任地方官既为养家糊口也好侍奉祖母、母亲,照顾弟弟妹妹和晚辈。这是一个朝廷容易答应的理由。这个理由在王安石从政初期确属实情,但也不是根本原因。而到了他入仕18年后的1060年请辞皇帝秘书及知制诰时,他的弟妹俱已成才成家,其最小的弟妹也已超过25岁,当时他的祖父祖母、父亲俱已辞世,王安石兄弟五人妹妹三人共同侍奉母亲,上述理由已不存在。试想担任皇帝秘书或朝廷中枢副部级官员,即使家中人口再多,只要不搞特殊,稍微通融一点,何愁家人生计糊口?比如担任知制诰,为官员撰写任职文件,当事人往往送上润笔费。因为并不违法,别人都毫不含糊地接受,已成为潜规则惯例。唯独王安石拒不接受。

他在后来的请求外放的奏章中谈道:任职地方为的是"使得因吏事之力,少施其所学"。行使地方官员的权力,使所学知识得以施展,在地方上推行善政,为百姓多做实事;在实践中积累治政经验,为长远大有作为于天下坚实奠基。

从以上王安石所为,我们可以看出三点:一是王安石胸怀大志,以天下为己任。虽然当时许多士大夫不乏此胸怀,但是像王安石这样强烈执着追求,咬定青山不放松,求索进取不懈登攀者,可谓凤毛麟角。二是王安石为实现宏图大志,勇于创新,特立独行,无所畏惧,敢为天下先,努力修身全面提高自我,以求厚积薄发恩泽天下。三是王安石面对高官厚禄,淡泊名利,谢绝盛情,20年抗旨顶上。可谓:"壁立千仞,无欲则刚。"他之所为非个人私念,而是胸中"圣人之道在焉尔",他具有向着既定远大目标坚定顽强奋进,"虽千万人,吾往矣"坚韧不拔的精神。

其实王安石这样做是有很大风险的，如果没有经天纬地的才干和誉满朝野的威望，他拒任京官，很可能一辈子趴到州县起不来，甚至因抗旨被惩处。即使正常情况下，也可能因君主易人及朝廷大臣人事变动，时过境迁，而永远失去担当大任的机遇。

王安石基于报效天下的远大志向，对自己要求就像江河大坝蓄水，必须将水位蓄至最高，才能释放出最大能量。他必须积蓄最大的能量，才能对社会做出最大的贡献。这既需要修身磨砺，也需要等待时机。对仁宗皇帝失去信心的王安石耐心等待有为新君即位。1065年机遇似乎来临，王安石却与之擦肩而过。1063年宋英宗32岁即位，志欲革除弊政，振兴宋廷，后因此其庙号定为"英宗"。王安石自1063年9月在南京为母亲守孝，1065年期满，英宗1066年下诏要他返京，担当此前重任。王安石虽然在家守孝，但他关注着天下大势。他客观分析当时形势，认为英宗虽欲励精图治，但存在两个方面的先天不足：一是仁宗的祖父与真宗为亲兄弟，英宗系仁宗侄子，仁宗是他的堂叔，太后为英宗叔母。英宗与太后不和，且太后参政，影响他施政。二是英宗体弱多病，而且朝臣内耗严重，很难大有作为。鉴于此，王安石审时度势，深知当时入京即使英宗信任支持委以重任，也难免重蹈"庆历新政"失败覆辙，就像范仲淹一样壮志难酬，历史从来不可能给任何改革家第二次机遇。

这期间朝堂发生一件事给王安石极大震撼，更加坚定了他暂缓入京的想法，这就是治平二至三年（1065—1066）朝廷发生的"濮议之争"。即英宗作为仁宗过继的嗣子，继承帝位后，如何称呼生父濮王赵允让，朝中形成了两派截然不同尖锐对立的意见，牵涉了许多重臣和学界名流。以司马光、吕诲、范纯仁（范仲淹二儿子，后官至宰相）等人为代表的谏官、御史，坚持忠孝相比忠为第一，认为皇上既然过继给仁宗，就应该以社稷为重，称仁宗为父亲，称他原来的生父为"皇伯"。以韩琦、欧阳修为代表的中书省大臣引经据典，强调恩重莫过于生身父母，作为人子万事孝为先，故父母之名分不可改；主张称其生身父亲为父，否则有违孝道。台谏官员攻击欧阳修等人顾念私亲，取悦献媚圣上，陷英宗于不忠，有害社稷，请求放逐甚至诛杀欧阳修，以谢天下。双方各不相让，朝堂长期争执不止，堂下势不两立。曹太后为皇室和谐顾全大局，传下诏书同意中书省几位重臣意见，台谏官员们认为皇帝与太后偏袒中书大臣，心中不服，赌气向朝廷集体辞职。英宗只好将吕诲、范纯仁等人调出京城。后来欧阳修也因此及其他原因，多次请辞副宰相任职地方，神宗即位初期将其调任亳州。英宗本来就有精神疾病,受朝臣内讧、与太后不和、朝政难以顺利运行等各方面影响,在位不足四年,36岁便英年早逝,将大宋这副烂摊子交给了不满20岁的儿子神宗。宋廷君臣尤其是辅臣不思天下大事轻重缓急,内耗危害之重,此事可见一斑。

宋代优待士大夫,不以言罪人,文臣施展才华环境宽松。但由于强调广开言路,风闻言事也不追究责任,文臣往往意气用事,非要争个高低。本来许多执政大臣及御史谏官皆是学界精英、人品楷模,但其没有把时间和精力用在处理朝政大事上,比如改革弊政振兴朝廷,抗击辽夏侵略,洗雪耻辱,改善民生,等。而对于像上述无关紧要的小事却兴师动众,赌气争斗,长达两年纠缠不休。这些无谓争执,加剧激化了皇帝与朝廷重臣、执政大臣与御史谏官之间的矛盾,演变成意气之争和个人怨恨,大伤朝廷元气,削弱朝廷权威。王安石后来变法也因此深受困扰。司马光主持编撰《资治通鉴》成就卓著,但理财富国、整军强兵对付辽国西夏侵略等内政外交却少有良策,他坚持恪守祖宗之法,后来当了宰相治国无方。他与守旧派官员捡了芝麻丢了西瓜,热衷于争论皇室礼仪等小事,致使朝廷重臣内讧,朝堂不宁,天下波动,英宗病体经不起折腾过早驾崩,危害岂不深重?

王安石鉴于朝臣内耗、太后参政、英宗多病的复杂局面,决定暂不入京,继续在南京做些著书立说、讲学育人等实实在在的事情。实践证明,王安石耐心等待,可谓睿智过人,高瞻远瞩。

第七章 蓄势待发

王安石自担任鄞县县令至1069年主政,20多年坚持恳请任职地方。他深感人生苦短,珍惜难得机遇,坚持不懈砥砺登攀,为担当大任奠定了坚实的基础。他从以下两个方面进行了长期执着锲而不舍的创新探索。

一、立足本职政务,坚持局部改革

他在地方和京城任何岗位上都从一个方面观察社会,关注民生,思考施政利弊得失;由局部想到全局,由一地想到国家,准确思考把握本职公务在国家大局中的地位作用,与全局工作的关系;结合实际坚持进行一个地方或某一方面的改革创新,从多方面探索并积累局部兴利除弊的实践经验。

王安石早在1056年担任群牧判官期间,就积极思考改革全国军马制度,为后来变法时实行保马法积累了经验。他针对国家茶务管理的弊端,向朝廷提出了利国便民的建议。他任鄞县县令、舒州通判、常州知州、江宁知府等地方官期间兴修水利,减轻百姓赋税劳役,重视兴办学校教育,教化万民,依法治政,进行了许多造福百姓的兴革尝试。

王安石面对国家积贫的经济危机,以天下为己任,一贯关注国家财政,终生探求发展国家经济,钻研经济管理之道。他于1059年担任三司度支判官时,写了《度支副使厅壁题名记》:

> 夫合天下之众者财,理天下之财者法,守天下之法者吏也。吏不良,则有法而莫守;法不善,则有财而莫理。

精辟论述了财、法、吏三者之间的相互关系:统领天下百姓及国家正常运转靠财,管理天下之财靠法,执行天下之法靠吏。吏不良则有法而不能执行,法不良则有财也管不好。他接着论述了有财而无善法和良吏管理,就会助长兼并势力与国家争夺财富,与皇帝争夺百姓。因此他主张国家当务之急要解决的就是:完善法律,选择官吏,打击兼并,整顿财政,振兴经济。王安石吏治与理财的思想极其清晰,可惜并未引起仁宗和执政大臣的重视。

王安石不仅在本职工作中坚持兴利除弊、改革创新,即使承担临时公务他也一以贯之。仁宗嘉祐八年(1063)他担任科考详定官,按照以往惯例,状元必须出自初考官、复考官审定上呈的前10名内。王安石认为上呈名单中都不够优秀，选不出状元，于是他突破原来惯例，从上呈名单以外选拔状元。由于考官之间存在意见分歧，最后上呈皇帝裁决。皇帝采纳了王安石意见。从此状元不一定出于前两级考官上呈名单，名单外优秀者可选拔为状元，成为定制。这是王安石在选拔人才方面突破旧制、改革创新的一项举措。沈括《梦溪笔谈·王俊民为状元》详细记载了此事。

王安石在地方许多岗位上，执着进行依法治政有益的探索和尝试。我国封建时代各级地方主官的重要职责之一，就是受理百姓诉讼，侦破案件，依法公断，治理刑狱。这也是官员水平能力的体现。然而，封建社会学校教育不设律学，更未列入科考内容。宋代科考入仕的官员多擅长诗赋，许多人不屑法律，官僚队伍少有精通法律者。由于法律不完备，尤其是许多官员不懂律令，断案往往受官员个人能力、品德、喜好影响。一个案件或类似案件由不同机关、官员审理，结果往往大相径庭，影响司法的客观公正性。

王安石少年时代读书涉猎百家，他曾研读刑律，入仕后坚持依法治政。他从担任鄞县县令开始，长期担任地方主官和江南东路最高司法官员，监管开封府和京城刑狱案件，主审和复审了许多疑难案件。他在多年断案实践中，思考完备国家法律制度，创新司法机制，身体力行促进了国家司法建设。

他在鄞县时，依据法律审理积案，深得民心，年纪轻轻就充分显示了卓越的断案能力水平。比如前文谈到他受上级指派，到余杭县审结三级受理未能结案的疑难案件。王安石后来被朝廷调任提点江东刑狱，他努力探索践行依法治政。到任不久，硬起手腕果断处理五位玩忽职守的官吏，轻者批评教育，重者降免职务。五人及其附庸之徒制造谣言，说他"好伺人之小过以为明"。诽谤他的流言蜚语传到了京城，王安石的好友劝其处事慎重。他理解朋友的善意，回信阐述了自己坚持依法办事与礼义教化兼顾，即德刑并重的法治思想；他不认同传统儒家重德轻刑的主张，表示作为主管一路的司法官员就要为民做主，从严治吏，依法秉公断案，他不惧流言诽谤，我行我素，坚定不移走自己认定正确的道路，任由他人评说。

王安石坚持兴利除弊，锐意创新，依法治政，在天下众多官员中，尤显难能可贵。由于封建时代宗法伦理观念对司法的影响，1068年他刚到京城不久，就因判案与司马光发生了严重冲突。事情虽小，却是见微知著，已可看出二人治国理念的根本分歧，这成为王安石执政后二人决裂的序曲。

案情是登州(今山东蓬莱)一妇女阿云在为母亲服丧期内,不合当地习俗出嫁。出嫁原因虽史无记载,但也可能迫不得已。这也可能就是发生刑案的潜在原因。阿云因嫌弃丈夫形丑,刺杀丈夫致伤。官府调查案件过程中,阿云认罪态度较好且有自首情节。知州许遵按大宋法律,坚持从宽处理。案件送到京城刑部及大理寺,大理寺判处绞刑。许遵不服,上奏朝廷审议。年轻的神宗也可能有意考验司马光与王安石的治政理念及处理讼案能力,把这一案件交给二人共同审理。二人同为皇帝高级顾问翰林学士,道德学识皆称誉天下。司马光认为该女杀夫犯罪情节严重,属于十恶不赦之列,为除暴安良应处死刑,不宜从宽,同意刑部及大理寺处以绞刑的断案结论。不排除他判案受"夫为妻纲",妻杀夫应予严惩的封建道德观念影响。王安石认为按大宋刑律,凡犯杀人致伤罪而能自首者,量刑应当从轻,判案不应当考虑犯人性别,只应以犯罪事实依律定罪。据此王安石坚持应该按知州许遵意见判处,不应施以绞刑,以免法外施刑,法同虚设,堵塞自首之路。

此案虽是离京城两千里之外的民间刑案,但经州、刑部、大理寺审议再经神宗朝议下诏让司马光、王安石二人共同议处,二人意见截然相反。朝中许多重臣支持司马光意见。一时成了牵动重臣争执、朝堂难以决断的焦点。神宗虽然支持王安石依法断案,但他为缓和二人争执,防止矛盾激化,一直拖到第二年冷处理,才表示同意王安石意见。但因此案司马光等许多人对王安石抵触,产生嫌隙,甚至影响了王安石主政后与司马光等人的关系。

在这个案件中,封建社会妻子杀丈夫未死且有自首情节,司马光等人坚持绞刑,但丈夫杀妻子呢?司马光可能会另有判断。因为绞刑是一种非常残酷的刑罚。王安石所依据的是事实,维护的是法律的尊严与权威。在这个案件中,作为国家最高司法机关大理寺,顶层判案尚且不能完全依据刑律,地方官员判案则更是可想而知。王安石依法断案尚且受到朝廷重臣及最高司法部门的责难,日后变法之难于此可见一斑。正因此,王安石执政变法时专门设立律学,从学校教育和科举考试入口做起,培养官员法律意识和公正执法能力,促进全社会依法治政,推进依法治国。

二、把脉宋代社会,提出全面改革的政治纲领

他自1046年担任鄞县县令、舒州(今安徽潜山)通判、群牧判官、提点开封府诸县镇公事、知常州(今江苏常州)军州事、提点江南东路刑狱、三司度支判官、科

举考试详定官、知制诰、江宁知府、翰林学士、皇帝侍讲等,除中央名誉职务外担任实职10个。从县令到一州副长官、长官;从开封府辖县司法到主管一路刑狱;从全国马政、财政到参与主持科考;从宋廷第五大城市江宁知府,到作为朝廷决策顾问的翰林学士及为皇帝授课的老师:任职阅历广泛,涉及许多方面。宋代官员岗位调整频繁,不利于学有专长者在一个岗位上大有作为,但对于王安石这样胸怀天下需要多方面政务锻炼提高综合治政能力的政治家则是百炼成钢的机遇。他在任何岗位上除了从一个方面观察社会、关注民生、思考施政利弊得失、探索兴革创新外,从不忘孜孜以求兴革天下大政、全面振兴宋廷之策。

王安石自鄞县兴利除弊,打破常规改革创新开始,他身在一地心系九州,时刻关注朝政变化和天下大势,经常向朝廷直言不讳提出兴革创新的意见和建议。他由鄞县兴修水利想到明州及全国许多应兴应革的大事,向当时担任两浙转运使的杜杞两次上书,恳请建议全州统一考虑利国利民善政工程等。当他听说朝廷欲裁减陕西、河北几路老弱士兵,皇祐元年(1049)写了《省兵》一诗,指出省兵应当同选拔将领、训练军队、巩固边防、发展生产、改善民生尤其是妥善安置退役将士等社会问题统筹考虑,否则必将有害国家稳定和边境安全。可谓眼光敏锐,见解独到。针对北宋朝廷所面临的财政危机,他于庆历七年(1047)《与马运判书》中对事关国计民生这一重大问题提出了独到见解和解决办法。王安石指出:当今国家财政危机,不仅仅是因为费用支出没有节制,还由于缺乏积聚财富的手段。他指出:

> 富其家者资之国,富其国者资之天下,欲富天下,则资之天地。盖为家者,不为其子生财,有父之严而子富焉,则何求而不得?今阖门而与其子市,而门之外莫入焉,虽尽得子之财,犹不富也。

说只有万民富足才有助于国家富足,只有国家富足才有助于天下富足。想要使天下富足,则要求助于天地即自然界。善治家的人,并不专注于为儿子聚集财富,而是靠父亲严格的管教,儿子就会富足,那样还有什么求不得?他批评最高统治者治国无方,生财无道,不善于挖掘自然界的潜力富国惠民,眼睛盯着天下百姓,过度索取,就像父亲关起门来与儿子做交易,禁止外人入内,虽然精于算计尽得儿子财富,但儿子陷于贫困,怎能算作全家富有。他还针对东南地区饥荒严重、汴水干涸、京城军队口粮供应紧张、物价大幅上涨等问题,建议将京城军队临时分散到附近州郡就地取食,以缓解京城供应紧张和漕运王安石虽为小小县令，为了社稷和天下百姓，他一贯敢于对上级犯颜直谏，甚至强烈要求改正已经下发的政令。当时朝廷为了增加财政收入，对于特殊商品比如人皆必需的食盐，实行官府垄断经营，以获取高额利润。东南沿海产盐地区百姓为了生计，私人贩卖食盐比较严重。为激励地方官府抓捕盐贩，多收缴私盐，维护国家垄断经营巨额收入，朝廷规定了非常严厉的禁止私盐买卖和违法拘捕措施，对官员实行物质和仕途升迁等各种奖励。两浙转运使孙甫因此发文奖励士民告发私盐贩卖。对此，他立即撰写《上运使孙司谏书》：

> 伏见阁下令吏民出钱购人捕盐，窃以为过矣。……

说我看到阁下命令百姓出钱来雇人抓捕贩卖私盐的民众，我认为这样做过分了。王安石下面接着说：禁止百姓取用海盐，即使每天都杀人，也是制止不了的。现在以重利诱使人们相互告发抓捕，民众被处以刑罚的一定会很多，州和县监狱一定会人满为患。这样容易诱发奸邪无赖的人乘机诬陷良民，致使渔民破产。失业的渔民将联合起来成为盗贼，相互仇杀，不能不考虑这样破坏基层统治秩序、败坏社会风气等影响深远严重的后果。而且奖励告发的钱也将增加官府支出，加重平民的负担。

王安石为此还作《收盐》："州家飞符来比栉，海中收盐今复密。"深刻批判宋朝盐政苛刻，实质是官府近于强盗一样与贫困百姓争夺财利，促使失去生计的百姓铤而走险，天下难安。

他基于十几年从政的经验和对治理天下的求索思考，于嘉祐四年（1059）在三司度支判官任上，写下被梁启超誉为秦汉以后第一大文的《上皇帝言事书》，提出了系统全面的改革建议。他分析大宋王朝危机：

> 顾内则不能无以社稷为忧，外则不能无惧于夷狄，天下之财力日以困穷，而风俗日以衰坏。

他提出解决问题的办法在于变风俗、重法度，关键在于解决人才问题。他从教育、培养、选取、任用四个方面谈了解决人才问题的措施，深入阐述了教之有道、学用一致、经世治国以及改革科举考试的道理。最后以历史上冗官庸吏因循苟安、不思作为、积重难返致使王朝更替的历史教训，疾呼仁宗坚定信心，振作兴革。但这时的仁宗已在位 36 年，懦弱庸碌，因循苟且。对于王安石革新图强振聋发聩的警钟置之不理。王安石虽有心报国却万言奏书被束之高阁,壮志难酬。1060年他送契丹使臣回国,从京城出发,经澶州、馆陶、永济、临清、贝川,至涿州边境,历经18日返京。在出使往返途中,他认真考察沿途民生状况和边境军备,看到宋廷疏于军备、辽国侵扰、百姓逃难的场景,写下了《白沟行》《阴山画虎图》《河北民》《出塞》等40余首诗。其《入塞》诗:

> 荒云凉雨水悠悠,鞍马东西鼓吹休。
> 尚有燕人数行泪,回身却望塞南流。

说与辽使在古时燕地告别结束时,歌舞谢幕,鼓乐停止,宋辽两方官员催马分道扬镳。这时围观的百姓面向南方,满面泪水。对边境百姓遭受侵扰掠夺民不聊生的苦难,表达了深切的同情,强烈期盼宋师救民于水火。他在《白沟行》中疾呼:"棘门灞上徒儿戏,李牧廉颇莫更论。"

他批判宋廷边境军备就像汉文帝到棘门、灞上劳军,两地驻军如同儿戏,哪里比得上周亚夫细柳治军,更不要说像李牧、廉颇那样能征善战御敌卫国的赵国将领。呼吁加强边境军备,扭转宋军积弱被动的危局。

嘉祐六年(1061)王安石利用担任侍臣知制诰的机会,又向仁宗呈上《上时政疏》,再次阐述变革图强的必要性与迫切性。他以历史上晋武帝司马炎、梁武帝萧衍、唐玄宗李隆基前期励精图治,后期追求享乐,因循守旧,苟且无为,导致国家衰亡的教训,严厉警告:

> 夫因循苟且,逸豫而无为,可以侥幸一时,而不可以旷日持久。

他针对朝廷不得贤才,施政不合法度,"官乱于上,民贫于下,风俗日以薄,财力日以穷困"的严重危机,疾呼选拔贤才,明令法度,整顿吏治,缓解民困,解除国家危机。众人皆醉他独醒,这时仁宗已到晚年,王安石赤子报国之心无人重视,第三次奏请仍然石沉大海,自此,王安石对仁宗再也不抱任何希望。

王安石在坚持结合本职公务进行局部改革,探索全国变法改革的同时,为了借鉴"庆历新政"的经验教训,1049年曾专程到杭州拜访了他尊敬的前辈范仲淹,向当年主持"庆历新政"的改革家当面求教治理天下大计。

范仲淹杭州任满,调任青州知府时,曾向朝廷推荐王安石、司马光等三人。范仲淹于1052年逝世于赴任颍州途经徐州时,王安石时任舒州通判,惊闻噩耗,悲痛万分,洒泪挥毫,作有《祭范颍州仲淹文》,对范仲淹的德行功业给予了高度评价,对其所行新政半途而废扼腕叹息;他非常感激范仲淹的知遇之恩,对其去世表示深切的悼念。

王安石在多方面效法范仲淹,二人具有很多相似之处,绝非偶然。二人皆勤学苦读,守节励志,奉行节俭,大力兴学,亲身讲学,讲究孝道,效忠朝廷,勤政地方,造福百姓。最重要的是,二人皆以天下为己任,终生追求辅佐明君,振兴天下成就千秋大业,政治理想心心相印。二人竟成忘年之交。王安石明显地受到较自己年长32岁的长辈范仲淹的激励和鼓舞,他身体力行效法范仲淹。虽然《宋史》没有记载二人交往的详细情节,但忧乐天下的范仲淹不管于公于私都会对初生牛犊不畏虎,在鄞县全方位兴革,最有希望开创大宋盛世的后起之秀,对这位寄托自己理想,德才学识俱佳,且锐气革新的晚辈,倾其学识智慧,教诲启迪告诫,呵护扶持,期盼其成为大宋中兴名臣。范仲淹对他寄托着完成自己未竟之业的期望。以范仲淹的威望和圣贤风范,以及王安石对他的倾慕,王安石肯定会受益颇多,一定会把"庆历新政"失败的前车之鉴,作为后事之师,谨遵范仲淹教诲,设想实现理想的道路,规划自己日后治国安邦的蓝图。

早在王安石拜访范仲淹之前,曾巩曾将他的诗文呈送时任滁州知州的文坛领袖欧阳修。欧阳修深感王安石人才难得,他要曾巩转告王安石前来畅谈。早日拜见欧阳修,必将极大提高其在士大夫中的地位,无疑将会有助于他顺利稳步升迁。王安石虽忙于全县兴革,挤时间积极主动前去向范仲淹当面请教治国之策,却没有前去拜访欧阳修。他淡泊名利和仕途升迁,而对于继承范仲淹变法改革遗志,实现宋廷中兴,则看作是重于泰山的终生追求。

人们常用"不在其位,不谋其政"告诫世人做好自己的事,不要参与职责范围以外政务。"肉食者谋之,又何间焉?"讲的也是不要考虑应由上层统治者谋划的国家大事。这是一般人的认识和遵循。王安石就是与众不同,他少年立志,心系天下,身在扬州,放眼全国。干一行他钻研一行,创新一行,不管是当县令,还是任京官,他从不仅限于一地一业,对于分外之事,只要事关社稷民生,王朝兴衰,他不恤人言,都要问都要管。他写诗文表达政见,直接上书执政大臣、皇帝,奋臂疾呼,不管"肉食者"是否愿意听,不管是否触怒龙颜,影响升迁甚至仕途受到挫折,为了报效天下,他无所畏惧,一切在所不惜。经过近30年的不懈求索,奔走呼号,奋力登攀,他终于成为朝野士大夫中万人注目的政坛新星,成为天下众望所归挽救大宋王朝的希望。

第八章 讲学育人

  王安石不仅是政治家、文学家、思想家,还是名副其实的教育家,当之无愧的文字学家,王安石作为全才通才还可以称许多家。傅林辉先生大作《王安石全传》将其称为九家,也是符合实际的。谢谦编著大作《国学词典》列举了我国从古代到近代七位经济学名家:汉武帝时期的桑弘羊,西晋隐士鲁褒,唐代中期的刘晏、杨炎,宋代王安石,近代盛宣怀、状元实业家张謇。但在《辞海》中的约5000位古代名人,被称为三家的仅为王安石与孔子、孟子、扬雄、曹操等几人。《辞海》是以王安石彪炳千秋最大三个方面成就贡献将他定为三家,而对于他其他方面按其成就贡献仍应称家,因限于三家已是最多,未予再多作定论,他在其他许多方面都有卓越建树。

  这一章我们介绍王安石作为教育大家,对北宋教育事业发展、社会进步的巨大贡献。王安石从担任县令到万人之上的宰相,他一生坚持重教兴学,弘扬中华传统美德,教化天下万民;他身体力行,不懈求索完善丰富教育思想,传至今日专门论述学校教育的文章有6篇。他设坛讲学,宣传变法改革思想,培养经世致用时材;他亲自注释《周礼》,主持编著审定《三经新义》作为学校教材和科考标准答案,统一天下思想观念。他主政时推动天下教育大发展,开创医学、律学、武学等专科教育;他辞相退休后编著大作《字说》,将自己进步的思想观念融会其中,供天下人学习参考。我国封建社会所有宰相中,唯有王安石终生与教育联系这样紧密,涉及广义和狭义教育所有方面,身体力行做得最好。现仅就王安石执政以前教育思想、教学实践作简要介绍。他主政以后统一治国安邦意识形态及思想观念,改革天下教育科举等容待后讲。

  下面按照时间顺序点题浅谈王安石论述教育的文章。他担任县令时作《请杜醇先生入县学书》中,开篇首先论述了世间人情事理:父子、夫妇、兄弟、宾客、朋友相处等这些做人的基本伦理,都要靠接受老师教育才能懂得,学习遵循践行。他强调君臣受教重要性:

  君不得师,则不知所以为君;臣不得师,则不知所以为臣。

  他感慨地说:由此可见老师的责任何等重大。他又说:古代的君子对于知识浅薄的人询问,总是遵循为师之道,认真严肃回答而不推辞。其人说:上天有人伦大理,本来就是要公之于众的,我先得到了它,而不能推及其他人,使之与我共有,这不是上天的本意,而且我也不忍心不讲给他听。

王安石可能预料到杜醇会推辞,而故意提前说明不应该推辞的道理。他希望杜醇能像古代君子一样,光临县学赐教,并谦说自己也能听闻受教,如果能这样那就太好了。杜醇果然拒绝了王安石首次邀请。他以孟子"人之患在好为人师"和柳宗元"不敢为人师"为由推辞,好像是要考验王安石的文才和诚意,看王安石是否再次邀请,怎样回答他推辞的理由。

王安石在第二封邀请信中,针对杜醇引用孟子的话推辞开导:仁人君子,有能力可以教授人,就要义不容辞,我已经同先生讲清楚这个道理了。他说:孟子所讲的"人之患在好为人师",说的是胸无才学而装作满腹学问的人,哪里是说像先生这样的高人呢!王安石举例说如果韩愈不做老师,那谁还能成为老师呢?王安石进一步开导说服杜醇:

> 夫谤与誉,非君子所恤也,适于义而已矣。不曰适于义,而唯谤之恤,是薄世终无君子,唯先生图之。

说至于诽谤和赞誉,不是君子所应当担忧的,只要合乎道义就行了。不考虑是否合乎道义,仅以是否招谤决定行为,那么浇薄之世终将没有君子,希望先生考虑。以上思想观念,贯穿了王安石的一生。他终身恪守为了国家和百姓,不怕诽谤铺天盖地;尤其是推行变法改革,他之前明知"怨诽之多",却义无反顾,勇往直前,不计骂名滚滚来。王安石的诚意和德才政声,终于感动了杜醇。杜醇等五先生接受了他的邀请,为培养当地学子作出了很大贡献。

王安石担任县令期间,应邀写了《明州慈溪县学记》:

> 天下不可一日而无政教,故学不可一日而亡于天下。

说天下不可以一天没有政治教化,所以天下也不可以一天没有学校。王安石强调首先要兴办学校,靠学校培养人才,有了人才管理国家社会,社会才能进步发展。他深入阐述社会政治教化、人类文化传承,包括管理国家的各级官员的天下所有人才,都要靠学校培养造就,论述了办好学校的极端重要性。

王安石在治平元年(1064)为母亲守孝期间,时属江南西路虔州(今江西赣州)州学落成,他应太守元积中请求写下《虔州学记》。王安石在文中特别强调了学习的重要性;强调学习内容必须是圣贤经典,更要学以致用,为社会现实服务。他指出教导士子道德方面要注重智慧、仁爱、圣明、信义、忠诚、宽和,行为方面要教育其孝顺、友爱、和睦、婚姻之礼、诚信、具有怜悯之心,技能方面要详尽教授礼仪、乐律、射箭、驾驭、六书、九数。

治平四年(1067)王安石担任江宁知府时,应邀为江南东路太平州新学落成写了《太平州新学记》。说:

盖继道莫如善,守善莫如仁。仁之施,自父子始。

说教导学子继承圣道最重要的是恪守善心,恪守善心没有比仁义更为重要。欲施仁义,首先要从父慈子孝的伦理开始。他接着说:积蓄善心并不断丰富它,从而达到圣人的境界;推行仁义于天下社稷,这才是学者应当终身追求的。强调学者应继道守善,进而实现天下仁政的崇高理想。

王安石为太平州繁昌县(今安徽繁昌县西北)新改建的县学所写《繁昌县学记》,文中说应友人所请,没有明确时间记载。太平州属于江南东路,可能作于他1051—1054年担任舒州通判期间,或者1058年任提点江东刑狱时。王安石在文中强调:尊重祭祀孔子一定要在学校里进行,一定要让学生知道所学的知识,就来自于这位伟大的圣人,让学子们在"润物细无声"的潜移默化中接受孔子思想的陶冶,培养道德操守高尚的人才。

以上仅是王安石关于狭义教育6篇论著的主要内容,王安石主政以前,受邀参与许多学校落成庆祝活动,作传记录盛事。正因为他品节文才高,官声好,教育思想深刻独到,所以才多次被邀请写文章,留下多方面宝贵教育思想。通过这些文章,他宣传进步的教育思想,批判陈规陋习,令人耳目一新。

他终生重视教育,身体力行兴办教育。他关于广义教育的论著和实践也很多。他担任地方官每到一地必做两件事:一是兴修水利,从根本上改善农业生产条件,改善民生状况;二是大力兴学,从人才方面保障地方百业发展的后劲,树立良好社会风气。当宰相后更是在全国兴教重学,做到了极致。

王安石作为教育大家,他坚持硬件建设与软件建设两手抓,二者兼顾并重,尤其对于后者极为重视。他一手抓好学校校舍建设等设施的完善,办学资金落实和长远保障。比如他任宰相后,规定全国州学由地方政府解决40顷即4000亩地,其收入作为办学经费等。较其他教育大家相比,他更注重抓软件抓根本,比如聘请高师名家,制定校纪,确立正确教育指导思想,注重教学内容为现实服务,讲究教学方法,培养经世致用的人才,等。王安石的教育思想非常丰富全面,精深独到。他深知名师出高徒至理名言,恳请德才兼备的名师饱学之士任教。王安石主张办好学校一定要解决好教学内容的问题,他认为只有学习儒家经典,弘扬中华民族传统美德,以优秀传统文化教育青年学子,才能把天下学子培养成为国家栋梁。他强调学校教育一定要坚持学以致用培养时才,一定要能够解决现实问题,为治国安邦服务;学习圣贤经典,一定要领会精神实质,要防止死学儒家教条,学进去出不来,食古不化;避免学生只会背条文,增强其解决现实问题的才干能力。

他认为学校教育要为国家培养人才,人才不能仅限于诗文,更要注重治政能力与品德修养的统一。他在许多文章中谈到了人才这个治国的关键问题,比如他作《材论》强调当好伯乐选拔人才的极端重要性:

> 天下之患,不患材之不众,患上之人不欲其众;不患士之不欲为,患上之人不使其为也。夫材之用,国之栋梁也,得之则安以荣,失之则亡以辱。

说天下值得忧虑的不是人才不多,而是身在上位掌权的人没有求贤若渴、想方设法使人才涌现的愿望;不忧虑天下的人才不愿意有所作为,忧虑的是上边的人不给人才创造条件使其有为。他强调人才是国家的栋梁,使用人才国家安定繁荣,失去人才国家危亡受辱。他在《委任》中谈到对人的任用:

> 人主以委任为难,人臣以塞责为重,任之重而责之重可也,任之轻而责之重不可也。

说皇帝选拔人才很难,人臣要把帝王对自己的选拔重用,看作知遇之恩,切实担当自己应负的责任。帝王任用人臣,任职重承担责任也相应重,任用人臣赋予其的权力应和他要承担的责任相一致。

他呼吁任人唯贤,著《兴贤》说:

> 国以任贤使能而兴,弃贤专己而衰。

说国家任贤选能就兴盛;反之人主不用贤人,刚愎自用,国家必然衰亡。

他的政治改革的纲领性大作《上皇帝言事书》,就是以教育、培养、选拔、任用人才为突破口谈全国改革的,详细系统地论述了其人才思想。

他在《知人》中谈道:"贪人廉、淫人洁、佞人直,非终然也,规有济焉尔。"说贪得无厌的人表现得清廉,荒淫无度的人仿佛很纯洁,巧言谄媚的人装作正直,他们并非永远是这样,往往是为了达到不可告人的目的,伪装得很成功罢了。他说王莽还没有篡汉称帝的时候,天下人都认为王莽是圣贤,其实是他伪装的假象。王莽建立短命新朝仅十几年即被刘秀建立的东汉取代。隋炀帝杨广为了取代太子杨勇,骗取父亲隋文帝杨坚信任,他原本声色犬马追求淫欲,却装扮得非常高洁清廉,不迩声色,正直忠诚,他后来杀死父兄,隋仅37年亡于他手。王安石总结说,许多人善于伪装,掩盖真面目骗人耳目,以求达到罪恶目的。如果君王对善于伪装者失察,而误选作人才委以重任,结果必将祸国殃民。

选拔任用人才,历朝历代都是一个难题。有的是原来素质低下靠伪装投机钻营向上爬,后来到达高位原形毕露;有的是当初并没有野心,兢兢业业,一步一个脚印,但是升迁到一定地位时,私欲恶性膨胀,晚节不保。所以古今中外识别选拔人才都是天下第一难题。知人最难,尧舜也难以做到。

准确识别选拔人才,使其德才配位任用得人,对一个地方尤其是国家都是第一位的大事。中国历史上许多睿智过人雄才大略的帝王,因为未能准确识人确定继承人,留下千古遗憾,甚至王朝灭亡的悲剧。比如自商鞅变法100多年奠定强秦基础,扫灭六国的秦始皇未能看清赵高弄权奸佞真面目,其去世后赵高矫旨废立,阴谋得逞,强大的秦王朝仅仅15年轰然坍塌。汉高祖刘邦将帝位传给庸才刘盈,放纵吕后家族坐大,终于酿成了外戚乱局。隋文帝杨坚受蒙蔽传位杨广,隋朝二世而亡。唐太宗李世民传位拿不定主意,反复更换太子,最后受长孙无忌影响放弃更具备条件的李恪,传位懦弱的李治;更严重的是他未能看清武则天的野心,李唐江山改为武周十几年,险些葬送了大唐王朝。明朝朱元璋未能妥善安排身后事,酿成朱棣推翻侄儿朱允炆,他的传位安排以皇室自相残杀数年、江山易主为结局落空,其地下有知岂不痛悔?清朝咸丰皇帝受慈禧迷惑,宠她参政,他去世后慈禧实际掌权半个世纪;她扼杀"戊戌变法",杀死"六君子",囚禁光绪皇帝。清朝自爱新觉罗·弘历闭关锁国,有过辉煌历史的中华民族被西方远远甩到了后面,陷入半封建半殖民地社会的深渊;更有慈禧统治时期挪用海军军费用于60大寿享乐,致使1894年甲午中日海战中国大败,帝国主义瓜分中国狂潮迭起,中华民族犹如羊入虎口,陷入了水深火热之中;中国人民被践踏奴役欺凌,在闷室中窒息,被西方称作"东亚病夫",鼎盛时期1300多万平方公里疆域的封建大帝国葬送于妇人之手。中国封建社会从此落幕。古今中外用人失误导致人亡政息,沉痛教训比比皆是。

王安石对于科考以诗赋、声律对偶、死记硬背为主要内容,与现实脱节,学

子入仕从政因所用非其所学难有作为,一贯持批判态度:

> 学者之所教,讲说章句而已。……穷日之力以帅上之教,及使之从政,则茫然不知其方者,皆是也。……今士之所宜学者,天下国家之用也。今悉使置之不教,而教之以课试之文章,使其耗精疲神,穷日之力以从事于此。及其任之以官也,则又悉使置之,而责之以天下国家之事。(《上皇帝言事书》)

说现在不教授学子治国所需知识,仅教其与社会民生脱节的课试文章,徒使其耗费大量时间精力。而其科考入仕任官后,却要求其负责没有学习实践过的治政事务,许多人因用非所学,不知道怎样当官履行职责,焉能治理天下?!

王安石在所作五律诗《寓言十五首》之八也表达了以上思想:

> 始就诗赋科,雕镌久才成。一朝复弃之,刀笔事刑名。
> 中材蔽末学,斯道苦难明。忽贵不自期,何施就升平。

王安石不仅写了许多关于教育及培养人才方面的文章,也为许多学校作传记,宣传自己的教育思想,但他深知要革除国家弊政,实现王朝中兴,就必须培养一大批具有革新思想的时才。

1063年他母亲在汴京去世,他辞去知制诰,奔赴南京守丧三年,到1065年结束。1066年到1067年两年时间,他向朝廷请假养病。这时他40多岁,文学创作、学术研究已经炉火纯青,被世人称作融会贯通百家的"通儒","独负天下大名"。于是他抓住难得机会,在南京设坛讲学。天下许多学子久闻王安石大名,认为只有其学说才能解决社会现实问题,中兴宋廷。他们不顾路途遥远,千里迢迢赶赴江宁,纷纷投其门下,听他教诲如沐春风。

他向天下学子讲授朴素唯物论和辩证法思想。他注重对学生进行启发式教学,出题让学生讨论。有关王安石教学方法、教学内容的史料不多,所幸他的文集中尚保存着11道测试学生的作文题,都是结合古代经典让学生阐述如何解决国家现实问题,从中可以大概了解其部分讲学内容及思想。第一、二道策问讲的都是人才问题。在第二道策问中他谈了皋陶及古代帝王治理天下追求的是"在知人,在安民",他讲"知人""用人"与治国关系:

> 夫虽有知人之明,而无安民之惠心,未可与为治也。有安民之惠心,

而无知人之明，则不能任人，虽欲安民，亦有所不能焉。……所谓知人者，其必有术，可以二三子而不知乎？(《策问十一道》，下同)

说仅有知人之明，而无爱民仁慈之心，其难以治理天下。反之，仅有爱民仁慈之心，缺乏知人之明，则不能善任；虽有安乐百姓的良好愿望，也不能达到理想的治世。知人是善任即人尽其才的前提。知人者，一定要有自己的方法措施。他要求学生就知人之法术进行讨论。他在第三道策问中提问学生：

> 圣人治世有本末，其施之也有先后。今天下困敝不革，其为日也久矣……愿二三子尽道圣人所以治之本末与其所先后，以闻于有司。

说圣人治世，有治本治标的措施，是有先后顺序的。现在国家积弊甚深甚重，已经是冰冻三尺，非一日之寒。让学子讨论圣人怎样从治本上考虑，怎样从治标上入手，为什么治理有先有后。这一道题要解决的是治世治本与治标的关系，治世采取措施及其先后统筹考虑的问题。

第八道策问讲的是依法治国，因时而异：

> 夏之法至商而更之，商之法至周而更之，皆因世就民而为之节，然其所以法，意不相师乎？

说夏朝的法律到了商朝有所变更，商朝的法律到了周朝又有变更，这些都是适应世道变化，依据民情，为治理天下、解决社会现实问题使然。要求学子们就这个问题议论。实际上这一道题要解决的是祖宗之法能不能变的重大问题。宋朝从公元960年建国已经超过百年，已是积重难返，祖宗之法能不能变？怎样变才能适应时代要求？很显然，王安石出题以夏法商变，商法周变，启发学生先帝赵匡胤制定的法律也可以更改，阐述祖宗之法应该根据时代形势变化，该保留则保留，该修改则修改，宣传解放思想除旧布新的道理。

第十一道策问是王安石论当时社会：

> 不足于财……不足于士……不足于兵……不足于马。此其何故也？

说古代治世，既需要钱财，还需要人才，也需要兵马。古人有能力解决这些问题。我们现在财力不足，寅吃卯粮；人才不足，有能力的官吏难觅；兵将不勇，逢战必败；军马不足，不能适应前线需要。这是为什么呢？他提出以上问题目的在于启发学生思考如何解决当今天下危机。这道题非常结合实际。

王安石讲学紧贴社会现实，务求有补于世。他以朋友式互动交流启发学生,引导学生思考解决社会危机的办法,培养经世治国的人才。王安石《临川先生文集》中,为我们留下宝贵的《策问十一道》,讲解的都是儒家经典,对学生都是实际能力的引导启发,未见到有关诗词骈赋的记载,这与王安石反对诗赋取士、强调学以致用、为现实服务的主张是一致的。

王安石在南京讲学期间,以书信倾情认真回答全国各地众多学者的求教。作品中保留至今的《答韩求仁书》,详细解答了其关于《诗经》《尚书》《易》等儒家经典中许多疑难问题。他手书毛笔字回答一信长约2800字,王安石培养后人为国育才,真可谓诲人不倦。

王安石教学效果如何?实践是最好的答案。他注重发现和培养变法人才,为今后国家变革奠定基础。名师出高徒,他教学效果非常好,培养出多位国家栋梁和许多实用人才。《宋史》中以官员身份收入的数百人中,王安石的学生就有十数人之多,考中进士的更多。现将成就贡献较大的作以简介。

薛昂(1056—1134),浙江杭州人,早年秀才时就学于王安石,史载"昂主王氏学,尝在安石坐",王安石曾给予其食宿照顾等。元丰八年(1085)进士,哲宗时担任翰林学士;徽宗大观三年(1109)任尚书左丞(副宰相)。

蔡卞(1058—1117),福建人,王安石二女婿,王安石学术继承人。熙宁三年(1070)13岁与兄蔡京同榜进士。历起居舍人,同知谏院,侍御史。他元丰三年(1080)九月任谏官一年间,刚正敢言,参奏宰相王珪之子王仲修,弹劾宰相蔡确之子蔡硕,被神宗称赞为"其人有守"。哲宗时迁礼部侍郎,曾出使辽国。1097年任尚书左丞(副宰相),首倡恢复新法,徽宗时知枢密院。时蔡京任相,兄弟二人人品有别,政见不合,以资政殿大学士出知河南。曾经历任江宁、扬州等七州地方长官。

在王安石培养的众多学生中,陆佃(1042—1102)越州山阴(今浙江绍兴)人,尤其出类拔萃。他是爱国诗人陆游的祖父。史载他"家贫苦学,夜无灯,映月光读书","不远千里过金陵,受经于王安石"。他曾作392字长诗《依韵和李知刚黄安见示》,叙述当时天下学子从学的盛况:

  蒋山鳞鬣苍嵯峨,参伐可扪斗可摩。
  建康开府占形胜,千樯万舳来江舸。
  忆昨司空驻千骑,与人倾盖肠无他。
  有时偃蹇枕书卧,忽地起走仍吟哦。

> 诸生横经饱余论，宛若茂草生陵阿。
> 发挥形声解奇字，岂但晚学池中鹅。
> 余初闻风裹粮走，愿就秦扁医沉疴。……（《陶山集》卷一）

记载了四方学子师从王安石，寻求救国真理的渴望；描写了当时学子听课如沐春风，众学子意气风发慷慨天下的场景。

王安石结合社会现实，向天下学子讲授先进思想观念与治国方略，受到学子高度评价。陆佃非常崇拜王安石学术，称赞他学术独领风骚：

> 淮之南学士大夫宗安定先生之学，予独疑焉。及得荆公《淮南杂说》与其《洪范传》，心独谓然。于是愿扫临川先生之门。……朝虚而往，暮实而归，觉平日就师十年，不如从公之一日也。（《陶山集》卷一五）

说淮南学子及士大夫都以"宋初三先生"之一的胡瑗（亦称"安定先生"）为经学和教育学一代宗师，他不以为然。他看到王安石两本哲学著作后，认为王安石的学术思想高于胡瑗，于是愿以王安石为师。他谈到王安石学术及教学效果时说：跟着别人从学 10 年，不如王安石一日点拨，振聋发聩，茅塞顿开。

> 治平三年（1066），今大丞相王公守金陵，以绪余成学者，而某也实并群英之游。（《陶山集》卷一六）

"群英之游"，足见从学者高才精英之多，讲学规模之大。

陆佃于熙宁三年（1070）王安石主政一年时高中进士第三名，他拥护王安石变法，把王安石看作圣贤。他在元丰五年（1082）被任命为中书舍人时，在谢表中推崇已经退休 6 年的王安石，写道：

> 进已见大儒之效，退将为百世之师。

元丰八年（1085）宋神宗去世，司马光主政；第二年元祐元年（1086）二月司马光担任宰相。四月初六（公历 5 月 21 日）王安石去世。北宋政局发生了清算王安石政治和学术 180 度的逆转，当局禁止京城太学祭祀王安石。限于当时的政治气候，世道炎凉，许多人回避王安石后事。反倒是张舜民等原来反对新法的士大夫非常佩服其德才操守，以及其为国家万民巨大成就贡献，以各种形式甚至到南京悼念祭祀他。陆佃不惧禁令，设灵堂哭祭王安石：

> 维公之道，形在言行，言为《诗》《书》，行则孔孟。……德丧元老，道

亡真儒,畴江汉以濯之,而泰山其颓乎。……百身何赎! (陆佃《祭丞相荆公文》)

在京太学诸生无视禁令,自设灵堂进行吊祭,"一日三千人"(刘弇《上蔡元度右相书》),说明天下学子高度崇拜王安石之众。

陆佃参与修撰《神宗实录》,顶着诬陷诋毁王安石的潮流,充分肯定王安石变法取得的成效,坚定捍卫王安石的学术思想。

陆佃于徽宗建中靖国元年(1101)担任尚书左丞(副宰相),一生成就贡献较大,著有《埤雅》《陶山集》等。其后人陆游亦传承家风家教,崇敬王安石。

龚原(1043—1110),浙江遂昌人。《宋史·龚原传》载:"少与陆佃同师王安石,进士高第。"宋哲宗时曾经为国子丞,太学博士。绍圣初年,曾经担任侍讲,可见学识之广深;担任国子司业时,传播王安石及子王雱的哲学思想:"故一时学校举子之文,靡然从之。"此前王安石改革学校教育时,"引原自助,原亦为尽力"。司马光讽刺王安石,龚原理直气壮与之辩论,毫不退让。王安石改革教育时,他是骨干先锋。王安石去世后他主管教育时,继续发扬王安石的学术思想,作出了较大的贡献。他虽然小王安石20多岁,却被王安石称作:"深父(龚原字)吾友也。"以王安石的德才学识和尊贵身份,能这样称呼他这个晚辈,可见二人神交之深。南宋孝宗时王称《东都事略》称龚原力学王安石的经术:"尊敬王安石始终不易也。"他和陆佃一样,学识广博,人品操守高尚,无私无畏,敢于与否定老师王安石的错误潮流作针锋相对抗争。以上可见龚原不但是王安石的高徒,而且也确实为捍卫新法做了许多实事。

此外史料可见成就贡献比较突出的,还有以下几人:

王安石弟弟王安国的女婿叶涛,擅长文词,曾任中书舍人。王安石变法时,他始终站在前线,王安石退休后,他常去看望,二人吟诗对弈。王安石去世后,他和原变法派的主将曾巩的弟弟曾布、蔡卞为恢复新法作出了贡献。

李定,史载:"少受学于王安石。"王安石变法期间,李定从地方来到京城,他因实话实说,认为青苗法确实方便天下万民,受到守旧派忌恨。王安石退休三年后的1079年,他担任权御史中丞,主审苏轼"乌台诗案",有李定报复苏轼的说法,其实事出有因。此前守旧派诬陷他不为改嫁生母守丧。苏轼借此事有文斥责李定。当时守旧派反对新法,往往对变法派鸡蛋里挑骨头进行人品诋毁。李定名声深受影响。这件事苏轼有些欠宽厚。二人主要是政见对立,但也有以上私怨。苏轼案件的操控者是神宗皇帝,李定只是秉承神宗旨意意欲借履行职责从重惩处苏轼的主审。未见史料记载其对苏轼刑讯逼供。李定没有权力定夺苏轼这样天下关注的特殊大案。

郑侨,江苏太仓人,水利专家。其父郑亶,1057年与苏轼中同榜进士;王安石变法高潮的1072年,他任司农寺丞,参与许多涉农新法,尤其是对于农田水利法的制定和执行发挥了重要作用。郑侨子承父业,与其父同修《吴门水利书》,在水利建设方面有一定的造诣。

沈铢,真州扬子(今江苏扬州)人,王安石妹夫沈季长之子。沈铢曾经:"少从安石学,进士高第。至国子直讲。"任崇政殿说书、权中书舍人等职。

蔡肇,师从王安石于南京,天资聪慧,很受王安石器重。元丰二年(1079)与父亲蔡渊同榜进士,后为吏部员外郎兼修国史。出为提点两浙刑狱。张商英当国时官拜中书舍人。

正因为王安石是名师,才培养出包括三位副宰相在内的许多旷世精英,以及大量分散在民间的知识分子。王安石1076年辞相后10年间,还有不少学子到南京求教于王安石。他为宋代培养人才贡献巨大。

王安石教育思想极为丰富深刻,即:教育的根本目的在于为社会现实服务;注重人格陶冶,培养具有高尚道德情操人才;培养文武合一二者并重复合型人才;恪守财礼法并施的养士思想、德才兼备的取士思想;分类任职扬长避短的用人思想,教学用合一的教学方法等。总之,王安石教学效果之好,培养学生之多,成就之高,实为当时教育大家之楷模。且其学生支持变法改革,"元祐更化"时无一人参与复辟废法,都有较好的政治品质和修养操守。其中最为出类拔萃的当属陆佃和龚原。

王安石是当之无愧的教育大家。他之所以教育思想系统全面,教育实践为士大夫称道,成就高贡献大,并不是偶然的,原因是多方面的。一是他出身诗书世家,受家风家教影响。他终生勤读万卷书,广博的知识积累以及对百家精华的融会贯通,超出常人思之精深的独到见解,奠定了其作为教育大家坚实的基础。二是受孔孟及历代儒家钻研教育授徒讲经的影响。宋代全社会重文崇儒,许多名流大家与教育巨人集于一身。比如晏殊、范仲淹、孙复、石介、胡瑗、张载等。尤其是晏殊、范仲淹,一为王安石抚州乡贤,一为忧乐天下改革家,对王安石影响至深。晏殊以"神童"被真宗面试两日,15岁被赐进士出身,他是宋代教育的开拓者和集大成者。据《宋史·晏殊传》记载,他创办了宋代四大书院之一的应天书院,邀请范仲淹和刘恕等名人讲学并主持教务,他与范仲淹一道推动了仁宗时期全国兴教办学。二人品德功业尤其是范仲淹振兴宋廷,改革弊政,推行"庆历新政",对王安石产生了极大的激励。王安石崇敬效仿先贤,更是终生倾情教育,正可谓见贤思齐。

王安石一生结缘教育,在宋代名人大家中成就贡献无人出其右者,首屈一指。这些对于我们今天仍然有非常重要的现实意义。

宋代是我国封建时代教育发展的顶峰。此前战国时期始于齐桓公的稷下学宫,虽然长达100多年,但主要是各种学术流派的交流碰撞,自由竞争;是学术争鸣及政治家的舞台。最高统治者为的是从中选取人才,实现统一天下。1000多年后的魏晋玄学探索的多是哲学及人生问题,基本是阳春白雪和者盖寡的上流社会清谈。两者都不是真正意义上天下万民的教育。

真正与宋代教育媲美的是清末民初以及抗日战争时期的中国教育。当时许多校长出类拔萃,人才如井喷式涌现。比如北京大学校长蔡元培(1868—1940),清朝光绪年间进士,他一生与时俱进。他提倡:

> 大学者,研究高深学问者也。

他自1917年任北大校长10年间,支持鼓励各种学派相容共生,提倡学术民主自由,主张"兼容并包"。他是将中国旧教育转变为现代教育的先行者。在他的领导下,北京大学成为全国新文化运动的中心。师生积极投身五四运动,谱写了近现代学生爱国救国的壮丽篇章。蔡元培堪称我国近代教育史上"一览众山小"唯一校长。这一时期就像唐宋八大家、宋代六家及许多文化精英同一时期井喷式涌现一样,产生了陈寅恪、王国维、梁启超、章太炎、钱锺书、鲁迅、胡适、刘师培等许多国学大师。

抗日战争全面爆发后,由北京大学、清华大学、私立南开大学组成的西南联合大学的三位校长蒋梦麟、梅贻琦、张伯苓,堪称蔡元培之后校长中之龙凤。张伯苓不仅创办了私立南开大学,他还创办了南开中学、南开女中、南开小学和重庆南开中学。他注重学生体育发展,倡导中国人参加奥运会,被誉为"中国奥运第一人"。他为中国教育事业的无私奉献精神,值得后人敬仰。

蒋梦麟曾经是国民政府第一任教育部长。梅贻琦被誉为"清华最牛校长",提倡"教授治校",他强调:

> 所谓大学者,非谓有大楼之谓也,有大师之谓也。

王安石英宗治平年间(1064—1067)在南京为母亲丁忧时,设坛讲学,培育新人。他宣传朴素唯物主义辩证法及变法改革思想。这一时期形成了博大精深治国安邦的"荆公新学"。他培养出包括陆佃、薛昂、蔡卞三位副宰相在内的众多栋梁之材,为熙宁年间革故鼎新奠定了人才基础,他不愧为名副其实卓越的教育家。

《桂枝香·金陵怀古》：登临送目，正故国晚秋，天气初肃。千里澄江似练，翠峰如簇。征帆去棹残阳里，背西风，酒旗斜矗。彩舟云淡，星河鹭起，画图难足。 念往昔，繁华竞逐，叹门外楼头，悲恨相续。千古凭高对此，谩嗟荣辱。六朝旧事随流水，但寒烟芳（一作衰）草凝绿。至今商女，时时犹唱，后庭遗曲。

这首词作于王安石在南京丁忧讲学时。上半阕写南京秋景，下半阕写在南京建都的吴、东晋、宋、齐、梁、陈六朝及南唐君王奢侈腐化，贪图享乐，歌舞升平，导致灭亡的沉痛教训。为宋朝最高统治者不思振作进取，苟且忍辱偷生，敲响了振聋发聩的警钟。

怀古与讽今相结合，具有重要的现实意义。《古今词话》称颂为：「金陵怀古，诸公寄词于《桂枝香》凡三十余首，独介甫最为绝唱。」

蒋梦麟、梅贻琦二人是北大、清华任职时间最长的校长。其与张伯苓三人广博的学识、高山仰止的品德、胸怀格局的博大他人难及。正是他们德高望重，汇集了各学科百位大师。西南联大不到9年时间，培养出了170多位院士。所培养学子不仅学业精湛，尤其具有强烈家国情怀担当精神，成为挽救中华民族危亡的骨干，后来在新中国各个行业发挥了巨大的作用。其高度为我国近现代以来教育史上的巅峰，其地位很可能是"前无古人，后无来者"。

但是放眼天下，与世界相比，我国近代教育较发达国家还有很大的差距。比如与教育紧密联系的代表科技、生物医药、文学等领域世界最高的诺贝尔奖，百度网上排名第一的美国获奖人数384人，第2至第4位分别为英国、德国、法国人。4国人口总数仅约5.5亿，远不及我国人口半数，获奖合计627人，超70%；其余20个国家合计约占不足30%。我泱泱大国排名20之后。美国哈佛大学161人、英国剑桥大学121人，我国高校竟然榜上无名。不排除受各种原因影响我国人才被埋没与低估，但这方面我国落后却是不争的事实。

我国目前3013所高等院校，规模之大、在校学生之多，体现了我国发展高等教育的巨大成就。但是整个高等教育存在不容忽视的问题。一是学校行政化倾向严重，官本位思想盛行。二是部分院校注重硬件建设，重视圈地建楼房等外延的扩大，忽视了最重要的学术带头人的培养。科学巨匠、学术大师相对比较少。三是缺乏鲜明独具特色的校风，培养学生德智体全面发展的机制等内涵软件建设跟不上，已经成为不可忽视的短板。四是部分高校领导、教师品德操守不能为学生仰望崇敬，影响学生理想、责任担当和家国情怀意识培养形成，部分学生志向胸怀格局小；少数甚至成为精致的利己主义者。致使著名顶尖高校学生外流严重，留学不归，一定程度上为外国发展进步做了嫁衣裳。以上问题说明许多大学设置政治系，以及相当数量教师"思政"课教学效果不尽如人意。通观全国教育，中小学亦程度不同普遍存在类似以上问题。比如做人品德教育的短板及接受基础教育的中小学生出国留学增多等，不利于中华优秀传统文化对其从小潜移默化陶冶，将整体上弱化中小学生的国学扎根培养教育。以上虽然是全国教育飞跃发展进步中出现的新情况新问题，属于支流，但也确实应当引起我们的高度重视，需要认真严肃采取得力措施，解决以上影响我国长远发展后劲的严重问题，使我国教育在提升我国软实力，实现中华民族伟大复兴中奠基更加坚实，永续发挥人才支撑保障更加强劲的巨大作用。

第二部　救世补天

第九章　积重难返

熙宁二年(1069)二月,天降大任于王安石,他刚满47周岁,被一代英主宋神宗委任为参知政事,成为内阁五位执政大臣之一。

此时北宋王朝与前朝相比,面临着"天时、地利"等方面非常严峻的形势。先说"天时",中国史学会副会长邓小南在《王安石和他的时代》中谈道:"竺可桢先生以物候变化比较唐宋两朝的温寒的不同:大约11世纪初至12世纪末是中国历史上气候转寒、温暖期趋短的一个时期。这样的气候现象不仅不利于农耕地区的作物生长,而且对于周边游牧民族的生活也产生严重影响。严酷的生态环境促使游牧民族南下,进入相对温暖传统农耕民族生活的区域抢掠,导致与中原王朝的冲突,持续不断地对宋王朝造成巨大的军事压力。"

再说"地利"。唐朝以前黄河中游地区多游牧民族,垦荒种植少,水土流失不严重。晚唐五代垦荒开发,土地植被受到影响,水土流失致使黄河等水患频繁。到了宋代愈益严重,不利于当时的农业生产。北宋的疆域是继承后周领土的开拓扩展,远比不上强盛的汉唐疆域辽阔。最大先天不足是五代时期后晋石敬瑭,充当契丹耶律阿保机后第二帝,比他小12岁的耶律德光的儿皇帝,割让燕云十六州;北宋京城开封北边及西边再也没有万里长城天险,失去了汉唐时期的战略纵深,京城门户洞开,为无险可以凭守的"四战之地"。石敬瑭的卖国认贼为父给中原汉族政权带来了无穷无尽的祸患,致使辽夏铁骑南下一马平川,直接威胁宋朝京城。这是远甚于频繁发作的黄河等河患,缺失"地利"极其严重难以改变的被动。

宋朝亦不具备"人和",三者不占其一。比如北宋范仲淹、王安石为振兴宋廷两次变法改革,朝堂内讧不止,天下汹汹然,前者半途而废,后者难达天下一统理想。

以上仅是北宋气候环境、黄河河患、京城无险可守等面临的严峻局面。

面对北宋王朝百年积弊,内忧外患,危机四伏,王安石义无反顾毅然受任于危难之际,激流勇进,开始了步履维艰的变法改革。我们首先看看当时国家概况,宋廷面临的主要危机,以及造成危机难以克服的深层次根源。

下面侧重内在原因谈一下宋廷冰冻三尺非一日之寒的积重难返。

一是"三冗"困扰,收支失衡,财政危机,国家积贫。北宋自宋真宗时开始,官僚队伍迅速膨胀,真宗景德年间(1004—1008)到仁宗皇祐年间(1049—1054),40余年间官僚队伍由约9700员激增到近两倍17000员,还有未被差遣的京官、使臣等。其后竟高达24000员,致使四海之广不能容纳官,天下财力不足供俸禄。军队更由建国时的22万激增至120万,净增超过4倍,国家收入70%以上用于军费。冗官、冗兵、冗费致使国家入不敷出,寅吃卯粮,不堪重负。宋神宗即位时已是"百年之积,惟存空簿"(李焘《续资治通鉴长编》),财政危机日益严重,国家机器难以正常运转,国计民生受到严重影响。

二是阶级矛盾尖锐,农民起义风起云涌,统治根基动摇。宋廷财政危机化作无穷无尽的赋税徭役转嫁到平民百姓身上,官府横征暴敛,搜刮百姓,地主豪强巧取掠夺,土地高度兼并,仁宗时"赋税所不加者十居其七"(《宋史·食货志》),即官僚地主占有天下70%的土地却逃避税赋。贫富悬殊,两极分化严重。仅从公元1000年到1045年间,各种税收增长3.6倍,天下百姓不堪重负,身处水火,各地农民纷纷揭竿而起,铤而走险,甚至发生严重的兵变。继王小波、李顺(994—995)及张余等起义后,宋仁宗庆历年间(1041—1048)形成了王伦1043年山东沂州、王则1048年河北贝州等农民起义,多地兵变的高潮,其规模大、历时久、范围广、危害重,这些都严重动摇了宋廷统治根基。

三是长期遭受辽夏侵扰,宋廷忍辱退让不得苟安,国家积弱。北宋时期,北方的辽国和西北的西夏与宋廷并立。面对辽、夏的挑衅侵略,宋廷120万的庞大军队,几乎是逢战必败。宋廷以增加对辽夏的"岁币""岁赐"为代价尚难苟安。宋景德元年(1004)十月,辽国大军千里奔袭,兵至中原腹地汴京北边门户澶州(今河南濮阳),直接威胁都城。朝廷重臣多主张迁都成都或者南京,唯有宰相寇准力主真宗御驾亲征。虽然皇帝勉强到了澶州前线,宋廷军民士气大振,同仇敌忾,以逸待劳,且已射死辽国大将,挫其锐气,稍待时日各地勤王之师必将合围辽军,胜算较大,但还是签订了每年给辽"岁币"银10万两、绢20万匹的"澶渊之盟",以加重全国百姓负担,资敌巨额"岁币"忍辱苟安。1042年辽国再次讹诈宋廷,每年增加"岁币"至银达20万两、绢30万匹。

西夏版图虽小,但对宋廷危害更甚。继宋开宝六年(973)宋太祖赵匡胤在位时,自唐朝以来原属我国的交趾(今越南)独立建国后,宋景祐五年(1038)仁宗时西夏脱离宋朝版图,李元昊独立建国,史称"西夏"。宋朝与西夏屡次交战多以失败告终,1044年两国签订条约,宋朝答应包括重要节日"赏赐"等,每年给西夏"岁赐"银 7.2 万两、绢 15.3 万匹、茶叶 3 万斤。宋神宗即位前一年,1066 年西夏国王亲征,发动对宋朝大规模进攻,西夏军烧杀抢掠,边境百姓生灵涂炭,宋廷朝野震撼。但也仅以派使对其责问,且给予钱物安抚。面对辽夏侵略,宋廷除了赔款纳绢别无他策,泱泱大国尊严荡然无存。

表 9-1　1005—1068 年宋对辽夏输出"岁币""岁赐"表

国名	时间	银/万两	绢/万匹	茶叶/万斤
北辽	1005—1042	380（10）	760（20）	——
	1043—1068	520（20）	780（30）	——
	以上 64 年合计	900	1540	
西夏	1006—1038	33（1）	33（1）	66（2）
	1044—1068	180（7.2）	382.5（15.3）	75（3）
	以上 58 年合计	213	415.5	141
北辽、西夏	1005—1068 计 64 年	1113	1955.5	141

注:括号内为某一时期年定额,外为某一时期总数。

以上表格可见,从 1004 年十二月宋朝与辽国签订"澶渊之盟"后,自 1005 年到王安石主政前的 1068 年,宋向辽输出"岁币"合计银 900 万两、绢 1540 万匹;对西夏自 1006 年输出"岁赐"共计银 213 万、绢 415.5 万匹、茶叶 141 万斤。两国合计达银 1113 万两、绢 1955.5 万匹、茶叶 141 万斤。有人说宋朝花小钱买来和平,这是小钱吗？100 多年间宋朝对两国尤其是辽国庞大使团滥赏,更是出手无度。

南宋自高宗赵构绍兴年间向金国称臣,在投降卖国道路上走得更远。虽然国土面积仅约为北宋 60%,但每年向金国进贡钱物如前。

宋廷靠花钱确实换来了与辽国脆弱的和平,从大局上看似"双赢"。但其不是对友好国家的赠予,对方感激皆大欢喜永结同心,而是被敌对国家武力胁迫屈辱的城下之盟,是没有颜面丧失尊严跪地求饶的和平。而且辽国常常联夏制宋,趁火打劫。1042 年辽乘宋败于夏,再次逼迫宋朝大幅度增加"岁币。"熙宁八年(1075),辽国曾经再次威胁讹诈宋朝领土,企图牵制宋廷变法中兴。

西夏总是紧跟辽国敲诈宋朝:宋辽"澶渊之盟"后的 1006 年及宋对辽国增加"岁币"仅两年的 1044 年,西夏两次讹诈宋朝,首签输出及其后增加"岁赐"条约。宋朝对西夏更是花钱买不来和平,年年对其"岁赐"源源不断,其对宋挑衅抢掠永无止境。其虽小,但对宋朝危害更大,实为宋朝永不止息流血的伤口。

宋朝对两国输出的大量财物,虽然在宋真宗时年财政收入2600多万贯,每年占比仅约2%,但50年约等于一年财政总收入。累计"岁币"之巨,令人咋舌,而且一直延续。虽然无法准确科学推算出相当于今日价值,但确实是以无数百姓血汗化作巨大的经济财富滋养敌国,致使其如虎添翼,增强了两国对抗宋朝的能力。这笔钱如果用于本国军队建设或改善民生,无疑会增强对辽、夏优势。王安石在《河北民》等诗文中曾经一针见血批判最高统治者退让屈辱、苟且偷安。

其实这是宋朝真宗、仁宗两代帝王懦弱无能恶性循环的结果。宋朝赵匡胤建隆四年(963)灭南平、965年灭后蜀、971年灭南汉与南唐,他作为雄才大略的开国帝王,虽然在位仅17年,但征战四方,其文治武功可圈可点,确为名副其实的雄主。其弟宋太宗攻伐征战颇有兄长风范,太平兴国三年(978)威逼吴越降顺,979年平定五代十国中最后一国,建都太原的北汉。紧接着他三次讨伐辽国,但皆以失败告终,宋朝从此转为守势。第三代皇帝真宗与父辈天渊之别,他首开宋廷对外输出"岁币"先河。为了掩饰其懦弱无能,苟且偷安,他制造祥瑞,封禅泰山,滥赏无度;他曾一次赏赐曹彬白金(铂金)万两(相当银五万两)。为使敢言宰相王旦对他造假祥瑞及封禅泰山保持沉默,他将酒器装满珍珠封好,名曰御酒赠予王旦。皇帝贿赂宰相可谓天下奇闻!王旦深知其意不敢退还,他为未敢谏阻真宗荒唐行径愧疚终生。他掏空了宋朝,是个败国君王。第四代帝王仁宗时西夏独立,宋朝却对其输以"岁赐";大幅度提高对辽"岁币",实为懦弱仁厚无能君主。第五位帝王英宗虽志欲有为,但受疾病折磨,在位仅四年,是个无大功过守成帝王。

第六位帝王宋神宗即位时,北宋已是百年帝国烂摊子。元丰四年(1081)他停止对西夏"岁赐"。但元符二年(1099)又恢复如前,实为哲宗之耻!

宋廷为何出现以上三大危机?从根本上说是其建国后所奉行的加强中央集权、重文轻武、守内虚外等一系列内政外交政策走向极端的必然结果。宋太祖鉴于唐朝后期以来200余年间武人专权,中央王权衰落,地方割据,五代政权像走马灯一样短命的教训,为避免拥立他的宫廷政变重演,防止地方尾大不掉,确保大宋王朝长治久安,建国后第二年,即建隆二年(961),通过"杯酒释兵权"解除了许多能征善战、武功卓著的高级将帅的兵权。他坚持优待士大夫,治世用文臣,刻碑发誓不杀士大夫和上书言事的人,文官的政治地位之高,经济待遇之优厚,社会环境之宽松优越,实为我国封建社会绝无仅有。

宋代取才选官源自进士,"登上第者不数年,辄赫然显贵矣"。中央和地方各级机构包括军事长官多由文人担任,比如欧阳修就曾担任过枢密副使,王安石变法时,神宗执意用史学家司马光担任此职,二人对军事皆一窍不通。

为加强对官僚机构的驾驭掌控,一是采用分化事权的办法,缩小官僚机构和各级官员的权力,扩大皇帝权力。提高掌管军事最高机关枢密院的地位,最大限度缩小汉唐以来宰相的权力。枢密院与掌管政务的宰相府对掌大政,号称"二府"。财政权归于三司,宰相不得干预军事和财政。设多位宰相和副相相互制衡。王安石入阁后三位副相,他之上有两位宰相。

二是重复设置机构,使其权限交叉互相牵制。比如为监督百官,朝廷除设置历代沿袭的御史台外,明道元年(1032)又设置谏院。任用谏官名义上为劝谏匡正君王过失,但逐步演变为监督文武百官。当一套机构被重臣操控,另外一套机构仍可发挥监督作用。司马光就曾任谏议大夫时联络台谏官员,集体发难,抵制王安石变法,给王安石施政造成极大阻力。

地方除设知府、知州外,还设立通判制衡州府长官。通判以"我监州也,朝廷使我来监汝",与州府长官分庭抗礼。州府长官难以独立行使权力,很难有所作为,甚至自身难保。朝廷规定地方文官任期3年、武官5年,期满易地为官,以防止其培植私人势力,坐大为患。

三是兼用不同政见者,使之"异论相搅",防止结党营私。比如任命王安石担任副相主持变法的前天,任命反对变法的三朝元老富弼为宰相。

在对军队和军事控制方面,继解除高级将领兵权后,为从根本上避免宫廷政变,又撤销禁军总统帅之职,将指挥权一分为三。枢密院与禁军"三帅"制衡军权,枢密院具有调兵权而不统兵,"三帅"统兵但无枢密院命令不得擅动。枢密院直接听命于皇帝,帝王绝对控制军权。对于地方军队自乾德三年(965)起实行"更戍法",士兵每3年轮换防区,以防范将士联合结盟,致使兵无常将,将无常兵。全国军队布防实行京城和地方内外制衡,使京师之兵可抗衡地方防止外乱,地方之兵可以抵挡京师防范内变,实质上是宋廷守内虚外方针的体现。这种体制确实避免了武人专权、宫廷政变或地方拥兵自重,但中央扯皮效率低,边境军备弱化;地方将帅难尽其才,士兵战斗力低下。每遇战事统兵将帅多是临时委派,将帅必须按照朝堂皇帝确定的方案指挥作战。而且皇帝委派多是不懂军事的太监上前线监军。战场形势瞬息万变,将领无临阵决断之权,且受监军干扰掣肘,就像被绳索捆绑着与敌作战,自然是逢战必败。

宋廷还最大限度地将地方财权收归中央,消除了地方对抗中央的经济基础。鉴于强盛的汉唐王朝在农民起义中灭亡的历史教训,宋廷采取两面手法对付农民起义:一方面对其进行残酷镇压;另一方面为防止遭受天灾的地方农民起义,实行对受灾地区招募饥民为兵的策略,并对其发放俸禄。树起招军旗就有吃粮人,饥民乐于为求生存应征参军,且可领取俸禄以养家人。这些措施虽然有效地防止了灾民铤而走险起义造反,但不可避免地形成了素质低下的"冗兵"。因此,宋朝军队像滚雪球一样,王安石执政前已激增到建国初的数倍。宋廷规定禁军61岁退役为民。结果我国封建社会人均寿命较短,这个年龄士兵已是老弱病残。军队士兵缺乏负责任的将领训练,老兵更是包袱累赘,许多士兵上不了马,拉不开弓,转移营房还要雇人运送行李等生活用品,这样的军队岂能打仗?焉能取胜?由于上述原因,这样一支开支占全国财政收入70%以上的军队,对内难以防止百姓起义造反,对外不能御敌侵略。

宋代"冗官"的形成,首先是皇帝为巩固和扩大统治基础取士及恩荫过多所致。宋廷除规定王公贵族世袭为官外,对中高级官员实行"恩荫",允许其亲属门客荫补为官;规定皇帝祭祀、新君即位及其他重要节日等,中高级官员亲属、门客、将校皆可荫补为官,每人荫补多则一二十人。王公贵族官僚亲属,天生享受特权,就像寄生虫一样吸食国家膏血。其次是科举取士过多。为安抚下层读书士子,不致因官僚子弟世袭"恩荫"影响仕途,朝廷大幅度提高科考录取名额,增加读书人入仕为官数量,促使天下士人忠于朝廷。我国唐朝290年间各科取士计20619人,其中进士仅6624人。两宋科举录取进士竟超过11.5万人,王安石1042年参加科考,宋廷一次录取各科计839人。1057年曾巩兄弟4人和妹夫2人中同榜进士,虽然他这个家族人才济济,但亦是宋朝取士多之结果。通过恩荫和科考两条途径,宋廷官吏激增。官吏待遇优厚,国家财政不堪重负。官僚机构因人设事,叠床架屋,人浮于事,互相扯皮掣肘,办事效率低下,甚至无事生非,空耗巨额财富。

王安石执政面临的困难绝不仅是中央集权走向极端形成的以上三大危机,更严重的是面对危机,全社会麻木不仁,思想僵化,颓废没落,苟且保守。这种意识形态和社会风气的形成,不仅缘于中央集权矫枉过正,更与宋代和平政变建国有关。我国封建社会许多新建立的王朝,尤其是5个长周期王朝中,汉、唐、明、清都是经过暴风骤雨式的农民起义,摧毁旧的国家机器,消灭旧的贵族势力，扫荡旧的意识形态和思想观念而建立的新王朝。最高统治者亲身体验到天下万民载舟亦可覆舟的历史教训，多采取与民休养生息的开明政策。因此自建国之初较长的时期，都处于充满生机活力的上升时期。比如西汉前期的"文景之治"和汉武帝时期对外击垮匈奴军力的鼎盛，东汉"光武中兴"，唐代初期的"贞观之治"，明朝永乐年间的成就以及清朝的康熙时期盛世。其后虽有帝王平庸，但也多有英主"中兴"。比如西汉昭宣中兴、唐朝中期"开元盛世"等。唯有宋朝是通过宫廷政变建国，没有经过农民起义翻天覆地的变革，新的统治阶级继承的是前朝的安乐窝，原有的社会矛盾和危机并未消除，并且继续发展，积重难返。所以这个政权建立初期生机活力不够，有点惰性疲惫，没有出现汉、唐、明、清初期的治世。后来宋神宗与王安石变法开创的熙丰盛世，由于司马光的复辟倒退而略显短暂。

中国封建社会凡未经农民起义建立的王朝，多未盛即衰，甚至短命，似为历史规律。比如秦朝、西晋、隋朝。宋朝国土有280多万和300万平方公里两说，后说可能与王安石变法时，选派王韶用兵西北取得"河湟大捷"，收复故土约20万平方公里有关。比较几个大一统王朝，宋朝只是有限的统一。南宋时仅约180万平方公里，可谓偏安一隅。其疆域较享国15年的秦朝、51年的西晋、37年的隋朝都小，更难比四海一统的汉、唐、元、明、清，尤其是元朝、清朝，清朝康乾时期疆域广阔，约1300万平方公里，超过宋朝3倍。

宋朝建国伊始，前朝后周和新生政权的王公贵族就形成庞大的寄生阶层，宋太祖以大量赏赐钱物为代价，导演"杯酒释兵权"，解除高级将领兵权，自此开启了皇帝滥施封赏和全社会奢侈之风。全社会庞大的上层官僚俸禄优厚，子弟恩荫为官，免于赋税徭役，享有许多特权，生活在无忧无虑、锦衣玉食的天堂中，形成了攀比、铺张、享乐、奢侈的不良风气。在这样的环境下，许多官僚士大夫不关心国家的长远和民生的安定，他们只想保持原有的统治秩序，让子孙后代永远享有既得利益。

对士大夫礼遇尊重是宋代的基本国策，表现在选拔官员上就是重用科考出身者为官。整个宋代官场，不讲门第出身，寒门子弟通过科考华丽转身，执掌朝纲的比比皆是。如宰相吕蒙正早年曾为讨饭乞丐；范仲淹、欧阳修都是幼年丧父，家境贫寒，勤奋苦读入仕直至副宰相；王安石和司马光皆中小官僚出身官至一品。入仕做官的诱惑，使天下学子皓首穷经，终生苦读；科考指挥棒更带动了教育的发达、学校的兴盛。宋代优待宽容知识分子远非其他王朝可比,突出表现在朝廷广开言路,政治比较民主开明,这些都促进了文化发展,学术活跃,科技进步。京城士大夫业余时间吟诗填词,互相唱和,切磋学问;学界名流做官的同时聚徒讲学,宣传自己的政治主张,如范仲淹,王安石,程颢、程颐兄弟等都曾讲学,宣传自己的学术和政见。正因此,宋代科技文化教育尤其是学术发展繁荣,在封建王朝中达到顶峰。这是一个士大夫最有尊严、最少后顾之忧、政治地位最高、经济待遇最优厚的人间天堂。

此前汉朝刘邦首开残杀功臣株连无辜恶例,此后明朝朱元璋、朱棣父子残杀功臣等株连达6万多人;嘉靖年间官员常常朝不保夕,多有上朝前嘱家人以后事,海瑞曾经抬着棺材上朝进谏。皇帝常对劝谏的大臣施以"廷杖"。发生于明世宗嘉靖三年(1524)七月十二日,类似于宋英宗时"濮议之争"的"大礼议事件"中,一次抓捕超过220人,下狱达134人,廷杖180人,当场致死16人。万历年间内阁首辅张居正曾是皇帝朱翊钧的老师,去世后竟被皇帝学生抄家,其子自杀,亲友流放,全家饿死10余人。明朝帝王的极端残暴可见一斑。清朝尤其是乾隆朝的文字狱达130多起。文狱之多处置之严厉残酷,为中国封建社会之最。北宋"濮议之争"虽然司马光等重臣名流行为过激,但英宗并未重处一人。

事物都是一分为二的,比如学术自由宽松走向极端则助长文人相轻,意气用事,致使社会思想混乱,客观上影响了天下人心凝聚和政令权威。再如过分宽容,士大夫政见不同,甚至意气相争,肆无忌惮,致使朝堂纷争不宁,许多大事议而不决,决而不行,影响朝政的顺利运作。

王安石刚进入内阁,改革大幕尚未拉开,吕诲就诬陷王安石十大罪状等。北宋士大夫朝堂敢于触犯帝王,对抗甚至弹劾侮辱宰相,回家后不误写诗作词、欣赏歌舞、喝美酒拥妻妾,从无一人因朝堂奏本丢饭碗。即使王安石推行变法改革也未杀一人。对于顽固反对新法者,仅仅是京官外放或降职。司马光曾以馆阁试题攻击王安石大无畏的"三不足"精神;苏轼出题将王安石比作王莽,写诗反对变法;朝野权贵公开抵制新法,攻击诬陷王安石,朝廷处置都很宽容,与明、清两朝相比天渊之别。尤其宋廷规定允许台谏官员"风闻言事",即使参奏弹劾不实也不受追究,致使个别监察官员滥用权力,造谣生事,有恃无恐。他们控制言路,弹劾百官,权力气势可与宰相抗衡,相权被进一步牵制弱化。在这样的风气环境下,知识分子舞文弄墨、哗众取宠、钻牛角尖的"特长"受到鼓励,台谏官员成了朝廷宰辅等大臣的克星。宰相担负辅佐帝王处理天下政务的千钧重任,日理万机,统筹考虑的是国计民生重大问题,许多决策取其利大于弊;尤其是范仲淹、王安石推行变法改革，即使各项措施完全利国利民，也不可避免会遭到守旧派的疯狂反对。更何况谁也不能保证变法改革举措百密而无一疏，以及难免人为的干扰阻挠破坏。台谏官员往往攻其一点，不及其余，苛刻弹劾。比如前文所谈"濮议之争"，并非治国方略政见之争，实属皇家称谓小事，但争执内讧两年，台谏官员竟奏请诛杀欧阳修。1068年王安石担任帝师以儒家尊师考虑，建议侍讲坐下为帝王授课，竟遭到对圣上大不敬的指责。

许多台谏官员不考虑自己的苛责有多少道理，有无可行性，能否被采纳，而专以与执政大臣对抗，将其拉下马，博取"铮臣""直士"美誉而求名扬天下。这种风气和环境虽有益于制约宰相擅权，但对执政大臣吹毛求疵，鸡蛋里边挑骨头，妨碍行政运作，危害极大。宰辅动辄得咎，施政如履薄冰，忧心忡忡，诚惶诚恐。谨言慎行尚难坐稳，施政恪守明哲保身，不求有功，但求无过，看摊守成，多一事不如少一事，何谈有所作为?! 北宋9位帝王167年中共有72位宰相辅佐，一位帝王平均8位宰相。真宗时期宰相在位平均不足两年，创下历代宰相在位时间最短纪录。清代思想家王夫之曾说太宗以后执政大臣：

> 乍登乍降，如拙棋之置子，颠倒而屡迁。（《宋论》卷二《太宗》）

说第三帝宋真宗时，宰辅重臣像走马灯一样忽升骤降，皇帝就像低能的棋手，对执政大臣如置棋子颠三倒四，随意处置。很多有才能的宰相往往是谋略未定，壮志未伸，行政无果，就被台谏官员弹劾下台。在这样的体制环境下，北宋徽宗以前虽然避免了权倾天下的奸相，但更难出现建立盖世功业的救时宰相。被史学界公认为奸相误国的，仅有后期徽宗时蔡京数人，但其根本原因却在于宋徽宗昏庸。因为明君用贤臣，昏君出奸佞。北宋人才济济，除了范仲淹、王安石外再没有出现真正的政治改革家，实际上范仲淹亦是壮志未酬，王安石也未能实现第二步战略目标。这些都与宋代台谏机构官员坐大越权等特殊官僚体制紧密相关。

普通宰相执政难，而欲有作为兴革开创的宰相更难。宋廷抱残守缺、苟且偷安的立国精神与儒家的保守思想水乳交融，权臣不恤国事，安常守故，得过且过。全社会思想僵化，许多学界名流充当了反对变革官僚特权阶层的思想理论旗帜。士大夫谈论兴革，多是"叶公好龙"。真正一心为国、敢于担当、锐意兴革的朝廷重臣范仲淹之后仅有王安石而已。整个社会是上层统治阶级和封建士大夫的乐园。王公贵族、皇亲国戚、朝野重臣和地方豪绅，是十分强大的既得利益共同体。他们不允许对既定国策和统治秩序有丝毫的触动,他们视任何兴革为洪水猛兽,必欲扼杀于摇篮之中。范仲淹和欧阳修尽管德才学识天下称颂,推行新政不到一年,即在庞大的既得利益阶层疯狂反对下宣告失败。天下又恢复到死气沉沉,"万马齐喑究可哀"的局面。在尊儒学讲孝道的北宋,他们保持现状及既得利益,反对变革最冠冕堂皇的说辞就是祖宗之法不能变,否则违祖制就是背离孝道,就是对先帝不忠,为封建伦理道德所不容。

我们再来看看王安石面对的执政班子,当时的五位执政大臣,世人称之为"生、老、病、苦、死"。"生"指王安石,他48岁,正是年富力强的大好时光,他锐意革新,正欲大展宏图,可谓生机勃勃。"老"指宰相曾公亮,他已71岁年逾古稀,老态龙钟如夕阳落日。"病"指65岁宰相富弼,他是王安石乡贤原宰相晏殊女婿,不赞成变法尤其军事改革,消极软抗,常称病不出。"苦"指副相赵抃,他反对任用王安石变法,但又阻挡不住,每每叫苦不迭。"死"指另一位副相唐介,他坚持反对任用王安石执政,忧虑王安石改变祖宗法度,变法刚刚开始就病死了。这个内阁有以下特点:一是年龄平均63岁,就是人均寿命较长的今天,也已经非常老化,即使齐心协力也不是干事创业的班子,维持守成尚难。二是从政见上看,除曾公亮曾力荐王安石,倾向于支持王安石变法,尚可合作共事外,其余三位皆属顽固守旧派,这个班子远不如范仲淹变法改革时的团队。王安石主持变法兴国,可谓困难重重。

以上我们从宋廷面临的危机及其根源、社会主流思想意识的苟且颓废、全社会保守势力的强大、执政团队难担重任等方面简谈了王安石面临的困难和严峻环境。其实宋朝自真宗时就已经未老先衰,"澶渊之盟"更是其纸老虎真面目的彻底暴露。以后内忧外患交织,辽、夏更是其"一身二疾",宋廷就像年迈疲惫衰弱的雄狮,无可奈何其像鬣狗一样的死啃撕咬,在屈辱中苟活。

这是一个强化中央集权走向极端的王朝,同时又是一个整个封建时代广开言路比较民主文明的王朝;这是一个物质文明高度发达,在整个封建社会无可比拟的王朝,又是一个积弱积贫、忍辱苟且挺不起腰杆的王朝;这是一个文化繁荣、百家争鸣、精神文明登峰造极的王朝,又是一个思想僵化保守、安于现状、颓废没落的王朝;这是一个危机四伏、国将不国、急需凤凰涅槃浴火重生的王朝,又是一个和平政变立国、惰性十足、反对变革势力空前绝后强大、再优秀的政治家也难有所作为的王朝。王安石面对的就是这样一个充满矛盾对立、畸形臃肿甚至病入膏肓而又讳疾忌医的王朝。

第十章　君臣知遇

历史唯物主义认为，人民群众是推动社会历史发展进步的根本动力，历史是由亿万人民群众创造的。具有远见卓识的英雄人物顺应时代潮流，对于人类历史的发展进步能够发挥巨大作用，在特定的历史时期甚至可以发挥决定性的作用。纵观中国封建社会，影响历史发展进程最主要的政治人物是皇帝和宰相。比如创立中国封建政治制度基本架构的千古第一帝秦始皇；奠定两汉400年基业的汉高祖刘邦，及其后汉武帝、东汉光武帝；结束魏晋以后300年分裂动乱局面，统一天下的隋文帝杨坚；创建"贞观之治"，奠基"开元盛世"的唐太宗李世民；中国唯一巾帼不让须眉的女皇武则天；开创封建时代高度物质精神文明、政治开明的宋太祖赵匡胤；虽然"只识弯弓射大雕"，却如飓风横扫欧亚大陆的"一代天骄"成吉思汗；讨饭和尚起家的明太祖朱元璋；媲美开国皇帝开创盛世，奠定中国1300万平方公里版图的爱新觉罗·玄烨；等等。

中国历代创立不朽功业的宰相比比皆是。比如辅佐齐桓公成为春秋五霸第一霸的管仲；奠定秦国统一天下坚实基础的商鞅；辅佐刘邦平定天下的西汉名相萧何；挟天子以令诸侯统一北方的政治家、军事家、诗人曹操；以超常的才智与忠诚鞠躬尽瘁死而后已，苦力支撑蜀国的诸葛亮；唐朝不惜身家性命犯颜直谏的魏征等诸多名相；视死如归忠烈千秋、民族脊梁中华灵魂的南宋状元宰相文天祥；挽大明江山于将倾的救时内阁首辅张居正。中国强汉盛唐等许多治世绝非帝王一人功劳，大有作为君主周围必有许多贤相辅佐。

中国封建社会历史上任何一次变法改革，无一不是客观形势使然。变法的广度和深度，能不能取得预期的效果，主要取决于帝王和宰相两个关键人物。帝王的作用是根本的，帝王没有励精图治的雄心壮志，作为宰相意欲兴革也是枉然，根本不可能。帝王如欲改革没有得力宰相辅佐，同样也是孤掌难鸣。改革能否成功，除了君臣德才能力，关键取决于君臣是否始终同心配合默契。君主对宰相的信任程度是宰相能否充分施展才干的重要前提条件。宰相的能力以及对君主朝廷是否忠诚，能不能豁得上身家性命，对于变法能否成功也至关重要。只有雄才大略的英明君主毫无保留地全力支持德高望重、不惜生前身后名、豁得上身家性命报效天下的宰相，变法改革才可能成功。中国封建社会三次比较大的变法改革，三位辅臣做得都很到位，三位君主各不相同。

秦孝公对商鞅绝对无条件支持,君臣一心铁腕推进,变法改革最彻底。其后商鞅虽被车裂,但数代帝王续行其政,终于奠定了强秦统一天下的基础。明代内阁首辅张居正主政时皇帝年少,他独揽大权10年,随着皇帝逐渐长大成人,由于对张居正代行皇权的逆反等因素,张居正明万历十年(1582)去世后,20岁的明神宗废除所有兴革举措,清算张居正,迫害其后人,自毁长城江河日下,天下又恢复到原来困顿颓废的状况,内忧外患风雨飘摇。结果是60年后明朝灭亡。王安石虽然君臣知遇,从无猜忌,却没有得到宋神宗无条件绝对的支持,没有像商鞅、张居正那样最大限度地按照自己的意志治理国家。

面对北宋积弱积贫等内忧外患,1067年初不满19岁即位的宋神宗宵衣旰食,迫不及待改变现状,心急如焚有所作为。朝野有识之士,尤其是下层士大夫,改革愿望非常强烈。国家不能照旧统治,必须有所改变,否则国将不国,为当时多数士大夫的共识。"庆历新政"半途而废,改革的机遇已经错失20多年,北宋内外危机进一步加重。当时朝野有识之士改革呼声非常高。就是后来思想保守的代表人物,当时也认识到必须有所改变。但是对于如何改革,采取什么措施,先从哪里入手,看法并不一致。虽然当时许多士大夫都把希望寄托在王安石身上,他在南京守孝期满后,康复身体的同时著书立说,设坛讲学,培育天下英才,朝野对他主政兴国众望所归。而神宗即位之初则是面向天下,广选辅臣,并没有聚焦王安石。神宗首先关注审视身边辅佐大臣,他征求朝中元老重臣富弼等人治理天下意见,富弼以教诲皇帝口气说:"人君好恶,不可令人窥测。"他要神宗皇帝深藏不露,城府莫测,叫人看不清、弄不明,谁有奸谋也无机可乘。这个告诫虽然从帝王驾驭群臣权术方面说有一定道理,但是不符合中华民族光明正大的传统美德。如果天下人都不知道皇帝要干什么,帝王岂能与文武百官同心协力共治天下?焉能号召带领天下万民共创盛世?他告诫神宗说:

陛下临御未久,当先布德泽。且二十年未可言用兵,亦不宜重赏边功。干戈一起,所系祸福不细。(《宋史·宋神宗》)

这就是王安石初入仕途就已担当大任的三朝元老,范仲淹"庆历新政"时核心成员对皇帝的建言,当年改革急先锋蜕变为彻底的守旧派,不愧为朝廷重臣看摊守成、不思进取、苟且偷生的典型代表。宋神宗因为先帝与辽夏两国签订屈辱条约,仍难免两国侵略威胁,整天寝食难安,让他继续忍辱二十年不言兵,人的一生有几个二十年?!那可能吗?作为血气方刚有志洗雪国耻的帝王,他能不言兵吗?宋神宗对富弼这个三朝老臣非常失望。他转而征求学界名流司马光的意见,司马光时任皇帝高级顾问翰林学士,他的人品学识为朝野称道;司马光《上神宗论人君修心治国之要三》:"修心之要三:曰仁、曰明、曰武;治国之要三:曰官人、曰信赏、曰必罚。"仁指修政治,兴教化,养百姓、育万物;明指知道义,识安危,别贤愚,辨是非;武指惟道所在,判断不移,奸不能惑,佞不能移。官人就是要任人唯贤,选好人才,选好各级官员;信赏就是对有功者要讲究诚信,给他们奖励赏赐;必罚就是对有过错的人,要给予惩戒处罚,以教育震慑天下官吏。

以上九字虽然十分正确,是放之四海而皆准的好建议,是颠扑不破的真理。但是对当下如何解决财政困难,怎样维持国家机器正常运行,怎么解决边境危机,如何应对农民起义造反,没有可操作性,离解决当务之急太远太空。宋神宗对于司马光缺乏新意建言不感兴趣。他又征求三朝元老韩琦、副宰相吴奎等人意见,许多人坚持恪守祖宗成法,担心王安石锐意兴革,明里暗里反对重用王安石,却又提不出切实可行的治国之策。这时神宗皇帝想起他当太子时读过王安石的《上皇帝言事书》,当时他对王安石这篇改革天下政治纲领性奏折就非常佩服。陪他读书的韩维,每与他谈起对国家治政见解时,宋神宗眼前一亮,非常惊喜。韩维说这不是我的主意,这是我好朋友王安石的见解看法。因此宋神宗对王安石虽未见面,却神交已久:"帝由是想见其人。"他佩服王安石胸怀天下,锐意革新,敢于担当。于是,宋神宗在朝野遍寻辅臣感到失望时,就把期望的目光放到了千里之外的王安石身上。宋神宗正月即位,虽然王安石远离朝堂,宋神宗不忘对他眷顾,抓紧提拔;三月就任命他为江宁太守,超过了他父亲生前担任的江宁通判。九月又提拔他担任翰林学士。翰林学士非常重要,是皇帝身边的高级参谋助手。让王安石担任这个职务,表明宋神宗有意要调他入京重用;这样神宗可以随时当面考验他的能力,以确定其能否担当大任。仅半年后于1068年三月诏命王安石进京,他要当面倾听其治国之策。王安石应神宗诏命,踌躇满志赶赴京城。是年王安石担任侍讲即皇帝的老师,神宗对他更加信任倚重。

这一天王安石等得太久了。他少年立志与日月争辉,自从进士高第,历经仁宗、英宗两朝求索磨砺,人品政声天下传颂,文学学术独负朝野大名。他上仁宗万言书,已经10年。报效天下一统九州的崇高理想,激励他勇往直前,求索进取,效法古代贤相力挽狂澜,拼搏冲刺永不懈怠。他已近知天命之年,神宗的这次召见很可能是他得君行道,担当大任振兴朝廷,恩泽九州建立盖世功业千载难逢的机遇。正值阳春三月,百花齐放草木翠绿,王安石从南京动身,他憧憬着大展宏图的美好未来,人逢喜事精神爽,情不自禁欣然吟咏:

> 白石冈头草木深,春风相与散衣襟。
> 浮云映郭留佳气,飞鸟随人作好音。(《出金陵》)

自熙宁元年(1068)春宋神宗下诏王安石入京,他对王安石由此前神交到当面倾听治国之策,直至1069年二月王安石被任命为副宰相近一年时间,君臣二人实际上也是相互考察了解、摸底磨合的阶段。宋神宗要做振兴宋廷大有作为的帝王,在对朝野许多大臣失望之后,他要确认王安石究竟是否能够担当大任,成为与其珠联璧合的辅佐之臣;王安石观察神宗有无除旧革新开创新时代的胆略意志、胸怀与才能,是否值得他豁得上身家性命的英明君主。他虽然为国为民可以不计身家性命,但前提是得君行道,以实现天下大治,恢复汉唐一统。他深知历史上许多改革家下场悲惨比比皆是。他要避免25年前"庆历新政"昙花一现、范仲淹等贬官外放,国家一蹶不振的悲剧,因为国家再也经不起改革失败的折腾,但关键是一言九鼎的帝王。他非常清醒,历史上从无经历失败东山再起的改革家,历史不可能给他提供第二次机遇。

仁宗皇帝在位后期20年,虽然深知王安石的文才人品,非常宽容王安石的特立独行,但将王安石兴革天下的奏章束之高阁。英宗在位四年间,王安石为母亲守丧讲学。他深知英宗患病及非太后亲生等先天不足,不可能大有作为,宁可养病讲学,暂缓入京。神宗皇帝作为年轻帝王,志欲革新,正是自己千载难逢的知遇之君。王安石年富力强,终生抱负正待施展。

王安石风尘仆仆赶到京城,神宗皇帝迫不及待召见。四月初四君臣首次见面,后称为"越次入对"。此前王安石实际职责为江宁太守,这个官职级别皇帝一般不召见,这是神宗皇帝礼贤下士的特殊安排。《宋史·王安石传》记载了君臣二人第一次面谈。神宗首先询问王安石治国何以为先,王安石回答:"择术为先。"也就是要先制定正确的治国政策方略。神宗说:"唐太宗何如?"他非常佩服"贞观之治",唐太宗是他的偶像。王安石对曰:

> 陛下当法尧、舜,何以太宗为哉?尧舜之道,至简而不烦,至要而不迂,至易而不难。但末世学者不能通知,以为高不可及尔。

说应当效法尧、舜,他们才是真正伟大的君王。尧舜之道简单而不烦琐,重要而不迂腐,易行不难。后世的学者没能认真理解,以为高不可及。

中国古代学者多厚古薄今,尤其是儒家颂扬治理天下最好莫过于尧舜禹汤周公时代,今人亦有"六亿神州尽舜尧"的诗句。说到社会风气不如以前,往往说世风日下人心不古,比不上尧舜时代人的思想境界高,道德操守好,国家治理好,比如尧舜求贤禅让等流芳至今。王安石要神宗效法尧舜并非故弄学问高深,而是主张效法儒家推崇人类完美社会圣贤君主的榜样。

宋神宗听到王安石不以李世民为榜样非常震惊,因为他深知世人津津乐道的是此前治世完美当数唐太宗的"贞观之治"。虽然汉代有"文景之治""光武中兴",但主要是针对经历战乱天下百废民生凋敝,为医治战争创伤、恢复社会经济对百姓采取休养生息的政策,确实取得了政通人和,国泰民安的良好效果。但汉代两大治世远比不上唐代"贞观之治"与"开元盛世"的高度,"开元盛世"有始无终,而"贞观之治"圆满美好,少有瑕疵,后世称颂。

李世民出生于隋开皇十九年(599),十几岁随父亲李渊打天下,文武全才;陕西"昭陵六骏"充分体现了他在中国历代帝王中军功卓著,鲜有人比。唐武德八年(626)唐朝建立八年,他发动"玄武门之变"后即位,虽然手段残酷血腥,但是他开创"贞观之治"恩泽九州,万民称颂。他是中国封建时代帝王虚心纳谏的典范。他以隋亡为教训,牢记水能载舟,亦能覆舟的古训,励精图治。他的文治武功少有帝王能及。他在位仅23年,在战乱后一片废墟上,迅速发展成为经济繁荣、文明进步、社会和谐少有的"治世",百姓夜不闭户路不拾遗,更是人间奇迹。据《资治通鉴》记载:贞观六年(632)十一月二十二日,"帝亲录系囚,见应死者,闵之,……仍敕天下死囚,皆纵遣,使至期来诣京师"。说李世民亲阅死囚名单,怜悯他们,下令放其回家,约定明年秋季回归京城继续服刑。贞观七年(633)九月:

> 去岁所纵天下死囚凡三百九十人,无人督帅,皆如期自诣朝堂,无一人亡匿者;上皆赦之。

说上年返家全国死囚犯人共390人,无人监视管制,都按期限返回京城,没有一人逃亡藏匿;太宗将其全部赦免。死囚犯人如此守信服刑,哪个朝代可比?!神宗能不佩服唐太宗李世民吗?!

史载贞观二十二年(648)全年仅处决罪犯39(一说29)人。"贞观之治"成效可见一斑,为"开元盛世"奠基坚实。

中国历史上开国帝王对待功臣不外乎杀、退、用三种策略:刘邦、朱元璋残暴杀戮功臣,"狡兔死,走狗烹",天下震撼恐惧,祸国当时殃及后世。退功臣当数汉光武帝刘秀、宋太祖赵匡胤,其给功臣以优厚待遇,劝其和平交权,君臣无猜,相安终老。虽非上计,亦非下策。刘秀开创了后人称道的"光武中兴";赵匡胤奠基宋代物质和精神文明繁荣鼎盛。神宗佩服李世民胸怀宽广,雄才大略,重用功臣及李建成旧臣魏征等人;调动一切积极因素,共创中国封建社会治理最好,后人称道的"贞观之治"。显然唐太宗用人最为上策,比退功臣收到了全方位成功治理天下最好的效果。

因为宋代之前李世民开创的"贞观之治"当属汉唐四大治世最完美时期，因此宋神宗把唐太宗李世民作为偶像崇拜。他听到王安石对唐太宗不以为然当然震惊，不学李世民效法谁人？！他难以想象比李世民"贞观之治"更好的时代，因为此前几个大一统王朝君主，虽成就巨大，但亦有为后人诟病暴政。比如秦始皇焚书坑儒，首开杀害儒生术士毁灭中华文化先河；汉高祖刘邦杀戮功臣，甚至烹煮之让人分食，残暴至极。李世民杀兄夺位虽为其污点，但他虚心纳谏开创"贞观之治"，社会全面进步，国泰民安后世称颂，是此前皇帝的榜样。神宗当然对他非常佩服。其实最残暴帝王当数明清。朱元璋杀功臣株连无辜数万，设锦衣卫震怖天下，最早行文字狱杀人如麻。其四子朱棣打败皇帝侄子朱允炆，攻占南京后，对政治异己割头、凌迟、寸磔、油炸，将拒绝为其起草登基诏书的方孝孺诛灭10族（9族及其学生）873人，嗜杀堪比其父，南京城中血流成河。父子荼毒天下人人自危。清朝文字狱始于爱新觉罗·玄烨（年号康熙），盛于雍正朝，登峰造极于乾隆朝，祖孙三朝达160多起。爱新觉罗·弘历乾隆年间130多起。爱新觉罗·弘历组织编纂《四库全书》时将不合其思想、统治需要等原因未被采用的70多万部著作付之一炬，禁锢天下思想专制至极，为中国封建时代士人生命和文化浩劫之最。专制皇帝丧失泯灭人性，以上几帝可见一斑。可见人性是对帝王的最大考验。皇帝一言九鼎主宰一切，天下兴亡万民祸福全系一人。皇帝拥有绝对权力，其任性为所欲为，行一善政天下受惠，生一恶念万民遭殃。

弘历好大喜功，坐享两代帝王开创盛世成果，六下江南挥霍无度。他为满足私欲，巧立"臣工贡献""皇帝出巡""赔补亏空""官员公捐"等名目敛财，填满了偌大皇宫。1790年他80大寿，收礼114多万两白银，地方督抚人均超3万两。他规定官员以钱顶罪，收入尽归其有，帝王少有其如此贪婪；由此敞开天下官员贪腐的大门，形成了帝王以制度逼良为娼的恶劣政治生态，致使贪官污吏遍天下。在他的羽翼下孵化出家产800兆两银、超10年国库收入的巨贪大奸和珅，时称"和珅跌倒，嘉庆吃饱"。他丢下烂摊子去世仅40年，中国陷入半封建半殖民地深渊。中国封建社会唐玄宗葬送"开元盛世"，弘历葬送"康乾盛世"，都是有始无终自毁长城。

对于弘历误国深重罪责，学术界研究有待深化，应客观看待其功过是非，剥掉其自诩"十全老人"盛世帝王华丽外表，还其中华民族罪人本来面目。

神宗惊讶于王安石的独到见解，他接着以自愧不如前人，笑责王安石说：

卿可谓责难于君。朕自视眇躬,恐无以副卿此意。可悉意辅朕,庶同济此道。(《宋史·王安石传》)

说他提出效法尧舜,是对君王责难的高标准严要求,自己思忖恐有负爱卿高见美意。请尽力辅佐我,我们共同努力践行尧舜之道。

王安石一席话令神宗耳目一新,如沐春风,对国家未来充满了美好的憧憬。此后王安石为皇帝授课后,群臣告退,神宗独留王安石坐下:"有欲与卿从容议论者。"神宗要求王安石从容议论治国之道,他说:"唐太宗必得魏征,刘备必得诸葛亮,然后可以有为。二子诚不世出之人也。"

他认为诸葛亮和魏征都是几百年才能一见的人才,想听听王安石对两位辅佐刘备、李世民成就大业旷世宰臣的看法。王安石说:陛下诚能为尧舜,圣君身边必有贤相;诸葛亮、魏征都是有道者并不看重的:

以天下之大,人民之众,百年承平,学者不为不多。然常患无人可以助治者,以陛下择术未明,推诚未至……(同上)

王安石启发引导神宗,世上先有伯乐,然后才有千里马,千里马必须要有识马的伯乐发现。他告诫神宗制定正确的政策,真心诚意重用人才,像周公吐哺一样求贤若渴,何愁天下无才?!在后来的君臣论政时,神宗又给王安石提出了一个难以回避,变法改革必须回答的问题。他说:"祖宗守天下,能百年无大变,粗致太平,以何道也?"(《续资治通鉴》第六十六卷)

说太祖建立大宋王朝百年,没有危及江山社稷大事发生,基本上达到天下太平,这是什么原因?王安石一听这个问题太大了,事关变法改革能不能更改祖制,必须作出让神宗信服圆满的回答,不是即席三言两语能说清楚的。因此,他对神宗的命题作文,答应回去后书写上呈。他回家后精心思考,如果承认天下百年无事,就没有变法改革的必要;如果实话实说,如今天下危机四伏,那么责任就在宋神宗的先祖,不但皇帝很难堪,下不来台,朝野守旧派也必然会借题发挥,危及今后变法改革。他必须斟酌字句承认百年确无大事,肯定前五位帝王功绩,让神宗面子上过得去,守旧派无机可乘;但又必须如实说明潜在不容忽视的重大危机,引发出变法改革的必要性和迫切性。

王安石不愧为文学大家,杰出的政治家。他通宵达旦,精心思考,及时给神宗呈上《本朝百年无事札子》,首先充分肯定宋太祖赵匡胤建国后实行一系列正确国策取得的巨大成效。接着说:"太宗承之以聪武,真宗守之以谦仁,以至仁宗、英宗,无有逸德。此所以享国百年而天下无事也。"

他从多方面肯定赞扬仁宗皇帝美德。对其在位长达40年形成的积弊危

机,以神宗面子上过得去的说法谈到许多失政,比如对于向辽夏妥协退让,输送以大量钱物说是:

> 宁屈己弃财于夷狄,而终不忍加兵。

他说仁宗宁愿委屈自己输送钱财于辽夏,而不发兵反击其侵扰,称其不忍心天下百姓遭受战乱灾难。表面肯定仁宗仁慈,心系天下苍生,实际上隐含批评懦弱无能,面对外敌侵略束手无策,只靠钱财换取丧失尊严的苟且偷生。谈到百年守旧积弊说"然本朝累世因循末俗之弊"深重,对宋朝政治、经济、军事、文化等各方面存在的严重危机进行了全面剖析。他谈到理财无方:

> 故虽俭约而民不富,虽忧勤而国不强。赖非夷狄昌炽之时,又无尧汤水旱之变,故天下无事,过于百年。虽曰人事,亦天助也。

说表面天下百年无事是"天助"的侥幸。接着王安石话锋一转,说:

> 知天助之不可常恃,知人事之不可怠终,则大有为之时,正在今日。

说治国不可能永远倚恃上天眷顾,靠侥幸不可能长久,应当尽人事而不可懈怠。要消除积弊,就不能观望守成等待。鼓励神宗大有作为振兴宋廷。

王安石这篇奏章,首先肯定先帝功绩美德,神宗便于接受,朝野无可挑剔;接着以锤炼语言文字炉火纯青的高度功力,全方位指出了国家当前存在的问题和危机,名曰无事而实实在在说明不是无事,而是有事,如果继续因循守成,再不思振作,发生大事悔之晚矣,可谓高瞻远瞩,振聋发聩;是一篇深入阐述必须变法改革的理论文章,亦是他接受神宗召对的继续和深化。

此后,神宗皇帝经常询问王安石具体治国措施,如何解决眼前当务之急,王安石的见解神宗闻所未闻,使他精神振奋。王安石作为文坛领袖,学界泰斗,有问必答,引经据典,言之有理有据,成为神宗皇帝非常佩服的良师益友。宋神宗欲中兴宋廷,王安石有坚实的学术理论支撑。改革变法如果没有理论支撑,朝堂上就难以形成决策,许多新法措施也难以出台,更别说推行。宋神宗遍观朝廷重臣、地方封疆大吏及司马光等士大夫精英反复对比,认为王安石的修养、胆识、学术水平,以及敢于为国家担当的精神无人可及。王安石利用给神宗皇帝授课机遇,充分宣传改革百年积弊,开创治理天下新局面的理论,描绘中兴天下宏伟蓝图,从精神上高屋建瓴给神宗信心与力量。

王安石每次讲毕,神宗总是单独留他长时间赐座深谈,往往就一些涉及重大敏感的问题,比如对待祖宗成法、怎样解决国家财政危机等当面询问王安石,有时候还针对这些重大问题倾听王安石与其他重臣辩论。比如神宗倾听王安石与司马光辩论理财问题,还让二人共同审理疑难案件,二人世界观不同,循道有别,对许多问题看法截然相反。但神宗通过二人激烈的思想交锋,鉴别二人治国理念差别,加深了对王安石治国安邦理论及措施现实可行性的认识。神宗非常佩服王安石的吏治经验、广博学识、道德操守、直言极谏、勇于担当大任的精神。王安石成了他励精图治振兴国家的精神支柱,他坚信变革天下,开创千秋功业,非王安石辅佐莫属。神宗后来谈道:

> 自古君臣如卿与朕相知极少。……自卿在翰林,始得闻道德之说,心稍开悟。卿,朕师臣也!(《续资治通鉴长编》卷二三三)

神宗说与王安石这般君臣相知,自古少有。自王安石供职翰林学士,他始闻听道德学说,说王安石开启了他的心智,是他佩服崇拜的老师。

王安石则利用讲课,神宗独留自己深谈议政、处理案件等各种机会,包括一言难尽重大问题,写专门奏章,来开启神宗视听,砥砺神宗心志,鼓励神宗刚健勇进。他在与神宗长达 10 个月接触中认定其是一位道德修养、学识水平、胸怀气质等各方面综合素质堪称英明君主,具有大有作为帝王的胸怀格局,是值得辅佐的明君。人生能有几回搏,辅佐明君治理天下,只要能换来国家强盛,百姓安乐,即使赴汤蹈火,豁出身家性命,他也在所不惜。

他给神宗授课曾经发生过一件不愉快的事情,君臣二人都预感到了今后改革阻力之大。王安石与"嘉祐四友"之一的吕公著,共同提出侍讲应该坐着给皇帝讲课建议。吕公著叔祖父吕蒙正、父亲吕夷简为前朝宰相。这个提议本来合乎儒家尊师重教的礼仪观念。这本是一件小事,然而却引起了远远超出这件事情本身的轩然大波。多人激烈反对,说是皇帝主动请讲者坐下,臣下遵旨即可;要是人主不命而自请,则为非礼。在封建时代,说臣下对皇帝非礼,是非常严厉的指责。王安石看到这么一件小事,竟遇到这样大的抵触;朝廷高官思想僵化竟至于此,难道皇帝就可以不尊重老师吗!?王安石隐约预感今后改革变法的阻力之大。神宗皇帝面对激烈反对意见,没有立即表态。实际上宋朝建国初直到太宗朝,帝师都是坐着讲课,从真宗以后才站着讲课。对帝师坐下讲课建议的指责,简直不可理喻。虽然后来神宗皇帝折中表态:各位老师坐着讲还是站着讲,悉听尊便。但是王安石考虑到此前风波,不能因为小事影响今后朝政改革大局。尽管神宗皇帝让他坐着讲,他绝不因小失大,继续站着讲课。尽管是一件小事的争执,但是争执的核心是能不能改变现状的问题,是守旧派对即将到来的变法当头棒喝的前哨战。

神宗虽然决心任用王安石,但面对王安石自从入京,许多人都羡慕嫉妒恨,尤其是王安石鹤立鸡群的变法改革思想遭到许多朝廷大臣的反对,他们本能地站到了王安石的对立面;他一方面要从各方面全方位考察王安石,另一方面要尽可能减轻元老重臣对王安石的抵触,缓解今后变法改革的阻力,想以延缓时日使朝野逐步勉强接受王安石的政治主张。但这仅是宋神宗的一厢情愿,道不同不相为谋,世界观不同思想境界悬殊,决定了两方政见形同水火,决定了守旧派绝对不会妥协退让,要他们同意改革,简直就是与虎谋皮的幻想。神宗无奈,他即位已经两年,他自从与王安石首次面谈已经耐心等了10个月,他再也不能等待下去了。他不顾文彦博、韩琦、富弼等多数朝廷重臣仅肯定王安石文学道德,不赞成其学术,反对其改革的众人鼓噪,顶住许多人对王安石执政的怀疑和反对,毅然任命王安石为副宰相。

神宗皇帝迫不及待让王安石制定改革方案措施,尽快付诸实施。王安石深知变法改革是一场革命,是资源的再分配,是利益的再调整,变法改革必然会损害既得利益者的特权,必然会引起极大的阻挠和干扰破坏,所以面对神宗皇帝年轻气盛,求治心切,急于出台新法,改变国家面貌,振兴国运,他劝告神宗稳妥行事。其实在这之前他与神宗对话深谈,以及与司马光等士大夫思想交锋,比如讲课坐站之争小事竟然惹得轩然大波,变法改革尚在酝酿讨论,已是山雨欲来风满楼等,深刻预感到今后革故鼎新阻力之大。他虽然对于神宗信任"陛下知遇,臣五内铭感",他也深知变法改革时不我待,他急欲报答神宗皇帝信任知遇,踌躇满志跃跃欲试。但他经过近30年官场历练,已近知天命之年,比没有经过大风大浪的神宗头脑冷静清醒得多;他比神宗更深刻预感到变法改革必将经历难以想象的艰难险阻,他告诫神宗:

> 臣所以来事陛下,固愿助陛下有所为。然天下风俗法度一切颓坏,在廷少善人君子,庸人则安常习故而无所知,奸人则恶直丑正而有所忌。有所忌者唱之于前,而无所知者和之于后,虽有昭然独见,恐未及效功而为异论所胜。陛下诚欲用臣,恐不宜遽。谓宜先讲学,使于臣所学本末不疑,然后用之,庶几能粗有所成。(《续通鉴长编纪事本末》卷第五九)

王安石说我愿意为陛下效力,助陛下大有作为。二人心志达到完全契合。他接着说,现在一切法度败坏日久,天下习于安乐者多,愿意变更者少,如果急于兴革,必然是异论纷纷,阻力重重,可能尚未取得成效,就被流俗战胜了。他劝神宗皇帝缓行新法,应先做好舆论宣传等准备工作。他再次强调要变革天下,首先要讲学,让天下人先接受我的主张,清楚变法改革是怎么回事,为什么变,怎样改,只有天下人理解支持,统一思想认识,之后再统筹考虑轻重缓急,逐步推进,这样才可能会粗有所成,基本上达到预期目的。

王安石熙宁五年(1072)推行新法4年时《上五事札子》中,再次强调推行新法要慎重稳妥,不能急躁冒进,尤其要注意选用人才:

> 得其人而行之,则为大利,非其人而成之,则为大害;缓而图之,则为大利,急而成之,则为大害。

文章最后不惜重复以上论述,以期引起神宗高度重视。这充分体现了他一贯坚持循序渐进的指导思想。他一再稳定神宗思想,劝神宗不要急切冒进。他深知神宗年轻气盛,对改革变法必然遭受阻力虽然有一定的心理准备,但如果遭遇惊涛骇浪,天下汹汹然,黑云压城城欲摧,年轻的皇帝心理定力不够,能否顶住泰山压顶,王安石还是有所担心。关键时候别说打退堂鼓,就是思想动摇,也必将对变法改革造成难以挽回的损失。王安石无数次警醒自己,绝不能重蹈"庆历新政"覆辙,国家再也经不起折腾。他必须尽可能做好准备,防患于未然。他力劝神宗皇帝不要太急,稳妥行事。其实王安石心里不是不急,他也急,但是他告诫自己急不得。做好各项准备尚难预测未来,按照神宗要求仓促行事,必将是欲速则不达。况且这时宰相班子也不给力,必须另起炉灶。神宗皇帝在任命王安石的前天,任命了令他失望的保守派代表富弼为宰相。富弼比王安石大15岁,王安石科考入仕时,他已经是朝廷重臣。他曾是"庆历新政"的核心成员。神宗任用富弼,不仅是要守住兼用持不同政见者,"使之异论相搅,即不敢为非"的祖传家法,更重要的是用这块招牌,安抚所有王公贵族、朝廷重臣和天下既得利益者。他不是对王安石不信任,他对王安石更没有猜忌。但他作为赵宋王朝天下地主阶级的总代表,作为平衡各方的总操盘手,他要维护天下稳定,他要兼顾上层、中层、中小地主及天下万民的利益平衡,他不愿天下强大的保守势力公然激烈对抗朝廷。任命富弼及保留原来守旧官员正是为了稳住天下守旧派。王安石虽然理解神宗,但是这个保守中枢领导机构难以担当变法改革重任。他必须砥砺神宗意志,在坚定神宗思想的同时,为变法改革做好各项准备工作。

王安石深知变法改革成败,关键是神宗皇帝。他尽最大努力坚定神宗的心志定力,尽可能增强其抗击变法改革必将出现天下守旧势力疯狂反对,直面惊涛骇浪的意志和毅力,力争筑牢神宗的思想防线。同时,他可能是为了预防或者其他原因,担心年轻的皇帝老成持重不足,被人诱惑于声色歌舞奢侈享乐。他担任副宰相仅3个月,五月份向神宗皇帝上了《进戒疏》:

> 熙宁二年五月十一日,……臣某昧死再拜上疏皇帝陛下:臣窃以为陛

下既终亮阴,考之于经,则群臣进戒之时,而臣待罪近司,职当先事有言者也。窃闻孔子论为邦,先放郑声,而后曰远佞人;仲虺称汤之德,先不迩声色,不殖货利,而后曰用人惟己。盖以谓不淫耳目于声色玩好之物,然后能精于用志;能精于用志,然后能明于见理;能明于见理,然后能知人;能知人,然后佞人可得而远。忠臣良士与有道之君子类进于时,有以自竭,则法度之行、风俗之成,甚易也。

若夫人主虽有过人之材,而不能早自戒于耳目之欲,至于过差,以乱其心之所思,则用志不精;用志不精,则见理不明;见理不明,则邪说诐行必窥间乘殆而作,则其至于危乱也岂难哉!

伏惟陛下即位以来,未有声色玩好之过闻于外。然孔子圣人之盛,尚自以为七十而后敢纵心所欲也,今陛下以鼎盛之春秋,而享天下之大奉,所以惑移耳目者为不少矣。则臣之所豫虑,而陛下之所深戒,宜在于此。天之生圣人之材甚吝,而人之值圣人之时甚难。天既以圣人之材付陛下,则人亦将望圣人之泽于此时。伏惟陛下自爱以成德,而自强以赴功,使后世不失圣人之名,而天下皆蒙陛下之泽,则岂非可愿之事哉?臣愚不胜,惟陛下恕其狂妄,而幸赐省察。

他告诫神宗不要过分追求声色犬马等好玩之物,要精于用志明理,知人用贤,远离佞人。激励神宗:上天吝生圣人,万民逢圣人甚难,天既以圣人之材付陛下,陛下就应当自爱以成德,自强以建功,使天下人皆受陛下恩泽。

他以追贤求圣被神宗尊为老师的道德修养偶像,通过进谏正面引导、鼓励君主自律,成为建立盖世功业的英明君主。他深知君臣二人恪守高尚修养操守,同心协力,树立朝堂正气,为变法改革注入源源不断劲的动力,才有可能达到预期目的。他防患于未然上疏,直言约束皇帝行为,充分体现了他的智慧、胆略与忠贞。

从1068年王安石入京,神宗深入考察10个月,1069年二月力排众议,坚定不移任命王安石担任副宰相,终于拉开了新时代改革的大幕。社会各个阶层,王公贵族、天下官吏、士绅商贾、九州万民,都注视着即将到来的变法改革风暴。宋神宗将要经历太祖太宗以来前辈没有过的严峻挑战和考验;王安石也即将面临北宋乃至整个封建社会宰相从来没有过的狂风暴雨,惊涛骇浪,地震海啸。正所谓沧海横流,方显英雄本色。

第十一章 大展宏图

　　王安石为变法改革所做的第一项准备工作就是成立中央领导机构。鉴于当时执政班子中宰相曾公亮年逾古稀,其余三人恪守祖宗法度,反对兴革,守成尚且勉强,推行变法改革根本不可能。王安石只有另起炉灶。他奏请神宗成立了制置三司条例司,统领全国变法改革。成立这个领导机构阻力重重,司马光等人极力反对,说是侵官生事,侵夺中书省和三司的权力等。王安石顶住反对派压力,坚定不移组建领导机构,解决了领导体制这一关键问题。

　　王安石做的第二项准备工作,就是广泛调查研究。调查研究是王安石推行任何政务必做的首要功课。他把关挑选程颢、刘彝、谢卿材、王广廉、卢秉、王汝翼、曾伉、侯叔献等德才条件好,比较年轻精干的8名官员作为朝廷特使,带领8个调研小组到全国各路,对全国地理、气候、自然生产条件不同的各个地区农田水利、赋税、差役等民生状况、国家大政方针的利弊得失多方面情况进行调查。他特意安排苏辙进入变法改革领导机构,以及选派程颢作为特使,都体现了王安石善待士大夫精英,尽可能团结更多士大夫,以利于变法改革的推行。足见王安石胸怀格局之大,为天下谋事之远。有人说王安石排斥其他名流大家,这样的安排难道是排斥吗?!

　　王安石虽然在许多岗位任职近30年求索,对全方位变法改革早已胸有成竹,但是他还是希望通过广泛调研进一步详细了解全国各地情况,广集众智完善丰富自己的思想,制定新法更为切合实际。再就是通过派员深入基层剖析国家农村政策积弊,顺理成章得出再也不能照旧统治,要摆脱危机实现长治久安,出路就在于更改旧制,必须变法改革的结论。这样就便于堵住反对派的嘴巴,形成变法改革既不是皇帝拍脑袋随心所欲,也不是王安石一时心血来潮,而是来自于多方面对基本国情尤其是民生状况调研结论的舆论环境,这就为涉农诸项改革新法出台奠定了坚实的基础。

　　成立全国变法领导机构,派8路官员到全国调研,标志着变法序幕已经拉开。整个统治阶级上层和天下士大夫都聚精会神,拭目以待即将出场的宋神宗和王安石两大主角登台亮相。

　　王安石和宋神宗为变法改革作了一系列准备工作后,对于从何处着手选准突破口,这一关系到变法改革大局和长远大计的问题,君臣二人深思熟虑,尤其是王安石更是对各个领域全面考虑,按照轻重缓急统筹兼顾谋划部署。他吸取范仲淹"庆历新政"先从人事开刀,遭到天下权贵疯狂反对,改革措施尚未收到实效,有的尚未出台,新政昙花一现半途而废的教训。况且经济积贫危机日深是当时的主要矛盾,是其他一切改革的基础,决定先从经济改革入手。经济改革千头万绪,他选择从争议少、阻力小、见效快的方面做起,然后推出涉及农业农村的配套改革。王安石首先制定推行"均输法",用以解决科学预测、规划、调度京城物资供应问题。

唐天佑四年(907)唐朝灭亡后,中国进入五代十国时期,十国除北汉建都山西太原,其余九国建都南方。北方五代除后唐建都洛阳外,其余四国皆建都于开封。王安石入阁主政时北宋建国已110年,开封作为全国政治、经济、军事、文化中心长达150多年。世代王公贵族、皇亲国戚、士绅平民繁衍生息,尤其是宋代实行强干弱枝、守内虚外的特殊国策,京城周围驻扎数十万军队,开封成为当时世界上少有的繁华大都市。有学者著文当时开封人口多达150万,为世界最大都市。其消费供应主要由东南六路承担。由于缺乏科学预测、规划、调度,积累了许多问题。一是规定不管各地是否生产某种物品,都必须供应实物,除了运输成本高,非产地更是采购难花费多。二是各地按规定数额缴纳,丰年不多供,谷贱伤农;歉收之年不得少供,与民争夺粮物,价格上扬增加成本,影响民生。三是专管京城供应的发运司权限小,官员敷衍塞责,不考虑京城库存状况,按刻板数字收取各地实物。库存多时日长久霉变,亏本低价出售;库存少急用时,富商大贾趁机操纵物价,牟取暴利,市民深受其害。

为了革除以上积弊,减少地方负担和中央财政支出,改善京城供应,稳定市场物价,保障市民正常生活。在充分调研酝酿的基础上,王安石于1069年七月制定推行"均输法":一是改原来一律供应实物变为钱物自便,中央和地方都有了更大的选择灵活性,减轻了各地负担,节省了原来部分运输成本。二是扩大发运司权限,神宗从内藏库中拨出500万贯钱、300万石米作为周转资本,按照"徙贵就贱、用近易远"征购物品,抑制富商大贾操纵市场物价,机动灵活调节市场消费供应。《宋史·食货志·漕运》记载:

> 谷贱则官籴,不至伤农,饥歉则纳钱,民以为便。

王安石深知变法改革事在人为,他和神宗精心选拔重用原江淮发运使薛向负责京城发运司政务。薛向非常精干,京城供应短时间内有了明显改善,中央和地方支出大幅度缩减,实现了王安石推行第一项新法务必慎重,确保圆满成功的预期目的。

王安石入阁主政仅4个月制定推行"均输法"取得良好开局,为下一步推行"青苗法"奠定了基础。宋朝建国初期借鉴隋唐旧制,在全国建立"常平仓",调节平抑粮价,使百姓少受高利盘剥,以纾缓民困。但是由于仓库设立于州府,离辖县尤其乡村远,不方便百姓购买;且规模小,难以抗衡富商大贾垄断掌控市场;再加上最高统治者不抑兼并,对农村地主阶级一味姑息,滋生并野蛮成长农村高利盘剥这一困扰天下万民的毒瘤;各级官吏"厌籴粜之烦",而且无关其仕途升迁去留,因此走形式过场敷衍塞责。基于以上等原因,"常平仓"早已名存实亡。到王安石主政时,天下百姓深受农村高利贷之害,严重影响了农村农业发展,促使农民起义更是动摇了国家统治基础。变法改革解决民生问题势在必行。王安石根据8路官员下乡调研情况,借鉴早年在鄞县"贷谷与民,出息以偿"的经验和全国其他地方的探索尝试,紧锣密鼓地于九月制定和颁布了"青苗法",决定先在河北、京东、淮南三路试行,然后推广全国。

青 苗 法

熙宁二年九月四日,制置三司条例司言:……

〔盖〕人之困乏,常在新陈不接之际,兼并之家乘其急以邀倍息,而贷者常苦于不得。常平广惠之物,收藏积滞,必待年歉物贵然后出粜,而所及者大抵城市游手之人而已。今通一路之有无,贵贱发敛,以广蓄积、平物价,使农人有以赴时趋事,而兼并不得乘其急。……〔是〕亦先王散惠兴利、以为耕敛补助,哀多补寡而抑民豪夺之意也。

……仍令提点刑狱司依旧管辖,不得别〔以〕支用。兼事初措置非一,欲量诸路钱谷多寡,分遣官提举,仍先行于河北、京东、淮南三路,俟成次第,即推之诸路。其制置条约,别具以闻。

诏:常平广惠仓等见钱依陕西出俵青苗钱例,取当年以前十年内逐色斛斗、一年丰熟时最低实直(值)价例,立定预支,召人户情愿。请领五户以上(据《韩琦家传》河北路则以十户)为一保,约钱数多少,量人户物力,令、佐躬亲勒耆户长识认,每户须俵及一贯以上。不愿请者,不得抑配。其愿请斛斗者,即以时价估作钱数支给,即不得亏损官本,却依见钱例纽

(折合)斛斗送纳。客户愿请者，即与主户合保，量所保主户物力多少支借。如支与乡村人户有剩，即亦准上法，支俵与坊郭有抵当人户。〔如纳时斛斗价贵，愿纳见钱者亦听，仍相度量减时价送纳。夏料于正月三十日以前、秋料于五月三十日以前支俵。〕

"青苗法"是政府向农民贷款，抑制农村高利贷盘剥百姓的法令。因借贷是以田间青苗作信用保证，故称"青苗法"。中国农民最苦的日子，就是家中存粮吃尽，而田中青苗尚未长成收获"青黄不接"时。这时农村高利贷达1—3倍利息，农民被迫饮鸩止渴，往往因此被兼并破产。只有国家下力解决这个问题，才能解救广大农民于水火之中。推行"青苗法"对症下药，正当其时。

"青苗法"就立法用意、组织实施办法、借贷和归还时限等具体做法作了详细规定。一是各地首先核算前10年丰收时粮食平均价格，作为预借的标准，不得偏高或偏低，力求公平。归还时缴纳现钱或折算粮食"皆许从便"，尊重百姓选择。二是一年借贷两次。正月借贷五月归还，五月借贷十月前还。如遇荒灾则推迟于下次收成之时。新法还规定除游手好闲、不务正业者外；按照先乡村，如有剩余再借与城郭户。规定每次归还除原本外，再交纳20%利息，统筹考虑用于天灾救助及执法成本等。

虽然半年借贷20%利息偏高，实践证明此项新法推行后，中央王朝在限制地主豪强高利贷剥削百姓的同时，也确实积累了剩余财富。但是比较农民交纳最高3倍的利息，还是低得多，确实解决了农民燃眉之急。"青苗法"受到了天下百姓的欢迎。山阴知县陈舜俞描述推行"青苗法"：

方今小民困乏，十室八九，应募之人，不召而至，何可胜计！

说农民贫困户众多，申请借贷青苗钱者不用号召，自愿而来，多者难以计算。另一官员毕仲游在《青苗议》中说道：

自散青苗以来，非请即纳，非纳即请，农民憧憧来往于州县。

说州县请贷还贷的农民络绎不绝。王安石南京讲学时的学生李定从江南来到京城，御史中丞李常劝阻他："勿言青苗法利民。"但李定实话实说，称南方之民认为"青苗法""皆便之，无不善者"，即农民认为是便利百姓的善法。印证了王安石《答曾公立书》中所说："请者不可遏"，"纳者不可却"，受到万民欢迎的真实情况。即请求借贷者不可遏止，归还贷者不可推却。说明百姓愿意借贷,守信及时还贷。这是"青苗法"执行中的主流,是大局。

这项新法在执行中也曾经出现这样那样的问题,比如有的官吏为了取得突出政绩,违背朝廷规定,强迫富户多贷,甚至超出朝廷规定的利息;有的富户苦于为贫困户担保加重负担,深受其害。但这些属于执行中的支流,属于局部,不可一叶障目不见泰山。

苏辙当时反对"青苗法",在王安石逝世多年之后,仍非常仇视说:"王介甫小丈夫也……志欲破富民以惠贫民……设青苗法以夺富民之利。"(《诗病五事》)这也从反面说明当时"青苗法"确实剥夺了像苏辙家族这样农村地主既得利益。王安石坚持天道,为天下万民"损有余而补不足",实为大丈夫。

王安石1069年十一月推行的第三项新法是"农田水利法",这是一项在全国范围内兴修水利,治理大江大河,扩大水田面积,从根本上改善全国农业生产条件,惠及天下万民,争议较少的一项善法。

新法规定:一是在全国范围内调查需要修建的水利工程,逐级上报。由地方或中央政府统一实施。二是无论官员或平民,凡有农耕或水利一技之长者,可向官府陈述己见;切实可行者待实施完毕给予奖励;兴利极大者可量材录用。三是全民动员出工出料;采用官府低息贷款、富足之家出钱收取低息等方法解决财力不足问题。对私人出资修建水利工程按工价大小,政府给予奖励。

这项新法调动了全民兴修水利的积极性,全国掀起了兴修水利、开垦荒田的高潮。许多原来地位低下但有一技之长"或胥、或商、或农、或以罪废者"等各界人士"争言水利",有的被召至州府,甚至到京城受到王安石接待。各级地方政府根据辖区水利工程大小做好经费落实,组织民工及督导工程进度,保证质量等。中央组织全国范围跨路之间大型工程的调研、设计、方案制定、实施等。王安石执政期间经过数年努力,全国兴修水利成就巨大,兴修水利促进了全国垦荒种植面积剧增,旱涝保收田约3631万亩,粮食亩产和全国总产大幅度提高,民生确实得到了较大改善。

王安石主政当年共推行以上三项新法。"均输法"短平快收效显著,就连鸡蛋里面挑骨头的守旧派也找不到任何攻击的借口。"青苗法"则解民于倒悬。"农田水利法"在改善农业生产条件,解决农民温饱,进而在全国范围内扩大农业再生产,奠定国家富强基础意义重大。后两项新法都是早年王安石在鄞县进行改革尝试,而到了主政天下时结合其他地方实践,向全国的推广。

"免役法"(雇役法、募役法)是王安石1071年十月推行的惠及天下万民的第四项新法,此前农民为各级政府承担无偿差役,负担沉重。宋代差役名目多、役人众,而官户、商人、城郭坊户、寺观僧道、女户、单丁、下等农户皆免差役。许多大地主假借官名等想方设法逃避差役,各种差役最终都落到了农民和小地主身上。他们常年为官府提供无偿劳役,耕作生产误时;承担特殊差役比如押运粮物,遭遇船翻或被盗,倾家荡产难以赔付,只好卖身为奴。王安石在京城任知制诰时,夫人为他买妾,就是因为该女丈夫为国家押运粮食翻船赔偿不起,其卖身筹钱以免丈夫牢狱之灾。王安石立即放人,将夫人花出的约900两银子全部赠送以解其危难。为了躲避差役,有的农民变卖田产减少丁口;江南曾有嫁出60多岁祖母,减少家中人口以求降低户等,免受差役之害;京东曾有父亲自杀减丁以免除差役。差役之害可见一斑,真是苛政猛于虎啊!

鉴于原来差役法的弊端,王安石在与神宗讨论制定"免役法"时曾强调:

> 理财以农事为急。农以去其疾苦,抑兼并,便趣农为急。此臣所以汲汲于差役之法也。(《临川先生文集》)

可见王安石制定"免役法"的指导思想和救民于困苦的迫切心情。

王安石制定方案,首先精减州县役人,将原来全国53.6万役人减至42.9万人,精减10.7万人,占20%;仅京城"开封一府罢衙前830人,畿县放乡役数千人",精减的役人"皆欢呼而去",说明去掉苦役枷锁后农民的喜悦。其次是缩短应役时间,比如壮丁由原应役3年缩短为半年,极大地减轻了农民负担。

在全国精减役人基础上实施"免役法"。

免 役 法

一、熙宁二年十二月,条例司上言:考众所论,独其言使民出钱雇役者人以为便,合于先王使民出财以禄在官庶人之意。应昔于乡户差役者,悉计产赋钱,募民代役,以所赋钱禄之。愿选官分行天下,付以条目,博尽众议。奏可。

……凡坊郭户及未成丁、单丁、女户、寺观、品官之家有产业物力者,旧无役,今当使出钱以助募人应役。凡此所为条目也,皆委管勾官与监司州县论定。

三、〔熙宁三年十二月八日〕,于是提点府界公事赵子几以所行条目奏上,上(宋神宗)下其法司农寺,诏判寺邓绾、曾布等议之。

又言曰:差役之弊,衙前最重,役三岁一代,代满五年已复差,每役费至千缗。他役不减三二年一差,费亦不下数百千。……

……为法备具,揭示一月,民无异辞,著为令。

令下,募者执役,被差者欢呼散去,开封一府罢衙前八百三十人,畿县放乡役数千。

四、〔熙宁四年十月一日〕,于是颁其法天下。天下土俗不同,役重轻不一,民贫富不等;县大民庶而富,输钱少易募,僻而贫、输多难招。然大县事众役烦,募直故多;县僻事简役少,募直亦寡。以一州一县之力供一州一县之费,以一路之力供一路之费,诸路从所便为法。

凡当第人户以等第出钱,名"免役钱"。其坊郭等第户及未成丁、单丁、女户、寺观、品官之家旧无色役而出钱者,名"助役钱"。凡敷钱先视州若县应用雇直多少,而随户等均取。雇直既已足用,又率其数增取二分,以备水旱欠阁。虽增,毋得过二分,谓之"免役宽剩钱"。

这一新法最根本的改革是以货币代替差役,改变无偿劳役为有偿劳役、出资免役,即原来承担差役的农户可自愿选择服役或出钱免役。原来享有免役特权者缴纳半数役钱,作为官府雇人充役资金,称为"助役钱"。政府将收取的免役、助役钱招募雇人,给予服役者报酬。

这项新法的实施使广大农民从长期苦役中解放出来,缩小了我国封建社会的残余劳役制。农民有了一定程度的选择权。生产力中最活跃的因素——人的解放,促进了农业经济的发展进步。原来享有特权者交纳助役钱,一定程度上体现了社会公平正义。所收役钱雇役后剩余资金,增加了国家收入。

这项新法从1069年王安石上任伊始确立指导思想,到1071年十月在全国推行,足足两年半时间。王安石坚持几上几下反复酝酿,到州县调研;多次征求社会各界意见,为慎重于1071年初首先在开封府辖区试行,在试行中反击朝堂内外保守派的阻挠破坏,总结经验教训,顶住压力推广至全国。试行及推广至全国之前,都首先对天下百姓张榜公布,"揭示一月,民无异辞",政府才"著为令",如"事有未便",还可以加以修改完善。可以毫不夸张地说,役法的制定是在官僚制度范围内"博尽众议""考众所论",最充分地发扬民主,最大限度地倾听各方面意见建议完成的。"议之二年乃行,无不曲尽"(朱熹《三朝名臣言行录》),在中国2000多年封建社会中,制定法律如此广集民智,发扬民主达到这般极致,笔者至今未见其他史料记载古代有第二例。这充分体现了王安石变法心系万民，尊重民意，积极稳妥推进的指导思想。

王安石于1072年三月推行的第五项经济新法是"市易法"，主要是打击城市巨商垄断市场物价，保障城市平民正常生活。此前京城及全国大中城市许多富商大贾、官僚资本囤积居奇，操纵物价，依仗垄断经营欺行霸市，获取暴利；物价波动，市民深受其害。

王安石推行"市易法"，朝廷成立市易务（后改名市易司），拨出100万贯钱作为周转本钱。全国20多个大城市成立市易务，由政府出资购买百姓需要的基本消费品。物价低时政府购进，防止物价过低伤害中小商户；当物价偏高时，政府将储存的物资售出，以平抑物价，抑制富商大贾及官僚资本暴利。这项新法促进了京城及全国各大城市物价保持基本稳定平衡，避免了市民因为物价波动而生活水平受到较大影响。城市贫民和小商户受益较多。

"市易法"的推行，沉重打击了与贵族官僚紧密联系的商业资本垄断经营牟取暴利，从他们手中夺回了大量非法所得收归国有，限制了他们的投机活动，确实起到了稳定京城及全国大中城市物价效果，促进了市场繁荣和民生的改善。因此受到天下官商疯狂抗拒，他们拼命阻挠干扰破坏，无所不用其极。

神宗鉴于皇族尤其是祖母、母亲及向皇后家族的剧烈反弹抗拒，对王安石说"近臣和后宫都言'市易法'不便"，欲变通执行"市易法"，削弱其抑制官商力度。王安石于1074年三月二十九日，当面列举神宗祖母太皇太后之弟曹佾严重违法、栽赃嫁祸市易司等无耻行径，受到市易司及开封府追查；以及向皇后父亲向经虚报逃避赋税受到追究的犯罪事实，神宗无言以对。正因此后宫向神宗哭诉逼迫其罢免王安石。皇室贵族对王安石恨之入骨，不足为奇！

这项新法在执行中根据实际需要又有所拓展创新，朝廷又制定颁行了"免行条贯"。原来宫廷所需各种物资，由各商户无偿供给，由于"官司上下须索"，各行所费"无虑十倍以上"。比如宫廷每日需肉千斤，而官吏层层勒索，肉行实际付出高达数千甚至万斤，以致造成许多中小商户破产。应广大商户请求，朝廷颁布"免行条贯"规定：取消宫廷向商户无偿摊派的一切实物，按实际所需依商户大小"利入厚薄纳免行钱"；朝廷官员到市场上公平购买各种宫廷用物。这样就极大地解脱了原来官吏无休止勒索，所交达数倍甚至10倍实物的困扰；交纳少量钱，再无遭受勒索破产之忧。这项改革理所当然受到了中小商户的热烈欢迎。

王安石1072年八月推出的第六项经济新法为"方田均税法"。它包括清查田亩和重新确定田产税赋。当时全国大地主约占天下半数以上土地,他们隐瞒田产,逃避赋税;而小地主和一般农户田产少,税赋重,生计艰难。针对这一严重社会问题,该法规定重新丈量澄清各阶层土地占有状况,再根据土地肥瘠确定赋税等级。将原来大地主隐瞒的田产通过清查及确定等级,国家收回其逃避的大量田赋;将小地主及一般农户原来承担过重的赋税降下来,其直接受益于这项新法。一定程度上缓解了税赋不公的严重社会问题。

推行"方田均税法",查清农村地主和一般农户土地状况,重新确定赋税,减轻贫困农户赋税负担的同时,朝廷还制定了鼓励广大农户无偿开垦贫瘠不毛荒田、允许农民使用山林陂塘、不增加新的赋税等措施,极大调动了农民扩大再生产的积极性,促进了农业生产和农村经济的繁荣发展。

"方田均税法"同时解决了原来交纳赋税附带的弊端。原来有的地方官府让农民交纳实物税时,为自己方便,强令农民不在当地而在外地几百里乃至千里的边防州县交纳,即"移此输彼,移近输远"的"支移",天下万民深受其害。还有不同实物折算钱物的"折变",即对农民上交实物作价低敲诈、刁难坑害农民,致使农民税负增加数倍甚至10倍的恶劣行为。

实行"方田均税法",革除"支移""折变"害民弊端,一定程度上达到了平均税赋、抑制农村地主豪强兼并、改善民生的目的,极大地提高了农民扩大再生产的积极性,既繁荣了农村经济,同时增加了国家收入。

王安石在经济方面还采取了对国家特殊商品规范管理的措施。对于茶叶、食盐、酒类、矾等实行相当于现在的专利专卖制度,稳定了特殊商品的市场供应和市场秩序,国家收取了大笔的赋税。比如对酒实行"实封投状","许价高者射取之",即谁在投状中所出酒税最高,即授予其经营权,就像现在的公开招标一样。国家酒税收入大增,为变法前的2—3倍。

王安石还对矿业的开采、金银铜铁重要金属的冶炼等特殊行业,进行了大胆的改革,也收到了较好的成效。

以上仅是蜻蜓点水,走马观花简要介绍了王安石推行的六项经济新法,其中四项直接惠及天下百姓,两项万民间接受益,基本上涵盖了天下民众生活的主要方面。

王安石作为中国封建时代少有的经济学家,力挽摇摇欲坠的赵宋王朝大厦,心系天下万民,设想之全面,谋划之深远,比起司马光等士大夫眼看天下疲惫,江河日下,无所施策,却大谈"君子喻于义,小人喻于利"空话,王安石不愧为千古救时宰相。

王安石制定推行许多涉农新法,充分调动天下万民积极性,遵循自然规律扩大再生产,焕发农村经济生机活力,做大全国蛋糕,并不是盲目无度地向大自然索取,他睿智深远似已关注到国家可持续发展。请看其寓言诗《秃山》：

> 吏役沧海上,瞻山一停舟。怪此秃谁使,乡人语其由。
> 一狙山上鸣,一狙从之游。相匹乃生子,子众孙还稠。
> 山中草木盛,根实始易求。攀挽上极高,屈曲亦穷幽。
> 众狙各丰肥,山乃尽侵牟。攘争取一饱,岂暇议藏收。
> 大狙尚自苦,小狙亦已愁。稍稍受咋啮,一毛不得留。
> 狙虽巧过人,不善操耰耰。所嗜在果谷,得之所以偷。
> 嗟此海中山,四顾无所投。生生未云已,岁晚将安谋。

他以荒岛大群猴子追求享用,不懂得珍惜,更不知收藏和播种;毫无节制的繁衍生息,吃光了岛上茂盛的草木果实,落下了光秃秃的山头;面对四面环海无所投靠,王安石发出了"岁晚将安谋"猴群今后怎么生存的感慨。这首诗启发意义就在于：一是人类必须保护和培育自然环境,不能破坏摧残自然生态,否则最终将殃及自身；二是鉴于自然资源的有限,人类必须做到有计划的人口增长。实质上也是对宋朝上层统治阶级巧取豪夺索取无度,掏空国库积累,刮尽民财只顾眼前享乐,无虑长远生存的严厉批判。

第十二章 兴农治本

在全国推行农田水利法,兴修水利高潮中,王安石主持协调中央王朝与地方政府,下大力气对黄河等大江大河进行治理,取得了一定的成效。

黄河是我们中华民族的母亲河,黄河流域是中华文明的重要发源地。黄河自青海流经四川、甘肃、宁夏、内蒙古、陕西、山西、河南、山东9省;跨越23个经度,集40多条主要支流,最后从山东流入大海。全长5464公里,是我国长度仅次于长江(6300公里)的第二大河,流域面积75.24万平方公里,以年均580亿立方米的流量,为全国15%耕地、12%人口和数十座大中城市供水。

由于黄河中游经行黄土高原,水土流失严重,大量泥沙进入黄河,每年侵蚀土壤、毁灭耕地达550万亩,年均泥沙筑成宽、高各1米墙体,长度相当于地球至月球距离约38万公里,其输沙量及含沙量均居世界各大江河首位。当黄河进入郑州桃花峪以下870公里的下游,水流缓慢,泥沙沉淀,成为河床高出地面的"地上河";北宋时高出京城市区约两丈,更成为空中悬河。自古以来,黄河在给两岸人民带来水利的同时,决口泛滥不计其数,较大的决口改道26次;今天河南省东北部许多地方都有"黄河故道"称谓。黄河每次决口泛滥,都给沿岸人民带来灭顶之灾。尤其是我国古代受科学技术和思想认识的局限,即使政治清明盛世尚难治理,乱世王朝统治者更是听任黄河泛滥,不管百姓死活。以今天的科学技术条件,治理黄河也非易事。

王安石上任伊始,治理黄河就成为他的当务之急。由于唐朝经"安史之乱"由盛转衰,地方藩镇割据及五代短命政权时期,黄河疏于治理;宋朝建国百年听天由命,仅以决口后被动善后消极救灾应对。王安石入仕后主政前,黄河在澶州即今河南濮阳就有1048年、1060年两次决口,每次决口沿岸几十个州、县,成为水乡泽国,无数生命财产毁于一旦。王安石曾赋诗《黄河》:

派出昆仑五色流,一支黄浊贯中州。
吹沙走浪几千里,转侧屋间无处求。

他做地方官时,仅能在自己辖区职责范围内挺身担当,大力兴革,他虽然非常重视治水,任职一地必兴水利,担任县令、知府无不把治水作为改善民生的第一要务，但对治理黄河等涉及中央政府的重大决策，仅能上书朝廷，奔走呼号。而他一旦主政天下，则可以举全国之力大展宏图，恩泽于万民。

由于黄河多次在澶州一带决口，黄河已分为北流和东流两股河道入海，这样就形成水流更缓，淤沙抬高河床更严重，决口泛滥更频繁的恶性循环。王安石深知治理黄河当务之急必须将两股河道皆归东流。他通过调研制定方案，朝堂议政决策，统筹协调下游沿岸地方政府，解决资金、物料、民工等诸多问题。经过几个月的艰苦努力，于1069年秋季，入阁主政仅半年时间就堵塞了由河北青县入海的北流，将两股河道归为东流。通过堵塞北流，收到了一举三得的良好效果：一是节约了原来守护北流沿岸大量人工、物料及财力；二是获得原来北流河道"退滩内所出民田数万顷，尽成膏腴"，即获得数百万亩肥沃滩田；三是减轻了泥沙淤塞抬高河床，降低了黄河决口泛滥隐患。

王安石清醒地认识到，堵塞北流使河道归一，仅仅是解决了局部治标的燃眉之急，要从根本上解决黄河"悬河"，河床远远高出京城及沿岸平原州县导致决口的问题，就必须降低河床，使黄河"水由地中行"，这就必须想方设法使泥沙入海。这在当时的科技条件下难度很大。面对这一前人从未解决过的难题，他坚持一以贯之，调查研究，广集民智，从万民中汲取智慧，即他主张的国有大事："致万民而询焉"。

《宋史·河渠志》记载了王安石鼓励支持李公义、黄怀信发明创造治理黄河机械器具的事迹：

> 王安石请令怀信、公义同议增损，乃别制浚川杷。

当初李公义等制作"铁龙爪"，即用铁制作成爪状物，用绳系在船尾沉于水下，船顺流急速行进，"一再过，水已深数尺"。铁龙爪是由单船作业，改进后的浚川杷，则是以八尺长巨木下边安上许多约二尺长铁杷齿，用石头压住巨木，将其用大绳拴在两条大船中间，相距八十步，各用滑车绞之，去来挠荡泥沙。

为了巩固治理成果，保证黄河安澜，从根本上解决治理黄河领导机构、经费、人力等问题，王安石坚持顶住守旧派压力，奏请神宗同意，于1073年成立了"疏浚黄河司"。他力荐李公义主持治黄政务，全盘统筹综合治理黄河下游，减轻或避免黄河决口危害，保证两岸人民生命财产安全。王安石主政期间，始终关注治黄事宜，黄河从未发生决口，河水灌溉农田，养育造福两岸百姓,一定程度上实现了黄河避害兴利,促进了沿岸农业发展和民生改善。

王安石乘治理黄河东风,对汴河、漳河、卫河、滹沱河等许多江河进行大刀阔斧的治理。他依据全国各地实际情况,界定地方和中央政府责任范围,凡属应由地方负责的,中央负责指导督促;凡跨路、州江河,则由中央政府统一规划,组织实施治理。当时中央和地方各级政府下大力气,社会各界及天下万民参与兴修水利,治理大江大河,实为我国封建社会全国总动员,集中时间大规模治理所有河流、整修水利工程无可比拟的壮举。

比如对地处今河南、河北两省,全长412公里的卫河支流漳河进行治理,用工达9万人次。而对于海河五大水系之一,长达900公里,流域面积更大的卫河治理工程更为浩大。史料虽然没有记载全国工程概况,但推行"农田水利法",天下万民兴修水利,水利田达10793处,这一巨大成效确实令人震惊。如果当时全国总人口7300万,则平均每人半亩,即使当时全国总人口达到9100万,人均也达到4分水田,农业生产条件的根本改善,全国水浇田之多,在中国封建时代,简直就是奇迹。

兴修水利对于改良原来大面积贫瘠土地尤其是盐碱地作用巨大。当时北方许多盐碱地贫瘠,荒芜,民生艰难。劳动人民在治理江河实践中,继承发扬古代治河经验,推广用河水漫灌进行"淤田",使许多贫瘠盐碱地变为良田。在王安石当政期间,仅"退滩田"就达8万顷即800万亩。神宗听到"淤田"巨大成效非常高兴,当即派人实地察看,奖励治理江河尤其是推行"淤田"作出突出贡献的侯叔献等,每人肥沃"淤田"10顷,即1000亩。

20世纪五六十年代,笔者家乡内黄县许多土地盐碱严重,有的百姓以刮盐土晒盐为生,但晒出的盐质量难以保证,有的味苦有害健康。许多农民用苦盐腌菜。经过1956、1963年卫河两次决口,许多盐碱地变为良田,贫瘠的土地庄稼收成有很大提高。现在河南省濮阳市沿黄两岸沿用"淤田"解决农田水肥差、土壤瘠薄问题,仍是古代"淤田"改良土壤的传承与发展。可谓治理黄河变害为利的"古为今用"。

为了巩固全国兴修水利成效,让利于万民,王安石当政时规定:治理江河新退出的滩田不增加税赋,原规定税赋不变。这就使得北方广大农民更多地享受到变法的实惠,极大地调动了沿黄农民垦荒种植的积极性。而农作物的增产增收促进了宋朝农村经济繁荣,既改善了民生,又增强了国家经济实力。

水利条件的改善以及通过"淤田"变良田,使得原来以南方为主产区而北方种植较少的水稻等水生作物,大面积向北方推广,既增加了农业收成和全国粮食总产量,也使北方原来许多旱田变为水田。尤其是与辽国接壤的边境成为水田,使辽国骑兵机动突袭的优势难以发挥,辽国即使发动侵略成本代价更大,且难以达到预期目的,这样就有效地阻挡了辽国铁骑南侵,一定程度上抑制阻遏了辽国侵略的野心。

王安石推行"农田水利法"治理大江大河,也不是一帆风顺的。从新法制定到实际执行以及治理黄河等各项重大工程,无一例外地受到了守旧派的干扰、破坏和阻挠。早在"农田水利法"刚刚推行时,苏轼就在写给神宗皇帝系统批判所有新法的"万言书"中说:

> 天下久平,民物滋息,四方遗利盖略尽矣,今欲凿空寻访水利,……岂惟徒劳,必大烦扰。……甚非善政。……臣不知朝廷本无一事,何苦而行此哉!(《苏轼文集》卷二十五)

说天下长久太平,山川地利等潜力都已经用尽,推行"农田水利法"劳民伤财,严重干扰天下百姓,并非善政:"吏卒所过,鸡犬一空。"把推行"农田水利法"说成犹如土匪抢劫。说朝廷这样做是没事找事,自讨苦吃。其实苏轼文才虽高,但年轻且无基层从政实践经验,缺少农田水利知识,更缺乏治国理政的统筹考虑,只是不负责任地信口雌黄。"农田水利法"是所有涉农新法中争议反对最少,认同度最高,士庶万民称颂的一项新法。王公贵族朝野高官和士大夫精英中,只有苏轼等顽固反变法者像条件反射一样凡是新法必反,才能说出以上无知错误的言论。他上书皇帝的奏章,与他这个早过而立之年,入仕从政10余年的旷世奇才大名格格不入,判若两人。

朝野许多高官对于"农田水利法"的疑虑,不是法律本身是否切实可行,而是深恐治理大江大河"聚大众、兴大役",百姓"起而为盗",因害怕人民群众聚集造反而极力反对。就连参加范仲淹"庆历新政"的骨干、文章品行为士人楷模的欧阳修也说"开河(即疏浚黄河)如放火,不开如失火",疏治与否结果都是一样,主张听任河患,无所作为。自仁宗朝担任宰相几十年,其时主政大名府的文彦博也极力反对治理辖区漳河,他说:

> 漳河累年不开(开即疏浚)所何妨?漳河不在东边,就在西边,其利害一也。

他说漳河不在东边决口,就在西边决口,利害都一样。断言治理漳河没有必要:"空劳民,何所利?"

对所有新法都不问青红皂白一概反对的司马光,讥笑王安石支持李公义等人制作铁龙爪、浚川杷降低河床,嘲讽为"儿戏",并且断言不管河水深浅,制作的工具都不会发挥任何作用。文彦博三次上书,攻击其为"天下指笑,以为儿戏",其论调与司马光异口同声,如出一辙。

按照文彦博、司马光这些朝廷辅臣社会精英的逻辑,只能听任江河决口泛滥,危害百姓,不需要有任何作为,这样的思想境界,岂不是辜负万民所盼,辜负神宗圣君期望,这样的人担任宰辅,何谈改善民生?

在我国漫长的封建社会中,儒家保守思想盛行,认为机械制造发明创新是奇异技巧,不应提倡,甚至抵触。王安石变法是改革社会的系统工程,支持科技发明,提高全社会的创新意识,促进科技发展和社会百业进步,实为变法应有之义。王安石驳斥守旧派对"农田水利法"的偏见及对治理江河的反对阻挠,他以七绝诗《赐也》批判对科学发明排斥否定的偏见:

赐也能言未识真,误将心许汉阴人。
桔槔俯仰妨何事?抱瓮区区老此身!

赐也即孔子的学生子贡。说他看到田间老汉怀抱大瓮从井里取水浇田,非常劳累浇田很少;于是他就问老汉为什么不用既省力效率又高的桔槔(也称"吊杆",应用杠杆原理的简易机械),老汉说用桔槔取水就会助长人的机巧心理,丧失吃苦耐劳精神。而被称为孔子高足非常聪明的子贡听后,对老汉所说竟然佩服称赞。王安石批评子贡赞扬老汉抱瓮取水、排斥机械的守旧思想,说明采用桔槔取水,利用机械减轻劳动强度提高效率,与保持吃苦耐劳精神并不矛盾对立,旗帜鲜明地支持发明创造。他重用支持沈括等进行天文历法各方面的科学研究创新,他执政时宋代科学技术有了长足的进步和发展。

王安石对于宋朝辖区范围内江河湖泊、渠塘堤坝堰的彻底治理成效显著,这就从根本上改善了农业生产条件。漆侠先生在《宋代经济史》中测算北宋垦田面积超过7.2亿亩,甚至达7.5亿亩,不仅:"前代未曾达到,即使是后来的元明两代也未超过此数额。"如果按国土面积,唐、元、明三朝垦田皆应超过宋朝。以上垦田当在王安石变法时期,或以其为基础的哲宗、徽宗时期。当时全国兴修水利,治理大江大河的成就,以及奖励垦田、开发山林陂塘的功效为其他朝代不可比拟。农作物种植面积的扩大,农业科技的进步,促进了亩产和全国总产量大幅度提高,极大地增强了宋朝的经济实力和综合国力。王安石在辞相后赋诗《歌元丰五首》及《后元丰行》等作品,正是那个时代民生改善和国家繁荣的写照。

怎样评价王安石推行"农田水利法"的成效,前文谈到 10793 处水利田和约 3631 万亩旱涝保收田,及全国垦田激增超过 7.2 甚至 7.5 亿亩,这是农业经济繁荣,人民安居乐业铁的事实,是胜于任何雄辩的。

王安石对于黄河等大江大河的治理,仅仅是在封建社会条件下,尽最大努力,所做前无古人、敢为天下先、空前绝后的伟大壮举,但远未达到他设想预期的目的。原因主要有三点:一是黄河对中下游两岸的危害主要源于上游的水土流失,但当时上游非宋朝辖区,属于西夏领土以及尚未充分开发的地区。以我们今天看,西夏是我国多民族中少数民族政权,是中华大家庭中的一员,但在当时却为宋朝敌国;他无法统筹考虑对大西北包括西夏境内宋朝辖区外的黄河上、中游进行综合治理,不可能在上游植树绿化缓解水土流失等。二是受当时科学技术条件的限制。即使科学技术发达的今天,治理大江大河也是全社会的系统工程。三是当时全社会思想意识保守,面对黄河灾害,听天由命无所作为的思想长期占据主导地位,守旧派的极力反对干扰有广泛的社会思想基础。但是王安石作为睿智卓尔不群的政治家,他令人敬仰的伟大之处就在于他心系天下万民,坚持"一民之生重天下",把庶民百姓的安危时刻放在心上。面对前无古人的难题,他勇往直前,迎难而上,挺身担当。他支持发明创造,尽当时技术条件所能,制作机械勇于实践,减轻黄河灾害。通过最大限度地发挥人的主观能动性,改善生产条件,促进生产力发展,实现民生的改善,这样的精神风范,在我国封建政治家中难能可贵,非常少见。限于当时条件,他虽然未能从根本上彻底治理黄河,杜绝河患,但唯有他当政期间黄河安澜,两岸百姓安居乐业。

他在 1076 年第二次辞相后,北宋王朝"疏浚黄河司"被撤销,李公义另作安排,黄河事务再无专人专门机构负责。从他辞相到 1084 年 8 年时间,黄河 1077 年在濮阳决口,1084 年又在大名府决口。苏轼《河复并序》记载了黄河在濮阳决口的惨状:

> 熙宁十年(1077)秋,河决澶渊……而齐、楚大被其害。彭城门下水二丈八尺,七十余日不退,吏民疲于守御。……

王安石不管是任职地方还是主政中央,一贯重视治水。熙宁二年(1069)他执政仅半年,就统筹组织协调堵塞黄河下游北流,使黄河入海河道二股归一。他批判守旧思想,支持发明创造,疏浚降低黄河河床。

他从中央和地方领导体制、经费和人力保障等多方面综合考虑谋划,掀起了全国兴修水利、治理大江大河高潮,切实保障人民生命财产安全,极大地改善了农业生产条件,促进了全国农业经济繁荣发展。

爆竹声中一岁除春风送暖入屠苏千门万户瞳瞳日总把新桃换旧符

宋人王安石句元日仇连荣书

王安石《元日》诗："爆竹声中一岁除,春风送暖入屠苏。千门万户瞳瞳日,总把新桃换旧符。"创作于变法初见成效的春节时,描写了爆竹送旧岁,春风万象新的景象:旭日红光照亮千家万户,百姓都挂上了新的桃符。喻指新法就像春风温暖万民;揭示时代发展,新事物必然代替旧事物这一客观规律,颇具哲理。是他讴歌崭新时代的代表作之一。

说黄河在今天的濮阳决口,殃及原齐楚今山东、湖北等地受害深重。彭城即今天江苏铜山县,城门下水深两丈八尺,竟然70多日不退。苏轼在诗中赞扬神宗就像汉武帝亲临决口,率领臣民堵塞黄河决口:"吾皇仁寿如帝尧。"

《宋史·河渠志》记载:黄河这次五月在濮阳曹村决口,河道再次分为二股。"凡灌郡县四十五,坏田逾三十万顷"。淹了45个郡县、损坏田地超过3000万亩,无数生命财产毁于一旦,惨不忍睹。王安石主政时期治理全国大江大河,百姓从无河患之忧。他辞相8年,黄河两次决口。

元祐元年(1086)二月,司马光主政复辟倒退,废除新法的"元祐更化"时期:

> 诏权罢修河,放诸路兵夫。(《续资治通鉴》第七十九卷)

说宋哲宗皇帝下诏,停止修治黄河,遣还放归各路兵卒民夫。当时1077年出生的小皇帝宋哲宗仅10岁,尚未亲政,高太皇太后不懂政务,二人都作不出这样的决策,实际上是司马光当宰相与王安石作对的行为。结果是黄河泛滥,危害中下游两岸百姓。司马光凡新法不管是否利国益民,一律尽废,放弃治理黄河,实质上就是任由河患危害人民生命财产,这难道是有人标榜"务实的政治家"应当所为吗?!

从这点看,在我国"人治"的封建社会,国家大事的决策定夺,天下的兴衰安危,万民的福祉祸患,全在当政者一念之间,全与当政者德才学识、心中有无百姓民生、敢不敢担当直接紧密关联。这种没有制度法律保障,社会运行全系最高当权者素质,正是封建社会不能解决自身危机,必然走向灭亡不归之路,必然由新的社会制度代替的根本原因,这是社会发展的客观规律。

王安石发扬大无畏精神,敢为天下先,治理黄河等大江大河,造福天下的道德风范永垂青史,光耀千秋,激励后人。

第十三章 整军强兵

军事变革是宋神宗与王安石变法的重要组成部分,这是由宋朝军队十一世纪以来积弊积弱,长期遭受辽国和西夏侵扰被动挨打的严峻形势所决定的。

简介一下辽国与西夏。辽国于契丹神册元年、五代后梁贞明二年(916)由契丹贵族领袖耶律阿保机建立,较北宋建国早44年。918年辽国建都皇都(今内蒙古巴林左旗东南),国号契丹,947年改为辽,983—1066年曾重称契丹,1066年复改为辽。其疆域东北到今日本海黑龙江口,包括辽宁、吉林全部和内蒙古通辽、赤峰等地区;西北到蒙古国中部;南部以天津海河、河北霸州、山西雁门关一线与宋朝接壤。辽国1125年为金所灭,历经10位帝王210年。

辽太祖耶律阿保机八世孙西辽德宗耶律大石(1087或1094—1143),1115年进士,深通汉文化。他胸怀重建辽国大志,1122年在辽南京(今北京)拥立耶律淳建立北辽,后为金所败。1124年他率领200骑兵一路西进,历尽千辛万苦,平定西域诸国,在起儿漫(今属乌兹别克斯坦)称帝(一说1130年自立为王,次年称帝)。后建都于虎思斡耳朵(今吉尔吉斯斯坦托克马克东南)。西辽历经5帝,异域延续国脉达88年之久,1218年为蒙古所灭。他结合实际制定国策,实行正确的民族宗教政策,开创了疆域辽阔的西辽帝国,促进了汉族及契丹文化与中亚地区文化的交流融合。我国历史上元朝虽然横扫欧亚大陆,曾经征战占领十几个国家,但都没有在域外建国,在中国版图之外建立国家,耶律大石当属古今唯一。他誓重返故土再建辽国,曾经率军7万东征,但终因路途遥远(吉尔吉斯斯坦距北京3491公里)等原因无功而返。虽留下壮志未酬的千古遗憾,但他忠诚报国,终生矢志不渝,意志坚定顽强,成就贡献卓越,可谓辽国后期乃至中华文明史上伟大的英雄人物。

北宋太宗时与辽国长期对峙,多次发生较大战役,太宗赵光义太平兴国四年(979)、五年(980)、雍熙三年(986)曾三次出师伐辽,先后败于高梁河、瓦桥关及岐沟关;他曾中箭伤,晚年深受未能根治箭伤折磨到死。两国虽于真宗1004年签订"澶渊之盟",但作为敌对国的根本性质没有改变。1042年辽乘宋与西夏战局被动,趁火打劫,讹诈迫宋增加"岁币"达银、绢50万两、匹。

西夏原属于羌族的一支党项族,公元7世纪时,其祖先拓跋氏从祁连山南麓柴达木盆地内迁投靠唐朝。唐太宗李世民特准其定居河套以南。9世纪时，因帮助唐朝镇压黄巢起义，唐王朝委派当时的酋长拓跋思恭担任定难战区（陕西靖边北）节度使，并特许改姓，赐为国姓李，世代承袭，为唐王朝下属的藩镇。宋朝建立后，其表面归顺宋朝，以求经济利益，实质上则逐步坐大，成为割据势力。1032年李德明的儿子李元昊即位，开始使用自定年号，创制西夏文字，借鉴学习汉族文化及政治制度。李元昊首先向西扩张，成功征服河西走廊一带，并于1038年独立建国称帝，定国都于兴庆即今宁夏银川。其最盛时辖22州，包括今天宁夏、陕西北部、甘肃西北部、青海东北部和内蒙古部分地区。1127年为蒙古所灭，历经10帝190年。

李元昊称帝后，宋朝曾多次征讨，但屡战多败。在西夏经济和兵源难以支撑，百姓厌战反战，北宋怯战败战的背景下，两国议和，宋廷再次幻想花钱买和平，于1044年与西夏签订增加输送"岁赐"的屈辱条约。

自宋真宗1004年与辽国签约输出"岁币"，仁宗1042年与辽国续约增加钱物，及宋与西夏1044年签约输出银、绢、茶，一直到宋神宗时代，宋朝实质上处于苟且屈辱没有尊严的尴尬地位。在宋与辽、西夏三足鼎立中，辽与西夏虽然也有矛盾摩擦，但总体上战略合作多对抗少，尤其是共同侵扰掠夺讹诈宋朝，双方互相倚重，默契配合，宋朝两面受敌。虽然辽夏两国气候、环境、物产及经济等方面远不及宋，但草原大漠和西北黄土高原孕育之民风彪悍，军队骁勇善战，对宋朝这个军力不振的大国，造成了很大的困扰。尤其是西夏虽然在三国中面积最小，整体实力最弱，但其贪婪成性、反复无常、好战掠夺，对宋朝危害更大。

与辽和西夏游牧民族士兵骁勇善战、铁骑快机动性强形成强烈反差的是，宋朝士兵素质差，战斗力极其低下。除了前文谈到宋朝强化中央集权，轻武的军事政策等，导致军队战斗力差，还有以下因素：一是入口把关不严。宋朝士兵多是"偷懒顽滑不能自振之人"；饥民充军，多是好吃懒做、散漫游手好闲之徒，士兵起点质量低。二是老弱病残严重。三是军队缺乏最基本的训练。更为严重的是，许多军官把士兵当作私人劳役，用作自己经营田产、商业、手工作坊的人工，有的占用兵卒竟达千人，军队不务正业十分严重。四是军队将领"吃空饷"。将领多报士兵数量或隐瞒退役士兵，以"吃空饷"中饱私囊。不仅增加中央财政负担，而且助长军队腐败之风泛滥，严重削弱军队战斗力。

这样的军队与辽夏交战，辽夏军队士兵犹如狼入羊群，宋朝往往不战自败。但其军费开支却是全国财政收入的十之七八，有学者认为高达六分之五，难怪宋神宗感慨:"穷吾国者,兵也。"

这就是宋神宗和王安石君臣二人面临的严峻国防形势。

宋神宗赵顼生于1048年,1067年元月即位,王安石入阁时,他刚满20周岁,可谓风华正茂,血气方刚。他对于太宗皇帝与辽国作战身受箭伤未能根治,年年复发受尽折磨,至死未愈耿耿于怀。对于自"澶渊之盟"60多年向辽国输送"岁币"深以为耻;对给予分裂独立的西夏输送"岁赐",尚且买不来和平,更是寝食难安。他怀念父亲欲有作为,却壮志未酬,虽然谥号"英宗",却留下遗憾撒手人寰。他发誓继承父亲遗志振兴宋廷,洗雪国耻。他把唐太宗作为榜样,立志开创崭新时代。但是当他登基后,听到的却是老臣富弼"二十年不言兵"及司马光、韩琦等重臣华而不实的老生常谈,使他极度失望。

王安石理解宋神宗励精图治,急于进行军事改革以洗雪国耻的迫切心情,他更知军事改革是牵一发而动全身的大事,是系统工程。他早年初入仕途听到朝廷议论精减军队,就曾经赋诗《省兵》,见解深刻独到:

> 有客语省兵,兵省非所先。方今将不择,独以兵乘边。
> 前攻已破散,后距方完坚。以众亢彼寡,虽危犹幸全。
> 将既非其才,议又不得专。兵少败孰继,胡来饮秦川。
> 万一虽不尔,省兵当何缘?骄惰习已久,去归岂能田!
> 不田亦不桑,衣食犹兵然。省兵岂无时,施置有后前。
> 王功所由起,古有七月篇。百官勤俭慈,劳者已息肩。
> 游民慕草野,岁熟不在天。择将付以职,省兵果有年。

强调精减军队首先应择将练兵,解决边境防御问题,否则将危及国家安全。其次应当发展经济,增强国家实力,尤其是改善农业生产条件,改善民生状况,使精减兵员乐于务农,防止其成为社会不安定因素。最后是要有统筹兼顾的方案,周密安排分步骤实施。这首诗充分反映了年轻的王安石对于军事改革的深思熟虑和远见卓识,远非时人可比。

军政改革亦是王安石多年心愿,但他必须等待经济改革取得初步成效。他主政两年后,为发展经济的"均输法""青苗法""农田水利法"等理财诸法取得突出成效,"免役法""市易法"等已经过充分酝酿讨论,已近成法,初步实现国家财力好转和民生改善,国家经济能够适应支撑军事改革时,就把军事改革提到了议事日程。宋神宗和王安石军事改革主要有以下几个方面:

一是整顿精减军队。这是军事改革的前提。首先是对全国士兵进行调查摸底,弄清全国军队数量底数,杜绝吃空饷等。其次是缩短士兵应役时间。原来规定汴京禁军士兵 61 岁退役为民。为精减老弱病残,熙宁四年(1071)七月下令,年龄 45 岁体格强壮的留在军中,有特殊技能的至 50 岁,50 岁以上的全部裁减为民。通过裁减大量老弱累赘包袱及胆小怯战士兵,军队实现了消肿瘦身,解决了畸形病态浮肿虚胖。全国军队由英宗治平年间 116 万人减少到 79.63 万人;精减超过 36 万人,约占总数的 32%。有人说王安石变法追求开源不重节流,岂不知减少近 1/3 的军队,仅此一项就为国家每年节省 810 万缗,约 20% 的财政开支,可谓巨额钱财!

合并军营重新布局。合并原来小而且分散的军营,改变原来布局不当的状况。按照马军一营 300、步军一营 400 的建制,进行合并。全国马、步军由原来的 872 营合并为 625 营,减少 247 营,裁减 28%。

妥善安置精减下来的 36 万多名将士,实在是一大难题。这些人长期靠享受国家俸禄为生,缺乏生产技能。当时不像今日有许多公务员岗位和企事业单位可以安置军人,也没有今日的军转人员培训机构,36 万多人基本上都要转入农村。整个调研,制订方案,具体实施,全国统筹工作量及难度之大史无前例,我们今人是难以想象体会的。任何一个环节和步骤稍有不慎将引发兵变甚至社会动乱。这样一项在我国封建王朝空前绝后的系统工程,王安石变法团队竟然在短时间内圆满完成,而且没有任何史料记载发生失误和后遗症。退役将领士卒的安置《宋史》中记载不多,司马光笔记中显示被安排在淮南等农业生产条件比较好,经济富庶的江南鱼米之乡,使退役将士乐于转业,为他们今后长远生活奠定基础。对于这样的精心安排,凡新法必反鸡蛋里头也挑骨头的苏轼《再上皇帝书》,竟然说成是:"迁徙淮甸,仅若流放。"

正应了他后来深刻反省:新法之初,辄守偏见,而所言差谬,少有中理者。

36 万多人的退役安置天大的难题,竟然无人上访告状,无人聚众请愿示威。如果稍有不慎天下波动,守旧派不管是在当时,还是后来"元祐更化"否定王安石变法的政治环境下,肯定会以此大做文章,而不会放过借题发挥、造谣生事的机会。当时宋朝全国人口不到一亿。我们很难想象王安石为积极稳妥地做好安置工作,花费多少精力和心血,将有多少不眠之夜;没有他思虑周详及铁腕督导推进解决执行中的难题,32% 将士退役安置是不可能软着陆的。他以勇往直前的大无畏精神科学规划,举重若轻令行禁止,推进军队大刀阔斧的消肿瘦身,为后续深化军队改革奠定了坚实的基础。精减近1/3将兵尤其是妥善安置这一难啃硬骨头的圆满落幕,充分显示他的能力魄力毅力,在我国封建社会政治家中少有人比!

二是推行军事改革诸法,全面提升国防力量。整顿精减军队,只是军事改革的前提。王安石在精减整顿军队的基础上,调整全国军事防区,使之适应国内外形势尤其是对付辽夏积极防御的需要。将全国划分为92个将级军事单位,其中陕、甘一带对付辽夏的42个,占45.65%。每将设正将、副将各1名。史载:"将有正、副,皆给虎符。"在此基础上,制定推行一系列军事改革新法。

一、"将兵法"。这是一项破除原来"更戍法"弊端,提高军队战斗力非常重要的法律。原来的"更戍法"规定将士3年换防,目的是为了防止将帅和士兵久居一地,同心结盟,对中央王朝构成威胁。这样虽然避免了军队造反兵变,但是军队士兵换防,每年几十万军队疲于奔波在迁徙换防路上。古代交通后勤等条件差,不仅浪费大量钱财,士兵苦不堪言,而且由于气候环境差别大,换防将士往往发生水土不服、生活习惯等问题及流行病危害。原来就很低下的战斗力进一步削弱。更为严重的是,由此产生的兵无常将,将无常兵;以致兵不识将,将不识兵,战时将士难以协调,致使军队战斗力几乎丧失殆尽。

宋神宗和王安石深知祖传"更戍法"严重削弱宋军战斗力。虽然断然废除阻力非常大,难以做到,但君臣首先从减少"更戍法"实行范围,缩短迁徙路程入手做起,直至后来彻底废除该法,实行"将兵法"。新法规定,允许军事将领长期一地任职,士兵长期一地服役。各地将领负责军事训练;军事将领的升迁等政治经济待遇,直接与带兵训练效果及战功大小挂钩。这样将有常兵,兵有常将,调动了将领带兵苦练过硬本领的积极性。将领体恤爱护士兵,士兵服从忠诚于将领;遇到战阵,将领指挥士兵就像大脑使唤手臂一样得心应手。将士同心,荣辱与共,奋勇杀敌立功,军队士气及战斗力有了大幅度提升。

二、"保甲法"。这是一项以农促兵,兵民合一,建立全国国防大格局的新法。其主要内容如下:

保 甲 法

熙宁三年十二月九日,中书门下言:司农寺定到畿县保甲条制。

凡十家为一保,选主户有〔材干〕心力者一人为保长。五十家为一大保,选主户最有心力及物力最高者一人为大保长。十大保为一都保,仍选主户最有行止、心力材勇为众所伏及物力最高者为都副保正。

凡选一家两丁以上一人通主客为之，谓之"保丁"；但〔十五〕以上皆充。单丁、老幼、病患、女户等并令就近附保。两丁以上更有余人身力少壮者，并令附保，内材勇为众所伏及物产最高者，亦充逐保保丁。除禁兵器不得置外，其余弓箭等，并许从便自置，习学武艺。

每一大保逐夜轮差五人于保分内往来巡警，遇有贼盗，画时声鼓告报，大保长以下同保人户即时前去救应追捕。如贼人别保，即递相击鼓应接袭逐。每捕捉到盗贼，除编敕已有赏格外，如告捉到窃盗徒以上，每名支赏钱三千，杖以上支一千，以犯事人家财充。如委实贫阙，无可追理，即取保矜放。

同保内有犯强窃盗、杀人放火、强奸、略人、传习妖教、造畜蛊毒，知而不告，并依从伍保法科罪。……

仍乞选官行于开封祥符两县晓谕人户，躬亲团成保甲，不得别致骚扰，候成次序，以次差官诣逐县施行。

……规模设施推及天下，将为万世常安之术，生灵幸甚。

乃下司农寺详定。至是增损成条，中书进呈，特从其请。

该法规定：农户 10 家为一保，设立保长一人；每 10 保组成一大保，设立大保长一人；每 10 大保组成一都保，选定主户中"最有行止、心力材勇为众所伏及物力最多"者二人为都副保正。由农户中青壮年组成保甲军，农忙时务农种庄稼，农闲时集中进行军事训练，作为正规军队的后备军。这样寓兵于民，既节省大量军费，又能构筑全民皆兵，对抗辽夏的积极防御体系，且可维护地方社会治安。推行"保甲法"意义重大。

为了实现保甲军"与正兵相参"，切实提高保甲军的战斗力，朝廷对加强保甲军农闲时间训练、比试奖励等都做了全面周详的规定。比如组织保甲兵志愿参加各地巡逻等。1076 年规定保甲军头目"三年一比试"，按照武艺高低给予四个等级奖励；武艺好获最高一等奖者可授予低级别武职。以上措施极大地调动了保甲军参加军事训练的积极性，促进了其军事素质和整体战斗力的迅速提升。

为了加强对保甲军的领导指挥，使其切实发挥与正规军相辅相成的作用，熙宁八年（1075），全国保甲军的管理，由原来主管农业的司农寺转到主管全国军事的枢密院，由兵部直接领导。实际上保甲军已经成为有一定的组织纪律，受朝廷节制，战斗力很强的民兵。

异军突起生机勃勃的保甲军，作为宋朝军队建设的生力军，一扫变法前军队的颓废之风和暮气沉沉；对于促进正规军的建设与国防力量的跃升起到了极大的推动作用，基本上实现了保甲军"与正兵相参"的预期目的。

"保甲法"的推行及全国强大的保甲军，在维护地方社会治安方面也发挥了重要作用。农村盗贼减少，治安状况明显改善。

这项新法实施数年后，全国经过训练的保甲军达693万；其中京城开封周围和河北、河东、陕西3路边境前线具有较强战斗力，"胜过正兵"的保甲军达60多万。

经过精减瘦身消肿，近80万正规军焕发生机和活力，再加上训练有素的保甲精兵生力军，具有较强战斗力的军队竟然高达140多万。军费支出减少，兵员增加，整体素质提高。宋朝的军队战斗力实现了质的跃升。

三、"保马法"。这是一项变官方养马为民间养马，以解决前线战马需求的新法。此前辽夏对宋的侵扰掠夺优势之一就是战马质量高，骑兵机动性强。宋朝中央曾设立群牧司，管理全国战马事务。各地占用大量良田作为饲养草场，国家养马成本费用高，质量难保障，且供不应求。更严重的是南方所养军马送到西北前线，军马不适应寒冷气候，多被冻伤冻死，根本上不了战场。王安石1056年曾经作为包拯副职，担任主管全国军马事务的群牧司判官，他深知官府养马之弊。"保马法"规定：由各级政府组织实施农户养马，根据其家产每户允许养1—2匹。政府适当减少养马农户赋税徭役。如所养马匹死去，三等户以上全价赔偿，四等户以下半价赔偿。实施"保马法"因地制宜，先在开封府试行，然后向京东、京西、河北、河东、陕西等西北诸路推行，以使军马更能适应西北前线气候环境等。

"保马法"的推行，使得原来官府养一匹马开支约2700文，降至1440文，仅为53%；国家节省了大量经费。且北方养马适应辽夏前线作战质量要求，全国养马数量剧增，满足了国防需要。另外允许使用养马农闲时训练保甲军，比如马上骑射武艺、骑兵对阵演习等，对于提高保甲军军事技能，增强战斗力发挥了重要作用。

四、设立军器监，总管全国兵器政务。兵器对于国防的重要性古今同理。宋代自真宗以来，沉醉于以钱财买和平，兵器制作未引起朝廷重视，弊端丛生。时任崇政殿说书王安石之子王雱充分调研兵器制作管理状况后上疏神宗，对改进全国兵器制作提出了切实可行的建议。

王雱少时神童,科考入仕,才华横溢,神宗非常欣赏其德才学识。他上疏说:兵器制作是朝廷大事。当今对外防御边患和对内维护治安,缺少精良的武器。各地作坊工匠缺少,拘捕百姓为役力,制作兵器徒有其表。武库官吏对储藏兵器管理不善,兵器虽多,但大都陈旧粗陋,腐朽锈蚀。金属材料等各种原料皆取自百姓,制作的兵器质量低劣,实为聚集工匠以毁民财。难以适应抗敌决胜,御外治内。王雱奏请制定法规,集中作坊,整合资源。建言选择懂得工艺官员专负其责,招募全国优秀工匠,分散担任匠师。中央朝廷设立机构总管督办全国兵器制作,根据督察所造兵器精良粗劣,给予奖赏惩罚。如此则工匠及官员人人负责,不加苛求而兵器制作全部适应国家需要。

宋神宗批准王雱奏请:"上(神宗)颇采雱说。"于1073年在京城设立军器监,总管全国兵器政务;在地方设立都作院,负责地方兵器事务。军器监鼓励兵器制作专长者建言献策;曾经接待许多官员和庶民,广集民智,采纳了许多好建议。

军器监作为全国兵器领导机构,主要作了以下几方面的革新:一是加强对京城万人以上大作坊严格管理。二是将全国许多作坊进行重组整合,为规模生产兵器奠定基础。三是总结汇集全国兵器制造经验,编著110卷《军器法式》,按标准把关全国兵器规范化生产。四是根据各地原料及生产技术条件,因地制宜安排某种兵器生产,改变原来不顾客观条件,许多兵器由小作坊小而全粗制滥造的状况,提高了兵器生产的专业化水平。五是对全国官员和高级工匠实行激励机制,充分调动其积极性。比如将各作坊生产的兵器进行评比,奖优罚劣,并与工匠的报酬待遇、主管官员的升降挂钩。这些举措极大地促进了全国兵器质量的跃升,数量剧增,成本大幅度下降。自军器监成立到1075年,仅两年时间,宋朝许多兵器增加数倍甚至数十倍。到了元丰(1077—1085)年间,各种兵器"足数十年之用"。

五、培养选拔军事人才。宋神宗与王安石大胆进行多方面改革。第一项措施是设立武学。我国古代学校教育内容多是培养文臣学士的儒家经典,很少有培养军事人才的武学。宋朝重文轻武,学校教育虽然发达,但全社会缺乏系统的武学教育;许多人通过考文科获取功名进入官场,虽然对军事外行,却被任命担任军事长官。宋神宗王安石君臣创办武学,就是要从培养军事人才做起,弥补北宋文臣人才济济而高级将领难觅,即"有相无将"的短板。1072年招收生员100

人。教学内容主要是诸家兵法、古今战例阵法,并给予一定数量士兵供学员演习。三年期满后主要依据考试成绩安排到军中任职。

第二项措施是增加科考武进士录取名额。北宋武科取士始于1030年,当年仅录取8人。后来宋因西夏独立建国对其征战,庆历二年(1042)王安石参加科考这年,虽扩大录取名额,但较文科仍然很少;到仁宗后期1055年停止武科考试。1066年英宗晚年恢复武科考试,当年录取武进士仅7人。王安石当政期间,1070年录取26人,1073年录取24人,1076年录取31人,三年合计81人,为北宋武科取士最高纪录。

原来武官与文臣同样官职级别,但在朝野受到的尊重和社会地位大不相同;文臣自觉比武官高,武官自觉低人一等,见了文臣要先避让。王安石当政期间文武并重,设武学扩大武举取才,一定程度上扭转了治国轻武的短板。

以上两项措施使得青年学子除文科考取功名外,愿意习武的都可以接受武学教育,通过武学科考进入仕途,为青年学子习武报效国家开辟了广阔天地。对于扭转建国以来重文轻武国策,一定程度上恢复到文武并重正确治国之道发挥了积极的作用。

第三项措施是鼓励各级将领向朝廷推荐人才。此前北宋王朝为了防止将领间以及与士兵结盟,不允许将领推荐下级任职原地。王安石破除宋朝旧制,坚持用人不疑,允许将领推荐人才不避亲疏,不避辖区。只要确属德才兼备之人,不考虑由谁推荐,不回避被推荐,原地提拔,以便其配合默契,更好带兵,带出精兵。这项措施激发了各级将领带好士兵,培养人才的积极性,下属更是为求上进报国苦练武艺,服从指挥,上下齐心,战场用命。这样不光将有常兵,兵有常将,而且被推荐升迁者往往感恩重义,甚至誓死报答知遇荐举之恩。军队战斗力明显提升。

王安石的军事改革从精减军队、裁减老弱、调整防区、全国并营,以及实施"将兵法""保甲法""保马法",设立军器监,培养人才,扭转轻武国策等,打了一套全方位变革的组合拳。瘦身消肿后的北宋军队将领之间及将兵之间默契协调,且有高质量充足的战马保障及更新换代的精良武器。60多万的保甲军精兵与80万正兵的相辅相成,组成北宋国防的坚固堡垒。学有专长、科班出身的人才源源不断地补充军队。对武官将领的重用及其社会地位的提高,使得王安石当政时期北宋军队战斗力,达到自太祖建国后征战南北及太宗继续统一以来,11世纪间的鼎盛巅峰。

王安石主政期间,在整军强兵、加强国防建设方面首先瘦身消肿,废除"更戍法"等旧制,强力推行将兵、保甲、保马、军器监等新法;设立武学,增加录取武进士数量,提高武官待遇等一系列强军措施,一定程度上扭转了北宋建国以来重文轻武国策,致使军力积弱的短板,北宋军力达到两位开国帝王后的鼎盛。图为宋神宗和王安石等观看校场比武。

王安石《登飞来峰》：

  飞来山上千寻塔，闻说鸡鸣见日升。不畏浮云遮望眼，自缘身在最高层。

  王安石作于担任舒州通判（1051—1054）时期。飞来峰指越州（今浙江省绍兴市）飞来山，其上有高塔耸立。写置身高峰才能开阔眼界，说明只有站得高排除浮云迷雾遮蔽，才能高瞻远瞩洞察一切的深刻哲理，充分表现了他年轻时非凡的抱负和博大胸怀。

第十四章　全面推进

王安石变法是我国封建社会覆盖社会所有领域的全方位变法。以上介绍了有关发展经济、整顿财政、造福民生、整军强兵等一系列新法,下面我们简介有关思想意识形态、文化教育、科举及与政治革新紧密联系加强中央官员管理、精简地方行政机构等方面变法改革措施及其成效。

王安石变法阻力之大,新法推行之难,除了要力战极其强大的天下既得利益群体外,还有一条看不见摸不着,但却实实在在存在,而且阻力不亚于前者的社会意识形态战线。这就是整个社会保守,思想僵化颓废:"人习于苟且非一日",士大夫尤其是上层精英名流恪守儒家教条,食古不化,抱残守缺,反对任何形式的变革;还有许多人犹如好龙的叶公。

因此一有变革,则天下"汹汹然"。如果听任这种状况,不仅难以培养选拔变法改革急需人才,而且所有改革措施受到思想干扰阻挠层层衰减,执行效果难达预期;不仅已有变法成果难以巩固,从长远看更难免复辟倒退重走回头路。因此,在全社会进行思想观念大解放、大更新,扫除变法改革的思想阻力,移风易俗,使之形成与推行经济、民生、军事等项新法相适应的社会意识形态环境,为长远发展奠定坚实的思想基础,成为王安石变法重要的内容。

其实对于上述问题,王安石早在入阁主政之前,甚至初入仕途时就已经具有比较清醒的认识。他不管任职地方,还是担任京官,除了结合本职突破宋廷祖制进行创新改革实践,还以文章、诗词、奏疏等坚持不懈地批判守旧思想,宣传变法观念;几十年上下求索,为改革创新奔走呼号,扫除思想障碍,直至设坛讲学,培养时才。他不在其位,却谋本该"肉食者谋之"的大政。而且其思想前瞻、深刻、独到,为朝野有识之士推崇。天下许多士大夫都认为他是一个"用能于期岁之间,靡然变天下之俗"的伟人巨匠。而此时已经身处变法改革激流险滩的王安石,更是义无反顾,挺身担当革新社会思想、开创服务变法改革主流意识形态局面的重任。

一是设立"经局"。受神宗委托,王安石亲自统领"经局",重新解释儒家经典。儒家思想是我国封建社会的主流意识形态,但是儒学自孔子之后分为8家,汉唐以来对儒家经典解释更是各家不一,学派众多。宋代政治环境宽松,是我国封建社会文化、教育、学术发展的鼎盛时代。许多思想家一反汉唐解释儒家经典注重单个字义，注解烦琐冗长甚至是原作几十倍文字，忽视整体思想内容，难以微言大义的不良风气，转变为侧重钻研思想内容，探索适应时代需要新意，思想界疑古求新成为时代风尚。这固然有利于学术发展繁荣，但对同一经典，许多人各持己见，难以形成统一共识，而且文人相轻。这样国家制定政策问题就来了，因为制定政策学术理论依据必须明确一致，不能含糊模棱两可，否则解释政策产生歧义，有损国家权威及公信力，国家意志形不成社会凝聚力、向心力。比如同一经典没有标准解释，学校教材怎么编写？科考标准答案怎么统一？尤其是没有标准解释无法判定科考成绩，国家如何选拔人才？所以学术研究可以百花齐放，百家争鸣，但对国家制定政策依据的儒家经典解释必须明确无疑，不能有任何含糊不清，以避免由于解释不一，造成社会意识形态及学校教育、科考等偏差混乱。鉴于此，宋神宗委任王安石统领经局，经局相当于今天国家社会科学院，其职责就是准确解释儒家经典，统一天下人的思想认识。王安石深感使命艰巨，他知难而上，以厚重的文字底蕴、博大精深的学识、超常的睿智和崇高的道德修养，肩负起训释经义的重任。他带领儿子王雱、吕惠卿等人，日以继夜，殚精竭虑，不惜透支健康，倾情投入这一重要思想建设工程。他独自承担记载周朝政治制度的儒家重要经典《周礼》的注释编辑，并且负责审定儿子注释的《诗义》及他人注释的《书义》。他在《诗义·序》中谈道：

　　上既使臣雱训其辞，又命臣安石等训其义。

他在《书义·序》中又道："而臣父子以区区之闻，承乏所荣焉。"说神宗信任他们父子，二人以有限学识承蒙过荣。这当然是谦虚之词。

　　王安石父子日以继夜，殚精竭虑诠释儒经，为思想学术领域作出了符合时代需要、古为今用的重大贡献。他亲著的22卷《周礼义》与《诗义》《书义》合为《三经新义》，熙宁八年（1075）神宗诏命颁行天下。他以朴素的唯物辩证法理论为基础，将自己对自然界、天地万物、人类社会变化规律的进步思想认识融入其中。他吸取古代经典精华，弃其糟粕，坚持古为今用，启迪时人心智，圆满完成这一伟大文化工程，为推行变法改革奠定了坚实的思想理论基础。蔡絛《铁围山丛谈》等肯定了他们父子的重要贡献。

　　王安石将注释儒家经典与创新社会意识形态思想文化紧密结合，尽可能从古典及圣言中寻找根据，以减缓朝野百官及士大夫名流反对兴革的阻力，封堵其反对的嘴巴。正如他早在 10 年前《上皇帝言事书》谈法先王之政：

> 法共意,则吾所改易更革,不至于倾骇天下之耳目,嚣天下之口,则固已合乎先王之政矣。

比如他以:《周礼》理财居半,难道周公为利? 有力地驳斥了守旧派对新法及他个人的责难。可见他古为今用,思虑深远缜密。

我国封建社会文化盛世必有学术巨著问世。被皇帝委任负责编撰巨著的文宗硕儒往往是挂名主编,尤其宰相挂名的,更是全靠下面工作班子承担具体任务,很少有人像王安石这样挑灯笔耕,何况他肩负变法千斤重担。他是天下最苦最累,如牛负重的宰相。对于王安石以上著作及整个学术成就,就连 1086 年他去世后守旧派复辟、朝政逆转,对他进行彻底的政治学术清算时,朝廷在《王安石赠太傅制》中也不得不承认他:"名高一时,学贯千载。"充分肯定他融会贯通百家精华,站在学术制高点上,自成一家之言学界宗师的贡献和地位。

二是改革科举取士,为变法培养急需人才。王安石在变法改革中遇到的最大难题就是人才缺乏。首先是缺乏具有变法改革思想,敢于突破祖制,勇于担当的人才。因为当时天下学子普遍接受的是传统儒家思想教育,天命及祖制不可违等保守消极思想充斥学校,占据社会和官场主流意识。这样的传统教育很难培养出勇于担当,敢于创新的变法改革急需人才。其次是缺乏具有较强治政能力的干练之才。这是因为当时学校教材内容及科考导向缺乏实用性,以诗词文赋取士任官,与治国理政所需要的知识才干脱节;进士入仕做官做好普通政务尚难,何谈兴革创新?!

王安石不管任职地方,还是主政中央,他一贯重视思想意识形态建设和社会教化,大力培养人才,注重识别荐拔人才。他一生以识贤选能为己任,不论亲疏贵贱,是否认识,只要德才突出,他就甘当伯乐,不遗余力为国荐贤。他识别人才除了注重德才政绩外,方法多种多样。比如他 1060 年任度支判官时,发现陕西转运副使薛向人才难得,恳切担保建议朝廷提拔重用:"臣等保任薛向必能上副朝廷改法之意。如将来败事,臣等各甘同罪。"薛向因此被任命为转运使。他主政时薛向为推行"均输法"贡献巨大,后担任龙图阁直学士。

王安石于熙宁元年(1068)上奏《举屯田员外郎刘彝状》,以其担任县令"恤孤寡,作陂池,教种艺,平赋役,抑奸猾,凡所以惠民者无不至"力荐。他主政后重用刘彝担任都水丞,主持兴修水利,为国家作出了较大贡献。

王安石担任京官时,上章力荐受到百姓称道的县令谢卿材;他担任副宰相以后,重用其到变法领导机构,后再次提拔谢卿材成为地方大员。

他任宰相时奏请皇帝提拔元绛为翰林学士,后元绛政绩突出担任副宰相。

王安石选贤任能以诗识人荐才,更是留下了千古佳话。他1058年担任江东提刑时,曾经到饶州(今江西上饶)巡察酒务,看到大厅屏风上七绝:

呢喃燕子语梁间,底事来惊梦里闲。
说与旁人浑不解,杖藜携酒看芝山。

说燕子的轻语细说,不会打扰心里没事的人。没有知心朋友,只好拄上拐杖带着美酒游乐芝山。诗风优美清丽,表明了诗人不随世俗的道德品格。王安石询问作者,知其为酒监刘季孙所作,立即召见了他。了解其为康定元年(1040)宋与西夏三川口(今陕西安塞东)大战以身殉国大将刘平幼子,刘季孙以父余荫仅做了九品武官。他欣赏识其不与世俗同流合污,誓做清官廉吏的胸怀,对他怀才不遇深表同情。当时郡学学生请求派遣学官,王安石当即推荐刘季孙做了郡学主管。在重文轻武的宋代,王安石重用武官舆论哗然。王安石不予理睬,他曾经赋诗《答刘季孙》,给予其精神支持。后来的实践证明,王安石举荐得人。刘季孙1090年曾受到苏轼推荐,亦可见其为国荐才胸怀。

卢秉为浙江德清才子,1049年高中进士第五名,在吉安等地任职近20年,来到京城等候调用。他厌恶拉关系走门路,但迟迟未被任命,心情烦闷借酒浇愁,在宾馆墙上写下:

青衫白发病参军,旋粜黄粱置酒樽。
但得有钱留客醉,也胜骑马傍人门。

时任副宰相的王安石看到此诗,深感其牢骚中颇有"不为五斗米折腰"大丈夫胸怀,将其选入变法领导机构制置三司条例司;后来卢秉理财有方,对西夏作战有功,被任命为龙图阁直学士(从三品),成为朝廷重要大臣。

卢秉、刘彝、谢卿材都曾被重用为特使,为制定推行新法到州县调研。

王安石因王韶诗作与其神交,后来力挺其经营西北取得河湟大捷,赢得对西夏战略主动。成为王安石以诗荐才,成就国家栋梁的千古佳话。他重用黄庭坚亦缘于诗(见25章)。他一生留下不拘一格选拔人才许多美谈。

熙宁变法骨干曾布元符二年(1099)十一月对宋哲宗说王安石:"士人有

一善可称,不问疏远、识与不识,即日召用。诚近世所无也。"

以上多是王安石主政前为国举荐贤才的点滴。他执政后鉴于朝野许多重臣道不同不相为谋,王安石解决这个问题只好采取短期应急措施,从中下层官员中选拔思想观念比较开放、年富力强、支持变法改革且品德才学出众的官员,充实到变法改革领导机构中来。比如曾布、吕惠卿、章惇等人,这些人资历浅,只能先承担一些文字秘书类工作,然后逐步提拔重用。

然而,这样提拔的毕竟是少数,在整个官僚队伍中可谓杯水车薪,远不能适应变法改革中央和地方大量人才需求。从变法改革的长久大计考虑,必须改革科考。改变科举考试内容多是诗词文赋,死记硬背填空默写,偏重讲究声律对偶等文法句式诸多弊端,变为侧重解决社会现实问题的内容。改变选拔出来的人有的高分低能现象,弥补其入仕从政难以胜任的短板。比如由于科考内容不包括法律,所以许多官员考前不学,录取进士当官后不会断案,更难以适应担任需要较高法律知识水平的中央刑部、大理寺及各路提刑官、推官等。不懂法律从事司法工作,往往同一个案件,断案结论大相径庭;甚至凭个人好恶及封建伦理纲常感情用事断案。百姓诉讼遇到懂法认真负责按律断案的官员则是万幸;遇到不懂法甚至不负责任草菅人命的昏官,后果不堪设想。司法断案的诸多弊端根本原因就在于用非所学,法官外行。王安石参加科考的亲身体会及他担任科考详定官的实践,使得他对于科考弊端眼光犀利,批判入木三分。前文谈到王安石1063年担任详定官时开创了状元不限于前两级考官上呈人名单的惯例,是对科考取士选人的改革;北宋大科学家沈括为当年进士。此前王安石1061年担任详定官时,曾以《详定试卷二首》批判科考弊端:

    童子常夸作赋工,暮年羞悔有扬雄。
    当时赐帛倡优等,今日论才将相中。
    细甚客卿因笔墨,卑于尔雅注鱼虫。
    汉家故事真当改,新咏知君胜弱翁。

说天下少年学子经常夸耀自己赋文作得好,会写文辞漂亮的骈文。汉代思想家、文学家扬雄早年常以此为荣炫耀,但到了晚年,他深刻反思感到羞愧懊悔:自己赋文虽好,却未能为社会作出贡献,反省说自己"少而好赋"是"壮夫不为"的雕虫小技。汉朝皇帝对于赋文优秀者就像奖励歌舞艺人一样,都是赐以丝绸玉帛。而今天却用这些与社会脱节,对治国安邦无关紧要的赋文,作为科考取士选择人才的标准,作为挑选将相之才的依据。最后说今日科考内容比汉代扬雄的游戏笔墨更加无聊,汉朝旧例应当改革,今日科考取士以诗赋为标准,也应当改革为考察学子从政治国的见解和实际能力,以有补于世。他还作七绝《试院中》再次批判诗赋取士:

少年操笔坐中庭,子墨文章颇自轻。
圣世选才终用赋,白头来此试诸生。

说自己少年读书万卷,不屑辞赋雕琢词藻类文章(另说对诸子百家不迷信不盲从)。北宋百年圣明之世,科考选拔人才沿袭以赋文为标准,无奈之下,他上了年纪做考官,也只能以此来考试天下学子。

王安石在《取材》一文中,同样对科考弊端作了尖锐批判:

然其策进士,则但以章句声病,苟尚文辞,类皆小能者为之;策经学者,徒以记问为能,不责大义,类皆蒙鄙者能之。使通才之人或见费于时,高世之士或见排于俗。

他认为科考内容决定所取人才质量。科考内容与现实脱节,则通才高才难入仕途,无缘官场被拒之草野:

若此之类,而当擢之职位,历之仕途,一旦国家有大议论,立辟雍明堂,损益礼制,更著律令,决谳疑狱,彼恶能以详平政体,缘饰治道,以古今参之,以经术断之哉?是必唯唯而已。(同上)

说这些人一旦入仕为官,当国家遇到大事,大政决策,革旧创新等,其不识大体,不懂治国理政,必然唯唯诺诺,毫无主见,更无作为。他主张:

夫圣人之术,修其身,治天下国家,在于安危治乱,不在章句名数焉而已。(《答姚辟书》)

1071年二月,王安石入阁主政仅两年,就将自己长期思考、反复征求意见制定的贡举新法颁行天下,其主要内容为:一是废罢明经及诸科,只保留进士科;二是进士科考试罢废诗赋、帖经、墨义,只选《诗》《书》《易》《周礼》《礼记》等本经中一经,及《论语》《孟子》等兼经。

王安石主持编著的《三经新义》,抛弃传统儒经解释之糟粕,吸取儒、法、道等各家精华,是当时最高水平最切合社会现实的学术成果,颁行天下成为科举考试内容和标准答案。科考内容改革就像指挥棒一样,引导天下学子不再皓首穷经于死记硬背教条,从种种戒律限制的诗赋中解脱出来,而将注意力转移到社会民生、兴利除弊、治国安邦的现实中,为培养变法急用人才发挥了重要作用。神宗对科考改革成果非常满意,他熙宁六年(1073)三月说:

> 今岁南省所取多知名举人,士皆趋义理之学,极为美事。

以《三经新义》为科考内容及取士标准答案,对于整合良莠不齐的儒经解释,破除僵化的教条束缚,统一全社会尤其是官场思想意识形态,培养勇于担当的经世治国人才,所起到的积极作用毋庸置疑。但是也有不尽如人意之处。虽然王安石作为"通儒",其学识达到当时学术界顶峰,但是将其学术思想作为科考内容和标准答案,对天下学子一定程度上形成条条框框束缚,不利于天下士人学无止境开阔视野、求索创新。好在王安石坚持学术民主自由,并不排斥其他学术思想,除了官学和科考外,全国各地私学以及士大夫学术研究,仍是百花齐放,百家争鸣,无碍学术环境宽松繁荣发展的大局。

三是大力兴办学校,抓好基础教育。王安石清醒地认识到,改革科考只是统一思想、培养时才的应急措施,要从根本上使变法改革思想观念深入人心,形成振兴国家良好的社会思想氛围,在全社会形成恪守因时制宜以求长治久安主流社会意识,巩固变法成果,重在学校基础教育。必须大力兴办教育,从青少年乃至儿童抓起,世代传承先进的思想理念。这方面王安石做了四件事:

其一是推动全国兴办学校。首先是抓好对京城太学的管理。宋朝建国之初,在京城设置太学,作为全国最高学府,所有生员朝廷供给食用。直到宋仁宗时期,学校管理及教材内容许多方面跟不上时代发展,存在诸多严重问题。许多学员饱食终日无所用心,尤其是官家子弟不思进取,入太学仅为镀金;太学不能充分发挥为国家培养人才的功能作用。王安石主政后首先扩大京城太学规模,增加生员数额。其次是加强对学官的检查、评定、奖惩等日常管理工作。制定"太学三舍法",加强对太学生的规范管理。太学生由州县考选进入太学,分为三等:初入学的为外舍生,名额不限;元丰时规定2000人为限。外舍生一年通过考试可升为内舍生,名额为200人,元丰时300人。内舍生通过考试可升为上舍生,名额仅100人。上舍生考试分为上、中、下三等。上等生不经过科举考试直接任命官职。严格等级管理,尤其是成绩优秀者直接授官,对学生起到了极大的激励作用。太学各方面有了较大的改观。

在加强对京城太学管理的同时,中央制定政策,号召天下兴学,强力推动督导,掀起了地方办学的热潮。据统计,宋代官办大学高达750所。

其二是加大资金投入。中央增加对京城太学经费投入;规定地方政府为州学划拨良田40顷即4000亩,作为州学经费的补充。

其三是统一教材。为了实现王安石所期望的"道德一于上而习俗成于下",统一天下人的思想,将《三经新义》作为学校教材,以适应时代发展的新观念新思想教育天下学子。

其四是精选学官,选拔陆佃等53名学官专职负责中央和地方学校教务。在中央设立学官虽非宋之首创,但在地方设立专职学官却是前所未有,实属开创。为了激励学官钻研业务、勤奋履职,熙宁八年(1075)朝廷还把学官集合到京城,对他们进行业务政绩考核,检验他们的学识水平等,根据考核情况决定升降去留。这些措施有力地促进了北宋教育的发展和国民文化素质的提升。

北宋建国初就实行重文的国策,全国官办私办学校之多,教育风气之盛前朝难比。尤其是经历范仲淹"庆历新政"时大力兴学,全国教育发展出现第一个高潮;王安石掀起的第二次办学高潮较前规模更大,覆盖面更广,持续时间更长,许多措施落实更加到位,全国教育呈现轰轰烈烈大发展的局面。

宋代除官学外私人书院不计其数,最著名的有四(另说五或六)大书院,河南、湖南、江苏学院尤盛。由于宋代科考取士数倍于隋唐,且较唐朝学子考中长时间候补,宋时学子登科,当年入仕做官华丽转身,更加激发了天下父母望子登科和无数学子追求金榜题名。带动影响形成宋代官员文化教养、国民受教育之广、整体素质处于我国封建社会最好的时期。

为了解决时代发展和社会进步对特殊专业人才的需求,王安石主政时"与时偕行",首创专科学校,比如律学、医学以及前文谈到的武学等学科。王安石设立律学是封建时代依法治国的重大举措和突破;设立医学亦为前朝所无;设立武学对于深化军事理论研究,激励军事事人才成长,补齐以武治国短板,形成文武并重国策;提高军队建设水平,加强国防意义重大。

我国封建社会各个朝代虽然都有法典,但由于其与科考内容无关,天下学子学法通法者少。王安石设立律学对于执行原有刑律以及各项新法,实施依法治国势在必行,培养法律专业人才正当其时。为应时需,朝廷规定所有被录取进士,入仕做官上岗之前,都要参加律令答疑或断案的考试,即法律条文兼判定具体案件的考试。考试成绩很可能作为任职重要参考。改变原来考中进士直接授予官职为再经过法律考试"诠选"任职,就像我们现在各级领导上岗前进行法律业务培训后参加考试。这些措施对于全社会形成重法守法风气,树立新法权威,促进各级政府依法行政意义重大。

医学的设立同样适应了时代发展和医学科学进步的客观要求。为了锻炼学员理论联系实际,增长医学专业人才实践知识,当时曾组织安排学员到军营中实习,为军队将士检查身体诊治疾病,这一举措深受军队官兵欢迎,同时亦可促进学员在实践中提高医疗本领。

王安石统领经局,重新注释儒家经典,为学校和科考亲自撰写标准教材,统一天下人的思想,为变法营造社会意识形态环境,改革科举培养人才,大力兴办学校,扩大天下教育规模,设立新的学科和专业等全方位服务社会需要的改革,促进了宋代文化教育和学术的进步繁荣,培养了大批急需人才。

王安石对于地方行政体制,也做了在当时封建制度条件下最大限度的改革和创新,这方面也有可圈可点之处。为了改变天下行政机构设置不合实际状况,加强管理提高效率,节约行政开支,减轻百姓负担,王安石当政期间,对北宋州、县两级行政机构进行了大刀阔斧的精简,全国裁撤州县共158个;其中州27个,县131个(另说州38个,县127个,合计165个),以北宋约300万平方公里领土,精简州县之多,在中国封建社会空前绝后。比如郑州撤州降为管城县,省去几十万缗的开支和400多役人,笔者家乡内黄县1072年撤县等。裁减州县拆了这么多庙,行政区划重新调整,整个事务交接和财产的保全等工作纷繁复杂。未见史载裁减了多少官员胥吏,但肯定数量庞大。最大的难题是被裁撤的各路神仙怎么安排;就像精减军队安置36万多将士一样,其工作量和王安石承受的压力可想而知。国家增设州县,建庙请神,对许多官员是机遇,大家都高兴。但裁减官衙,压缩官员编制,许多人被降职或实职变为虚职,甚至早日退休,如果没有周密的方案、妥善的举措以及铁腕推进,是根本不可能实现的,甚至可能出大乱子,起码不会软着陆。从目前所见史料,未有任何波折记载;而如果出现大的风波,那些无事生非,造谣诬陷,混淆是非,甚至篡改历史的守旧派,是绝不会放过对王安石口诛笔伐的。

精减地方行政机构,实现国家管理的消肿瘦身和精干高效,减轻了百姓负担,加上精减军队两项节流,极大地节省了国家财政开支;尤其是发展经济等开源措施所取得的巨大效益,从根本上扭转了国家积贫的状况。

王安石为加强基层官员规范化管理,提高地方政府公信力,促进基层政风好转,提高基层政权工作效率,巩固国家统治根基,还做了一项治本的基础工作。当时基层官员俸禄与承担责任相比较低,仅能勉强养家糊口,有的官员往往巧取豪夺捞取灰色收入。而各级政府中的胥吏更是无编制,无俸禄,无合法收入;许多人靠山吃山。比如通过请托、包揽诉讼、原告被告统吃等鱼肉百姓。这样做不仅滋生腐败,败坏官场和社会风气,丧失政府公信力,而且激化百姓与官府矛盾对立,动摇统治根基。为了解决封建社会这一冰冻三尺的顽疾,王安石主政时通过调研论证,制定方案,于1070年为俸禄较低的基层官员增加俸禄,为无俸禄的胥吏规定报酬,规定州县胥吏每月6000—8000文,切实从正规渠道解决他们的生计问题。同时健全制度对他们立规矩严格管理,杜绝吃拿卡要贪污受贿等违法乱纪现象,违者严惩重处。这样从变法改革的巨大红利中拿出一小块蛋糕,解决了基层官吏的根本问题,促进了基层政风好转,提高了基层政权公信力,改善了基层官民关系,受到了基层官吏和天下百姓普遍欢迎和对新法的支持。上边千条线,下边一根针,各项新法要靠基层官吏落实到千家万户,解除他们的后顾之忧,并加以严格管理,不仅有助于落实各项新法百姓受益,亦可巩固封建统治根基。

王安石限制减少皇族特权成效显著。我国封建社会皇族享有许多特权,他们天生不愁衣食官位和丰厚的物质享受。北宋王朝王安石主政时已历经110年,百家姓第一姓即为赵氏皇族;其时包括后周皇室整个享受各种特权及优厚待遇的皇族,已成为一个庞大的寄生群体,成为王朝财政的沉重负担。在这之前范仲淹主持"庆历新政"时,曾设想将皇家子弟从生下来享受特权推迟至十几岁后,仅仅是稍微触动其既得利益,便遭到皇族疯狂反对,最终宣告失败。而王安石1069年主政当年十一月制定《裁宗室授官法》规定:

> 唯宣祖、太祖、太宗之子孙择其后各封国公,世世不绝;其余元孙之子,将军以下听出外官;祖免之子,更不赐名授官,许令应举。

只允许太祖、太宗两支中直系长子一人享有特权,其余皇族一概取消各项特权及既得利益。1070年十二月,"再裁定后、妃、公主及臣僚恩荫补官"(《皇宋编年备要》)。裁撤皇宫后妃及臣僚恩荫补官,这样就杜绝大多数皇族靠出身天生就享受寄生虫生活,使其成为与普通百姓一样靠劳动生活,子弟靠读书科考入仕做官,有助于形成普天下不分贵贱自食其力的社会风尚。王安石无所畏惧触动强大的皇族既得利益,犹如虎口拔牙,不难想象其疯狂抗拒。

精简军队、裁撤州县、大幅度削减皇族特权,仅几年时间拆庙送神无数,北宋除了王安石还有谁能做到?!中国封建社会还有几人做到!?

王安石变法是中国封建时代覆盖社会生活所有方面,最全面最系统空前绝后的变法改革。其成就贡献空前,请看首都师范大学俞菁慧《回望"孤岛"——写在王安石诞辰千年之际》列表总结:

表14-1 北宋神宗朝改革主要面向及关联法度表(节选)

国家借贷	青苗借贷(农业贷款)、市易行户贷、个人抵押贷(商贷贷款)、其他专项钱物借贷
政府经营	小农借贷、粮食储备、价格平准、九路均输、市易借贷、同货(融资)、贸迁、零售、博易、收工(科买)、专卖、军事物流、市帕贸易、新赈济体系等
裁减重组	裁兵(拣退禁军湘兵、并营)裁役(衙前裁并及坊场制度改革、废并州县、减省州县役、团并纲运等),裁定宗室、后妃、臣僚给赐及特权,裁定南郊式,裁冗官吏,省并职司部门,废监与监司资源重新规划等
编户机制	常平联保(借贷赊保)、保甲联保、借贷及赈济编户核实法、给田募役、拓边与新编户管理
劳动力改革	免役法、军员承役、保甲承役、给田募役、弓箭手营田给役、坊场及衙前重役改制、游手及基层诡名治理
土地改制	农田水利基建、均田、括地统筹、监牧(地)改革、隐占治理、荒地及官庄经营、给田募役及缘边营屯、物产核实(户等、手实)
军事改革	裁兵、选将、集教、替补、精锐化、更成、将兵法、民兵机制(义勇保甲)、番兵招纳、多军种与武装梯队、军事赈济、激赏法、弓箭手营屯、专项财政封桩、堡寨体系、军器将作、监牧整顿、全民养马、养马试验等
军事财政	钱、茶、盐、钞、马等战略物资转运、储备、平准机制;经制边防财用
民兵计划	义勇保甲、弓箭手、番兵番将、招纳机制、激赏法、教阅、将兵体系、作战与辎重部队
机构人事	各大新法机构创建、省并、改造、升级;专项职能与专项财政;机构合作模式、业务型官员培养机制:中书检正官、枢密院检详官、刑法官、机构提举官、管勾官、基层给纳官、编修条例官、特派体量察访官、皇帝耳目(中官)等
吏治人才	吏禄仓法、考课考试法、科举改制、学校制度、基层试练、法律考试等
政教风俗	科举改革、帝王经筵、三经新义、铨选考核、考试制度、学校制度、基层风俗、以薪养廉(吏禄仓法)
基层法度	青苗、市易、保甲编户、民兵教阅、农田水利、养马法、新赈济法、信息汇报等
货币财政	新法财政专项、借贷流通、转移支付、封桩储存、货币铸造、钱钞盐法等

从上表可以看出,宋神宗和王安石于熙宁、元丰年间,推行变法改革的广度和深度为中国封建社会之最,他们君臣二人除旧布新,所做大事实事之多,实在令人感佩不已,叹为观止。

第十五章　中流砥柱

　　古今中外，任何社会变革无不遭遇极大的困难阻力及干扰破坏，无不遭遇既得利益阶层疯狂的反对、拼死的抵抗。这是因为变法改革从根本上说是社会政治、经济多方面利益的再分配，社会资源的再调整；是对社会某些阶层，尤其是上层既得利益的剥夺，要他们老老实实接受再分配、再调整、被剥夺无异于与虎谋皮，这就决定了他们为保持维护既得利益必然不择手段，无所不用其极疯狂抗拒，与变法派作殊死较量。

　　王安石推行了中国封建社会涉及政治、经济、军事、文化、社会管理等覆盖所有领域全方位的变法，对当时及后世产生了深远影响。因此他的变法改革更是遭遇了空前绝后的困难和阻力。特别是宋代"不以言罪人"，几代帝王不杀上书言事的士大夫，政治环境极为宽松，致使反对变法者有恃无恐肆无忌惮，更可以想见王安石推行新法阻力之大，受到的干扰破坏之严重。所有新法从酝酿、讨论初议，几上几下到朝堂议定、试行，总结经验推向全国，各个环节所有过程，都是在变法派和实力强大的守旧派激烈交锋、生死搏斗中，抵消守旧势力的反作用力，步履维艰如牛负重缓行，且很难完全达到预期的效果。

　　且看变法派和守旧派的力量对比悬殊：先说守旧派，从王公贵族、皇亲国戚、朝野臣僚、城市官僚富商大贾及天下地主豪绅等所组成的反变法阵营极其强大。比如后宫神宗的祖母仁宗曹皇后，他的母亲英宗高皇后及向皇后，还有他的两个弟弟等都是顽固的反对派。而对天下具有巨大影响力的朝廷高官与学界精英集于一身的士大夫楷模，更是绝大多数站到了反对派的阵营。王安石初入仕途时已是朝廷重臣的文彦博、韩琦、富弼等，执掌天下几十年，门生故吏遍及朝野。其余为赵抃、唐介、吴奎、范镇、范纯仁、吕诲等。学界名流则有欧阳修、司马光、苏轼兄弟、二程兄弟、邵雍、苏颂等。而在变法阵营中仅有王安石、韩绛、吕惠卿、曾布、章惇等，虽然王安石人品学识、影响力与上述人物相比其可谓"一览众山小"，但他资历较文、韩、富等元老尚浅；韩绛与王安石同榜；其余几人皆新进年轻才俊。两大阵营力量的巨大反差一目了然。

　　其实早在1068年，王安石被宋神宗召至京师后，他事实上已成为具有改革愿望士大夫群体核心人物的同时，也引起了守旧官僚士大夫无端的忌恨和敌视。唐介等人公开反对王安石入阁；王安石任副宰相之初，御史中丞吕海居心叵测地捏造他10大罪状，其实都是断章取义无限上纲，甚至子虚乌有。比如有一条就是王安石与吕公著建议，帝师为皇帝讲课应当坐着讲，这一儒家尊师建议竟被吕海诬告为藐视帝王权威，甚至说是对皇帝非礼。真是欲加之罪何患无辞？对于吕海、唐介最早反对王安石超前的政治嗅觉，本能地歇斯底里极力诋毁王安石，司马光称赞其敢言，具有"先见"之明。这些都预示了变法改革的艰难险阻与坎坷崎岖。

我们首先看看围绕"青苗法"的推行，变法派与守旧派的激烈交锋。"青苗法"是继1069年七月"均输法"之后，九月份颁行全国的第二项新法，这是抑制农村地主官僚资本剥削百姓，惠及天下万民的一项新法。朝堂守旧派理论旗帜司马光在神宗面前与吕惠卿激烈争辩反对此法；接着范镇、赵瞻等人极力反对，大名府韩琦及在青州任职的欧阳修上章反对，河北转运使刘庠及任职亳州的富弼等公然抗拒，拒绝在辖区组织农民借贷。韩琦、欧阳修、富弼都是庆历年间的"清流"改革派高官，在朝野影响较大，他们的反对更助长了反对变法的声势和强有力的统一战线。宋神宗处在反对变法权贵的重重包围之中，反对变法尤其是请罢"青苗法"的奏章堆满了御案。

面对海啸一样强大的反对浪潮，年轻的神宗皇帝眼看满案尤其是细读韩琦的奏章后，产生了疑虑和动摇：

> 琦真忠臣，虽在外，不忘王室。朕始谓可以利民，不意乃害民如此！

（《续资治通鉴》第六十七卷）

宋神宗称赞韩琦，意欲停止推行"青苗法"，不仅严重挫伤了以王安石为首变法派的士气，助长了守旧派的气焰，而且使得身处变法机构的苏辙倒戈，程颢转向，张载拒绝王安石的器重。他们纷纷要与变法派划清界限。面对朝野反对"青苗法"声势浩大的大合唱，王安石虽然据理力争，但作为地主阶级总代表的宋神宗刚健定力不足，担心天下不稳，欲以妥协缓解两派形同水火的尖锐对立。王安石反复劝说无效迫不得已，只好以退为进："称疾家居"，向神宗施压。宰相府王安石离去，朝政几近瘫痪，宋神宗急忙下旨请他出来理政。而这时的翰林学士司马光，在代神宗"批答"王安石求辞奏章《赐参知政事王安石不允断来章批答》中，说神宗将王安石召自岩穴，委以重任。王安石出身书香门第，司马光简直就是胡说八道。还说"青苗法"的实施"士夫沸腾，黎民

骚动",斥责王安石:

>乃欲委远事任,退处便安。卿之私谋,固为无憾,朕所素望,得以诿谁?

神宗深知王安石无私无畏,敢于横身担当国家重任的唯他一人,本来是要恳请王安石履职的。但司马光的用心却在于以不符合实际的严厉批评指责,迫使王安石赌气辞职下台,从而达到逆转朝政的目的。王安石接到诏书后,立即上疏"自辩"。神宗看到王安石的上疏,再细看司马光代他的"批答",对司马光的图谋恍然大悟,亲笔回谕向王安石道歉:

>诏中二语,乃为文督迫之过,而朕失之详察,今览之甚愧!(杨仲良《续资治通鉴长编纪事本末》引)

这时的神宗,经过数日深思,对于自己否定"青苗法"的轻率行为已有愧意,他深知废除新法恢复旧制实为死路一条。唯有王安石继续辅政,才能解除内忧外患,国家才有希望,才能实现自己励精图治,国家中兴的崇高理想。王安石感于神宗皇帝知错就改,诚恳道歉,变法改革振兴国家事比天大,自己受点委屈无所谓,他毅然上朝理事。宋神宗再次承认错误:

>青苗法,朕诚为众论所惑。

君臣二人和好如初。原来宰相府守旧派同僚妄图待王安石再来理事,将神宗废除"青苗法"旨意由他下发处置,以当面羞辱王安石的阴谋彻底破产。其实他们打错了算盘,如果神宗不悔悟回头,王安石根本不可能再来理政。他们错失了趁热打铁促使神宗废"青苗法",以造成变法改革无可挽回重大挫折的良好时机。

王安石面对混乱的政局,他抓紧安排部署对反变法派反击。他支持从江南来的基层官员李定,排除李常阻挠其实话实说,安排其当面向神宗讲述江南百姓欢迎实施"青苗法","青苗法"便民的实情,进一步坚定神宗继续变法的决心。他亲自撰写驳斥反对派核心人物韩琦以偏概全不合实际的奏章,以条例司的名义发布全国各地。同时严令各地执行"青苗法"规定。对于原来局部出现的偏差,成为守旧派借题发挥的具体问题严肃查处纠正。这样既严肃了政令,同时也堵塞了守旧派小题大做的借口。他还就守旧派关于"青苗法"利息二分的责难,写了《答曾公立书》:

>一部《周礼》,理财居其半,周公岂为利哉?……然二分不及一分,一

分不及不利而贷之,贷之不若与之。然不与之而必至于二分者,何也?为其来日之不可继也。

说儒家经典《周礼》,理财内容占半,周公难道是求利之人?二分利不如一分利,一分利不如不收利息借给百姓,借与又不如干脆送给他们。然而朝廷为什么不白送而必须收二分利,因为无偿白送就无法继续维持这项善政。王安石接着讲了利息用于官吏俸禄、运输费用、损耗、天灾救助等。为了巩固"青苗法"和后续诸法推行,他建议神宗调整了御史中丞吕公著、李常等反对派官员的职务,安置支持变法的官员担任要职。王安石面对庞大反变法阵营的兴风作浪,面对神宗动摇朝政可能的逆转,他据理劝告无济于事,料定神宗绝不允许他辞相罢政,于是采取以退为进最有力的斗争策略,如中流砥柱力挽狂澜,赢得了与守旧派生死较量的第一场胜利。

900多年前的王安石,远远早于西方以国家资本为杠杆,进行相当于今日农业银行的资本经营,推行"青苗法"。也就是国家作为银行债权人,对全国农民发放农业贷款。这样做既抑制了官僚地主资本盘剥兼并,防止百姓破产铤而走险,动摇封建统治根基;同时也缓解改善了民生,促进了社会生产力发展。尽管收取远远低于高利贷的利息,但天下之大,全国农民借贷利息之巨,实为国家积累了可观的资金。他的金融管理运作的思想高瞻远瞩,极大地超越了当时的社会制度和时代发展。正因为他思想超前,保守派疯狂反对主要为维护既得利益,也有思想观念反差大的原因。

守旧派不甘心失败,他们变换策略,由原来公开反对变为暗中做手脚耍阴谋,妄图将王安石驱逐朝堂。王安石与守旧派围绕着"免役法"的推行,迎来了第二场也是整个变法期间斗争的高潮。

"免役法"是王安石主政之初开始酝酿讨论,上下多次调研,征求各界意见,广集天下才智,于1071年初开始在开封府辖区试行,直至"民无异辞"才推向全国的。这项新法从开始到颁行天下历时两年多,充分体现了在封建制度下最大限度地发扬民主;体现了王安石积极稳妥、缜密慎重制定善法,恩泽天下百姓的崇高思想,是减轻百姓无偿劳役,解放天下劳动力,最直接造福百姓的好法。守旧派公开反对"青苗法"未能得逞,于是变明为暗,由公开转为隐蔽,由朝堂对抗,拒不执行,改变策略使用阴招,人为造成新法害民事端,妄图一举将王安石扳倒。熙宁四年(1071)东明县县令贾蕃直接导演了震动京城的闹剧，而被载入史册。贾蕃采取明行新法，暗中毁法害民，激起民变，百姓入京告状，骇人听闻。北宋王朝原来差役法规定，上等户即三等以上农户承担差役，四等以下农户免服差役。贾蕃毁法就把原来的四等户甚至五等户提高到三等，逼迫原来免服差役的农户服役或缴纳役钱。这样人为增加百姓负担，造成百姓对新法的误解和抵制。受害的百姓群情激愤，集结起来涌入县衙找贾蕃说理，而这时的贾蕃已在守旧派高官的庇护下升迁到京城进奏院。愤怒的百姓找不到县令，怒不可遏，东明县衙一片混乱。五月十四日1000多人赶往京城开封府告状，东明县属于开封府辖县，百姓申诉应由开封府受理。但开封知府韩维由原来佩服王安石学术政见，蜕变转入反对变法阵营，故意关闭大门不予受理。更不能排除别有用心者，以新法是王安石宰相制定，唆使上访百姓，故意把告状百姓引向中书省及王安石府宅。受到唆使的百姓潮水般涌到了王安石府宅，将大门团团围住。900年前封建专制的帝王家天下时代，百姓集结京城请愿开封府衙门，尤其是请愿宰相家门，从古到今鲜有所闻。变法与反变法斗争的尖锐复杂激烈可见一斑。

《宋史·王安石传》简略记载：东明百姓向王安石申诉，王安石告诉神宗东明案件由贾蕃酿成。清朝毕沅《续资治通鉴》记载御史中丞杨绘言：

> 东明等县百姓千余人，诣开封府诉超升等第出助役钱事，本府不受，遂突入王安石私第，安石谕云：此事相府不知。

从以上记载可知三点：一是东明等县百姓千余人，首先是到开封府申诉被提高户等逼迫缴纳助役钱，开封府不予受理；二是申诉无门百姓聚集王安石私宅请愿；三是王安石接待了百姓。未见史料详载此事经过及结局，宋史研究会原副会长漆侠先生在《王安石变法》中，比较详细论述了守旧派上下勾结激起民怨，百姓入京告状请愿，说：

> 进入汴京的东明县民由王安石慰抚下来。

王安石一贯关注民生，担任地方官坚持调查研究，微服私访民情。试行"免役法"出现了这样大的波折，事关变法改革大局，对于受害的百姓走到家门申述，他必将彻底调查了解清楚，以防守旧派造谣，混淆视听迷惑神宗。而且只有弄清事实真相，才能组织对守旧派破坏"免役法"进行精准有力的反击。他一定会诚恳听取百姓倾诉,详细了解案件实情,坚持为百姓做主,表态朝廷一定会惩处不法官吏,弥补百姓损失。东明百姓感于王安石身为宰相大义凛然,光明磊落,平易近人,心系百姓,愤怒的情绪逐渐缓解平息。一场大规模群体性上访告状,被王安石一席话顷刻化解。

中国封建社会大宰相接待声势浩大的集体上访告状,笔者所见史料王安石当数第一人。若其他官僚处理此事,谁会不顾个人安危挺身而出直面百姓?安排下属接待,听取汇报处理也算是好官。大多数官员会采取调动御林军,对天子脚下"犯上作乱"的百姓驱赶甚至血腥镇压,这将会造成株连更多无辜百姓极其严重的后果。宋朝有王安石这样心系万民的好宰相,广大百姓避免了被抓捕甚至关押的灾祸,可谓朝廷之幸,百姓之福。

实际上"免役法"刚刚在开封府辖区试行不久,东明县就出事了。据《续资治通鉴》记载:1070年底"免役法"试行伊始,就出现数百名乡民前往开封府申诉,要求降低户等。神宗知道后,询问王安石。王安石回答:外面煽动反对"免役法"的人,认为朝廷收取役钱必定有盈余,若成群结队集体申诉,法不责众,必定可免;因此聚众申诉施压,以求侥幸免缴。

未见史料记载这两次事件有无直接关联,但一县百姓两次入京惊动朝廷,不能排除是守旧派上下左右联动,唆使贾蕃导演的连环计。比较两次事件,1070年底入京百姓诉求降低户等免交役钱,申诉的群体应当是三等户及其以上等级富户,是应当交钱而抗拒交纳破坏新法者聚众滋事;一定是有人教唆才有恃无恐,入京无理取闹。而1071年五月入京申诉的群体是原来的下等户不该交钱,被拔高为三等户逼迫交钱,属于县令故意人为破坏新法,加重百姓负担激起的群体事件。对于第一次群体事件,未见史料王安石具体处置,实际上从性质上看,比第二次事件更为严重恶劣,是赤裸裸反对新法的公然对抗。第二次则是较变法前增加负担的百姓,为求公平正义的群体上访。

第二次群体事件规模更大,不良影响更严重。如果王安石忽视了对上次事件的严肃调查处理,这一次他一定会下定决心,彻底查个水落石出,对于牵涉其中的所有肇事者,予以应有的惩罚。在王安石紧锣密鼓处理百姓进京上访告状的同时,守旧派官员上蹿下跳,弹冠相庆。尤其是主管弹劾百官的御史台高官杨绘、刘挚等人借机嫁祸主持制定推行"青苗法"的司农寺,说其不以原来各县人户等级,要求重新确定拔高农户等次,致使东明百姓大闹京师,不成体统。刘挚上书攻击以人户计钱助役有十条害处,杨绘与他唱和。他们向神宗施压,请求罢免王安石,以平所谓天下之怨。

人们不禁要问,贾蕃一个小小县令,何以如此胆大包天,毁坏新法激起民变,竟还被重用升迁?其实贾蕃官职虽小,但是后台很硬。他是仁宗朝宰相贾昌朝的侄子,北宋政坛几十年稳坐高官不倒翁,时任枢密使与宰相平起平坐的三朝元老文彦博的门生,还是名臣范仲淹的女婿。虽然范仲淹一生忧乐天下,圣贤风范高山仰止,已去世20年,但其儿子范纯仁等身居高官,与其亲戚司马光反对新法志同道合。东明县、枢密院、御史台,形成守旧派上下勾结,内外联动,制造新法害民恶劣事端,以百姓集结告状京师皇城,围堵王安石府宅震动朝廷,借此激怒神宗促使其罢免王安石。是有预谋精心策划妄图将变法派置于死地,废除新法逆转朝政天大的阴谋诡计,其险恶用心何其毒也!

但是,他们低估了神宗的智商和王安石的能力,高估了自身的能量。宋神宗虽然因百姓进京请愿,围堵王安石府邸有损朝廷威严而心中烦闷,但他听王安石讲述东明事件后,君臣二人决心彻底查清案情。王安石抓紧派提刑赵子几调查东明贾蕃提高户等毁法详情,恢复百姓原来户等。调查中发现,东明百姓到县府申述,被衙役撵出去。一位村民对贾蕃说话粗鲁,被罚交铜钱,他儿子不服,被重枷锁在县衙大门外四天四夜死亡。而且贾蕃平时借贷官钱,强行沽卖村酒,从中牟利,早已引起民愤。他还破坏"免役法"和"青苗法""保甲法"。虽然杨绘、刘挚包庇贾蕃,极力为他开脱罪责;而且文彦博获知东明事件后,在村民进京告状时,将其门生贾蕃调入枢密院进奏院,帮助他逃避罪责。但王安石坚持依法惩处,绝不姑息,贾蕃入狱。

东明事件再一次证明:治理国家的基础在于治县,百姓遇上陶渊明、狄仁杰、包拯、王安石、海瑞、郑板桥这样的好县令,万民安居乐业,社会太平和谐;百姓为他们修生祠,当作神灵供奉。而摊上贾蕃这样的奸佞小人主宰一县,兴风作浪折腾不已,国家不得安宁,百姓灾祸横生。

王安石认真总结"免役法"试行尤其是东明县百姓两次进京事件的经验教训,揭露守旧派的阴谋诡计,进一步严令全国,绝不姑息执行新法偏差走样,否则严惩不贷。他布大信于天下,促进了"免役法"在全国的推行。同时君臣二人将杨绘、刘挚等人清除出监察机构,王安石拔掉了守旧派反对变法的最大据点。第二次惊心动魄的较量,仍以变法派胜利,守旧派惨败而告终。

以上仅仅是围绕"青苗法"和"免役法",变法派与守旧派激烈的斗争与殊死较量,其实每一项新法的推行无不如此。1073年围绕"市易法"在全国大中城市的推行,反对变法改革的斗争更加激烈尖锐。守旧派更是不择手段,诋毁王安石变法致使天下旱灾,把华山地震、山体滑坡,说是因为王安石变法上天的警示。守旧派还利用天文监测机构司天监造谣:根据监测星象,国家强臣专权,所以招致上天惩戒。他们编造各种谎言,汴京街头贴大字报,时称"街贴",恶毒攻击新法,诋毁变法派官员。采取极其卑鄙手段,再次掀起反变法滔天恶浪,势如强震海啸,致使神宗再次动摇,导致变法派分裂。王安石变法改革每前进一步都如牛负重,步履维艰。

当时辽国唯恐宋朝变法国力强盛,为了牵制王安石变法,1072 年、1073 年、1075 年三次公然挑衅,甚至要重新划界,讹诈宋朝。王安石客观分析形势,料定他们不敢对今非昔比军力强盛的宋朝轻易开战,反复劝说排解神宗忧虑,但神宗刚健不足,承受不住内外夹攻,对辽国妥协退让。王安石对于未能劝阻说服神宗遗憾无奈,更因神宗缺乏统一天下的宏愿,他为无法实现第二步战略构想深感痛心。

王安石变法为的是革除积弊,振兴宋廷,为什么从朝堂到地方,从皇亲国戚到地主豪强,天下"汹汹然"反对变法呢?其实他们反对变法的原因和动机是多方面的。比如士大夫中的代表人物司马光、苏轼兄弟、二程兄弟等,他们反对新法主要是世界观、学术观念不同,治国理念有别,王安石坚持的是朴素的唯物辩证法思想,而司马光等多是唯心主义者,可谓"道不同不相为谋"。

绝大多数守旧派反对新法,最根本的原因就是新法触犯了天下所有特权者的既得利益。比如实行相当于今天的政府预算审计,审核减少 40% 的开支。这些开支原来多用于各级官员吃喝玩乐行贿受贿等。把这部分钱收归国库,这些官员会不反对吗?这与精减军队、裁撤州县、减少皇族特权是非常重要的四项重大节流举措,国家财政开支合计减少大约 40%;仅精减军队一项,至少比英宗治平年间年节省开支 810 万缗,比仁宗庆历年间年少开支 1350 万缗;减少财政开支超 20%。王安石坚持广开财源,大刀阔斧节流减少巨大财政开支,国家瘦身消肿,焕发生机活力,民生持续改善,社会百业繁荣。

推行"青苗法""免役法""市易法""农田水利法""方田均税法"等许多新法,不但剥夺了王公贵族、皇亲国戚、地主豪强、富商巨贾的特权,断了他们垄断兼并的财路,还要拔他们的毛,要他们出助役钱,他们能不对抗吗?他们能不疯狂阻挠吗?他们的反对是必然的,这是由他们为维护既得利益所决定的,对新法进行歇斯底里的抗拒,已经成为他们条件反射一样的本能。

王安石主政不到两年，两次裁减包括后宫所有皇族特权，将变法改革的手术刀，挥向整个皇族这一封建时代地主阶级总代表的心脏。这是改革难度最大，抗拒最激烈，最容易动摇神宗意志的攻坚战。王安石在变法改革早期为什么这样做？他就是要趁神宗雄心壮志锐气十足，变法改革取得初步成效，给予他最坚定支持的时机，攻克最顽固的堡垒。以此昭示天下：皇帝后宫特权都可以被裁撤剥夺，谁反对变法改革都是徒劳的，使天下守旧派对于维护既得利益不再抱有不切实际的幻想。但也因此招致天下皇族的疯狂对抗，他们恨透了王安石。据陆游《老学庵笔记》记载：

> 王荆公作相，裁损宗室恩数，于是宗子相率马首陈状，诉云："均是宗庙子孙，且告相公，看祖宗面。"荆公厉声曰："祖宗亲尽，亦须祧迁，何况贤辈。"于是皆散去。

许多皇室贵族集结在汴京街头，拦住王安石的马头，以"均是宗庙子孙"为借口，向王安石施压，要求继续保留原有特权利益，被王安石厉声"祖宗亲尽，亦须祧迁，何况贤辈"严词拒绝。众人无奈怨恨散去。

王安石这个宰相当得太难啦。天下大事他独当，他招架内外八面来风明枪暗箭，时时说服坚定神宗思想。天下政绩归圣主，诽谤诬陷他一身扛；他是我国历史上少有披荆斩棘、如牛负重、鞠躬尽瘁的宰相。

整个变法过程中，宋神宗始终处在反变法势力重重围困中。朝野重臣、名流士大夫他好应对，他最大难处就在于祖母、母亲及向皇后三大家族及其广泛的社会基础，而且其俱有贤名和干预朝政的能力。其家族不法垄断经商，曾被市易司追究惩处，他们恨透了王安石，向神宗施压罢免王安石。神宗与两个弟弟歧王赵颢、嘉王赵頵以玉带为赌注击毬，嘉王竟然以废新法作赌：

> 臣若胜，不用玉带，只乞罢青苗市易。

神宗受皇室后宫压力可见一斑。王安石以自己的人品操守，学识才能，勇往直前百折不挠，力战天下权贵，但他却难以应对化解来自后宫神宗也很为难的无形强大压力。

王安石变法是行"损有余以补不足"的天道，而反变法联盟维护的是"损不足以奉有余"的人道。以王安石的身份和地位，本来他应该是整个社会上层权贵中的一员，然而他却是思想超越时代，行为特立独行，不为帝王所动，不为

守旧派反对新法无所不用其极。1071年五月十四日,朝廷内外、京城地方守旧派上下联动,导演了"免役法"加重百姓负担,致使东明乡民千余人进京告状,请愿王安石宅院的恶毒闹剧。王安石认真听取百姓申诉,派员查明案情,严惩不法官员,维护万民正当权益,彻底粉碎了守旧派反对变法改革的险恶阴谋,将变法改革推向高潮。

> 墙角数枝梅凌寒
> 独自开遥知不是
> 雪为有暗香来
>
> 宋人王安石句 梅花 逢龙书

王安石以"天变不足畏、祖宗不足法、流俗之言不足恤"大无畏精神,以"虽千万人,吾往矣"百折不挠坚韧不拔的意志和毅力,直面抗击强大的守旧派阵营一次次猖狂的进攻。他以严冬挺立傲雪斗寒,为人们释放暗香报春的梅花自勉:"墙角数枝梅,凌寒独自开。遥知不是雪,为有暗香来。"

天下人所阻，认准的事情就要百折不挠坚持到底的高官"另类"。守旧派反对新法，对神宗上疏进言，尚有不能过分触怒龙颜的顾忌，而对于所有新法任何环节稍微有一点失误，而且有些失误本身就是守旧派干扰阻挠故意制造的，也要对王安石万炮齐轰，不管该不该由他承担责任，所有脏水都朝他身上泼洒。王安石为了国家振兴，改善民生，江山永固，天下一统，抗击着冲天海啸，肩负着压顶泰山，在数千年华夏民族史上，尤其是两千多年的封建社会史上，像他这样卓越的宰相，这样的政治家能有几人？

王安石变法阻力如此之大，与宋代皇室祖宗家法"不以言罪人"的特殊社会政治环境密切相关。所有反对变法者无论怎样嚣张，不择手段，只要不触犯刑律，一概免于追责。这既鼓励了许多人为国家忠谏，同时也助长一些人不负责任有恃无恐。整个王安石变法期间，无一人因反对变法丢掉饭碗，更无一人危及生命，最严厉的处置不过是降职或京官外放，这样宽厚仁慈的变法改革，古今中外有过吗？！

王安石主持变法改革七年，经历无数暴风骤雨，惊涛骇浪，他就像永远坚韧挺立的泰山青松，犹如迎战台风、地震、海啸岿然不动的中流砥柱。他挽大厦于将倾，引领大宋王朝百年陈旧巨舰，绕过暗礁险滩，掌舵巨浪滔天危机四伏的深海，驶向曙光满天胜利的彼岸。

王安石终生求索倾情奉献于积重难返、摇摇欲坠的大宋王朝，正所谓"天垮下来擎得起，世披靡矣扶之直"。天塌下来，他撑得住，挺得起；世道衰败披靡，他巨臂扶正匡直。除了他的意志毅力、气魄胆略超凡，更是他"学贯千载"、通儒全才、品德圣贤、人格魅力、思想内涵强大使然。

第十六章　四方凯歌

宋神宗王安石熙宁、元丰年间全方位变法改革，根本目的就是富国强兵、改善民生、振兴宋廷。君臣对屈事辽国难以释怀，王安石曾对神宗说：

> 今乃称契丹母为叔祖母，称契丹（主）为叔父，更岁与数十万钱帛，此乃臣之所耻！

王安石是自1004年宋与辽签订屈辱输出"岁币"的"澶渊之盟"以来，宋朝所有宰辅谈到以此为耻，并发誓洗雪国耻的唯一。

面对辽国和西夏的威胁，军事改革必然成为王安石变法的重要组成部分。按照王安石设想，近期目标是扭转积弱局面，洗雪宋朝百年国耻，恢复大国尊严，实现宋朝中兴。长远目标是扫平辽、夏，建立汉唐一统的强盛帝国。王安石军事改革的成效如何？我们从王安石执政期间国内外四次用兵的事实，依据实践标准来回答这个问题。

一、鼎力支持王韶对西蕃诸部的招讨，取得断西夏右臂战略主动

第一次用兵是断西夏右臂的河湟之役。这一场战役是针对西夏自仁宗以来一直对宋朝不断骚扰、挑衅侵犯，烧杀抢掠，宋朝屈辱达30余年，宋朝主动谋划成功的一场漂亮的自卫反击战。这一场战役除了神宗作为皇帝拍板决策，另外两个主要角色就是前线将领王韶及朝堂上力排众议、解除神宗顾虑疑惑、坚定不移支持王韶经营西北的宰相王安石。

王韶（1030—1081），字子纯，江州德安（今江西德安县）人，1057年与曾巩兄弟、张载、苏轼兄弟等人同榜进士。他胸有大志，对待仕途和王安石一样特立独行，与众不同。一是不做世人看好的文官却要当武官，二是不当享乐的京官却执意冒险到西北前线。他深入边陲多年，详细考察宋朝与西夏边境军事、政治、经济、文化等各方面情况。他将调查了解的情况和长远应对西夏的策略，于1068年写了《平戎策》上奏朝廷：

> 西夏可取。欲取西夏，当先复河（今甘肃临夏东北）湟（今青海乐都），则夏人有腹背受敌之忧。

王韶《平戎策》为宋神宗、王安石所重视,君臣重用王韶于西北前线。

王安石与王韶神交已久,早在 12 年前,王安石任提点江东刑狱时曾游庐山裕老庵,见壁上有《咏裕老庵前老松》,经问住持,知是王韶 1057 年考中进士之前,曾在此处读书留诗:

> 绿皮皱剥玉嶙峋,高节分明似古人。
> 解与乾坤生气概,几因风雨长精神。
> 装添景物年年别,捭阖穷愁日日新。
> 惟有碧霄云里月,共君孤影最相亲。

王安石见其以老松自喻,气度不凡,甚为欣赏,记在心中。王安石入京后首次与王韶见面深谈,更感其见解独到,学识胆略过人,人才难得。

王安石与王韶统筹考虑,确定经营西北的轻重缓急。首先是在西北边境地区创设市易务,开展边境贸易。通过边境贸易力求达到一举三得:一是经贸交流缓和边境局势,团结西北少数民族,造福万民;二是了解少数民族尤其是西夏各方面的情报信息,做到知己知彼,胸中有数;三是利用边境贸易收取赋税储备军费,为今后用兵预作准备。

其次是利用西北国土辽阔的优势,招募百姓,奖励开垦荒田,为长远平定西夏做好粮食草料等物资储备。王安石真可谓深谋远虑。中国古代战争,后勤保障非常重要,打仗兵马未动粮草先行。在当地广积钱粮草料,既减轻中央王朝负担,又节省大量运费,且避免数千里长途运输安全隐患。同时不露声色,避免西夏统治者过早警觉防范。

正当王韶按照王安石的指导思想逐步实施上述战略设想时,其顶头上司秦州知州李师中上奏反对王韶经营市易务,说得不偿失,认为王韶邀功生事,无益稳定边境局势。宋神宗对王韶经营西北产生了怀疑和动摇。王安石说服神宗,消除其疑虑,调整了李师中的职务。后来继任西北帅事的郭逵弹劾王韶私自以市易钱放贷,王安石认为即使真有其事,也难以认定王韶有罪。神宗依王安石提议调离郭逵等人,1070 年派去坚定变法派官员兵部郎中韩缜知秦州,给王韶以有力支持。1071 年设置洮河安抚司,重用王韶为洮河安抚使事。1072 年将古渭改为通远军,任命王韶知军事,行教阅法。

王韶在积极做好奖励扩大垦田,利用边境贸易发展经济等多项基础准备事务的同时,开始对少数民族进行招抚。

他按照王安石嘱咐,坚持攻心为上,攻城为下,力争不战而屈人之兵,迫不得已再先礼后兵。他深知当时青唐部少数民族大首领俞龙珂在当地影响最大,很讲信义。王韶英雄虎胆,于1071年春夏之际,只带几个随从,深入俞龙珂营寨,向他晓以大义,表示宋朝愿与少数民族永结友好;并夜宿俞龙珂营寨以取信于他。俞龙珂为王韶诚信所感动,第二天就率领其属下兵民12万人归附大宋。宋神宗闻报大喜,召见俞龙珂,俞龙珂请求:

> 平生闻包中丞(北宋名臣包拯)朝廷忠臣,乞赐姓包氏。帝如其请,赐姓包,名顺。(《续资治通鉴》第六十八卷)

宋神宗听了非常高兴,答应其请求,赐他姓包名顺。

当时王韶按照王安石战略设想经营西北,"内则为大臣所阻,外则为将帅所坏",神宗多次动摇:"朕亦欲中止。"在宋神宗、王韶及反对王韶经营西北的内外重臣之间,王安石发挥了强力协调、拨云见日举足轻重的巨大作用。朝堂拍板的是宋神宗,前线征战的是王韶,而王安石则既要说服神宗正确决策,又要前瞻性地指导王韶一切前期准备和军事行动的每个步骤。在朝堂上除了一般士大夫苟且保守,最大的阻力来自于直接主管军事的枢密院,因为枢密使文彦博是辅佐三代帝王保守派重臣,他在王安石参加科考的仁宗庆历年间由参知政事任相,已近30年,是资历最深、资格最老的辅臣,其门生故吏满朝野。他抗拒新法的能量远非司马光、苏轼等人可比。他反对王韶经营西北,在西北军政高官李师中、窦舜卿、向宝、郭逵等人阻挠王韶时,在王韶蒙受不白之冤时,在对王韶招抚蕃族评价时,他总是否定王韶,事实上成为西北守旧派官员在朝廷的总后台。而宋神宗受地方大员尤其是文彦博影响,多次想调回王韶,终止原来战略设想。王安石在朝堂上以理服人,驳斥文彦博。为支持王韶多次建议调整地方大员;这对于神宗来说是非常慎重难以轻易决断的大事,而王安石竟然屡次说服神宗,不为各方大员弹劾王韶所惑,不为文彦博所阻,尽管其有过多次动摇,但最后都听取采纳了王安石的意见,一如既往地支持王韶。

王安石力排众议于朝堂的同时,他还心系千里之外,提醒王韶从前期准备到招抚诸蕃,征讨顽逆的各个环节应注意的策略,给王韶以精神上的鼓励和支持。王安石除了面授机宜,更多的是书信来往,从流传至今的四封信充分说明了这一点。第一封是熙宁五年(1072)八月王韶攻占武胜(今甘肃兰州南临洮),宋朝在此建立镇洮军(相当于州、府),并且任命王韶为右正言、集贤殿修

撰时,王安石修书嘱咐王韶:

> 洮河东西,蕃汉集附,即武胜必为帅府。今日筑城,恐不当小。若以目前功多难成,城大难守,且为一切之计,亦宜勿骤旧城,审处地势,以待异时增广。城成之后,想当分置市易务,为蕃巡检作大廨宇,募蕃汉有力人,假以官本,置坊列肆,使蕃汉官私两利,则其守必易,其集附必速矣!因书希详喻经画次第。秋凉自爱,不宣。

王安石对武胜城的规划、作用、市易务设置、统筹蕃族官舍、招募人才、经营街市商铺"使蕃汉官私两利"等考虑周到全面,提出了切合实际中肯的建议。文字虽短,足见王安石思虑周详的远见卓识和殷切期望。

十月,宋朝将镇洮更名熙州,且将熙州、河州、洮州、岷州(今甘肃岷县)及通远军(今甘肃陇西)合为一路,置熙河路,治所设于熙州(今甘肃临洮县),任命王韶为龙图阁待制知熙州兼熙河路经略安抚使。虽然当时河、洮、岷三州尚待收复,但王韶数年间连续被提拔重用,实际上已成为地方封疆大吏。为防止王韶居功自傲,激励王韶谦虚谨慎,建立千秋功业,王安石赠诗《西帅》:

> 吾君英睿超光武,良将西征捍隗嚣。
> 誓斩郅支聊出塞,生擒颉利始归朝。
> 一丸岂虑封函谷,千骑无由饮渭桥。
> 好立功名标竹素,莫教空说霍嫖姚。

赞扬神宗派王韶抗击西夏,其英明睿智超过遣兵征讨陇西割据势力隗嚣的东汉光武帝刘秀;鼓励王韶效仿汉名将陈汤攻杀北匈奴郅支单于,如唐朝李靖活捉突厥首领颉利那样;期望王韶成为西汉打败匈奴名垂千古的青年英雄霍去病,在收复河湟抗击西夏中建立盖世功业。这一切给予了王韶巨大的精神力量。王韶多次用兵,身先士卒屡建奇功,与王安石朝堂力排众议、解除其后顾之忧及强力精神支持鼓励是分不开的。

十一月,河州首领归附宋廷,被赐名包约。王安石及时为王韶作长远谋划,熙宁六年(1073)正月再次写信,对王韶建好武胜城及招讨平定生羌表示祝贺;嘱咐其继续坚持恩泽与威势双管齐下,妥善处置蕃族降众,量情赏赐,使其感受到归附的优待,对大宋常怀感激之情;对于招募新兵尤其弓箭手及今后粮草储备提出建议。王安石谋划周详,但又非常谦虚:

> 事难遥度,心所谓然,聊试言之尔。(《临川先生文集》卷七十三)

说难以预料千里之外的具体情况,心里想到这些就说出来,仅是尝试之言。作为高瞻远瞩的大宰相,这是多么的谦虚!他既给王韶以战略指导,又不让王韶一切都受己言局限,以便最大限度地充分发挥其具体事务临机决断的主观能动性,尽可能收到最理想效果。

1073年二月,王韶攻克河州,斩敌千余人,俘获吐蕃首领木征的妻子孩子,获牛羊、粮物等不可胜数。朝堂众臣多祝贺神宗英明,称赞王安石功绩。

神宗称赞王安石:"非卿主谋于内,无以成此。"

王安石则非常冷静,谋划长远,思虑周密,为防止王韶下属骄兵滥杀,他再次去信告诫王韶:"方今熙河所急,在修守备,严戒诸将勿轻举动。"指教王韶以优厚的待遇和诚恳的态度,安抚那些归顺的羌族部落,考察其中有才能的人收为己用。他强调:

> 自古以好坑杀人致叛衅,以能抚养收其用皆公所览见。且王师以仁义为本,岂宜以多杀敛怨耶!(《临川先生文集》卷七十三)

嘱咐其防止武人以多杀邀取功名,防止滥杀结怨,致使归顺者反叛;治军带兵要恪守仁义为本,安抚降敌为我所用。并再次对归顺诸羌长远生计作出安排。最后谦虚说:

> 边事难遥度,想公自有定计,意所及尝试言之。(同上)

王安石再次修书为王韶在胜利的形势下作好安抚归顺蕃众,稳定局势,为其后连续艰苦征战,取得河湟大捷,经营西北圆满成功发挥了决定性作用。

王韶从1072年到1073年十月份,转战万里,开辟土地2000余里,招抚大小蕃族30余万人。西北地广人稀,虽30余万人,但其生活区域面积很大。收复了隋唐五代以来沦陷200余年失地20万平方公里(柏杨《中国人史纲》),接近今山西20.5万平方公里,较河南省16.7万多3.3万平方公里。

朝廷在王韶收复失地设立了熙河路,相当于今天的一个省。1074年六月,朝廷以王韶多年经营征战西北,招抚、团结少数民族等军功卓著,进王韶为观文殿、资政殿学士、礼部侍郎;突破武官不任两殿学士的旧制,以示隆恩。并对其弟及两个儿子封赏,神宗赐他崇仁坊宅院。十二月任命其为枢密副使。

河湟大捷意义重大,大长了变法派的志气,大灭了守旧派的威风。当捷报传到朝廷时,宋神宗大喜过望,非常高兴。其先帝生前想要收复的汉唐故土终于部分重归大宋版图,洗雪了长期压在心头难以释怀的屈辱。他在接受群臣祝贺时,把佩戴的自真宗时西夏李德明贡于宋朝,三代帝王相传非常珍贵的国宝玉带赠送王安石。他称赞王安石:

> 洮河之举,大小并疑,惟卿启迪,迄有成功。今解朕所御带赐卿,以旌卿功。(范文汲《一代名臣王安石》)

王安石非常谦虚,坚持辞让:

> 陛下拔王韶于疏远之中,恢复一方,臣与二三执政奉承圣旨而已,不敢独当此赐。(《续资治通鉴》第六十九卷)

说神宗慧眼识才,破格选拔重用王韶,收复故土,自己与朝堂诸臣只是奉旨行事,不能独享殊荣。宋神宗执意赏赐,派内侍李舜举前往谕旨:

> 群疑方作,朕亦欲中止,非卿助朕,此功不成。赐卿带以传遗子孙,表朕与卿君臣一时相遇之美也。(范文汲《一代名臣王安石》)

说当初朝堂群臣都怀疑经营西北能否成功,我也想停止原来战略设想,如果没有你坚持辅佐助我,就没有今天的成功。把这个玉带赐予你,传给你的子孙后人,以纪念我们君臣同心经营西北的成功。这是对王安石历经数年殚精竭虑支持王韶经营西北,终于获得圆满成功的最高奖赏。

宋神宗不准辞让,"安石乃受赐",呈上《赐玉带谢表》。

南宋时,王安石的曾孙奉仪郎璹将神宗所赐家族荣誉见证的传家宝,从熙宁六年(1073)至绍兴三十二年(1162),经历北宋灭亡前后的长期战乱,保存完好珍藏89年的玉带奉还朝廷,可见王安石后人的高风亮节。

熙宁三年(1073)十月在庆祝河湟大捷朝堂上,王安石率百官上表称贺:

> 伏睹修复熙、河、洮、岷、叠、宕等州,幅员二千余里,斩获不顺蕃邦一万九千余人,招抚大小蕃族三十余万,各降附者奋张天兵,开斥王土,旌旃所指,燕及氐、羌,楼橹相望,诞弥河陇。(同上)

朝堂众臣尤其是变法派官员纷纷写诗填词表示祝贺。副宰相王珪,枢密副使蔡挺、元绛(字厚之,后为副宰相)等赋诗充分肯定王安石功勋,王安石赋诗多首予以唱和。元绛诗作《平戎庆捷》"何人更得通天带,谋合君心只晋公"，把王安石比作唐朝时辅佐唐宪宗平定淮西叛乱功勋至伟的宰相裴度。王安石和其韵，非常谦虚写下《次韵元厚之平戎庆捷》：

> 朝廷今日四夷功，先以招怀后殚戎。
> 胡地马牛归陇底，汉人烟火起湟中。
> 投戈更讲诸儒艺，免胄争趋上将风。
> 文武佐时惭吉甫，宣王征伐自肤公。

说朝廷今日取得河湟大捷，收复失陷200年故土非常重大的军事胜利，首先是由于贯彻执行以攻心为主，以攻城为次，团结、分化、招抚、先礼后兵正确的策略和方针。其次就是王韶在前线多年苦心经营，他智勇双全，胆识过人，屡建奇功。最终是神宗的圣明决断拍板才取得的。充分体现了王安石即使作出最大贡献，当推首功，却把荣誉功勋谦让于君王及同僚的高尚品德。

宋朝开国100多年来，尤其是自1004年两次与辽国，后与西夏签订屈辱条约，70年花钱买不来和平，大宋颜面尽失，尊严荡然无存。这次大规模用兵，取得辉煌胜利，洗雪了70年国耻，弘扬了宋朝国威，大宋王朝真正挺直了腰杆，使周边各少数民族政权从此再也不敢轻举妄动。河湟大捷是扭转乾坤的一场翻身仗。真正运筹帷幄，决胜于千里之外，发挥中流砥柱作用的是王安石。宋神宗正因为深知王安石功勋卓著，才执意赐以玉带，不允许其辞让，发自内心感激奖赏王安石。副宰相王珪及蔡挺、元绛等群臣赋诗祝贺，肯定王安石的功绩绝非溢美之词。

自王安石1069年二月入阁主政至1073年底五年间，他朝堂上力挺王韶，驳斥守旧派的责难，多少次解疑释惑，说服摇摆不定的神宗，调整刁难王韶的西北地方大员，多次给王韶以高瞻远瞩的指导，事后都证明王安石的正确与先见之明。因此神宗才像犯错君王反省己过表彰王安石，坚赐王安石玉带，许多朝臣唱和诗褒奖歌颂王安石。

王安石写给王韶的第四封信是在熙宁七年（1074）四月第一次自请辞相后，宋神宗担心其辞相王韶不安，影响西北大局，赐他手诏：

> 王韶闻卿解机务，颇不安职。继有奸人诈韶云，朝廷已有命废熙河，徙帅治秦。韶愈忧惑，朕虽已降手敕开谕，卿可特致书安慰之。（同上页范文，下同）

王安石应神宗之请,以私人情谊给王韶写信:

> 某启:久不得来问,思仰可知。木征内附,熙河无复可虞。惟当理冗费,理谷财,为经久之计而已。上以公功信积著,虚怀委任,疆场之事,非复议论所能摇沮。某久旷职事,加以疲病,不能自支,幸蒙恩怜,得释重负。然相去弥远,不胜拳拳。惟为国自爱幸甚。不宣。

全信虽短,仅百余字,却谆谆教诲,情真意切。当时招抚征战结束,熙河一带无可忧虑。他嘱咐王韶今后的重点是节省不必要的开支,管理好当地税赋粮食,筹谋长远经久之大计。接着说皇上认为您功劳信用卓著,将边境征战的重任交给您,没有什么流言蜚语可以动摇圣上的决心。这样既使王韶安心,同时激励其报答皇上的知遇厚恩。最后王安石说自己身体不能继续担当重任履职,蒙皇上厚爱允许辞职。又说二人千里之遥,虽心心相印,难以相见,请王韶为国事保重。

从神宗诚请王安石写信,亦可看出他的威望及中流砥柱作用。从他信函内容及王韶每到关键时刻都以其嘱咐行事,可以看出王安石的品德和人格魅力。从他料事如神的超前谋划可以看出他在军事方面的雄才大略及超凡睿智。王安石不愧为高瞻远瞩的军事战略家,这一点长期以来学术界研究是不够的。南宋理学大师朱熹(其父朱松喜好字画,收藏王安石多幅墨宝)虽然不赞成王安石变法改革,与其政见学术有别,但对王安石支持王韶取得河湟大捷,却给予了非常高的肯定评价,他在给王韶曾孙王阮的信中谈道:

> 家有荆公与襄敏公(即王韶)手帖数纸,见当时事,若非荆公力主于内,则群议动摇,决难成功。……若论熙河之役,则二公实同心胁,无异说也。……(范文汲《一代名臣王安石》)

河湟大捷扭转了宋朝对夏花钱买不来和平的被动局面,实现了"断西夏右臂"战略设想,压缩了其向南渗透扩张的空间,使其有腹背受敌之忧,真正赢得了对其从未有过的战略主动。实为王安石第二步战略构想高昂雄壮的序曲。

王安石主政7年,对辽夏采取主动积极的防御战略,顶住压力支持后起之秀王韶经营西北,取得宋太宗以来最伟大的军事斗争胜利,体现了他作为军事战略家运筹帷幄决胜千里的卓越睿智和少有人及的才干。

二、恩威并用,招抚边陲少数民族,对其实施规范管理

怎样处理边远少数民族问题,如何对其进行儒家思想教化和规范管理,缩小其与中原地区汉族各方面差距,历来是我国封建社会统一王朝面临的棘手问题。汉唐以来千余年间,少数民族首领往往名义上归顺中央王朝,实际上割据一方,我行我素,各自为政。由于其文化落后,甚至语言不通,且对内残酷剥削民众,对外部落间互相残杀,涂炭生灵,往往殃及汉族百姓。中央王朝强盛时其稍有收敛,尚可相安无事,中央王朝衰落则鞭长莫及,其往往肆无忌惮。一般情况下,他们难以构成对中央政权的直接严重威胁,中央王朝对其迁就以求稳定;因为如果没有强大综合国力尤其是军力作后盾,触动他们往往会引火烧身,难以善后。所以中国封建社会多数王朝对边远少数民族,往往是睁只眼闭只眼,以求少惹麻烦。正因此孔子曰:王者不治理夷狄。

只有当强盛王朝雄才大略君主与有为辅臣的治世,才会考虑加强对其教化和规范管理,改善其民生,缩小与中原地区差距,以求令行禁止,天下大同。宋朝之前有汉武帝时对西南的开发,先后建立7郡。在宋朝之后则有明洪武二十八年(1395)、永乐十一年(1413)及万历年间对少数民族地区的经营管理;还有清世宗雍正年间(1723—1735)的"改土归流",即在少数民族地区废除世袭土司,改行中央王朝任命的流动官员治理地方。其中清朝时为有史最大规模,涉及云南、广西、贵州、四川、湖广等省,总计改流所系设州、县约60多个;通过对改流地区设兵马驻防,实行与汉族地区相同的政治制度,如丈量土地、征收赋税、编查户口、组织乡勇、兴办学校、实行科举等,促进边远地区与内地经济、文化的交流发展以及文明进程,同时加强了中央对边远地区的规范管理掌控。

宋朝建国百年,由于积弱兵威不振,对少数民族管理有名无实,尤其是湖南的峒蛮、四川的夷人首领,在其辖区作威作福,搜刮剥削,诛杀屠戮,而且还侵犯内地,当地百姓深受其害。百姓上书请求归附宋廷。宋神宗和王安石变法改革,国富兵强,经略夷狄,解救百姓,正当其时。于1072年闰七月任命变法派骨干、文武全才的中书检正官章惇为荆湖北路察访使,统军招讨湖南峒蛮。1073年四月十二日任命戎州通判熊本为梓夔察访使,统兵平定泸夷。

章惇不负君王宰相重托,他遵照王安石的指导思想,坚持招抚为主,武力为辅。自1072年七月至1076年初超过3年,苦心经营治理,招降蛮族大首领10余人,土地40余州,相当于今天的4个地市;他修路设城建寨筑堡,加强对峒蛮地区的规范管理,促使人民安居乐业。令人费解的是宋哲宗元祐年间,司马光等守旧派掌权尽废新法时,他们不考虑道路便于内地与少数民族交流,城镇可以驻兵设防加强管控,为与王安石赌气对着干,竟将章惇开辟的道路及所建的设施全部毁掉,这才是逆历史潮流的倒退与反动。这样胸怀狭隘丧失理智的人当政,实在是国家民众之不幸。

熊本治理四川也交上了圆满答卷。他于1073—1075年间,采取招抚与攻取双管齐下策略,斩杀作乱头目百余人,威名大震,诸夷归降。宋廷在招抚10余州、县设立官府,派遣官员;收复溱州(今重庆市)地500里,建南平军。

章惇、熊本回朝,受到神宗嘉奖,神宗夸赞熊本不伤财,不害民,而"一日除去百年之患,卿真有功于国不浅也"。自此宋朝西南边陲少数民族地区百姓安居乐业,经济文化发展进步显著。

三、自卫反击平定交趾,扬威南疆,赢得南方长远和平

王安石变法期间第二次对外用兵就是平定侵略我国广东、广西的交趾,打了一场有理有利有节的自卫反击战。上面所谈河湟大捷,当时属于宋朝对外用兵,今天看来并不是真正意义上的对外战争。而平定交趾与其不同。交趾即今天的越南。早在西汉时期中央王朝就于今天的越南河内设立交趾郡,隋炀帝曾任用邱和为交趾太守。公元7世纪,唐朝在交趾城设立安南总督府;9世纪时又划为静海战区,设立节度使。宋开宝六年(973)宋朝建国14年,交趾脱离中国;被宋朝册封为藩属国,即交趾国。虽然此后对中国进贡不断,但也时有边境摩擦。熙宁八年(1075),宋朝和交趾发生严重边境冲突。十一月交趾国王李乾德派3路大军水陆并进攻取广西钦州、邕州(今广西南宁)和廉州(今广西合浦县)3州。邕州知府苏缄率领全城军民奋力抵抗42天,最后城破全家老少37人殉国。因为邕州军民顽强抵抗,城陷后交趾军队赌气逞恶大肆杀戮,杀死城内全部壮丁5.8万人。

此前交趾军队攻入钦州、廉州时杀8千人,3州沦陷宋朝军民被杀合计约6.4万人。朝廷闻报京师震动。王安石亲自起草以神宗名义讨伐交趾的战争动员文告《敕榜交趾》,全文如下:

> 敕交州管内溪峒军民官吏等:眷惟安南,世受王爵。抚纳之厚,实自先朝。含容厥愆,以至今日。而乃攻犯城邑,杀伤吏民。干国之纪,刑兹无赦;致天之讨,师则有名。已差吏部员外郎、充天章阁待制赵卨充安南道行营马步军都总管、经略安抚招讨使兼广南安抚使,昭宣使、嘉州防御使、入内内侍省都押班李宪充副使,龙卫四厢都总管指挥使、忠州刺史燕达充副都总管,顺时兴师,水陆兼进。

天示助顺,已兆布新之祥;人知悔亡,咸怀敌忾之气。然王师所至,弗迓克奔。咨尔士庶,久沦涂炭,如能谕王内附,率众自归,爵禄赏赐,当倍常科,旧恶宿负,一皆原涤。乾德幼稚,政非己出,造廷之日,待遇如初。朕言不渝,众听无惑。比闻编户,极困诛求,已戒使人,具宣恩旨,暴征横赋,到即蠲除。冀我一方,永为乐土。

　　檄文严正指出交趾先朝受中国册封,历来对其赐予非常丰厚,痛斥其背信弃义,攻城掠地杀我百姓。宋军正义之师,上命于天,下顺民心,发兵征讨,必胜无疑。警告其如果早日投降,则既往不咎,待遇如旧;如果执迷不悟,负隅顽抗,必遭严惩,后果自负。

　　鉴于南方兵力薄弱,朝廷从湖南长沙等地调集大军赶赴前线,任命郭逵为安南招讨使,全权负责反击交趾。郭逵带领宋朝大军收复3州,将交趾的3路军队赶出国门。经历几个月艰苦卓绝的征战,击败交趾军队的大象战阵等,终于攻到离交趾城即今天的河内仅90里。宋朝军队已完全掌握战略主动,这时交趾国王李乾德面临亡国危机,他后悔发动战争,尤其是太子李洪真在战争中中箭毙命,更使他追悔莫及。李乾德抓紧请罪求和,表示以后对宋朝永结世代友好。这时宋军由于水土不服及南方森林瘴气等流行病,8万士兵死伤较多,亦是疲惫之师,且主将郭逵并无灭掉交趾的决心意志胆略。宋朝军队收兵班师回国,退还攻占交趾的3州6县之地。

　　郭逵班师群臣祝贺南方大捷。宋神宗下旨赦免李乾德,归还他的封号。这时王安石虽然第二次辞相两个月,已不在朝堂,但他为南方大捷所作巨大贡献永载史册。李乾德践行诺言,从此以后一直到南宋200年间,与宋友好往来,朝贡不断;两国人民受益于贸易文化交流,边境和平安定。一场漂亮的自卫反击战赢得了长远和平。

　　王安石变法期间四次内外用兵尤其是征战西北、平定交趾都是出于不得已的形势使然。面对西夏几十年的挑衅入侵不打行吗?应湖南四川百姓请求,招抚平定蛮夷,发展其经济,改善其民生,善莫大焉。面对交趾"言中国作青苗助役之法,穷困生民,今出兵欲相拯济",公然干涉中国内政,侵我3州,杀我数万军民,打一场自卫反击战势在必行。这些都绝不是宋神宗与王安石想不想打的问题。尤其是对西夏和交趾更是应该毫不含糊自卫反击,不获胜利决不罢兵,否则国将不国。当时守旧派及后世有人攻击王安石穷兵黩武,难道

宋朝自1004年与辽国签订"澶渊之盟",对其输出巨额"岁币",1042年增加"岁币"。1038年西夏独立建国,1044年讹诈宋朝"岁赐",对宋朝危害更重。宋朝近70年处于屈辱苟且尴尬地位。王安石排除朝野内外干扰,屡次坚定神宗思想,力挺王韶经营西北,取得河湟大捷,收回汉唐故土20万平方公里,为宋朝70年来对外军事斗争唯一的巨大胜利。举国欢庆,朝堂君臣同贺,诗词唱和。图为神宗以所佩玉带赐王安石,以旌其功。

王安石作于熙宁六年(1073)《次韵元厚之平戎庆捷》诗：

　　朝廷今日四夷功，先以招怀后殄戎。胡地马牛归陇底，汉人烟火起湟中。

　　投戈更讲诸儒艺，免胄争趋上将风。文武佐时惭吉甫，宣王征伐自肤公。

　　全诗庆贺河湟大捷收复大片国土，洗雪国耻，取得"断西夏右臂"的战略主动；赞扬王韶非凡军事才能，把西北用兵胜利归功于神宗，体现了王安石推功于君主和同僚的高尚品德。

面对侵略任人宰割吗？难道听任王朝灭亡、宗庙被毁、百姓生灵涂炭吗？真是一派投降卖国的论调。而他们君臣任用的王韶、章惇、熊本、郭逵等人皆以招抚为主，武力为辅，先礼后兵。四战俱捷，达到了预期的效果，取得了圆满成功。君臣知人善任，尤其是王安石运筹帷幄决胜千里的军事才干可见一斑。

表16-1　王安石变法期间对内对外用兵简表

战役时间	统兵将领	征战情况	重要意义
河湟大捷（1072—1073）	王韶	收复故土5州，辟地2000余里（20万平方公里），招抚蕃族30余万。	打出国威，洗雪70年国耻。斩断西夏右臂，压缩其战略空间，使其腹背受敌。巩固边境，掌控对其军事战略主动权；收复故土新设熙河路。繁荣边境经贸交流，边民安居乐业，促进少数民族文明进步。
平定湖南（1072—1076）	章惇	惩处首恶，招抚少数民族首领10余人，平定40多个州县（相当今4地市），修路建堡等。	惩处少数民族部落首恶，解救百姓于水火。效仿内地进行儒家思想教化及规范管理，加强经贸文化交流，经济发展，民生改善。缩小其与中原差距，促进其文明进步。
平定四川（1073—1075）	熊本	招抚平定10余州，收复渝州（今重庆市）等地500里，建南平军。	
反击交趾（1076）	郭逵赵卨	将交趾（今越南）侵略军赶出国门。跋山涉水历经艰险，攻占其3州6县，距都城90里，掌握战略主动，一马平川易灭其国时退兵。	自卫反击扬威南疆；交趾国王谢罪请和，宋廷可灭其国而宽容之，退还所陷州县。此后200年交趾对宋朝贡不断，经贸文化友好交往，边民安乐。

第十七章　神州巨变

王安石变法给宋代社会带来"换了人间"的巨大变化,开创了两宋间综合国力鼎盛的新时代,这是无可否认的事实。请看以下表格:

表 17-1　军事改革主要新法成效表

名称	新法内容	新法成效
将兵法 (1070.12)	整顿淘汰老弱病残,并营,废止"更戍法"基础上,整合全国军队,建立92将;允许将士长期驻扎一地;扩大将官带兵训练、实战、推荐用人等职权。改变将无常兵,兵无常将状况。制定实施奖惩激励制度措施。	军队瘦身消肿,节省约20%财政开支。统筹布防军力,积极防御应对辽夏。将有常兵,兵有常将;从制度上保障将士协调、训练精兵;调动了将领建立军功积极性。提高了士兵整体素质和战斗力。将士一心战场用命,仅数年间军力明显提升。
保甲法 (1070.12)	将农户中青壮年组成保甲军,农闲时集中进行军事训练,巡逻维护社会治安;战时协助正规军攻守。组织其定期"比武",根据武艺给予奖励,直至可授予低级武职。	寓兵于民,建立全民皆兵大国防格局。至1076年全国保甲军达693万,其中精锐超60万。形成西北兵民一体坚固堡垒。改变边境被动局面,辽夏刮目,震慑周边。农村社会治安明显好转。
保马法 (1072.5)	革除官方养马费用高且难以适用征战弊端,重点在西北地区推行民间养马。允许每户养马1—2匹,实行养马死亡赔偿措施,政府免除其部分税赋徭役。	由政府养马费用每匹2700文降至1440文,节约国家巨额开支。且马匹质量提高,数量大增,满足边境实战及训练保甲军需要,补齐了宋朝军马短板。
军器监 (1073.8)	朝廷设立军器监,总管全国资源整合及兵器制作;指导地方都作院生产。严格标准与质量把关。对官员及工匠实行检查督导等奖惩激励制度。	变原来许多小而全、粗制滥造作坊,为一定程度集约、标准、规模化生产,成本大幅降低。熙宁后期、元丰年间各种优质兵器大幅度增加,"足数十年之用"。

有关军事改革成效,已为内外用兵验证(见16章),不再赘述。

表 17-2　直接兴农改善民生诸法成效表

名称	新法内容	新法成效
青苗法 （1069.9）	政府在农民最苦的"青黄不接"时，对百姓给予贷款，每年两次，收获新粮连本加息20%偿还。因贷款以田间青苗作信用保证，故称"青苗法"。	建立政府贷款制度。一是抑制地主豪强高利贷盘剥百姓；二是缓解民困，避免持续严重两极分化；三是国家收取利息除成本外，余资用于天灾救助等百姓公益及战略储备。仅1073年收入292万贯。
农田水利法 （1069.11）	中央组织全国兴修水利；治理大江大河；地方政府负责辖区治水。奖励建言献策，功绩大者量才任官。鼓励私人资金投入，准予收取利息。	整治疏浚黄河等诸多河流，所出"退滩田"及溉淤土地约8万顷。全国水利田达10793处、3631万亩。从根本上改善农业生产条件，全国垦田面积超7.2亿亩，促进农业繁荣，民生改善。
免役法 （1071.10）	由原来上等户承担无偿劳役为全社会共担；变人身劳役为缴纳役钱雇人出役，原不负担劳役者交纳"助役钱"。减少役人，缩短役期。农民归田务农，生产有时。	缩小封建残余劳役制，建立较公平劳役制度，是解放生产力重大历史进步。全国役人由53.6万减少10.7万至42.9万，净减约20%。国家增收，仅1076年役钱总收入1041.5万贯，支出约65%，剩余约35%。
方田均税法 （1072.8）	清查全国土地，澄清地主隐瞒田产及逃避赋税。对土地进行分等级五类评估，重新规定赋税标准，简化赋税项目。农民新开垦荒田、经营山林陂塘免税。	仅京东五路清查出隐瞒漏税田2484349顷，约占全国征税田的54%。平均税赋，抑制土地兼并，百姓受益，国家增收。全国山林陂塘进一步开发利用，地尽其力，农业经济振兴。

上表仅列举了4项直接惠及民生新法内容及主要成效。下面表17-3、17-4则是民生改善更充分的体现。

表 17-3　宋代户数情况表

历史时期	户数	指数	年均增长指数
宋太祖开宝九年(976)	3090504	100	
宋太宗至道三年(997)	4132576	134	1.62
宋真宗天禧五年(1021)	8677677	281	6.12
宋仁宗嘉祐八年(1063)	12462317	403	2.9
宋英宗治平三年(1066)	12997221	418	5
宋神宗熙宁八年(1075)	15684529	508	10
宋哲宗元祐六年(1091)	18655093	604	6
宋哲宗元符二年(1099)	19715555	638	4.25
宋徽宗大观四年(1110)	20882258	676	3.45
宋高宗绍兴三十年(1160)	11375733	368	-6.16

注：引自漆侠《宋代经济史》第一章，有删节。最后一栏为笔者添加。

从表17-3可以看出：以宋太祖公元976年3090504户为指数100，北宋户数即人口一直是上升的，但上升的幅度差别较大。前一个高峰为公元997年至1021年真宗时期。由于两代帝王开疆拓土实现了有限的统一，战争结束后国土面积激增，百姓安居乐业，出现了24年指数增长超过1倍，年平均增长指数6.12的良好势头。这基本上是赵匡胤和平建国后，两代帝王励精图治，经济发展、民生改善的反映。以后直到仁宗晚年，年平均增长指数降至2.9，说明了仁宗时代经济及民生状况较前下滑。英宗虽然在位仅4年，年均增长指数由2.9上升至5，说明民生状况较仁宗时有所改善。而从1066年到王安石变法后的第7年即1075年，人口指数增长出现了接近真宗朝2倍的第二个高峰，仅仅9年时间，人口指数由418增至508，年均增长达10，这是两宋间遥遥领先于其他时期最好的阶段。此后至1091年16年间，年均增长降为6；前期神宗续行新法10年，户数年均增长较高，后期守旧派废新法6年国家经济及民生滑坡，户数年均增长下降显著。此后哲宗亲政时间短，呈现惯性小幅下降。徽宗时期人口增长指数再次下降，年均仅为3.45。而到了南宋高宗时期，大片国土沦陷；版图约180万平方公里，约为北宋的60%；但因江南富庶，人口密集，且有北方大量随迁人口，人口本应远超北宋的60%，1160年总户数却不到54.5%，年均指数锐降达负6.16，说明了战争的残酷及后遗症；且南宋政权衰弱，建立虽30多年，民生仍然凋敝。

我国封建社会某一时期人口的增长或减少,往往是与当时帝王治理天下的政策及社会生产力发展水平、民生状况等紧密相连的。王安石变法期间北宋户数增长最快,在整个宋代空前绝后。它反映了当时社会安定和民生状况的显著改善,新法成效显而易见。

我们再看下面宋代主客户情况表。凡是向政府承担赋税,不管税额高低统称为主户,而缴纳赋税则是由家庭财产或土地等作为标准依据。其余则为客户。因此,某一时期主户的比例高低亦是社会民生状况的体现。

表17-4 宋代主户客户情况表

历史时期	主户及占百分比		客户及占百分比	
宋仁宗元圣元年(1023)	6144983	62.1%	3753138	37.9%
宋仁宗嘉祐六年(1061)	7209581	65%	3881531	35%
宋神宗熙宁五年(1072)	10498869	69.6%	4592691	30.4%
宋神宗元丰三年(1080)	11244601	67.2%	5485903	32.8%
宋哲宗元祐三年(1088)	12134723	66.3%	6154652	33.7%
宋哲宗元符二年(1099)	13276441	67.3%	6439114	32.7%
宋高宗绍兴四年(1134)	11068741	63.85%	6266129	36.15%

注:引自漆侠《宋代经济史》第一章,有删节。

从表17-4可以看出:一是宋仁宗初期1023年主户比例最低,仅占62.1%,客户比例最高,达37.9%。二是从1023年到1061年38年间,主户比例由62.1%增加到65%,客户比例由37.9%下降到35%,说明民生状况是逐步好转的。从1061年到1072年仅11年时间,其中自1069年王安石变法仅4年,主户比例最高达69.6%,客户比例最低占30.4%;主户比例增加、客户比例降低都是4.6%,比较仁宗初年主户增加7.5%。这是自1023年至1134年110年间主户占比最高,民生状况最好的时期。别小看7.5%,作为全国农户比例,其中包含的户数及人口相当多。三是王安石辞相4年后的1080年,主户比例再次降低,客户比例再次升高,皆2.4%;司马光等守旧派废除新法后的元祐三年(1088),主户比例降至66.3%,客户比例升至33.7%,说明了民生状况的下降。哲宗亲政恢复新法6年后的1099年,主户比例升为67.3%,客户比例降为32.7%,与1080年基本持平,略高0.1%。这是仅次于王安石变法期间民生状况第二个较好的时期。而高宗1134年主户比例为63.85%,客户比例为36.15%,为自1061年70多年来主户比例最低,客户比例最高时期,体现高宗时期可谓民生的谷底。

综观两个表格,说明这样一个事实:王安石当政变法时,全国户数即人口增长为宋代976—1160年近200年间之最;全国主户比例为1023—1134年110年间最高,客户比例最低,较其他时期悬殊较大。这绝不是某一项善政的朝夕之功,更不是偶然现象。究其根本是推行新法社会大变革时代,涉农诸项善政乃至整个新法综合作用的显著效果。

以上我们主要从军事与民生的数据事实,展示了王安石变法的显著成效。最能体现社会宏观经济活力及繁荣状况的晴雨表,则是社会货币的铸造和流通。请看下表17-5:

表17-5 宋代铜钱铸造情况表

历史时期	铸造数额(贯)	指数	较前增长
宋太宗至道年间(995年)	800000	100	
宋真宗大中祥符八年(1015年)	1250000	156.25	56.25
宋仁宗皇祐年间(1053年)	1465662	183.2	26.95
宋英宗治平年间(1065年)	1700000	212.5	30
宋神宗熙宁末年(1077年)	3730000	466.25	253.75
宋神宗元丰三年(1080年)	5060000	632.5	166.25
宋徽宗宣和元年(1119年)	3000000	375	-257.5
宋高宗绍兴元年(1131年)	80000	10	-365
宋高宗绍兴二十六年(1156年)	220000	27.5	17.5

注:主要引自漆侠《王安石变法》第三章,有删节改动。

以上铸币表亦可以下图表示,更为直观醒目。

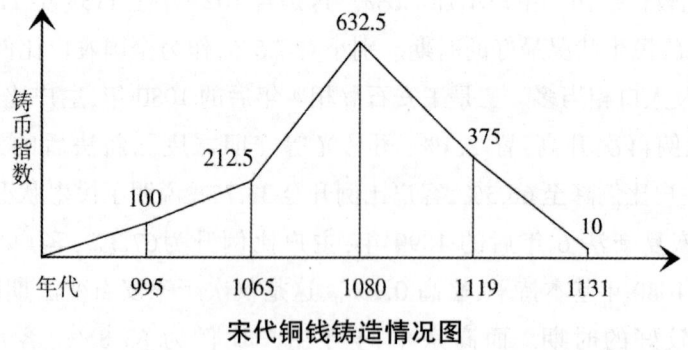

宋代铜钱铸造情况图

从表 17-5 可以看出：作为我国封建时代经济发展晴雨表，与社会经济总量及消费需求紧密联系的国家铸币，以太宗至道年间（995）铸币 80 万贯指数为 100，60 多年后的治平年间（1065）铸币 170 万贯，指数仅为 212.5，增加 112.5 仅一倍多。此后仅 12 年的熙宁末年（1077）铸币达 373 万贯，指数达 466.25，较前激增 253.75，较前指数增长超过 1 倍。更大的飞跃是仅 3 年后的 1080 年，铸币竟高达 506 万贯，指数飙升至 632.5，较 3 年前再增 166.2；较治平年间指数净增 420，约为其 3 倍。如果没有自熙宁二年（1069）变法改革，社会经济井喷式大发展，绝不会出现这样短时间内铸币的腾飞。而徽宗宣和元年（1119），铸币仅为 300 万贯，较 1080 年减少 206 万贯；指数 375，减少 257.5。高宗绍兴元年（1131）铸币仅 8 万贯，指数为 10 跌入谷底。绍兴二十六年（1156）铸币只有 22 万贯，指数为 27.5。屈膝求和卖国"偷安忍辱，匿怨忘亲"的高宗，逃亡到江南近 30 年，社会经济仍然处于萧条时期。

上表仅是铜币铸造情况，漆侠先生认为如将铁钱计算在内，神宗和王安石变法的熙宁、元丰年间铸币占比更高。

国家铸造货币状况除了主要反映经济发展、社会商品流通外，还间接反映金属开采冶炼业状况。美国学者郝若贝推算，宋神宗元丰元年（1078）铁产量在 7.5 万吨—15 万吨间。漆侠先生在《宋代经济史》中考证认为 15 万吨，这个上限数字相当于 500 多年后 1640 年英国铁产量的 5 倍；18 世纪初整个欧洲铁产量 14.5 万吨—18 万吨，为 600 年后整个欧洲铁产量上、下限的 83%、103%；即使如美国学者下限的说法，也是英国的 2.5 倍，约为整个欧洲的一半。1078 年王安石辞相仅两年，其时神宗续行新法，君臣二人变法的成效可见一斑。

王安石变法对于解决国家财政积贫，奠定国计民生长远坚实基础，乃至"举大事"平定辽夏意义重大。请看下表。

表 17-6　王安石变法前后国家财政收入简表　　　　（单位：万贯）

年代	宋初 (960—997)	至道中 (996)	天禧末 (1021 以前)	嘉祐间 (1096—1063)	熙宁间 (1068—1077)	熙宁、元丰间 (1068—1085)	元祐初 (1086 之后)	南宋初 (1127 之后)
岁收	1600	1200	26500	3680	5060	6000	4800	1000

注：数据引自叶坦《大变法》，生活・读书・新知三联书店，1996 年版。

财政收入是国家经济的重要标志，是一切国计民生的支撑。上表可以看出，北宋建国初期年收入 1600 万贯，为唐宣宗初年约 860 万贯 2 倍。世纪之交宋辽连年征战，财政收入至道年间大幅下降至 1200 万贯；王安石出生的

1021 年前达到 2650 万贯。嘉祐年间大幅增长至 3680 万贯。此前建国百年属于低基数潜力大的增长期。宋神宗和王安石变法改革的熙宁元丰间骤升至 6000 万贯；增长超 63%，是以大基数为基础高比例高绝对值增长。司马光废除新法的元祐前期 1086 年后，尽管有推行新法增长惯性作用，仍然骤降 20%，仅 4800 万贯，减少绝对值相当于至道中（996）全年收入 1200 万贯。说明了废除新法国家经济滑坡之严重。南宋初年国家收入更跌谷底。王安石变法为国理财，财政收入较此前后独居高位，国家经济实力达到鼎盛，铁的事实不容置疑。

以上表 17-1 至表 17-6 无论是已被对内对外用兵验证的军事改革的巨大成效，还是涉农诸法促使全国总户数和主户的大幅度增加，以及反映社会经济活力的全国铸币的飙升，国家财政收入的大幅度提升，铁的事实说明了王安石变法催生了军事国防的强盛，天下空前的稳定，经济百业的繁荣；全国处于最底层的庶民百姓成为最大的受益者，民生确有较大的改善。有说王安石变法加重了百姓负担，没有给农民带来实惠。我们绝不排除某项新法在个别地方执行中出现的偏差问题，不否认某些新法还不尽如人意。但当时人口的高速增长，主户的比例最高，难道不是变法民生状况显著改善的结果和标志吗？就像我们今天的改革开放也不可能前面都是通途，也有崎岖的山路弯道，我们既有成功丰富的经验，也有需要认真反思的教训。所有改革措施都不可能百密而无一疏，但是铁的事实是我们从新中国成立 30 年不得温饱，近年衣食无忧，直至今天过上了比较幸福的小康生活。我们难道因为前进道路上出现的一点曲折，大江东去中小小的漩涡、回头之浪，就一叶障目，无视改革开放 40 多年来的伟大成就吗？！

王安石推行的其余经济新法还有前文所谈到的"均输法"，既减轻了地方政府和百姓负担，又为国家节省大量经费，同时保证了对京城供应更加科学合理，切合实际效果显著。推行"市易法"，由国家和地方政府在全国大中城市设立市场管理经营机构，严厉打击了垄断商业资本，平抑全国物价，既基本保证了全国城镇居民正常生活水平不受影响，同时政府又增加了收入。对盐、茶、酒、矾等特殊商品实行专利专卖；对采矿、冶炼等行业实行规范管理，既促进了经济发展，又增加了国库收入，可谓公私双赢。对中央各部门实行预算审计，节约了 40% 的行政经费。精减全国州、县约 158 个，既减轻了百姓赋税劳役等负担，又为国家节省了大量开支。加上王安石精简军队等所有节流措施，综合总计节省国家支出约 40%。

以上不管是社会经济、军事、民生等许多方面都体现了王安石变法时期，是北宋自建国以后最有生机和活力，综合国力最为强盛的时代。

从古到今许多否定王安石变法的人，无视以上事实信口开河，多是从概念上笼统否定新法及其成效，而拿不出推翻以上事实的证据，不能自圆其说。

其实以上所有经济、军事、政治、社会、民生等方面的巨大变化，都与王安石变法时整个社会意识形态、思想观念的巨大变化密切相关，其是全社会巨变的动力和源泉。对于这一点长期以来学术界研究是不够的。

翻开古今中外人类社会变革的历史就会发现，任何一次重大社会变革，往往都是以学术的争鸣、理论的创新、思想的解放为前提的。在这个过程中，先进的理论逐渐成为指导国家政治生活的社会主流意识形态，从而激发社会个体、各个阶层及组织的最大潜能，汇聚成推动社会进步的巨大合力，谱写历史发展的新篇章。理论的突破和创新，思想观念的大解放，对于焕发整个国家的生机活力，促进社会各业的振兴，其作用就像我们蒸馍放入面中的酵母菌，就像化学反应中催化剂一样。王安石面对北宋百年因循守旧、安故习常、苟且偷安的社会主流意识形态，面对百年积弊内忧外患，他以自己融会贯通百家"通儒"的广博学识及精深的朴素唯物辩证法思想为基础，高举天变不足畏、祖宗不足法、流俗之言不足恤大无畏精神旗帜"与时偕行"，创立"荆公新学"；其思想超前振聋发聩，惊世骇俗，虽然不能为天下所有人理解接受，但作为治理国家的主流意识形态，毫无疑问是一场全国的思想大解放运动，它驱散了社会的疲惫和惰性，激发了社会的生机和活力，天下士大夫"一曲新词酒一杯，去年天气旧亭台"那样四平八稳，恬静安享、饱食终日无所用心的生活情趣被打破了。在社会大变革时代潮流中，天下万民就像参加竞技体育比赛冲刺的运动员一样，将自己的潜能发挥到极限，从而汇聚成推动社会发展进步，扭转乾坤的巨大能量，铸造了时代的辉煌。司马光曾经攻击王安石变法致使：

> 上自朝廷，下及田野，内起京师，外周四海，士吏兵农工商僧道无一人得袭故而守常者，纷纷扰扰，莫安其居。（司马光《与王介甫第一书》）

司马光的说法也在一定程度上反映了王安石变法促使全社会解放思想，破除旧的社会秩序，建立新的社会规范，形成新的社会风俗，对天下极大的影响和震动。北宋社会由原来一潭死水，变为海纳百川，百舸争流，千帆竞发；精神变物质，天下万民创造力和潜在能量得到极大释放，才有了开创繁荣鼎盛新时代的伟大奇迹,才有了宋神宗为收复燕云十六洲在京城建立 50 多个储备库;王安石为实现所追求的终极目标"举事",即统一天下奠定坚实的物质基础。

我国改革开放 40 多年来取得的辉煌成就也充分证明了这一点。新中国成立以来在计划经济体制下,许多极左的东西被我们当作正统经验,教条主义盛行,思想封闭僵化,致使我们这样一个当时占世界人口 1/4、经济总量应为约 25% 的大国,在"文革"结束经济恢复两年后的 1978 年,国内生产总值仅占世界总量 1.8%,不及世界人均 1/10。20 世纪末第一和第二经济大国美国、日本向联合国缴纳费用,分别为 25%、15%,我国仅不及 1%。向联合国交纳费用主要是依据各国经济状况,我国与发达国家经济差距可见一斑。现在我国向联合国交纳费用为美国之后第二位。1978 年底十一届三中全会吹响改革开放号角以来,一次次理论的突破、思想观念的更新,促进了我国经济飞跃发展。尤其是两次大的思想解放运动,即改革开放初期批判"两个凡是",关于实践是检验真理唯一标准的大讨论,以及 1992 年突破计划经济与市场经济、姓资还是姓社的思想禁锢,助推了我国经济的腾飞。2010 年中国已为世界第二大经济体,绝对值较 1978 年则是几十倍个别行业甚至是数百倍增长。由今日解放思想,更新观念促进经济的腾飞,民生的改善,亦可想见王安石变法时先进思想占据社会主流意识形态,催生神州巨变的辉煌。

综上所述,正因为王安石坚持解放思想,更新观念,革故鼎新,推行了包括社会意识形态覆盖全社会等许多领域全方位的变法改革,驱散扫除了赵宋王朝百年疲惫和全社会的惰性,靠调整生产关系制定切合实际的政策,激发生产力中最活跃的因素——人的积极性;犹如太阳消融冰封的大地,迎来万象更新的春天和万物茁壮成长的夏季,更有五谷丰登粮食满仓的秋收季节。变法激励天下万民潜能迸发,人人昂扬向上犹如置身竞技体育赛场奋力冲刺;全社会生机活力的极大释放,精神变物质催生了宋代经济财富的井喷式涌流,加速社会全面发展进步,开创了宋代 300 余年综合国力最为鼎盛的崭新时代。尽管因"元祐更化"及其后世篡改历史对王安石政治学术的否定及对他人品的诬陷诋毁,一定程度上遮蔽了那个时代的辉煌和王安石的高大形象。但是本章和下章涉及部分史料等,字里行间闪耀那个时代欣欣向荣、经济腾飞、百业兴旺的盛世辉煌,是任何人也否定不了的铁定事实,事实胜于雄辩。

第十八章　成败两说

怎样评价王安石变法,历来受时代政治环境影响众说纷纭,争议不止。自 1085 年神宗去世,朝政 180°逆转,王安石政治及学术受到全盘否定和清算;哲宗亲政后继承父亲遗志,恢复王安石新法;徽宗统治时期基本继承哲宗政治肯定王安石。而从南宋第一帝高宗开始,直到明清最高统治者及其官方对王安石及其变法基本否定。学术界同样一直存在两种尖锐对立的评价。至今主流评价虽然充分肯定,但仍有杂音。肯定的评价认为王安石变法革除了百年积弊,扭转了积弱积贫的被动局面,促进了社会生产力的发展和民生的改善,推动了社会进步,挽救了不能照旧统治下去的北宋王朝。相反的评价认为:王安石新法本身和推行都存在问题,没能达到预期的目的,个别人甚至说王安石变法是导致北宋灭亡的源头。我国学校教科书把新法被废除说是变法的失败。可谓众说纷纭,莫衷一是。究竟应当怎样评价王安石变法?笔者认为首先要确定判断标准,而不是先下结论,应该以下三个方面作为判断标准。

其一,要看变法者的主观动机,是想制定利国利民的好法善法,还是要制定误国害民的坏法恶法。毫无疑问,宋神宗和王安石主观是想要制定利国利民的好法善法,他们殚精竭虑制定所有新法的目的,就是要消除内忧外患,振兴宋廷,改善民生,以求长治久安,主观愿望毋庸置疑。

其二,就是要看制定的新法是否与主观愿望一致。应当说君臣二人制定的新法虽非尽善尽美,完美无缺,但他们制定新法前派员到地方调研,广征社会各界建议,在全国范围内广集众智,初步形成新法,再进行试点,吸收总结经验后推行全国,基本做到了严谨慎重。比如,"农田水利法"的制定和推行中,广泛征集天下包括有一技之长甚至罪废之人的意见建议。在全方位改革的所有新法中,虽然不能排除个别法律某些环节还有瑕疵,但从整体上看是好的和比较好的。

其三,最重要最根本的就是要以实践是核验真理的唯一标准,检验推行变法改革的实际效果。上文我们谈到新法唤醒了沉睡的北宋王朝,开创了北宋中兴的新时代,而且取得了西北河湟大捷和对交趾自卫反击战的伟大胜利,以及对湖南、四川等少数民族地区的招抚和规范有效治理。北宋洗雪 70 年国耻,重新找回尊严,周边邻国刮目相看。战争打的是经济钱财和粮食物资,打的是军心士气,拼的是综合国力,体现的是以经济实力为支撑的军事改革的成效。应当说王安石变法富国强军成就显著。

变法改革是否惠民利民、改善民生,历来是学术界争论的焦点。我们不妨详细谈谈这个问题。解决农民吃饭穿衣问题历来是我国封建统治者面临的重大难题。明代思想家李贽曾经说过:"穿衣吃饭,即是人伦物理。"许多封建王朝由于土地严重兼并高度集中,失去土地生计无着的农民铤而走险起义造反,致使江山倾覆王朝更替。正因此古人总结:"德惟善政,政在养民。"(《尚书·大禹谟》)德政最重要唯一的标准是善政,善政的根本目的在于养民。

靠什么养民?第一位最重要的就是要解决天下万民穿衣吃饭温饱问题,因为"民以食为天"。在绝大多数百姓依赖土地生存的封建社会,解决吃饭穿衣的根本出路,在于让尽可能多的农民有属于自己的土地,这是检验民生状况的基础与前提,是一个政权能否稳定长久的关键所在。在赋税徭役等其他条件不变的情况下,某一时期占有土地房屋等固定资产的农民比例高低,是一定时期民生状况的重要标志。前文中谈到王安石变法时,主户比例为两宋间最高,而且人口增长最快,这是许多新法直接或间接惠及民生的综合体现。民生的改善促进了经济的繁荣和国家的富强,促进了社会的稳定和谐,体现经济发展繁荣的铸币剧升也说明了这一点。在王安石辞相后神宗继续推行新法的元丰年间,王安石看到风调雨顺,五谷丰登,农民丰衣足食安居乐业,非常欣喜地写下了《歌元丰五首》《元丰行》等许多诗词,请看《后元丰行》:

歌元丰,十日五日一雨风。
麦行千里不见土,连山没云皆种黍。
水秧绵绵复多稌,龙骨长干挂梁梠。
鲥鱼出网蔽洲渚,荻笋肥甘胜牛乳。
百钱可得酒斗许,虽非社日长闻鼓。
吴儿踏歌女起舞,但道快乐无所苦。
老翁堑水西南流,杨柳中间杙小舟。
乘兴欹眠过白下,逢人欢笑得无愁。

讴歌变法改革给江南农村带来了百业兴旺发达,万民幸福安康的新景象。时任卫尉丞毕仲游于元祐元年(1086)曾经直言不讳地上书废除新法的司马光《上门下侍郎司马温公书》,回忆熙宁、元丰年间国家的经济富庶盛况:

> 今诸路……产之钱粟，无虑数十百巨万。如一归地官（按指户部），以为经费，可以支二十年之用。则三司岁入之常，半为赢余。（《西台集》）

说各地所积累钱粮之多，达数十百万巨，由国家户部统一调拨，可以支撑国家二十年的经费支出。国家年收入支出后，剩余半数。

元祐元年（1086）八月，司马光推荐提拔时任户部尚书的李常说：

> 伏见现今常平、坊场、免役积剩共五千余万贯，散在天下州县，贯朽不用，利不及物。（《续资治通鉴长编》卷三八四）

李常 1070 年担任御史中丞时，阻挠李定说"青苗法"便民实情，后因激烈反对新法被调离。当他看到变法改革取得的巨大成效，他在司马光当政废除新法逆流高潮时，敢于说出以上真话。天下谁人不犯错，知错必改难能可贵。

《宋史·安焘传》记载，建中靖国元年（1101）其任知枢密院事时追忆：

> 熙宁、元丰之间，中外府库，无不充衍。小邑所积钱米，亦不减二十万。

陆佃《陶山集》记载了当时全国物资丰饶，宋神宗专门设置了 50 多个（一说 52）库房的大型战略物资储备库，以备平定辽、夏"非常之用"。每库以四言、五言诗各一字标注。陆佃说：

> 迨元丰间，年谷屡登，积粟塞上盖数千万石，而四方常平之钱不可胜计。余财羡泽，至今蒙利。

历史记载中关于宋神宗、王安石变法的熙宁、元丰年间，宋朝彻底消除积贫，国家物质极大丰富的事例很多，不再一一列举。神宗原来担心推行新法国家增加收入会受到非议，王安石开导他解除思想顾虑说：只要国家增加收入不作京城皇室宫殿建设，少兴土木，避免奢侈享乐，取之天下用之天下，就没有什么可顾虑的。宋神宗不愧英明君主，他在位期间恪守勤俭，虽然变法改革天下财富涌流，他却从来没有大兴土木，更没有奢侈享受。

宋神宗和王安石十几年变法积累了这么多物质财富，目的是什么？要做什么用？从宋神宗的五言绝句"每虔夕惕心，妄意遵遗业。顾予不武资，何日成戎捷"可以看出，他决心继承先帝遗志，收复后晋石敬瑭充当契丹儿皇帝卖国，被辽国占领 100 多年的燕云十六州。王安石则主张统一天下，早在 1071 年二月王安石担任宰相仅两个月，他与神宗谈道：

>　　今所以未举事者,凡以财不足故,故臣以理财为方今先急。未暇理财而先举事,则事难济。

　　王安石在这里讲的举事,就是要平定辽国和西夏,实现天下归一,绝不是单纯收复燕云十六州。他希望君臣同心,振兴国运,结束中华大地上的分裂割据局面,实现强盛汉唐真正的天下一统。他为实现这一伟大理想,精心为国家理财,富国强兵、殚精竭虑,如牛负重。

　　王安石担任地方官员时多考虑民生,担任宰相主政天下侧重的是国计。我认为这才是在其位谋其政。其实王安石担任地方官时一直关心建言天下大政,担任宰相时也始终不渝地关注民生。从广义上说民生是国计的一部分,国计就包含着民生,二者是统一的。比如他推行多项涉农新法,促进农民扩大再生产,农业经济总量大幅度增加的情况下,农民原赋税比例不变,收获的财富绝对值水涨船高,直接改善了天下万民生活。他推行全方位变法改革把全国经济蛋糕做大,更是保障天下万民和中央王朝长远的根本利益。他整军强兵,支持王韶收复故土,取得西北大捷,掌握对夏战略主动;自卫反击交趾威震南疆。从根本上保障了宋朝边境的安宁,百姓的安居乐业。这难道不是国计和民生的统一吗?有人攻击王安石穷兵黩武,难道面对国家任人宰割,百姓不得安宁,忍辱苟且偷生,什么都不作为,束手待毙才对吗?

　　韦骧并非王安石当政时的变法派,最多不过是思想倾向追随新法者。他在王安石辞相三年后的 1079 年,曾写 300 字五言长诗《过金陵上仆射王舒公》,不仅全面歌颂了王安石的德才学识及变法成就贡献,而且还希望王安石再次出山主政,实现国家全面振兴,造福天下苍生,续写宋朝繁荣鼎盛新篇章:

　　天眷皇图盛,真儒德性高。文章追孔孟,事业过伊皋。
　　难进轻三币,功收变一陶。斗枢符斡运,主柄赞持操。
　　万务繇吾揆,千氂庆所遭。邦财理丰本,民力较秋毫。
　　惠遍农无乏,输均役不骚。保兵知警守,禄吏绝贪饕。
　　信令朝廷重,伸威塞境牢。深谋压夷狄,侵地复岷洮。
　　万里耕桑富,中原气象豪。河淤开亿顷,海贡集千艘。
　　著义尊经典,更科待隽髦。养材从引类,设学派纷袍。
　　……何时传入觐,群望慰嗷嗷。

　　长诗开篇说王安石是文章媲美孔孟,道德高尚真正的大儒;接着充分肯定了新法改善民生,万民受益;富国强兵扬威边陲;创新学术,移风易俗,兴办教育,改革科举,培养时才等许多方面的成就贡献。全面讴歌了变法开创崭新时代盛世景象和王安石的崇高品德。最后表达了万民盼望王安石再度出山,续写辉煌的殷切心愿。

孔平仲是反对变法的官员,曾作七绝三首,歌颂当时民生:

> 万户康宁五谷丰,江淮相接至山东。(《熙宁口号》)

他称赞当时政治清明,官员廉洁:

> 能使普天无贿赂,此风旷古无有闻。(同上)

变法成效也可以从反面得到印证。在王安石变法及其后较长的时期内,既没有出现此前王小波、李顺和宋仁宗庆历年间风起云涌大规模农民揭竿而起,也没有出现后来徽宗时动摇宋朝政权根基的方腊、宋江起义。王安石变法时组织全国民众兴修水利"聚大役",以及推行"保甲法",天下农民保甲军达693万,如果实行新法不当,大批聚集的民众以及保甲军,极容易出现登高一呼天下人响应的农民暴动。这绝不是靠单纯的防控所能避免的。在王安石变法激烈的社会变革时期及其后哲宗年间,没有发生载入史册大规模农民起义,也从反面说明了王安石变法的成效。

王安石变法究竟是失败还是成功?这个问题从上两章到现在结论已是毋庸置疑。需要说明的是,按照王安石战略构想,变法分两步走:第一步是革除北宋百年积弊,巩固大宋王朝统治基础,治理好内政富国强兵,改善民生,强壮自身;第二步是"举事",即平定辽国西夏,恢复汉唐盛世,建立多民族统一的封建大帝国这一最终目标。他的变法仅仅实现了第一步战略构想,而未能实现"与日争光辉"的终极目标,这确为千古遗憾。即便如此,也只是没有达到圆满成功,也没有理由否定变法改革的巨大成效,也不能说是变法的失败。变法失败说实际上是把司马光废除新法,新法没有继续执行下去,说成是变法失败,这种说法是不客观不全面的。被誉为20世纪海内外宋史第一人的我国宋史研究会原会长邓广铭(1903—1997),一生4次撰写《王安石》,1997年其绝笔之作设有专节《新法的被推翻不等于新法的失败》,他论述了新法取得巨大成效和司马光废除新法不得人心,折腾误国的危害后,说:

> 因此,我认为绝对不应把司马光的推翻新法,认为是新法的失败。正

如一位建筑师经过长期的研究思考,设计建造了大面积的庭院房舍,虽还未必可称之为美轮美奂,然而已可供广大人民安居乐业之用,却不幸有仇人冤家突然到来,只为发泄其怨怒之气,便不问缘由,一律将其拆除推倒,这怎能算作建筑师设计与施工的失败呢?

邓广铭先生比喻恰当,说理通俗易懂,新法成功还是失败不应该以是否被废除作为依据下结论,这是不容混淆的两个不同概念。而且我们也不应该单纯在成功与失败两个词上大做文章,没必要钻牛角尖儿。

虽然新法被推翻废除不等于新法的失败,但是新法为什么被推翻废除,值得我们认真探讨深思。笔者认为原因主要有以下几点:

一是王安石变法遭遇的阻力干扰破坏是中国封建社会变法绝无仅有的。由于其变法覆盖所有领域,是内容最广泛的全方位改革,改革对庞大既得利益阶层的剥夺损害也是全方位的,他们同时受到几乎所有新法的严重损害,受到损害者之广泛、剥夺程度之深重空前绝后,因此变法遇到的阻力之大,干扰破坏之严重,亦是中国封建社会所有变法改革之最。尽管天下万民拥护新法,但是影响和决定朝政的不是万民。且各个阶层尤其是王公贵族、皇亲国戚、地主豪绅、富商大贾、士大夫精英等反对变法势力的统一战线阵营极其强大,变法派势单力薄,悬殊反差太大。

二是最高统治者宋神宗的刚健不足。历史上所有变法成败最关键的是一言九鼎的帝王。面对极其强大的反变法派阵营,宋神宗本应当以更加坚强的意志,顽强的毅力和非凡的魄力,像强劲发动机一样从源头上始终鼓足动力,坚定不移,以雷霆万钧之力和霹雳手段应对一切挑战。但是由于受各方面因素影响,他的作为令人遗憾。他任用王安石担任副宰相前天,任命主张"二十年不言兵",使他深感失望的富弼为宰相;由保守派的代表人物文彦博主持枢密院;富弼退休后,任用他反对变法的女婿冯京担任副宰相;任用与王安石对着干的司马光担任枢密副使等。宋神宗绝对不怀疑王安石的忠诚、人品、学识、胆略和才能;作为地主阶级总代表的皇帝,他从大局考虑支持王安石变法改革以求长治久安,但又不愿招致天下庞大反变法阵营强力反弹,竭力减轻天下震荡波动;他不愿天下守旧派由失望变为绝望,要给他们保留希望。于是对于重要的人事安排求取平衡,减轻因变法带来的天下"汹汹然"。他想鱼和熊掌兼得,实际上根本不可能,因为甘蔗没有两头甜。他想让学术政见尖锐对立的两大阵营各自退让折中,在温良谦恭和平共处中推进变法改革,简直就是异想天开。

他的刚健不足还表现在:面对守旧派掀起的反对变法的惊涛骇浪,尤其是一些元老重臣极力疯狂反对,他往往犹豫动摇甚至妥协退让。他曾想暂停或变通执行某些新法安抚守旧派,虽然及时悔悟,但已经给变法大局造成了不可估量的消极影响。早在1070年9月,王安石曾经告诫神宗:

> 陛下明智,度越前世人主,但刚健不足,未能一道德以变风俗,故异论纷纷不止。(李焘《续资治通鉴长编》卷二一五)

后果最严重的莫过于因北方长期大旱天灾,由韩绛起草1074年三月三十日中书省公告天下的皇帝诏书:

> 朕涉道日浅,晻于致治,政失厥中,以干阴阳之和。……应中外文武臣僚,并许实封言事政阙失,朕将亲览,考求其当,以辅政理。

这简直就是罪己诏。等于承认由于变法改革招致天怒人怨,上天降灾。广求直言政务失误,匡扶朝政。无异于向天下所有反对改革的守旧派提供了口实和炮弹。王安石不辞相位何以站立朝堂?!除了辞相他别无选择,他随即恳请辞政。王安石为天下大局抓紧善后,不到20天,四次请辞,1074年四月十九日辞相,不排除神宗有让王安石暂避风浪之考虑,但向天下释放的信息却是他无力或无心支持王安石继续主政变法,是对反变法阵营最大的妥协退让,天下所有反变法者弹冠相庆,不仅助长了全国反变法的声势,也为后来变法派分裂遗留了隐患。王安石1076年第二次辞相亦与神宗对守旧派妥协退让,不如当初对他坚定不移支持密切相关。对此,王安石曾经批评神宗:

> 天下事如煮羹,下一把火,又随下一勺水,即羹何由有熟也?

批评比喻非常形象生动准确。对于变法改革王安石总是永远不停顿的添柴加火,神宗对守旧派的妥协退让就如同一次次放入凉水。这样煮粥何时能熟?变法改革焉能取得预期的成功。他对神宗颇有怨言。为了变法改革大局,他既要据理力争,同时也讲究策略和方式方法,从实际效果考虑,有时候还需要隐忍。他的诗作《君难托》以被遗弃女子痛苦的悲诉,控诉斥责负心的丈夫,以夫妇之情喻君臣之义,抒发心中的幽怨与悲苦。以君虽难托,女子仍"不负旧时约"结语,似仍不改初心报效君主社稷的表白。这是他诗词中极其少见看似描写爱情的作品。

神宗恪守"不以言罪人"的祖宗家法,对凡是新法必反的顽固派处置失之宽容。如对造谣诬陷王安石十大罪状的吕诲仅仅京官外放;对于许多反对新法的官员调任地方主官,仍拒不执行新法者,未给予果断处置。因此大批反变法官员仍然占据朝野要职,而且后继有人。致使王安石第一次主政5年中,反对变法的声浪长期高涨,他们有恃无恐采用各种卑鄙手段,无所不用其极抗拒新法,许多人成为日后卷土重来废除新法复辟倒退的骨干。

宋神宗始终没有放弃任用持不同政见者,"且要异论相搅,即各不敢为非"(《续资治通鉴长编》)的祖宗家法,也对变法改革造成了严重的危害。王安石熙宁三年(1070)曾经抱怨神宗说道:

若朝廷人人异论相搅,即治道何由成?臣愚以为,朝廷任事之臣,非同心同德,协于克一,即天下事无可为者。

这样的祖宗家法虽然防止了宰相辅臣擅权,但是内耗严重,正反力量互相抵消,朝政往往议而不决,决而不行,行而无果;国家机器运转失灵,效率低下,害莫大焉。王安石推行变法改革身受宰相府多位执政大臣羁绊干扰,同时还要应对枢密使文彦博等人的阻挠。比如王安石支持王韶经营西北,神宗多次动摇,文彦博始终极力反对干扰,王安石多费了无数的口舌心血,才最终取得成功。王安石主政7年,光是在这方面排除干扰就精疲力尽了,这些都是物理学负功对正功的抵消。如果他能得到秦孝公对商鞅那样的绝对支持,能有张居正代行君权的一言九鼎;退一步说,即使只有一个基本团结和谐,不受干扰阻挠的执政团队,王安石变法改革的成效也会更迅速,更显著,实现第二步战略构想,创建大一统的帝国盛世是极有可能实现的。王安石空有壮志凌云,虽欲效仿辅佐周文王周武王创立周朝800年基业的姜太公,以"直至如今千载后,谁与争功"自勉励志,发誓与日月争辉而最终却没能实现其雄心壮志。神宗恪守祖宗家法不仅他没有能够成为像周文王、周武王、秦皇、汉武、唐太宗那样的一代雄主,王安石更是留下了无尽遗憾。皇帝祖宗家法的严重消极影响,危害之大,可见一斑。

尽管如此,纵观中国历史,尤其是宋朝太祖太宗之后所有帝王,宋神宗仍不失为雄才大略,品德操守等综合素质较高的英明君主。在宋代对士大夫文明宽松的政治环境下,我们不能苛求他像秦孝公无条件绝对支持商鞅变法一样,对守旧派严惩甚至杀戮。王安石更是道德修养操守高尚的文人政治家,而不是他之前1400多年为推行变法杀人"渭水尽赤",对太子的老师刺字割鼻的商鞅,也不是500年后的铁血宰相张居正。他没有张居正权倾天下、令行禁止的条件。从个人气质上说,王安石胸怀仁慈,手中没有屠刀,他有较高的佛学修养,他的手中只有如椽大笔,他是著作宏富的士大夫精英,当"辄守偏见"写诗反对新法的苏东坡被打入死牢,从来很少向皇帝求情,辞去相位已经3年的他,连夜向神宗上书,神宗采纳其请,将苏轼从轻发落。中国历史上别说改革家,就是普通政治家谁能像他这样对待政敌?!王安石就是不同常人,他就是这样对待政敌的。他的修养操守高山仰止可见一斑。

三是变法派的分裂。与强大的反变法阵营相比,变法派本来就势力单薄,尤其是上层几乎就是守旧派的天下,除王安石作为中流砥柱外,变法派缺乏重量级人物,与王安石对阵的则是文彦博、韩琦、富弼等朝廷辅臣高官、学界名流、重量级的后起之秀。在这样实力反差极大的两大阵营对决中,神宗的几次妥协动摇直接导致变法派的分化。吕惠卿、曾布(曾巩的弟弟)同为变法派骨干成员,曾布在朝野反对"市易法"的高潮中受神宗旨意,暗中调查主持市易务的吕嘉同,且与吕惠卿反目成仇,他最早背离王安石。吕惠卿则在王安石辞相后觊觎相位,极力阻止王安石复相;且与家人以权谋私;行"手实法"天下怨声载道;他在朝堂反对王安石,被贬地方后还挑拨神宗与王安石的关系,背叛诋毁王安石、神宗评价他:"好胜、忌能、不公。"在对其外放诏书中给予了严厉斥责。变法派的分裂使得复相后的王安石主政困难重重,步履维艰,变法阵营分化减弱了推动新法动力源泉的朝廷中枢的威信和领导力。

四是部分新法的超前以及执行中的偏差。在所有十几项新法中推行效果最好的是"均输法""农田水利法""免役法""将兵法""保甲法"及军器法,以上6项新法效果显著。改革科举,编著教材,更新天下人思想观念作用不可低估。"方田均税法"推行中折扣最大,执行范围仅限于京东5路,清查多出的土地竟然为当时天下上交赋税土地总面积的54%,可见全国隐田漏税之严重。摸清全国土地底数,划分等级,平均税赋,这是整个中国封建社会任何朝代都难以彻底解决的问题。即使明代权倾天下的铁腕宰相张居正,清丈田亩数年间亦是进展缓慢,最终未达预期目的。

受文彦博攻击最激烈的"市易法",在执行中存在政府对市场管理过细的问题;"保马法"虽然重点在西北实行,且农民养马死亡率较低,但即使1%的农户养马死亡,根据户等全部或部分赔偿,也是苦不堪言的沉重负担。

推行"青苗法"政府直接发放贷款,政府的作用就像今天的农业银行。但在900年前,财产抵押、担保、契约、金融管理等条件尚不具备,缺乏近代才出现和实行的一系列配套措施,实际上是让政府包揽了今天应当由金融管理机构履行的职责和事务,承担了近代社会应该由市场调节的业务。这项新法无疑是超前了。超前的"青苗法"虽然在执行中遭到百般干扰和破坏,执行的效果不尽如人意,但仍然成效巨大,天下百姓按"青苗法"所付出的利息,比1—3倍的高利贷造成的倾家荡产,甚至家破人亡,当然要好得多。以上几项新法执行中的曲折偏差及超前,仅是支流局部问题,不能因此否定这几项新法的效果。更不能一叶障目以偏概全,否定全部新法的整体效果,更不能否定变法改革开创新时代巨大成效这一人间奇迹。

五是两代帝王短命。宋神宗生于1048年四月十日,1085年三月五日不满37岁去世。其儿子哲宗生于1077年,1100年正月去世,未满23岁。哲宗1093年亲政时仅16岁,尚未成年,亲政仅6年半。两代帝王寿命加起来不满60年,不及爱新觉罗·玄烨及其孙弘历一人在位时间。假如宋神宗寿延5年,新法成效得到进一步巩固扩大,守旧派老臣司马光等人相继谢世,哲宗不至于9岁而是14岁即位,历史将会重新改写。假如哲宗多活5—7年,在变法派重臣章惇等人辅佐下,不仅会对新法的恢复巩固发展有更多作为,届时力主徽宗即位的向太后辞世,很可能避免徽宗即位,宋史必将改写。但是历史没有假设,真是天不佑宋啊!

有人认为王安石数年出台10多项新法仓促,贪多嚼不烂,缺少磨合和消化时间。这种说法值得探讨。如果此说成立也与宋神宗求治心切相关。王安石亦知欲速则不达,他五律诗:"求全伤德义,欲速累功名。……"讲的就是干大事急于求成拖累有害功名的道理。他主政前后反复告诫神宗推行新法一定要稳妥慎重。他1072年《上五事书》,说得其人缓行新法为大利,失其人急而行之为大害。可见他主政四年时的冷静清醒与慎重。但面对神宗刚健定力不足,司马光、苏轼等必欲其下台逆转朝政,极其强大的反变法阵营激烈对抗,尤其是皇亲后宫持续施压神宗,不排除王安石可能担心神宗支撑他主政多久,对变法改革或许有时不我待的紧迫感。他推行新法是否仓促欠缺从容淡定值得商榷。实践证明他主政不足七年,如果前五年他不抓住机遇一鼓作气整体推出新法,第二次主政一年多执政环境大不如前,他能否实现变法改革第一步战略构想也很难说。

有人认为王安石变法没有成功的根本原因，就在于变法没有从根本上触及旧的封建社会制度，缺少建立新的社会制度因素。笔者认为用经济基础和上层建筑、生产力和生产关系辩证关系的原理来透视王安石的变法改革，其确实是对原来封建制度不适应经济基础和生产力发展要求一些方面、环节的修补、完善、改良，不具备根本的革命性。但是我们对任何政治家的评价都不能脱离超越当时的历史阶段。王安石变法的年代早于欧洲确立资本主义制度约600年，早于清朝结束封建统治约840多年。在天下之大还没有任何资本主义制度曙光和萌芽，我国封建社会正处在中期，其生命力还处于远远没有终结的社会历史阶段，王安石不但破了先帝祖宗家法，而且推行多项超越当时社会发展的新法，比如"青苗法""市易法"等已经含有国家资本主义性质，他思想行为已是非同寻常的超前。正因其推行了某些当代社会才具备条件的新法，守旧派反对变法除了根本上为维护既得利益，还有一个原因就是他的新法超出社会发展阶段，没有人能跟上王安石遥遥领先的步伐，因此才招致所有守旧派的激烈反对。王安石被批判为背弃祖宗、离经叛道的"另类"、"异人"。在当时天命忠君等儒家思想为天下独尊的社会意识形态历史阶段中，已经独步向前走得很远的王安石不可能提出推翻帝王专制、打碎旧的国家机器，建立资本主义制度的革命主张。他离我们900多年，当时已经被视作大逆不道的乱臣贼子，我们不能苛求他具有完全现代人的先进思想观念，不能要求他像孙中山发动辛亥革命那样，推翻封建旧制度，那是不合实际的幻想，是根本不可能的。

以上我们简要分析了王安石推行新法始终遭遇空前绝后阻力以及新法被废除的原因，五个因素中前两条是重要原因，第五点原因虽属偶然，但却是决定性的因素。有学者认为王安石个人气质执拗，不能听取反对意见。笔者认为这种说法值得商榷。古今中外伟大的政治改革家都具有从根本上说是原则问题绝不通融妥协退让的刚毅品质。面对千难万险披荆斩棘、勇毅奋进，百折不挠，是改革家"虽千万人，吾往矣"坚定意志和顽强毅力的体现。改革家如果不具备勇毅奋进、执着的精神品质，改革就一天也推行不下去。

至于说王安石不善于听取不同意见，也应当客观分析。改革变法初期，王安石比较注重听取不同意见，比如年轻人苏辙向他提出对"青苗法"的不同看法时，他表示："君言诚有理，当徐思之。"他对苏辙的意见非常谦虚亲和。他对反变法的歪理邪说确实不恤，当司马光、苏轼等守旧派不是出于完善新法，提出建设性意见,必欲从学术理论方面批倒批臭王安石,缺少常识的信口雌黄,甚至毫无根据地造谣诬陷,就像条件反射一样凡是新法不问青红皂白一律反对;他们与新法对着干,一定要逼王安石下台,开倒车逆转朝政,谁当宰相都很难做到冷静与淡定。对于他们丧失理智把他说成是独夫民贼野心家,把试行新法说是让万民服毒药检验药性,危言耸听说续行新法国家必亡等许多过激行为,王安石与他们交往仍不失大家文雅君子风度,更没有以权势压人。

也有人认为王安石在团结同僚上做得不够,我们应当怎样看待这个问题?王安石是一个在许多学科和领域都有很高成就的学术大家,他的学识广博、思想精深可谓思接千载,视通万里,他的德才学识远远超越了时代。他终生追求报效天下,特立独行,没有人能完全理解他,在时代同僚中他缺乏知音。在许多人昏昏沉睡时,他独自一人在黎明前的黑暗中,向着太阳即将升起的东方奋进。没有人跟上来,他没有随从,可谓"古来圣贤皆寂寞"。他的思想与他同时代的人反差大,有许多方面与近代现代人接近。这样客观上就形成他与众多同僚"道不同不相为谋"。他一身正气大义凛然,光明磊落傲骨铮铮,他视酒色富贵如浮云。他不需要讨好任何人,他也绝不拿原则通融。即使对神宗的错误他也毅然抗争,直至神宗悔悟认错为止。他坚持得君行道则辅佐之治国安邦,君王无道则去之归隐。对待高官厚禄他难进易退,确实有点不够圆融和灵活,用我们今天的话来说,他对领导艺术和处事方法考虑不够。其实这既是所有品德高尚的学者型政治家共性的不足,也是其品德高尚的可贵之处。

王安石在日常生活方面确实存在缺点,比如不考虑饮食养生,不讲究卫生等。比较绝大多数追求享乐食不厌精的士大夫,王安石潜心学术,思虑政务,往往不知饭香菜味,甚至忘记换洗衣服等,确实有点连最基本的卫生都不讲究;他为穷尽天下真理,苦读万卷,落下头晕目眩的毛病,有失健康养生确实是他的缺点,如无这个缺点,王安石更加完美,但人无完人,金无足赤,不可苛求。在这方面他与被称为美食家的苏轼反差就很大。我们在谈到他的这一缺点时,又不禁对他心生敬意,宋朝需要他这样的官场另类,从古至今中国官场精于为自己谋划享受生活的人比比皆是,而有王安石这样缺点的人太少了,今天我们力争早日实现任重道远的中华民族伟大复兴,不是更需要有王安石这样缺点的人吗!?这样的人不是多多益善吗!?

第十九章　折腾误国

"治大国若烹小鲜",这是中国先秦时期伟大的思想家、道家学派创始人老子的不朽名言。说治理大国就像烹制小鲜鱼一样,不能频繁翻动鲜鱼,否则鲜鱼就会翻烂破碎。治国一定要保持政策的连续性、稳定性,不能骤然变动,应杜绝朝令夕改,因为船大难掉头,否则国家政局不稳天下波动。古今中外的历史经验证明,国家大政方针调整要循序渐进,不能随心所欲,应防止朝令夕改剧变,否则国家混乱,人民遭殃,江山社稷不保。

司马光深谙此理,他曾经写信以此劝告王安石停止变法改革,遵守祖制。当然王安石要改的是北宋百年积弊,而且是有计划分步骤进行全面变法,司马光以此告诫王安石,其实是他思想守旧,不合时宜。司马光当局者迷,他主政仅一年就将神宗和王安石推行十几年所有新法全部废掉。且先不说他废掉的是开创盛世的好法善法,恢复的是超过百年未能因时制宜,致使宋朝内忧外患统治难以为继的弊政,仅从废除新法如破堤泄洪之快,天下震荡朝野波动,百姓无所适从来看,已是危害巨大!他对王安石推行新法以老子的名言劝谏,其违背的却恰恰是他劝谏王安石的老子名言。这才是说话教训别人头头是道,看似明白人,自己做起事来糊涂一盆。

1085年三月神宗去世后,1077年出生的哲宗继位,神宗的母亲高太后临朝称制,她以"恢复祖宗法度为先务"。而这时的司马光虽然身在西京洛阳著书15年,但他时刻关注着朝政变化,与大批反变法派官员,正在等待时机卷土重来。神宗的去世成为他难得的机遇。政治嗅觉灵敏的司马光马上请求参加神宗丧葬入京。三月二十五日他来到京城拜见高太后,四月二十七日上疏请求废除新法,五月二十六日升迁为执政大臣。一直到他1086年九月去世,他在赌气废除新法、复辟倒退逆转朝政方面主要干了以下几件事情:

一是发明"以母改子"理论依据,为废除新法复辟旧制扫清伦理障碍。司马光废除新法当时面临两方面困难:一是朝野百官反对废除新法阻力重重。新法推行十几年成效巨大,除变法派官员反对恢复旧制外,当初许多反对新法的士大夫,比如苏轼等在实践中已经深刻认识到新法的显著成效,不赞成盲目废除所有新法。二是以哲宗名义废除父亲神宗新法,违背孔子孝者三年不改父道的儒家伦理道德，这一点更是无法逾越的障碍。司马光有高氏作为皇族代表强力支持，第一个方面的阻力不难克服。但是对于废除新法的伦理障碍，许多守旧派人物苦无良策，唯有一贯守旧的司马光对此独创新说，提出以高太后改变他儿子神宗的国策，史书称之为"以母改子"，破除了子改父政的伦理障碍。其实这个理由非常勉强。因为以儒家作为主流意识形态的中国许多封建王朝，恪守三纲五常，提倡男尊女卑，严令杜绝后宫参政。为了防患未然，避免外戚祸国，多有帝王家法规定制约。先帝对于幼主即位，往往是临终前委托顾命大臣，对后事作出周密安排；甚至杀死幼主母亲以绝后患。这种惨无人道行径竟然延续至清朝还有发生。但其确实能够杜绝或减轻外戚危害国政。有学者分析认为神宗可能患有严重的心脑血管疾病，很可能因为猝死未能从容妥善安排后事。司马光一贯以正统儒家思想的卫道士受到朝野百官敬重，在天下妇女从夫从子的时代，他首创"以母改子"不符合儒家礼制纲常，况且母亲改变的是皇帝儿子的国策，不是普通百姓儿子的家政。司马光作为纯儒的正统代表，一门心思废除新法，实行双重标准；为了与王安石对着干，他置儒家伦理纲常和个人形象于不顾，抬高高太后以压英明的宋神宗，将太后凌驾于帝王之上，形成事实上的女尊男卑。这就完全背离了他所尊崇的儒家伦理。只要能把王安石踩在脚下，他煞费苦心什么主意都能想出来，他双重标准自相矛盾，逆转朝政无所顾忌。

中国古代在政治舞台上发挥作用最大的后宫当数西汉吕后、唐高宗皇后武则天、清初孝庄皇太后和清末慈禧太后。北宋神宗之前太祖、太宗、真宗三帝都是成人帝王，没有后宫参政先例。仁宗年少即位，真宗刘皇后参政，英宗多病时仁宗曹皇后辅政，但她们都没有改变前朝帝王决策，对国家政治影响不大；而唯有英宗高皇后参政后患深重。

辅助哲宗的高氏是太宗时名将高琼的后代，她的姨母兼婆母仁宗曹皇后，是开国元勋曹彬的孙女，她们都出身高门贵族。《续资治通鉴长编》记载，早在1074年四月她就与神宗的弟弟岐王赵颢，痛哭流涕施压神宗说：

> 祖宗法度，不宜轻改。民间甚苦青苗、助役，宜悉罢之。王安石变乱天下，怨之者甚众，不若暂出之于外。

神宗虽然以"群臣中惟安石能横身为国家当事耳"回答其母，不愿王安石离开朝堂，但他注重孝道，王安石当月十九日罢相，可见高氏施压神宗的作用。

神宗英年早逝,哲宗年少,其祖母高氏欲倚重守旧派代表人物作为辅臣,废新复旧急不可待。司马光急欲复辟旧制,迫切需要皇族代表鼎力支持,高氏和司马光一拍即合,互为倚重。神宗尸骨未寒二人就逆转朝政,其狭隘报复赌气,视朝政为儿戏天下少有。司马光发明"以母改子"等于向天下昭告:神宗变法改革是错误的。这实际上也是司马光对刚刚去世,器重厚待他的神宗的辜负甚至不忠,更是对年幼哲宗皇帝的蔑视僭越与不忠。因为高氏只是个牌位,司马光以她为盾牌压制朝野百官,他刚愎自用任性废除新法复辟倒退,都是以哲宗名义颁布一道道否定神宗新法的圣旨,他把哲宗当作傀儡玩弄于掌中,实质是对两代帝王的亵渎与不忠。

二是一意孤行,犹如破堤泄洪废除全部新法。司马光称废除新法要像"救焚拯溺"一样刻不容缓,不全部废除新法他"死不瞑目"。他不听亲戚范仲淹儿子范纯仁劝阻;拒绝同僚好友吕公著的忠告;厌烦苏轼兄弟反对他一刀切废除新法,拒绝其主张修订完善,力谏"免役法"绝不可废等建议;不顾同党刘挚等人劝说。他对天下人的逆耳忠言一概不听。他主持编著《资治通鉴》,一贯主张强调帝王和辅臣要善于听取不同意见,广纳众智以利国政,自己却当局者迷。他以生命大限与废除新法赛跑,在他担任宰相仅半年赶在去世前废除了所有新法。他改判18年前登州阿云伤害其夫案件,推翻当时依法审定从轻判处且作为以后判案标准,体现了司马光对先帝的怨恨之深和对王安石的报复之切。他除了没有填平王安石主政时所疏浚的许多江河,所修建的水利工程,没有毁掉王安石当政时制作的兵器等,其余一切都要对着干,清算王安石要做到全覆盖,不留余地,一切都要翻个底朝天。

司马光所为简直病态失常甚至荒唐。北宋名门、文学世家,祖籍澶州清丰(今濮阳市清丰县)的晁说之,其曾祖父晁迥曾经被仁宗赐诗褒奖,司马光、苏轼与其父晁美叔、堂兄晁补之("苏门四学士"之一)交往赠诗;他在《晁氏客语》中记载:司马光任相后专门选择反对变法少吏才的文士李公择担任户部尚书,朝野许多人惊讶,不理解,他说:

> 方天下意朝廷急于利,举此人为户部,使天下知朝廷之意,且息贪吏望风掊刻之心也。

说当今天下都认为朝廷注重财利,选李公择去户部任职,为让万民知朝廷轻利之意,且可息天下贪吏重财之心。他选择不善理财的外行,负责国家财政大计，竟然无虑国计民生，不在乎其能否管好国家财政，仅为表明朝廷轻利重义。其想法主张荒谬离奇。照此类推如果选择不懂军事的人领兵打仗，国家岂不灭亡?! 全部选用外行担任中央和地方官员，如何治理天下?! 可见他的精神、心理健康确实出了问题，他与王安石对着干可谓180°大反转。代行君权宰相思维如此失常荒唐，国家有何前途？万民有啥指望？难怪北宋灭亡!

三是以政见立场划线，残酷打击变法派，实施政坛大换班。凡是变法派官员及支持变法者，一律贬谪流放；凡是因反对变法被调动岗位及外放的官员，一律提拔重用。当时的枢密使章惇因朝堂反驳司马光，被司马光贬至边远之地，其余被贬流放官员不计其数。他还在京城设立"诉理所"，鼓励守旧派揭发控诉变法派官员对其所谓"迫害"；将变法派列为奸党公布于天下。他将许多守旧派骨干即使老迈精力不济者，也要拉入朝堂占据谏官、御史台等要职，形成对变法派绝对压倒优势。比如推荐吕公著、范纯仁、刘挚、韩维和已经80岁的文彦博等20多人担任言官等要职掌控朝政。凡迎合他废除新法，不问德才一律提拔重用。政治投机分子徽宗时期误国的"六贼"之首蔡京，迎合司马光，当年（1086）被他提拔为开封知府，为其后来徽宗时投机升迁宰相奠定了基础。司马光下令5日内废除"免役法"，人人皆知根本做不到，唯有蔡京说开封府已经准备1000多人应役，保证如期完成，受到司马光的表彰：

使人人如待制，何患法之不行乎！（《续资治通鉴》第六十九卷）

说如果天下人人都像待制（蔡京官职），何愁法令不能在全国畅行！把蔡京夸奖为雷厉风行推行朝廷政务的榜样。正是徽宗和蔡京把宋朝送上了亡国的不归路，司马光用人失察，危害岂不深重?!

四是否定王安石理论学术思想，彻底清算王安石。王安石重新解释儒家经典编著的《三经新义》，自1075年神宗下旨颁行天下学校，并作为科考标准答案已过10年。王安石的学术思想作为官方意识形态，作为治国安邦的主要理论依据、指导思想，对于全社会尤其是天下学子及士大夫解放思想、更新观念、驱除因循守旧苟且颓废、焕发全社会生机活力作用不可估量。司马光深知王安石的人品和文学无懈可击，只有从学术方面彻底否定王安石，才能摧毁新法的根基；于是把对王安石理论学术思想清算作为重点，以扭转国家主流意识形态和社会思想。他禁止《三经新义》作为学校教材，停止其作为科考标准，禁止王安石学术著作传播。他主持修撰《神宗实录》，对王安石主政时所作

《熙宁日录》重要史料弃置不用,多采用守旧派捕风捉影的个人笔记、野史,首开无中生有诬蔑攻击王安石及其"荆公新学",甚至颠倒黑白,造谣诋毁王安石人品的先河。

人的精力尤其是老年人是有限的,68岁的司马光一门心思否定王安石,对于许多事关国计民生的大政他无暇顾及,无所建树,甚至不作为。他预感年近大限,几乎把全部精力用于对没有与他争过高低王安石的清算,少有时间精力顾及内外政务,维持国家运转仅靠王安石变法十几年积累的财富。在对外关系上更是妇人之仁,妥协退让,"只欲卑弱请和"。他在《论西夏札子》中极力主张放弃神宗、王安石支持王韶、沈括等将士浴血奋战收复的部分故土,说中国得之无大用途,因近西夏腹地,其:

不敢安居,是以必欲得之。而使边境不宁;臣每思之,终夕寒心。……

他说大宋有万里江山,不要可惜寻丈之地,否则兵连祸结:

故不若今日与之为美也。

他不顾众人反对,硬将米脂、浮图、葭芦、安疆四寨,拱手送给西夏。为了让敌国踏实安心,不惜放弃前线将士浴血夺来回归的故土,资以敌国,丧失战略主动。谁能相信这是大宋宰相作为?!反倒像是西夏统治者的心声和代言。司马光仁慈太过头了,比较他对王安石的狠和对敌国之宽仁,真是"对敌慈悲对友刁",令人不可思议。他对敌人过度慈悲犹如农夫与蛇、东郭先生与狼,殃及国家长远和百姓安宁,简直就是对天下人的犯罪。司马光在这方面比所谓德高望重的原宰相韩琦、文彦博反对变法,安抚辽国的主张更是有过之而无不及。韩琦曾说:因为变法加强边境防御,因此辽国生疑,边境难安。按韩琦的说法,宋朝应当在边境拆除哨所、伐去树木、废除水田等设施和自然地利,放弃主动防御,使得辽国掌握战略主动,随时就能长驱直入,如虎入羊群掠夺大宋人畜财产,甚至威胁国家生存。这就是国家宰相辅臣的高见。

此前自1040年他与长其19岁的范仲淹共同镇守西北。他30岁出头年轻气盛,缺乏统筹全局周详谋划,不听范仲淹劝阻,1041年强行冒险出兵,宋军兵败死伤万余人,元气大伤。"庆历新政"时期(1043—1044),他极力反对范仲淹为防御西夏,在秦州、渭州间建设水洛城主张;其得到文彦博、狄青等名臣支持,致使无主见仁宗颁旨停工。前线将领刘沪、董士廉二人忠贞报国,甘冒抗旨大罪强行续建被关押；当地少数民族因二人蒙冤激愤，发动暴乱杀死宋朝官兵。宋廷派官员到前线调研，证明范仲淹坚持、欧阳修支持建设水洛城有益西北整体防务，朝廷决定续建。但经过朝廷开始决策实施建设—后180°翻转强行停建—第三次拍板再建长时间折腾，朝堂大臣长期争执内耗，朝廷两次反复错失机遇民心，有形无形巨大损失已无可挽回。韩琦因此受到弹劾。亦为其庆历五年（1045）外放扬州原因之一。他由年轻时好勇主战到20多年后王安石变法时对辽国怯战退让，可谓背离中庸的两个极端。

韩琦这样的辅臣主政，宋朝何以得安？何以能有尊严？被动挨打何时休？司马光的行为确实讨得了敌国的欢心，《宋史·司马光传》记载：

> 辽、夏使至，必问光起居，敕其边吏曰：中国相司马矣，勿轻生事，开边隙。

辽夏使者入宋问司马光安好，关心其起居健康，关键就在于司马光施政有益其国。司马光刚任宰相，两国朝廷欣喜告诫边关：司马光当宰相矣，不可轻开边衅。司马光当政退还他们领土，他们不费一刀一枪得到的好处，远比战场流血牺牲要多。只有司马光当政，两国将享受宋朝大量金钱物质等永无止境。王安石当政七年，却从来没有这种待遇。因为王安石变法改革富国强兵，长远目标就是要扫平两国，实现天下一统。他们千方百计尤其是挑衅边境制造事端，牵制王安石变法，必欲使其半途而废。两国与宋廷内部守旧派配合默契，必欲将王安石赶下台不谋而合。对二人爱憎何等分明。由此可见代行君权的宰相对外决策，如果受到敌国非同寻常的特殊欢迎，除非是很少的双赢，一般更应当特别严肃审视利弊得失，避免和杜绝有益敌国损及自身的外交决策。

司马光为何骤废新法，重走回头路，从根本上讲是世界观不同导致的政见之争，但也有个人意气的因素。一个成熟理智为国家负责的政治家，即使与前任政见不同，但已被实践证明前任治国成就天下公认，也绝不会推翻前任所有国策，把治国当成儿戏随心所欲。而这时的司马光编纂史学大作《资治通鉴》，对历代治政得失、古今兴亡、王朝更替了然于胸，对历史上许多重大事件，明主昏君忠奸宰辅等都有独到点评，而且个人私德为世人楷模，为何一改沉稳谦恭作风，怎么可以犯推翻善法复辟弊政，甚至顺者昌逆者亡的低级错误呢？答案只有一个，离开朝堂15年长期的压抑、郁闷影响了他的心理健康，与先帝器重支持的王安石对着干，比高低争输赢，强烈的畸形报复心理蒙蔽了他的心智。此前王安石推行新法初期，他就上书神宗，说他与王安石：

> 犹冰炭之不可同器，寒暑之不可同时。（《奏弹王安石表》）

早年发誓与王安石不共戴天，登上大位随心所欲的司马光，必欲将在南京闲居的王安石踩在脚下，使其世代不得翻身。这一点长期以来许多学术作品没有涉及，或只是轻轻点过；许多人担心因此影响司马光伟大史学家尤其是私德楷模的光辉形象。我认为司马光作为史学大家卓越成就应予以充分肯定，他的私德应予以高度评价，但是作为不合格的政治家其公德的欠缺与低下，给国家民生造成的危害也不应讳言。

司马光复辟旧制遭到了许多重臣士大夫名流，甚至许多原来反新法的同党强烈反对。他批判王安石"力战天下人"并不属实，王安石为国为民，坚持天道"损有余而补不足"，力战的是贪得无厌的上层权贵，新法造福受益的是天下万民，巩固的是大宋统治根基和国家长治久安。司马光才真正是力战天下所有制止他刚愎自用一意孤行的人。他之所以逆历史潮流而动却得遂夙愿，是因为具有"天时"，即年幼的小皇帝无能力亲政，高氏欲恢复旧制却治国无方，她看重司马光为士大夫称道私德楷模的光环，超出常人的威望，以及其头撞南墙也不回，非同常人的执拗任性，她认定恢复祖制非司马光莫属。

当时变法派骨干枢密使章惇，批判司马光原来所上奏章："衙前当募人役之。"而当王安石变法改差役为"募人役之"时，他出尔反尔极力反对；章惇对他1086年正月初三、十七日半月内连上两折，前说"免役法"使上户"年年出钱，无有休息"，后说："免役法虽于下户困苦，而上户优便。"章惇批驳他执政前后不一，近期连上两折自相矛盾，说他信口开河思维紊乱。司马光在朝堂被批驳得瞠目结舌，无言答对非常狼狈。他恼羞成怒，将章惇贬谪流放，出知汝州，直至赋闲居家。朱熹称章惇"说底却是"。批判司马光对其不论是非对错："只一向罢逐"，"却是太峻急"。司马光将请求废新复旧的奏章交由朝议，将要求保留或完善新法的奏折扣下，以便他操纵朝政顺利废法。其所为缺乏度量大气，甚至蛮横无理，与原来正大光明谦恭君子的司马光判若两人。

当时除了许多变法派官员抗争，原来与他同属守旧派的高官名流，亲戚好友也对他极力劝阻。韩琦称他"才偏规模浅"，即才干偏颇，胸怀格局小。章惇更是毫不留情，说他是"村夫子，无能为"，真是入木三分。苏轼说"免役法"有五利决不可废。苏轼在朝堂批评司马光常教训帝王大臣虚心纳谏，而自己却拒绝不同意见,下朝后回家余怒未息,说他是"司马牛"。苏辙批评他:"其意专欲变熙宁之法,不复较量利害,参用所长也。"(《续资治通鉴长编》)

苏轼原为反对新法急先锋,在多年地方治政实践中,亲眼看到新法富国强兵、改善民生的巨大成效,对自己反对新法进行了深刻的反思,出于理性的思考,反省后极力劝阻司马光,可见司马光废除新法开历史倒车极其不得人心!

苏辙说由于朝政骤变,致使:

> 四方惊顾、众议沸腾……故天下皆思雇役(即免役)而厌差役。(《栾城集》)

说司马光刻意废除新法,不考虑对国家和天下的利害,不考虑借鉴新法长处,致使天下不安;因此百姓都思念"免役法"而反对恢复"差役法"。他作《亡兄子瞻端明墓志铭》说:

> 差役行于祖宗之世,法久多弊,……
> 君实为人,忠信有余而才智不足,知免役之害而不知其利,欲一切以差役代之。

说他缺乏宰相的才干智慧,看问题片面。司马光徒有虚名,其才干远逊于大名,当宰相不称职,更谈不上有人标榜他务实的政治家。

苏辙绍圣初年上奏还说:

> 臣窃观神宗皇帝,以天纵之才,行大有为之志其所设施,度越前古,盖有百世而不可改之矣。

虽然是称赞神宗雄心壮志推行新法,百世不可改变,但事实是神宗与王安石君臣同心协力,推行新法开创新时代,上言实不啻褒誉王安石也。

司马光的亲戚范仲淹的儿子范纯仁(后担任宰相)时任同知枢密院事,品德操守为人称扬。劝他慎重对待新法存废,主张继续推行"青苗法",司马光竟如暴怒的家长,将其骂为"奸邪小人",吓得范纯仁"汗颜畏缩,不敢仰视"。他反对司马光大规模排斥异己,残酷打击变法派。他担心株连无辜,更唯恐日后哲宗亲政,变法派重新上台执政,如法炮制进行报复,将致国家动荡,天下不宁,且"吾辈亦不免矣"。他担心政局骤变,折腾不止,误国害己。后事却不幸被范纯仁言中。

吕公著时与司马光同为执政,建议缓废新法,对新法进一步修改完善。他与司马光是私交最好的朋友同僚。而司马光对其苦心良言置之不理。

刘挚（后任宰相）批评司马光处事欠谨慎，废除"青苗法"行不通，废除"免役法"难执行，一再反复天下波动。刘挚是以司马光为宗主的朔党领袖，他是门生对老师的批评，一家人内部的实话实说，绝对没有党派之争。

以上仅列举少数几位与司马光同道的朝廷辅臣兼学界名流以及亲戚朋友，反对其不问青红皂白，蛮横废除新法倒行逆施事例。实际上朝野内外反对废除新法的官员很多，但由于司马光以其40多年积累的官场私德及史学名流较高的威望，特别是他刚愎自用、百折不挠的"拗劲"，且倚仗太皇太后大力支持，虽有无数朋友高官名流亲属劝阻，难以使他有丝毫改变。

南宋大儒朱熹认为王安石变法是时代的必然。他肯定变法的部分成效，批评司马光于事不甚通晓，一贯反对新法，比如长期反对"免役法"："其实不知此法便民"；说司马光毁掉了王安石推行十年大见成效的"保甲法"。他批评南宋政坛全盘否定王安石变法，他认为北宋灭亡主要是帝王祖宗家法因素，不应把北宋灭亡与王安石变法相提并论。

司马光除了个人私德为人称道，儒家经典和史学是他的长处，其他许多方面与王安石不在一个档次。他没有王安石担任县令州官被百姓立生祠的经历，缺少基层主官经验。担任京官主要是皇帝秘书、翰林学士、监察谏官，他没有担任过六部尚书等主政任何一个方面的长官。他不懂军事经济，不会理财。他对于国家积弱积贫，入不敷出以及严峻的国防形势束手无策。神宗深知他无宰相才干，且保守无为，他虽夸夸其谈，神宗却未用其入阁主政。

"人君刚则国家灭。"帝王刚愎自用，不听忠谏国家必亡。当失去理智权倾天下的宰相代行皇权，那么其私德越高尚，学术等方面成就越大，威望和影响力越超常，对国家的危害越深重。因为贪官奸佞高居相位误国害民，招致天怒人怨，容易被赶下台。而德高望重正人君子丧失理智的错误行为，则难以及时制止和纠正。司马光代行君权缺乏胸怀才智而又武断蛮横，他刚愎自用逆转朝政如野马飞奔，无人能挡，这既是他个人的不幸，亦是国家万民之大不幸！

宋朝建国后设御史台，天禧元年（1017）增设谏官，1032年为谏官设立专门办公场所谏院。实行两套机构监督天下百官。历史上五个长周期封建王朝，汉、唐、宋、明、清，其余四朝监督制度不如宋朝效果好，多有宦官、外戚专权，巨贪大奸涌现。而北宋自建国至1100年徽宗蔡京误国之前，140多年未出现一个大贪巨奸。两套监督机构严格执行监察制度，效果显著。比如规定不准宰相等重臣亲属任职监察机关或谏院言官,以防范对重臣擅权监督缺位。为了早遂心愿顺利废掉新法,司马光不惜违背行之有效的官员任职回避制度。他硬要坚持任用亲戚范纯仁、朋友范祖禹担任谏官:

>　　纯仁、祖禹作谏官,诚协众望,不可以臣故妨贤路,臣宁避位。

　　说二人德才众望所归,不应当因为他担任宰相妨碍二人担任谏官,他宁愿辞相也要坚持己见。他深知太皇太后绝不允许他避位,却赌气要挟以遂个人意愿。其行为简直不可思议。其实他不为个人私利,而是为了他废除新法逆转朝政,监察机关一路绿灯,他复辟倒退走回头路一帆风顺。

　　司马光对人评价随心所欲。当范纯仁主张继续推行"青苗法"时,本为同朝重臣的亲戚被他骂为"奸邪小人"。当他为废除新法需要其做谏官保持沉默时,又称赞其德才"诚协众望",硬要违背朝廷规矩坚持己见。就像对待王安石,今天听他劝告守成就是圣贤,明天变法改革就是奸佞;这叫什么逻辑?!

　　反变法派虽然打击变法派结为同盟,但在打击力度、施政措施等方面并不一致,都想在清除大批变法派官员后,争取更多高位和权力;都想以其学术思想取代"荆公新学",因而不可避免地再度分裂,形成了以程颐为首的"洛党",以苏轼为首的"蜀党",以刘挚为首的"朔党",他们党同伐异互相倾轧,国家朝政日非。这时朝堂由熙宁时期主要是政见之争,演变为保守派对变法派的残酷迫害及守旧派之间的权力之争。三党中洛党和蜀党争斗你死我活,朔党在朝堂占据优势,亦不容洛、蜀二党。请看元祐时期守旧派三党表:

表 19-1　元祐时期守旧派三党简表

名　称	首　领	骨干成员
洛党	程颐	贾易、朱光庭
蜀党	苏轼	吕陶、孔文仲
朔党	刘挚	梁焘、王岩叟、刘安世

　　整个元祐时期,先是保守派共同打击变法派,继而保守派分裂为三党混战,洛蜀二党失势后,朔党又分裂内讧,官僚政客恶斗,朝廷大臣像走马灯一样你方唱罢我登场,朝政动荡,国家元气大伤,综合国力急剧下降。

　　元祐八年(1093)九月,宋哲宗赵煦祖母高氏病故,是年哲宗 16 周岁开始亲政。他对 9 年来祖母和朝廷大臣把他作为摆设不放在眼里,却以他的名义一次次下诏废掉父亲的新法断送熙宁、元丰盛世,早已忍无可忍。他怀着对旧党愤怒和恢复先帝事业的雄心,于1094年改元"绍圣",表明其要"绍述先帝遗业",史称"绍圣绍述"。他进行人事大调整,将旧党领袖吕大防、范纯仁、苏辙、刘安世、范祖禹贬谪外放。起用章惇、曾布、蔡卞主持中央朝政,全面恢复先帝新法;以王安石学术思想作为国家意识形态,四月尊崇王安石配享神宗庙庭。他一改元祐时期对外妥协退让的政策,对西夏实施积极防御措施,修筑寨堡50余处。元符元年(1098)十月,宋军在平夏城一举击败30万夏军,占据河东路西北、陕西路横山至天都山一带战略要地,迫使西夏1099年派使叩关求和。可谓王安石变法时支持王韶取得河湟大捷20多年后,宋朝征战西夏的又一次巨大胜利。

由于哲宗和章惇德才难比神宗和王安石,且变法派再次分裂,尤其是哲宗亲政仅6年多时间短暂,全国政局激烈动荡等原因,"绍圣绍述"时期虽然制止了司马光"元祐更化"复辟以来国家的颓势,综合国力有所回升,但是却远没有达到熙宁、元丰时期的鼎盛。元符三年(1100)正月,不满23周岁的宋哲宗病逝,其母向太后力主哲宗异母弟端王赵佶为帝,史称"宋徽宗"。向太后立即再度起用守旧派官僚,任用韩琦之子韩忠彦为宰相。章惇由于辅助哲宗推行新法为向太后所恶,更使她恼怒的是章惇在朝堂上顶撞她,反对端王继位。说:

端王轻佻,不可以君天下。

章惇的大义凛然,为向太后和徽宗所不容,将其贬谪外放。后来北宋灭亡证明章惇确实具有先见之明,他在朝堂不惜自身安危为国担当,力阻端王即位的胆略和忠贞为人敬仰。但他付出的代价却是被篡改历史者列入《奸臣传》,蒙冤千古。

章惇(1035—1106)这个人不同寻常。他1057年与苏轼兄弟同榜进士,因耻于排名状元侄子章衡之后拒任官职,第二次考试终入一甲第五名,才入仕途。他长期担任朝廷重臣直至宰相,不为四个进士儿子谋私提拔重用,《宋史》竟说他不近人情。这才是严于律己,真正严格以身作则的典范。难道高官一人得道全家鸡犬升天才对?《宋史》颠倒是非可见一斑。

向太后的折腾,使得哲宗亲政后北宋振兴的曙光再次破灭。这已经是自"元祐更化"算起的第三次朝政巨变,天下波动。但折腾并未休止,向太后于1101年正月病逝,徽宗赵佶独掌朝政,于1102年改年号为"崇宁",表示尊崇宋神宗熙宁新法。他罢免宰相韩忠彦,重用曾布和政治投机分子蔡京,随后曾布又被蔡京排挤流放润州(今江苏镇江)。蔡京自1102—1125年四度出任宰相,他以"丰亨豫大"唆使潜心于书法、绘画、奇珍异宝不理朝政的徽宗挥霍享乐,荒淫误国;而他则打着行新法尊崇王安石学术的招牌,审定元祐及元符年间所谓的奸党309人(一说306人),刻石于文德殿门,并令各州郡刻石公告天下,称为"元祐党籍碑"。他大搞顺我者昌,逆我者亡,安插亲信党羽。其子孙10人占据朝堂高官要职,与童贯、高俅等人结党把持朝政。他将所有反对他的大臣如原宰相章惇、门下侍郎李清臣、尚书右丞张商英、尚书左丞陆佃等变法派及其他高官一律列入奸党名单,进行残酷打击,祸延家族子孙亲友。北宋进入了灭亡前最黑暗腐朽的时期,国家江河日下,病入膏肓,陷入深重的危机之中。

以上简要介绍了北宋自司马光"元祐更化"复辟倒退,导致其后折腾不止,政局动荡,对国家和社会民生造成严重危害。请看表19-2。

表19-2 北宋中后期政局剧变天下波动表

历史时期	帝王、辅臣等	施政后果及影响
熙丰变法 1069—1085 (17年)	宋神宗 王安石	进行经济、军事、政治、商贸、文化等全方位变法改革,消除积弱积贫内忧外患,富国强兵,改善民生。全社会焕发生机活力,百业俱兴,九州繁荣。内外用兵四战四捷,开创自太祖、太宗以来综合国力鼎盛的新时代。
元祐更化 1086—1093 (8年)	宋哲宗 英宗高皇后 司马光	全方位如破堤泄洪废除新法,复辟旧制。首开残酷打击变法派、重用守旧派折腾不已误国先河,提拔政客蔡京后患无穷。天下震荡波动,对敌苟且退让领土,放弃战略主动。国家元气大伤,综合国力全面下降。
绍圣绍述 1094—1099 (6年)	宋哲宗 章 惇	恢复熙宁时期新法,贬谪守旧派,重用曾布、蔡卞等变法派;1098年击败30万夏军,对外保持战略主动。国势明显起色回升,但时间短暂,未达到熙宁、元丰盛世高度。
崇宁折腾 1100—1102 (3年)	宋徽宗 向太后 韩忠彦	章惇等被守旧派再次打压。他驳斥司马光,顶撞向太后,反对徽宗即位被贬,朝政再次折腾动荡;废除哲宗国策,元气再伤,北宋朝政恶性循环,江河日下。
君臣亡宋 1103—1126 (24年)	宋徽宗 蔡 京	君王不务正业,奢侈享乐,荒淫误国。蔡京等六贼名行新法,实则坑国害民,自毁长城。国力一落千丈,天下病入膏肓。且犯联金灭辽战略错误,终致灭亡。

上表可以看出:自1069—1126年北宋灭亡50多年,天下经历了宋神宗、王安石变法(时代要求,振兴国家)—神宗母亲高太皇太后、司马光复辟废除新法(反动折腾,元气大伤)—宋哲宗亲政,任用章惇恢复新法(拨乱反正,国力止跌回升)—神宗向皇后、韩忠彦倒退(再度折腾,大江东去)—宋徽宗、蔡京朋党政

客荒淫误国(病入膏肓,北宋倾覆),帝王宰辅正反相互交替当权行废新法五个阶段。自元祐更化开启40年间多次180°政局剧变,北宋岂能不亡?

一个国家的综合国力包括硬实力和软实力,由人口、面积、经济、军事、政治、文化、科技、宗教信仰、公民素质和民族士气等多方面因素组成。由于古代没有严格的统计资料,要从以上几个方面对王安石变法期间北宋综合国力作出准确的判断,确实难以做到。即使科技发达的今天,准确评估一个国家综合国力也非易事。只能从经济、军事、文化尤其宋朝与辽国、西夏三国鼎立中的地位等事关重大的某一个主要方面,作粗略定性的基本判断。比如军事和对外关系,王安石变法期间毫无疑问处于巅峰,自"元祐更化"折腾误国,综合国力急剧下降,哲宗亲政后又有所回升,徽宗时代一路下滑,直至"靖康之耻"北宋灭亡。请看下图:

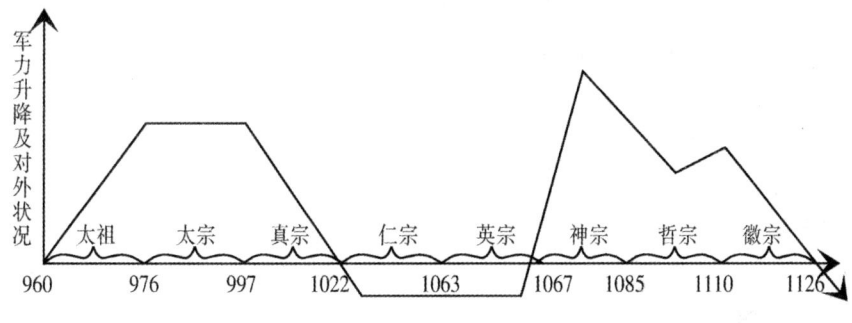

北宋军力及对外战事趋势图

上图可以看出宋朝太祖开国与太宗两代帝王南征北战,开疆拓土,国家生气勃勃处于上升期。真宗没有能继续太宗时与辽国势均力敌的平衡,1004年与辽国首签输出"岁币"屈辱的"澶渊之盟",宋朝国势下行。他造假祥瑞造神劳民伤财,封禅泰山等掩饰其无能,是个挥霍败国帝王,掏空了国家,后患无穷。仁宗朝虽然经济发展,文化兴盛,但1042年再与辽国签订增加"岁币"条约。尤其是1038年西夏独立,1044年以输出钱物与其签订屈辱条约。军力衰弱,对外关系持续低迷。英宗在位仅4年,既无大作为,亦无大过失。

唯有宋神宗和王安石变法的熙宁时期,宋朝经济大发展,文化大繁荣,民心士气振奋,对内对外4次用兵皆取大胜,综合国力达到两宋间的鼎盛。而王安石辞相后元丰年间征战西夏失败,北宋军力下降,难比王安石主政时期。宋神宗去世后司马光逆历史潮流的"元祐更化",使政局动荡天下不宁,经济滑坡,文化倒退,对外妥协,综合国力明显下滑。前文宋代户数、主客户比例、铸币等都充分说明了其时经济和民生的下行。而哲宗亲政后取得对西夏大胜,军事斗争再占主动,国势又有上升。但随后又被向太后贬谪章惇等复辟倒退,付之东流。北宋自12世纪初恶性循环加剧,如长江之水一泻千里,再无回头之浪,终于酿成神州沦陷、宗庙被毁、天下生灵涂炭的惨剧。

铁的历史事实雄辩地说明了:司马光开启了折腾误国的潘多拉魔盒,实为导致北宋灭亡的源头。如果没有司马光的折腾,就不会有哲宗亲政后的反弹及其后的恶性循环。北宋后期衰败的源头就在司马光及高后"元祐更化",导致此后永无休止的折腾,直至北宋灭亡。

南宋至明清以来许多学者肯定王安石变法改革及其崇高的品德操守。比如16世纪时明代学者陈汝锜(《宋史纪事本末》作者陈邦瞻的叔父),著《国史总》《甘露园》,他在其中"力为王安石辩冤作史谤19条"。他一反南宋以来诋毁王安石为北宋亡国源头的观点,把司马光推到了北宋灭亡之罪的被告席上。他用事实论证了司马光"祸靖康"的结论:

> 靖康之祸,论者为始于介甫,吾以为始于君实。非君实能祸靖康,而激靖康之祸者君实也。(《四库全书总目》卷一百七十七)

他认为靖康之祸始于司马光,但非司马光主观故意,而是其开启无休止折腾的先河葬送了北宋。郭沫若也正是因此得出结论:"宋之亡实亡于司马光之流。"实为真知灼见。

清朝康熙年间进士,内阁学士兼礼部侍郎李绂(1673—1750),曾经担任直隶总督,著有《穆堂类稿》等,他为王安石"辨正诬罔事尤多"。乾隆年间进士,文学家蔡上翔(1717—1810)其大作《王荆公年谱考略》全面充分肯定王安石,为其辩诬澄清正名26处。清末民国初年百日"戊戌变法"骨干梁启超,启蒙民智推动社会变革,学术涉猎广泛,著作宏丰达1400多万字,可谓伟大的社会活动家。他感于国家危亡,时代需要王安石,痛心王安石蒙冤千年;其大作《王安石传》一反南宋明清官方对王安石政治、学术的否定甚至人品诋毁,拨乱反正,正本清源,实为还原王安石真实形象的扛鼎之作。中国宋史研究会原会长邓广铭与其学生原副会长漆侠,二人学识广博,治学严谨,研究王安石成果丰硕,数十年来带领全国学术界唱响了充分肯定王安石的主旋律。

以上我们从北宋167年的历史可以清楚地看出,自"元祐更化"司马光开启40年的折腾,危害之大之深重,直至葬送国家,北宋倾覆。

第二十章　身后风波

王安石自1069年二月担任副宰相主持变法,1070年十二月担任宰相,至1074年四月因北方长期大旱,守旧派造谣变更祖制触怒上天,降灾人间,神宗祖母母亲向他施压,王安石第一次辞相。缺少了挺身担当中流砥柱的王安石,朝政混乱,变法改革更加艰难,这时"天下人复思荆公"。

1075年二月王安石应宋神宗诏命,第二次主持朝政,但是由于变法派的分裂尤其是吕惠卿野心膨胀,背叛王安石等多方面原因,王安石深感变法步履维艰,实现第二步战略目标已是无望。1076年他的弟弟王安国及儿子王雱去世,他多年积劳成疾,老来丧子痛彻肝肠难以释怀。变法改革8年已经覆盖社会所有领域,他已经大展宏图尽施才学,他恪守"功成身退,天之道也",让贤后人正当其时,当年十月第二次辞相。除第一次辞相10个月时间,他两次主政变法近7周年,这不平凡的7年,透支了他的健康。他身心疲惫,亲人早逝之痛更是刻骨铭心,心中苦辣酸甜五味杂陈,百感交集。他和夫人告别汴京,千里迢迢赶赴江宁,回到了他的第二故乡,开始了10年退休生活。

王安石太累了,他疲惫困倦亟待休息。长期繁重的政务,尤其是主政七年间,他独自面对三条战线:一是天下如地震海啸永不止息的反变法恶浪;二是宋神宗刚健不足的动摇妥协;三是变法派内部的倾轧内讧。他的身心蒙受创伤,严重透支了他的健康,仅56岁但已经积劳成疾。他只有融入大自然,在清幽的环境中涤虑袪烦,休养生息,"坐旷息烦襟。"才能逐步康复创伤。他近50年总是脚步匆匆永不停歇,奋斗拼搏如牛负重。他受父母启蒙教育,少年立志报效天下,勤奋读书永不懈怠。尚未成年父亲英年早逝,他继承父亲遗志,担当家庭重任,孝敬长辈,关爱弟弟妹妹成长,严格修身苦读。为父亲丁忧期满后1042年参加科考一举高中,结束了全家"母兄呱呱泣相守,三年厌食钟山薇"的悲痛困顿生活,给家族以振兴的希望。入仕从政以后他牢记修、齐、治、平,冲破世俗,特立独行,履职勤政,兴利除弊。他在开创性地做好本职公务的同时,胸怀天下求索治道,严谨治学,兼收并蓄诸子百家,从理论上探究振兴大宋的治国方略。在宋代学术大家众多流派纷呈的大环境下,他终于攀登到了"会当凌绝顶,一览众山小"的学术制高点,创立涵盖当时社会各个领域"学贯千载"的"荆公新学"。他的功绩、修养操守、学术理论等各方面名重天下。他成为官场冉冉升起的新星,成为士大夫心目中扭转乾坤的希望。1069年他闪亮登场北宋朝堂,他的登台打破了天下暮气沉沉一潭死水,一石激起千层浪,引起了巨大的反响。其实他从1068年入京尚未入阁主政时,就引起了天下潜在政敌的反对忌恨,他事实上已经身不由己进入北宋王朝政见之争的漩涡。

他从1069年初入阁主持变法改革的那一天起,他的生命就不再属于自己,就与国家的兴衰成败紧密联系在一起。从统筹兼顾变法改革的轻重缓急到制定每一项新法的各项准备工作,派员调研,广集民智,反复论证,朝堂议政,选择试点,总结经验,颁行全国,及时研究处理执行中出现的偏差及干扰破坏,每一个环节和步骤都凝结着他无数的心血和汗水。面对天下所有既得利益阶层组成的强大反对变法联盟疯狂反对抵制、干扰破坏,他如暴风骤雨中的泰山青松昂然挺立。守旧派对抗新法忌讳帝王权威,对神宗皇帝谨言慎行,许多守旧派本身就是神宗的亲人和后宫;对王安石则是必欲将他赶出朝堂以求釜底抽薪。天下治绩尽归神宗英明,新法执行中出现的偏差以及守旧派制造的事端,则都归咎于王安石,所有的脏水都泼洒他一人之身。

在中国封建时代三大改革家中,王安石既得不到宋神宗像秦孝公对待商鞅那样无条件绝对的支持,他也没有像明朝张居正那样皇帝年幼、李太后鼎力支持其代行皇权的环境和条件。他承受的压力和责任,受到的责难、造谣、诬蔑、中伤前所未有。他在朝堂上舌战守旧派高官同僚,朝堂下铁骨铮铮,据理坚定神宗思想。他亲自著文驳斥守旧派的陈词滥调,带领变法团队打退守旧派一次次的猖狂进攻。7年来他殚精竭虑呕心沥血,废寝忘食通宵达旦,迎击惊涛骇浪勇往直前,直面一切明枪暗箭,大义凛然。他不会享受人生,很少享受作为百官之首宰相的荣耀和乐趣。他极其厌恶内耗恶斗但又不得不身处其中,多年遭受煎熬,这一切使他身心疲惫。为了变法改革,天下权贵与他结怨,政敌遍朝野,失去了许多文坛好友。最使他心中隐痛不能释怀的是文才卓越的弟弟王安国与儿子王雱的英年早逝,王安石为了国家和天下万民,牺牲了自身和家庭。但使他感到欣慰的是,8年的变法改革,国家走上了中兴之路,经济发展,民生改善,军力强盛;还有宋神宗年近而立风华正茂,任用同榜王珪、女儿的公爹吴充为相,一如既往推行新法,国家将续写新篇迈向鼎盛。想到这些,王安石无怨无悔,这不就是自己终生追求的吗?只要能换得国家和万民的福祉,何患自己一家之失!?何惜自己一人之身!?

王安石回到南京第一件事就是建造安身的宅院。他终生俭朴反对奢侈，不求南京繁华宝地豪宅大院，为躲避城市的喧嚣嘈杂，他选择南京城与钟山之间一块丘陵坡地，按照自己的意愿爱好建起了"半山园"。王安石住进"半山园"后，开始了他无官一身轻的休闲生活。但他是一个闲不住的人，他开始系统整理自己的学术著作，进一步提高学术水平；他数年间倾注大量心血汗水编著了22卷《字说》，相当于今天的"字典"。他以儒家为本，兼采百家精华，穷究天地真理，学术炉火纯青。他有了更多时间交往许多道家名士、佛家高僧和社会各界朋友，他寄情山水田园写下了许多诗词佳作。这时期较此前服务时政的作品，更多的是江南秀美自然风景，艺术水平更高，被称为"荆公体"。他融入普通百姓之中，与民同乐，过上了村老野夫的平民生活。

　　神宗皇帝没有忘记他这位为国家作出巨大贡献的老宰相，从各方面给了他很高的待遇。王安石辞相时他们君臣难分难舍，对王安石赏赐有加。神宗深知王安石从不坐轿，专门赐以骏马供其乘骑；多次派人慰问，给他送医送药等；安排他的第二个儿子王旁供职南京，随时陪伴以使他享受天伦之乐；特意安排他的弟弟王安礼担任江宁知府；后又安排变法派得力骨干吕嘉问续任其职；专门指派他的女婿蔡卞到南京前去看望。他辞相后在南京所过9个生日，史料记载神宗派人送去礼物祝贺的就有5次，将他视为良师益友的神宗对其照顾无微不至。古代帝王如此对臣下有几人比得上宋神宗？神宗这样做向天下表明：一是对王安石品德贡献充分肯定和非常尊崇，二是表明继续变法改革坚定不移。王安石将自己殚精竭虑创作的《字说》上呈朝廷，他的其他学术著作和许多诗文名篇也在社会上得到了广泛传播。他实现了自己修齐治平的最高理想，达到了立德、立功、立言的圆满境界。

　　1085年三月五日，神宗突然英年早逝，打破了王安石平静的9年退休生活。其实神宗这个皇帝也很不容易，他追求变法图强，中兴大宋；登基后一直处于变法派与守旧派尖锐复杂激烈斗争的漩涡之中，永无宁日的内耗透支了他的健康。再就是元丰年间朝廷缺少王安石主政辅佐运筹帷幄，对西夏用兵失败伤亡60万。神宗痛悔不已，失声大哭，夜不能寐，精神受到了极大的刺激，正是年富力强之时，不满37周岁便撒手人寰。

　　神宗去世的噩耗传到南京，他悲痛万分，连续数日茶饭不思，精神恍惚。他写下《神宗皇帝挽辞》二首，表达了对神宗深切的悼念，第一首如下：

　　　　将圣由天纵，成能与鬼谋。聪明初四达，隽义尽旁求。

> 一变前无古,三登岁有秋。讴歌归子启,钦念禹功修。

前六句歌颂神宗在位 18 年,变法改制取得的巨大成就,后两句寄希望于新即位的皇帝,继承先帝改革事业。他不计自己荣辱,不担心个人生前身后名,他为哲宗年幼太皇太后高氏摄政,国家政局必将逆转忧心忡忡。尤其是司马光入朝主政,使他忧虑日甚。他的诗作《午枕》流露了深切的隐忧:

> 百年春梦去悠悠,不复吹箫向此留。
> 野草自花还自落,鸣禽相乳亦相酬。
> 旧蹊埋没开新径,朱户攲斜见画楼。
> 欲把一杯无侣伴,眼看兴废使人愁。

他感慨人生苦短,世事沧桑,忧虑国家前途命运,遗憾缺乏知音,眼看天下兴废,却也无可奈何。但他转念又想,司马光以儒家自居,应当尊重孔子有三年不改父道为孝的伦理道德,即使恢复旧制也须三年以后,而且朝堂上有多年合作共事的同榜王珪任相,想到这里他的忧心稍有缓解。真是天不佑宋!神宗去世仅两个月王珪离世。更让王安石万万没有想到的是,一贯标榜正统儒家,言必尊崇孔孟,对儒家思想礼制循规蹈矩的司马光,竟然发明"以母改子"背叛先帝,藐视圣上年幼,赌气骤然废除新法,国家元气大伤,江河日下。眼看自己与先帝十几年心血付之东流,王安石忧愤不已,一病不起。当听说司马光废除了他与神宗长期反复商讨,历时两年颁行天下的"免役法"时,他悲愤难抑:"亦罢至此乎!太过分了。"这位 66 岁的老人,数十年来超负荷付出,此刻他再也经受不住疾病的折磨,尤其是精神上的巨大打击,伟人的心脏永远停止了跳动,时间定格在 1086 年农历四月初六(公历 5 月 21 日),王安石在神宗去世仅 13 个月后,便与世长辞。一代英君贤相的相继辞世,结束了伟大的熙宁元丰鼎盛时代,历史的发展进入了下行的拐点。

这时,主政的司马光也即将走到人生的终点。对王安石的逝世,病中的司马光致信同为执政的吕公著:"介甫文章节义过人处甚多。"然后大段文字批评王安石执拗,颠倒黑白批评王安石变法危害国家民生,彻底否定其政治作为。最后表示对王安石去世,朝廷应给予适当的礼仪,但仅是口惠而实未至。苏轼起草了以哲宗名义发布天下的《王安石赠太傅制》,对王安石作出了在当时政治气候环境下的最高评价。京城太学的学生要祭祀悼念王安石受到阻止。陆佃却毫无顾忌,他把王安石当作圣贤,"率诸生供佛,哭而祭之"。王安石在文化学术界的影响可见一斑。王安石的丧事办得极其冷落,只有家人亲属少数人参加。许多人因为当时政治气候回避其丧葬活动,仅以诗文表达怀念之情。连曾经反对变法的官员张舜民都为此鸣不平,他在《哀王荆公四首》第三首中写道:

今日江湖从学者,人人讳道是门生。

王安石的老友郭祥正作五律二首;并专程赴江宁蒋山奠谒,再作七绝三首沉痛悼念。王安石去世当年,司马光、吕公著负责编修国史《神宗实录》即神宗一生作为。修史官员范祖禹、黄庭坚等多是守旧派,他们对王安石主政时真实记录变法改革等重要朝政的《熙宁日录》弃置不用,多采纳野史和道听途说及政敌攻击诬陷王安石的资料,甚至篡改史实,极力否定王安石。王安石开始蒙尘千古,致使许多事实后世永远难以澄清。

陆佃作为修史官员之一,曾经为此抗争:"尽用君言,岂非谤书乎!"他为老师坚持实事求是,反对将诬妄王安石的事写进《神宗实录》,但在当时政治环境下势单力薄,无济于事。1093年太皇太后高氏去世,哲宗亲政恢复神宗新法,尊崇其学术,朝廷重修《神宗实录》,由蔡卞主持,参考采用他的《熙宁日录》,对一修篡改历史进行了拨乱反正。元符三年(1100)正月哲宗去世,徽宗崇宁元年(1102)蔡京主持再次重修《神宗实录》,1104年修成,对前两次修史进行折中平衡。他被崇敬配享孔庙,位列孟子之后,受后人供奉祭祀。

北宋灭亡后,如丧家之犬逃到杭州的宋高宗赵构建立南宋。面对朝野纷纷追究北宋灭亡责任、探讨南宋今后国策呼声,高宗为了推卸父亲徽宗及兄长钦宗的罪责,且欲实行对金国屈辱求和投降,于绍兴四年(1134)第四次修撰《神宗实录》。首先将误国直接责任推给蔡京"六贼"等。高宗借蔡京主政时名为推行新法,尊崇王安石学术;并以其弟蔡卞是王安石的二女婿,牵强附会否定王安石,借题发挥以售其奸。于是再一次全面彻底否定清算王安石,将其定为北宋灭亡的始作俑者。围绕《神宗实录》多次修撰,最根本的问题就是对于王安石变法的评价。最后一修是赵构为其投降路线服务,混淆是非颠倒黑白的篡改,所谓实录不实,已是面目全非,难辨真假。元朝时依据南宋赵构在位时不实史料编撰的《宋史》,成为我国所有史书中最是良莠不齐、矛盾错漏百出、难以判断采信、质量低劣之书,许多历史事实永远难以澄清,以致今日众说纷纭,莫衷一是。

其实蔡京和蔡卞兄弟二人虽为1070年同榜进士,文才都很高,但人品天渊之别，王安石主政时从未重用蔡京。他辞相后听说朝廷重用蔡京为中书舍人，感慨任用非人。王安石和蔡京误国根本没有任何联系。从根本上说就是赵构欲加之罪何患无辞！他要让王安石背黑锅。其实真正失察提拔蔡京的是司马光，赵构因为欣赏司马光清算他厌恶忌恨的王安石，而掩饰宽容司马光的错误。

虽然司马光开启了永无休止折腾导致北宋灭亡的先河，但是应当承担北宋灭亡最主要罪责的是徽宗（1082—1035）和蔡京（1047—1126），其次是钦宗（1100—1156）。宋徽宗痴迷于书法绘画，追求声色犬马，淫欲享乐，后宫佳丽无数，还要找李师师寻乐。古今中外有几位帝王比得上他荒唐不务正业？！再加上蔡京投其所好，助纣为虐，北宋后期的黑暗腐败令人发指，国家病入膏肓。他最大的决策失误，就在于背弃宋辽和盟，与金国合力灭亡辽国，不仅落下背信名声，更因与金1125年灭辽中彻底暴露了北宋腐败，军队战斗力低下；且再无辽国抗金缓冲屏障，诱发金国于当年南下攻宋，1126年北宋灭亡。

眼看北宋大厦将倾，徽宗逃避罪责离京南逃，宣和七年（1125）传位于儿子赵桓，史称钦宗。钦宗毫无主见，由战和举棋不定滑向无底线原则求和；他制止各路援军保卫京城，听信骗子郭亮谎言，赐金帛数万，招来市井无赖7777名"神兵"，"神兵"一败涂地。他答应金人勒索少女1500人、金1000万锭、银2000万锭、绢帛1000万匹、御马7000余匹送于金使。最终仍然未能避免金兵攻破京城，北宋王朝"二百年府库蓄积"被洗劫一空，高度的物质精神文明繁荣毁于一旦；京城开封成为废墟瓦砾。

徽宗父子及后宫嫔妃、官员等3000余人被金人押送北方，受尽不堪视听的精神折磨和肉体蹂躏。金人封徽宗为"昏德公"，钦宗为"重昏侯"，意为父子二人一昏再昏。宋绍兴五年（1135）宋徽宗在屈辱中病亡。绍兴十二年（1142）钦宗曾泣求归宋的赵构生母韦氏，表示只求归宋，余生不问政事。赵构不念同胞之情，置之不理。钦宗于绍兴二十六年（1156）一说病死于燕京；台湾学者柏杨可能根据《大宋宣和遗事》，在其《中国历史年表》当年仅记一事：金朝贵族强令钦宗出赛马球，他身体孱弱，且不善马术，从马上摔下被铁蹄践踏身亡。亡国之君的悲惨可见一斑。从此赵构永无父兄归来争其帝位不得享乐天下，毫无人伦可耻的忧虑。

赵构为什么要否定王安石？这其中有他难以启齿的深层次原因。从根本上来说，就是王安石的学术思想不利于赵构专制统治。王安石的学术思想生气勃勃,开拓进取,是统治阶级上升时期所需要的先进思想,为励精图治大有作为的封建帝王所欣赏,而为颓废的极端专制帝王所不容。他的民贵君轻思想更为残暴君主所忌惮。按照王安石的学术思想,赵构应该卧薪尝胆积极备战,收复中原迎还父兄,而这些恰恰是赵构内心的忌讳。岳飞正因为坚持北伐迎还二帝,被赵构应金国请求杀害。赵构追求的是妥协退让直至投降当傀儡儿皇帝以保帝位享乐,他不惜父亲、兄长及后宫等亲人受尽非人凌辱客死异国,也不愿他们归国影响自己的帝位和享乐。15年后赵构仅迎回他的生母韦后,其在敌国受尽屈辱,与金人生下两个孩子;赵构修史将其出生时间提前10岁,以年高不能生育蒙蔽世人生母不堪之事。像他这样有失孝道、不思振作、苟且偷安的无道昏君,正是王安石主张贤臣弃之、百姓革命推翻的对象。赵构要继续稳定他的统治,就必须从政治思想上把王安石打入18层地狱,寻找有利于自己统治的学术思想作为国家主流意识形态。他需要士大夫名流为其所用,这时影响仅次于王安石"荆公新学"的二程理学,其对帝王的柔性要求,以及"存天理,灭人欲"的思想,更有利于麻痹人民稳定统治,而为赵构所欣赏。当时理学代表人物范冲及"程门立雪"的杨时等揣测奉迎昏君赵构心意,抢抓理学替代王安石学说机遇,理学遂成为国家主流意识形态显学。宋人李心传《建炎以来系年要录》记载,绍兴四年(1134)范冲上奏赵构:

> 王安石自任己见,非毁前人,尽变祖宗法度,上误神宗皇帝,天下之乱实兆于安石。

他的上奏正合赵构心意,赵构对其赞赏说"极是。朕最爱元祐。"他必欲对王安石彻底清算否定。范冲生于1067年,王安石变法时他仅3岁,王安石二次辞相时,他不满10岁,他没有参与王安石变法的亲身经历。他叔祖父范镇、父亲范祖禹反对王安石变法,他接过先人接力棒,家族传承祖孙三代反对新法。范冲曾经受到蔡京提拔重用,他出于对蔡京的感恩和畏惧,从来闭口不谈蔡京误国无可争辩铁的事实。却继承先人衣钵,肆无忌惮地把脏水泼向已经去世,他可以任意踩踏诋毁不会受到报复的王安石身上。他请求赵构:

> 惟是直书安石之罪,则神宗成功盛德焕然明白。

范冲此说自相矛盾。当时曾公亮老宰相曾经说过:"上与介甫如一人,此乃天也。"说神宗委托王安石变法改革,王安石为报知遇之君鞠躬尽瘁,君臣二人珠联璧合,"信任之笃,古今所无"。如果王安石有罪,则神宗难辞误用罪臣过错，就谈不上"神宗成功盛德"。只有王安石为贤臣，才可以说神宗圣明。二人的理想追求是一致的，二人的同心协力、毫无猜忌是被历史证明了的。范冲将君臣同心推行的新法说成王安石对神宗的误导，为的是将二人分开，便于高宗撇清先人，使其毫无顾忌全盘否定王安石。其实神宗皇帝是谁也误导不了的英明帝王。如果说王安石担任宰相误导了年轻的神宗，当王安石退休时神宗年近而立，已经具有成熟的治国经验，他岂能够终生被误导?!神宗朝纲独断为什么还要继续坚定不移，一如既往的推行新法呢？"误导说"是给高宗下台阶找借口，但范冲这一招果然奏效。司马光也曾持上说，其实他心里比谁都清楚，这种说法根本不成立，不过是以这种说法减轻先帝尸骨未寒他骤然废除新法的舆论压力，掩盖他对先帝的不敬和与王安石对着干的蛮横无理。

与此同时，"二程"的得力弟子杨时，为了将理学思想上升为统治阶级的主流意识形态，上章疯狂诋毁王安石学术思想，诬蔑王安石变法导致北宋灭亡。杨时的上章正中赵构下怀。有"朕最爱元祐"一言九鼎的皇帝赵构支持，杨时、范冲等理学骨干肆无忌惮，一时朝野内外乌烟瘴气，形成了否定诋毁王安石的狂潮恶浪。从此，王安石被赵构不孝昏君钦定为"万世罪人"而流毒至今。作为北宋治国安邦指导思想超过半个世纪的"荆公新学"式微，理学逐步兴盛，成为最高封建专制统治者欣赏的国家主流意识形态。

赵构把妨碍其卖国投降的王安石所主张的"荆公新学"踩在脚下，清除了他苟且偷生专制统治的思想障碍，代之以"二程"理学成为国家的主流意识形态，他在投降卖国的道路上愈走愈远。他和秦桧于绍兴十一年（1141）十一月与金国达成了投降卖国的"绍兴和约"：一是南宋向金国称臣，受金国册封赵构为宋帝，保证"世世子孙，谨守臣节"；二是双方划定疆界，东以淮河中流为界，西以大散关（今陕西宝鸡西南）为界，以南属宋，以北归金。宋将唐、邓二州及商（今陕西商县）、秦（今陕西天水）二州之大半割让给金。三是自当年开始宋每年向金进贡银25万两、绢25万匹。赵构等于公开正式承认金国占领北宋大量国土既成事实外，再次卖国割地赔款。宋朝太宗时全国15路，仁宗时18路，神宗时23路，宋徽宗时26路，南宋锐减为16路。减少相当于今天的省级行政机构10路，可以想见丧失国土之多。对金国进贡钱财之巨大经济负担全部转嫁到百姓身上，致使"民力重困，饿死者众"。

赵构再三请求换来的仅是已被掠走十几年受尽屈辱的生母韦氏以及徽宗赵佶的灵柩，但是金国签约的条件之一是宋廷杀害岳飞。对金称臣跪接金人圣旨的赵构完全照办,他成为不仅礼仪而且实质上地地道道的儿皇帝。他与秦桧将岳飞绞杀于大理寺中,将岳云、张宪斩杀于市。

一个为保帝位享乐,不惜家人及国人受尽屈辱蹂躏,自毁长城杀害抗金英雄的昏君,打压诋毁王安石是不足为奇的。赵构成为继五代后晋石敬瑭之后向少数民族政权称臣的第二个儿皇帝。较石敬瑭沙坨人,他却是汉族中原王朝中充当少数民族儿皇帝的唯一。

赵构多年被金兵追击,成为中国历史上少有逃跑快、流亡时间长皇帝;他带头投降卖国开启恶例。第二位帝王太祖后裔赵眘(1127—1194)在位 28 年,虽有魄力与潜质,但是冰冻三尺积重难返。他继位第二年隆兴元年(1163)委任志大才疏的张浚为军事最高长官枢密使,仓促组织"隆兴北伐"失败后,他对投降派妥协让步;胸怀宏图伟业却壮志难酬。

他的儿子光宗听信李皇后谗言,称疾不料理孝宗丧事,致使朝中骚动;在以忠孝治天下的封建时代,尤其是作为帝王其所为人所不齿。光宗儿子宁宗在位 30 年,虽然采纳宰相韩侂胄(北宋宰相韩琦曾孙)奏请,追封岳飞为鄂王,削去秦桧所封王爵;但按照金国要求,效仿高宗杀害岳飞,任由杨皇后和奸相史弘远 1207 年密谋诛杀组织北伐失败的韩侂胄,向金国献上其首级,可谓亲者痛仇者快的自毁长城。其后宋理宗在位 40 年,任用奸佞丁大全、内侍董宋臣、宰相贾似道,国势益危。度宗继续宠信贾似道祸国殃民,财政恶化,兵败失地,大厦将倾。以上孝宗以后四位帝王尤其是宁宗理宗合计在位 70 年,加上赵构在位 30 多年,三人掌控天下超过 100 年,占南宋享国时长 2/3;数代帝王不思进取庸碌无为。赵构首开甘当金国儿皇帝的先河;宁宗嘉定元年(1208)再签向金国进贡每年金银 30 万两、绢 30 万匹、犒军银 300 万两输出钱物最多的耻辱和约。他最大的决策失误就是被对金国的仇恨蒙蔽了理智,重蹈北宋联金灭辽覆辙,联蒙 1234 年灭金。宋蒙之间失去了金国缓冲屏障;宋军暴露出战斗力低下,更诱发蒙古大军南下,敲响了南宋灭亡的丧钟。

恭帝四岁即位,端宗、帝昺寿命皆不到 10 岁,破国亡家责任不在其三人。

综观两宋 18 位帝王,北宋 9 位帝王中徽、钦二帝最为不堪,前 7 位帝王整体素质明显高于南宋前 6 帝。要论英明君主当属开国太祖赵匡胤,其后人无及。他作《日诗》以太阳自许,其胸怀壮志雄才大略,远非一般君主可比:

> 太阳初出光赫赫,千山万山如火发。
> 一轮顷刻上天衢,逐退群星与残月。

他在建国初期制定重文轻武等基本国策亦是因应时代需要；假如他在位时间长久，遇到后世帝王的困局，肯定会因时而变，适应形势发展的需要，英明帝王绝不会抱残守缺。许多开国帝王因时制宜，在开拓创新中带领天下万民走向强盛。南宋孝宗尚有可圈可点之处，其余 5 位都是马尾丝穿豆腐——提不起来。南宋四次北伐：第一次绍兴四至十年（1134—1140）"岳飞北伐"；第二次隆兴元年至二年（1163—1164）"隆兴北伐"，南宋最有作为太祖后裔孝宗皇帝，由于错误任用张浚主帅失败。第三次开禧元年（1206）、第四次端平元年（1234）两次失败主要原因是君主无能甚至昏庸，事关重大不作充分准备，为收买人心头脑发热仓促行动。最令人扼腕叹息的第一次以岳飞为主多年的北伐失败，根本原因为赵构不愿北伐成功迎还二帝；"一日奉十二金字牌"勒令岳飞撤军，岳飞悲愤哭泣："十年之力，废于一旦。"这才是自毁长城的功亏一篑。

北宋有相无将，南宋有将无相。北宋千古名相众多，比如赵普、寇准、范仲淹、王安石等；跟随赵匡胤打天下的将帅杯酒释兵权后，名将寥若晨星。南宋秦桧等投降卖国弄权的宰相众多，称得起千古名相的仅文天祥（1236—1283）一人。经过实战考验的中兴四大名将韩世忠及没有被重用的辛弃疾等著名将帅，足可以担当北伐重任未被重用。最年轻的岳飞去世时不满 39 岁，正是武将建功天下的年华，却死于高宗和秦桧的屠刀。

南宋收复中原天下士大夫及民心可用。陆游（1125—1210）一生为北伐恢复中原奔走呼号，抗金杀敌是他过万篇诗词文章的主旋律："集中什九从军乐，亘古男儿一放翁。"（梁启超《读陆放翁集其一》）；但他有心杀敌，报国无门。辛弃疾（1040—1207）文武全才，爱国激情澎湃："醉里挑灯看剑，梦回吹角连营"（《破阵子·为陈同甫赋壮词以寄之》），"金戈铁马，气吞万里如虎"（《永遇乐·京口北固亭怀古》），"男儿到死心如铁"。他一生追求"看似手，补天裂"（《贺新郎》）救世补天。他收集北方金国情报，不在其位却统筹考虑，谋划大局，多次向朝廷提出切实可行的北伐建议，是具有全局战略眼光和指挥才能的将帅之才；他早年"壮岁旌旗拥万夫"，青年时参加耿京抗金起义军，擒杀叛徒张安国投奔南宋，却在南宋备受煎熬苦等 40 多年未受重用，慷慨激昂发出"凭谁问，廉颇老矣，尚能饭否？"（《永遇乐》）生命的绝唱。假如由他来主持北伐历史必将改写；但他 1207 年 68 岁去世前朝廷才想起重用他，为时已晚。陆游更是空有杀敌雄心壮志，一直到 86 岁老死没有受到朝廷重用。

南宋末年朝廷到了派宰相与金国谈判投降事宜，宰相陈宜中溜之大吉，无人上朝时，才任用文天祥为宰相应急前去谈判。金国伯颜发现文天祥为南宋一流人物，甚有回天之力，伯颜放回其余谈判代表，将其一人扣押。后来文天祥历经千难万险九死一生逃脱魔掌，再组织军队抵抗，已是大厦倾覆，独木难支。他恪守"人生自古谁无死，留取丹心照汗青"（《过零丁洋》），在元大都（今北京）监狱中忠于宋廷："臣心一片磁针石，不指南方誓不休"。面对元朝威逼利诱甚至忽必烈劝降，让他担任元朝宰相他也不为所动。如果南宋朝廷早一年或几个月任用文天祥主政，很可以避免兵败，小皇帝葬身大海，南宋灭亡惨剧。

南宋许多士大夫都具有陆游、辛弃疾、文天祥的爱国激情，万民尤其是沦陷敌国百姓更是翘首以盼："遗民忍死望恢复，几处今宵垂泪恨。"（陆游《关山月》）"南望王师又一年。"但是摊上素质低下的南宋帝王群体，天下万民年年盼望北伐岁岁失望，国家无前途，百姓无希望，江山社稷焉能不亡？！

南宋缺少宋神宗锐意革新励精图治的君王，因此皇帝身边根本不可能出现像王安石那样为振兴国家勇往直前，鞠躬尽瘁不惜自身的宰相。说到这里我们不能不佩服宋神宗的英明和王安石的德才学识以及对国家万民的忠贞奉献，君臣二人开创盛世的壮举成就彪炳千秋万代。

徽宗钦宗二帝葬送北宋，天下生灵涂炭，高宗及其南宋素质低下帝王群体自毁长城，300多年的大宋王朝创造最辉煌的物质和精神文明被淹没在历史的长河中，至今令人扼腕叹息。宋朝悲剧再次证明了一条颠扑不破确凿的真理：古今中外封建社会仅靠包括英明君主的"人治"，不能从根本上保障社会长治久安。况且英明君主是少数，所有英明帝王都不是万能的；多数平庸无为的君主致使天下百姓深受其害；封建制度更不能避免无道昏君将天下万民带到悬崖深渊，难以避免王朝覆灭、生灵涂炭的惨剧一幕幕重演。法治才是社会健康发展进步，国泰民安的根本保障；依法治国是社会进步和历史的必然。

到了明清中国封建社会进入后期，封建社会上升时期的生机活力、学术思想的多元和包容不复存在，禁锢思想的专制统治走向了极端。与其相适应的程朱理学作为正统更加受到尊崇；从孟子到王安石等反对极端封建专制的学术思想持续受到打压，王安石的人品继续受到严重诋毁。南宋以来直至明清丑化污蔑他的文学作品泛滥成灾。明太祖朱元璋、清高宗爱新觉罗·弘历虽然对中国历史发展曾经有过重要成就贡献，但诛杀功臣、大兴文字狱等为后世诟病。王安石《读汉功臣表》批判刘邦：

汉家分土建忠良，铁券丹书信誓长。

本待山河如带砺，何缘菹醢赐侯王。

说刘邦分封共同征战夺取天下的功臣为异姓王，赐以免罪铁券丹书，本来发誓君臣要像泰山黄河永远安好永存，转瞬间却把功臣剁成肉酱（指梁王彭越）送诸王分食。其批判封建帝王虚伪残忍，君臣只能共患难而不能同安乐，可谓入木三分。王安石严词批在刘邦身上，疼在朱元璋及爱新觉罗·弘历心上。朱元璋效法汉高祖刘邦，诛杀功臣株连数万之众，仅胡惟庸案就残杀约3万人，蓝玉案约2万人，他泯灭人性的冷酷残杀，实为专制帝王之最。其后世子孙传承其基因，同室操戈、嗜杀成性、荒淫误政，残暴杀害晚明栋梁袁崇焕，更是自毁长城，终于断送大明江山，岂非报应?!

爱新觉罗·弘历制造文字冤狱天下恐怖，令人发指。远远超过其祖父康熙朝11起、父亲雍正朝20起，竟然高达130多起。从朱元璋到爱新觉罗·弘历等专制暴君，从来不检点自己所为，却要求天下臣民从思想到行动绝对无条件服从。朱元璋不允许国人学《孟子》原著，将书中许多不符合专制统治的内容，比如"君之视臣如手足，则臣视君如腹心；君之视臣如犬马，则臣视君如国人；君之视臣如土芥，则臣视君如寇仇"、"民为贵，社稷次之，君为轻"等85处（一说88处）删去，重新命名为《孟子节义》，然后才印发天下。他建设南京都城时，王安石坟墓被迫迁葬，本来就没有按照规制非常简朴的坟墓从此不知所在。这对于今天研究王安石仍然是不可弥补的损失。爱新觉罗·弘历为编《四库全书》，搜集天下藏书，凡不符合其专制思想标准的统统付之一炬，烧毁书籍无数，实为中国文化遗产的一大劫难。他因王安石不做君主奴才，以道义保持个性，对其学术及变法改革等多方面做了不合实际的严厉批评。他名为"康乾盛世"帝王，难比其祖父爱新觉罗·玄烨除鳌拜、平三藩、收复台湾、平定准噶尔叛乱、抗击沙俄、奠定中国超1300万平方公里疆域，可谓千古一帝盛世君主。祖孙不能相提并论。

他的父亲爱新觉罗·胤禛在位13年，革除康熙朝晚年弊政，兴利除弊，其勤政日均批阅奏章之多等，在封建帝王中少见；其励精图治，对西南少数民族地区大规模实行"改土归流"等，历史功绩可圈可点。但其诛杀无意诗作"清风不识字，何故乱翻书"的翰林院学士、康熙朝刑部侍郎徐乾学儿子、顾炎武甥孙徐骏等残暴行径为人诟病。爱新觉罗·弘历25岁即位，亲政60周年，是古今中外掌权时间最长的帝王。面对西方工业革命蓬勃发展与资本主义列强崛起，以及世界开放的大潮，他却闭关锁国走向极端。英国使臣为他庆祝60寿辰，竟然为跪拜礼节争执不休,他的夜郎自大傲慢无礼为中国埋下了祸根。正是在他统治时期,中国被西方列强远远地甩在了后面。他 1799 年去世后仅 40 年,西方列强坚船利炮打开了中国门户。中国陷入了半封建半殖民地社会,人民跌入了超过百年苦难的深渊。中国近代以来屈辱的历史,正是源于他陶醉于盛世,好大喜功,夜郎自大,不思振作,追求享乐。对中华民族危害最大的莫过于他闭目无视西方崛起,闭关锁国,致使具有五千年文明的中华民族屡遭浩劫,任人宰割。他空有盛世帝王之名誉,而实则中华民族落伍于世界的源头罪人。

王安石不愧睿智的思想家,深知历史上许多改革家难以善终,他甚至对自己身后似有预测,请看其《读史》:

> 自古功名亦苦辛,行藏终欲付何人?
> 当时黮黯犹承误,末俗纷纭更乱真。
> 糟粕所传非粹美,丹青难写是精神。
> 区区岂尽高贤意,独守千秋纸上尘。

说自古建立功勋名传后世者,都必然经历艰难困苦;一个人追求的事业终究要传承后人。对于一个人功业的评价,由于受各种因素影响,即使在当时也很难做到客观公正,受世俗众说纷纭的影响,甚至会作出错误的结论。致使谬误流传,后世更难以澄清。因此传之后世史书记载的人和事,不一定是真实准确的史实;人的精神境界难以用文字绘画表达。简短的文字画图怎能表达圣贤的崇高思想?流传千古的史书蒙上的是厚厚的灰尘,谁能看得清呢?这不正是王安石千古蒙冤的预言和真实写照吗!正如孟子所言:"尽信书不如无书。"

由于司马光等守旧派及昏君赵构对王安石政治学术的清算否定,致使他的许多学术著作被焚毁失传。作为正史的《宋史》对王安石的记载有欠客观公正,流传至今,中华民族数千年文明史上少见的伟人王安石,只能永远是半埋在矿井深处的金子,不能放射出他的全部光芒。这是中华民族文化遗产难以弥补的遗憾和损失!《宋史》不可全信,撇开又少依据,这才是今日还原王安石真象之难!

乌云只能暂时但不可能永远遮住太阳的光辉。王安石去世后 900 多年来,尽管有赵构、朱元璋、爱新觉罗·弘历等专制残暴帝王倚仗皇权滥施淫威,向王安石身上泼洒脏水,必欲全盘否定王安石;也有历代御用文人紧跟专制帝王如犬吠日,但是他们不可能堵上天下所有人的嘴巴。更多正直的史家学者则是见仁见智,从来不缺比较中肯的评价。还有许多不惧帝王淫威,敢于挺身为王安石讲公道话的学者义士。从"元祐更化"时期天下士大夫对于否定王安石的抗争开始,到南宋则有著名理学家朱熹、陆九渊,明朝章衮、陈汝锜,清朝李绂、严复、杨希闵等许多名人大家发声著文,一直为王安石鸣不平。

谢谦大作《国学分类辞典》列为自孔子至严复19位哲学名家之一的清初思想家、教育家颜元(1635—1704),评价王安石变法非常精辟,说理透彻:

  荆公……廉洁高尚,浩然有古人正己以正天下之意。及既出也,慨然欲尧、舜、三代其君,所行法如农田、保甲、保马、雇役、方田、水利、更戍、置弓箭手于两河,皆属良法,后多踵行。即当时至元祐间,范纯仁、李清臣、彭汝砺等,亦讼其法以为不可尽变,惟青苗、均输、市易,行之不善,易滋弊窦。然人亦曾考当日之形势乎?太宗北征中流矢,二岁创发而卒。神宗言之,怆焉流涕。夏本宋叛臣而称帝,此皆臣子所不可与共戴天者也。宋岁输辽、夏银一百二十五万五千两,其他庆吊、聘问、赂遗近幸又倍是,宋何以为国?奉以岁币,求其容我为君,宋何以为名?又臣子所不可一日安者也。而宋欲举兵,则兵不足;欲足兵,饷又不足。荆公为此,岂得已哉!譬之仇仇,戕吾父兄,吾急与之讼,遂至数责家赀,而岂得已哉?宋人苟安日久,闻北风而战栗,于是墙堵而进,与荆公为难,极诟之曰奸、曰邪,并不与之商榷可否,或更有大计焉。惟务使其一事不行,立见驱除而后已,而乃独责公以执拗可乎?且公之施为,亦彰彰有效矣。用薛向、张商英等办国用,用王韶、熊本等治兵,西灭吐蕃,南平洞蛮,夺夏人五十二寨,高丽来朝,宋几振矣!而韩琦、富弼等必欲沮坏之。毋乃荆公当念君父之仇,而韩、富、司马等皆当起置也乎?矧琦之劾荆公也,其言更可怪笑,曰:"致敌疑者近有七:一招高丽朝贡,一取吐蕃之地建熙河,一植榆柳树于西山制其蕃骑,一创团保甲,一筑河北城池,一置都作院,颁弓矢新式,大作战车,一置河北三十七将,皆宜罢之,以释其疑。"嗟乎!敌恶吾备则去备,若敌恶吾有首,将去首乎?此韩节夫所以不保其元也!且此七事,皆荆公大计,而史半削之,幸琦误以为罪状遂传耳,则其他削者何限?范祖禹、黄庭坚修《神宗实录》,务诋荆公。陆佃曰:"此谤书矣。"既而蔡卞重行刊定。元祐党起,又行尽改。然则《宋史》尚可信邪?其指斥荆公者是邪,非邪?虽然一人是非何足辨,所恨诬此一人,而遂忘君父之仇也。而天下后世遂群以苟安颓靡为君子,而建功立业,欲擐柱乾坤者为小人也。岂独荆公之不幸?宋之不幸也哉!(《颜元集·宋史评佚文》)

第三部　学界泰斗

第二十一章 文化盛世

宋代何以涌现许多像王安石这样学术、文学等方面成就贡献卓越的文化巨匠，要弄清这个问题，我们首先要对宋代文化盛世作简要的了解。

一、宋代文化盛世的主要标志

宋代文化繁荣鼎盛，为我国古代绝无仅有。北京大学首任校长，学贯中西的思想家、教育家、翻译家严复，以及黄仁宇、钱穆等学术大师都对宋代评价极高。国学大师陈寅恪在邓广铭《〈宋史·职官志〉考正》序言中称赞道："华夏民族之文化，历数千载之演进，造极于赵宋之世。后渐衰微，终必复振。"其学生我国宋史研究会原会长、北京大学教授邓广铭说："宋代是我国封建社会发展的最高阶段。两宋期间的物质文明和精神文明所达到的高度，在中国整个封建社会历史时期，可以说是空前绝后的。"

欧阳修、朱熹等宋代大家，亦为当时文化极大地超越前朝感到自豪。

国外学者对于宋代的评价更高。两次获诺贝尔奖的英国科学院院士李约瑟博士在《中国科学技术史》中说道："中国的科技发展到宋朝，已成巅峰状态，在许多方面，实际上已经超过了18世纪中叶工业革命前的英国或者欧洲的水平。"日本文史家内藤湖南认为："唐代是中国中世纪的结束，宋代则是中国近代的开始。"美国学者罗兹·墨菲在《亚洲史》中谈道："在许多方面，宋朝在中国都是个最令人激动的时代，它统辖着前所未有的发展、创新和文化繁盛期。从很多方面来看，宋朝算得上一个政治清明、繁荣和创新的黄金时代。"

国外学者为什么对宋代评价如此之高？他们是从推动人类文明进步的角度，对各国不同历史阶段为人类文明进步的成就贡献作为评价标准，对宋朝评价较高。陈义初在《二程与宋学·首届宋学暨程颢程颐国际学术研讨会论文集·序》中指出：宋朝是我国封建社会发展的顶峰时期，在世界历史舞台上扮演过领先角色，主要表现在：1.我国的"四大发明"，有三项是在宋朝真正广泛应用。指南针、火药用于军事等。2.发明并使用最早的纸币——交子，为资本主义在中国的产生提供了重要的前提。3.宋朝是当时最重要的海上贸易大国,仅此税收曾经达到政府财政收入半数。4.宋朝是中国古代大一统王朝唯一没有爆发全国性农民起义的王朝。秦、汉、隋、唐、元、明、清等大一统王朝皆在农民起义中灭亡。5.宋朝在中国历朝唯一不实行"抑商"政策,因此创造丰厚的财富保证了国家财收;不用苛税于民,缓和了社会矛盾,进入治理国家的良性循环。6.宋朝是中国社会市民阶级正式产生的朝代。他们经济上自足,有独立价值追求。其时西方正是文艺复兴的前夜。7.宋朝市民的审美和生活情趣,促成了文化高度繁荣,曲艺、说书、小说等都在这一时期成型并快速发展,涌现出《东京梦华录》、《清明上河图》等大批反映社会生活的经典之作。8.宋朝商业繁华带来了思想的活跃,宋朝有学生游行之空前绝后之事,更有皇帝亲为民间书院题名之举。以上就是历史上真实的宋朝。在这样一个经济繁荣、生活富足、思想自由的朝代,宋学的繁荣,文化的盛世理所当然。

而国人受到近现代100多年我国遭受外国侵略蹂躏、饱受屈辱的历史影响,崇拜汉唐盛世,对于两宋军力不振,分别灭亡于金和蒙古少数民族深切痛惜,因此影响了对宋朝的整体评价。但对于宋朝政治的相对文明宽松、宋代物质和精神文明达到的高度,国内外学者认识基本一致。

宋代文化繁荣有什么主要成就、有何重要标志?请看以下几个方面:

(一)哲学大家辈出

哲学发展水平是一个时代文化整体状况的重要标志,同时又为其他学科发展提供思想认识及方法的引领指导。宋代政治统治相对开明,学术自由,百花齐放;尤其是宋神宗时代经过百年孕育,社会经济与文化教育以及科技的发展进步等多方面达到鼎盛,为哲学的发展和繁荣奠定了坚实的基础,形成了继战国诸子百家争鸣和以老庄为主要研究内容的"魏晋玄学"兴盛之后,我国封建时代又一学术思想大发展的巅峰。

宋代哲学发展经历了三个阶段。第一阶段为宋代哲学的形成阶段,时间主要是仁宗庆历(1041—1048)前后,活跃期为"庆历新政"(1043—1044)前后,代表人物胡瑗、孙复、石介(宋初"三先生")及李觏、范仲淹、欧阳修。第二阶段是宋代哲学发展阶段,也是各个学派的形成阶段,时间是仁宗后期及英宗时期(1056—1067)。第三阶段是宋代哲学大发展时期,时间是宋神宗和王安石变法时期(1069—1085)。宋代影响较大的著名哲学家有:

周敦颐(1017—1073),理学创始人。北宋哲学"五子"(其余张载、邵雍、"二程")之首,字茂叔,号濂溪,道州营道(今湖南永州道县)人,其学说被称为

"濂学"。"二程"曾受教于他。其《太极图说》250余字,为理学初期代表作。

张载(1020—1077),理学家,凤翔眉县(今陕西眉县)横渠镇人,世称横渠先生,"二程"表叔。其"为天地立心,为生民立命,为往圣继绝学,为万世开太平"思想境界高山仰止;因其讲学陕西关中,其学说被称为"关学"。

王安石(1021—1086),朴素辩证唯物主义思想家。其学说融会贯通百家,博采众长,思想创新一枝独秀,指导变法改革实践,有补于世,振兴国运,开创崭新时代。时称"荆公新学";文化巨擘、全才宰相,综合成就贡献卓越奇绝。

程颢(1032—1085)、程颐(1033—1107)兄弟:史称"二程",理学家,因讲学于家乡洛阳,其学说称"洛学"。程颐作为与苏轼"蜀党"对立的"洛党"领袖,其学术尤其"去人欲、存天理"思想受到朱熹传承,且较程颢寿长,对后世影响远超兄长。

除以上几位大家,北宋尚有范仲淹、欧阳修的学说及司马光的"朔学"、苏轼的"蜀学"、邵雍的象数学等,但其系统性及影响力逊于以上几位。

南宋有朱熹(1130—1200),理学家,祖籍徽州婺源(今江西婺源县),程颐四传弟子。他发扬光大创新程颐理学传统,合称"程朱理学",为南宋及明清最高统治者欣赏。其核心思想"存天理,灭人欲"等,在物欲横流的当今社会,仍有现实启示借鉴意义。其主持书院成就贡献巨大。

南宋还有与其合称"朱陆"的陆九渊及张栻、吕祖谦等思想家。

中国封建社会哲学大家多,涌现集中,学术思想活跃繁荣,当数仁宗晚期至神宗时期(1056—1085)。此前虽曾有春秋战国"百家争鸣",但时间跨度达数百年;魏晋南北朝时期"魏晋玄学"学术思想活跃,但其学术思想高度及现实性与对后世的影响,都难比宋代;元明清也不及宋代繁荣鼎盛。

(二)教育兴旺发达

两宋官学私学比翼双飞,国民受教育及文化素质(除了清朝后期进入近代社会不可比拟)为中国封建社会空前绝后。宋代官学自建国后一直到南宋300余年久盛不衰。尤其是仁宗庆历年间、神宗熙宁年间和徽宗崇宁年间三次大规模办学高潮,不仅促进了中央和地方官学大发展,而且催生了与官学相媲美的私学繁荣。当时私学无论从数量还是质量规模方面更是超迈前朝,后为元明清所不及,南宋私人书院更盛。请看表21-1:

表 21-1　宋代四大书院简表

名　称	建立时间	建立地址	书院山长及名人
白鹿洞书院	10世纪40年代	庐山（江西九江庐山五老峰下）	朱熹、陆九渊、蔡沈、明起
嵩阳书院	10世纪50年代	登封（河南登封太室山南麓）	范仲淹、程颢、程颐
岳麓书院	10世纪70年代	潭州（湖南长沙岳麓山下）	周式、孙胄、张栻、朱洞
应天书院	10世纪70年代	应天（河南商丘城内）	戚舜宾、晏殊、范仲淹

宋之前最早规模较大私人书院，为九世纪初建立于衡州（湖南衡阳北湘水畔）的石鼓书院，有与上四院合称"五大书院"说。河南、湖南各两大书院，天下书院之首的白鹿洞书院及嵩阳书院，生员最多时近万人。

教育大家群星璀璨。首先是范仲淹及宋初"三先生"，后有周敦颐、张载、王安石、"二程"。南宋则有朱熹、陆九渊、张栻、吕祖谦合称"四先生"，还有陈亮、叶适等。朱熹门人子弟达378人，其中有著作者68人。

教育大家教育思想核心是培育圣贤。他们从教育内容、教学方式等许多方面探讨，培养恪守中华民族高尚道德操守、学术精湛的顶尖人才。范仲淹、张载、王安石、"二程"、朱熹等皆为恪守圣贤风范、培养圣贤的教育大家典范。

宋代教育内容有了很大的拓展，除了儒家经典，社会和自然科学类教育也有很大发展，比如医学、法律学、武学等。胡瑗在苏州学院实行儒经与治事解决社会现实问题的分科教育，即理论与实践相结合的教育。

文人相容：许多教育大家学术思想有别，甚至对立，但不影响个人友情。王安石善待营救苏轼；朱熹与陆九渊学术有过"鹅湖之争"，但私人交往多、友情笃诚；陈亮不赞成朱熹学术，但赠朱熹字画，私交深。其抛开朝堂政见对立，不计殿堂学术之争，私下不失好友，情深谊厚，留下文人相容相重佳话。

(三)科技光耀千载

中国古代四大发明，除东汉蔡伦造纸外，其余三项发明广泛应用于宋代。毕昇活字印刷术的普及，指南针用于航海，火药的推广应用于军事等，为推动世界文化发展和科技进步作出了贡献。宋神宗时，"募商人于日本国市硫黄五十万斤"，用于生产火药，说明了当时火药的大规模应用。13世纪，我国火药武器伴随蒙古人西征，传入阿拉伯各国和欧洲。

天文历法：天文学居世界之冠。苏颂创造的水运仪象台及其他发明合计7项为世界第一。宋神宗和王安石知人善任，支持沈括和卫朴研究天文，成就显著。元丰年间(1078—1085)测绘星数 1464 颗,此后 400 年欧洲仅测到 1022 颗,比我国尚少 442 颗。

宋建隆二年(961)建国仅一年,宋太祖诏修新历,963 年修成《应天历》;太宗朝修《乾元历》;真宗朝 1001 年修《仪天历》;仁宗朝 1023 年修《崇天历》,40 多年后修《明天历》;王安石变法的熙宁八年(1075)修成《奉天历》。两宋共 17 次修订历法。南宋杨忠辅修定的《统天历》,测定一年时间精确到 360.2425 日,误差仅 22 秒,为当时世界最精准的数值。

造船术:造船业为宋代重要行业,较前朝有很大发展。宋太宗时国家一年曾造船 3237 艘(《宋史·食货志》)。杨幺在洞庭湖起义时,所乘战船高达 5 层楼,桅杆高 10 余丈。宋代特造出使高丽的"晖赫皇华"神舟,引起高丽"倾国耸观,欢呼嘉叹",全国轰动。宋代海船之大"一舟容千人,舟上有机杼市井"。宋代开始将罗盘针用于航海,开创了人类自由航海的新时代。

医药学:宋代医药学较前代有长足的进步,表现为医学的建立、医学机构和制度的完备、医学典籍的整理与出版等,其中尤以本草学、医方学、临床医学和法医学进步明显;并且建立了完备的医学教育体系,宋神宗时期医学分为内科、小儿科、风科、针灸科、口齿咽喉科、眼耳科、伤折科、金疮科等。

医学名家辈出。针灸科王克明,外科闫文显、刘赟,妇产科陈自明;钱乙小儿科专著,早于欧洲数百年,其发明的"六味地黄丸"今日仍广泛应用。内科名家更多,享有"国能"之誉的潘况,他能"相有病于未病,治已病于无病","视隐如显、视远如迩"。还有起死回生的陈济痷,庞安治孕妇七日不生之难产。据《宋史·方技》记载:王克明曾为宋军治疗疫病,全活者几万人。

王惟一著有《铜人腧穴针灸图经》,他制作铜铸人体模型,人体表面刻字标明穴位,内中装水,针刺中蜡封穴位则水流出。铜人制作技艺精湛高超,对于针灸学的推广应用作用极大,是宋代医学教育一大创造。

重视良方收集及医书编著。皇帝及士大夫亦注重医术及良方收集整理、研究推广及医书编著,有的还多与名医交往,略通医道。宋太祖赵匡胤曾为其弟赵光义针灸。文彦博曾有药书一卷,收良方 40 个。王安石的长诗《赠陈君景初》,称赞陈景初医术医德为"顷刻活残朽""万金莫可诱"的华佗;他另一诗感谢其为家人治病:"举族贫兼病,烦君药石功。"苏轼与沈括合著《苏沈内翰良方》。苏轼赠诗陈景初及眼医王彦若;他在杭州创建"安乐"病坊,三年医愈千人,实为近代医院雏形;他获朋友巢谷"圣散子"秘方,为造福天下百姓,违背对朋友承诺将其公之于世,成为流传应用广泛的大众化良方;他贬谪黄州时,其地连年大疫,此方解救百姓大显神效。工部侍郎王俣根据《本草纲目》,以门类编为《本草草方》35卷,介绍单方4206个。宋代医药书籍多精品,既继承前代,也是当代创新进步成果的提高总结汇集。

数学领先世界。二次及多次方程求根解法被世界赞为"中国剩余定理"。二项式定理求系数于1261年完成,法国1654年完成,早其393年。神宗元丰七年(1084)朝廷印发《算术九章》,作国子监算学科教科书,为世界最早印刷的数学书籍。杰出数学家有贾宪、沈括、刘益、秦九韶、杨辉,后二人成就最高。

宋代的技术科学、农学和生物学、水文学、建筑学等许多学科和领域,比较前朝都有很大的发展进步。科技著作多,比如《农书》、建筑学《营造法式》、宰相曾公亮主编军事著作《武经总要》;宋慈的《洗冤录》是世界上第一部系统完备的法医专著,对于我国及世界各国今天的法医学,仍然具有现实意义。

沈括是宋代最著名、贡献最大的科学巨匠。他的《梦溪笔谈》为"中国科学史的里程碑",此书以科技为主,内容涵盖天文、历法、数学、物理、地质、地图、药物、文学、医术、历史考古等。他是世界上第一个为石油命名的科学家。他的《使契丹图抄》为世界上最早的立体模型地图,有助于宋朝了解边境地理、加强边防。他历时12年陆续绘制的《天下州县图》,含全国总图和分路图共20幅,大图一幅高1.2丈、宽1丈;制图技术高超,绘制精详,精密度超出前人3倍,是我国古代地图制作的集大成者。沈括是知识广博精深的全才科技巨匠,英国科学史家李约瑟称赞他是"中国整部科学史中最卓越的人物",世界天文学界以其姓名命名新星。

沈括在政治、军事等方面也有较大贡献,他是嘉祐八年(1063)王安石担任考官时录取的进士,积极支持王安石变法。他于1068—1077年任司天监提举,钻研天文历法创新。他曾领兵征战西北,具有军事才能。他评价韩愈散文为诗"退之(韩愈字)诗押韵之文耳",可见其文学修养与鉴赏能力。

科技领先世界,大家群星璀璨,名著硕果累累。宋徽宗赵佶与曾公亮、范成大等高官亦有著作传世。科技覆盖广泛、成果丰硕超过前朝,亦为元明不及。

宋徽宗书法独创"瘦金体",且为绘画大家,他编著医书《圣济经》;若非帝王,终生功业岂不圆满?其艺术成就实难抵亡国罪之万一。翰林学士蔡襄不仅书法为"宋四家"之一,而且在桥梁建筑、农学和生物学领域有较高造诣。今人编著《中国古代科学家传记》收录249人,其中宋代56人,占比22.5%。

表 21-2　宋代科学人物成就表

姓名	字号	籍贯	生卒年	学科	著作或发明
乐史	子正	江西宜黄	930—1007	地理	《太平寰宇记》
燕肃	穆之	青州益都	961—1040	机械、潮汐	《海潮图》、《海潮论》、莲花漏
曾公亮	明仲	泉州	999—1078	兵事	《武经总要》
陈翥	桐竹君	池州铜陵	1009—1061	园艺植物	《桐谱》
周琮	?	?	?	天文	浑仪、圭表、漏壶
王惟一	惟德	?	十一世纪?	医学、针灸	《铜人腧穴针灸图经》
蔡襄	君谟	兴化仙游	1012—1067	桥梁、园艺	洛阳桥、《荔枝谱》
贾宪	?	?	?	数学	《黄帝九章算经细草》、贾宪三角
苏颂	子容	泉州同安	1020—1101	本草、天文	《图经本草》、水运仪象台
郏亶	正夫	昆山太仓	?	水利	《吴门水利书》
沈括	存中	浙江钱塘	1031—1095	多学科	《梦溪笔谈》
毕昇	?	?	?	印刷术	木活字
钱乙	仲阳	郓州	1032—1099	医学	《小儿药证直诀》
庞安时	安常	蕲州蕲水	1042—1099	医学	《伤寒总病论》
韩公廉	?	?	?	天文	水运仪象台
唐慎微	审之	成都华阳	?	医学、本草	《经史证类本草》
李诫	明仲	管城	?—1110	建筑	《营造法式》
陈旉	全真子	?	?—1076	农学	《农书》
宋徽宗	赵佶	涿州	1082—1135	医学	《圣济经》
姚舜辅	?	?	?	天文	《纪元历》
楼璹	寿玉	浙江鄞县	1090—1162	农学	《耕织图》
杜绾	云林居士、季阳	山阴	?	矿物岩石学	《云林石谱》
郑樵	渔仲	福建兴化	1104—1162	动、植物学	《通志·昆虫草木略》
范成大	石湖居士	吴县	1126—1193	地理学	《揽辔录》《骖鸾录》《吴船录》《桂海虞衡志》《太湖志》《吴郡志》
韩彦直	子温	绥德	?	园艺植物学	《橘录》
赵知微	?	?	?	天文学	重修大明历
黄裳	文叔	隆庆普城	1147—1195	天文、地理	《苏州石刻天文图》
杨忠辅	德之	?	?	天文学	《统天历》
宋慈	惠父	建阳	1186—1249	法医学	《洗冤集录》
陈自明	良辅	临川	1190—1270	医学	《妇人大全良方》《外科精要》
李冶	仁卿	真定栾城	1192—1279	数学	《测圆海镜》《益古演段》
秦九韶	道古	普州安岳	1202—1261	数学	《数书九章》
杨辉	谦光	钱塘	?	数学	《详解九章算法》《日用算法》

注：引自漆侠主编《辽宋西夏金代通史·教育科学文化卷》。

（四）史学成就辉煌

陈寅恪先生认为"中国史学盛于宋"，评价公允。中国最早的史学大家当数西汉忍受腐刑奇耻大辱，"隐忍苟活"，成就"无韵之离骚，史家之绝唱"的司马迁。两宋涌现出一批著名的史学大家：欧阳修、司马光、李焘、徐梦莘、李心传、马端临等。他们编著的史学著作《资治通鉴》《旧五代史》《新唐书》《新五代史》《续资治通鉴长编》等鸿篇佳作具有很高的学术价值，对当时及后世影响深远。

表 21-3　宋代主要史学家著作简表

史书名称	主编人	卷数	涉及朝代	时　　间
《新唐书》	欧阳修、宋祁等8人	248	唐朝	618—907，290年
《旧五代史》	薛居正等8人	150	后梁、后唐、后晋、后汉、后周	907—959，50余年
《新五代史》	欧阳修	74	后梁、后唐、后晋、后汉、后周	907—959，50余年
《资治通鉴》	司马光等6人（历时19年）	294	东周威烈王二十三年至后周	前403—959，约1362年
《续资治通鉴长编》	李焘（历时40年）	1063	北宋	960—1126，167年
《建炎以来系年要录》	李心传	200	南宋高宗朝	1127—1162，36年
《建炎以来朝野杂记》	李心传	40	南宋高、孝、光、宁宗四朝	1127—约1200，70余年
《三朝北盟会编》	徐梦莘	250	徽、钦、南宋高宗三朝	1117—1162，46年
《通志》	郑樵	200	夏朝至隋朝	约前2070—617，约2687年通史

欧阳修兼文坛领袖、政治、史学等成就于一身，综合贡献少有人及；司马光主编《资治通鉴》历时19年，成就卓著。宋代史学题材广泛，体裁亦有突破。除原有纪传体、编年体，还创新出纪事本末体、会要体、纲目体、学术史、金石学等类目，比如欧阳修的《集古录》，赵明诚、李清照夫妇合著的《金石录》等。宋元之际马端临所著348卷《文献通考》，详尽介绍了中国古代典章制度史。

各地方志书有新的发展，其往往补充国家正史所未记载委曲隐讳，彰显各地城邑、山川、物产、风俗等详尽情况。如王存《元丰九城志》，孟元老《东京梦华录》，专记北宋末年开封的繁荣等。

两宋史学超越汉唐，成就辉煌明清不及。李焘（1115—1184）自绍兴八年（1138）进士及第后，长期任职秘阁参与修史，倾注40年心血，撰成北宋167年历史巨著《续资治通鉴长编》1063卷。其治学勤奋，终生奉献一书的执着少有人及。

（五）文学如日中天

宋代诗作约为唐代的5倍。《全唐诗》共收录48900首，《全宋诗》则20多万首。唐代词其少，宋代约2万首。《全宋文》收入作者达万人，文章近18万篇，字数为《全唐文》的11倍，是宋前历代文献总数的7倍。这既是宋代文化繁荣的标志，也是造纸业发展和活字印刷术推广的结果。

大家空前绝后，诗文大家群星璀璨。北宋四大诗人：欧阳修、王安石、苏轼、黄庭坚。南宋"中兴四大诗人"之首的陆游（另为范成大、杨万里、尤袤）传世诗9300首，加上词和文章共计超万；杨万里诗作2万余首，今存4200余首。词作者有婉约派大家柳永、李清照等，豪放派大家有苏轼、辛弃疾等顶尖人物。散文则有唐宋8大家中宋占6家，涌现出三大文坛领袖欧阳修、王安石、苏轼（三人文学成就见24章）。他们同时活跃于北宋仁宗后期至神宗熙丰时期30余年间。辛弃疾今存词620余首，高产佳作多，无人企及。

宋代出现了许多知识广博精深，在思想、政治、文学等多个领域都有卓越建树的全才大家，这在中国封建社会其他朝代是不多见的。许多士大夫为集政治、学术、文学等多方面成就于一身的社会精英，学识渊博，思想深远，空前绝后。比如王禹偁、范仲淹、蔡襄、欧阳修、王安石、曾巩、沈括、苏轼、黄庭坚、陆游、辛弃疾、范成大、杨万里、朱熹、文天祥等。王安石、沈括更是精英中翘楚。

宋代出现了许多文学家庭及世家。文学家庭369家，约2000人；世家中7代以上以文学见称于世者有王安石、曾巩、范仲淹、韩维、吕夷简、陆游等10家；世家中宰相、副相达十几位。宋代文学之盛，请看以下三表：

表21-4 中国历代文学世家数量表

朝代 数量	汉	汉魏	两晋南北朝	隋唐	唐	唐五代	宋	宋金元	明	明清	清
计194	18	4	20	2	23	1	47	4	5	27	43

表 21-5　宋代文学世家名录

籍贯或地望	主要成员	籍贯或地望	主要成员
开封	苏易简、苏舜元、苏舜钦	吴兴	沈括、沈遘、沈辽
吴越	钱惟演、钱惟济、钱惟治、钱昆、钱易	涿州	赵令畤、赵师秀、赵孟頫
澶州清丰	晁迥、晁宗悫、晁端友、晁补之、晁说之、晁冲之、晁公武	高邮	秦观、秦觌、秦觏、秦湛
衢州	赵湘、赵抃	章丘	李格非、李清照(女)
灵寿	韩亿、韩绛、韩维、韩缜、韩元吉、韩淲	江阴青旸	葛密、葛书思、葛胜仲、葛立方
东莱、寿州	吕公著、吕本中、吕祖谦	江都	李定、李正民、李洪、李漳、李泳、李浙、李洤
阆中	陈尧叟、陈尧佐、陈尧咨	蕲春	林敏功、林敏修
临川	晏殊、晏几道	南昌	洪朋、洪炎、洪刍、洪羽
洛阳	尹源、尹洙、尹焞	清江	孔文仲、孔武仲、孔平仲
苏州吴县	范仲淹、范纯仁、范正平	临川	谢逸、谢薖
华阳	王琪、王珪	鄱阳	洪皓、洪遵、洪迈、洪适
兴化	蔡襄、蔡伸、蔡戡	婺源	朱松、朱槔、朱熹
眉山	苏洵、苏轼、苏辙、苏过	眉山	家定国、家勤国、家愿、家大西、家铉翁
山阴	陆轸、陆佃、陆宰、陆游	庐陵	刘辰翁、刘将孙
富阳	谢涛、谢绛、谢景初、谢景温	金华	俞紫芝、俞澹
衢州江山	毛维瞻、毛滂	邵武	严羽、严仁、严粲
眉山	程之邵、程之元、程之才、程掌	莆田	刘夙、刘朔、刘子庄、刘克逊
眉山丹棱	唐淹、唐庚、唐文若	崇安	刘子翠、刘粘、刘子羽、刘子翼、刘玶
新喻	刘敞、刘颁、刘奉世	丹棱	李焘、李壁、李埴
庐陵	欧阳修、欧阳发、欧阳棐	平阳	林景怡、林景熙
临川	王安石、王安国、王安礼、王雱、王安仁、王安道、王安世、王安上、王安石诸妹和妹婿	龙泉	孙逢吉、孙逢年、孙逢辰
南丰	曾巩、曾布、曾肇、曾宰、曾季狸	金华	杜旟、杜斿、杜㫻、杜旞、杜旜
分宁	黄庶、黄大临、黄庭坚、黄叔达	鄞县	史浩、史涓、史弥巩、史弥逊、史弥宁、史嵩之
		江山嵩高	柴望、柴随亨、柴元亨、柴元彪

注:引自李朝军《家族文学史的建构:宋代晁氏家族文学研究》。

表 21-6　中国历代女性作家数量表　　　　　　　　　　　　　（单位:人,%）

朝代	先秦	汉代	三国	晋	南北朝	隋	唐	宋	元	明	清	合计
人数	11	35	7	30	30	11	137	232	17	140	757	1407
占比	0.8	2.49	0.5	2.1	2.1	0.8	9.7	16.5	1.21	9.95	53.8	

从表 21-4 可以看出:中国历代文学世家 194 家中,两汉可能因年代久远失传遗漏等,400 多年仅 18 家;宋代 47 家,占总数的 24%以上,为唐朝 23 家的两倍。表 21-5 中王安石的家庭成员最多。这是汉、唐、元、明等疆域广阔的大一统王朝所难以企及的。尤其是唐朝曾经有过"贞观之治"和"开元盛世",经济繁荣与综合国力鼎盛为国人自豪,文化却难比两宋,宋代文化盛世可见一斑。

中国历代女性作家的多少,一定程度上体现了一个时代女性地位及社会文明进步的状况,上表 21-6 可以看出唐朝以前各代数量较少,合计仅 124 名,唐代跃升至 137 名,超过此前总和,占全部总数的 9.7%。宋代飙升至 232 名,约为唐代的 1.7 倍,占全部总数的 16.5%。此前,自先秦到隋唐五代 1000 多年合计仅为 261 人。元朝骤降至 17 名,明朝与唐朝基本持平。清朝最多达 757 位,占总数的 53.8%,这是多种因素作用的结果。一是清朝疆域最大,约 1300 万平方公里,超北宋 3 倍;二是清朝后期人口近 4 亿,北宋人口多至约 1 亿,人口悬殊反差大;三是清朝后期世界进入近代社会,受西方政治、民主等思想影响,中国具备了产生大批女性作家的社会基础。比如中西文化交流,女权思想的传播,秋瑾及许多女性留学海外,这些是清朝独有的社会条件,是其女性作家多最重要的原因。

宋代名家藏书多。欧阳修自称"六一居士",其中之一就指藏书 10000 卷。王安石藏书亦非常多。李清照在两宋之际避乱逃亡路上,运书车达十几辆,其寄存赵明诚妹夫于南昌的大量书籍多毁于战火。因为其文学成就高,世界天文学界以她的名字命名水星上一座环形山。

(六)科举之盛空前绝后

教育科举繁荣既是宋代文化盛世标志,又是文化盛世的重要基础支撑。中国科举史 1300 多年四个时期:一是隋唐五代初创生气勃勃成长期。二是宋代人才涌流硕果累累成熟丰收期;科班出身的许多大有作为政治家如范仲淹、王安石、文天祥皆天地间一流人物;散文大家如欧阳修、王安石、曾巩、苏轼成就巨大;学术大家周敦颐、张载、王安石、"二程"、朱熹等之众多中国历代绝无仅有。三是元代寒冬摧残期。四是明清受程朱理学及八股文影响颓废衰老期。请看表 21-7:

表 21-7　中国历代科举取士简表　　　　（单位:人,%）

朝代	唐朝	宋朝	金朝	元朝	明朝	清朝	合计
数量(人)	20619	115427	2902	1135	24612	26881	191576
占比(%)	10.76	60.25	1.51	0.59	12.85	14.03	

笔者数年曾到北京多所大学图书馆、西单等书店查找历代科考取士资料。未入上表的隋朝初创科考且享国时间短,正式实行科考仅约 10 余年,取士少未查到确数;五代 50 余年王朝频繁更迭,辖区仅为中原等,按百度网说法应为 715;两个时期总数应约千人。有辽国 2516 人、西夏 2 人、明末张献忠大西国 120 或 50 人、太平天国 15 人说法,以上表外各朝约 3653 人。上表除金朝数据外,其余 5 朝数量引自张希清《论宋代科举取士之多及冗官问题》(《北京大学学报》1987 年

第5期),表中6朝科举取士为191576人。加上未入表约数,中国科考取士总数约为195229人;其中两宋仅317年竟然超59%,遥遥领先各朝代千年之和;上表中宋代取士超60%,其余5朝不足40%,宋代科举鼎盛冠盖华夏。

宋朝科考荣耀家族多,仅笔者所读书汇总,一门多状元、数子登科、父子及兄弟同榜进士空前绝后。比如太宗淳化三年(992)河南汝南孙何、真宗咸平元年(998)孙仅兄弟连续两届状元。兄弟同榜:咸平三年(1000)欧阳修父亲欧阳观与其叔父欧阳晔;天圣二年(1024)宋庠状元及弟宋祁,其族叔宋准为太祖开宝三年(970)状元;庆历二年(1042)韩绛、韩缜;庆历六年(1046)刘攽、刘敞;嘉祐二年(1057)苏轼、苏辙,曾巩、曾布、曾牟及堂弟曾阜、妹夫王无咎、王彦深、王回、王向;熙宁三年(1070)蔡京、蔡卞;元丰二年(1079)蔡渊、蔡肇父子;南宋宝祐四年(1256)文天祥状元及弟文璧等。哲宗时宰相章惇四子登科,儿子章元为元祐三年(1088)苏轼任主考官时进士第五名。

表21-8 宋代科考荣耀家族管窥

时间	992、998年	1000年	1024年	1042年	1046年	1057年	1070年	1079年	1256年
姓名	孙何、孙仅兄弟先后状元	欧阳观、欧阳晔兄弟	宋庠(状元)、宋祁兄弟	韩绛、韩缜兄弟	刘攽、刘敞兄弟	曾巩、曾布、曾牟、曾阜兄弟和妹夫6人;苏轼、苏辙及王回、王向兄弟	蔡京、蔡卞兄弟	蔡渊、蔡肇父子	文天祥(状元)、文璧兄弟

宋代科考时间稳定,徐规模大的常科即进士、诸科、武举外,另设非常科,又称特科,包括制科、童子科,时间和录取人数都无具体规定。童子科自太宗淳化二年(991)开设,至度宗咸淳二年(1266),其中几经罢废。南宋第二帝太祖后裔孝宗淳熙元年(1174),曾设女神童科,女神童林幼玉应试被封为"孺人"。宁宗嘉定五年(1212)禁止女神童试。在南宋理学盛行,礼教许多清规戒律严厉限制妇女行为,"女子无才便是德"的时代,孝宗开设女神童科实属开明创新之举,填补了中国科举史上的空白。可惜的是实行仅38年就被废除,令人遗憾。

宋代科举为国家选拔了大量人才,从中央到地方所有重要职位,全由科班出身士大夫担任。王安石同榜已知6位宰相,成为天下佳话。欧阳修与梅尧臣1057年担任主考官,录取了曾巩兄弟及妹夫6人、苏轼兄弟、张载、程颢、王韶、吕惠卿等众多英才,被称为"龙虎榜"。其后这些人在政界、军界、学界等多领域成就贡献巨大,对后世产生了深远影响,两榜可谓中国科举史上并列第一榜。欧阳修一生力荐贤才,早年一札所荐王安石、司马光、吕公著后皆为宰相;之前范仲淹亦荐其三人,可谓英雄所见略同,二人不愧为古今伯乐典范。

文字学较前代成就巨大,功在千秋,对今天文化交流意义重大。王安石编著的 22 卷《字说》,为文字学集大成者;宋体字是今天公文、书报杂志等最广泛使用的文字,其次是仿宋体字。

宋代在书法、绘画、工艺等方面也取得了很高的成就,孕育了许多大家。著名书法四大家:苏轼、黄庭坚、米芾、蔡襄。其作品千古流传,黄庭坚仅有的一幅作品近年拍卖达 4.368 亿元。宋代绘画名家很多,成就很高。

2015 年 10 月北京故宫博物院庆祝建院 90 周年,特别展出镇馆之宝北宋张择端的《清明上河图》等历代书画珍品,参观者人山人海。入故宫大门后再去武英殿专看此作,尚需等数小时。宋代书画艺术成就之高令人叹为观止。

唐代初具雏形的小说、戏曲,至宋代有了长足的进步和发展。

北宋徽宗及南宋时期虽然文化持续繁荣,但由于政治腐败,国运不振,占据主导地位的社会意识形态缺乏建国初及熙丰时期积极进取、昂扬向上的精神,文化中多了颓废没落的"靡靡之音"。国家政治的苟且偷安,上层社会的骄奢淫逸,畸形的文化繁荣充斥着不健康成分、病态的思想内涵。

以上仅是蜻蜓点水、走马观花管窥宋代文化盛世之一斑。请看下图:

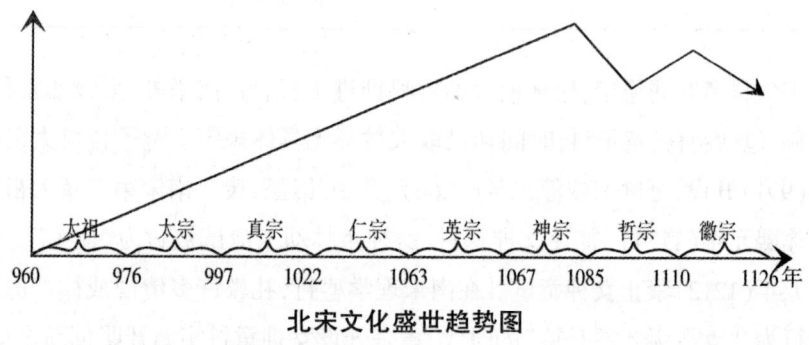

北宋文化盛世趋势图

二、宋代文化盛世重要原因

宋代开创了中国封建社会无与伦比的文化盛世,原因是多方面的,生产力高度发展、社会经济繁荣确实是重要原因,根本原因则是宋代文化政策使然。

(一)重文基本国策的决定性作用

赵匡胤建国初期就制定了重文基本国策。后世帝王身体力行,始终不渝;

对于与皇帝共治天下的士大夫,不以言罪人,不杀上书言事的人,给予士大夫很高的政治地位和经济待遇。整个宋代很少发生中国封建社会尤其是明、清两朝常见的"文字狱",士大夫享有空前绝后的言论自由;从事学术研究、文学创作畅所欲言,少后顾之忧,这在长达2315年的封建社会,尤其是汉、唐、元、明、清大一统王朝独一无二。

早在春秋时期郑国国相公孙侨(字子产,?—前522),坚持"不毁乡校",即允许常来国都的百姓聚众"乡校"议论国政。他不同意士大夫然明建议毁掉"乡校"钳人之口,认为是愚蠢之举。他说:

> 夫人朝夕退而游焉,以议执政之善否,其所善者,吾则行之,其所恶者,吾则改之,是吾师也。若之何毁之。(《左传·襄公三十一年》)

首创中国"治世"的汉文帝刘恒(前202—前157),推行了许多善政。前元元年(前179)他下令废除族诛法、连坐法;第二年即前元二年(前178),他下令废除诽谤妖言令:

> 自今以来,有犯此者勿听治。(《史记·孝文本纪》)

对于议论朝政得失及皇帝是非甚至辱骂君主的言论,各级官府不接受告发,不允许惩处,给人民比较宽松的言论自由。子产"不毁乡校"只是春秋时期140多个诸侯国中一个小国的善政;汉文帝废除"诽谤妖言之罪",则是在四海一统的天下九州给予万民言论自由。以上仅是某一明君统治或贤相执政时期实行的善政,而宋朝尤其是北宋全方位重视文化、宽容善待士大夫是作为始终不渝的基本国策,贯彻执行长达300余年,远非以上两例可比。宋代仅有元丰二年(1079)苏轼"乌台诗案"、元祐四年(1089)蔡确"车盖亭诗案"、南宋陈起《江湖集》诗案。但三大诗案都不是朝廷帝王蓄意所为,而是起于士大夫之间个人恩怨,处分也仅是贬谪而已,没有一人被杀头。比较明清文祸,尤其是朱元璋父子及康、雍、乾三朝文字狱之繁多,杀戮士大夫无数,宋代文化政策还是相当开明宽松的。

(二)皇帝以身作则

宋代多位帝王好文,喜欢读书,收集书籍,结集出书。中国历史上唯有宋代帝王群体最为重文好学。开国皇帝赵匡胤身体力行,率先垂范,深刻影响带动后世帝王,为天下臣民做出了榜样。

一是终生读书勤学。赵匡胤为后周南征北战时,长期坚持读书,每攻下一城必先保护收集文化典籍。他当了皇帝更注重从书中寻求治国方略。大臣薛居正奉上新修《五代史》,他得书阅读通宵达旦,翌日朝堂畅谈体会,众臣佩服。

二是收集天下书籍,组织编写大型文化典籍。针对唐末五代以来社会动乱,许多古代经典失落民间,他下诏求书,规定献书多者优先量材录用为官,收集了天下大量文化典籍。他在位期间,选编了综合性类书《太平御览》1000卷、小说性类书500卷;太宗在位时选编了文学性、政治性类书各1000卷。

三是召士讲经。他虚心求教,常听取饱学之士讲解儒家经典及治国方略,听取专家讲解兴农治水等富国惠民的建议。他让人塑绘先代圣贤图像,供于朝廷殿堂,时时激励自己;与大臣共撰楹联,彰其功德共勉。

四是重用士人。他改年号时要求避开已经用过的名称,却误定年号为"乾德"。后来发现宫中有人用铸有"乾德四年制"的镜子,并非本朝新镜,问宰相赵普等人回答不出;召学士窦仪问,知其为前蜀王衍乾德年间(919—925)所制,才知道重复使用了前蜀年号,他因而感慨:"宰相须读书人。"他任用内外重臣及州县长官皆选自科考出身,提高了官僚队伍的文化素质。我国封建社会宋代各级官员文化水平最高,仅宋仁宗在位期间23位宰相中,就有22位进士出身,超95%,副宰相和枢密院正副职65人,其中进士出身55人,占85%。

五是下诏求贤。广招天下贤士,鼓励自荐,以求人尽其才,天下才士尽为朝廷所用。他任命孔子44代孙孔宜为曲阜县主簿,借以弘扬儒学。

六是重视科考。严格科考制度,创立宋代殿试制度。他求贤若渴,亲自阅卷,以求尽取人才。我国封建社会真正开始破除世族望门垄断,开辟孤寒子弟进入仕途,直至国家权力中心通道始自于此。此前隋唐科考录用名额少,且高官推荐举足轻重,考前定名次欠公正,未能完全摆脱世族大家垄断。

太宗继承发扬赵匡胤重文传统。史载:千卷《太平御览》,他"日读三卷,因事有阙,则暇日追补"。大臣劝他:国君日理万机,读书劳累身心。他说:开卷有益,书中有乐不累。成语"开卷有益"即源于此。他扩大科考取士规模,吸引天下学子刻苦读书,求取功名报效国家。

宋真宗为引导天下学子勤奋苦读入仕,出人头地,作《劝学诗》:

> 富家不用买良田,书中自有千钟粟。
> 安居不用架高堂,书中自有黄金屋。

娶妻莫恨无良媒,书中自有颜如玉。
出门莫恨无人随,书中车马多如簇。
男儿欲遂平生志,六经(一作五更)勤向窗前读。

该诗虽然宣扬追求名利地位、享乐荣耀,不免世俗功利,目的在于网罗天下人才,巩固王朝统治,但对于促进当时全社会形成读书风气大有助益。

仁宗、英宗、神宗及南宋多位帝王恪守重文国策,始终不渝。

(三)士大夫群体效仿

上有所好,下必甚焉。在宋代帝王普遍重文好学的带动下,士大夫上行下效,为天下学子作出了榜样。享有言论自由和优厚政治经济待遇的官僚士大夫,为了实现报效天下的人生理想,回报朝廷君主厚恩,严格修身律己,将治国安邦与学术研究等相结合,率先垂范,将潜能发挥到极致,影响和引领天下学子,形成全社会文化建设的高潮。

一是坚持学无止境,终身不懈读书。《宋史·赵普传》记载:

少习吏事,寡学术,及为相,太祖常劝以读书。晚年手不释卷,每归私第,阖户启箧取书,读之竟日。及次日临政,处决如流。……则《论语》二十篇也。

说赵普少年学习吏事,少于读书学术,当宰相后,赵匡胤劝他多读书。他晚年手不离书;尤其是他遇到朝廷大事难以决断,回家夜以继日研读《论语》,寻找答案,第二天以读书启迪收获处理政务如行云流水。相传他有"半部《论语》治天下"的说法。

吕蒙正、范仲淹,其后宋初"三先生"、王禹偁、欧阳修、晏殊、司马光、周敦颐、张载、"二程"等皆是勤奋苦读奠基。王安石、苏轼亦是勤学广读楷模。

二是争当学术研究及文学艺术领军人物。许多士大夫刻苦读书的目的,在于追求学术独领风骚,成为某一方面"一览众山小"的大家,达到高山仰止无人企及的境界。许多人为此奋斗终生,永不懈怠。纵观两宋尤其是北宋哲学、文学等方面领军人物的巨大成就,比如三大文坛领袖等莫不如此。

许多思想大家多"疑古惑经,"不盲目崇拜前贤,重新审视汉代以来许多名人对儒家经典的解读,反对训诂学侧重文字烦琐解释、轻视义理的不良倾向;另辟蹊径侧重义理重新解释,力求有别古代前贤、有所创新的一家之言。许多大儒汲取法家、道家、佛教等百家精华,穷尽天下真理,以丰富提高完善儒学;以广博的知识和精深的思想,对古代典籍作出自圆其说、富有新意、能够服众的解说,实现学术的超越,力求以焕发生机与活力新的思想观念服务于治国安邦。这种风尚对于破除旧思想,形成符合时代发展的思想理论观念和社会主流意识形态,推动宋代哲学发展起到了巨大作用。王安石可谓杰出的榜样典范,他编著《三经新义》,撰写《字说》,创立新学,形成服务于除旧布新、推动社会进步的重要理论基础。

士大夫终生求索,攀登学术制高点,跻身学界泰斗的时代风尚,才最终造就了许多学识广博、思想深刻、涉猎广泛的复合型全才大家。

三是身体力行教书育人。范仲淹、王安石等皆为典范。二人德才学识、修养操守为士大夫楷模。范仲淹集政治家、文学家、教育家于一身,受晏殊委托到母校应天书院主持教务,培养出张方平、王尧臣(1027年科考状元)两位副宰相。王安石讲学育人桃李天下,培养出三位副宰相等许多国家栋梁。

四是争当道德楷模。许多高官、士大夫精英以立德、立功、立言,追贤求圣,治国平天下作为人生终极目标,比道德修养高山仰止,比学术研究精深独到登峰造极,比文学创作佳篇多,比知识广博冠盖天下。他们既以圣贤要求自己,同时以培养圣贤作为教书育人的目标,引领和带动天下士大夫在各方面作社会表率,进而通过士大夫辐射九州官风、政风和社会风气。

在中国漫长的封建社会中,北宋建国至徽宗蔡京前140多年竟没有出现大奸巨贪,这是汉唐明清等其他长周期王朝中的唯一。宋代监察制度完善有效固然是重要原因,但也与士大夫追求道德至善,良好的官风、政风及社会风气紧密相关。

(四)科举指挥棒引领

宋代科考取士之多为我国封建社会之最,官僚队伍源源不断补充新鲜血液,充满生机与活力,整体素质始终处于较高水平。科考诱导天下学子勤奋苦读,求取功名,实现人生理想。宋代一次最多录取各类人才超过千人。太祖太宗两朝每年都举办科考,朝廷规定对参加15次未考中者,赐予进士出身,照顾其入仕为官。英宗时三年一次科考成为定制。较之隋唐时科考录取少且须等待做官,宋朝一经录取即任官职,而且前三名首任职务就是州府通判,科考指挥诱导引领作用巨大。嘉祐六年(1061)王安石当考官时,苏轼参加名为方正贤良能言极谏的制科考试,媲美景祐元年(1034)王安石亲家吴充兄长吴育同名制科考试成绩,制科取人分五等。宋代仅其二人被录取为最高的三等(一、二等从未授人),其荣耀相当于进士第一名状元,传颂为天下美谈。

科考严格规范。比如首创密封姓名,设置"誊录院"重新抄写试卷,制度严密杜绝了徇私舞弊,从根本上保证了科考的公正。

最大限度放宽应试者资格。唐朝对应试者出身等多有限制,比如出身商人家庭不准应试,李白因此被阻挡在科考大门之外;李贺因父名晋肃,"晋"与"进"同音,一生被迫不得应试,27岁时郁郁而终。宋朝对应试者资格放宽限制,真正体现了"取士不问名第",不论是高官权贵、皇族宗室子弟,还是布衣草泽出身,都享有参加科考的权利,考卷面前人人平等,布大信于天下。太宗8代孙后来担任宰相的赵汝愚乾道二年(1166)参加科考,初步拟定为状元,拆封试卷发现其为皇室子弟,又曾任官职,按惯例不列金榜之首,于是降为第二名。

中国科考史上因徇私舞弊严惩主考高官甚至杀头案例,清朝就发生了多起。顺治十四年(1657)江宁乡试案,处死官员近20名,且殃及家人;康熙五十年(1711)江南贡院科考案,处死考官3人,总督噶礼等人被革职;咸丰八年(1858)顺天府乡试,大学士、军机大臣、一品大员柏葰等4人被斩首。宋代没有发生科考大案,除社会风气尤其是士风良好外,制度程序完备规范则为根本。科考制度虽非尽善尽美,能否做到所选尽为天下英才另当别论,但宋代科考程序之完备周密的公正性,受到天下人充分肯定。

(五)全国教育大发展的基础支撑

全社会重文及天下人对功名的追求,成为教育大发展的催化剂,公学私学如雨后春笋,尊师重教蔚然成风。"诗书继世长"成为社会共识。培育后代苦读,靠科考成就功名是不分贵贱天下人的追求,这与汉代以来尤其是唐人追求反差极大。唐朝建国年号定为"武德",可见唐代崇武,许多诗作轻文,鄙视书生,追求军功:

烽火照西京,心中自不平。牙璋辞凤阙,铁骑绕龙城。

雪暗凋旗画,风多杂鼓声。宁为百夫长,胜作一书生。(杨炯《从军行》)

但用东山谢安石,为君谈笑静胡沙。(李白《永王东巡歌十一首》)

但使龙城飞将在,不教胡马度阴山。(王昌龄《出塞二首》)

黄沙百战穿金甲,不破楼兰终不还。(王昌龄《从军行七首》)

功名祇向马上取,真是英雄一丈夫。(岑参《送李副使赴碛西官军》)

> 男儿何不带吴钩,收取关山五十州。
> 请君暂上凌烟阁,若个书生能封侯。(李贺《南国十三首》)

宋代诗作崇文倡学,激励学子苦读成名。请看汪洙神童组诗五绝三首:

> 天子重英豪,文章教尔曹。万般皆下品,唯有读书高。
> 朝为田舍郎,暮登天子堂。将相本无种,男儿当自强。
> 少小须勤学,文章可立身。满潮朱紫贵,尽是读书人。

崇尚读书成名,华丽转身,激励封侯拜相,位极人臣,跃然纸上。

(六)社会变革促进文化创新发展

古今中外任何大的社会变革,除了促进经济发展等,都必将促进思想解放,观念更新,学术发展,教育腾飞,推动人文社会科学进步繁荣。范仲淹1043年间推行"庆历新政",虽然半途而废,但其对上层建筑社会意识形态及文化教育影响巨大。自1069年宋神宗、王安石变法,教育大发展的规模和成效远远超过庆历年间,许多学派百家争鸣,思想学术繁荣发展进步达到巅峰,社会主流意识形态及天下风俗焕然一新,思想解放观念更新精神变物质,促进了百业兴旺发达和社会全面进步。

(七)儒释道三教并重,融合共生

我国历史上许多封建王朝重视以儒学思想治国,兼容佛教和道教等其他学派,给予其生存发展广阔空间,从而开创了文化繁荣、经济腾飞的奇迹。但有的王朝对道教或佛教往往走向绝对崇尚或者残酷打压的极端,制约了文化繁荣,影响社会的全面进步。

中国最痴迷信奉佛教的皇帝,当数魏晋南北朝时期南朝梁武帝萧衍(464—549),他在位期间创造了南朝经济文化繁荣鼎盛,他最早提出了儒释道同源。他以佛教抑制芸芸众生的贪欲,严令包括祭祀禁止杀生,用面食做祭品,他当皇帝与百姓同食五谷杂粮;曾经4次入寺院为僧,最多一次离开朝堂37天,群臣多次以国家财政付出高昂费用为其"赎身"。

汉初官方提倡黄老之学,道教盛行,开创"文景之治"。东汉初年道教兴盛,孕育"光武中兴"。唐朝李世民崇尚道教,他想方设法寻找根据,攀附道教始祖老子;开创"贞观之治"至今传颂。武则天当政和唐宪宗时代,由于帝王所好全国盛行佛教。相传始建于十六国时期前秦苻坚建元二年(东晋太和元年,公元366年)的敦煌莫高窟、主要完成于北魏和平元年(460)至太和十八年

(494)的大同云冈石窟、北魏孝文帝494年迁都洛阳后始建的洛阳龙门石窟等,作为佛教艺术经典,都经历了相当长时期建造过程,都是王朝最高统治者崇尚佛教,佛教在中国鼎盛期的经典杰作。

中国历史上佛教曾经因畸形发展而受到残酷打压。由于佛教僧侣免服兵役,且占有国家大量土地等资源,其过度发展影响了国家和万民利益。北魏太武帝拓跋焘于公元444年在全国灭佛;其后北周武帝宇文邕于公元574年强迫数百万僧人还俗;唐朝后期武宗李炎于公元842年命令拆掉一切"民办"寺院,寺院财富收归国有,胁迫僧人还俗,改善了国家财政状况。以上三帝谥号都有"武"字,史称"三武灭佛"。五代时期后周太祖郭威养子周世宗柴荣(921—959,在位5年),采取比较温和的措施,限制佛教的发展。

比较佛教多次遭受灭顶之灾,道教遭遇严厉打击要少得多,且主要发生在中国封建社会后期。比如,元朝初年忽必烈时期对道教毁灭性打击,焚烧书籍和摧毁道观不计其数;清朝统治时期一直打压道教。说明当时两个少数民族最高统治者,对作为汉文化重要组成部分道教的忌惮和排斥。

纵观历史长河,文化繁荣从来都是真正大一统盛世重要标志之一,文化的繁荣离不开政治的开明,政治统治开明的时代,才会实行宽松的文化政策。最高统治者宽容鼓励文化多样性,对中外各个民族文化兼收并蓄,鼓励取长补短、相互借鉴融合,才能使中华民族传统文化焕发新的生机与活力,提高到崭新的阶段,才能迎来百花绽放春满园的文化盛世。

宋朝最高统治者比较睿智。赵匡胤以儒为本治国安邦,兼容佛道等共生共荣。他一反后周排佛,对佛教采取保护政策。唐代政府没有派遣僧人出国取经,玄奘只是个人随商人赴印取经。赵匡胤建国仅5年的乾德二年(964),派遣300人赴印度求法,两年后966年又派157人赴西域求佛法,赐钱30000遣行。宋太宗为经书作序,称赞佛经能"化导群迷"。宋真宗撰文称佛经戒律"与周、孔、孟、荀异迹而同道"。

太祖、太宗对道教也很尊崇,礼贤厚待道士苏澄、陈抟等人;真宗、徽宗崇拜道教甚至达到痴迷的程度。宋朝帝王尊佛崇道,士大夫更是上行下效。王安石、苏轼等士大夫群体与佛、道高士交友,切磋学术,诗词唱和;王安石等思想家援佛入儒、援道入儒等,焕发了儒学的生机和活力。正如苏轼《王安石赠太傅制》说其"少学孔孟,晚师瞿聃……糠秕百家之陈迹,作新斯人",王安石以儒为本,吸收包括佛道等百家精华,创新发展儒家理论为社会现实服务,成为变法改革的指导思想,终于成就了他高山仰止的"荆公新学"。他因此"独负天下大名","学贯千载"。宋代政治开明,形成了不同学派及大家互相包容、互相借鉴,相融共生,因此才有了大家名流井喷式涌现及文学学术发展进步腾飞,成为我国封建社会高山仰止的巅峰。

(八)地区文化蓬勃发展引领及家族文化的示范带动

北宋城市中"四京"最为显赫,即东京开封府、西京河南府(今河南洛阳)、南京应天府(今河南商丘)、北京大名府(今河北大名县东南)。文化繁荣首先是京城开封和作为陪都的洛阳最为著名。洛阳为九朝古都,汉唐时期远较开封显赫昌盛。其次是围绕开封、洛阳的文化重地。比如,南边许州(今河南许昌市);东边则有齐州(今山东济南),山东素以"鲁多儒"闻名于世;西边则有陕西京兆府(今陕西西安市),更是受传统汉唐文化孕育久盛不衰。文化重地整体上为黄河中下游地区呈带状分布,这个广袤的区域是中国数千年文明发源地,更是汉唐以来以儒家为主体,北方中原文化的典型代表区域。

宋代我国南方文化较前有长足的发展,这与历史上北方战乱,北人几次大规模南迁密切相关。宋代以前有西晋"八王之乱"(291—306)长达 16 年;永嘉年间(307—313)之乱,匈奴、鲜卑、羯、氐族"五胡乱华";西晋灭亡,北方世族大家等逃亡江南建立东晋,形成第一次全国各民族大融合,北方先进文化科技等传入南方,为我国第一次经济文化重心南移,促进了南方社会全面进步和发展。但一直到唐代,北方经济文化等整体上仍然远胜于南方。"安史之乱"后盛唐转衰,五代时期北方长期战乱,北人纷纷南迁,李白感慨:"三川北虏乱如麻,四海南奔似永嘉。"我国出现了第二次经济文化重心南移,南方经济文化逐渐后来居上。

北宋中后期南方经济尤其是文化超越北方。一个突出的事例就是科考录取进士,南方占比远远超过北方。这是南方经济文化、学校教育等综合因素作用的结果。当时出身北方的司马光奏请改革科举考试内容,按照地域取士,避免南方取士占 90% 以上,北方不到 10%,多地甚至颗粒无收,南北取士过分悬殊的状况。两年后治平三年(1066)司马光再上《乞贡院逐路取人状》,再次强调两年前的主张,呼吁按照地域参加考试生员比例取士。年长司马光 12 岁、出生于江西的文坛领袖、时任副宰相的欧阳修上《论逐路取人札子》,强调科考成绩面前人人平等,高才学子不应当被埋没;强调科考公正公平,取士唯才以择。两位大臣各持己见俱有道理,英宗皇帝难以定夺决断,此事不了了之。

王安石变法时改革科考内容,比较适应北方学子特长优势,南北取士过分悬殊一度稍有缓解，但南方学子适应快，迅速恢复如前取士之多。

到了明朝朱元璋洪武三十年（1397），曾经发生取士全是南人，北方竟然被剃了光头极端的状况，北方学子波动，朝野哗然。朱元璋撤换主考官重新阅卷，北方学子仍然名落孙山。朱元璋作为皇帝从巩固全国统治基础考虑，处决了主考官、状元等人，专门为北方学子录取一榜，这就是科考史上有名的南北榜案。朱元璋这样做太残暴血腥，即使为了笼络北方，也不应该杀考官和状元。其孙明仁宗洪熙元年（1425）规定南北比例6∶4，两年后1427年正式执行。明英宗正统元年（1436）又调整为南、北、中三块，南方数省55%、河南山东等北部地区35%、四川等中部地区10%。清朝康熙年间规定，全国各地按照参加考试人数比例录取进士，实为700年前司马光的主张，至此科举的阳光雨露终于全方位普照沐浴神州大地。

科考录取标准在数百年的朝廷争执中不断磨合改进，实为政治考量与恪守唯才是举二者的平衡。因为成为进士等于做官，唐朝和北宋真宗以前宰相等重要辅臣，绝大多数都是北方人；11世纪面对南方进士大量进入官场，人才济济，形势使然终于突破前朝旧制，任用南方人为宰相。南方许多寒门子弟苦读科考成为国家栋梁、朝廷重臣比比皆是，比如大家熟知的范仲淹、欧阳修、王安石等。但是一个大国如果清一色都是某一地方宰相，其他地域学子士大夫长期被冷落于官场朝堂之外，势必影响被冷落大块国土万民的向心力和对朝廷的拥护忠诚，不利于国家统治的稳定，也不利于天下协调发展和长治久安。如果取士过分照顾地域有害于唯才是举，不利于人尽其才，才尽其用。过分侧重政治考量或科考取士公平，都不可行，两者是朝廷取士用人治理天下的车之两轮、鸟之两翼，应当遵循二者相辅相成，寻求恰当的平衡。我们今天大学考试录取制度，借鉴了清朝的科考制度；同一所学校，录取全国各地学生，不可避免地出现了分数不在一个档次甚至悬殊状况。正因此才出现了古代就有今日更多的"高考移民"，这才是世间任何事物都是一分为二的。

北宋灭亡前后，北人第三次大规模南迁。以上北方三次大规模人口南迁，其中多是北方社会精英、文化世家、富商大贾等经济文化条件优越的大家族。北宋末年，北方迁入人口已占江南人口1/6。伴随大量人口南迁的三次经济文化重心南移，南方文化繁荣与北方文化衰落形成了鲜明悬殊反差。南方文化精英有许多是北人后代，比如王安石和苏轼家族。王安石祖籍太原，据说其先人唐末五代时期为避战乱南迁江西。苏轼祖籍赵郡栾城（今河北石家庄市栾城区），其先祖苏味道（648—705）武则天在位时曾经担任宰相，他任职四川后,其二儿子苏份没有随父北归,留在眉山,苏轼为其11世孙。

南宋时约100万平方公里领土沦陷于金国,经济文化发展等受到严重影响。江南文化延续繁荣达到鼎盛,尤其是浙江杭州作为都城影响和带动了周围区域文化蓬勃发展,代表地区为东南江、浙、福建和四川等地。南方文化之盛,国民文化素质之高,北方望尘莫及,尤其是江西文化发展迅猛,领先全国独占鳌头。宋朝北方燕赵多侠士,南方江南多才子更是名副其实。

宋代江西文化独具九州之冠是非常特殊的现象。江西既远离京城开封、杭州,历史文化胜地少于北方,但产生名人大家之多、流芳千古宰辅之众、各类人才之呈井喷式涌现,实为我国文化史上绝无仅有的神奇。

1. 江西书院260所,比二位浙江156、三位福建85之和241所多19所。

2.《宋史》收入列传的江西籍人士达220人,居全国第一。

3. 唐宋散文八大家中韩愈、柳宗元为北方人,宋六家皆江南人,其中江西籍三家:欧阳修、王安石、曾巩;四川苏洵父子三人。

4. 王安石、曾巩家族文名千秋。王安石与弟弟王安礼两宰相,与儿子王雱双帝师,家族才女最众。曾巩家族两宋进士达50多人,科考史上少见。其弟曾布宰相;朱熹将曾布夫人魏玩词作,与李清照相提并论。

5. 北宋四大诗人江西籍欧阳修、王安石、黄庭坚3人,另为四川苏轼。《宋诗绝句精华》选174人诗542首,人均3.1首;王安石为宋代绝句诗第一,所选最多达37首,占6.8%;其次陆游、苏轼。

6. 宋代江西籍进士约5440人,约占全国总数的1/6。而唐代290年录取进士6642人,江西进士65名,不到1%。

7. 宋代文学世家47家,江西籍11家,占24%,其中晏殊、欧阳修、王安石、曾巩、黄庭坚五大家族最为显赫。

8. 宋代三大文坛领袖,欧阳修、王安石为江西籍,苏轼为第三代。

9.《全宋词》收词19486首,江西籍作者作品5242首,占26%,全国第一。宋代江西作家文章37006篇,占《全宋文》178292篇20.76%。

10. 宋代宰相、枢密使及宰辅式人物,江西籍45人。其中,宰相为河南籍20位、浙江籍19位之后15位。河南最多与太祖太宗两朝恪守任用北人为相有关;真宗时突破旧制,建国50多年后任用江西人王钦若为宰相。

江西文化名列前茅事例还很多,其在全国占据第一最多;河南、浙江不相上下,后者因两宋都城得天独厚,近水楼台无可比拟;福建、江苏也比较发达。

江西文化辉煌,大家辈出,人才喷涌,除宋代重文大环境外,与江西教育之盛、书院之多密不可分。全国创办最早的庐山白鹿洞书院，与吉安市东部白鹭洲书院、上饶铅山鹅湖书院、南昌豫章书院并称为"江西四大书院"。陆九渊与祖籍江西的朱熹等创办主持书院善莫大焉！二人为宋代教育贡献巨大，居功至伟，在中国教育史上光耀千秋。

支撑江西文化居全国首位的是其区域文化的辉煌与引领。比如临川文化、庐陵文化等。《全宋诗》所收701名江西籍诗人中，临川170人、庐陵137人，而词作者庐陵为江西第一。临川出了晏殊、王安石和曾布三位宰相，庐陵有刘沆、周必大、文天祥三相媲美。临川有李觏、王安石、陆九渊三大思想家，庐陵则有谥号"五忠一节"的欧阳修、杨邦义、胡铨、杨万里、文天祥等大家及千秋忠烈义士。宝祐四年（1256）科考，与状元文天祥同榜的庐陵进士39人，占全国1/9，一时名震朝野，受到理宗皇帝亲书"白鹭洲书院"的褒奖。

家族文化传承，临川有以晏殊为主及其子晏几道的晏氏家族，以王安石为主及其兄弟、儿子王雱及众多女性的王氏家族，以曾巩、曾布为主的南丰曾氏家族，以陆九渊为主的金溪陆氏家族等。庐陵欧阳修、杨万里、文天祥、胡铨等区域家族文化异彩纷呈。胡铨绍兴八年（1138）奏请诛杀秦桧等3人以谢天下，因此遭受迫害被贬谪多地。十八年（1148）贬吉阳军（海南三亚西北座城）。直到三十二年（1162）宋孝宗即位，才被起用。后曾任兵部侍郎以资政殿学士致仕。他坚持反对与金和议，力主北伐收复中原，受贬长达24年。忠臣被贬谪杀戮之多，两宋唯有赵构在位30多年堪称之最。

宋代江西文化孕育的思想大家、文学宗师等国家栋梁，在民族危亡的北宋"靖康之耻"时及南宋灭亡前后，舍生取义，带动影响成千上万的义民百姓。尤以文天祥家乡庐陵为中心，万民以文天祥为榜样，效仿其刚烈忠义，视死如归，谱写了中华民族浩然正气长歌。这不是偶然现象，是全社会重文环境下成功教育的硕果，更是江西人牢固树立"为父兄者，以其子与弟不为文咎；为母妻者，以其子与夫不为文辱"（宋·洪迈《容斋随笔》）思想观念的代代传承。全社会以读书为荣、以不读书为耻的良好风尚，孕育催生了千万个文化家庭；"诗书继世长"陶冶了众多的学子，儒家积极入世报效天下的思想潜移默化地造就了许多社会精英、时代骄子。这些对我们今天的青少年及全体国民教育，仍具有启迪和重要借鉴意义。

宋代科举取士比例高达10%，源源不断保证了官僚队伍较高文化素质，而天下90%名落孙山的举子及未能参加科考的学子群体，活跃在民间社会促进了家族与地区文化的发展，对宋代社会文明发展进步奠定了坚实的基础，促进了家族文明,社会和谐凝聚与发展繁荣,极大地增强了国家的软实力。

范仲淹以自己俸禄晚年买田建设"义庄",资助天下范姓婚丧嫁娶,济困解难,为全社会作出了天下范姓一家,有福同享有难同当的榜样。仁宗时期江西九江地区陈家,自唐代陈祖迁居江西江州,凡19代一直聚族而居,历经唐、南唐、宋三朝,天圣四年(1026)计230余年,大家族达3700人尚未分家,统一安排整个家族所有成员一切事务。家族之大,和睦融洽简直不敢想象,创造了我国历史上和平时期规模最大同族共居的吉尼斯世界纪录。朝廷派官员将其分家,分迁全国各地。陈独秀、陈云、陈毅、陈立夫等皆其后人。中国古代家族之兴盛及社会之和谐,还有哪朝堪比宋代!?

宋代文化之所以达到我国封建社会的巅峰,是由多方面因素合力作用的结果。恪守重文的基本国策是根本,经济繁荣发达是基础,众多帝王身体力行是关键,士大夫皓首穷经的求索创新实践带动引领天下风尚,示范辐射效应不可低估。科举考试的动力催生天下教育蓬勃发展,全国学子读书上进蔚然成风,多种因素汇聚成海纳百川不可阻挡的时代潮流,终于铸造出宋代文化的辉煌盛世。这是整个中国封建社会汉、唐、元、明、清等其他朝代难以企及的!

宋代文化盛世对我们今天仍然有重要的启示意义。文化是综合国力的重要组成部分,实现中华民族伟大复兴,文化建设至关重要。我国改革开放40多年来,相较经济建设的腾飞,文化建设仍然是木桶效应中的短板。尤其是中华民族许多传统美德,没有被所有国民继承发扬,国民的道德修养、文明素质远远不能适应时代发展的要求。当今社会许多丑陋甚至丑恶现象无奇不有,官场政治生态和社会风气仍存在许多问题,根源就在于此。中华民族的伟大复兴要靠适应当今世界潮流,走在时代前列的亿万民众,经过若干代人艰苦卓绝接力攀登。如果相当比例公民跟不上时代步伐,缺乏理想信念,道德修养低下,必将极大地延缓中华民族复兴的进程。

我国的大文化建设尤其是公民道德修养建设任重道远。制止世风日下人心不古,提高人的道德修养,已经成为亟待解决的严峻现实问题。因此,应当从战略的高度,像抓经济建设一样,制定切实可行的文化发展规划,下大力气采取得力措施,持之以恒,常抓不懈,补齐部分公民道德修养建设的短板。唯此才能极大地提升我国的软实力,使中华民族真正能够成为屹立于世界强林之列的伟大民族。只有道德修养高尚,具有家国情怀,勇于担当的后人代代接力传承中华民族历史使命,才能实现近代以来无数志士仁人梦寐以求的中华民族的伟大复兴。

第二十二章　潜心学术

上一章我们谈了宋代文化盛世的重要标志及其形成的综合因素。王安石之所以在政治、哲学、文学、经学、军事、教育、经济管理、文字学等许多领域都有独到的建树和贡献，在封建时代政治家尤其是所有宰相中出类拔萃，既有宋代文化繁荣盛世及江西临川家乡文化陶冶等外部因素的影响，更重要的是他终生勤奋、学无止境自身修炼的主观努力；他既是大有作为为天下的宰相，又是成就卓著的文学领袖，更是学术宗师大家，泰山北斗。

王安石的综合成就贡献巨大，除了父母良好家教及自身天赋外，他付出非凡的后天努力则是第一位的。他终生倾情文学创作及学术研究。无论是少年时代还是科考入仕后担任政务非常繁忙的地方主官，以及担任日理万机的宰相，他都挤时间甚至废寝忘食，坚持不懈文学创作及学术研究。他身处官场潜心学术，往往因为分身乏术、一心二用被人误会，传为美谈。宋人《墨客挥犀》记载了他1057年担任常州知府时发生的一件非常有趣的事情。

> 舒王性酷嗜书，虽寝食间，手不释卷。昼或宴居默坐，研究经旨。知常州，对客语，未尝有笑容。一日大会宾佐，倡优在庭，公忽大笑，人颇怪之。乃共呼优人，厚遗之，曰："汝之艺能使太守开颜，可赏也。"有一人窃疑公笑不因此，因乘间启公，公曰："畴日席上，偶思《咸》《恒》二卦，豁悟微旨，自喜有得，故不觉发笑耳。"

因为他曾经担任舒州通判，他去世后被追封舒王，所以后世亦称他为舒王。说王安石渴求知识，痴迷读书，甚至吃饭睡觉都手不离书。白天或参加宴会静心默坐沉思，潜心求索经典。他担任常州知府时，平常接待客人处理公务说话非常严肃，很少有笑容。王安石自青少年时代就全力以赴读书钻研学问，入仕从政以后为树立正气，抵制奢靡风气，很少参加歌舞娱乐活动。当时地方官府多有艺人团体，逢节日或者重要活动安排演出，有一次府里举行歌舞艺人表演，王安石作为长官为了形成与民同乐、团结凝聚全府官吏、做好各项政务的氛围，尽管他心里很不情愿，但还是勉强参加了观看演出。

王安石入席落座后，众僚属围坐旁边，大家都聚精会神观看歌舞表演。艺人表演没能吸引他的注意力,他虽然呆坐好像是在看表演,其实走神陷入了沉思。不管表演气氛多么热闹,甚至进入高潮场下掌声雷动,也没有把他从沉思中惊醒。正当艺人表演并非特别精彩、大家静观时,王安石突然发出了笑声。属吏知道他平时非常严肃,少有笑容,这一次看到他身为知府突然放声大笑,大家都很奇怪。有人以为是王安石欣赏艺人技艺引发笑声,于是他们就呼唤艺人上来,奖励他们能使知府开颜,予以重赏;有人私下怀疑王安石这时发笑,并非因歌舞表演。事后有人问起这件事,他回答说近日思考《易经》中《咸》《常》二卦未得其解,观看演出时潜心其中突发灵感,顿有所悟,豁然开朗,理解了二卦含义,非常高兴有所获得,情不自禁发笑。这时大家才明白,王安石发笑并非因为艺人表演,而是他作为知府平常非常繁忙,分身乏术,陪属吏看表演一心二用,引起大家误会,所以闹出了笑话。

这是王安石担任地方主官时的趣事,像这样身心分离,一心二用引起误会的事例,在他的仕宦生涯中很多。朱熹弟子陈文蔚《克斋集》记载朱熹说:

> 介甫每得新文字,穷日夜阅之,喜食羊馒头,家人供至,或正值看文字,信手撮入口,不暇用箸,过食亦不觉,至于生恚。

说他潜心求知极度沉醉痴迷,遨游知识海洋忘掉世间一切,吃饭不知饥饱。王安石担任宰相之后,政务更加繁忙,肩负责任更加重大。尤其是他推行变法改革,从每项新法初议到听取调研情况,组织论证,反复征求社会各界意见,直至初拟法令试行,总结试行经验教训,再把握全局推广全国。有时他忙得竟废寝忘食,除了每天要处理非常繁杂的日常政务外,变法改革占据了他大量的时间和精力;他夜以继日,殚精竭虑,呕心沥血;读书学习思考学术和国家政务甚至挤占吃饭时间,他常常因此不知饭香菜味。

> 王荆公为执政,或言其喜食獐脯者。其夫人闻而疑之曰:"公平日于食肴未尝有所择,何独嗜此?"因令问左右执事者曰:"何以知公嗜獐脯也?"曰:"每食不顾他物而獐脯独尽,是以知之。"复问其食时置獐脯于何所,曰:"在近匕箸处。"夫人曰:"明日故易他物近匕箸。"既而果食他物尽,而獐脯固在。然后知其特以近故食之。(朱弁《曲洧旧闻》)

说王安石担任宰相时,很可能是家庭厨师对其夫人吴氏说发现他有个特殊嗜好,就是非常喜欢吃獐肉。吴夫人和他生活已近30年,她非常熟悉王安石生活习惯,从来都是做什么吃什么,很不讲究,不会享受生活,没有什么嗜好或者偏食。所以,她听到后怀疑地对那个人说:相公平日对于食物无所选择,为何会唯独喜食獐脯?那人回答说:每次进餐都是不看别的食物,而唯独将獐脯吃个精光,因此才知道他有此嗜好。吴夫人又问他:进食时你把獐肉放到什么地方?那人回答:獐肉放到了离食具比较近的地方。吴夫人对他说:等到明日你再摆放菜盘时,把其他菜放到原来獐肉的位置。第二天,那人就按照吴夫人的吩咐,把獐肉摆放得离食具远点,把其他菜摆到了离食具最近的地方,王安石只吃离食具比较近的那个菜,而獐肉原盘未动。这时众人才恍然大悟:哪样食物离食具近,他才独食精光,而不食他物。王安石担任宰相日理万机,分身乏术,常常一心二用,吃饭时间思考学术或国家大事,其时他用餐夹菜,实为不自觉下意识的动作,他身在饭桌,心有旁顾。

他分心公务、文学、学术,引起误会的事例还很多。他虽为文学大家、学术泰斗,却对文学学术一丝不苟,孜孜以求,恪守"语不惊人誓不休":

京口瓜洲一水间,钟山只隔数重山。
春风又绿江南岸,明月何时照我还。(《泊船瓜洲》)

王安石此诗作于1075年二月第二次应诏赴任宰相,从南京出发到达长江北岸大运河与长江交汇入口处瓜洲(今江苏省扬州市邗江区南部,与镇江市隔江斜对)。这首诗之所以为后人推崇传颂,除了思想内容,更因王安石用字锤炼推敲成为典故,即其中"绿"字的敲定。据宋代洪迈《容斋续笔》记载:

吴中士人家藏其草,初云"又到江南岸"。圈去"到"字,注曰"不好"。改为"过",复圈去而改为"入"。旋改为"满"。凡如是十许字,始定为"绿"。

说他反复推敲、斟酌思考,曾经用"春风又到江南岸",也考虑"又过江南岸""又入江南岸""又满江南岸",用了"到""过""入""满"等,更易10余字,最后终于敲定"绿"字。因为"到""过""入""满"等,都是一种静态看不见的春风,看不见春风给江南带来了什么变化。而这个"绿"字则是动态地体现春回大地、万物复苏萌动,原野碧绿,万物生机盎然,一个"绿"字形象地描绘出了江南春天美好的景象,这一字可谓点睛之笔,使此诗成为千古传颂佳作。

王安石担任宰相期间,挤占吃饭、休息时间,分心公务与文学学术,甚至为求一字,不顾旅途鞍马舟车劳顿,反复苦思冥想,他的大脑思索不止,很少有休息时间,他把吃饭睡觉时间压缩到仅能维持生命的最低程度。1076年他辞相以后,在南京过了10年退休生活,按说这时他在文学创作及学术研究方面,被公认为文化巨匠,而且几十年仕宦经历尤其担任宰相7年间身心疲惫,一旦远离了政治中心,应当过得松弛悠闲一些,营造安静、和谐、愉悦身心的环境气氛,打发时光,来医治长期经历官场惊涛骇浪及失子之痛的创伤。他却不是这样,退休后恪守"老骥伏枥,志在千里;烈士暮年,壮心不已",自加压力,文学、文字学等齐头并进,可谓桑榆虽晚,为霞满天,写出了大量讴歌时代的诗文佳作。他为遂多年心愿,开始编著大型文字书这一宏大的工程。他发现从仓颉造字到汉代许慎的《说文解字》,其中有许多字解释不准确,有些字义已经不能适应社会发展需要。他赋诗《仓颉》,谈到仓颉造字尚需完善:

> 仓颉造书,不诘自明。於乎多言,只误后生。

王安石虽然才高八斗、学富五车,"独负天下大名",但他历来谦虚;他对于字圣仓颉造字释义的评价,可见他文字学功夫之深厚及对编著文字学工具书的自信。他早年就下决心等到退出官场以后,要为天下人读书创作提供便利,编著文字工具书。他深知这项工程工作量之大且非同寻常的艰辛,却毫不犹豫地对这一重大课题攻坚冲刺,以遂多年夙愿。王安石只争朝夕,用了两年时间,编著了22卷《字说》。他钻研天下所有文字产生、发展、演变,包括多音、多义等许多非常广博深奥的内容,尤其是将契合时代发展进步的思想观念融入《字说》中,"与时偕行",服务于国家的长治久安,更是令人钦佩。

王安石编著《字说》,尽平生学识,倾毕生精力,两年时间苦思冥想,夜以继日笔耕不辍。《王安石遗事》记载:

> 王荆公作《字说》时,只在一禅寺中。禅床前置笔砚……就到禅床睡。少时,又忽然起来,写一两字,看来都不曾眠。字本来无许多义理,他要个个如此做出来,又要照顾得前后,要相贯通。

编著《字说》的日子里,王安石为了静心思考,他把自己关进寺院一间僻静禅房,满室参考书籍,想起来就写,累了就躺下休息,醒后再继续思考新的字义。不管白天晚上,春夏秋冬严寒酷暑,独自一人永无休止地伏案写作,常拥书而眠,遨游于文字学的海洋。一个在各个方面都大有作为、功德圆满的退休宰相,两年时间艰辛思索、殚精竭虑,不惜憔悴身心、透支健康,倾注了晚年全部精力。他就像春蚕吐丝,为国家万民奉献终身的精神,实在令人感佩。

> 王荆公作《字说》时,用意良苦,置石莲百许枚几案,咀嚼以运其思。遇尽未及益,即啮其指,至流血不觉。(郑景望《蒙斋笔谈》)

说王安石作《字说》时,将桌案上莲子放入口中缓慢咀嚼,聚精会神潜心思索,咀嚼完仍然没有思考出满意结果,竟然咬破手指流血不觉。这种说法可能有点夸张,但王安石苦思冥想,潜心沉浸其中,穷尽天下知识,对文字学的执着登攀却是实情。黄庭坚为宋代四大诗人、四大书法家之一,他在《书荆公骑驴图》中说:

> 荆公晚年删定《字说》,出入百家,语简而意深,常自以为平生精力,尽于此书。

说王安石编著《字说》,融会贯通百家知识,语言简明而意蕴深刻,倾其毕生精力于书。今人编《汉语字典》,由于工作量巨大,往往许多专家合作;编著大型工具书《辞海》,更是集几百名专家智慧长期攻关。王安石年近终老独自一人,呕心沥血编著《字说》,他何以如此坚持不懈地进行学术研究创作? 宋代的官员俸禄比较高,他长期担任宰相,退休后待遇对于维持家庭生计,享受生活绰绰有余。他一生著述从不为生计考虑,不像今日许多人"著书只为稻粱谋"。学术创作是王安石的精神追求,他就像司马迁编著《史记》一样,二人相通的追求就是"究天人之际,通古今之变,成一家之言"。他要探究自然界与人类社会等许多未被发现认识的真理,他要精研古今社会发展变化规律,要创作出独树一帜"学贯千载"的不朽经典。

他编著《字说》留下两首七绝,元丰三年(1080)写下《成字说后》:

> 鼎湖龙去字书存,开辟神机有圣孙。
> 湖海老人无四目,漫将糟粕污修门。

歌颂神宗圣明睿智,谦虚自己著作粗疏,难比四只眼睛的仓颉神明。

第二首是同年将《字说》呈送朝廷时所作《进字说》:

> 正名百物自轩辕,野老何知强讨论。
> 但可与人漫酱瓿,岂能令鬼哭黄昏。

说轩辕黄帝为百物正名分,使其名实相符;自己村老野夫,哪有那么广博的知识来勉强探究呢?《字说》或可给人随意用来覆盖酱罐,怎比仓颉作书使鬼惊惧夜哭。《淮南子·本经训》："昔者仓颉作书,而天雨粟,鬼夜哭。"说仓颉作书威力通神,鬼怕揭露自己罪恶夜间哭泣。王安石赞扬仓颉作书惊天地泣鬼神,谦称自己难以与其相提并论。

这两首诗非常谦虚,但仍难掩饰王安石与字圣仓颉媲美的自信。

王安石不管身在官场一心二用,还是退休后钻研学术,创作巨著,他痴迷学术渴求真理,其思想境界高山仰止,实乃学者大师型政治家的典范。

王安石潜心文学创作和学术研究,与他当官处理政务时间精力是否矛盾?表面上看似矛盾,实际上两者相辅相成,相互促进。由于王安石志在辅佐帝王中兴宋廷,建立千秋功业,所以他在地方官任上,求索加压磨砺,在宰相任上他更是将自己所有的知识和全副身心投入对国家未来命运的思考和精准施策治理。他当宰相时制定的所有十几项新法,都离不开理论的指导和支撑。他作为报效天下的大宰相,必须在学术上站得高看得远,成为学术上对其他各家各派"一览众山小"的学界泰斗。他坚持学无止境,终生不懈,自强不息,尽可能以自己毕生精力来穷尽天下真理,从而把对于天下真理的认识,作为理论指导与支撑,运用到变法改革的实践中,他才能站得高看得远,各项决策才能比较接近社会客观实际,达到变法改革富强天下,改善民生的预期目的。

执政实践需要理论的支撑和指导,反过来说,他的理论和学术研究成果是否真理,需要实践验证评判。正确的就继承发扬,有待完善的理论学说,再继续修改至善。王安石殚精竭虑进行文学创作和学术研究,力求占领制高点,达到他人遥不可及的学术权威和影响力,对于实现其报效天下崇高理想至关重要。他的勤奋和睿智是时人少有企及的,正因为他"独负天下大名三十余年"(司马光语)学界泰斗的地位,其理论高山仰止被士大夫广泛认同接受,成为变法改革坚实的理论基础,才演奏出威武雄壮振兴宋廷的交响大剧。

王安石追求文学创作、学术研究,把它作为人生的快乐享受,终生痴迷执着,取得丰硕成果,这与他干好地方政务、当好宰相、辅佐帝王建立千秋功业,开创繁荣鼎盛的新时代相辅相成,相得益彰。

正因为王安石读书、做文章、从事学术研究都与常人不同,他就像一个高速运转永不停歇的永动机,才铸就了他文学巨匠、学界泰斗的辉煌。他以人生苦短、自强不息激励自己,达到了"名高一时,学贯千载"(苏轼《王安石赠太傅制》)的高度,才成就了他文化巨匠全才宰相的不朽伟业。

　　为了统一天下人思想,形成有助于变法改革的社会思想观念,巩固多年治国安邦成果,王安石1072年统领经局,与儿子王雱、吕惠卿等人重新解释儒家主要经典《周礼》《诗经》《尚书》;他以博大精深的学识和先进的思想观念,侧重义理,服务现实审定编著为《三经新义》,作为学校教材和科考标准,1075年宋神宗颁行天下。他的"荆公新学"作为北宋中后期治国安邦指导思想长达近60年。

王安石《泊船瓜洲》：

京口瓜洲一水间，钟山只隔数重山。

春风又绿江南岸，明月何时照我还？

本诗作于熙宁八年（1075）二月，王安石接到再次担任宰相诏命，他离开南京行至瓜洲（今江苏省扬州市邗江区南部）时。他为振兴国家勇往直前，百折不挠；但对变法改革前途亦有隐忧，感叹何时才能归来安享晚年。第三句为千古名句，尤其是对"绿"字的推敲，为古今锤炼文字典范。

第二十三章　创立新学

　　一个时代经济、文化、教育、科技等某一个领域发展固然重要,能够从某一个方面体现社会的进步水平,但是哲学的发展,哲学思想的突破,对于推动社会全面进步发展,意义更加重大,作用尤其巨大。哲学思想的进步和发展,往往与社会政治的开明尤其是学术的民主自由紧密相连。哲学的繁荣发展必将促进其他学科的进步,谱写社会整体进步的新篇章,而哲学发展又是以社会经济、政治、文化等许多方面为基础的。

　　古今中外每一个思想家,首先需要回答世界是物质的还是精神的？人类社会与自然界天地万物尤其是天人关系如何？这是哲学必须解答的基本问题。对这个问题的不同认识是划分唯物主义和唯心主义的分水岭,凡认为世界是物质的为唯物主义,凡认为世界是精神的则是唯心主义。

　　中国古代由于受历史发展阶段尤其是科学发明进步的局限,许多思想家终其一生求索钻研,陷入唯心主义的泥沼不能自拔。只有少数思想家突破唯心主义的迷雾,对哲学基本问题作出比较科学的回答,推动了人类社会的进步和发展。历史阶段越是久远,受科学限制、人类认识问题的局限性越严重,唯心主义思想就越盛行。反之,人类社会越向后尤其是到近现代乃至今日,科学进步能够更多地解答现实问题,人类认识世界能力产生极大的突破,唯物主义思想为更多的人所理解和接受。同样,近现代的唯物主义思想家较古代朴素唯物主义思想家,认识世界和人类社会等更深刻全面。

　　北宋神宗时期哲学发展达到了鼎盛时期,这是自战国诸子百家争鸣与魏晋玄学以后,思想界百花齐放,硕果累累,光耀千秋的顶峰。

　　在当时众多哲学流派中,最大的一家就是王安石的"荆公新学"。因为王安石曾被封为"荆国公",所以后世人称他为荆公,他创立的学说称为"荆公新学"。其学说之所以成为最大的一家,并非因为他是贵为万人之上的宰相。哲学思想是否是真理,及其达到的高度,不是靠一个人当多大官,不是靠行政命令能让天下信服的。王安石的"荆公新学"之所以独领风骚,在当时众多学派中成为显学,是由于其具有朴素的唯物辩证法思想,他对天地万物、对自然界及人类社会、对治国安邦等许多方面都作出了基本合乎唯物辩证法的解释。

他的哲学思想符合时代发展的需要,所以"荆公新学"才能远远高居于其他学派之上,成为治国安邦一枝独秀的主流意识形态。

新学贵在突破旧说,独创新意。他一生研究学术、写文章孜孜以求。据说他曾经苦思兵制改革,殚精竭虑写下《兵论》,被造访的好友刘攽偷看默记,故意恶作剧,对王安石说他研究兵事,以其《兵论》内容叙述概要,王安石以为己作与之暗合,遂撕毁手稿。他锐意求新,一旦发现与他人雷同,宁愿弃之不存。

900多年前王安石所处的北宋中后期,对哲学基本问题的认识总体上还处在唯心主义的阴霾之中。唯有王安石继承发扬并开拓创新汉唐以来唯物主义思想优秀成果,他"网罗六艺之遗文,断以己意;糠秕百家之陈迹,作新斯人",融会贯通人类社会哲学思想精华,创立了一个突破俗儒旧思想观念,顺应时代发展潮流,能够切合实际解决宋代社会现实问题,有补救于世道崭新的学说。他作为领军人物,其余骨干成员为儿子王雱和龚原、陆佃等。

王安石对哲学的求索钻研自少年读书开始,20多岁时就已经名扬天下,一直到主政天下,贯穿终生。他考中进士初入仕途签判扬州时所作《淮南杂说》,在宋代哲学思想发展史上具有非常重要的意义,开启了宋人研究性命道德之学的先河,对这一命题的研究起到了推动和引领作用。金朝赵秉文说:

> 自王氏之学兴,士大夫非道德性命不谈。(漆侠《宋学的发展和演变》)

侯外庐主编的《中国思想通史》中说道:"宋明理学应该于此寻源。"他认为,王安石的"荆公新学"是程朱及其后中国数百年的主流意识形态理学的源头。而这时的王安石仅25岁,初出茅庐一鸣惊人。

王安石一生哲学著作丰硕,主要有《淮南杂记》《老子注》《洪范传》《三经新义》,除《洪范传》保留完好外,其余已失传。

王安石哲学思想植根于朴素唯物主义,他认为世界是物质的,世界的总根源为"道"(又称元气或太极),其分化为阴阳二气,阴阳二气产生金、木、水、火、土五种物质元素,他著《洪范传》说:

> 五行,天所以命万物者也,故"初一曰五行。"
> "五行,一曰水,二曰火,三曰木,四曰金,五曰土",何也?五行也者,成变化而行鬼神,往来乎天地之间而不穷者也,是故谓之行。

他认为以上五种元素相生相克、不断发展变化而生成世界万物。

王安石认为天是自然,天按照自身规律处于无意志、无目的运行中,他说:

> 夫天之为物也,可谓无作好,无作恶,无偏无党,无反无侧,会其有极,归其有极矣。(《洪范传》)

即上天和人类社会是不同的范畴,它们各有规律。上天是没有意志的,没有主观好恶、没有偏私。无论是风调雨顺还是自然灾害,都与人君作为的好坏没有必然联系。上天不会因为人间帝王政策制定、施政作为好坏善恶,表示亲近、喜好、反对、奖惩。他告诫神宗:"要乐天,不要畏天,要像天那样,'任理而无情'。"(《续资治通鉴长编》卷二三六)。

只要制定法律制度有利于国家、有利于民生,就合乎天意,就不必担心议论纷纷的流言。同时,他主张对于各种自然灾害应当修人事以应天变,比如发展生产,富国惠民,提高抵御自然灾害的能力等。他的《省兵》诗"游民慕草野,岁熟不在天",强调了人定胜天的思想。

传统儒家思想是"天命论","天人感应说"。结论则是:面对上天,人应该听天由命;运用于治国理政,则崇尚因循保守。司马光认为"天者,万物之父也。"认为天生万物是有意志有人格的,人们必须按照天意办事:

> 违天之命者,天得而刑之;顺天之命者,天得而赏之。(《温国文正司马公文集》)

他的思想代表了当时多数士大夫主流愚昧的认识,比如,他认为天下财富为定数,不承认人的作用,不承认生产关系对生产力的反作用。两种思想仅从对天人关系认识这一点,先进与落后一目了然。以司马光的思想治国,必然是因循保守,维护旧制,无所兴革。他晚年担任宰相复辟倒退不足为奇。

王安石的"荆公新学"与传统的儒家思想最大的区别,与司马光、"二程"等唯心主义学派最根本的分水岭,就是传统儒家思想相信天命、相信人类社会的一切都是上天提前安排好的,上天为人类社会每一个人都安排了一生的命运;人不需要奋斗,没必要抗争,奋斗抗争没有意义、没有价值。这可以说是一种什么也不需要做的懒人哲学,只等着上天的赐予,没有必要勤奋拼搏、改革创新。这种思想成为当时许多人保守苟且、反对革新改变、维持现状保护自己既得利益的借口托词。王安石批判"天命论",他以圣世难免有天灾,暴政之下犹有风调雨顺，批判"天人感应说"的荒谬。他说：

> 天文之变无穷，人事之变无已，上下傅会，或远或近，岂无偶合，此其所以不足信也。（李焘《续资治通鉴长编》卷二六九）

王安石由此得出的结论是"天变不足畏"，实际就是王安石变法改革上不畏天的理论基础和精神支柱。

在认识论方面，王安石继承了古代朴素辩证法的精华，认为世界上一切事物都是按照新陈代谢的普遍规律发展变化的：

> 阴阳代谢，四时往来，消息盈虚，与时偕行，故不召而自来。（《辑本》）

即阴阳变化，四季更替，太阳、月亮的周期运动，都是自然规律使然，并不是人的主观意志所能够决定的。他说春夏秋冬为客观规律，与万物需求无关：

> 寒暑自有常，不顾万物求。（《即事》六首之六）

王安石认为，人类社会历史是一个不断发展，不断由新生事物取代旧事物，不断由低级向高级转化的过程，这是社会发展的必然规律。

他认为自然界和人类社会的变化是无穷尽的，固守旧制度旧观念，安故习常是不合时宜的，不符合治理天下的基本道义和基本规律。王安石坚持变革，主张与时偕行，与时代共进步发展，这在当时实为高瞻远瞩的真知灼见。

王安石充分肯定人类在认识自然规律中的能力：

> 万物莫不有至理焉，能精其理则圣人也。（《致一论》）

说万物都有自身的道理与规律，能精通这些道理的人是圣人。只有下大功夫对自然界天地万物进行探究求索，才能掌握真理，成为圣人。

王安石哲学思想的进步性还表现在他对于君、臣、民关系的认识上。他认为，君王并非至高无上，道高于君，君主应当按照道义来治理天下。

他认为民为国本，本固邦宁；没有万民就没有君主和国家。这和孟子"民贵君轻"思想是一致的。他主张正常的君臣关系应该是：君要待臣以礼，臣要待君以忠，臣子对待君王：

> 人臣事是君为容悦者……道合则从，不合则去。（邱汉生《诗义钩沉》）

主张有道明君臣下辅之，无道昏君臣下弃之。君可以选择臣，臣也可以选择君，君臣是对等双向选择的关系，而不是君主把臣下当牛马、当作草芥，而臣下只能无条件服从,绝对地处在被使唤甚至被奴役被践踏的地位。对于无所作为、治国违背道义的君主,就要舍弃他,归隐山野,不为五斗米折腰。

他主张臣对于昏君可以替天行道,可以起来革命推翻之:

> 以常情言之,以臣伐君,疑于乱矣。以天命言之,汤所谓"天吏",非称乱也。(《尚书·商书·汤誓》)

说通常情况下以臣伐君,则为乱臣贼子;但是,商汤推翻残暴的夏桀,代表天意,不可以说是乱臣。

他一生对待仕途升迁,对待进退等都坚持道义这一原则底线,绝不无原则顺从帝王。他在君王面前挺直腰杆,卓尔不群难能可贵。

王安石对于人与自然界的关系,也有独到的见解。他认为,人在自然界面前并不是无所作为的,人类可以认识利用自然规律,发挥主观能动性,在改造自然中推动社会发展进步。他举了个很简单的例子:人要给牛穿鼻子,给马戴笼头,这样制服了它,牛马出于不得已才"推人磨",服从人的需要耕田拉车,供人乘骑。这是人力作用于自然物的结果。这个比喻虽然非常简单通俗,但是它说明人在自然界面前,并不是被动无为的,人们可以通过发挥主观能动性来改造自然,从而达到让自然界为人类社会服务的目的。

王安石在人生观方面强调积极入世,遵循道义治国平天下。他谈到志气时说:人怎样才算有志气?何为雄心壮志?他给志下定义说:

> 上士闻道,强而行之,故强行者有志也。或志于高名,或志于厚利,非所谓志也。惟强行于道,斯可谓有志之士。(《辑本》第34页)

即有上进心的士大夫,应当努力求索掌握真理,克服困难,创造条件,进行艰苦的斗争,排除干扰行使道义,将理想付诸天下。根据道义治理社会,管理天下百姓。他言行一致,淡泊名利,终生探究真理,闻道强行,变法改革,甘冒风险,"其志在天下后世"。

在中华民族数千年文明的进程中,究竟怎样治理天下?是以儒家文明的礼仪道德,还是以法家制度刑罚治理天下,我国历代先贤哲人进行了不懈的求索。礼仪比法治更早广泛应用于规范人类社会生活。礼仪治理天下可以追溯到3000年前周朝的周公制礼作乐等,周公为社会各个阶层制定了礼仪娱乐规范,天下所有人按照身份地位,遵守礼仪娱乐,规范自己的行为,这对于维护统治秩序,天下和谐稳定具有非常重要的意义。到了春秋时代礼崩乐坏,百姓水深火热,天下战争频繁,说明了仅靠礼乐难以维持社会发展进步长治久安的局限性。孔子明知不可而为之,一生追求克己复礼,却最终没有能够实现自己的政治理想。战国时代200多年,秦国为求一统搅动天下混战,法家思想大行其道,由于法家根本目的就是统一天下,所以其法律主要是为战争服务,其蛮横专制毫不掩饰。比如商鞅"利出一孔""以奸驭良"等政治思想主张,不择手段无以复加。孟子的仁政王道主张不为现实所需,各国最高统治者敬而远之,不足为奇。

当时伟大思想家之一的荀子,曾经三次担任齐国稷下学宫祭酒即校长,他也曾打破儒不入秦的偏见,晚年高龄到秦国考察,他看到了法家治理天下的巨大成效,他的思想视野更加开阔。他认为,儒家思想礼仪道德虽然可以塑造人的灵魂,教化天下大众,但是见效慢,而且不是对天下所有百姓都有效,仅是对天下万民柔性约束的一个方面,治理社会不能没有法治,社会治理需要以法治作为兜底的硬性保障。他同时深刻认识到:法家治理天下虽然见效快,但其缺乏长远稳固统治的思想道德根基,天下难以长治久安。他虽然为大儒,却一反孟子性善论,提出性恶论说。他认为礼仪教化和法治二者相辅相成,缺一不可,主张双管齐下,天下方可长治久安。他是战国时期唯一主张礼法并重治理天下的思想家,其他许多大家往往主张一种学说,甚至走向极端,而少有像他那样融会贯通多家,提出切合实际的治国理论。他培养出两个学生李斯、韩非,都是著名的法家。他虽然具有实用先进的治国理念,但一生践行自己思想的舞台,只是晚年山东兰陵一县之地。强大的秦朝仅15年两代而亡,反证了他理论的正确性。

汉代前期总结暴秦短命的教训,提倡道家学说,与民休养生息,黄老哲学无为而治成为国家制度性文化。道家思想虽然促成了"文景之治",但景帝时期七国之乱证明了汉初70年来道家黄老之学已经不能适应社会发展前进的局限性。所谓汉武帝听从董仲舒的建议"罢黜百家,独尊儒术",实际是汉武帝坚持儒法二者并重,他以儒家思想教化天下百姓,维护社会安定;以法家思想支持桑弘羊理财等,军事则任用卫青、霍去病击垮匈奴,彻底解除了100多年来匈奴对中原汉族统一王朝的威胁。汉武帝不愧为千古一帝。我国从汉武帝时开始初步形成了礼仪教化和法治并重的社会政治模式,到了南宋儒家礼仪发展为思想理论基础更为完备的理学。

礼仪和法治虽然同为治理天下的车之两轮、鸟之两翼,但也不是半斤八两等量齐观,法制是根本,礼教为辅助,在不同的历史时期侧重不同,治世往往侧重礼仪教化,衰世乱世往往侧重法治。荀子虽然主张治国儒法并重,但是历史没有给他提供治理天下的广阔空间平台。王安石是二者结合并重的政治家,中国封建社会历史上少有人可比。一般谈到改革家大家联想到的是法家,而且多与道德修养低下相联系,比如吴起求将杀妻,商鞅用阴谋欺骗朋友公子卬,取得对魏国军事胜利赢得军功等。而王安石虽然终生高举儒家文明礼仪的旗帜,但他吸收法道等家之长,革故鼎新;他担任地方官,比如鄞县县令坚持两手抓;当了宰相主政天下推行新法更是儒法双管齐下。新法中体现的儒家民本思想,在商鞅变法中找不到,在张居正的改革中体现的也不明显。而且王安石在推行全方位新法的同时,狠抓学校教育和科举选人的改革,狠抓统一天下道德思想观念的改革,坚定不移推进天下风俗社会意识形态的变革,这些都属于儒家社会教化的范畴。

儒家历来主张"德主刑辅",孟子曾追求无讼社会。我国封建社会治国以礼仪教化为主,辅之以法,治理天下忽视法律制度刑罚的作用;法家历来注重以法律刑罚治国,尤其强调治乱世用重典,以恢复社会秩序,轻视社会教化的作用。王安石不同于传统儒家,他坚持二者并重,强调在对百姓教化的基础上,结合社会现实制定善法治理国家、管理民众。他批判治国"独尊儒术"的偏颇,同时批判秦始皇"举世不读易,但以刑名称",反对轻视礼仪教化、侧重以严酷的苛政和重刑治国;他强调治理天下二者不可偏废,教化与惩戒双管齐下,缺一不可,二者互补,相得益彰。他一贯反对不教而诛。

"荆公新学"思想博大精深,涵盖政治、经济、文化、教育、社会生活的所有领域;作为国家官方意识形态长达近60年,即北宋熙丰年间以及其除"元祐更化"时期外一直到宋徽宗时代。这一时期经济大发展,综合国力极大增强,正像张择端《清明上河图》描绘的那样繁荣鼎盛。当时社会全面繁荣与王安石哲学思想作为治理国家指导思想是直接相联系的。由于他以优秀儒家传统思想为根本,海纳百川,广泛吸取诸子百家精华,吸取三教九流的营养,融会贯通形成充满生机和活力的新儒学"荆公新学",他才被誉为"通儒"。他主持编著的《三经新义》等许多哲学著作,多有创新和深意。他不为标新立异,而是以新思想新见解新内涵,成为治国安邦的重要指导思想,一枝独秀遥遥领先于其他学派。儒学修养深厚天下至尊的宋神宗敬他为师,称他为"大儒之家"。宋徽宗崇宁三年(1104)朝廷尊他配享孔庙,位列孟子之次的荣誉,这是我国封建时代士大夫顶级的荣誉,实际上就是朝廷承认王安石是儒学的集大成者。他之所以被尊崇配享孔庙,这是与他哲学思想的儒学根本性、有补于世的先进性分不开的,在他哲学思想指导下综合国力极大提升、社会全面进步、国家经济大繁荣。程朱理学影响了中国后世几百年,思想影响远远超出国界的朱熹,在孔庙中只是后排 12 哲人之一。

王安石的"荆公新学"在诸子百家中属于哪一家?他是融会贯通百家的"杂家",但从根本上说是儒家。他的根基和主干都是儒家,法家等在他身上只是大树的枝叶。他"少学孔孟",一生虽然钻研求索诸子百家,包括法家、道家、佛教等,但根本目的是为了拿来为我所用,吸取其优点和精华,援其入儒,创新充满生机和活力的儒学,为治国安邦中兴宋廷服务。他学术最根本的底色是儒学,这在他的大量著作中、变法改革的理论基础中都有充分的体现。

北宋哲学在仁宗晚年与英宗治平年间得到了迅速发展,到宋神宗时达到巅峰。在当时众多学派中,周敦颐虽然为理学主要奠基人,但由于他去世早,且"二程"原为其弟子,后来因他支持王安石变法而与之疏远,对他声誉有所影响,因此从其社会影响方面,远不能与当时王安石的"荆公学派"相比。

苏轼父子"蜀学派"哲学上主要是苏辙的成就,但是缺乏完整系统的思想体系;司马光在哲学领域无大建树,而王安石则是载入哲学史的大家。

王安石的"荆公新学"影响亦大于张载、"二程"的理学。因为张载身后无传人,其关学冷落。"二程""洛学"虽为理学主流,然终北宋之世,其学说一直在民间流传,对上层社会影响不大。由于理学强调个人道德修养的内心反省工夫,其倡导的"存天理,灭人欲"更能适应专制统治需要,其学说受到南宋昏君赵构欣赏被借题发挥等原因,才成为社会主流意识形态突然兴发,这样,抽象的理论研究代替了王安石倡导的通经致用的学风,王安石生机勃勃的朴素唯物主义和辩证法思想,被脱离实际形而上学的理学所取代。

因为王安石学术的进步性、系统性,对当时社会许多重大问题都作出了比较科学的回答,而且自熙宁年间其学术成为国家的官学,成为治国安邦的指导思想,因而影响远非以上几家可比。

但是"木秀于林,风必摧之;堆高于岸,流必湍之;行高于人,众必非之"(三国·李康《运命论》)。王安石作为睿智的思想家,早在 1056 年任殿中丞群牧判官时,曾作《寄题郢州白雪楼》:

　　折杨黄华笑者多,阳春白雪合者少。
　　知音四海无几人,况乃区区郢中人。

他作为独树一帜超前的思想家,众人皆醉他独醒,士大夫们多不理解他,正应了阳春白雪合者盖寡的古训,他的诗作《读史》等对自己的身后似有预测。

一个国家主流意识形态的改变，往往是一个漫长的过程。由于王安石的学术符合时代历史发展的潮流，并非司马光下令禁止、赵构一纸诏命刻意打压就能完全消除其影响力。王安石去世 50 年后的 1134 年，赵构仍然担心王安石学术难以磨灭的影响，说明了乌云遮不住太阳的光辉，反证了王安石人格伟大和学术坚实的生命力。他忧心忡忡地对范冲说：

> 至今犹有说安石是者，近日有人要行安石法度，不知人情何故直至如此。(《续资治通鉴》卷一一四)

在中国漫长的历史时空中，曾经涌现出许多思想大家，他们为推动人类社会进步作出了卓越的贡献。仅具有重要影响的王姓思想大家就有 7 位，尚未见其他姓氏思想家如此众多。除王安石外，其余 6 位是：

战国时期王诩(王禅，生卒年不详)，即鬼谷子。孙膑、庞涓等曾受教于他。

东汉杰出唯物主义思想家、文学批评家王充(27—约 97)，继承发展了道家思想，其《论衡》无神论思想仍光耀今日。

三国时魏国玄学家王弼(226—249)，刘表曾外甥，建安七子之一王粲孙辈；24 岁英年早逝却著作宏丰，主要有《老子注》《周易注》《论语释疑》等。古今思想家无数人作《老子注》，毛泽东终生研读，说：《老子》王弼本最好。

隋朝王通(584—617)，初唐诗人王绩兄长，"初唐四杰"之一王勃的祖父。隋文帝及隋炀帝多次征召授官，他力辞不就；任性讲学，著述颇丰，弟子众多。

明朝王守仁(1472—1529)，发扬光大陆九渊"心学"，创立"阳明心学"并立于程朱理学；其学说传至日本，在国内外影响深远。他平定明初宁王朱权后裔南昌朱宸濠之乱，为文人思想家领兵屡建奇功的典范。

明清之际王夫之(1619—1692)，总结发展了中国传统的朴素唯物论和辩证法，著述 40 年，研究涉及经学、史学、文学、天文、历法、数学、地理等许多方面。

7 位思想大家自战国至汉、隋、宋、明、清多个重要历史朝代，时间跨度 2000 年，可谓"江山代有才人出，各领风骚数百年"。

表 23-1　中国古代王姓思想家一览表

时代	战国	东汉	三国(魏)	隋朝	北宋	明朝	明、清间
姓名	王诩	王充(27—约97)	王弼(226—249)	王通(584—617)	王安石(1021—1086)	王守仁(1472—1529)	王夫之(1619—1692)

第二十四章 文坛领袖

宋代是我国封建社会文化繁荣鼎盛的时代。河南大学教授周宝珠编著、邓广铭审定的《宋史》谈到北宋文学:"北宋文化繁荣发展呈现了前所未有的局面,文学大家辈出。"

接着谈到宋仁宗中期以后第一代文坛领袖欧阳修的成就贡献;说到了熙宁年间,政治改革较庆历时期更为广泛深入,庆历时期的改革派欧阳修由于政治经济地位变化,以及几十年宦海沉浮的坎坷曲折,其思想逐渐保守:"代之而起作为文坛领袖的是王安石。"

说欧阳修尚在世时,王安石就取代他成为第二代文坛领袖。叙述王安石文学成就之后,谈到了苏轼:"王安石死后,文坛领袖是苏轼。"

说苏轼是王安石去世后第三代文坛领袖。三人之间王安石(1021—1086)比欧阳修(1007—1072)小14岁,苏轼(1036—1101)比王安石小15岁,上天给予了他们66岁相同的寿命,三人都为后世留下了丰富的文化遗产。

三代文坛领袖这个说法,在中国文学史上仅指北宋文学界。北宋三大文坛领袖同一时期涌现,这是其他朝代所没有过的奇迹。北宋文学在他们三人引领推动下达到顶峰。欧阳修继承了唐朝韩愈的古文运动,反对不着实际仅讲究形式的险怪文风,倡导生动活泼、服务现实的新文风。嘉祐二年(1057)他担任主考官时,录取人才之众多,后来成就之高为中国科考史之最。当时在京城太学屡得第一的刘几,因为文风险怪落榜;两年后的嘉祐四年(1059),刘几更名刘辉再试,一改险怪为实用文风,被选拔为状元;待唱名后欧阳修才知道刘辉就是两年前被他黜落的刘几,欧阳修"愕然久之"。此事时人津津乐道,众人既肯定欧阳修端正文学创作风气,又佩服刘几先是被黜落,两年后改变文风独占鳌头:"精敏于变也。"由此可见主考官对于朝廷选拔人才以及文风的影响。1057年类似刘几落榜的许多学子曾经围攻欧阳修,有的甚至给他家投送祭文,诅咒欧阳修。考官改革文风就招来这么大的忌恨报复风波,王安石推行社会全面改革之难可以想见。

王安石提倡文学创作务求有补于世,务求为现实服务,强调"文以载道";文章首先要思想内容健康向上,要服务于时政,对治理天下有用,这是第一位

的,形式美是第二位的。他在《上人书》中提倡:

> 所(一作"自")谓文者,务为有补于世而已矣;所谓辞者,犹器之有刻镂绘画也。……要之以适用为本,以刻镂绘画为之容而已。

王安石将为现实服务作为文学创作的根本,认为形式要为表现内容服务。他实践自己的文学主张,创作了3353篇诗词文章,长者万言,短者几十字,有许多传颂千古的名篇佳作。较宋代大多数文学家,他的诗词文章主要侧重治国安邦,反映百姓疾苦,阐述改革主张、紧扣社会脉搏。比较欧阳修和苏轼等,他的诗词文章风花雪月等闲情逸致较少,更缺少人类永恒的爱情题材;他从理论到实践都恪守文学创作为现实服务,为天下士大夫做出了榜样。

苏轼更是文学艺术大师,文学艺术的所有门类,诗词、文章、绘画、书法、音乐等无不精通;其作品更多,比较欧阳修和王安石,文学成就贡献更大。

苏轼少年时刻苦读书,表现出非凡的天赋和文学才能。传说他少年时曾写下"识遍天下字,读尽人间书",后来一位老翁看到此联,和他谈论起诗书文字,老翁知识广博,苏轼难以应答,他羞愧自己骄傲自满,于是就在对联上边加了"立志"和"发奋"四个字。这样,对联就变成了:立志识遍天下字,发奋读尽人间书,表示以自强不息永远进取、永不懈怠的精神读人间书、识天下字,体现其欲穷尽天下知识的志气。

要说读书多、见识广、思想深刻,王安石在三大文坛领袖中当属翘楚。比如欧阳修、司马光、曾巩等多位大家都以汉代昭君出塞赋诗,众口一词齐声称赞王安石的《明妃曲》二首独领风骚。小说中更多记载苏轼由于恃才傲物,耍小聪明,在王安石面前羞愧难当,二人交往留下了许多趣闻轶事。

明朝作家冯梦龙的小说《警世通言》中有《王安石三难苏学士》的精彩描写:说王安石担任宰相时,有一天苏轼前去拜访,王安石夜读昼寝未醒,家人把苏轼领到书房稍待,苏轼就在书房踱步转悠,忽然看到桌案上诗句:"西风昨夜过园林,吹落黄花满地金。"苏轼思忖诗中黄花当指菊花无疑,他想菊花是不落瓣的,怎会吹落黄花满地金呢?心想这老相公虽学识广博,但看起来也不是无所不知,我且给他续之,他挥毫就在下面书写:"秋花不比春花落,说与诗人仔细吟。"

苏轼后来被王安石安排担任黄州团练副使,时值深秋大风之后,他看到花园满地黄色菊瓣,后悔自己显能错改诗文。第二件事是王安石为煮茶治病,委托苏轼趁回家乡时捎取长江瞿塘中峡水。后苏轼回家归来时因酣睡耽误错取下峡水，苏轼入京见到王安石假话搪塞，王安石说明三峡水性差别，苏轼汗颜忐忑不安，一时无地自容。第三件事说王安石让苏轼任取书房24架图书，苏轼说上句，他续下句。苏轼挑选落满灰尘猜想王安石可能近期未读之书，他说出上句，王安石一字不差接续出下句。王安石考问苏轼该句意思，苏轼不懂，再也不敢蒙混侥幸，以免尴尬无趣，他虚心诚恳向老宰相请教。

王安石深知苏轼善对对联，天下奇才，就以当年闰八月，正月立春，十二月又逢立春，一年两头春，口出上联："一岁二春双八月，人间两度春秋。"苏轼苦思冥想寻对不出；王安石又以苏轼比较熟悉苏州、润州地理，说出两个上联，苏轼竟然对不出一个下联，他只恨自己不如老宰相读书多学识广博。

冯梦龙最后写到，后人评说道：以东坡天才，尚然三被荆公所屈。何况才不如东坡者？因作诗戒世云："项托曾为孔子师，荆公反把子瞻嗤。为人第一谦虚好，学问茫茫无尽期。"

以上只是明代冯梦龙小说《警世通言》中的记载，说是王安石难为了苏轼。其实不是王安石故意难为他，而是苏轼恃才傲物出风头，不够谦虚，徒落尴尬无趣。作者是要启示教育后人：天外有天，人外有人，切不可自作聪明，自以为什么都懂，为人处事应当谦虚低调。这个故事出自允许虚构的小说，史实是1079年苏轼因"乌台诗案"贬任黄州团练副使时，王安石已经退休3年，与其无关。其他内容情节，也有值得推敲的地方。因系小说，我们不能过于较真，但是苏轼不及王安石知识广博，符合历史的真实。

传说苏轼善对奇联：宋神宗朝堂召见辽国使臣时，辽使出了一句上联："三光日月星。"这是一个根本对不出下联的上联，称作"绝对"。数字三的后面是三项天体，下联不能再出现数字三，但多一少一与后面必需的三项都对不上。辽国使臣意在使宋朝君臣难堪，嘲笑以文化鼎盛著称的大宋无人，想以此灭大宋威风、长辽国志气。当时朝堂上许多大臣面面相觑，无言以对，神宗焦虑不安。辽使更加得意，挑战朝堂翰林学士苏轼，饱读诗书的苏轼忽然想起《诗经》，他从容出列，信心满怀对出下联："四诗风雅颂。"

因为诗经305篇分三部分，一是主要表现黄河中下游河南、河北、山东、山西、陕西地方民间乐歌的"风"160篇，二是反映周朝历史和社会生活的"雅"105篇，三是反映周朝祭祀文化的"颂"40篇，其中雅又分为大雅、小雅两部分，因此也可以称作四诗。

苏轼的聪明才智避免了大宋王朝被辽邦轻视，维护了大宋王朝尊严。这仅是未见正史记载的传说，历史真实的苏轼担任翰林学士时，已是宋神宗去世一年、王安石退休10年后的元祐时期，其时二人不可能同在朝堂。以上虽为历史传说难以考究，但是苏轼确实是知识广博思维敏捷的旷世奇才。

欧阳修、王安石、苏轼从广义文化成就贡献看，不愧宋代三大文化巨匠。请看以下简表（表内数据见夏汉宁《王安石及其家族的文学成就》）：

表24-1　宋代三大文化巨匠主要成就表

成就 姓名	诗词（首） 文章（篇）	其他	备注
欧阳修 （1007— 1072）	诗957， 词242， 文2573， 总约3772 首、篇	担任谏官、副宰相，政治贡献大；与宋祁8人合著《新唐史》248卷，自编《新五代史》74卷，史学成就高。	抵制浮靡文风，倡导诗文革新，开创文以载道、服务现实新文风，意义重大，影响深远。
王安石 （1021— 1086）	诗1748， 词29， 文1576， 总约3353 首、篇	政治、哲学、经学、文字学、经济学、教育学等多学科著述宏富，思想博大精深，被誉为"通儒"，不世出之全才，文坛泰斗，综合成就贡献最大。	文化泰斗、道德至善，推行新法、开创崭新时代；思想超迈，"学贯千载"，"三立"圆满，世界影响巨大。
苏轼 （1036— 1101）	诗2700， 词360， 文4800， 总约7860 首、篇	继承欧、王现实主义文风，人间一切皆入诗文。首开豪放派词作先河。书法、绘画、音乐等旷世奇才，成就贡献大，中国文学史上少有巨匠。	因恃才傲物，书生意气，激烈反对新法；遭遇三贬，直至海南，仕途坎坷；后反省悔错，前往南京拜谒王安石。

欧阳修和王安石长期主政朝廷中枢，政务繁忙。苏轼作品数量遥遥领先，与其受贬谪十几年，正所谓"文章憎命达"、"愤怒出诗人"，其人生跌入谷底激发创作冲动，且时间充裕有关。但二人创作亦有别于苏轼突出特点。比如王安石时政诗文多，有疾呼呐喊革故鼎新8000多字"秦汉之后第一大文"，有数百字乃至超过千字长诗，此为苏轼所不及。古来有诗言志、诗庄词媚说，词似于大众流行文化；这可能是王安石词作少的原因。其词虽少，却不乏《桂枝香·金陵怀古》千古绝唱。他名列北宋四大诗人之一，绝句诗第一。其诗作体裁更有独到之处，他是集他人诗句组诗即集句诗的大成者。郭沫若称蔡文姬的《胡笳十八拍》："屈原《离骚》以来最值得欣赏的长篇叙事诗。"集句诗始于

西晋，非王安石首创；但以集句形式再创作《胡笳十八拍》其为首创。全诗156句组合，多取自唐人杜甫、李白、韩愈等许多名家作品，时间跨度达千年，除标点外有1098字；全篇布局、各层次过渡、故事情节、人物情感等组合得滴水不漏、天衣无缝、浑然一体，受到世人偏爱，李纲、文天祥等纷纷仿写，唯有王安石的《胡笳十八拍》最为经典，体现了他深厚的文学功底。严羽称赞道："集句惟荆公最长。《胡笳十八拍》浑然天成，绝无痕迹，如蔡文姬肺肝间流出。"其作多处超越蔡诗，被公认为集句大师。

王安石、李纲、文天祥模仿蔡文姬之作，实为他们心系天下安危、关注百姓疾苦忧患意识使然；是对国家衰弱必将挨打，人民陷于水深火热灾难感同身受的大声疾呼；是警告宋朝最高统治者防止蔡文姬历史悲剧重演振聋发聩的呐喊。（详见赵勤《借弹琵琶也成章——从〈胡笳十八拍〉看王安石作品的情感和艺术特征》）

王安石之所以成为文化巨匠，是因为他践行服务现实的文学主张，终生笔耕创作的大量作品，以及无与伦比的学术高度，即自身的内涵实力。比如，当时许多士人成就贡献仅限于文学者，比"余事作诗人"（韩愈《和席八十二韵》）王安石的文学成就相差甚远。他许多脍炙人口名篇，有的被选入了今日学校教材，如《游褒禅山记》《元日》《答司马谏议书》《伤仲永》《读孟尝君传》等。然而，文学、哲学、教育学等许多方面的成就贡献，只是他业余的副产品。他的第一位的成就贡献是作为政治家，推行变法改革开创新时代，以及对社会发展历史进程的巨大深远影响。

唐代是我国古代诗作的高峰，李白（701—762）和杜甫（712—770）是当时诗歌创作的双峰。李白是浪漫主义诗歌集大成者，被称为"诗仙"；杜甫是现实主义巨匠，被称作"诗圣"。李白诗作雄气，显示大唐盛世的豪迈气象，比如"燕山雪花大如席""白发三千丈""疑是银河落九天"等极度的夸张浪漫。杜甫生于唐玄宗即位之年，比李白小11岁，他经历了"安史之乱"的全过程，十几年间在全国各地颠沛流离，他的小儿子在八年战乱中饿死，使他痛彻心肝；他比李白更加切身体验到"安史之乱"及其后续国家衰败动乱、天下百姓遭受的灾难，他写下许多批判最高统治者昏庸误国、导致内忧外患、国家陷入深渊、万民遭受深重灾难的诗作。比如《春望》：

国破山河在，城春草木深。感时花溅泪，恨别鸟惊心。

烽火连三月,家书抵万金。白头搔更短,浑欲不胜簪。

他哀伤长期战乱民不聊生,比如《三吏》《三别》等,《垂老别》中"子孙阵亡尽……积尸草木腥,流血川原丹"是为万民泣血的控诉。

王安石一生以报效天下为己任,他非常崇敬杜甫忧国忧民,他写诗写文章有感而发,为社会现实服务。他继承了杜甫现实主义风格,编著《四家诗》将杜甫排在第一位,后为欧阳修、韩愈、李白,体现了对杜甫的推崇。

王安石还下大功夫编辑了《唐百家诗选》和《杜工部诗后集》。笔者原来不知选编诗集艰辛,工作量巨大;尝试选编《中华诗词选》,十余年辛劳感同身受,深感"事非经过不知难"。但选编中读书学习,中国传统文化知识的长进,思想境界的提升,我亦乐在其中。

王安石编著三本诗集所付出的心血和汗水可想而知。

王安石任鄞县县令时,有人把珍藏数代的200多首无名氏诗送给他,说先人嘱咐以后遇到文学大家,奉献出来传至后世,并请他鉴定作者。王安石认真研读鉴赏,多方考证研究创作风格及语言句式规律,最后断定其为杜甫流传民间没有被编入诗集的作品,王安石整理杜诗,将其编入《老杜诗后集》,他为收集完善丰富杜甫诗集感到欣喜:"然甫之诗其完见于今者,自予得之。"说杜甫诗作完整流传于世,是从他开始的。他不愧为研究辑佚杜甫诗集的大功臣。我们今天看到的杜甫诗集,其中部分是出于王安石的收集。他推崇杜甫:"一饭不忘君,而志常在民。"敬重杜甫忠君爱国,心系万民。王安石不正是这样的人吗?正因为他与杜甫胸怀理想高度契合,惺惺相惜,所以他才下功夫研究杜甫,收集整理杜甫诗集;所以他编辑《四家诗》,才将杜甫排在首位。

他的《杜甫画像》气象宏放,语句顿挫,笔力雄劲,深得杜甫精髓;被后人称为古今歌颂杜甫名作,无出其右者:

吾观少陵诗,为与元气侔。力能排天斡九地,壮颜毅色不可求。
浩荡八极中,生物岂不稠。丑妍巨细千万殊,竟莫见以何雕锼。
惜哉命之穷,颠倒不见收。青衫老更斥,饿走半九州。
瘦妻僵前子仆后,攘攘盗贼森戈矛。吟哦当此时,不废朝廷忧。
常愿天子圣,大臣各伊周。宁令吾庐独破受冻死,不忍四海赤子寒飕飕。
伤屯悼屈止一身,嗟时之人我所羞。所以见公像,再拜涕泗流。
惟公之心古亦少,愿起公死从之游。

王安石非常佩服杜甫宁愿自己挨饿受冻死,也不忍天下百姓受饥寒的胸怀。他以杜甫为榜样,效仿杜甫为国尽忠、为民请命。他为杜甫写了许多诗文,为传播杜甫爱国忧民报效天下的崇高思想,发挥了重要作用。

王安石的诗词、文章言简意赅,理直气壮,逻辑严谨,说理充分,见解独到深刻,有极其强烈的雄气和底蕴深厚的儒学之气。他作为现实主义文学大家,许多作品为变法改革呼吁呐喊,下面作以简要介绍。

  爆竹声中一岁除,春风送暖入屠苏。
  千门万户曈曈日,总把新桃换旧符。(《元日》)

写他主政推行新法,天下民生改善,国家焕发生机与活力,春节时欣喜写下此诗。蕴含了社会发展新事物必然代替旧事物的客观规律;任何一个以天下为己任的政治家,要适应社会发展变化,那就必须审时度势,开拓进取,兴利除弊,"与时偕行",即与时代同行,勇立时代潮头。

他作《商鞅》强调政治家要布大信于天下,恪守取信于民的至理:

  自古驱民在信诚,一言为重百金轻。
  今人未可非商鞅,商鞅能令政必行。

说自古以来,任何一个王朝统治的根基是民众人心的向背,要想得到天下百姓的拥护,就要像商鞅徙木立信那样一诺千金。今人不应非议商鞅,商鞅作为政治家能够说到办到;他推行变法坚定不移,勇往直前,义无反顾,天下令行禁止,变法带来了秦国的强盛,奠定了其天下一统的坚实基础。

王安石时政散文非常多,如被梁启超誉为秦汉以后第一大文的《上皇帝言事书》,是阐述全面改革的政治宣言,包括政治、经济、军事、文化、人才,以及变法改革的指导思想、措施方法等。仅奏书方面还有《上时政书》《本朝百年无事札子》《进戒疏》《上五事札子》《乞改科条制札子》《乞改三经义札子》《拟上殿札子》《进字说表》《进洪范传表》等。

王安石的诗文中,还有大量反映民生、关注百姓安危冷暖、发誓为民做主请命的许多佳作,比如《河北民》:

  河北民,生近二边长苦辛。
  家家养子学耕织,输与官家事夷狄。
  今年大旱千里赤,州县仍催给河役。

> 老小相依来就南，南人丰年自无食。
> 悲愁天地白日昏，路旁过者无颜色。
> 汝生不及贞观中，斗粟数钱无兵戎！

说生活在宋与辽夏边境的河北百姓，常年辛苦劳作，家家养儿育女学耕地种庄稼、学纺棉织布，收下的粮食织出来的布匹奉献给国家，国家转手送给敌国。今年大旱千里焦土，农民生活极度困难，但是州县官员兴修水利无为，却仍催逼修河的赋税徭役。边境百姓老少相携逃向南方内地要饭，可叹南方丰收之年民无余粮，难得温饱。百姓悲哀发愁身处天昏地暗的世界，路旁逃荒要饭的个个面黄肌瘦，没有人色。王安石最后感叹：我们怎么能比得上"贞观之治"的唐代，那时夜不闭户、路不拾遗，一斗粟米仅数文小钱，物价低廉，而且没有战争，百姓安居乐业，生活在那个时代真是百姓之福。他对朝廷不注重军队建设，妥协退让辽夏作了入木三分的批判，矛头直指最高统治者。王安石这方面的诗文很多，比如《收盐》《兼并》等。

王安石还写了许多翻案诗文，如《明妃曲二首》《乌江亭》《读孟尝君传》《贾生》等。《明妃曲二首》写的是汉元帝时期王昭君出塞的故事，历史上许多文人墨客，多是批判画家毛延寿老生常谈。说王昭君没有贿赂画师毛延寿，被其画得丑陋，因此没能受到元帝宠爱。当元帝决定让王昭君出塞和亲后，见到她貌若天仙，非常惊讶，元帝欲悔不成，怒杀毛延寿。王安石一反历来批判焦点指向毛延寿，把批判矛头直指汉元帝，其观点见解深刻独到：

> 明妃初出汉宫时，泪湿春风鬓脚垂。
> 低徊顾影无颜色，尚得君王不自持。
> 归来却怪丹青手，入眼平生几曾有。
> 意态由来画不成，当时枉杀毛延寿。
> 一去心知更不归，可怜着尽汉宫衣。
> 寄声欲问塞南事，只有年年鸿雁飞。
> 家人万里传消息，好在毡城莫相忆。
> 君不见咫尺长门闭阿娇，人生失意无南北。

他认为王昭君被埋没，根本原因是汉元帝昏庸不识人才。人的美貌尤其是精神气质是任何画家难以表达的，也是画不出的。汉元帝有责任熟悉后宫，不识昭君是他的失误过错。他充分肯定王昭君为了汉匈两国息战和好，远赴北疆,只身异国他乡和亲的大义壮举,诗的结尾奉劝王昭君安心万里他乡生活。说汉武帝姑表妹陈阿娇贵为皇后,近在帝王眼前,却被打入冷宫,人生失意不在于是在己国还是异乡,在本国也可能被囚禁终身,在他国也可以受到尊重。《明妃曲二首》诗意内涵非常深刻,是这一题材具有新意的最高水平。

刘邦与项羽争雄天下,历来是后世文人谈论不已的诗文题材,王安石一反唐人杜牧认为项羽应当包羞忍耻,不应当垓下自刎,如果卷土重来,鹿死谁手难说的观点,他作《乌江亭》,对杜牧的看法提出尖锐质疑:

> 百战疲劳壮士哀,中原一败势难回。
> 江东子弟今虽在,肯为君王卷土来?

说项羽和刘邦争夺天下,项羽手下将士百战疲劳,四面楚歌大势已去,将士悲哀已经无力再战,不可能东山再起。项羽仅是匹夫之勇,失败根本原因是其不会用人,缺乏睿智的战略思维,他不听亚父范增军师高见,其难以施展才干背项羽而去。韩信等许多人投靠项羽未被重用,又转投刘邦人尽其才建功立业,所以刘邦必然取胜。江东子弟虽有好多才俊之士,他们还会为项羽卖命吗?质疑杜牧:"江东子弟多才俊,卷土重来未可知。"认为天下大局已定,卷土重来不可能,即使卷土重来也绝不能改变历史。

他一反许多人认为汉文帝未重用薄待贾谊的旧说,写下《贾生》:

> 一时谋议略施行,谁道君王薄贾生。
> 爵位自高言尽废,古来何啻万公卿。

说贾谊的计谋建议一时略得施行,怎么能说汉文帝薄待贾谊,不重用他呢?官爵很高建议就像废话不被君王采纳,自古以来何止千万公卿。

王安石《读孟尝君传》算上标点仅约百字:

> 世皆称孟尝君能得士,士以故归之,而卒赖其力以脱于虎豹之秦。嗟乎!孟尝君特鸡鸣狗盗之雄耳,岂足以言得士?不然,擅齐之强,得一士焉,宜可以南面而制秦,尚何取鸡鸣狗盗之力哉?夫鸡鸣狗盗之出其门,此士之所以不至也。

全文四句话,第一句说传统的观点认为战国四公子之一的孟尝君,礼贤下士,天下士人都愿意归附于他;他养门客不计其数,曾借助门客小技,逃脱于虎豹一样的秦国。说的是孟尝君出使秦国,秦王听说孟尝君才能非凡,就想留下他为己所用。秦国朝臣嫉妒孟尝君才干,秦王听信大臣谗言要杀掉他。在这生死关头,他手下人装狗,盗得孟尝君已经送给秦王价值千金的贵重狐白裘,再转送给秦王的宠妃,这个妃子吹枕头风使秦王改变了主意,下令放孟尝君回国。孟尝君怕秦王变卦连夜启程,匆忙赶到城门时至午夜,城门紧闭,这时手下有人仿学鸡鸣,引起众鸡齐鸣。守城的小吏以为天明,就打开城门,孟尝君带着随从匆匆忙忙跑了。第二句说孟尝君手下都是些鸡鸣狗盗之徒,他实为其首领,怎么能说他得士呢？第三句说如果他真能得士,以齐国之强大,得一个真正的谋士,就可以制服秦国,使其称臣。第四句说正因为鸡鸣狗盗之徒经常出入他的门下,孟尝君尊重欣赏的都是那些能为他个人生命安危出力的人,而不是真正有大智慧辅助治理天下的国士,所以天下睿智的士人不投其门下。这篇文章石破天惊,大家都惊服王安石见解独到。但前朝许多文人,包括同时代的名人大家写不出王安石的新意。后人评价这90多字文章:"语语转、笔笔紧、千秋绝调。"像这样一反传统观念,振聋发聩使人耳目一新的文章很多,不再一一列举。

王安石诗文中还有大量的哲理篇,比如《游褒禅山记》,写作于至和元年(1054)离任舒州归途中,名为游记,阐述的是深刻的道理。全文如下:

褒禅山亦谓之华山。唐浮图慧褒始舍于其址,而卒葬之;以故其后名之曰"褒禅"。今所谓慧空禅院者,褒之庐冢也。距其院东五里,所谓华山洞者,以其乃华山之阳名之也。距洞百余步,有碑仆道,其文漫灭,独其为文犹可识,曰"花山"。今言"华"如"华实"之"华"者,盖音谬也。

其下平旷,有泉侧出,而记游者甚众,所谓前洞也。由山以上五六里,有穴窈然,入之甚寒,问其深,则其好游者不能穷也,谓之后洞。余与四人拥火以入,入之愈深,其进愈难,而其见愈奇。有怠而欲出者,曰:"不出,火且尽。"遂与之俱出。盖予所至,比好游者尚不能十一,然视其左右,来而记之者已少。盖其又深,则其至又加少矣。方是时,予之力尚足以入,火尚足以明也。既其出,则或咎其欲出者,而予亦悔其随之而不得极夫游之乐也。

于是予有叹焉。古人之观于天地、山川、草木、虫鱼、鸟兽,往往有得,以其求思之深而无不在也。夫夷以近,则游者众;险以远,则至者少。而世之奇伟、瑰怪,非常之观,常在于险远,而人之所罕至焉,故非有志者不能至也。有志矣,不随以止也,然力不足者,亦不能至也。有志与力,而又不随以怠,至于幽暗昏惑而无物以相之,亦不能至也。然力足以至焉,于人为可讥,而在己为有悔;尽吾志也而不能至者,可以无悔矣,其孰能讥之乎?此予之所得也。

余于仆碑,又以悲夫古书之不存,后世之谬其传而莫能名者,何可胜道也哉!此所以学者不可以不深思而慎取之也。

四人者:庐陵萧君圭君玉,长乐王回深父,余弟安国平父,安上纯父。

至和元年七月某日,临川王某记。

王安石首先介绍褒禅山又名华山,由倒碑模糊文字可识"花山",说明今人称为"华山"之谬。最后一段以古书不记倒碑文字,后世谬传而不得正名,世上多有这样讹传而无人弄清真相的事,这就是学者不可不深入思考而谨慎治学的缘故。告诫后人务求真知,不可人云亦云,误传讹谬。

第二段为记游。写五人拥火入洞,入之愈深前进愈难,而所见愈奇。王安石因听从懈怠者担心火尽随之出来。比起深入游览者尚未十分之一,其时他尚有体力,且尚有火。有人埋怨欲出者,他后悔盲从随之出来,不得极游之乐。

第三段是全文重点。王安石抒发游山感慨:容易登临的近处美景观赏者众,非常之观无限风光往往在人之罕至险远的地方。要想到达首先要有志,然有志无力也难到达,不能借助外物克服困难也不能到达。只有具备"志""力"及相助之物,才能领略险远的无限风光,才能观赏奇特瑰丽之美景。力足以达而未达,自己徒留后悔,难免别人讥议。做到了主观努力仍没能到达,别人无可讥议,于己不留遗憾。王安石感慨地说:"此余之所得也。"这就是我的感悟获得。其实,王安石这篇文章何尝不是告诫人们:成就一番大事业犹如深入探险赏看奇景异观,一定要有不畏艰险、勇往直前的意志,坚持不懈的毅力,还要有足够支撑前行到底的实力以及可以借助的外部条件,三者缺一不可。如果浅尝辄止,畏难不前,半途而废,就什么事情都干不成。这不啻是他后半生变法改革的决心书,报效天下的誓言。这篇文章受到后人高度评价,今日被选入学校教材,仍给无数人以启迪。

他这方面的哲理诗词很多,如《登飞来峰》:

飞来山上千寻塔,闻说鸡鸣见日升。

不畏浮云遮望眼,自缘身在最高层。

说只有站得高,才能拨开遮人眼睛的浮云迷雾,高瞻远瞩。

王安石还有许多咏史诗,以历史上王朝的兴替来警示时人。请看他的"千古绝唱"《桂枝香·金陵怀古》:

> 登临送目,正故国晚秋,天气初肃。千里澄江似练,翠峰如簇。归帆去棹残阳里,背西风,酒旗斜矗。彩舟云淡,星河鹭起,画图难足。
>
> 念往昔,繁华竞逐,叹门外楼头,悲恨相续。千古凭高对此,谩嗟荣辱。六朝旧事随流水,但寒烟衰草凝绿。至今商女,时时犹唱,后庭遗曲。

杜牧有"商女不知亡国恨,隔江犹唱后庭花",二人在这个问题上认识一致。结尾12个字说对于大宋危机四伏,好多人就像南朝后主陈叔宝,面对亡国的危机,沉醉享乐,歌舞升平,纸醉金迷,不思国事,至今仍沉湎于《玉树后庭花》亡国之曲中。他的另一首《金陵怀古》:"豪华尽出成功后,逸乐安知与祸双",也说明了生于忧患、死于安乐的千古至理。

周汝昌曾经评价《桂枝香·金陵怀古》:

> 王介甫只此一词,以足千古,其笔力之清遒,其境界之朗肃,两宋名家竟无二手,真不可及也!

王安石的许多诗词、文章,在哲理、咏史方面都达到了相当的高度,他还有许多表明心志品德的篇章,如《梅花》:

> 墙角数枝梅,凌寒独自开。遥知不是雪,为有暗香来。

王安石写梅花,是以梅花自喻。梅花傲霜斗雪,不惧天寒地冻,迎冰冒雪怒放,给人间带来的是清淡的幽香,送来报春的曙光。他赞美杏花:

> 一陂春水绕花身,花影妖娆各占春。
>
> 纵被春风吹作雪,绝胜南陌碾成尘。(《北陂杏花》)

"作雪"与"成尘"分别为高洁与污浊的象征;"纵被"与"绝胜"表明他不管是主政天下,还是闲居江宁,出处进退虽然不同,但其进步的政治理想与高尚的情操始终如一,语气决绝、悲壮,大有屈原"九死未悔"的精神。

他的《孤桐》诗更体现了崇高的情怀:

> 天质自森森,孤高几百寻。凌霄不屈己,得地本虚心。
>
> 岁老根弥壮,阳骄叶更阴。明时思解愠,愿斫五弦琴。

表明他要做傲然参天的孤桐,愿以桐木制琴为天下百姓带来福音。

他的《众人》诗更体现了他为了朝廷社稷天下万民,坚定不移推行变法改革,走自己的路,任由他人评说,矢志不渝的精神:

> 众人纷纷何足竞,是非吾喜非吾病。
> 颂声交作莽岂贤,四国流言旦犹圣。
> 唯圣人能轻重人,不能铢两为千钧。
> 乃知轻重不在彼,要知美恶由吾身。

说众人纷纷扰扰反对新法,这没有什么奇怪的,也是不足忧虑的。变法改革不可避免招来非议。西汉末王莽全国颂声一片,他最后篡国,难道是圣贤吗?周朝时武王的弟弟周公,辅佐武王的儿子成王,功高盖世,许多人嫉妒他,散布流言说他要篡国,周公终究是圣贤流芳千古。说明人的一生功业名声全在自己,而不是他人如何评价。这首诗表现了王安石为了国家民生,推行改革不畏世俗,不恤人言,勇往直前百折不挠的大无畏精神。这方面的篇章非常多,比如《古松》《老树》等。

他的诗词、文章是北宋广阔社会生活的画卷,是社会全貌的缩影。

王安石作为文坛领袖,作品数量多、佳作名篇多,而且体裁形式多样,他的散文宣诏、制诰、表、书、启、传、记、序、赋、铭、赞、杂著、祭文、神道碑、墓表、墓志铭,包括了所有文体。作为宋代四大诗人之一,他的五言、七字律诗、长短句式诗,尤其是绝句,成就都很高。他《寄蔡氏女子二首》被苏轼称赞为:

> 自屈宋没世,千余年,无复《离骚》句法,乃今见之。

他的诗歌形式多样,题材广泛,内容丰富少有人企及。比如咏史诗文几乎总括了他之前所有重要人物和重大事件。他的词虽不多,但格调境界高,如千古绝唱《桂枝香·金陵怀古》《南乡子》《渔家傲》《千秋岁引》等,请看《浪淘沙令》:

> 伊吕两衰翁。历遍穷通。一为钓叟一耕佣。若使当时身不遇,老了英雄。
> 汤武偶相逢。风虎云龙。兴王只在谈笑中。直至如今千载后,谁与争功!

讴歌历史上出身卑微晚年得遇明主、建立不世功业的伊尹(辅佐汤灭夏桀建立商朝)、吕尚(又称姜太公,辅佐周文王周武王灭纣,建立周朝),说明时势造就英雄。最后一句"直至如今千载后,谁与争功",既是对盖世英雄的敬仰,也是王安石的自勉、自信与自负。他咏史明志,展示了媲美前贤的伟大抱负。

全词大有超越千载、"数风流人物,还看今朝"的豪迈胸怀。

王安石从早年一直到1076年辞相退休,报效天下中兴宋廷是他文章诗词创作的主旋律。他退休10年远离国家政治中心,亲眼看到变法改革给国家带来的巨变,尤其是民生的改善,可谓国泰民安。他融入普通百姓,融入山水田园美好的大自然,以真情实感写下了许多歌颂祖国山河、世间万物美景脍炙人口的诗篇,达到了很高的境界,被后世称为"荆公体"。请看以下五首:

径暖草如积,山晴花更繁。纵横一川水,高下数家村。
静憩鸡鸣午,荒寻犬吠昏。归来向人说,疑是武陵源。(《即事》)

这首诗描写了山明水秀、草盛花繁、农家村舍鸡犬相闻、环境幽美宛如世外桃源的乡村美丽春景。《王直方诗话》说苏轼深爱此作,亲见其手书此诗。

茅檐长扫静无苔,花木成畦手自栽。
一水护田将绿绕,两山排闼送青来。(《书湖阴先生壁》)

杨德逢,号湖阴先生,二人经常友好往来。此诗描写了杨氏庭院整洁、环境清幽。后两句对偶精准严谨,语句清丽新颖,意境绝妙,可谓千古名句。

南浦东冈二月时,物华撩我有新诗。
含风鸭绿粼粼处,弄日鹅黄袅袅垂。(《南浦》)

此诗描绘了南浦东冈早春二月优美风光:溪水清澈碧绿,春风泛起层层涟漪;柳枝纤柔金黄,妩媚多姿。末尾两句后人评价至高。

北山输绿涨横陂,直堑回塘滟滟时。
细数落花因坐久,缓寻芳草得归迟。(《北山》)

本诗描写了北山源源不断的清泉,输满层层叠叠的水塘;春水滋润百花争艳。细数落花流连忘返,追寻芳草不知不觉,陶醉美景归家迟暮。后面两句受到古今无数人称赞。

日净山如染,风暄草如薰。梅残数点雪,麦涨一川云。(《题齐安壁》)

这首诗描写了建康(今南京)城东门外齐安院,又称净妙寺一带的美好春景:阳光明媚,青山碧绿如画,和风吹拂,野草清香;残梅洁白如雪,一望无际的麦浪如绿云涨起,可谓江南绚丽美景图,预兆丰收,讴歌民生安乐。

第二十五章 文人相重

1700多年前，曹丕在《文论》中说道："文人相轻，自古而然。"今人亦然，甚至羡慕嫉妒恨，这是我国古今知识分子乃至整个国民中根深蒂固的不良风气。王安石作为文学、哲学等许多学科的领军人物，在北宋文学、学术大师群星璀璨的时代，他是怎样与其他文坛大家名流交往的？关系如何？现简介如下。

一、王安石与范仲淹

王安石与范仲淹交往不同寻常。范仲淹（989—1052）与王安石的父亲王益（994—1039）1015年同榜进士，王安石较范仲淹小32岁，为其年侄，范仲淹为其年伯。1036年他随父亲入京时，父亲带他拜访时任开封知府的范仲淹，其聪明颖悟受到范仲淹称赞。他非常敬重范仲淹。他刚参加科考入仕从政，正值范仲淹推行"庆历新政"，他身在扬州心系天下，非常关注新政的进展。"庆历新政"失败后，他扼腕叹息大宋失去一次中兴的机会。当范仲淹被外放担任杭州知州时，王安石于皇祐元年（1049）担任鄞县县令时，曾在百忙之中前去拜访范仲淹，探讨治国之道，请教治理振兴天下大计。

王安石首先给范仲淹写了《上范资政先状》："某此者之官敝邑，取道乐郊，引舟将次于近圻，敛板即趋于前屏。瞻望麾戟，下情无任。"他出发前又上《上杭州范资政启》。二人相见史料记载虽然不多，但从其书信可以看出他们志同道合，人逢知己肝胆相照。王安石虚心求教，范仲淹对其寄予厚望，热情教诲嘱托。他决心继承其忧乐天下的崇高思想，脚踏实地朝着既定目标奋斗，完成范仲淹的未竟之业。王安石回鄞县后给范仲淹再上《谢范资政启》，对范仲淹亲切教诲知遇之恩表达衷心的感谢。他前后写信三封，用语谦恭有礼，既是敬仰长辈，亦是对自己今后大展宏图诚恳请教治国方略的高度重视。

王安石及弟安国与范仲淹的儿子范纯仁初识于庆历年间，治平年间王安石丁忧时来往不断，可谓世交。王安石主政时范纯仁反对其变法，但并未发生直接尖锐冲突。

范仲淹1052年去世后，王安石十分悲痛，写下《祭范颍州文》长篇四字祭文，首句"呜呼我公，一世之师。"把范仲淹当作效仿终生的大师，高度评价范仲淹德才学识修养操守,悲痛惋惜范仲淹去世是"邦国之忧"。

范仲淹和王安石同为宋代改革家,且两家世交可能有更多交往,但至今仅见王安石所写三封书信和祭文,原因在于范仲淹"庆历新政"刚刚拉开改革序幕夭折收场,王安石主政变法七年,大刀阔斧全方位剥夺天下特权阶层既得利益,天下权贵对他比范仲淹仇恨百倍,无所不用其极诬陷诋毁,且数百年来官方打压,许多人明哲保身,与他切割撇清关系。比如范纯仁整理父亲及本人文集时,剔除所有与王安石交往的文字。应该保留最多二人交往资料的范家竟无只句片言。变法改革深刻影响波及社会各阶层亲情友谊可见一斑。从王安石信函语言,尤其是范仲淹去世后,他任职舒州忙于公务,专门派人不远千里前去代祭,此举非同一般。祭文结语谦称自己"不肖,辱公知尤",对范仲淹的感恩之情跃然纸上。

有人著文说许多名人大家反对王安石变法,其中就有范仲淹。范仲淹生前对王安石关爱唯恐不及,对他寄托着中兴宋廷的无限期望;王安石对范仲淹满怀对长辈的敬重,更有两代人兴利除弊,建功报国,振兴宋廷的志同道合。王安石变法时范仲淹已去世17年,说范仲淹反对王安石变法,不值一驳。

二、王安石与欧阳修

比较与范仲淹的关系,王安石与欧阳修曾数年同时任职京城,二人诗词唱和、学术切磋,接触交往更多。他担任浙江鄞县县令时,曾巩将其文章呈送欧阳修,欧阳修看到王安石的文章非常惊讶:"文字可惊,世无所有"。

他把王安石的文章编入京城学校辅导教材《文材》中,相当于今天的范文集。欧阳修对政坛新星、才华卓绝的王安石非常佩服,他嘱咐曾巩,自己很想与王安石面谈,因为"心中有万事,非面不可道"。但当时王安石在鄞县兴利除弊,忙于耕耘改革创新的"试验田",他没有去拜见欧阳修。比较范仲淹没有邀请他,且其已是政坛落日,他却主动前去拜见,他为的是讨教救国救民的大计,是他胸怀远大理想使然。他只求谋国,不谋自身。他如早日拜见欧阳修,由神交直面深谈,其对他推荐将更加得力,更能助力他仕途腾达。他追求的是报效天下,中兴宋廷,他并不在意与欧阳修谋面早晚及仕途升迁。

王安石长期辞任京官,直到1054年舒州通判期满,听从欧阳修劝告,担任群牧判官,1056年于京城初次见到欧阳修。二人一见如故,相见恨晚,畅谈天下。欧阳修佩服王安石的德才学识,赋诗七律《赠王介甫》:

> 翰林风月三千首，吏部文章二百年。
> 老去自怜心尚在，后来谁与子争先。……

他将王安石看作国士，比作唐朝的李白、韩愈，说后人无可企及，自己愿作伯乐为国荐贤。王安石和欧阳修诗《奉酬永叔见赠》写道：

> 欲传道义心犹在，强学文章力已穷。
> 他日若能窥孟子，终身何敢望韩公。
> 抠衣最出诸生后，倒屣尝倾广座中。
> 只恐虚名因此得，嘉篇为贶岂宜蒙。

说他有传播道义之心，无文学大家之才，委婉表达了希望效法孟轲传播道义，作思想家政治家治理天下，而不愿像韩愈那样做文坛泰斗。

此后二人长期友好交往，欧阳修从未间断向朝廷力荐王安石。王安石推行变法改革时二人认识不一，他深知王安石人品能力，为天下谋国，为万民福祉着想的博大胸怀，但是对于推行哪些新法及方法措施有不同意见，他向朝廷写了奏章。朝廷颁行"青苗法"时，他甚至拖延顶着不执行，拒绝在辖区发放青苗钱。王安石和神宗皇帝鉴于欧阳修一代学界泰斗，不赞成新法是思想认识问题，并非为个人私利，君臣二人对欧阳修非常宽容。欧阳修尽管与王安石政见分歧，但是他胸怀宽广，不失大家风范，熙宁三年（1070）十二月王安石荣任宰相时，他写下《贺王相公拜相启》，热烈祝贺，称赞王安石：

> 高步儒林，著三朝甚重之望，晚登文陛，当万乘非常之知。

他充分肯定王安石是仁宗、英宗、神宗三朝德高望重大儒；祝贺王安石成为辅佐帝王的百官之首。欧阳修1071年如愿退休，1072年去世，王安石满怀悲痛，深切哀悼，写下了千古祭文名篇，对欧阳修一生从政、为人、处世、文学、史学巨大成就贡献及道德修养等方面作了充分肯定和高度评价。笔者在滁州欧阳修纪念馆看到许多名人大家祭文，宋代散文六家中，只有苏洵去世早于欧阳修，其余王安石、曾巩、苏轼、苏辙四大家等学界精英所写祭文陈列其中。当时士大夫祭文较多，王安石的祭文独推第一。请看其《祭欧阳文忠公文》：

> 夫事有人力之可致，犹不可期，况乎天理之溟漠，又安可得而推？惟公生有闻于当时，死有传于后世，苟能如此足矣，而亦又何悲？
> 如公器质之深厚，智识之高远，而辅学术之精微，故充于文章，见于议

论,豪健俊伟怪巧瑰琦。其积于中者,浩如江河之停蓄;其发于外者,烂如日星之光辉。其清音幽韵,凄如飘风急雨之骤至;其雄辞闳辩,快如轻车骏马之奔驰。世之学者,无问乎识与不识,而读其文,则其人可知。

呜呼!自公仕宦四十年,上下往复,感世路之崎岖;虽屯邅困踬,窜斥流离,而终不可掩者,以其公议之是非。既压复起,遂显于世;果敢之气,刚正之节,至晚而不衰。方仁宗皇帝临朝之末年,顾念后事,谓如公者,可寄以社稷之安危;及夫发谋决策,从容指顾,立定大计,谓千载而一时。功名成就,不居而去。其出处进退,又庶乎英魄灵气,不随异物腐散,而长在乎箕山之侧,与颍水之湄。然天下之无贤不肖,且犹为涕泣而歔欷,而况朝士大夫,平昔游从,又予心之所向慕而瞻依?

呜呼!盛衰兴废之理,自古如此,而临风想望,不能忘情者,念公之不可复见,而其谁与归!

怀念欧阳修永远不能复生,我今后将与谁为伍同道而行?感情真挚又非常谦虚。因为欧阳修是宋代德高望重的文坛领袖,早年对王安石有举荐之恩,反对变法者往往污蔑王安石变法时傲慢不尊重欧阳修,以污名王安石无情无义。比如南宋人李焘《续资治通鉴长编》,说神宗欲用欧阳修执政,征求王安石意见,王安石回答:宁用寻常人,不用为梗者。即宁可用德才平常的一般人,也不用反对变法阻碍改革的人。笔者认为是否真有此事存疑。即使真有其事,王安石从变法改革的大局及欧阳修身体情况等考虑,也不为过。之所以存疑最根本原因是王安石和神宗都非常清楚,欧阳修此时已经不能再回朝堂执政,理由有三点:一是他的身体不允许他再担重任。他早在1060年前就已经因病7次向仁宗皇帝上书,要求改任清闲之职或地方州郡,仁宗皇帝未准其请,反而于1061年重用他为参知政事即副宰相。1065年欧阳修身患糖尿病,时称消渴症,为不治之症,以今日医学之发达尚难根治,糖尿病长期折磨,无法再担重任。二是欧阳修主观愿望不愿再作京官。他曾经历英宗时"濮议之争",被攻击有负仁宗,献媚英宗,请求诛杀他以谢国人,受到极大挫折和精神创伤。他厌恶朝堂争斗,反复请求外任。三是宋神宗即位不久,欧阳修妻弟薛宗孺因为所举官员犯赃受到弹劾,后逢天下大赦,欧阳修说不可因为自己亲戚而轻赦。其妻弟因终被免官怀恨在心,就编造谣言污蔑欧阳修与儿媳暧昧。被御史台官员彭思永、蒋之奇借题发挥,上章弹劾,严重败坏了欧阳修的名声。

欧阳修经受这一沉重打击,气愤欲绝,万念俱休。虽然最终证明欧阳修清白,朝廷处分了有关官员,却再次应验早年僧人为他相面"耳白于面,名满天下,唇不著齿,无事得谤"的预言。

此前于1045年欧阳修曾因担任谏官得罪宰相贾昌朝、陈执中,被人诬陷与他无血缘关系的外甥女私通,时知开封府事杨日严审理此案,他此前任职益州贪赃曾经被欧阳修弹劾,欣喜报复机会来临,对欧阳修外甥女威逼诱供,妄图将假案坐实,陷欧阳修于道德不齿于人声名狼藉,永无出头之日。但因受到同审官员反对未能得逞。正欲借此打击欧阳修的两位宰相甚为不满,再命太常博士、三司户部判官苏安世重审此案,苏安世不畏权贵,秉公审案,还欧阳修以清白。但欧阳修与仗义执言的苏安世却由京官贬至地方。日后王安石为苏安世所作《广西转运使屯田员外郎苏君墓志铭》,称赞其二人:"以言切直,为权贵人所怒……苏君卒自上'修无罪,言者诬之耳!'"

欧阳修10年后才返京师,苏安世数年奔走万里贬途,受尽苦难。

欧阳修疾恶如仇、刚正不阿,作谏官弹劾许多高官,几十年宦海沉浮,多次受到政敌报复及无中生有的诬陷,他深感仕宦险恶,去意决绝,恳求离京,作远离政治漩涡中心的地方官。神宗依其乞请,他以观文殿学士、刑部郎中于熙宁元年(1068)出知亳州。其任亳州不满一年,1069年再次请辞:"旧苦消渴,盖已三年。……惟存皮骨,……"其消瘦衰弱确实难以履行职责。王安石两次代神宗为欧阳修书写不允诏命,以示朝廷挽留之意。1071年神宗依其反复所请准其致仕。退休后仅一年,于1072年66岁去世,谥号文忠。欧阳修从参与"庆历新政"被贬,经历"濮议之争"挫折,两次被诬以"乱伦"。从他1068年离开京城,尤其是1071年退休到1072年去世,时间之短,说明欧阳修本人不愿、身体也不允许再担重任。而且宋神宗亦知欧阳修之长在文学、史学,深知欧阳修之年老多病,深知其多次受诬陷意志消沉,辞官退休之坚;亦知宰相执政班子"生老病死苦",不可能再让以上条件都不允许且不赞成新法的欧阳修重回执政。否则岂不是摧折栋梁早日辞世,君臣二人能这样做吗?因此可以推断说神宗欲让欧阳修再担重任,王安石不同意,此事不可信;不排除有人编造此说,向王安石身上泼脏水,以诋毁王安石忘恩负义。

王安石和欧阳修晚年虽然政见不同,却不失终生深情厚谊,是两代文坛领袖大家君子和而不同、互相宽容敬重的典范。

三、王安石与周敦颐

周敦颐比王安石年长4岁,青少年时代贫寒孤苦,天圣九年(1031)15岁丧父,母亲郑氏带着他离开故乡道州(今湖南道县),投奔他的舅父郑向。景祐三年(1036)朝廷允许郑向荫补子侄一人为官,郑向舍弃儿子荫补,奏补了聪颖勤学的外甥周敦颐。不久郑向去世于龙图阁直学士知杭州任上。1037年周敦颐母亲去世。因为非科考入仕,周敦颐一生做官并不显贵。长篇小说《大宋清官周敦颐》说王安石担任宰相时,破格提拔周敦颐担任提点刑狱。《宋史》记载周敦颐熙宁初知郴州,后为广东转运判官,提点刑狱。虽然未查到王安石推荐记载,但他确实是王安石主政时担任了一生最高的这一官职。

周敦颐对王安石非常佩服。北宋邢恕谈到二人交往:

> 茂叔(周敦颐字)闻道甚早,王荆公为江东提点刑狱时,已号为通儒,茂叔遇之,与语连日夜。

说二人相互倾慕敬重,人逢知己,谈话通宵达旦。此事亦见于朱熹《伊洛渊源录》卷一《濂溪先生·遗事》。有学者考证二人相见应是1060年王安石担任京官时,周敦颐主动拜访。这是二人一生唯一时间长达一天半的相见,对于周敦颐后半生影响极大。周敦颐长期任职南方,在王安石变法高潮时身患瘴毒重病。他大约1072—1073年给内兄蒲宗孟(1082年任副宰相)写信,称赞神宗与王安石所推行的新政:

> 上方兴起数百年无有难能之事,将图太平天下,微才小智苟有所长者,莫不皆获自尽,吾独不能补助万分;又不得窃须臾之生,以见尧舜礼乐之盛。今死矣,命也。

上文出自内兄蒲宗孟为他记入非常严肃的《濂溪先生墓碣铭》,说朝廷变法是数百年没有过的非常艰巨困难重重的伟大事业。根本目的就是为了天下太平。赞扬变法激发了天下人积极性,九州万民有一技之长者人尽其才;自己病重不能为新法效力,他为难以看到变法成功,再现尧舜文明盛世抱憾终生。

周敦颐佩服王安石德才学识,倾情变法改革,但与极力推荐重用他的守旧派赵抃、吕公著为好友,与苏轼、黄庭坚等多有交往,且弟子程颢、程颐反对他支持新政,不承认受教于他,要与他划清界限。他处在左右为难矛盾尴尬中。士大夫精英中守旧派极其强大,他不愿与之公开决裂,未能旗帜鲜明站到变法改革一线。他虽为理学创始人，对后世影响深远；但由于非科班出身，晚年疾病缠身辞官归隐，享年仅 57 岁，尤其是长期处在新旧两派夹缝中，一生仕途并不显达。

他给妻兄信中表达了对新政的支持和期望，对变法改革必将成功充满信心。他博古通今，洞察时势，高瞻远瞩，是当时士大夫名家融入时代大潮，为变法改革呐喊的唯一。如果上天假以年岁，别说他主政中央，即使官职六部尚书或地方大员，很可能一定程度上缓解士大夫精英反对变法的政治立场及其行为，影响带动部分士大夫融入社会变革大潮，壮大支持新政阵营和声势，必将为变法改革作出更大贡献。

总之，王安石与周敦颐互相佩服德才学识，在变法改革中互为知音，可谓学术大家君子之交榜样。

四、王安石与曾巩

曾巩（1019—1084），字子固，江西南丰人。前文谈到二人早期是志同道合交往密切的挚友，曾巩多次向欧阳修力荐王安石，王安石曾经写 600 字长诗《赠曾子固》表示感谢。王安石曾力挺困境中的曾巩，写了许多诗文为曾巩遭受谣言诋毁辩诬，可见王安石对其爱之深，仗义支持之坚定。王安石主政以后，虽然曾巩支持变法改革，但对于其推行新法方法步骤及不恤流言等有不同看法，二人早期 20 多年的挚交受到影响，都为此感到痛心。此后曾巩长期任职地方州府，二人属于君子政见总体一致具体问题有分歧。二人品德节操文才互相敬重，友谊根深蒂固，心中始终装着对方。1083 年曾巩病重时，王安石多次看望，病危时床前安慰。曾巩非常感动，两人尽释前嫌，一生的深情厚谊画上了圆满的句号。

曾巩家乡南丰，抚州南约 110 公里，与抚州西南 15 公里金溪县王安石外祖父吴家皆为世代书香，名门望族。当时婚姻讲究门当户对，读书之家尤其注重文化联姻。比如司马光的女儿与范纯仁的儿子、欧阳修与苏轼家族结亲；抚州王、曾、吴三大家族亦多姻亲。曾巩姑母为王安石夫人金溪吴家吴琼的祖母，王安石的弟弟王安国夫人为曾巩的妹妹；曾布的儿子曾纡为王安国的女婿。

五、王安石与张载

张载与王安石为同龄人，张载年轻时，本来想习武，后来受到范仲淹教诲：国家重文轻武，从文比习武对国家贡献更大。他听从范仲淹劝告，弃武从文。

王安石原本寄希望张载为新法效力，他亲自登门征求张载对新法的意见建议。张载一是因为与王安石思想认识不一致,二是其弟张戬时任监察御史,多次上章激烈反对新法,张载担心与王安石不好相处,所以他婉言谢绝王安石对他重用。但是他对王安石是非常赞赏的,他在《语录》中说:

> 世学不明千五百年,大丞相言之于书,吾辈治之于己,圣人之言庶可期乎?

说世上学术混乱误人已经 1500 年了,大丞相王安石著书立说(编著《三经新义》等),我们按道义要求自己,实践圣人之言治政,天下得治是可以期待的。王安石与张载交往,虽学术政见不同,但互相敬重,不失君子风范。

六、王安石与"二程"

程颢、程颐较王安石小 10 余岁。王安石成立变法改革机构后,选派程颢作为八位特使之一下乡调研,他对程颢重用且寄予厚望。但是后来随着反变法力量的强大,尤其是他们学术不同产生政见分歧。程颢、程颐无意官场,自 1072 年回归洛阳讲学著文。二人虽不赞成变法改革,但无司马光、苏轼过激行为。程颐谈到王安石与程颢交往:

> 荆公与先生虽道不同,而尝谓先生忠信。先生每与说事,心平气和,荆公多为之动。(程颐《明道先生行状》)

说王安石与程颢虽然政见不同,但是王安石认为程颢是忠信之士。程颢每向王安石提出政见、建议时,平心静气,王安石总是耐心听取,择善而行。程颢在 1085 年七月去世前,对司马光等抵制反对新法做得过分,造成后来的祸患,曾经有过深刻的反省:

> 新政之改,亦是吾党争之有太过,成就今日之事,涂炭天下,亦需两分其罪可也。……以今日之患观之,犹是自家不善从容。至如青苗,且放过,又且何妨?(《河南程氏遗书》卷二上)

他反省王安石推行变法改革时,守旧派反对太激烈、太过火,尤其是司马光执政时期翻烧饼一样折腾。他反思说其不淡定、不从容,比如说"青苗法",我们为什么过早就吵嚷不休呢?先放过待实践检验又何妨,这是程颢对司马光等守旧派做事太过分有害国家,客观公正的深刻反思。

七、王安石与黄庭坚

黄庭坚(1045—1105),字鲁直,洪州分宁(今江西省修水县)人,著名文学家,江西诗派开山之祖,宋代四大诗人、四大书法家之一,中国古代二十四孝之一。文学艺术成就媲美苏轼,世称"苏黄"。

王安石与黄庭坚的父亲黄庶1042年同榜进士。但当年各科取士多达839人,且黄庶于1058年41岁黄庭坚14岁时英年早逝,未见二人交往记载。虽然黄庭坚为王安石年侄,但二人任职没有交集,二人作为文学大家,仅有间接往来。黄庭坚于治平四年(1067)考中进士后,被任命为叶县(今河南省平顶山市)县尉,任职4年非常辛苦,他在七律《新寨》中表达了不愿摧眉折腰,甚至有"归及春风斩钓杆"的退隐思想。诗文传到开封,时任宰相王安石欣赏其才干和胸怀,遂提拔他到当时全国四京之一的北京大名府掌管国子监教育,这是以诗识人对黄庭坚的重用。他虽然不赞成王安石新法,他参与修撰《神宗实录》,对王安石政治成就持否定立场,但他对于王安石人品操守诗文等极为赞赏。王安石去世当年的元祐元年(1086)秋天,黄庭坚满怀深情写下了纪念王安石六言诗《有怀半山老人再次韵二首》,第一首如下:

> 短世风惊雨过,成功梦迷酒酣。草玄不妨准易,论诗终近周南。

热情讴歌王安石波澜壮阔的一生,盛赞其文学学术成就贡献。他的《奉和文潜赠无咎篇末多见及以既见君子云胡不喜为韵其七》更对王安石推崇备至:

> 荆公六艺学,妙处端不朽。诸生用其短,颇复凿户牖。
> 比如学捧心,初不悟已丑。玉石恐俱焚,公为区别不。

说古代周公创制,孔子整理,使礼、乐、射、御、书、数六经完备,王安石阐释经典,使得六经学说明白晓畅,精妙不朽。

他曾为王安石退休后骑驴图题字,盛赞王安石的平民风范。他在《山谷集》《跋王荆公禅简》中崇拜王安石的品德、诗文:

> 余尝熟观其风度,真视富贵如浮云,不溺于财利酒色,一世之伟人也。
> 暮年小语(指绝句诗)雅丽精绝,脱去流俗,不可以常理待之也。

前文八章谈到体现王安石学术思想精义的《虔州学记》;黄庭坚曾经恭恭敬敬地手抄并写下《跋〈虔州学记〉遗吴季成》,提供给吴季成做教育孩子教材。以使吴"能慈,其子能孝,则家道齐,不疾而速矣"。黄庭坚认为其文足以教人"学问之本"。吴将其手抄在老家刻碑,以时刻铭记王安石、黄庭坚教诲。

苏轼写《醉白堂记》,对比评论韩琦和白居易;王安石看后认为其文实是

"论"不是"记";苏轼听到后,直言自己不如王安石把"记"写成学校应试策论的《虔州学记》。可见苏轼对其文章尤其是上文关注佩服非同一般,亦可见古代文坛大家虽政见不同,且受交通条件限制,少于谋面,而从不缺失文化学术坦诚交流的宽广胸怀。

黄庭坚比其他大家,与王安石更多以下渊源与联系,使得他早年虽未曾谋面,却对其非常熟悉且十分崇拜,把他作为文学创作偶像效仿:一是二人除皆江西人广义上的同乡,且黄庭坚与王雱1067年同榜进士,父子两代同榜。二是二人俱有青少年时父亲去世,艰难困苦玉汝于成,后科举入仕经历。三是黄庭坚舅父李常、岳父孙觉(妻子去世后再娶谢氏)、岳父谢师厚与王安石都有诗文友好交往。四是1083年(另说1084年)他曾经到南京拜访退休的王安石,这是二人一生唯一会晤,诗词文章等无所不谈;他虽然与王安石政见不同,但由耳闻到目睹其学识人品操守,受到王安石当面教诲,对其更加倾慕佩服。

宋代书法家370多人,可见书法之盛。黄庭坚等士大夫多效仿王安石书法。王安石书法今存两幅。一幅为上海博物院收藏《楞严经旨要》;另一幅为台北故宫博物院所藏《过从帖》,仅41字。他作为大家存世作品少,根本原因就在于官方对他政治学学术否定打压700多年,影响了他书法作品的传播收藏。黄庭坚在《论书》等文中高度评价其书法得东晋名士王濛及唐代颜真卿骨力,认为其:"书法奇古""比来士大夫惟荆公有古人气质。"他认为其晚年书法优于苏轼。可见黄庭坚抛开政见分歧,客观评价其书法艺术成就难能可贵。苏轼、米芾对王安石书法也有很高的评价;王安石书法得到宋代苏、黄、米、蔡四大家中三人高度评价,可以想见其书法水平。黄庭坚苦练王安石书法,几乎达到以假乱真的程度。周一凡《黄庭坚眼中的王安石及其书法》,把黄庭坚效法王安石书法列表比较如下:

表 25-1　王安石、黄庭坚书法风格对照表

	1.五	2.无	3.者	4.动	5.今
王安石	五	無	者	動	今
黄庭坚	五	無	者	動	今

王安石作为书法家其作品风格与文学创作、学术研究等许多方面一以贯之。他不拘泥于一家一派,没有明确的师承。他融会贯通各家精髓,博采众长自成一体。他的书法虽然具有颜真卿等名家古风遗韵,但更多的是胸怀人品个性的特立独行及创新。李嘉文《王安石书法美学刍议》谈到苏轼评价他:"荆公书得无法之法,然不可学,学之则无法。……"说王安石书法不拘章法,不受局限随意率真,别人很难学到他的真髓。米芾在《书史》中谈到王安石执政时"士俗亦皆学其体"天下人效仿他书法的盛况。虽然有仰视他万人之上宰相的因素,但一定程度上体现了他的书法水平。南宋以后因他政治和学术被官方否定,以及他作为全才宰相许多方面巨大成就贡献的遮蔽,忽视影响了对他书法的深入研究与客观公正评价。

黄庭坚作为文学尤其是书法大家,政治上虽然与王安石不同道,但他比司马光、苏轼理智。他和王安石文学创作同属崇拜杜甫的现实主义大家,黄庭坚佩服追随王安石用典练字精益求精的创作风格,二人实为文学艺术知音。

王安石与司马光、苏轼兄弟的交往,及其是非曲直留待后面专讲。

总之,王安石对待许多名人大家,具有相容善待,乐见各家共生共荣的宽广博大胸怀。他宣传改革主张政治见解,推行变法改革,从不排斥不压制其他学术。王安石对他们多寄予厚望重用,最大限度团结天下士大夫,尽最大可能减少变法改革阻力,形成有益变法的社会环境。他的学术虽然犹如参天松柏,其他几家学术虽稍嫌逊色,但参天松柏与其他树木共同吸取阳光、水分、大地营养,他主观上从未压制他人不同学术的成长发展。

王安石对其他学界精英、学术流派相容善待难能可贵。比较元祐时期洛、蜀、朔等几家互相攻击,争占上风,他们针对王安石卓尔不群实用进步的"荆公新学"群起而攻之;王安石以从容淡定的心态宽容善待众多大家,与之和谐交往,体现了他博大的胸怀和崇高的风范。他以海纳百川、宽广包容天下的胸怀,与名人大家交往中留下了许多佳话,他是文人相容敬重的典范。

宋代许多士大夫集文学学术领军人物、社会精英高官、道德修养楷模于一身,公务之余切磋学问,诗词唱和。嘉祐四年(1059)王安石担任度支判官时与欧阳修、梅尧臣、司马光、曾巩、刘敞等都以昭君出塞老生常谈的题材写诗,他们自愧不如王安石诗作别出新意,齐声夸赞王安石的《明妃曲》二首独占鳌头。

王安石《明妃曲》二首之一：明妃初出汉宫时，泪湿春风鬓脚垂。低徊顾影无颜色，尚得君王不自持。归来却怪丹青手，入眼平生几曾有；意态由来画不成，当时枉杀毛延寿。一去心知更不归，可怜着尽汉宫衣；寄声欲问塞南事，只有年年鸿雁飞。家人万里传消息，好在毡城莫相忆；君不见咫尺长门闭阿娇，人生失意无南北。

对于这个历代文人吟诵不已千古题材，许多人批判画师毛延寿因王昭君没有对其贿赂，将她画得丑陋，昭君未能受宠。王安石一反传统观点，认为昭君未得皇帝宠爱，根本原因是汉元帝不识人才。人生失意不在于本土还是异域，汉武帝姑表妹皇后陈阿娇不免被关冷宫，远在大漠北国的王昭君却受到少数民族万民尊重，享有尊严和很高的待遇。

第二十六章 诗书世家

宋代全社会重文,学校教育大发展,文化繁荣昌盛,300多年间出现了许多世代书香家庭,文学世家之多为封建社会历代之最。《宋代文学世家名录》其中七代以上都以文学成就被后人称道的10家中,王安石家族居首;六代以上的有苏轼、朱熹、蔡襄等多家。王安石家族有兄弟、儿子等8位,还有诸妹和妹婿成员最多;其次是澶州清丰晁迥、江都李定两家,各7位成员。王安石家族不仅在47家中成员最多,而且是唯一列有女性成员的家族。

王安石的父亲儒学修养深厚,为官干练,清正廉洁,淡泊功名利禄,其诗作百余首多已失传。他具有孟子天下广博大爱的情怀和道家功成身退思想:

> 功成思范蠡,湖上一闲身。(《临川县庭五律〈灵谷〉》)

王安石的母亲是很贤惠的知识女性。王安石兄弟7人,3个妹妹;哥哥王安仁、王安道,是父亲前妻徐氏所生。徐氏病逝后,王安石母亲吴氏作为他两位兄长的继母,待之胜过亲生。曾巩为其所作《仁寿县太君吴氏墓志铭》记载:"然夫人之爱其长子甚于少子。"为什么?吴氏说:

> 吾爱之甚于吾子,然后家人爱之能不异于吾子也。

说我爱安仁、安道超过爱我的亲生儿子,家族等人才会像对待我亲生儿子一样对待他们。她唯恐不特殊爱护这两个孩子,族人对他们的爱护就会有别,逊于亲生儿子。世间后母溺爱己生,薄待前子者比比皆是,戏剧《鞭打芦花》淋漓尽致地表现了继母对前子的虐待。吴氏的贤德体现了封建时代大家闺秀非常高尚的修养,以至王安石两位兄长竟长期不知吴氏为其继母。

王安石的母亲曾收养3个无依无靠的孤女,3个女儿长大后,出嫁时的嫁妆、各种婚姻事项的安排礼仪,与王安石的亲妹出嫁时一样规格,她对待长子的外祖父家与自己娘家一样。清朝蔡上翔《王荆公年谱考略》记载:

> 其嫁三从之孤女如己女,而待长子之母族如己族。

王安石的母亲多方面践行了中华民族女性的传统美德。

王安石受家教影响,从小勤奋读书,尊敬兄长,友爱弟弟妹妹,尤其是在他的两位兄长1051、1052年英年早逝后,他尽力照顾两位嫂嫂及子侄。他恪守长兄若父古训,时刻关怀弟弟妹妹及晚辈,无微不至。他在家经常当面言传身教;在外做官则多以信函、诗文叮嘱指导,谆谆教诲,情真意切。在弟弟妹妹及晚辈读书学习、成家、参加科考、入仕从政等人生的关键时刻,他更是启迪关怀。有了快乐荣誉更不忘与之分享。1054年,王安石与弟弟安国、安上等同游褒禅山,可见他对弟弟的关爱。1068年四月,宋神宗破格召见王安石,史称"越次入对",神宗喜得辅臣,赐予王安石上等贡茶。王安石不忍独享,分寄给弟弟安国、安礼,并分别赠诗一首,既与弟弟分享了美茶与快乐,又以诗作倾情指教,给弟弟以无声的激励。弟弟妹妹外出或远归,他都亲自送迎,至老不改。1079年,他辞相退居南京后,已是年近花甲高龄,古人平均寿命短,"人活七十古来稀"。为迎接三妹归家探亲,他不顾大雪纷飞、寒风凛冽,及早前去江边等候,来回长途跋涉15里,晚上踏雪接妹妹回家。

王安石极尽孝道,亦为家人和社会楷模。据宋人王铚《默记》记载:

> 荆公知制诰,丁母忧,已五十矣,哀毁过甚,不宿于家,以槁秸为荐,就厅上寝于地。是时潘凤公所善,方知荆南,遣人下书金陵。急足至,升厅,见一人席地坐,露颜瘦损,愕以为老兵也,呼院子令送书入宅。公遽取书,就铺上拆以读。急足怒曰:"舍人书而院子自拆可乎?"喧呼怒叫,左右曰:"此即舍人也。"急足惶恐趋出,且曰:"好舍人,好舍人!"

说王安石在京城担任知制诰时母亲去世,他奔赴南京安葬母亲,守孝三年(1063—1065)。这期间他不住家中,长期就寝于守孝厅内秸秆上,因过于悲痛思亲身体消瘦。当地官员派人给他送信,送信人见他坐在厅内地上,脸色黑瘦憔悴,误以为他是家中普通人,呼唤他把信送给王安石。他接信后当场拆视,送信人见此大发脾气说:给王舍人(知制诰亦称舍人)的书信焉能擅自拆视?!家人向他说明拆信者就是王安石,送信人见王安石身为朝廷高官,盘坐厅内地上虔诚守孝,形同村老野夫,为自己误会王安石深感不安,对他非常敬佩,赞不绝口,很有礼貌惶恐地退出厅外。

封建时代受宗法制度及孝道迷信思想影响,丧葬习俗烦琐,为父母守孝时间长达25—27个月,而且守孝人往往悲痛哀毁伤身甚至早亡。前文说到与王安石同榜被钦点为状元的杨寘,被朝廷任命五品官尚未赴任,为母守孝哀毁过度早逝,满腹才学未能施展,实在可惜。王安石为祖父、祖母、父母亲守孝,主持祖母、母亲、两位兄长及嫂子、弟弟王安国和王安世、儿子等人丧葬后事。他的母亲去世于京城,古代交通不便,王安石护送灵柩,安排家人千里返乡处理丧葬后事。像王安石这样辅佐帝王开创盛世的政治家,自古很难做到忠孝两全,王安石则是忠孝两兼顾。他为父亲守孝还经历了"三年厌食钟山薇",全家野菜充饥的困顿生活。

明朝宰相之杰张居正父亲1577年去世,使他处于丁忧还是继续主政为国尽忠两难的矛盾中,李太后和明神宗下诏不准他离京,让他继续辅佐朝政,史称"夺情"。张居正以遵守皇帝诏命,"夺情"期间继续主政不领取俸禄等五项严格自律。他唯恐长期守孝,朝政逆转,整顿改革大业毁于一旦,"夺情"亦是不得已而为之。但此事仍然引起朝野轩然大波,他严惩反对"夺情"官员直接影响了对张居正的道德评判和明朝中后期的政局。

王安石天质孝友,入仕早年将俸禄全部入家。司马光《温公琐语》称赞:

> 友爱诸弟,俸禄入家,数日辄尽。为诸弟所费用,家道屡空,不一问。

说他领取俸禄后,交给母亲统筹考虑全家生计,供家人衣食温饱和弟弟妹妹读书上进等。由于全家人多口众,俸禄经常及早用完,他也从来不过问。

王安石作为变法改革的大宰相,一生保持性情中人本色。他在家族中与家人亲友交往,写诗填词表达亲情关怀,其乐融融,这方面流传至今的诗文达数十首。他看到外孙健康成长,非常高兴,写下《赠外孙》:

> 南山新长凤凰雏,眉目分明画不如。
> 年小从他爱梨栗,长成须读五车书。

说外孙就像南山生长的雏鸟凤凰一样可爱,眉目清秀,胜过画图。孩子年少对他不要太严格,不要压抑他的天性,但是他长大成才必须多读书。古代经常用学富五车形容读书之多。王安石在鄞县任县令时,他刚满周岁的女儿夭亡,王安石非常悲痛,他给女儿选墓地,立碑著《鄞女墓志》:"鄞女者,知鄞县事临川王安石之女子也……吾女生惠异甚,吾固疑其成之难也,噫!"

说小孩儿超出年龄过于聪明懂事,往往成人难多夭折。他即将离开鄞县时,再去小女儿墓地赋诗告别,表达了慈父对女儿怀念不忍离别难舍的深情。

王安石修身慎独,治学严谨,他的道德风范和文化成就成为全社会的楷模,而且深刻影响带动了整个家族。其弟弟妹妹及晚辈不辜负他的期望,时时处处以他为榜样,发奋苦读,正心修身,成为国家栋梁,为社会作出了较大的贡献,其家庭成为社会的楷模。

长兄王安仁(1015—1051),7岁开始苦读,1049年考中进士,曾任宣州司户参军等职,庆历年间江淮人士都以他为师。王安石为其写诗多首,其去世后,他为兄长处理后事,整理文集13卷,其《宣州府君丧过金陵》:

> 百年难尽此身悲,眼入春风只涕洟。
> 花发鸟啼皆有思,忍寻常棣脊令诗。

感情之真挚沉痛,实在"令人读之而有余悲"。王安石为兄作墓志铭:

> 先生之道德蓄于身而施于家,不博见于天下;文章名于世,特以应世之须尔。

王安石的仲兄王安道(约1017—1052),《三公王氏族谱》说他"善著文,精于琴",可见其文学与音乐颇有造诣,并说他曾任衡州司法参军兼州学教授。

王安石的长弟王安国(1031—1076),王安石家族文学明星,是一位早慧的少年奇才。王安石所作《平甫墓志》记载:

> 年十二,出其所为铭、诗、赋、论数十篇,观者惊焉。自是遂以文学为一时贤士大夫誉叹。盖于书无所不该,于词无所不工……举茂才异等,有司考其所献《序言》为第一,又以母丧未试。

他12岁已有数十篇多种体裁诗文,观者惊其奇才。文学被士大夫赞誉。他读书多词作佳。1063年报名参加茂才异等制科考试,所献文章评为第一,获得制科考试资格;考中几乎没有悬念,则其荣耀及仕途通达远超常科进士。因为母亲守丧,未能参加考试,遗憾失去一次高门槛入仕的机会。

王安国11岁(一说13岁)曾经登临唐朝才子王勃作序的滕王阁,浏览唐以来题诗百余篇,多不中意,不足矜爱,遂赋诗:

> 滕王平昔好追游,高阁依然枕碧流。
> 胜地几经兴废事,夕阳偏照古今愁。
> 城中树密千家市,天际人归一叶舟。
> 极目沧波吟不尽,西山重叠乱云浮。(《滕王阁感怀》)

在指点江山激扬文字中蕴含厚重的历史沧桑感,此诗一出,惊动不少历代

文人,据何汶《竹庄诗话》记载:

> 郡守张侯见而异之。为启宴张乐于其上。

此诗赢得郡守惊叹称奇,并为此设宴鼓乐。可见王安国才学过人。
他的词《清平乐·晚春》写暮春景象:

> 留春不住,费尽莺儿语。满地残红宫锦污,昨夜南园风雨。
> 小怜初上琵琶,晓来思绕天涯。不肯画堂朱户,春风自在杨花。

王安国不刻意科考功名,欧阳修为其落第遗憾,对其才学赞赏:

> 自惭知子不能荐,白首胡为侍从官。(《送王平甫下第》)

说深知其才华出众,因尚未榜上有名而难以推荐为官,作为皇帝身边近臣,却不能为国举贤深感惭愧。王安国终缘于文才受到韩绛等人推荐,熙宁元年(1068)被神宗赐进士及第。

苏轼与王安国儿子《和王游二首》诗作中,称赞王安国:

> 异时长怪谪仙人,舌有风雷笔有神。

苏轼为宋代旷世奇才,一生恃才傲物,能得苏轼称赞他才思敏捷,笔下风雷,犹如上天降下的神仙,如此高度赞扬,足见王安国文才。

欧阳修1056年任京官时,曾经设宴欢送友人任职地方,主客8人中有王安石、王安国及苏洵。苏轼可能受父子不同席习俗影响未能入宴。按说王安国如果不是大名惊人,文坛领袖欧阳修主持的宴会,已有兄长入宴,王安国参加稍显多余。他被邀请仅数人参加且安排诗文比赛的宴会,可能为其中最为年少者,足见他的文名之高。

王安国文才不仅闻名宋朝天下,甚至远扬国外。据魏泰《东轩笔录》记载:

> 熙宁中,高丽人使至京,语知开封府元绛曰:"闻内翰与王安国善,本国欲得其歌诗。愿内翰访求之。"

说神宗熙宁年间,朝鲜使者到京城,听到王安国文才大名,请求与其友好的开封知府元绛,为他的国家求取诗作墨宝。王安国文才卓著可见一斑。

王安国极尽孝道,王安石在《平甫墓志》中记载:

> 君孝友,养母尽力。丧三年,尝在墓侧,出血和墨,书佛经⋯⋯

说他尽力奉养母亲，为母亲守丧时，三年不离坟墓，咬破手指用鲜血和墨，书写佛经为母亲超度。这在封建时代实为至孝，地方官要上报朝廷，表彰他的孝行，他坚持不让报。

王安国不愧江西临川早慧才子精英。曾巩称其有文集100卷，《宋史·艺文志》载：《王安国文集》60卷，又《序言》8卷。今存诗连残句仅62首，词3首，文19篇，可见其作品散佚很多。

他曾历任西京国子教授、崇文院校书、秘阁校理等职，他的诗文及为官从政事迹有口皆碑。1076年，王安国年仅46岁英年早逝，王安石非常悲痛，为其撰写了墓志铭，记载了他一生的成就贡献。

王安石二弟王安世（1034—1059），年仅26岁去世，无传世作品。

王安石三弟王安礼（1035—1096），是家族中仅次于王安石为国家政治贡献较大的后起之秀。他"幼性敏，六岁能属文"。1061年进士，他继承父亲和兄长风范，数十年担任地方主官、京城皇帝近臣为民做主，不畏权贵，忠义直谏，善于断案，雷厉风行，表现了超人的智慧才干和胆略。简要点题介绍几例。

一、营救苏轼。元丰二年（1079）神宗皇帝恼怒苏轼十年一贯反对新法，诗集讽刺新法广泛传播于社会，影响朝廷施政，将其关入死囚大牢，史称"乌台诗案"。《宋史》与《续资治通鉴长编》皆有记载：

> 轼既下狱，众危之，莫敢正言者。直舍人院王安礼乘间进曰："自古大度之君，不以语言谪人。……恐后世谓不能容才。"

王安礼当时担任同修起居住，为皇帝身边近臣。对于苏轼面临生命危险，少有人敢向神宗求情劝谏。谏官张璪、权御史中丞李定等人劝阻王安礼明哲保身，少说为佳，否则后果难料。但他不仅挺身而出，而且直言，很有分量，直击神宗皇帝软肋。这是很需要胆量的，王安礼的胆略和才干可见一斑。王安石从南京急函力谏神宗对苏轼从宽处理，兄弟二人据理大义求情，对于神宗皇帝从轻发落苏轼起到了关键作用。王安石兄弟胸怀德量少有人及。

二、勤政干练。1080年，王安礼担任开封知府。京城皇亲国戚、王公贵族、高官名门云集，历来难以治理，开封知府难当，堪比宰相压力山大。面对数以万计的积案，他不畏权贵，顶住压力，秉公执法；日以继夜，雷厉风行，不到三个月全部审结完毕。

> 以翰林学士知开封府事至立断。前滞讼不得其情，及具按而未论者

几万人,安礼剖决,未三月,三狱院及畿、赤十九邑,囚系皆空。书揭于府前,辽使过而见之,叹息夸异。帝闻之,喜曰:"……今安礼能勤吏事,骇动殊邻,于古无愧矣。"特升一阶。(《宋史·王安礼传》,下同)

王安礼将处理积案张榜公布府门,辽国使臣看见惊叹夸奖。宋神宗听说此事非常高兴,称赞王安礼为国争光,媲美古贤,将其提升一阶。

三、法无贵贱。王安礼担任开封知府时,坚持法无贵贱,皇帝宗亲犯法严惩不贷。皇室宗亲兴州防御使赵仲骈买妾花费数十万钱,后因妾面容被毁,赵告于官府,要求其归还所出费用。王安礼断案上奏说:

妾之所以直数十万者,以姿首也。今炙败之,则不复可鬻,此与炮烙之刑何异。请勿理其直而加厚谴,以为戒。诏从之,仍夺令骈奉。

王安礼不仅驳回赵"督归其直"诉求,将对其处罚上报神宗皇帝,神宗本不愿处罚,但在王安礼执意坚持下,只好依了他:"诏从之,仍夺令骈奉。"对赵仲骈减俸,进行了经济处罚。

四、为民直谏。他恪守忠贞国家,心系天下万民:

帝数失皇子,太史言民墓多迫京城,故不利国嗣,诏悉改卜,无虑数十万计,众汹惧。安礼谏曰:"文王卜世三十,其政先于掩骼埋胔,未闻迁人之冢以利其嗣者。"帝恻然而罢。

皇帝因为几次失去皇子,太史说因为民间的墓地离京城太近,不利于皇家后代,皇帝听信此说,下诏要百姓迁坟。鉴于数十万民坟迁移改葬必将扰民不安,引起京城周围万民波动。他毅然挺身而出,以周文王卜世,从来未闻这一说法力谏。皇帝鉴于王安礼劝谏,打消了改迁民坟的念头。事关皇家后裔帝王隐忧纠结,一般人多回避禁言,因为即使皇帝采纳谏言,也难免心烦劝谏官员。为了不惊扰百姓,王安礼明知皇帝不悦,他勇于担当,为万民力谏,避免了官民对立,百姓波动,劳民伤财的折腾。

王安礼在国家大政方针以及元丰年间对外用兵等许多方面,都以睿智担当忠贞报国。他劝谏神宗不可轻易发动对西夏的战争,当进攻西夏宋军大败传到朝廷,神宗后悔莫及:"安礼每劝朕勿用兵,少置狱,盖为是也。"

他出奇的断案事迹作为典范,被载于宋代郑克《折狱龟鉴·核奸》。

绍圣二年他任太原知府,"苦风痹,卧帐中决事,下不敢欺。卒,年六十二,赠右银青光禄大夫"。他躺在帐中办公,属下对他敬畏无欺,可见他的勤政及才干威望。

他文学功力高超,文章涉及许多文体,风格近似王安石,长于道古,精于说理,以文入诗,如《梦长》诗：

> 梦长随永漏,吟苦杂疏钟。动盖荷风劲,沾裳菊露浓。

这首诗将长夜幽梦、单调永漏与间隔钟声及秋风掀动荷花,秋凉凝结成菊花上颗颗露珠,写得极为出彩。

王安礼有《王魏公集》,存世诗作43首、词4首、文近340篇。

王安礼历仁宗、英宗、神宗、哲宗四朝,除了担任京官翰林学士、资政殿学士,曾在地方许多州府任职,作出了很大的贡献。他为人刚毅果决耿直,公正处事,得罪了不少权贵。因其生活方面有失检点,再加上受北宋后期党争的影响,40年宦海沉浮起落。他既有辉煌的政绩,也有被人诟病的短处,总的来说他对当时社会政治、经济、文化的发展贡献远远大于人生的瑕疵。王安礼绍圣三年(1096)离世,可能因风寒病早逝。许多同僚好友深切悼念他。与他长期合作共事的挚友田昼(其父田况曾为枢密使),为他作《祭王和甫文》710字四言长诗,充分肯定高度评价其一生人品操守和成就贡献。学者楼钥为王安礼著作出版写序《王魏公文集序》称赞他：

> 公之贤足可以表千古,承君之言可以信后世。

王安石四弟王安上(1037—1103),王安石七律《寄阙下诸父兄兼示平甫兄弟》唱和诗首联："父兄为学众人知,小弟文章亦自奇。"可见其文学才华。宋神宗关照王安石晚年天伦之乐,曾将他安置南京供职。

宋代出现了许多才女,王安石家族尤其为人称道。在重男轻女、女子无才便是德的封建社会是不多见的,据《宋诗纪事》记载,有诗传世的妇女超过百人,她们承担家庭教育重任,相夫教子作出了很大贡献。欧阳修等许多大家都得益于母亲教育奠基。宋代320年间,王安石家族才女独占鳌头,其次是曾巩、曾布(曾担任宰相)家族。曾布内弟魏泰《临汉隐居诗话》记载：

> 近代妇女多能诗,往往有臻古人者。王荆公家最众。

说宋代很多妇女能写诗,有的文才可与古人媲美。王安石家才女最多。

首开王氏家族女性文化大门的是王安石的外祖母黄夫人,王安石在《外祖母黄夫人墓表》中称赞她：一生"喜书史,晓大致,往往引以辅导处士,信厚闻于乡,子为士无亏行,系夫人之助。"

王安石的母亲有文才,学识较高,亦是受母亲黄夫人教诲熏陶,养成"好学强记"习惯,而且"至老不倦"。王安石家庭中多位女性成员修养高、诗文好。妹妹、女儿、侄女,尤其是大妹王文淑,有许多名作佳句。她为王安石伴送辽使回国送行,王安石赠妹《示长安君》:

少年离别意非轻,老去相逢亦怆情。
草草杯盘共笑语,昏昏灯火话平生。
自怜湖海三年隔,又作尘沙万里行。
欲问后期何日是,寄书应见雁南征。
草草杯盘供笑语,昏昏灯火话平生。……

兄妹相聚,简单菜盘,昏昏灯火,欢声笑语,开心畅谈,亲情浓浓。

王安石除鄞县所生长女夭折,其余两个女儿都有文才,与他多有诗作唱和。女儿出嫁后,远离父母,古代通讯交通不便难以相见,经常给父母写信问候。大女儿嫁于吴安持,曾任工部侍郎,终于天章阁待制;其父吴充王安石辞相后继任宰相,二人唱和诗多交谊深厚。从王安石《寄吴氏女子》"家书无虚月,岂异常归宁"可见其思念父母情深及七年离别书信之频。请看其《寄父》:

西风不入小窗纱,秋意应怜我忆家。
极目江山千里恨,依前和泪看黄花。

王安石接到女儿书信,以自己注释佛书《楞严经》寄予女儿,并且赋诗:

秋灯一点映笼纱,好读楞严莫忆家。
能了诸缘如梦幻,世间唯有妙莲花。

他劝女儿多读佛经,多悟佛道,减轻女儿思念之情。王安石的小女儿诗作文才也很好,丈夫蔡卞官至副宰相,《宋史》有传,《辞海》有载。

其侄女王安国女儿留下残诗:"不缘燕子穿帘幕,春去秋来可得知。"历经千载无数文人作品失传,留下残句传之今日,亦属不易,且可见其文才。

王安石的夫人亦有文才,流传至今的宋代词书中,就有她的一首残缺小词《定风波》,写得非常好:"待到明年重把酒,携手,那知无雨又无风。"

从公元1000年到1068年,这个大家族出了8位进士,仅王安石一支从他父亲、兄弟及儿子王雱6进士。他和弟弟王安国、王安礼及儿子王雱4人《宋史》有传,被今人编入《辞海》。王安石辞相6年后的1082年王安礼担任副宰相,一家兄弟两宰相,他和儿子王雱父子双帝师。宋代不以宰相为荣,而以帝师为尊,两代帝师是很了不起的。王安石出身于世代书香家庭,在父亲儒家思想潜移默化的影响下成长进步,他继承父亲遗志,承前启后带领整个家族发扬光大良好家教家风,成为宋代士大夫文化家族的典范。

王安石终生践行了儒家"拿得起",深怀进取有为、建功立业、造福天下的崇高理想;他深谙笃行道家"放得下"核心理念,与世无争,功成身退,清静修身,融于自然;遵循佛家"看得开",大彻大悟,淡泊名利,一切财产捐赠社会,栖身租住民房,大宰相成为无产者。正应了胡适赞誉"但得一切舍,管取佛欢喜",将其视为神圣的崇拜。他以道家的境界、佛家的胸怀,做儒家的事业,达到了古今少有人及圆满的极致。他的大家族成为宋代文化世家的典范。

一个家族中女性文才和道德修养最体现家族的文明程度。女性能诗善文虽然不是王安石家族独有的文化现象,但是在宋代许多世代书香家族的社会环境下,他家不仅众多男士成为时代骄子,其弟王安国文学、王安礼政治和文学、儿子王雱学术成就都很高,后人称为"临川三王";而且众多女士巾帼不让须眉,成为宋代才女第一家族,实属凤毛麟角,可谓时代楷模。

从笔者目前读书所见,王安石与父亲、儿子创造了中国封建社会可能是唯一的三项崇高荣誉:他和父亲被百姓建"三贤堂"、修生祠永远纪念;他和儿子熙宁七年(1074)同时两代帝师;他和儿子分别配享、从祀孔庙。中国封建社会12位帝王19次祭孔;其父子配享、从祀孔庙实为崇高的荣耀。总之,王安石家族不愧为宋代少有人才辈出的文化世家典范。请看下表:

表 26-1 中国封建社会王安石家族独有荣耀表

家族成员	涉及事由	所获殊荣
王益、王安石父子	担任县令万民拥戴	建"三贤堂"、生祠纪念
王安石、王雱父子	学术成就丰硕卓著	担任侍讲,皇帝老师
王安石、王雱父子	"通儒"大家,孔学翘楚	王安石配享、王雱从祀孔庙

第二十七章　帝师王雱

以上我们介绍了王安石家族世代书香，尤其是家族众多女性文化教养高，实为宋代文化家族典范。这一章我们介绍王安石的大儿子王雱（1044—1076），这个大家族中继王安石之后又一颗璀璨的学术明珠。王安石二儿子名王旁。王雱（雱，有标注读"磅"；但查阅《辞海》，其意雪盛貌，与"旁"同音。宋代可能读音不同，因为王安石为两个儿子以同音字取名可能性较小）寿命虽短，成就很高。他因为学术成就官至侍讲即宋神宗老师、龙图阁直学士，荣耀更是比肩包拯、司马光等，这是很了不起的。

少年王雱非常聪明，宋人彭乘《墨客挥犀》记载：

> 王雱字光（应为元）泽，数岁时，客有以一獐一鹿同笼以献，问元泽，何者是獐？何者是鹿？雱实未识，良久对曰："獐边者是鹿，鹿边者是獐。"客大奇之！

说王雱儿童时，有个客人听说他聪明颖悟，就指同一个笼子里面的一只獐和一只鹿，让王雱识别指认。两个动物颜色相似，头上都有角，很难辨认。王雱仅数岁，不认识这两种动物。他思索后回答：獐边者是鹿，鹿边者是獐。虽然这个回答没有完全指认清楚，但回答机智巧妙，客人非常惊奇。王雱年幼对答如此难题，可谓神童名副其实。《宋史·王安石传》记载：

> 雱字元泽。……性敏甚，未冠，已著书数万言。年十三，得秦州卒言洮河事，叹曰："此可抚而有也。使西夏得之，则吾敌强而边受患博矣。"

说王雱少年聪明机敏，尚未成年已经创作数万字作品。13岁那年，有人与他父亲谈论西北边事，王雱静听插话，感叹说可以对宋与西夏之间的洮河蕃部少数民族招抚，为我所用，否则为夏人所用，则敌国强盛，边境祸患就多了。史书记载王安石主政时，"更张政事，雱实导之"。甚至说王安石支持王韶用兵熙河源于王雱此说，虽然牵强附会，但他13岁对军国大事有这样深远的看法，且是即席插言，非预先准备熟思，其聪明过人不容置疑。

王雱1063年自京城随父亲到南京第二故乡，王安石为母亲守孝3年期满，1067年王雱入京，进士及第一举成名，朝廷授予他宣州旌德尉。王雱为随侍父母没有赴任。一是当时王安石身体正待康复，二是王安石正等待报效天下的机遇。这时王安石利用难得的机会，继续著书立说，且设坛讲学，培育时才。王雱随侍父母亲身边，除帮助父亲整理著作及讲学外，他勤奋苦读，钻研学术，"作策30余篇，极论天下事"，可见其关心时政，心系天下的胸怀。

1068年春，他随父亲到京城，钻研注释儒家经典，做一些基础工作协助父亲推行新法。宋神宗久闻王雱青年才俊，学术精深，非常欣赏其才干，于1071年八月破格召见他，神宗惊其文才学识，于是提拔他为太子中允、崇政殿说书，1074年重用为天章阁待制兼侍讲，成为侍奉皇帝的重要近臣。侍讲是为皇帝讲儒家等经典及古今王朝兴亡经验教训、治国之道的老师，他比神宗仅长4岁。1075年，王雱因为编注《三经新义》等学术著作贡献巨大，神宗要重用王雱为龙图阁直学士，尽管王安石反复请辞，仅此上了三次辞状；但是神宗为表彰王雱的学术成就，不允许王安石辞让。

宋代朝廷对于高官及有突出贡献的文化学术精英除提拔实职，另给予殿、阁学士以及翰林学士等荣誉虚衔；仅宰相授予最高的观文殿大学士，其他级别官员授予相应的殿、阁学士，以示褒奖与尊荣。比如终生忧乐天下、推行"庆历新政"的政治家范仲淹，大义凛然铁面无私勇斗权奸、百姓妇孺皆知的包拯包青天，第一代文坛领袖欧阳修，史学大家司马光都曾经被授予龙图阁直学士；王雱任职时比他们小7～22岁。4人仅司马光1062年44岁长王雱12岁担任帝师。王雱没有4人地方任职卓越政绩，仅凭学术担任侍讲1年，再被授予龙图阁直学士；王雱两项任职荣耀、年龄都早于司马光十多年，学术成就之高可见一斑。请看下表：

表27-1　王雱及北宋四大名臣担任龙图阁直学士比较表

姓　名	生卒、享年	始任职年	任职年龄	王雱早其年数
范仲淹	（989—1052）64岁	1040	52	20
包　拯	（999—1062）64岁	1052	54	22
欧阳修	（1007—1072）66岁	1045	39	7
司马光	（1019—1086）68岁	1065	47	15
王　雱	（1044—1076）33岁	1075	32	早4人均16年

王雱帮助父亲推行新法贡献很大。他除了进行变法改革学术研究，为推行变法做一些基础理论工作外，还通过调查研究，直接催生了军事改革的一项

重要新法。前文谈到他深入了解兵器制作中存在的许多问题，从建立全国兵器制作领导机构，进行资源整合，兵器制作实行专业化，采取激励措施对工匠和官员严格管理等多方面提出了切实可行的建议。宋神宗采纳王雱的奏请，熙宁六年(1073)朝廷在汴京设立军器监，统领监管全国兵器制作。仅数年全国兵器制作质量极大提升，各种兵器储备充足，对提高军队战斗力，发挥了重要作用。这是王雱在军事领域独到的贡献。

王雱学识广博，精通百家。他除钻研儒家经典，还注释诸子百家许多经典文章，如《老子训传》《佛书义解》，多达数万言，见解深刻独到。前者印发后，受到赞誉：真正懂得"道德性命"之作。他名闻天下，为士大夫推崇。

王雱的作品史料记载主要有：《元泽先生文集》36卷、《庄子注》10卷、《书义》13卷、《孟子解》14卷，还有《老子训传》《佛经义解》《论语孟子解》。多部作品有确数的83卷，还有几部作品今不知确数，可谓著述宏富。

王雱的学术成就，受到了宋哲宗时代学者梁迥的高度评价：

> 近世王雱深于道德性命之学，而老氏之书复训厥旨，明微烛隐，自成一家之说。(漆侠《宋学的发展和演变》第十一章，下同)

明人孙应鳌亦称赞王雱：

> 元泽之为人，世多訾点，其解《庄子》，顾翘楚诸家，而雅训若此！此《宋史》称元泽性敏气豪，睥睨一世，要亦不诬。……缘诸家各持己意解《庄子》，是以有合有不合。
>
> 元泽持《庄子》解《庄子》，是以无不合。

陆游的祖父陆佃长王雱两岁，曾参与修撰宋朝国史，官至副宰相，二人交往多。他在《祭王元泽待制墓文》中道：

> 公(指王雱)才豪气杰，超群绝类，据依六经，驰骋百氏……形于谈辩，雄健俊伟，每令作人，伏首抑气。

清朝编注《四库全书》的馆臣称赞王雱说：

> 顾率其(指王雱)傲然自恣之意，与庄周之滉漾肆论，破规矩而任自然者，反若相近，往往能得其微旨。

馆臣引用王宏的话：

> 注《道德》《南华》者无虑百家，而吕惠卿、王雱所作颇称善，雱之才尤异。

说许多学术大师都来注释这两本经典，吕惠卿、王雱二人注释的水平最高，见解最深刻；而王雱的才华尤为突出。他的注释早于吕惠卿和后来苏辙二人所注。朱熹亦对王雱给予了很高的评价。

中国宋史研究会原会长邓广铭，被誉为20世纪海内外宋史研究第一人，他一生四次撰写《王安石传》。他的学生漆侠（宋史研究会原副会长）曾写作《王安石变法》《宋代经济史》，主编《辽宋西夏金代通史》等史学大作，在宋史研究领域其著述丰硕堪与其师媲美，有些方面更是青出于蓝而胜于蓝。他在《宋学的发展和演变》中为王雱列专章：《王雱：一个早慧的才华四溢的思想家》，可见王雱学术成就之高。

王雱丰硕的学术成果因为守旧派废除新法、否定王安石的政治作为和学术思想受到株连，大多失传。我们现在仅能从保留下来的很少作品中管窥王雱的思想光辉。王雱的主要成就是学术著作，文学方面亦有诗作传世，虽不多，连同残篇仅8首，但气势宏大，比如《度关山》：

> 万马度关山，关山三尺雪。马尽雪亦干，沙飞石更裂。
> 归来三五骑，旌旗映雪灭。不见去时人，空留碛中雪。

本诗描写了边关严冬战争的悲壮惨烈，具有震撼人心极强的力量，比唐代边塞诗毫不逊色。在军力积弱，远较唐代边关题材少，诗词缺乏雄霸阳刚之气的宋代，此诗气魄更是难能可贵。他流传于世的词仅一首《倦寻芳慢》：

> 露晞向晚，帘幕风轻，小院闲昼。翠迳莺来，惊下乱红铺绣。倚危墙，登高榭，海棠经雨胭脂透。算韶华，又因循过了，清明时候。
>
> 倦游燕，风光满目，好景良辰，谁共携手？恨被榆钱，买断两眉长斗。忆高阳，人散后。落花流水仍依旧。这情怀，对东风，尽成消瘦。

工整的春愁词，将自然界春景易逝与人生苦短相联系，写出了深意。

王雱一直体弱多病，由于古代医学不发达，姑表亲结亲比较多，不知是否有王安石与夫人姑表亲因素。他一直带病做了许多服务变法的理论学术基础性工作，多年积劳成疾病倒。他卧病在床时非常苦闷，痛苦中写下绝句：

> 一双燕子语帘前，病客无憀尽日眠。

> 开遍杏花人不到,满庭春雨绿如烟。

他看到春燕飞进屋内,飞出屋外,在天空中呢喃作声欢歌笑语,而他躺在床上,尽日睡眠无聊。外边的杏花已经绽放,自己不能去观看欣赏。他心系变法改革,却力不从心,不能继续贡献自己的力量。非常遗憾的是王雱1076年六月英年早逝,真是天妒英才,实在令人惋惜啊!王雱为变法改革贡献了毕生精力,生命尽管短暂,但他的成就贡献不可磨灭。

熙宁七年(1074)王安石父子同为帝师。宋代文化鼎盛,不以宰相为荣,而以帝师为尊。陆佃以诗祝贺:

> 润色圣犹双孔子,调燮元化双周公。

熙宁八年(1075)父子等人编著的《三经新义》颁行天下,王安石新学成为官方哲学。王安石罢相3年后,韦骧1079年作300字五言长诗以"文章追孔孟,事业过伊皋"称颂。1076年,王安石罢相制词中首次出现了将其父子比作圣贤孔子的官方文书表述。此类事例不胜枚举,许多社会精英士大夫诗文甚至官方文书将其父子比作孔孟周公等华夏偶像。其时许多人把王安石称作圣人,也有人称王雱小圣人,说他们父子俩学术文学贡献无人能及。太学正范锴称赞他们父子:"文章双孔子,术业两周公。"这个评价非常高,说他们父子二人文章、学术思想的精深就像孔子一样,功业就像辅佐周武王儿子周成王的叔父周公和召公。周公被后世儒家尊为圣人,是非常了不起的儒家崇拜偶像。在宋代文化大师云集、各种学术流派纷呈、群星璀璨的环境下,他们父子学术的精深独到,卓尔不群,成为最切合现实治国安邦的理论基础,是其他学派所不可比拟的。尤其是当王安石辞相离开权力中心,其时更是不存在恭维和吹捧,士大夫仍然对其父子高度肯定推崇,体现了王安石父子学术和事业无人企及的高度。

王雱追随父亲变法改革,也遭到了后世的污蔑。司马光曾经对王雱有过横加指责甚至诋毁。而王安石早年教育儿子王雱要效仿司马光;早在1067年,王雱进京参加科考时,王安石嘱咐他,在京城买宅院最好与司马光为邻,其品德、修养操守可为榜样。据陆游《渭南文集》记载,王雱与人谈及此事说:

> 大人之意,乃欲与司马十二丈(司马光在堂兄弟中排行十二)卜邻,以其修身齐家事之可为子弟法也。

这是王安石对儿子效仿司马光修养操守的教育。司马光比王安石年长,更是王雱尊称"司马十二丈"的长辈,却笔录社会上挖苦王雱的话,讽刺诬蔑王雱"好高论",说王安石"常与之议大政"。其与王安石父子不在一处,焉知其父子在家"议大政"?!对王雱指责显然胸怀怨恨,欠厚道,有失身份气度,缺乏长辈应有的风范。

王安石对王雱去世痛断肝肠,难以忘怀,除了深厚的父子亲情,还有他对王雱在各方面效仿自己,对儿子寄予厚望,却再也不能继承自己事业的哀痛。比如王雱像他那样俭朴。史载王安石第一次辞相后,登船回南京时,一个瓦盆搬运时不小心损毁,因此又到街市去买回后才开船。蔡攸《铁围山丛谈》:

> 其父子无嗜欲,自奉质素如此。

别人当宰相家中多金盆银器,而王安石父子用的是瓦盆。王雱深受其父影响,竟俭朴到无多余瓦盆,所用瓦盆损毁,则随时再买。

最使王安石难以忘怀的是父子心心相印,互为知音。蔡攸上文记载:

> 王元泽奉诏修三经义,时王丞相介甫为提举,……《诗》《书》盖多出元泽暨诸门弟子手,至若《周礼新义》,实丞相亲为之笔削者……诚介甫亲书。

说王安石父子志同道合注释《三经新义》,作为天下变法改革理论依据。王雱读书做学问的高度比王安石同龄时毫不逊色。王安石对于其他人称赞自己文才学术,一贯非常谦虚。他20多岁初入仕途,文学及学术崭露头角时,哲学著作《淮南杂谈》被誉为"世谓其言与孟轲相上下"。当时王景山写信称赞说他可以与江南的晏殊、欧阳修等许多前辈媲美,并且今后将超越他们。王安石对此写了《答王景山书》,说江南人才济济,有许多才子比自己学术水平高、贡献大,谦称自己远远比不上欧阳修等人,告诫王景山以后不要过奖。他终生谦虚低调,但是痛悼儿子《题雱祠堂》却说:

> 斯文实有寄,天岂偶生才?一日凤鸟去,千秋梁木摧。

知子莫若父,王安石对儿子才华卓著、成就贡献巨大但潜力还没有充分发挥逝世非常痛惜。说王雱是上天偶尔降世的天才,他为早慧的思想家儿子去世,哀之泣涕,悲之啼血;说王雱去世如凤鸟离去,千年梁木被摧折一样。古代凤鸟、麒麟都是吉祥美好的象征,王安石曾为孔子写过:"悲哉孔子没,千岁无麒麟。"王安石退休南京后看到城北门外永庆寺壁有王雱题字,触动无限悲痛感伤,写下《题永庆壁有雱遗墨数行》:

　　王安石的儿子王雱(1044—1076),少年神童,1067年进士及第。王安石主持朝政时,他以卓越的学识和深刻的思想,注释诸子百家尤其是儒家、道家经典,从思想理论方面为变法改革贡献巨大。他被宋神宗任命为侍讲、龙图阁直学士。漆侠先生在《宋学的发展和演变》中,列出专章论述其成就和贡献:《王雱:一个早慧的才华四溢的思想家》。他虽然33岁英年早逝,但在中国文化学术史上仍不失为一颗光彩夺目,辉煌灿烂的明星。

萬馬度關山關山三尺雪
馬盡雪亦乾沙飛石更裂
歸來三五騎旌旗映雪減
不見去時人空流磧中血

宋人王雱句 夜闌山莲范书

王雱边塞诗《度关山》："万马度关山，关山三尺雪。马尽雪亦乾，沙飞石更裂。归来三五骑，旌旗映雪灭。不见去时人，空流磧中血。"即写关山道路的艰险与环境的恶劣。描写一支军队出击回来，虽然得胜，但是历尽艰辛，伤亡惨重，表现了边塞战斗的惨烈。未见史料记载其有从军征战经历，但气派豪壮可与唐代边塞诗媲美。他呕心沥血辅佐父亲变法，也可能是以边塞战斗环境的严酷暗喻改革艰难。他在哲学有些方面成就甚至超过父亲。

永庆招提墨数行，岁时风露每凄伤。

残骸岂久人间世，故有情钟未可忘。

说看到永庆寺王雱数行墨迹，一年四季遭受风雪雨露侵蚀，感到很悲伤。自己虽然风烛残年，不久于人世，但父子之情萦绕心头，时刻难以忘怀。可见王安石对儿子去世悲痛之深、哀伤之甚。

王雱于徽宗政和三年（1113）被封为临川伯，从祀孔庙至孝宗淳熙四年（1177），计65年。他如能有父亲及欧阳修、苏轼三代文坛领袖66岁的寿命，则他在文学学术上成就贡献绝不会低于三位文坛泰斗。王雱英年早逝王安石除失子之悲，同时也痛惜丧失变法改革后继栋梁之材，其悲痛难抑可想而知。

王安石家族不但文名盖世，而且忠烈千秋。王安石叔父曾有军功。《续资治通鉴》记载：后人中王雱的过继儿子王棣（王安礼的孙子），建炎二年（1128）金人进攻澶州时，其任显谟阁学士知开德府，他率领军民拼死抵抗，后来城陷，王棣死于乱军之中。因为王棣以身殉国，宋廷追赠他为资政殿大学士，为他建立了忠义祠。王棣固守开德府（今河南省濮阳市），为国家殉难，成为千秋忠义烈士，其大义壮举，千古流芳。

由于王安石成就贡献非常高，古语有才大压子说法，更主要是他因受后世官方否定诬陷株连儿子，所以对王雱的成就研究，原来基本上是空白。宋史大家漆侠为王雱作专章介绍，驱除阴霾迷雾，使王雱这一位早慧的才华四溢的思想家显露出耀眼的光芒。他介绍了王雱学术成就后，称其是短暂而光辉的一生，其哲学成就有些方面超过了王安石。漆侠先生大作填补了王雱研究的空白。

王雱生命虽然短暂，英年早逝，但丝毫不影响他成就贡献的辉煌灿烂，他作为才华四溢的早慧的哲学家、思想家将永远载入中华民族的史册。

第二十八章　世界影响

王安石作为不世出的政治巨匠、文化大家、圣贤典范，是近代梁启超眼中"四千年来最完美、最伟大的人物，是古今第一完人"。他变法改革的巨大成就贡献、文学学术的博大精深、高山仰止的道德风范辐射影响远远超出了国界。由于地理和历史文化因素的影响，950年来王安石在东南亚国家尤其对日本、韩国、朝鲜影响较大，其对王安石的研究主要集中在人品与学问、治国才能、变法与文学成就诸方面。欧美国家研究王安石自19世纪始，他们主要关注王安石变法和国家治理，主要有美国、法国，还有英国、俄国、德国、加拿大等（以下内容多引自饶望京《王安石变法的世界影响及时代价值》及方亚伟、左国春《王安石品节录》，不再一一标注）。

一、20世纪以前世界其他国家对王安石的研究

（一）日本历代各界部分人士对王安石的评价

僧人成寻（1011—1081），熙宁五年（1072），携7名弟子晋谒神宗皇帝，后前往五台山参拜，其活动见闻日记《参天台五台山记》称王安石为"王将军"，并且立王将军安石大碑。

《翰林五凤集》记载元朝时日本僧人观中中谛（1342—1406），称赞王安石：

雇役经纶九鼎成，赵家王爵鬓丝轻。
饥肠一夜钟山雨，脐噬平生吕惠卿。

诗中肯定王安石推行免役诸项新法，治理国家取得的巨大成效，批评吕惠卿野心膨胀，背叛王安石。

上文记载僧人月溪中珊（1377—1443）作七律赞扬王安石：

公实宋朝经济臣，相权执巧法皆新。
钟山投老少知己，云竹霜松是故人。

被誉为日本"江户时期经济学第一人"的海保青陵（1755—1817）及明治

维新以后许多日本学者,高度称赞王安石是宋代政治家第一人。1897年,日本法学家高桥作卫发表《王安石新法论》,盛赞王安石是大政治家。1903年,吉田宇之助出版《王安石》一书,将王安石比作法王路易十四时期著名政治家柯尔贝尔。1908年,史学家、评论家山路爱山(1864—1917)发表长篇论文《王安石论》,认为王安石变法改革,富国强兵,以应对羌人和契丹人的威胁,是北宋时代需要;认为王安石新法与国家社会主义原则是相同的。他称赞王安石:

> 王安石个人在私行方面毫无污点,他不近女色,不恋官职,淡泊金钱,还是一位至孝之子,就连其政敌对王安石的私行也毫无质疑。

内藤湖南、宫崎市定等人著作中认为,中国从宋代王安石变法就开始了迈向近代的历程。内藤湖南盛赞"青苗法"和"市易法"都是人民贷款政府获利,"市易法"允许人民以田宅或者金帛作为抵当,是对人民财产权利的确认。他在《近代中国的文化生活》中指出,君主专制时代最能体现平民权利发展的就是王安石的新法。左伯富亦对王安石情有独钟。史家舆那霸润认为,内藤湖南的看法是日本"明治=宋朝",日本的明治维新实质上是"宋朝化"。

(二)韩国、朝鲜学者对王安石的评价

北宋末年韩国高丽仁宗年间(1123—1146),汉文学家林椿的《西河集》中称赞王安石:"明先圣之道……真名儒也。"明朝时韩国的徐渻(1558—1631)、朝鲜徐居正(1420—1492)、李荇(1478—1534),清朝时朝鲜儒学家河达弘(1809—1877)都曾经赋诗著文称赞王安石。

(三)欧美学者对王安石的评价

法国传教士古伯察自1844年长达3年在中国旅行,后出版有《中华帝国纪行》一书。他认为,王安石主张政府应把所有资源收归国有,政府应全权管理商业、工业和农业,帮助劳动阶层,避免他们被有钱人挤干榨净,颇类似于法国当时的社会主义思潮。

法国汉学家、探险家伯希和(1878—1945)把王安石与马克思相提并论:

> 他们(王安石和马克思)都对自己的论断和宏图的可实施性很有信心;在追求目标上都很坚决,甚至可以说是无情;都对历史作出了新的偏执的解读;最后,动机都来自对普罗大众的同情。

英国的威廉森1935年曾经在北京作关于王安石的演讲,在其1935—1937

年出版的《王安石:宋代中国的政治家与教育家》一书中,称赞王安石:

> 编写《三经新义》,重新注解经文,从而引导学生活学古代经典,与当时时代背景和需要紧密结合起来。

他批判诋毁诬蔑王安石的《辨奸论》,称赞黄庭坚对王安石"……一世之伟人也"的崇高评价。他借王安石的主张批评英国保守党政策。

1915年,德国社会学家马克斯·韦伯在《儒教与道教》中,评价王安石军事和经济改革,因为受到儒家士大夫的极力反对,未能达到预期的成效。1931年,德国汉学家福兰格将王安石改革称为国家社会主义而给予高度评价。

加拿大的福开森(1866—1945),1903年曾创办并担任汇文书院(原金陵大学)首任院长,他于1902年以哲学论文《宋代的儒家复兴》获得波士顿大学哲学博士学位。他论王安石重视民生的改革是一桩伟大事业:

> 他(王安石)为改革和改革方案所发明的词汇被一切后来的改革者所沿用,甚至直到我们今天的改革党。

1909年,俄国汉学家伊凡诺夫出版了《王安石及其改革》一书,称王安石改革具有国家社会主义性质。

美国汉学家高文(1864—1960),称赞王安石是11世纪中国社会主义政治家。

(四)中、苏、美领导人评价王安石

毛泽东、苏联领导人弗拉基米尔·伊里奇·列宁、美国原副总统亨利·阿加德·华莱士高度评价王安石。1965年6月,毛泽东在上海与复旦大学教授刘大杰谈道:屈原、王充、王安石都具有进步的反对天命、反对封建宗法思想,他说:

> 王安石最可贵之处在于他提出了"人言不足恤"的思想,在神宗皇帝时代,他搞变法,当时很多人攻击他,他不害怕。封建社会不比今天,舆论可以杀人,他能挺得住,这一点不容易做到。(中共上海市委党史研究室编《毛泽东在上海》)

1972年9月,日本首相田中角荣访华,要与我国建交。毛泽东在中南海会见他说,二次世界大战后日本历届首相都反华,而田中与我国恢复邦交正常化,这颇有似于宋朝宰相王安石的"祖宗不足法"精神;美帝、苏修正在阴谋对付中国,必对田中访华不予赞同,而田中竟不予理睬,毅然访华,颇似王安石的"流俗之言不足恤"精神。他与萧子升(湖南农民运动时战友)的信中写道:

……王安石,欲行其意而托于古,注《周礼》,作《字说》,其文章亦傲睨汉唐,如此可谓有专门之学者矣……(《毛泽东早期文稿(1912—1920)》)

列宁(1870—1924)在《修改工人政党的土地纲领》文中批评普列汉诺夫时谈到王安石。文中注释:王安石是中国11世纪时的改革家。

20世纪二三十年代,美国遭遇了空前的经济危机,亨利·阿加德·华莱士1926年发表文章认为:1000多年前中国人就通过法律设立了"常平仓",其原则比为缓解美国农业危机的绝大多数计划更具有政治智慧。大萧条爆发时,他任农业部长,在许多讲话和著述中充分肯定这一制度。他主持制定的罗斯福新政法令《1933年农业调整法》《1938年农业调整法》,借鉴了王安石的一些做法。1944年,他担任美国副总统时访华,称赞王安石是中国历史上推行新政的第一人,他说:

他(王安石)在1068年的重大困难之下所遭遇的问题,与罗斯福总统在1933年所遭遇的问题,虽然时代悬殊,几乎完全相同,而其所采取办法,也非常相似。

二、韩国跨世纪研究王安石热潮及其成果

王安石对于世界其他国家的影响,最早是同属亚洲深受儒家文化影响、近水楼台先得月的日本、韩国、朝鲜,19世纪伴随海上航路的开通和世界文化交流至欧美多国。1992年中韩建交以来,韩国学者研究王安石形成高潮,成果丰硕。根据杨宁、张立刚《2000—2020年韩国王安石研究综述》(下多引自该文,不再一一注明),韩国原来仅首尔大学等两所高校设有中文系,中韩建交后发展到许多高校开设中文,研究中国历史文化蔚然成风。21世纪以来,韩国学者对王安石研究至今方兴未艾,热度依然,截至2021年上半年,共出版关于王安石的学术专著3部,发表学术期刊论文125篇、学位论文40篇;研究内容侧重王安石生平交游、文学、思想、变法四个方面。

(一)生平交游研究

李京奎的《王安石史研究》介绍了王安石的生平、行迹。千大珍、郑宪哲根据冯梦龙小说《警世通言》所作《三言中出现的王安石的形象》,分析了小说

中王安石的人物形象。闵秉熙的《北宋时期普遍原理的追求和士大夫的地位——以邵雍、王安石、程颐为中心》,分析了以上三位思想家的生平经历及政治主张等。

王安石交游研究,刘咏表的《曾巩和王安石的交游》比较有代表性。吴宪必的《王安石的交友》谈了王安石与曾巩、王回、崔公度三人的交往,展现了王安石不在乎世俗、地位、名声差别,对知音的渴求;并且在《王安石与苏轼的情谊与文化》中,深入分析了二人虽然政见不同,有过矛盾和对立,但互为文学知音。郑振永文章亦持此说。

(二)文学研究

出版研究王安石三部专著中,两部涉及其文学创作。2014年吴孟福的《文章革新:唐宋八大家的写作为什么能变成经典》,全书11章,其中第五章全面介绍了王安石的生平和散文创作。2017年,首尔大学出版的《美学的历史》共11卷,其中宋代思想的多元化部分以王安石和苏轼为中心进行了解析。

王安石诗作研究有柳莹杓的《王安石的使行诗考:宋朝边塞诗》,介绍了嘉祐五年(1060)正月王安石伴送契丹正旦使归国途中,从开封到白沟驿站以及归程中创作的许多诗篇。崔锡元著文《〈胡笳十八拍〉对悲哀的记忆历史——以王安石、李纲以及文天祥羁囚诗为中心》,称赞王安石的集句诗《胡笳十八拍》达到"如出一手"(指蔡文姬)的艺术境界,而且扩大了其形式范围。朴锦子的《梅尧臣的社会诗研究》认为,其批判现实政治、表现社会矛盾的内容受到王安石的影响(梅尧臣1002—1060,长王安石20岁)。还有张香元《王安石七言绝句研究:以主体意识和修辞手法为中心》、林永焕《王安石禅诗研究》等。许多论著解析王安石的思想内涵,展现了其思想的进步性。

散文研究方面,主要有千宋王《王安石散文研究:以文学思想为中心》、朴璟实《王安石散文中的现实意识》、金周白《王安石散文考察》、吴宪必《王安石的散文的特征》和《王安石的历史论散文研究——以主体意识为中心》等,肯定王安石散文议论性为主针砭时弊,具有深刻分析提出明确主张的特征。

对王安石的研究也扩展到了书信文和文字学。比如吴宪必《王安石书信文的说理性》、李瑾明《王安石与司马光来往书信的译注》等,充分肯定了王安石为现实政治服务的文学观和关注民情、力主变法、培养人才、强兵御敌、积极外交的经世观。裴相奎《北宋文字学思想史的意味——以王安石〈字说〉为中心》,文中着重分析、肯定王安石《字说》的价值。

许多作者深挖王安石诗文中深刻的思想境界,从中揭示他进步的历史观、天命观、人才观等,肯定他天人相分的主张,称赞他人才成长与客观环境紧密相连,强调人的主观能动性,注重人才的自身修养等观念。

对王安石诗词文章研究的作者和作品还很多,如吴宪必《〈临川集〉反映的王安石历史观研究》、柳莹杓《王安石诗中出现的生活轨迹》(两篇)等。

(三)思想研究

最重要代表作品是沈伯纲 2000 年出版的《向李珥和王安石学习经济改革的智慧》,全书 16 章,第 7—11 章对王安石所处时代、生平、经济改革思想及其哲学基础、经济改革思想影响等进行了全面的介绍和深刻解读。第 12—15 章对比王安石和李珥经济改革思想观念、改革方案、二人经济改革失败的原因等进行了全面深刻的论述。将韩国历史上最伟大的一流人物与王安石对比交叉研究,极大地提高了王安石在韩国的知名度和影响力。

李珥(1536—1584),李氏朝鲜知名哲学家、政治家、教育家。受贤惠母亲申师任堂教育影响熏陶,他 13 岁考中进士。1568 年他出使明朝,期间著《精言妙选》,表现了他来到中国后的复杂心情,他倾慕中国礼仪、文化和大明京城的恢宏,对中国军事防御衰弱表示担忧。2006 年发行新 5000 韩元正面为他出生地乌竹轩的图案和竹子,反面为他母亲名画草虫图,充分说明了他在整个朝鲜半岛,尤其是韩国的成就贡献和影响举足轻重。他与王安石分别为韩国和中国历史上以改革家著称不朽的人物。

韩国学术界对王安石哲学思想的研究,以王安石诗文中涉及对孔子、孟子、老子、庄子、韩愈等前贤的评价,认为孟子思想内化于王安石的人格之中;认为王安石兼容诸家发展传统儒学。在对王安石政治思想层面研究方面,李瑾明的《担任地方官时期的王安石》、权仁浩的《这个时代的宰相论和王安石》,论述了王安石的政治主张。柳承奎的文章谈到了王安石科举改革服务现实以及选拔人才的重要性。裴允浩的《王安石和郑道传的教育思想比较》,对二人教育思想进行了深入的论述。金荣官著文将他与孔孟置于相同的地位。

(四)变法研究

贡献最大的是李瑾明,他的论文很多:《新法施行以前的王安石及其行迹》《王安石的执政与新法的施行》《〈宋史〉中出现的王安石和王安石的改革》《新法的施行与党争的发生》《王夫之"宋论"中关于王安石变法的评价》《王安石新法的施行与台谏官》《王安石新法时期的对外战争》《王安石政权形成和新旧两党对立》《北宋中期的政界和王安石的下台》等,他的论文几乎覆盖了王安石变法的所有方面。他在《传统时代中国知识分子为什么反对王安石》中,认为士大夫反对王安石变法根源就在于政治哲学的差异。他在《中国前近代知识分子的王安石评价》中,指出南宋因为反对宋徽宗时代的政治从而否定王安石及其新法,元明清沿袭了南宋评价。李瑾明从变法前王安石的政治主张及行为、变法内容、变法后的影响、变法与党争、变法的评价等多角度全方位进行了深入解读。作为外国学者研究王安石之广泛深入,成果如此丰硕,令人叹为观止。

陈贤美在《第七次教育课程高中世界史教科书的研究:以"东亚世界的形成和扩大"部分为中心》中展现了王安石的画像,王安石出现在韩国教科书中,并评价王安石为政治改革的领袖。

韩国研究王安石作品成果的还很多,不再列举。

以上仅是蜻蜓点水简谈21世纪以来韩国全方位研究王安石重点课题主要成果。在世界范围内,韩国和日本20世纪以前对王安石的研究可谓并驾齐驱。进入21世纪,韩国把研究王安石放到历史的长河中作纵横比较,不仅与当时及后世人物作纵向比较,而且与韩国的重要人物和重大历史事件作横向比较,拓宽了研究的深度和广度,专著等各方面文章之多独占鳌头,促进了中韩文化交流及中国文化在韩国的传播,有利于提升中国文化在世界的影响力。

900多年来,世界其他国家和地区研究王安石与我国最大的不同就是,他们不受政治环境因素影响,不带任何成见,不先入为主,局外人旁观者清,比较客观公正,研究注重学术性,对王安石众口一词称赞肯定高度评价,从无贬损诋毁之辞。而我国受到南宋以来赵构维护专制统治苟且投降、甘当金国儿皇帝、居心叵测否定王安石,以及明清官方打压王安石,御用及保守文人后辈狂犬吠日、诬陷诋毁无所不用其极流毒千年的影响,王安石从被封为荆国公,去世后追封太傅、哲宗和徽宗时期分别配享神宗庙庭与孔庙等神坛高位推倒。虽然学术界历代不乏良知的士大夫客观公正高度评价王安石,但是面对数百年官方主流社会意识形态刻意贬低打压滔天恶浪,难以洗清泼洒在王安石身上的污泥浊水。直到清朝蔡上翔撰写《王荆公年谱考略》,梁启超感于国家危亡写作《王安石传》两部拨乱反正为王安石辩诬大作问世,影响和带动王安石研究进入正确轨道。王安石是一个在千年争议甚至诋毁诬陷中愈益受到充分肯定、不世出的伟人政治家。

韩国学者注重吸收借鉴他国先进文化的执着钻研、治学严谨精神,对王安石研究如此精深独到,各方面毫无遗漏地全覆盖,涌现了吴宪必、沈伯纲、李瑾明等多位可以媲美我国学者的大家,各类作品硕果累累,其学术成就之高深令人敬畏。韩国面积和人口属于中小国家,但是经济、军事、科技等方面国小影响大,与其下功夫研究外国,知己知彼,兼收并蓄吸取世界先进文化不无关系。新加坡、以色列更是这方面的突出典型。

　　韩国直面领土和面积为它数倍世界第三大经济体的日本,迎头痛击日本上层极右势力企图否定侵略历史、复活日本军国主义的罪恶行径,在领土、劳工、慰安妇等许多原则大是大非问题上勇于斗争,不屈不挠,毫不妥协,有助于维护"二战"以来的东亚秩序乃至国际格局。

　　文明没有国界,从古至今人类互相借鉴吸取不同地区政治制度、宗教信仰有别的各国先进文化和进步思想,世界各国在互相影响融合中永无止境地向前发展。中国吸取了他国许多文明成果,世界各国也从具有五千年文明史的中国汲取了深厚的文化营养。比如盛唐时期日本学习中国文化,借鉴中国治国安邦的典章制度等;日本20岁入唐留学生阿倍仲麻吕(取中国名晁衡)开元年间参加唐朝科考中进士,历仕玄宗、肃宗、代宗三朝,官高至光禄大夫兼御史中丞,与李白、王维等中国文化精英以诗文结下深厚友谊。大唐的包容自信及文化繁荣、外国学习大唐文化的虔诚及卓有成效可见一斑。在历史的长河中,各国学者、政治家多有某些方面影响辐射其他国家和地区屡见不鲜,但像王安石这样影响中国千年,政治、学术、文学、品德操守许多方面受到世界敬仰,尤其是20世纪主导世界两大敌对阵营的苏美领导人一致高度评价,把王安石900年前变法改革实践用作制定国内政策的重要参考借鉴,这在古今中外的文化交流史上尚属唯一。从这方面看,王安石不仅是他家乡抚州的骄傲,也是江西的荣耀,他对世界的巨大影响更是中国人的自豪。王安石既是中国的,也是世界的。

第四部 圣贤风范

第二十九章　宽容君实

宋朝建国60年时，诞生了两位对中国历史发展进程产生重大影响的杰出人物：一位是终生追求变法图强，生命与新法共存亡，开创繁荣鼎盛新时代的政治改革家、文学家、思想家王安石；另一位是因循守旧，维护祖制不容变更，激烈反对新法，不废新法死不瞑目的历史学家司马光（字君实）。二人出身中小官僚家庭，生年及科考入仕时间相近，多次担任同一官职；二人道德修养皆为人称道的社会精英，都曾担任宰相，但政见截然对立，水火不容，相生相克，真可谓是既生瑜又生亮的上天安排。1086年二人同年去世，可谓"江山留与后人愁"。留下的是北宋失去中兴机遇的遗憾及司马光开启永无何止折腾误国先河，仅40年后北宋万劫不复的历史悲剧。

下面简单介绍二人交往、政见之争的是非曲直及对北宋后期政局影响。

王安石入仕从政后，与许多官员同朝奉君，而唯与司马光多次任职同一机关，合作共事时间最长，二人有着惊人的相似。

一是二人都出身于书香门第的中小官僚家庭，既是同乡又是同龄人，司马光仅长王安石两岁。虽然司马光（1019年十月十八日—1086年九月一日）生于河南光山，其名光即源于此；王安石生于江西临江，即现在的江西清江；但司马光籍贯陕州（今山西夏县），王安石祖籍山西太原，二人可谓同乡。王安石父亲王益最高官职江宁通判，1039年任上去世。司马光父亲司马池，《宋史·司马池传》记载："司马池字和中，自言晋安平献王孚（司马孚）后……"司马孚兄弟8人中排三，他学识广博，比较二兄司马懿操守好。苏轼为司马光作《司马文正公行状》肯定上面先人之说。从远祖先人看，王安石没有司马光父亲传记其先人显贵，但是司马孚兄长司马懿父子篡魏，留下了"司马昭之心，路人皆知"为后人诟病。司马池官级至晋州知州，晋州即现在的山西临汾，1041年去世于任上。二人父辈官职级别略同。

二人从小都受到父母亲文化道德修养潜移默化的深刻影响，自幼勤奋苦读，科考一举成名。司马光1038年不满19周岁考中进士甲科；王安石为父亲守孝推迟参加科考，1042年刚满20岁高中进士第四名。

二是二人学识广博。二人皆是我国封建时代少有人企及的专家学者型宰辅,成就贡献较大。尤其是王安石学术造诣高深。司马光主持编著的《资治通鉴》,为我国文史苑中瑰宝,成就他史学大家的千秋功名。王安石虽然因后世统治者对其政治上否定,致使其许多著作禁毁失传,但从传世作品及失传篇目看仍难掩其著作之宏丰,涉及学科之广,造诣之深厚,他既为文学领袖又是学术大家,可谓全才宰相。在文化繁荣鼎盛且对帝师德才学识要求近乎苛求的宋代,二人俱为侍讲,即帝师实属殊荣。

三是二人的道德修养超凡脱俗,其操守体现了中华民族优秀思想精华和传统美德。他们胸怀"正心、诚意、修身、齐家、治国、平天下"的崇高理想,坚持修身慎独,清心寡欲,达到了很高的境界。比如在宋代官僚妻妾众多的社会风尚下,二人不近女色。在这方面即使修养操守为人称道的欧阳修、苏轼等许多高官名流都自愧不如,唯其二人卓尔不群,实在难能可贵。二人淡泊名利,都多次拒绝高官厚禄。比如1060年仁宗提拔二人担任同修起居注,职责是记录皇帝日常生活各项活动,相当于皇帝的秘书,这是通向高官甚至宰相的捷径,多少士大夫梦寐以求,司马光5次请辞后赴任,王安石竟然上章请辞12次,坚辞拒任。二人反对奢华,身体力行节俭,许多事迹被传为佳话。司马光的《训俭示康》受到当世及后人敬仰;王安石生活简朴许多事迹古今称颂。

四是二人都非常刚强自信,坚持己见,不随波逐流,走自己的路,任由他人评说,都有孟子"虽千万人,吾往矣"绝不回头的精神。他们认准的事情,即使天下人都反对,也要坚持到底决不动摇。司马光说王安石:"其人意欲所为,人主不能夺,天下不能移。"说王安石想干的事情,皇帝阻挡不了,普天下人也难以动摇他的意志。司马光更是有过之而无不及。

二人相同的优点还很多。

如果司马光能与宋神宗、王安石同心协力推行变法改革,必将开创宋代全面振兴的新时代,必将改写宋代的历史,很可能就不会出现"靖康之耻"及南宋偏安半壁江山;遗憾的是二人政见对立,尤其是司马光歇斯底里反对新法,担任宰相后更是一意孤行刚愎自用,犹如破堤泄洪废除新法,其赌气任性丧失理智令人难以置信,扼腕慨叹。

为什么会是如此,因为二人也有很多不同甚至根本对立。

一是二人的世界观不同,循"道"有别,信仰差异。王安石作为思想家,他肯定世界的物质性及其运动变化,承认自然界和人类社会运动变化各有规律,人们可以认识并利用自然规律。与这种朴素唯物辩证法思想相联系,他认为"天人相分",主张不畏天命;提倡法因时宜,不畏祖制;坚持真理,不畏人言。是他变法改革的理论基础和精神力量。其思想高度登峰造极,其勇敢无畏绝无仅有。而司马光和众多士大夫一样敬畏"天命",信奉"天人感应",恪守祖制,畏惧人言,反对变革。

司马光对事物的认识犯了绝对论的错误,比如宋神宗问他汉代常守萧何制定的法律能行吗？司马光回答完全可以,并且进一步绝对化：

> 使三代常守禹汤文武之法,虽至今存可也。……祖宗之法,不可变也。(《宋史·司马光传》)

由于两人世界观不同,从根本上决定了"道不同不相为谋",致使其治国理念天渊之别,在一些重大问题上尖锐对立。王安石坚持在道德教化的基础上依法治国,"与时偕行",兴利除弊,锐意创新图强；司马光主张治国以德为本,恪守礼制,维护祖制成法。比如二人对于解决国家财政危机政见截然不同。司马光认为："天地所生货财万物,止有此数,不在民间,则在公家。"他把天下财富看作常数定量,主张节流以解决财政危机。王安石认为天下财富非为定数,只要推行善法,管理得当,发挥人的主观能动性,利用自然规律,就能创造更多的财富,达到民富国强；主张以"开源"为主,辅之以精减军队限制上层特权等各项措施节流,扭转国家财政危机。二人孰是孰非不言而喻。

二是二人对待敌国外交主张相反。王安石不满足于宋朝有限的统一,主张首先变法改革富国强兵,在提高综合国力的基础上对辽、夏恩威并用,取西夏灭辽国,恢复汉唐一统。他运筹帷幄决胜千里之外,亲自谋划经营西北,取得河湟大捷,断西夏右臂,举国振奋。面对1075年交趾(今越南)侵犯,他亲自起草《敕榜交趾》,指挥自卫反击战胜利告捷。实现北宋自太宗后第一次直面周边少数民族政权,挺直了自真宗1004年"澶渊之盟"以来弯曲的腰杆,洗雪了70年国耻。他还采取措施加强对湖南、四川等少数民族地区的管理,将儒家文明远播到边疆地区。司马光则主张以德以诚感化敌国,以钱帛甚至领土换取和平,他坚持将熙宁元丰变法以来,王韶、沈括等前方将士用鲜血和生命收复的故土奉还西夏,以解除西夏疑虑不安。司马光宽厚对待敌国实乃妇人之仁,难怪辽夏窃喜司马光入阁主政。

西夏原为唐宋辖区,1038年分裂出去独立建国,经常在边境挑衅侵扰;宋军作为正义之师,收取故土理所当然。司马光以奉还故土,放弃战略要地,将军事主动权让给敌方之诚,以求苟安偷生。而贪得无厌、反复无常的西夏统治者岂是司马光所能感化的,这是何等幼稚,可笑至极!

三是二人成就贡献领域不同。王安石是叱咤风云、扭转乾坤、开创新时代的政治家,他的最主要贡献是辅佐神宗变法改革,治理振兴国家;而司马光政治上复辟倒退,是保守派的旗帜代表。王安石诗文之绝妙,学术之精深独到,以及他在教育学、经济学、文字学等许多学科和领域的建树与贡献可谓神奇;而司马光主要是史学成就光耀千秋,其他许多方面不如王安石才能全面。

四是二人施政作风大相径庭。王安石高瞻远瞩洞察天下,立足国情把握大局,为了国家长远安定与进步发展,施政抓主要矛盾,重根本、重实质、重内容,行大事不拘小节;而司马光则往往死守儒家教条,重形式、重现象、重虚名,一叶障目,不见泰山,擅长空谈,治国无方,施政往往抓芝麻丢西瓜。比如王安石为富国强民,改善民生,推行多项发展经济的新法;司马光则套用"君子喻于义,小人喻于利"儒家教条,非要把王安石打入小人之列。殊不知宰相不为天下理财,国家机器如何运转?民生如何改善?国防如何巩固?靠什么开创盛世统一天下?实际上,王安石坚持为天下理财是最大的"义",司马光空谈义利无助于治国。再如,前文所谈"濮议之争",本来是无关紧要的皇室家事,双方认识不同,都有一定道理,完全可以平心静气从缓处理。司马光亦知欧阳修的人品官德高尚,却兴师动众,必欲置其于死地,长期纠缠不休,而对于迫在眉睫的国家贫弱、农民造反、辽夏侵扰等重大问题不思考,更无切实可行解决方案,可谓治国乏术,内耗有方。受此事等因素影响,英宗即位不满四载,36岁英年病逝。以上事例可以看出,宋代许多大臣治国不得要领,不知轻重缓急,朝堂吹毛求疵钻牛角尖,环境风气之差,亦可想象王安石变法之难。

两人的不同还不止以上。

简谈一下二人交往。其交往分为王安石执政前后两个阶段。第一阶段中,两人多次担任同职,切磋诗词文章,互为良师益友,后人传为佳话。

我们先谈第一阶段,邵伯温《邵氏闻见录》记载,二人第一次交往是嘉祐元年(1056)同时担任群牧司提举包拯的副职群牧判官。说三人同赏菊花饮宴,但是查阅《宋史·司马光传》,未见记载,或任职时间短未入史传,此事存疑尚待考证。此后1058年司马光担任开封府推官,属于司法官员,1059年担任度支员外郎。王安石自1057年担任常州知州、提点江东刑狱,1059年担任三司度支判官,二人同时任职于相当于今天国家财政部,有交往可能,但未见史料记载。王安石此时向仁宗写了《上皇帝言事书》。

1060年二人同时被任命同修起居住,相当于皇帝秘书。司马光反复请辞,理由是王安石"文辞闳富,世少伦比,四方士大夫素所推服",才堪当任尚且谦辞,自己仅有经史知识,学识文章等方面远不如王安石。他虽然5次坚辞,最终还是接受了任命。他后来检讨自己淡泊名利,拒任高官不如王安石意志坚定,他把王安石辞官作为效仿榜样。可见他对于王安石非常敬佩。

王安石坚辞至次年1061年担任此职兼知制诰(四品)。这是有正史记载二人第一次在同一职务岗位合作共事。

据《宋人轶事汇编》引《却扫编》记载,当时二人有友好交往传为佳话:

> 王荆公、司马温公、吕申公(即吕公著)、黄门韩公维,仁宗时同在从班,特相友善。暇日多会于僧坊,往往谈燕终日,他人罕得预,时目为嘉祐四友。

说嘉祐(1056—1063)年间,二人与吕公著(1018—1089,司马光去世后任宰相,其父吕夷简为真宗朝宰相吕蒙正侄子。祖孙三代宰相)、韩维(1017—1098,其兄韩绛与王安石同榜第三名),四人担任皇帝侍从官,关系密切,公务之余切磋学问,唱和诗文,畅谈天下,他人未能参与,时人称为"嘉祐四友"。虽然王安石年龄最小,但三人及散文大家欧阳修、曾巩等都非常看重他。王安石曾以汉朝王昭君出塞两次写下《明妃曲》三首,欧阳修、梅尧臣、司马光、曾巩、刘敞等皆有唱和篇,众人都佩服王安石所作独占鳌头。

嘉祐六年(1061)二月,二人同时担任科考官。沈括《梦溪笔谈》及译文记载,王安石和年长他14岁与欧阳修同岁的天章阁待制杨畋(1007—1062),同为科考详定官。宋代朝廷科考官分三个层次:进士初考官、进士覆考官、详定官。据傅林辉《王安石全传》记载,王安石3人被任命为详定官即负责审定进士名次上奏皇帝的主要考官,王安石诗作有《详定试卷二首》,可以验证无疑;司马光等4人为初考官,祖无择等4人为覆考官。上文说二人作为科考官,王安石任职高于司马光,说明朝廷对二人的认同和重用不在一个层次。司马光当官长处是任职御史台、谏院执掌法纪,他刚正不阿坚持原则,有助于严肃纲纪,匡扶正义;学术方面主要是儒经史学,文学和学术尤其是治国安邦经管天下等远不及王安石。

1063年初仁宗去世,英宗即位,当年秋王安石赴南京为母亲守孝,直至1068年赴京"越次入对"。此前英宗晚期虽然朝廷多次召王安石进京,但其守孝期满后,边康复身体边著书立说,设坛讲学。1067年神宗即位后,王安石深知天将降大任的机遇或将来临,于是嘱咐儿子王雱参加京城科考后预置家园,尽可能与司马光为邻,以便儿子可以随时受到司马光教益。二人虽远隔千里,5年未曾谋面,从他嘱咐儿子择邻司马光可以看出,他对司马光是佩服的。

自1067年王安石先后担任江宁知府、翰林学士、侍讲,此时司马光担任谏官、翰林学士兼御史中丞、侍讲,二人分别5年后于1068年担任同职翰林学士,且皆为帝师,实属皇帝高级顾问、核心幕僚。

二人第一阶段交往中,王安石四次为司马光书写任职知制诰等公文,对其肯定褒奖激励。当时二人都非朝廷重臣,不在国家重大决策一线,没有发生直接矛盾冲突;互相倾慕德才学识,成为诗文好友。随着二人伴驾神宗,升迁重臣之列,更多参与朝廷决策,且都深孚众望,都想以自己的政治主张影响帝王,报效天下,实现人生理想。但由于世界观不同,治国理念对立,二人性格刚强,坚持己见,终于走向决裂。

二人第一次政见冲突见前文登州阿云案件。王安石捍卫的是法律的尊严,司马光侧重维护封建伦理纲常。一个小小地方案件,引起朝廷轩然大波,神宗为避免矛盾激化,缓和近臣关系,采取冷处理办法,故意拖延至第二年才依王安石意见定案。这次激烈政见冲突不久,神宗倾听二人理财之见。王安石认为,善理财者,靠发展生产,精心管理,不加重百姓负担,也可使国家财富充裕:"民不加赋而国用饶。"司马光当场说这是桑弘羊欺骗汉武帝之言,这等于说王安石欺骗神宗,这种指责是非常严重的,古代臣下承受不起欺君罪责。司马光基于天下财富是为定数的认识,说善理财者必定多征赋税,加重百姓负担。二人唇枪舌剑,再次不欢而散。两次政见交锋,思想尖锐对立,为王安石入阁后二人最终决裂埋下了伏笔。

二人交往的第二阶段,自1069年王安石担任副宰相开始,矛盾逐步激化,终至绝交。当年二月王安石毅然受任于危难之际,他奏请成立变法领导机构——制置三司条例司,派遣8个调研小组深入全国各地,调查了解民生状况,尤其是赋税徭役和农田水利等,统筹考虑轻重缓急,设计改革蓝图,推进变法大业。司马光则与强大的反变法阵营一道,与王安石对着干,阻挠所有变革。五月他上疏批判王安石改革科举:好为高奇,败乱风俗,贻误后学,危害政事;六月他上《论风俗札子》,不点名批评王安石喜好老庄;八月他上《体要书》,批评王安石设置变法领导机构越权行事,隐晦批判王安石将自己意志强加于神宗。他对王安石攻击的炮火越来越猛烈,越来越失去理智。王安石胸怀坦荡,不与之计较。

熙宁三年(1070)二月,宋神宗受到元老重臣韩琦上书影响,迫于天下守旧派的反对,对推行"青苗法"产生了动摇,欲废其法。王安石反复劝说无效,称病家居施压。司马光时任翰林学士,受命代神宗批答,神宗本来是要王安石上朝理政,但司马光批答却以神宗口气,说从山野岩穴提拔王安石到朝堂。王安石高中进士入仕,神宗即位之前,他已经是四品高官,何来召自岩穴?!他批评王安石推行新法天下波动时,撂挑子不干,这是为个人考虑不负责任的"私谋",指责其辜负神宗期望。司马光全然不顾客观事实,以颠倒黑白的无端指责,完全抹杀了王安石的赤胆忠心,其用意就是使王安石对神宗彻底失望,赌气辞职。好在神宗皇帝看了王安石的上疏抗辩,识破了司马光的用意。他收回司马光批答,满怀惭愧向王安石说明他人代笔,自己失于详察,真诚向王安石道歉。司马光的企图落空。

司马光屡次奏请反对变法,神宗不为所动,他转念想劝告王安石改弦易辙,来个釜底抽薪。他于1070年二月二十七日、三月三日及其后三次给王安石写信,《与王介甫第一书》称赞王安石:

> 介甫独负天下大名三十余年,才高而学富,难进而易退,远近之士,识与不识,咸谓介甫不起则已,起则太平可立致,生民咸被其泽矣。

首先充分肯定了王安石三十年德才学识修养操守,在士大夫中首屈一指,以及天下人对他的殷切期望。接着批评王安石推行新法离经叛道,规劝王安石停止变法。王安石曾经两次给他回信,流传至今的第二封信如下:

答司马谏议书

> 某启:昨日蒙教,窃以为与君实游处相好之日久,而议事每不合,所操之术多异故也。虽欲强聒,终必不蒙见察,故略上报,不复一一自辨。重

念蒙君实视遇厚，于反覆不宜卤莽，故今具道所以，冀君实或见恕也。

盖儒者所争（另说"重"），尤在于名实，名实已明，而天下之理得矣。今君实所以见教者，以为侵官、生事、征利、拒谏，以致天下怨谤也。某则以谓受命于人主，议法度而修之于朝廷，以授之于有司，不为侵官；举先王之政，以兴利除弊，不为生事；为天下理财，不为征利；辟邪说，难壬人，不为拒谏。至于怨诽之多，则固前知其如此也。

人习于苟且非一日，士大夫多以不恤国事、同俗自媚于众为善。上乃欲变此，而某不量敌之众寡，欲出力助上以抗之，则众何为而不汹汹然？盘庚之迁，胥怨者民也，非特朝廷士大夫而已。盘庚不罪怨者，亦不改其度，盖度义而后动，是而不见可悔故也。如君实责我以在位久，未能助上大有为，以膏泽斯民，则某知罪矣；如曰今日当一切不事事，守前所为而已，则非某之所敢知。无由会晤，不任区区向往之至！

王安石虽然对司马光指责新法，批评他侵官、生事、征利、拒谏、天下怨诽进行了义正词严理直气壮地反驳，但是开篇"昨日蒙教"，结语"向往之至"等，语言谦虚文雅，不失君子风度。

司马光前后9次上书，攻击所有新法，3次写信劝告王安石，王安石不为所动，仍然我行我素；他失去耐心与理智，率领御史台官员联署《奏弹王安石表》，开篇攻击王安石：

妄生奸诈，荧惑圣聪。……首倡邪术……是为民贼。……窥伺神器，专制福威，人心动摇，天下惊骇。

他把王安石说成是大奸邪、野心家、阴谋家、民贼，甚至影射王安石有篡夺赵宋王朝天下的不臣之心。他明知王安石是正人君子，却瞪着眼睛说瞎话。天下许多反对变法者也少有人信。

司马光发誓与其不共戴天。他奏请神宗：

一遵祖宪，毋用邪谋，诛逐乱臣……

在这之前的1069年十月，司马光与神宗谈到王安石，他说："有人说王安石为奸邪，这是诋毁太过；但是他不晓得时事，又特别执拗。"

司马光认为，说王安石奸邪不仅是对他诋毁，而且是过度诋毁。不到半年时间，王安石竟然被他弹劾为奸邪，其信口雌黄，自相矛盾，竟至于此！

这次联名弹劾，表明二人已由君子政见之争，演变为司马光对王安石必欲置于死地颠倒黑白恶毒的人品攻击，二人自此决裂。对于二人分道扬镳，实事求是地说司马光应当负主要责任。虽然说一个巴掌拍不响，但也有哪个巴掌先拍的问题，也有矛盾主要方面和次要方面的问题。综观二人朝堂论争，奏章书信，私下交往，王安石一贯以理服人，从无涉及司马光等不同政见者的人品。而司马光仅因政见分歧，为把王安石赶下台废除新法，就将人品非常高尚甚至去世后他还称赞"文章节义过人处甚多"的王安石，写信赞誉为"大贤"的同时，上章弹劾说其为"民贼"，甚至说是窥视宋朝最高权力的野心家，实在是丧失理智，做事太过。任何人都不可能既为"大贤"，同时又为"民贼"。按司马光的逻辑，如果听信他的劝告，停行新法，则为"大贤"，反之就是"民贼"，真是荒谬至极！这样故意无中生有的诬陷诋毁，反映了司马光性格和思想境界的缺陷，他的品德逊色于人们对他过高的赞誉。

熙宁三年（1070）八月，司马光还利用李清臣等参加馆阁考试的机会，拟策问试题引导士子批判王安石"三不足"精神：

> 今之论者或曰：天地与人，了不相关，薄食、震摇，皆有常数，不足畏忌。祖宗之法，未必尽善，可革则革，不足循守。庸人之情，喜因循而惮改为，可与乐成，难与虑始，纷纭之议，不足听采。……愿闻所以辩之。（杨仲良《续资治通鉴长编纪事本末》卷五九）

司马光送请神宗审阅时，神宗批示"别出策目"，要求重新拟试题。发生这事次日，神宗见王安石问道："闻有三不足之说否？""此是何理？朝廷亦何尝有此？"显然神宗的思想境界不能接受这种说法。王安石回答说"不闻"。但接下来他以委婉的说法，坚持了"三不足"观念：

> 陛下躬亲庶政，无流连之乐、荒亡之行，每事唯恐伤民，此即是畏天变。陛下询纳入言，无大小唯言之从，岂是不恤人言？然人言固有不恤者。苟当于义理，则人言何足恤？……至于祖宗之法不足守，则固当如此。且仁宗在位四十年，凡数次修敕；若法一定，子孙当世世守之，则祖宗何故屡自改变？（《续资治通鉴》第六十七卷）

司马光这一招让王安石很难招架，非常被动。天变不足畏，祖宗不足法，流言不足恤，确实是王安石推进变法改革的理论和精神支柱，是王安石一贯的哲学思想,但仅见于王安石小范围谈话。王安石从来没有大庭广众之下这样概括总结为以上三句。因为谈论天变祖法是最高统治者皇帝的忌讳。孔子曾经讲过,君子有三畏:畏天命,畏大人,畏圣人之言。我国封建时代儒家认为皇帝乃上天之子,按照天人感应说,其应当敬畏上天,以求长治久安,江山永固;否则必将遭到上天惩罚。按照儒家伦理道德,孝子不能轻易改变祖宗之法,确需改变也要待3年以后。如何对待天变和祖宗之法,不宜在朝堂公开谈论。神宗皇帝想变法图强,但他忌惮公开讨论这个问题,因为首先他的认识达不到王安石"通儒"思想家的高度;再者把这个问题在朝堂公开化,除了动摇他作为皇帝的根本,还会像捅马蜂窝一样受到司马光等守旧派士大夫群体责难。司马光这样拟题为王安石预设了一个陷阱,目的就是引导士大夫批判王安石,在京城引起轩然大波;而且具体操作中评卷标准以及如何录用很难确定。这样就将导致神宗皇帝忌讳公开化,致使王安石进退两难。王安石如果朝堂上公开坚持"三不足"思想观念,将使神宗皇帝陷入极大政治与伦理被动难堪;他如果不坚持变法改革的理论基础,变法改革根基动摇则为无源之水,妥协退让没有出路。如果朝堂公开争论,君臣二人没有台阶可下。不管王安石怎样应对,对君臣二人都是严峻挑战,必将严重损害神宗和王安石君臣知遇的关系。宋神宗睿智沉稳,撤去原来考题,责令重新出题,避免了一次朝堂内讧。王安石既坚持三不足大无畏精神原则,又讲究策略方式,言词便于神宗接受。王安石的回答取得了良好的效果。司马光的图谋彻底落空。

司马光眼看对王安石规劝、弹劾软硬兼施无效,神宗对其奏请多不采纳,而对王安石信任有加,自觉无趣,于是向神宗奏请外任。神宗为缓解反对新法浪潮,减轻朝野波动震荡,照顾司马光情面,遵循新旧人两用之祖制,即同时重用持不同政见者,权柄操于帝王,以平衡百官稳定天下,提拔司马光为枢密副使;同时将其调离谏官远离政务,以减轻其干扰变法大局,防止二人矛盾进一步激化。王安石认为神宗此举不妥:

> 光才岂能害政,但在高位,则异论之人,倚以为重。(《宋史·司马光传》)

这是二人一生交往中,仅有的一次王安石不同意司马光担任高官的记载。他充分肯定司马光不会故意危害国家大政,但是任用司马光为枢密副使,客观上为天下反对派在朝堂树起了一面反对变法的旗帜。王安石当宰相欲大展宏图于天下,他非常期待乐见提拔重用司马光与其同心协力,共掌国政,兴利除弊振兴宋廷。但鉴于司马光已经成为反对改革的旗帜和急先锋,其即使不再担任谏官,担任军事高官经常参加朝堂议事,以司马光的性格及宋代宽松开明的政治环境,其对改革变法的阻挠抗衡不可低估,朝廷将陷入永无休止的内耗,变法改革大局堪忧,国家中兴将成泡影。因此王安石对提拔司马光表示了不同意见。宋神宗的良苦用心却被司马光拒绝,他再次奏请罢免王安石废除新法,否则坚辞拒任。不变法改革王安石就不干这个宰相,不罢免王安石废除新法,司马光拒绝提拔请求外放。神宗无奈,于1070年九月下诏,以端明殿学士兼翰林侍读学士、集贤殿修撰让其担任管辖10州的永兴路(现陕西一带,当时全国设23路)最高长官,可谓封疆大吏,且衙门设在陕西长安繁华古都。1071年四月,应司马光所请,又将其调任西京洛阳,此后司马光主要精力用于主持编著《资治通鉴》。虽然他时有上奏,比如1072年二月他《上神宗论王安石》,攻击王安石"狂愚",苦天下生民,荧惑圣上;忠奸是非颠倒;引援亲党,占据要位,功归自己,谤归君主。完全是没有任何事实根据的恶毒中伤诋毁。他全然不顾昔日情谊和士大夫风度,俨然犹如泼妇骂街。

1074年,他以天下久旱,上章言朝政缺失有6个方面,要求废除所有新法。但与王安石再无朝堂之争,减轻了朝廷内耗。1076年十月,王安石第二次辞相后,神宗继续推进变法大业,取得了巨大成就。司马光一部史学宏著,为当世及后人留下了宝贵的文化遗产。两人都在不同的领域作出了巨大贡献。

1085年三月五日,宋神宗去世,哲宗9岁即位。司马光知幼主少不更事,是个摆设,辅政的高太皇太后一贯反对新法,他预料朝政必将有变。他抢抓机遇入主朝堂,逆转政局适逢其时,于三月十七日奏请进京奔丧。他的请求正迎合英宗高皇后哲宗的祖母起用旧臣,废除新法的心愿。五月二十六日,神宗去世不到3个月,司马光担任副宰相,1086年闰二月二日出任宰相。这时他虽官居万人之上,但此前缺乏地方主官和朝廷执政大臣的历练,更缺少担任宰相的能力经验,且远离京城15年,朝堂物是人非。他施政纸上谈兵,迂腐不切实际,骤然升迁,当局者迷难以胜任。他最致命的缺点就是心胸狭窄。面对千头万绪的国家大事,他把废除新法恢复旧制,报复迫害新法官员,凡守旧官员一律提拔重用,组建朝政一言堂班底作为头等要务;将国家大事视为儿戏,担任宰相仅7个月,拒绝一切忠言劝告,鲁莽灭裂,废除了全部新法,从政治到学术彻底清算了王安石，史称"元祐更化"。王安石"眼看兴废使人愁"，痛心国家大局毁于一旦，于当年四月忧愤去世，司马光于九月病亡，两位历史名人永远结束了争执对垒。北宋王朝从此由盛转衰，夕阳西下。

笔者研读宋史，每每为司马光与王安石对着干，北宋痛失中兴机遇，他主政后折腾误国，致使"靖康之变"北宋灭亡之惨痛而扼腕长叹。不禁掩卷深思，为什么司马光就像条件反射，像计算机程序设置一样，未当政时凡新法必反，有些新法虽曾为他所提倡，但由王安石提出，他必食前言，对抗到底；当政后意气用事，以自己生命与废新法赛跑，迫不及待。有人认为，司马光家族为宋朝祖宗之法的既得利益者，多项新法损及家族利益；我认为主要是世界观使然。从根本上说司马光是安故习常，喜静恶动，思想守旧遵循教条的"纯儒"；还有受宽容士大夫国策影响，批评帝王宰相毫无后顾之忧，而且往往落得铁骨铮臣美名，更使他有恃无恐；一旦主政与王安石赌气对着干，非要另起炉灶，争个高低，亦是丧失理智的狭隘胸怀，思想境界格局不够宏大。

关于二人的政治品质比较。二人日常生活修养操守私德实为士林楷模，但作为宰相，政治品质反差较大。王安石一切以国事为重，实事求是；言行一致，布大信于天下；施政注重调研论证穷究真理，力避主观臆断；从不以权压人，不因人废言；善待政敌司马光、苏轼等人，用其所长，力求减轻因变法改革造成的社会波动。而司马光虽然主观上忠于宋廷，但身居高位却无政治家胸怀，处理国家大事全凭个人好恶，甚至不顾客观事实，蛮不讲理，专权武断。司马光主持编著史学大作，总结千古经验教训，告诫君臣兼听则明，虚怀纳谏；而他登台执政，神宗刚去世他就奏请广开言路，为清洗变法派做好舆论准备；他担任宰相后刚愎自用，执意拒谏。他对待新法出尔反尔，自相矛盾。1085年四月他上书谈新法存废时说：

> 为今之计，莫若择新法便民益国处存之，病民丧国者去之。

按此神宗去世后一个月时的奏章，这时他是承认新法有"便民益国"之处的，但随后却自食其言，不问青红皂白将新法一刀切全部废除。

最不可思议的莫过于他对待役法，他在仁宗嘉祐七年（1062）《论财利疏》中奏请衙前"当募人为之"。他认为衙前劳役危害百姓最重，应当出钱雇人应役，这与王安石的"免役法"完全一致，不谋而合，后人评价此说实为王安石"熙宁之法也"。但1071年当王安石推行"免役法"时，他却极力反对，前后判若两人。对于这样一项他早年提倡百姓欢迎的便民惠民之法,他实在找不出废除理由,所上奏章自相矛盾,被章惇批驳得目瞪口呆。说明他对国家大事缺乏基本的思考,思维紊乱,显示了作为宰相政治上的专制与蛮横。司马光断然拒绝所有逆耳忠言,只求倾吐自己15年离开朝堂的忿怒和怨恨,他预感生命大限将至,废除新法急不可待,这样丧失理智施政,既是他个人的过错,更是国家百姓的不幸。

笔者读史百思不得其解:司马光作为千秋史学大家,苏轼作为文化巨匠,二人学识才华少有人及,品德操守天下闻名,许多方面具有真知灼见,唯独涉及国家兴革变法的政见犹如睡梦醉酒之人言语癫狂,尤其非要把他们心底里认为圣贤的王安石妖魔化,实在是不可理喻。

综观王安石与司马光的交往,第一阶段是二人多次在一个岗位上愉快合作共事,是学界精英切磋交流、道德修养互相敬佩的君子友谊。第二阶段王安石为了国家万民变法改革坚定不移,司马光一定要以自己的意志强加于人,为罢免王安石、废除新法而无中生有,上纲上线人为激化矛盾,攻击诋毁王安石人品,甚至恶毒漫骂,从而二人决裂。自1070年至1086年二人去世长达16年绝交,纵观二人友好交往到最后不共戴天,主要责任在司马光。因为司马光丧失理智,他早年是道德楷模,晚年却做了许多平常人也不会做蛮横偏激过头的事情。

王安石与司马光虽然有严重的政见分歧,但他始终没有一言一行对不起司马光,他肯定司马光忠诚于国家,只是政见不同,他对司马光包括苏轼等所有反对变法的精英名流,出言文雅,处事大度,始终恪守大家圣贤风范。比如营救苏轼等。当时和后世鸡蛋里挑骨头的人,竟然找不出他丝毫不文明点滴。比起司马光过激丧失理智行为,王安石一贯宽容司马光,从不失君子风范。

王安石没有与司马光争输赢,他废除的祖法也不是司马光与先帝制定的。司马光歇斯底里废除新法,他与王安石赌气,自己出一口恶气赢了,笑到了最后,但其折腾却成为北宋江河日下,直至灭亡天下人哭泣的源头。他全部废除所有新法,致使王安石忧愤去世;国家倒退,民生受累,北宋犹如大江东去永不复返,仅40年招致"靖康之耻",山河破碎,生灵涂炭。一个创造高度物质和精神文明长达167年的王朝从此烟消云散,淹没在历史的长河中。虽然这绝不是司马光的主观愿望,但是这个朝代灭亡的源头却是司马光当宰相开启"元祐更化",永无休止地折腾误国,这是铁的事实,是不冤枉他的。

他们二人政见之争是非曲直谁对谁错,已经被历史所证明,不再赘述。仅就司马光蛮横过激、无限上纲、激化矛盾和对立,列表总结于下。

表29-1 司马光对待王安石过激行为简表

时 间	事 由	行 为	危 害
熙宁元年 (1068年十一月)	宋神宗倾听二人理财政见。	将王安石发展生产、理好国财"民不加赋而国用饶"说是如桑弘羊欺骗汉武帝。	欺君是臣下难以承受的严重罪责,司马光将政见之争上纲,激化矛盾。
熙宁三年 (1070年二月)	神宗动摇欲废"青苗法",王安石称疾居家,司马光代神宗批答。	说王安石"召自岩穴",批判其推卸责任,知难而退,是私谋,辜负君王重托。	代表神宗以不实之词企图激怒王安石,促使其赌气辞职,停行新法。
熙宁三年 (1070年二月)	司马光联名御史台官员,上《奏弹王安石表》。	诋毁王安石为首倡邪术的"民贼、野心家"等,要求神宗驱除王安石,废除新法。	无中生有诋毁,两人彻底决裂。造成影响北宋中后期政局的严重后果。
熙宁三年 (1070年八月)	司马光为士大夫参加馆阁考试拟题。	影射王安石变法理论:天变不足畏,祖宗不足法,人言不足恤。引导鼓励批判其离经叛道。	意在使王安石进退两难,陷于政治被动,成为众矢之的,挑起朝堂论争,离间君臣关系。
元丰八年(1085) 至 元祐元年(1086)	哲宗年幼即位,司马光当政为相,权倾朝野。	刚愎自用,不听同党、好友等高官劝告,打击变法派,破堤泄洪废除新法。提拔守旧派及政客奸佞蔡京。	复辟倒退天下波动,开启永无休止折腾误国先河,国力日下。徽宗与蔡京祸国殃民,导致北宋灭亡。

第三十章　善待苏轼

王安石与苏轼兄弟有师生之谊，与苏辙还有上下级关系。他与苏轼为北宋自欧阳修后第二、三代文坛领袖。两人20多年交往中，有苏轼反对王安石变法，诋毁其人品的过激行为，有诗文唱和的切磋交流，有王安石营救苏轼的感人事迹，更有王安石宽容原谅苏轼，二人倾心敬慕，惺惺相惜的千古佳话。

他们既有惊人的相似，又有截然不同的方面。先说相似：

一是二人都出身书香门第，父亲皆饱学儒士，尤其是两位母亲都有较高的文化道德修养，培育二人成为千古人物居功至伟。

二是二人都是少年神童，自幼勤奋苦读，刚满20岁参加科考，闻名天下。王安石曾高中第四名。《宋史·苏轼传》记载他曾被主考官欧阳修初欲定为状元，但欧阳修误以为是曾巩试卷，为避同乡门生之嫌，将其定为第二名。后来拆封试卷才发现是苏轼的文章。但查阅傅璇琮主编《宋登科记考》记载，苏轼为按名次排列前3名之后，按姓氏笔画排列倒数第5名，苏辙倒数第3名；当时前3名按惯例安排为州府通判，从苏轼任职看，亦与前3名不符。有学者在央视谈到兄弟二人为第6名、15名。二人科考名次有待进一步考证。

三是二人学识广博，同为唐宋散文八大家，北宋文坛领袖。

四是二人都具有崇高的道德修养和精神境界，为人做官恪守中华民族传统美德，忠君忧国爱民，都有兴利除弊振兴宋廷的理想追求，尤其是王安石被梁启超誉为夏商周三代后少见的完人。

五是不管是历史的巧合，还是上天的安排，二人享年都是66岁，王安石较苏轼（1036—1101）早出生、早中进士、早去世均为15年。上天似乎给他们以相同的寿命，更能客观公正衡量对比他们的成就贡献。

二人也有显著的不同之处。

(一) 世界观不同

即对自然界、人类社会规律认识的差异。王安石作为宋代进步的思想家，他的哲学思想植根于朴素唯物主义；而苏轼在哲学上并无系统的理论学说，他对自然界和人类社会的认识，基本上等同当时多数士大夫。比如，王安石认为旱涝、地震等灾害属于自然现象，不足为怪；主张利用自然规律，通过人的努力趋利避害造福天下。苏轼信奉天命，做地方官时遇到自然灾害，沐浴斋戒，焚香祈求上天减灾赐福，信仰有别，循"道"不同，这是二人最根本的差异。

（二）主要成就贡献不同

王安石终生追求报效天下，治国安邦，为救世补天的千载名相。虽然他在经学、文学、哲学、文字学、教育学、经济学等许多学科领域都有突出的贡献，比如传世诗词文章约3353首、篇，有许多佳作绝唱；他和欧阳修、苏轼、黄庭坚为北宋四大诗人，他为宋代绝句诗第一人。他的全部著作16类，其中14类计267卷，其余两项数量不详，失传作品200多卷。王水照先生近年新编《王安石全集》全10册，第10册为他儿子王雱作品，定价880元。他是经史子集兼具、著作宏富格局博大的文化巨匠，两宋间无人可比。但文化成就仅是他的业余。他第一位的成就贡献是推行变法改革，开创新时代，而且对后世影响深远。与他一生政治作为相辅相成，服务于他治国安邦的理论基础是他的学术成就。苏轼长期担任地方官，担任礼部尚书等时间短暂，他一生卓越成就贡献就是文学艺术，他的政治贡献，仅仅局限于地方和中央政务的某一方面。

二人文学创作虽然都有题材广阔、体裁多样、数量宏丰、名篇佳作多的共同特点，但亦有不同的方面。王安石入仕从政数十年文学创作紧贴现实，追求治国安邦，反映社会民生，务求有补于世，是宋代社会政治的缩影；退休后的作品清新雅致，达到了更高的艺术水平。苏轼文学作品硕果累累，诗词文章7860多篇（含书简1500篇、内外制等应用文题）真不愧文学巨匠。他的作品题材更加广阔，尤其是序跋、书信、书画鉴赏、生活情趣偶感随笔等点滴细致入微远超王安石。王安石很少有他的闲情逸致。比如他写给程正辅多达71封信、滕达道68封信等。百字左右短文多，评论书法《论书》仅17字，《偶书》称赞张巡、颜真卿以身殉国仅22字。他的作品数量虽远超王安石，但是缺乏王安石《上皇帝言事书》等透视天下、题材重大、影响深远8000多字时政大文。王安石具有治国安邦大思路大智慧，并根据轻重缓急，胸怀整体统筹兼顾总体设计。苏轼仅是文学艺术家，任职州府当个好官绰绰有余，统筹天下才智不足。但他作为晚辈门生却非要与王安石一较高低。他缺乏切实可行的治国方略，少有和衷共济成人之美，助力变法宽广胸怀，非要把老师整体设计推翻。他一生就像团队辩论，缺乏正方的雄才大略，自己不行，却长期站在反方的角色，攻击别人不如自己高明，甚至丧失理智诋毁王安石，有损所谓人见人爱的苏东坡良好形象。

为什么两大文学巨匠会有如此不同？这是因为王安石"不畏浮云遮望眼，

自缘身在最高层",他站的高看得远。他终生"未能忘慷慨,聊以古人谋"。苏轼旷世奇才,他在时代潮流沉浮漂泊中曾三次遭受贬谪,人生像过山车一样大起大落;世态炎凉,人情冷暖,进而使他对人生大彻大悟。虽然结晶出《赤壁赋》《后赤壁赋》以及"不识庐山真面目,只缘身在此山中"等具有哲理震撼心灵、思考人生的佳作;作品多有许多对历史人物及重大事件点评独到,但是他的文学作品整体上对日常现实生活的关爱和对世间万物的感悟认识较多。他观察和享受生活很细腻,比如涉及音乐的《记阳关第四声》、有关健康的《问养生》、生活食物的《煮鱼法》《东坡羹颂》《二红饭》《桂酒颂》以及传至今日的东坡肉等,他不愧为美食家。他的笔下一切皆可为文。王安石少有时间体会享受这样的生活,他常为天下大事,研究学术"我读万卷书,识尽天下理",潜心其中不知饭香菜味,甚至闹出许多笑话和误会。他的作品较苏轼缺少平民油盐酱醋柴生活的细腻具体,少于苏轼对书法、绘画等作品的鉴赏评论。

梁启超在《王安石传》中引用元代大儒吴澄《临川王文公集序》,说唐代韩愈、柳宗元和宋代5家共7人,散文成就最高;后人再加上苏辙,称为唐宋散文8大家。梁启超认为,8大家中王安石的文章与其他7家有不同:7家的文章都是文人的文章,而王安石的文章则是学者的文章。

苏轼作品数量仅次于两宋间诗词文过万的陆游(1125—1210),陆游传世作品之丰"前不见古人,后不见来者"。陆游悲愤于南宋朝廷偏安屈辱苟且,一生高扬爱国主义,为收复北方统一天下如杜鹃啼血呐喊,是其诗词文章的主旋律。"战死士所有,耻复守妻孥""王师北定中原日,家祭无忘告乃翁"等更是陆游的千古绝唱。梁启超称赞他的诗文"集中什九从军乐,亘古男儿一放翁",但是从3人作品创作题材难度高度整体比较,第一是王安石,其次为苏轼,陆游居后。王安石的作品侧重天地万物和人类社会规律,探讨的是人类最基本的问题,写的是"天";苏轼虽然仰视天穹,笔下多有佳作,但写天地之间大千世界万物精灵的"人"及其平凡生活作品较多;陆游是伟大著名爱国诗人典范。岳飞、辛弃疾等许多抗金英雄原籍北方,为了收复家乡故土一生呐喊征战。陆游为浙江绍兴人,终生追求杀敌报国,不惧生死,诗文呕心沥血呼吁恢复中原是其激昂的主旋律,其精神更是可嘉。

二人哲学成就反差极大。王安石是中国哲学史上占有一席之地的思想家,其"荆公新学"犹如照亮夜空引领时代航船的灯塔,将大宋王朝这艘陈旧的巨轮凤凰涅槃浴火重生。苏轼虽然对社会人生多有哲理思考,但是缺乏系统哲学大作。仅从研究解释儒家经典的经学来说，苏轼较王安石差距也很大。王安石注释《周礼》，审定《三经新义》颁行天下。至于他融会贯通儒家、法家、道家等诸子百家精髓，创立了"学贯千载"（苏轼《王安石赠太傅制》）的"荆公新学"综合学派，被称为"通儒"，就更超出了经学的范畴。他作为学界泰斗，在许多学科和领域都有独到的学术主张与实践，其学说被作为学校教材和科考标准答案，曾作为官方意识形态近60年；他的学术思想覆盖全社会各个方面，高山仰止，他人难以企及。苏轼作品虽多，却仅有《东坡易传》9卷（父子三人合著）、《东坡书传》（13、20卷两说）和已失传《论语说》（5卷）三部经学著作，苏辙经学著作计94卷。但二人作品的高度和影响与王安石相差甚远。

且不说王安石经学著作多已失传，无法尽显其博大精深。比如从《字说》成书看，仁宗庆历年间他就以善识难字著称，从政40余年心笃文字学念念不忘，神宗熙宁末年退休后，不惜衣带渐宽人憔悴，透支健康，编成巨著《字说》，元丰年间上呈朝廷。王安石了却夙愿，神宗皇帝颁行天下。苏轼在学术方面下功夫不如王安石长期刻苦钻研，缺乏王安石朝着既定目标锲而不舍拼搏冲刺的精神，他是凭着聪明才智和广博知识，对世间万物超常敏锐的理解感悟，随心所欲，下笔成文。王安石不考虑老之将至，数年间花费心血精力，马拉松式的长期拼搏冲刺，下苦功夫啃硬骨头，这方面他是唐宋八大家中的佼佼者。司马光虽然编著《资治通鉴》大作，但他是在职年富力强时，且为创作班子中的主编，多位史学专家合作，而王安石则是退休后全凭一己之力。

总之，二人都是彪炳千秋的文学大家，与欧阳修同为文坛领袖。从哲学和经学等学术方面来看，王安石知识广博、思想深刻独到，为其他五家不及。

（三）生活作风有别

王安石坚持修身"慎独"，各方面苛求律己，比如他拒入歌舞场所，终生一妻，爱情专一，退妾赠金。公务之余主要精力用于思虑国事以及文学创作和学术研究，不会享受生活，有时简直就像苦行僧。而苏轼落拓不羁，洒脱任性，不拘小节，吃喝玩乐，妻妾多人，家中供养歌舞艺人，堪称风流才子。苏轼不管是飞黄腾达还是人生低谷，即使屡遭贬谪仍然豁达乐观，苦难中寻找人生的乐趣，贬谪中觅求享受生活。

王安石治学严谨，穷究古今，注重继承中创新。苏轼有点调侃戏说，他参加决定人生命运非常严肃的科考，答题引用经典竟然杜撰，幸遇主考官欧阳修鼓励创新，而且宽宏大量，原谅他的杜撰能自圆其说。如果碰上一本正经的主考官，怪罪杜撰胡编瞎说蒙混考官,他很可能将名落孙山。王安石学识博大精深,他为宋神宗解疑释惑,被神宗尊为良师,虽为学界泰山北斗却很谦虚。苏轼虽学识广博,但恃才傲物,爱出风头,好为人师。苏轼少有重大课题巨著大作,却不体谅王安石为遂多年夙愿,退休后不思老之将至,殚精竭虑透支健康,啃硬骨头编著《字说》22卷,为天下人提供文字经典,反而嘲讽戏谑其美中不足;还有前文《王安石三难苏学士》中其错改王安石诗文等。总之,王安石是学识广博精深的专家学者型全才宰相,苏轼文学艺术硕果累累,是首屈一指的文学艺术泰斗。

当然,二人的异同还不止于上述。

二人同为文坛领袖,如果精诚合作,对宋代文化繁荣和社会发展必将作出更大贡献。但二人未能做到,留给后人的是千古遗憾与惋惜。这是为什么?根本原因是道不同不相为谋,但也有个是非曲直,谁应承担主要责任的问题。

二人交往以王安石辞相前后分两个阶段:第一阶段为1069年至1076年,王安石当政变法,苏轼激烈反对,诋毁王安石,王安石宽宏大量,不与之一般见识。第二阶段为1076年十月至1086年;王安石退居南京,1079年苏轼遭遇"乌台诗案",被关入死囚牢房,王安石上书神宗倾力相救,1084年苏轼转任途中到南京拜见王安石,二人聚会月余,尽释前嫌,留下千古佳话。

先谈第一阶段。史料记载,二人最早交往是苏轼兄弟为母亲守孝期满后,于嘉祐六年(1061)赴京,苏轼担任大理评事(正八品),兄弟二人参加当时制科考试。王安石当时担任知制诰(正四品),为考官之一,他与苏轼兄弟可谓师生关系。王安石代表朝廷写下赏识苏轼才华以及期望激励的制辞。在为苏辙起草制辞时出现了点波折,因为苏辙在考卷中多方面痛批仁宗皇帝:

> 沉湎于酒,荒耽于色……法度正直之言不留于心,而唯妇言是听。

王安石深知仁宗皇帝并非励精图治雄才大略的君主,但仍不失为宽厚仁慈的帝王。他认为苏辙1057年科考成名,随即守孝三年再来京城,初入仕途不问青红皂白痛斥仁宗有点过头。如果欲以骂皇帝落得铮臣名扬天下,那就更不应该,他拒绝为苏辙起草制辞。这次考试因为苏辙患病,仁宗采纳宰相韩琦建议,照顾苏辙推迟考试时间。虽然多名考官不同意苏辙严责皇帝博取高名而被录用,但仁宗不计较苏辙痛批自己行为过激,还是以朝廷选拔方正贤良能言极谏之才,不能因此将其黜落,坚持录用苏辙。仁宗皇帝一锤定音:"其言切直,不可弃也。"仁宗对臣僚政见是很宽容的,包拯奏事屡犯龙颜甚至唾液喷到其面他都不怪罪。从他为苏辙推迟考期及坚持录取苏辙,足见他胸怀宽厚大度爱惜人才，正因此，他去世后无愧谥号仁宗。

苏轼父子可能因为此事与王安石结怨。苏洵与王安石有欧阳修等许多共同的朋友，他们都多有诗文信函交往，二人却没有留下片言只语。1063年王安石母亲去世，京城许多官员士大夫前去吊唁，苏洵父子没有前往。治平三年（1066）苏洵在京城去世，次年苏轼兄弟共护父丧回家乡四川眉山。这期间王安石在江宁守孝讲学，自1063年秋到1069年初两家远隔千里，无由交往。

1069年二月，王安石刚任副宰相，苏轼兄弟为父亲守孝期满当月入京。王安石尊重知识、尊重人才，期望苏轼兄弟为变法改革效力，立即对其委以重任。苏轼被任命以殿中丞直史馆判官告院，官位仅次于官告院提举，相当于今天国家人事部门负责奖惩的官职。三月十六日，苏辙被安排到变法领导机构制置三司条例司任检详文字，这是非常重要的文秘工作。如果说二人即使原来与王安石有点过节，王安石如此重用二人也该释然了。但王安石一片苦心未能如愿，面对变法改革，苏轼兄弟毫不犹豫地站到了反对派阵营。

苏辙经常接触王安石和皇帝商谈变法重要事项，由他去起草办理。他最早听到关于"青苗法"的信息，1069年九月五日向王安石提出"青苗法"不可行的意见，其说确有一定道理。《续资治通鉴》第六十七卷记载，王安石听后诚恳谦虚地说：

"君言诚有理，当徐思之。"由是逾月不言青苗。

此事苏辙《龙川略志》卷三《与王介甫论青苗盐法铸钱利害》有更为详细的记载：

介甫召予与吕惠卿、张端会食私第，出一卷书，曰："此青苗法也，君三人阅之，有疑以告，得详议之，无为他人所称也。"……介甫曰："君言甚长，当徐议而行之。此后有异论幸相告，勿相外也。"自此逾月不言青苗法。……

说王安石把他和吕惠卿、张端三人请到家里吃饭，王安石拿出"青苗法"初稿，让他三人阅视，有不同意见直言相告，共同详细议论。苏辙讲了不同看法后，王安石肯定苏辙所言有道理，应当静心思考讨论。他告诫说以后听到不同意见请直言，要内外有别。《续资治通鉴》与苏辙的记载基本一致。后来河北转运判官王广廉上言关中有行青苗钱成功的经验，请将关中漕司做法行之于河北；"青苗法"几经反复，再次公开讨论，是因王广廉奏请以神宗为主推动的,王安石肯定参与其中。他认真对待苏辙意见,广泛调研,深入思考一个多月,慎重稳妥完善,力求广集众智,制定最切合实际的好法。

从苏辙自述可知:一是向来很少请客吃饭的王安石,为了形成知无不言无不尽的良好氛围,最大限度制定出切合实际好法,他礼贤下士,把苏辙等三人请到家里吃饭,诚恳听取他们对青苗法的意见建议。二是王安石很有君子之风,对下级官员谦和尊重,平易近人,作风亲和。这哪里是守旧派攻击他刚愎自用一意孤行的拗相公?可见王安石执政初期,作风还是比较民主的,还是能够虚心诚恳听取不同意见的。但是对于后来许多王公贵族、高官名流、居心叵测的守旧派汹汹然无所不用其极干扰破坏新法,他深知退一步变法改革大局受挫,后果严重。他日理万机,一人独挡天下明枪暗箭,整天处于高分贝喧嚣的聒噪中,对待较少建设性偏见的邪说甚至丧心病狂的攻击,他已经心力交瘁,很难保持执政初期的冷静和耐心,他就像过河的卒子决不后退,因此也可能忽视反对意见中的合理成分。这正是历史上所有改革家勇往直前、百折不挠主流精神中的瑕不掩瑜。

"青苗法"是关系改善民生,巩固宋朝统治基础的大事,推行"青苗法"是大道理。君臣二人根据苏辙等人建议,尽可能完善此法,绝不可能有不同意见因噎废食裹足不前。苏辙大约在熙宁二年(1069)四月以后,上书反对派遣官员到全国各地调研。调查研究是制定新法的基础,王安石当然不能同意他的谏阻。苏辙身在变法领导机关,参与许多新法讨论制定,较早详细了解多项新法内容与意图;对新法的反对批判时间早,而且批判深切。

苏轼反对新法是从熙宁二年五月所上《议学校贡举状》,反对王安石改革科举开始的,随着时间的推移,日益激烈,逐渐失去理智。

苏轼激烈反对王安石变法,他最早概括总结王安石"三不足"思想,成为批判这一变法改革理论基础的始作俑者。《苏轼文集》记载他1070年三月上奏《拟进士对御试策》:

> 凡今之人(指王安石)……必以此籍口:"天命不足畏,众言不足从,祖宗之法不足用也。"

他早于司马光5个月予以严厉批判。北宋年间虽然王安石去世后范镇为司马光1086年作墓铭、司马光的儿子司马康约1088年策目注文、范祖禹1098年十一月、刘安世约1110年涉及或批判"三不足";南宋则有邵伯温、邵博等十几人见诸成文批判。但在王安石生前,苏轼首先概括上奏皇帝,实为批判"三不足"的急先锋。司马光是以文言阐述(见前文)并未直接概括"三不足"思想,意在引导参加考试士子批判,引起天下尤其是京城朝堂波动,致使王安石难堪与被动。二人都企图从理论基础对变法改革釜底抽薪,苏轼总结概括最早足见其文才之高及反对王安石的肆无忌惮。

王安石看到苏轼兄弟反戈倒向,尤其是苏辙身处中枢机要窝里反,成为变法改革领导机构内部的阻力。谁作为宰相也不可能宽容下属在身边阻碍大政,更何况是涉及变法改革的大局。这不能怪王安石肚量小,不存在这个问题。王安石容忍长达5个月,依其自请外放,他八月份被任命为河南府推官,后被知徐州的张方平用为州学教授。宋神宗尤其是王安石对他可谓宽容。苏辙的调离引起苏轼兄弟对王安石更加不满,二人反对新法更加激烈。每涉及一项即使初议的新法,二人就交相上章激烈反对。比如苏轼除了逐条反对新法之外,于熙宁四年(1071)二月、三月两次向神宗上万言书,对成立制置三司条例司、巡行使者以及青苗法、均输法、免役法、农田水利法从体制到内容进行了全方位的批判,他还指责王安石变法:

> 结怨天下,丧失人心;刻薄轻举,败坏风俗;损害台谏,废弛纪纲。

苏轼对新法的批判多是凭主观想象,没有根据乱发议论。比如前文12章他对农田水利法的胡言乱语。苏轼主观臆断,说天下承平日久,能够利用的天时地利等自然条件,都已经充分利用,再也没有什么潜力可以挖掘。他断言治理大江大河"岂惟徒劳,必大烦扰"。这和司马光所说的天下财富是为定数,不在公家则在民间,公家多民间就少,民间多公家则少如出一辙。与王安石改善生产条件把蛋糕做大,富民强国的主张格格不入。

第二次上书他继续老调重弹,还说成立条例司、遣青苗钱、敛助役钱、行均输法,四海骚动,行路怨咨。反对在京东等三路试行"免役法":

> 臣以为此法,譬之医者之用毒药,以人之死生,试其未效之方。三路之民,岂非陛下赤子,而可试以毒药乎!

他把朝廷通过调查研究,广泛征求意见,几上几下切磋长达两年,慎重试行的"免役法",说成是医生以人的生命为赌注,用毒药治病;说三路百姓皆皇帝之民,怎么能够用毒药检验药效?!很难想象这样的言论,竟然出自旷世奇才大文豪苏轼之口。"免役法"是毒药吗?事实胜于雄辩,因为此法后来推行天下成效显著,他极力反对司马光盲目废除"免役法",说其有五利不可废,就是最好的回答。但在当初他和司马光,几乎就像条件反射一样,用他自己的话说:新法之初"辄守偏见",凡新法必反,无限上纲,他预言推行新法:

> 小用则小败,大用则大败,若力行而不止,则乱亡随之。

更是没有根据的信口开河。他请求神宗罢免驱逐王安石小人之党,诋毁王安石人品更是丧失理智。当时多项新法还没有出台,有的颁行时间短有待实践效果,这种预言纯属危言耸听。为了对宋神宗追求富国强兵釜底抽薪,他还说了一些非常离奇,令人不可思议的奇谈怪论:

> 夫国家之所以存亡者,在道德之浅深,而不在乎强与弱;历数之所以长短者,在风俗之厚薄,而不在乎富与贫。道德诚深,风俗诚厚,虽贫且弱,不害于长而存;道德诚浅,风俗诚薄,虽强且富,不救于短而亡。……(《苏轼文集》卷二五)

苏轼把国家长久与富强对立,他的逻辑就是:富强的国家不会长久,贫弱的国家反而可以长久;王朝享国长短决定于道德的深浅和风俗的厚薄。苏轼的思想认识犯了道德风俗决定论、绝对化的错误。实际上国家富强是硬实力,是享国长久的物质基础根本保障。道德风俗建设虽然也非常重要,但属软实力。况且只有"仓廪实而知礼节,衣食足而知荣辱"(《史记·管晏列传》)。道德风俗建设必须以物质即国家富强为基础,这是士人皆懂的常识。苏轼的目的就在于奉劝神宗放弃变法图强,侧重道德风俗建设。面对内忧外患王朝大厦风雨飘摇,对外丧失尊严不得苟安,振兴国运迫在眉睫;况且当时道德风俗文明建设已是木桶效应的长板;要神宗把重点放在已是长板的道德风俗建设,放弃基础根本,放弃追求补齐短板,富强振兴国家,这怎么可能呢?!这样离奇之说神宗岂会采纳?!苏轼和司马光等士大夫,都是知识广博的社会精英名流,上书皇帝奏章之前本来应当多调查研究,摆事实讲道理,讲究点君子风度。为了整倒王安石罢废新法,除了套用君子小人义利等教条空洞无物,吓唬动摇帝王决策,竟至诋毁王安石高尚的人品,实在过分。其实,如果谁诋毁一个明知是圣贤者的人品,必定是他自己人品有瑕疵。苏轼、司马光二人诋毁王安石人品,其结果适得其反。因为没有比神宗皇帝更深知王安石道德楷模,称其为"今之古人",是少有的圣贤,因此二人攻击王安石为小人奸佞,仅因此其上书反对新法的说服力大打折扣。

苏轼还在负责科举考试时,出题引导举子批判王安石:

晋武平吴,以独断而克,苻坚伐晋,独断而亡;齐桓专任管仲而霸,燕哙专任子之而败。事同而功异,何也?(《续资治通鉴》第六十八卷)

其目的就是影射王安石诱导神宗信任自己,独断朝政。

王安石和神宗对苏轼兄弟寄予厚望,安排到重要岗位,但其反对新法,不为所用,而且苏轼反复自请外任,熙宁四年(1071)四月苏轼出任杭州通判。

有人说王安石排斥苏轼,平心而论,有哪位百官之首的宰相容忍他人独树一帜与自己唱对台戏,况且王安石为的是治国安邦,兼济天下众生。他不可能无限度容忍苏轼缺乏实践真知,仅凭书生意气,以儒家教条甚至信口雌黄永无休止地干扰变法改革大局,衰减朝廷政令的权威和公信力。调离苏轼只为变法改革的大局,有助于其在地方执政实践中了解社会民生、增长才干。

苏轼1069年初再入京城虽已33岁,他自1057年科考入仕已12年,但为父母守孝6年,且没有担任地方主官的历练,并无突出贡献。杭州后为南宋的都城,北宋除了京城开封之外,江宁、杭州、扬州都是江南经济发达非常繁华富庶、人文荟萃的名城。苏轼到杭州做官是重用,不存在排斥苏轼的问题。王安石从1042年科考入仕兢兢业业从扬州做起,到鄞县被百姓修生祠大名天下,然后任舒州小州通判,三地政绩卓著誉满朝野,天下闻名,1057年37岁才担任常州知州,常州与杭州相比不是一个档次。而苏轼未经县令历练任大州通判,实与文才大名有关,比较他当时政绩是高规格的安排,与王安石入仕相同时间任职毫不逊色。为天下树立了重用持不同政见士大夫的典型。苏轼离开京城,减轻了朝廷内耗。

由于苏轼兄弟闻名天下,是士大夫的一面旗帜,他们激烈反对新法,对朝政阻力干扰副作用极大。司马光与王安石不共戴天,不废新法他死不瞑目,主要靠他天下公认的道德修养操守,德高望重朝野敬仰,作为反对变法改革的旗帜,负面影响深重;苏轼主要靠文才大名,为天下年轻士大夫偶像,以妙笔生花的文章,给变法改革造成了很大的困扰。比如他第一次上神宗皇帝万言书,神宗为其所动召见他,对变法改革造成了严重不良影响。他对雄才大略沉着稳重的神宗尚有一定的影响力,对天下士大夫的旗帜引领作用更不可小觑。

王安石为了国家大局,他真心诚意愿与司马光、苏轼等合作共事,共创中兴大业。司马光二人对他攻击诋毁丧失理智;王安石从来没有参奏二人或公开反击应战,他力求减轻与其政见分歧影响变法改革国家大局,他尽量将二人造成的负面影响降低到最低限度。按照常理来说,你司马光、苏轼拿不出解决国家危机的办法,皇帝不欣赏你,自己的政见反复多次陈述也就算了,大可不必非要与王安石不共戴天。王安石没有对不起你,是你二人攻击诋毁非要跟人家对抗。当王安石去世之后,司马光明知熙宁元丰年间新法已经实行17年,内忧外患基本解除,推行新法给宋朝带来换了人间的巨变,基本上实现了难得的中兴;却不听苏轼等人劝阻,非要倒退回到统治难以为继的老路,这确实是心理精神健康出了问题。他不如苏轼知错必改,认真严肃深刻反省。

由于变法改革初期两年司马光和苏轼极力反对新法,与王安石对着干,成为天下权贵等既得利益阶层反对变法改革的理论旗帜与精神领袖,使得反对变法改革的声浪如地震海啸。其干扰国家朝政运作,影响社会舆论,严重衰减朝廷政令,虽非二人主观愿望,但对国家客观危害甚重却是实情。

苏轼兄弟为什么反对新法?原因较复杂。

一是兄弟二人阅历浅,年轻见识少,从政时间短,没有实践经验,书生意气重,深陷义利之说等儒家教条理论束缚;反对新法不能说没有一点道理,但是世界上的事情,有大道理有小道理,一切小道理都归大道理管着,都必须服从大道理。变法改革是关系天下长治久安的大道理,一切小道理都必须退避三舍,让位于这个大道理。

变法改革不是王安石想变就变的事情,是历史的必然和帝王的重托。王安石主政时年近50岁,已是高瞻远瞩的政治家,而苏轼才30岁出头,虽志欲报国,但他对国家积弊及解决办法的认识,基本上属于纸上谈兵,对新法认识有失客观公正全面。比如王安石为培养社会需要的各类人才,改革教育科考,苏轼极力反对,他维护死记硬背儒家章句、以诗词取士与现实脱节的科考制度。

苏轼看人不深,高俅原为府中书童,因他与驸马王侁私交甚厚,苏轼离京外任时安置高俅进入王府。高俅以擅长踢球获端王宠信,端王即后来徽宗,即位后高俅竟至太尉。其知恩图报,苏轼家人入京曾受到高俅照顾。无独有偶,司马光1086年任宰相尽废新法时,误将投机政客蔡京提拔为开封知府,他顺着司马光向上爬,后来任相祸国殃民。北宋灭亡万劫不复,除徽宗昏庸无道外,奸佞文臣首推蔡京,高俅作为太尉,汴京陷落,宗庙被毁,北宋灭亡,难辞其咎。蔡京和高俅罪行罄竹难书,司马光和苏轼地下有知,岂不悔恨莫及?!

二是守旧派重臣影响。反对变法的张方平、思想已趋保守的欧阳修都曾任副宰相,对其父子有力荐之恩,苏轼兄弟深受尊重师长传统道德影响。

三是受宽松的时代政治环境影响。宋代优待士大夫,"不杀上书言事的人",知识分子官员言论自由、学术民主,可谓自春秋战国、魏晋玄学第三个"百家争鸣"的时代。宽松的环境促进了学术繁荣和社会进步,却助长了一些士大夫上书言事不负责任,攻击朝政肆无忌惮,对抗执政大臣有恃无恐的不良风气。舞文弄墨的士大夫钻牛角尖走向极端,甚至无中生有造谣,只求能博取敢斗宰相、忤逆龙鳞冒犯君威的"诤臣"美名。北宋宰相如走马灯一样,即使有心报国,也很难施展才干。苏轼受此风影响,毫无顾忌。古往今来,国家大政"肉食者谋之";宋代士大夫关心社稷民生:"天下兴亡,匹夫有责",精神可嘉,但应该先冷静观察深入思考,平心静气提出中肯的意见建议,没有必要情绪偏激,甚至诋毁王安石人品,其言行于公于己于王安石都百害无益。

苏轼也可能受父亲苏洵影响。1056 年,苏洵带领苏轼兄弟赴京参加科考,这时北宋散文六大家齐聚京师,活跃了京城文学创作和士人交往,留下了许多逸闻趣事,可谓我国文学史上之盛事。这时王安石有可能结识苏轼兄弟,但未见史料记载。王安石、王安国和苏洵曾同桌参加欧阳修宴请。王安国可能因看不起苏洵战国纵横家文风,且结交朝中权贵名流,推销自己索要官职,致使苏洵对王安石兄弟不满。后来有人说苏洵作《辩奸论》(另说托名伪作,今无定论),隐晦诬蔑王安石为奸佞。苏轼可能因此以及苏辙调离京城等怨恨王安石,意气用事,失去理智反对王安石,攻击新法措辞严厉。他缺乏对新法建言献策的态度,而是必欲将王安石赶出朝堂,废除新法;王安石对他宽宏大量,而他则是激烈对抗永无休止,实在令人为之遗憾惋惜。

王安石宽容苏轼青年才俊,把他看作晚辈,对于他无中生有诋毁自己不在乎。他和神宗让苏轼任杭州通判重任,可能是出于让他到基层体察社会民生,在地方执政实践中体验新法、转变思想观念的考虑。对于苏轼在地方根据他自己认识,我行我素,执行新法有所选择,以诗文讽刺新法,王安石都能容忍。在他执政期间,始终给予了苏轼做官施政、文学创作宽松的环境。苏轼地方官当得悠然自得,未受委屈,有些方面还颇有政绩。应当说,在二人交往的第一阶段中,王安石变法改革并未直接涉及苏轼个人,而且对其兄弟重用宽待;苏轼兄弟激烈攻击新法尤其是诋毁王安石人品,他没有与苏轼计较,他主政七年宽容苏轼,苏轼的仕途环境比较宽松。

当今世上流行说法王安石与苏轼是政见尖锐对立的政敌,这种说法其实抬高了苏轼;因为二人可比性差别大,就像不同项目体育运动员不宜用某一项目标准评价。首先二人主要成就不同。王安石虽为许多领域通才宗师,但他第一位成就贡献是伟大的政治家,苏轼仅是文学艺术大家;王安石思接千载视通万里,以远见卓识救世补天,振兴国家;苏轼缺乏政治定力,更少治国真知灼见与实践,政见多儒家教条不切实际,他是官场中自作聪明的书生。二人政治成就难以相提并论。其次王安石政敌主要是司马光、文彦博、韩琦、富弼等,苏轼与其不是一个重量级。其三是苏轼非要挑战王安石,犹如村夫长期骂阵王安石家门;王安石宽宏大量,不屑与之对阵;他集中精力掌控全国变法改革大局,对于其聒噪泰然处之。他从无当面斥责或著文驳斥苏轼。

王安石与苏轼交往的第二阶段:王安石1076年辞相至1086年去世。苏轼失去了王安石当政时的宽松环境,命运发生了根本变化。1079年三月,苏轼自徐州调任湖州时,他在上奏《湖州谢上表》中大发牢骚:"愚不适时,难以追陪新进。"被御史台参奏,成为"乌台诗案"导火索。他此前长期反对新法有胸怀宽广的王安石为君王挡枪及对他容忍。王安石退休后,他直接面对的是乾纲独断的神宗皇帝,出言不逊藐视的是皇帝权威,他必遭惩处在所难免。有人揭发他印发广为流传的诗文中,有许多嘲讽新法的内容,比如他把实行"农田水利法",兴修水利,改善农业生产条件讽刺为:

东海若知明主意,应教斥卤变桑田。(《八月十五日看潮五绝》)

把朝廷要求官吏学习法律、推进依法治国,讽刺为:

读书万卷不读律,致君尧舜知(一作"终")无术。(《戏子由》)

其余讥讽新法诗作不再列举。苏轼确实有些过头,10余年间无视朝廷对其宽容重用,与新法作对,写奏章提意见也就算了,但将含有讽刺新法内容的诗词印发社会,给国家施政造成严重不良影响。再开明的朝代,再宽厚的君主也很难容忍他永无休止地藐视皇威、攻击朝政。苏轼因此被捕,史称"乌台诗案"。苏轼这场人生大难,除了神宗意欲对其严惩,以儆效尤,还有负责案件的御史中丞李定等人。李定此前曾因坚定支持变法改革受到守旧派敌视。后有御史陈荐参奏他不为庶母服丧,其实事出有因,属于守旧派诬陷。当时苏轼曾著文赞扬朱寿昌辞官寻母尽孝,讽刺李定。一时李定受人鄙视,因此与苏轼结怨。李定主办案件,苏轼雪上加霜,难逃厄运。

许多与苏轼结怨者对其幸灾乐祸,王安石的弟弟王安礼为皇帝侍从官,极力为其求情,王安石在南京闻讯连夜给神宗修书,请求对其从轻发落。

其实,这时苏轼已由变法改革初期极力反对新法,经过多年任职地方实践,看到新法取得的巨大成效,逐步转变了思想认识。但是,其含有许多讽刺新法作品的诗集早已印发,广为流传,覆水难收。据说神宗处理"乌台诗案":

> 上以公(王安石)疏入方为决。

说圣上以王安石上疏才决断了苏轼案件。将苏轼从轻发落,调任黄州团练副使,易地降职降低政治待遇做官。但是,对于收受苏轼诗文官员处理株连较多,其中不乏高官名流大家:驸马都尉王诜、苏辙等三人易地降职安排;张方平、李清臣罚铜各30斤;司马光、曾巩、范镇、刘攽、黄庭坚以及王安石的幼弟王安上等20人,罚铜各20斤。据宋代朋九万《乌台诗案》记载,李常、孙觉等甚至去世7年的欧阳修也牵涉其中,收受保存苏轼诗集被处罚株连官员达76人。处罚株连如此之多,显示宋神宗决心以霹雳手段,清除反对变法改革的杂音;但其首开宋代文字狱先河,恶劣影响深远。

王安石营救苏轼信件原文失传,今人无法阅读到他宰相肚里行舟船的精彩文字,但其中一句流传至今:"岂有圣世杀才子者乎?"他劝神宗说苏轼才华天下闻名,作为圣世明君,应当宽容其以诗文发发牢骚,说点出格过头的话,哪有圣明之世杀才子的道理? 王安石一封奏请,苏轼大难不死重见天日。王安石为什么这样以德报怨,倾情力保苏轼? 他考虑的是国家利益,保的是国家人才,保的是"不以言罪人"基本国策的连续性。假如没有王安石兄弟倾情营救,第三代文坛领袖很可能早日陨落,也就没有苏轼后来20余年前、后《赤壁赋》等传颂至今的许多佳作,中国文学将会因此失色。王安石就是卓尔不群,古今中外对待政敌落难,幸灾乐祸者多,不乏落井下石者。像他这样恳请营救过激反对新法尤其是丧失理智诋毁自己的政敌,这样的封建政治家,古今中外还有几人?

王安石的人品震撼感化了苏轼。1084年七月,苏轼曾到南京拜访已退休8年的王安石。那天王安石骑驴及早赶到长江码头,看到苏轼乘坐的船由远至近,缓缓靠岸,他急忙前迎,苏轼慌忙出舱,施礼作揖说:"苏轼今天以野服拜见大宰相。"王安石则笑着说:子瞻不必客气,朝廷的礼数难道是为我们这些人设置的吗? 一句话说得苏轼如沐春风,惶恐疑虑全消,二人"相逢一笑泯恩仇"。此后一个多月二人游山玩水,议论古今,切磋诗文,探讨佛学,畅谈王安石所著《字说》,诗作唱和留下了许多佳作名篇。二人无所不谈,推心置腹。苏轼更多了解到当年变法改革内情和王安石的苦衷,佩服王安石报效天下勇往直前的精神风范,他以自己10余年任职地方对社会民生的了解,亲眼看到全社会欣欣向荣的新景象,由衷非常佩服王安石开创新时代的巨大成就贡献和崇高人品节操。二人以诗唱和,苏轼在《次荆公韵四首》其三感慨:

劝我试求三亩宅,从公已觉十年迟。

他感激王安石与他相约为邻,后悔十年前见识浅薄,没有跟上王安石变法改革的步伐。苏轼听说王安石将半山园房屋资产等捐赠社会,非常感动。二人乐不知倦,古往今来,天地万物,海阔天空。王铚《默记》记载王安石虽然有意重修《三国志》,因年老曾建议苏轼担当重任:"非子瞻,他人下手不得矣。"说除了苏轼其他人不能胜任。苏轼以"轼以讨论非所工",说研究考证非己所长,他转而委托长于史学的刘羲仲。其时,苏轼47岁年富力强,学识广博,正是研究创作大部头作品的黄金时期,他不愿潜心攻坚啃硬骨头,劳累憔悴身心,擅长随心所欲偶感随笔,这是苏轼作品宏富却美中不足的缺憾。

苏轼在给好友滕达道的信中,表达了见到王安石由衷的喜悦:

时见荆公,甚喜,时诵诗说佛也。

苏轼对王安石的文学与学术表示了由衷的肃然起敬,佩服王安石的学识广博精深,称赞王安石:学富五车,才高八斗,人所难及呵!

王安石高度评价苏轼,《西清诗话》记载:

元丰间,王文公在金陵,东坡自黄北迁,日与公游,尽论古昔文字,闲即俱味禅悦。公叹息语人曰:"不知更几百年,方有如此人物。"

苏轼虽然愿意接受王安石买宅为邻的盛情美意,但因为半年后1085年三月神宗去世,司马光掌权,蛮横废除新法,王安石毕生心血付之东流,两人聚会仅一年半王安石忧愤去世,二人相约为邻的愿望终未实现。元祐六年(1091)三月,苏轼虽然被重用为吏部尚书,随即外任地方,继任礼部尚书,达到仕途的巅峰,但却被卷入更大的政治斗争漩涡。绍圣元年(1094)被贬惠州,苏轼以"日啖荔枝三百颗,不辞长做岭南人"淡然处之;四年(1097)被贬海南岛儋州,苏轼以他的乐观豁达洒脱"我本儋耳氏,寄生西蜀州",从容面对生命最后几年时光,为海南文化建设作出了突出贡献。元符三年(1100)哲宗去世,徽宗赵佶即位,大赦天下,苏轼离岛北归,1101年病逝于归途常州。一代旷世奇才文学泰斗走完了他非凡的一生。

苏轼当年八月离开南京后,接连给王安石写信,他惜别第二天信中说:

> 某游门下久矣,然未尝得如此行。朝夕闻所未闻,慰幸之极!已别经宿,怅仰不可言!(《东坡续集》卷一一)

说我苏轼多年愿作为晚辈学生,以先生为师从游门下,然而从未有这次受益颇多。一个多月早晚相处,听到许多从未听到的至理高论,感到非常欣慰荣幸。离别仅一日,惆怅敬仰难以言表,最后祝愿王安石保重身体。

1061年王安石作为考官,为苏轼参加制科考试拟写录用公文,名义上为其老师,他"从公已觉十年迟",愿作王安石门生的谦恭,都说明二人由于政见不同严重影响的师生关系,通过这次长时间交往,惺惺相惜,成为文坛挚友。

1084年九月上旬苏轼再发信函,详论欲买宅为邻,并举荐秦观:

> 某顿首再拜特进、大观文相公执事:某近者经由,屡获请见,存抚教诲,恩意甚厚!别来切计台候万福!某始欲买田金陵,庶几得陪杖屦,老于钟山之下……

接着介绍秦观的文才品德,请求王安石推荐,使其"增重于世",提高秦观的知名度和影响力,以便人尽其才。两书情意真挚,对王安石非常尊崇。

王安石亦有《答苏子瞻简》回书,对逾月间交往非常珍惜,对惜别金陵不胜怀念。他称赞苏轼所寄秦观诗作"手不能舍",说侄婿叶涛称其:"清新妩丽,与鲍谢似之。"说因患病眩晕"尚妨细读"等。巧的是秦观第二年1085年考中进士,未见史料记载是否与王安石有关。

两大文坛领袖重归于好,留下了千古佳话。苏轼这次拜见王安石,于私他非常感激身陷囹圄时王安石兄弟鼎力相助,使他重见天日。滴水之恩当涌泉相报,何况是救命大恩;于公是他对早年反对新法错误向王安石道歉。他在地方主政实践中,亲眼看到推行新法全社会繁荣昌盛,天下旧貌变新颜,深刻反省此前的错误。苏轼文集中有任职徐州(1077—1079年三月)时给挚友滕达道(68封信第8封)信函诚恳反省:

> 某欲面见一言者,盖谓吾侪新法之初,辄守偏见……而所言差谬,少有中理者。今圣德日新,众化大成,回视向之所执,益觉疏矣。若变志易守,以求进取,固所不敢;若哓哓不已,则忧患愈深。

说想面见好友有一言相告,初行新法时,自己年轻见识浅,看新法多偏见,凡新法必反,所言多差错谬误,很少有说到理上的;回过头去看,以往考虑问题不全面,所论多疏漏。当今天下圣明之世,道德日新,教化百姓的措施取得全面成功;这不正是对变法改革的充分肯定吗？他说心里很矛盾:如果改变立场,有人会说我墙头草随风投机;继续反对新法,那更是错上加错。苏轼思想境界高于永不认错死不回头的司马光。他深刻反省及思想观念的转变,也反证了变法改革的英明正确。

滕达道曾任御史中丞、翰林学士,政治上反对变法改革,是目前我所看到苏轼写信最多的挚友,苏轼以自己亲身感受,劝告好友不要执迷不悟。

上信写作时间有 1079 年二月和元祐元年(1086)两说,前说是在"乌台诗案"前半年,王安石已经退休 3 年。当时他没有向朝廷及王安石屈服认错的政治压力,且苏轼几时有过违心屈从认错？如果是 1086 年,更是苏轼逆司马光复辟倒退的错误潮流,知错必改,实话实说,难能可贵。鉴于是给最好的朋友写信,无外界压力,确实是发自内心真情,以己教训劝告好友。

1086 年王安石去世,时任知制诰的苏轼代表哲宗皇帝撰写《王安石赠太傅制》,对王安石终生成就贡献、学术建树、道德文章作了盖棺论定的肯定。二人的交往画上了圆满句号。二人真是有缘,苏轼回报了 25 年前王安石任知制诰,为他书写制科考试录取任职公文的前情。

王安石去世后,哲宗 9 岁即位,他的祖母高氏任用司马光为相,司马光独断专行废除新法。苏轼根据自己基层任职的实践,反对全盘否定新法,主张修改完善,与司马光激烈辩论,称司马光为"司马牛",批评司马光一意孤行、刚愎自用。他对国家负责,实事求是对待新法,为人敬仰。

但他受守旧派担心变法派东山再起,全面清算王安石政治生态影响,1086年三月,王安石去世前一个月,他作《缴进沈起词头状》,再次严厉批判:

> 王安石用事,始求边功,构隙四夷。王韶以熙河进,章惇以五溪用。……

说王安石追求边功结怨四方夷狄。王韶、章惇皆以军功重用。并说先帝欲处死引起与交趾冲突的沈起、刘彝以谢天下,王安石等"曲加庇护",得以保全。同年,他代表朝廷贬谪吕惠卿文中斥责其:"谄事宰辅,同升庙堂。"说其巴结王安石升迁高官,并攻击所有新法。王安石去世后,江宁府司理参军、郓州州学教授周穜上书:"乞以故相王安石配享神宗庙庭。"苏轼 1086 年十二月作《论周穜擅议配享自劾札子二首》其二中诋毁王安石:

> 昔王安石在仁宗、英宗朝,矫诈百端,妄窃大名……

他接着斥责周穜:"草芥之微,而敢建此议……事关消长,忧及治乱。"此时的苏轼忘了他当年反对王安石变法时官职最高不过七品,兄弟二人长期永无休止上书干扰朝政,王安石没有因为他官职卑微阻止他发表政见。而这时的苏轼年近50,已是老成持重的知天命之年,没有一点谦和君子风度,与今人印象中人见人爱的苏东坡判若两人。宋代官场开明,鼓励官员群言堂,周穜官职卑微,不迎合朝廷,敢于发表不同意见,不正是应当受到褒誉吗?这不正符合司马光给吕公著信所说正确评价王安石,醇厚社会风气要求吗?可结果却是周穜被黜落罢官。司马光所说他和苏轼都没有做到。

他继续攻击王安石：

> 窃以安石平生所为,是非邪正,中外具知,难逃圣鉴。先帝盖亦知之,故置之闲散,终不复用。……或首开边隙,使兵连祸结,或渔利榷财,为国敛怨,或倡起大狱,以倾陷善良,其为奸恶,未易悉数。而王安石实为之首。……有同鬼蜮,其党甚坚,其心甚一。

苏轼对王安石及其他新法人物的批判诋毁,甚至超过熙宁变法初期。

他一反不喜作墓志铭之类文字,破例为司马光、张方平、富弼等守旧派重臣撰写墓志铭,歌颂他们反对新法的事迹,揭露并严厉批判王安石。苏轼已经深刻反思反对新法的错误,却又歌颂司马光等人反对新法的错误?!

苏轼政治上的反复有很深刻的社会政治因素,他认为肯定王安石,就是肯定变法改革,就等于肯定他所怨恨的李定等变法官员。苏轼担心日后支持新法的大批官员借王安石的威望水涨船高,卷土重来。但即使是这样,既然已经对反对新法有过深刻的反省,与王安石聚首南京时感慨"从公已觉十年迟",而且又代表皇帝起草制辞,称其为群贤之首,作了盖棺论定高度评价,岂能因政治原因出尔反尔,再去否定道德修养、学识文章实为"圣贤"的过世伟人?!况且王安石是他"乌台诗案"的救命恩人。即使自食前言批判王安石的政治与学术,但也不应该否定其崇高的道德操守。这一点确为苏轼思想境界及政治品质的瑕疵,实在令人遗憾。苏轼这次政治上的反复,也为哲宗亲政后他再次被贬种下了祸根。他年轻时见识浅,反对新法犯错误朝廷原谅,甚至有人称赞他初生牛犊不怕虎;成熟后反省错误,顶撞司马光刚愎自用废除新法是改错归正,天下赞赏。虽然不识时务,但一定程度上落得个刚直不阿、品德高尚好名声;但他随政治潮流出尔反尔,再去诋毁已经去世的伟人王安石,是由正确到错误,出尔反尔有失厚道,实为政治品质和修养操守的反复无常。

宋哲宗并非无道昏君,对于守旧派以他的名义废掉父亲和王安石新法,早已忍无可忍,亲政后恢复新法乃是行孝道利天下之举。苏轼"元祐更化"升迁朝堂,跟风再反王安石及其新法受贬在所难免。否则也就可能没有他的惠州尤其是儋州之贬。因为哲宗和朝廷大臣不可能将深刻反省错误,守旧派清算变法派时不为所动,坚守道义,文才大名鼎鼎的苏轼再贬两次直到天涯海角。苏轼的后两次被贬与他所作所为紧密相连,正所谓咎由自取因果报应。许多人同情他的遭遇,对于名人大家受贬自身主观原因宁愿讳言。

苏轼有两首诗总结他人生及对后代期望:

> 心是已灰之木,身如不系之舟。
> 问汝平生功业,黄州惠州儋州。(《自题金山画像》)

> 人皆养子望聪明,我被聪明误一生。
> 惟愿孩儿愚且鲁,无灾无难到公卿。(《洗儿戏作》)

两首诗作有点儿自我解嘲的牢骚怨恨,但也不能全怪朝廷对他不够宽容。宋代是中国封建社会最宽容士大夫的时代,从建国到苏轼1079年"乌台诗案"120年间,文字狱仅此一宗,仅苏轼一人受到惩处,他难道不应反省自身?

司马光和苏轼深知并且多次肯定王安石是正人君子,但是他俩上奏章却把王安石说成是奸邪、野心家、民贼,要求神宗驱逐王安石小人之党。在这方面他俩混同于居心叵测、素质低下、颠倒黑白、蛮不讲理的反对派。作个不恰当比喻,其二人对王安石的诋毁,犹如农村乡邻吵架:有乡贤为全村人谋福祉,有人不理解,围堵其家门吵闹;贤者虽正义真理在胸,且有能力制裁对方,但为大局着想欲息事宁人;另一方却纠缠不休,以不实之词诋毁乡贤,欲使其身败名裂而后快。二人所为与欠缺文明教养村夫颇有点相似。虽然司马光、苏轼私德为人称道,但信口雌黄诋毁王安石却是俩人公德共同的缺陷,归根结底是道德修养的瑕疵,思想境界远逊于王安石。

南宋大儒朱熹对王安石的评价远高于苏轼。苏轼《答张文潜书》评价王安石学术:"王氏之学未必不善也,而患在于好使人同己。"朱熹对此评价说:"此皆说的未是。若荆公之学是,使人同己俱入于是,何不可之有?"

朱熹评价二人品德:

> 东坡之德行,哪里得似荆公?……他分明有两截的议论。(《朱子语类》卷一三〇)

朱熹说苏轼原来有改革的理想,但是看到王安石变法改革四面受敌,便改变了以前说法。因此他说苏轼有两截即两面说法。其实苏轼最为人诟病的两面说法是对王安石道德人品的评价,经历了由错误到正确,再到人为返归错误反复的变化轨迹:由变法改革初期丧失理智诋毁诬蔑王安石,多年地方实践后反省偏见,尤其是衷心感激王安石对他 1079 年牢狱之灾时,奏请神宗尽力营救。1084 年拜见王安石崇拜其品德才学,表示愿意做学生;1086 年王安石逝世前后代表朝廷起草文告,充分肯定王安石德才学识;同时写文章高调诋毁王安石人品。这才是典型反复无常的两面说法。

现将苏轼早年、变法改革时及后来王安石对其宽容善待,总结如下:

1061 年知制诰王安石任考官,为苏轼制科考试录用撰写肯定激励公文。

1069 年苏轼兄弟为父亲丁忧期满入京,神宗、王安石对二人委以重任。

1070 年苏轼最早总结、批判王安石"三不足"说,王安石泰然处之。

1071 年苏轼上神宗万言书,系统批判新法;依他自请,出任杭州通判。

1079 年已退隐王安石为苏轼讥讽新法遭遇"诗案"求情。后从轻发落之。

1084 年苏轼到南京拜访王安石。二人终生唯一面交,苏感激其胸怀宽广。

1086 年王安石去世,苏轼代表朝廷撰写《王安石赠太傅制》肯定之。他欠厚道再次诋毁王安石为人诟病。他虽热衷政治无大建树,仅为文学大家。

王安石与苏轼同属北宋中后期杰出人物,是全宋 317 年间与欧阳修齐名的文坛领袖。苏轼是学识广博,琴棋书画、诗词文章等许多方面无不擅长精通的旷世奇才。王安石集政治家、文学家、思想家等多方面建树于一身的通才大儒,誉满天下不世出的学界泰斗,他的才华,他的思想,他的个性,他的"天变不足畏,祖宗不足法,流言不足恤"的大无畏精神振聋发聩,划破夜空。由于循"道"不同、世界观有别,且年龄差距甚至代沟等原因,苏轼对王安石有过误会、有过不敬甚至多次诋毁。但二人都是正人君子,而且文人相重。假如二人都不从政,历史会重新改写,然而政治却使他们不是冤家不聚头。由于他们都是学识广博的社会精英旷世奇才,尤其是王安石的节义操守高山仰止,不计前嫌营救苏轼的胸怀格局,他们经历政治斗争的风浪后能够尽释前嫌,握手言欢,成为我国历史上两大文坛领袖的千古佳话。王安石去世前后苏轼政治上的反复,只不过是他反省错误拜服王安石后,二人友好关系主旋律中的不协调音符,可谓大江东去中的曲折,滚滚波涛中的回头浪花。

元丰八年(1084)七月,苏轼到南京拜访王安石。此前他已经深刻反省早年反对变法错误。于公他是为自己早年错误,向王安石表示歉意,于私他感谢"乌台诗案"时王安石营救他于死囚牢房。二人月余切磋诗文,谈论学术,谈佛论道,无话不谈。王安石宰相肚里行舟船,对其"相逢一笑泯恩仇"。苏轼深感"从公已觉十年迟",表示实现了长久以来想当王安石学生的夙愿。二人尽释前嫌,惺惺相惜。两大文坛领袖言归于好,成为文坛千古佳话。

王安石退居南京时所作《后元丰行》：

歌元丰，十日五日一雨风。麦行千里不见土，连山没云皆种黍。水秧绵绵复多稌，龙骨长乾挂梁梠。鲥鱼出网蔽洲渚，荻笋肥甘胜牛乳。百钱可得酒斗许，虽非社日长闻鼓。吴儿踏歌女起舞，但道快乐无所苦。老翁垂水西南流，杨柳中间杙小舟。乘兴欹眠过白下，逢人欢笑得无愁。

该诗歌颂了元丰年间继续推行新法，风调雨顺，五谷丰登，百姓安乐，民生改善，江南农村欣欣向荣的景象。

第三十一章　不迩声色

我国封建社会男尊女卑,上层社会各阶层以及商贾乡野土财主等往往妻妾众多。宋代许多士大夫与歌舞艺人交往更是司空见惯,是当时社会时尚。而王安石远离歌舞,终生一妻,从不纳妾,成为同时代士大夫朝野百官楷模。王安石夫人吴氏受时代风尚影响,也想给王安石纳个妾,以随时尚。她担心王安石不同意,于是她就想先斩后奏,待既成事实后再劝王安石接受。她从京城街头买回姿色比较美貌的女子,领回到家中。此事载于一贯反对王安石变法,对王安石多有污蔑诋毁的邵伯温《邵氏闻见录》,原文如下:

> 王荆公知制诰,吴夫人为买一妾。荆公见之曰:"何物也?"女子曰:"夫人令执事左右。"安石曰:"汝谁氏?"曰:"妾之夫为军大将,部米运失舟,家资尽没犹不足,又卖妾以偿。"公愀然曰:"夫人用钱几何得汝?"曰:"九十万。"公呼其夫,令为夫妇如初,尽以钱赐之。

说王安石担任京城知制诰时,按任职时间应该为1061年到1063年间,他的夫人为他买了个妾,也就是小老婆。他回到家后就问这位女子,女子说,是夫人让我侍候你左右。王安石问她家里有什么人?女子回答丈夫是军队将官,为国家押运粮食船翻了,变卖全部家产还不足赔偿,于是她自卖自身,以赔偿官府损失。王安石听后心情非常沉重,问买她花了多少钱,女子说:90万(90万文钱,约900两银子)。王安石派人把她丈夫唤来,让其将妻子领回去。90万钱赐给他们以解危困,夫妇二人感激涕零,千恩万谢而去。

这件事由他的政敌邵伯温记下来,传之后世,具有更高的真实可信性。

我们看看其他官员是怎样对待女色的。曾任副宰相的张方平,他在四川成都担任益州知州的时候,对苏轼父子三人慧眼识珠,有举荐之恩。张方平后来担任副宰相,有人给他花钱买了个小妾,他承诺偿还花费银两。迟迟未予践诺,那人就向张方平追要。二人相比:都是人买到家,钱花出去了,王安石一分钱不将人退回;张方平是答应出钱而又不给,被追上门要账。二人高下真是天渊之别。此前1059年张方平任"计相"三司使时,手握全国财政大权,他以权谋私低价买下作专卖抵押的承包商豪宅,被人告发。谏官包拯因此参劾他:

"人品有亏,不可大用。"

王安石不但与吴夫人终身相伴,情深意笃,白头偕老,甚至许多官员都不回避的歌舞场所也不入。他从县令至州官京官,到当宰相,除了必须的公务,比如担任翰林学士、同修起居注等侍从官,有时陪同皇帝观赏歌舞,这是公务职责所系。只要是他自己能做主的,一贯恪守远离歌舞,不违初心。

王安石赴任提点江南东路刑狱时经过苏州。他的江西同乡刘敞,字原父,时任苏州知州,刘敞为宋代大儒,学识水平很高,为王安石文友,他设宴招待王安石。宋人赵令畤《侯鲭录》中记载了这次宴请:

> 王介甫外除,自金陵过苏州。刘原父作守,以州郡礼邀之,营妓列庭下,介甫作色,不肯就座,原父辩论久之,遂去营妓……

说王安石被重用地方任职,从金陵出发路过苏州。当时苏州知州刘原父设宴招待王安石。王安石进入宴会厅,见有军营歌舞艺人排列庭堂下等待表演,他一脸严肃,看着刘原父不肯就座。刘原父虽知王安石历来远离歌舞,这次因为其到外地担任一路最高司法长官,作为同乡好友,就想招待隆重热闹一点,于是就安排了歌舞艺人。由于王安石拒不入座,刘原父虽然反复劝说,王安石仍然不为所动,他只好把歌舞艺人撤下,王安石方才入座。王安石就是这样与众不同,做官几十年坚持初心,一以贯之。

王安石和司马光对待夫人买妾,王安石当天退妾赠金,救难扶危;司马光则是夫人买妾领回家中一段时间,夫人担心司马光难为情不好意思接受,去娘家躲避数日,走前嘱咐安排其盛装打扮,主动前去侍奉司马光,被司马光斥责退下。二人对此惊人一致。但是二人对待歌舞艺伎略有不同。宋人吴垧《五总志》记载司马光与文彦博在洛阳游乐:

> 司马温公昔在西都,每複被独乐园,动辄经月,诸老时过之,间亦投壶,负者必为冷淘,然亦未尝置庖,特呼于市耳。会文潞公守洛,携妓行春日邀致公。……亦不常看一行书,……公深愧之,于是遣马还第,誓不复出。

说司马光应该是在洛阳编著《资治通鉴》时,文彦博"携妓行春",邀他游览赌博玩乐,输者出钱邀歌妓演唱,时间竟长达月余不读书。作者赞扬司马光受到批评,知错闻过必改,发誓不再犯。但比较王安石好友为他安排歌舞,他坚持撤下歌舞才入座。二人都是士大夫私德楷模,但司马光的严谨自律稍逊王安石。

当时多数高官名士家中都有歌舞艺人,比如同为文坛领袖的欧阳修和苏轼,家中多有歌舞表演,唯独王安石卓尔不群。宋代官员俸禄较高,物质文化生活条件非常好,且当时重文轻武,京城是士大夫的乐园;参加各类文学沙龙、诗词切磋、学术讨论、游春踏青等,安排歌舞表演司空见惯。自唐朝以来沿袭至宋代,名士与才女艺人交往甚至狎妓比比皆是,是当时社会时尚,不受道德批评。许多歌舞艺伎甚至青楼女子文才、技艺、音乐等方面都有一定的修养,有的文化教养还比较高。王安石公务外潜心文学和学术及天下大事,没心思欣赏享受歌舞。最根本的是他一生简朴,厌恶花天酒地的奢侈生活,尤其是尊重女性的崇高思想。

其他名人大家与王安石有什么不同?仅举几位学识道德功业流传千古名臣几件小事。寇准是宋真宗时期扭转危局的千古名相,前文谈到他生活奢侈豪华追攀帝王,他的侍妾蒨桃曾经作诗予以尖锐的批评。

范仲淹、欧阳修和苏轼等都不拒绝人间男女的欲望。范仲淹无论是政治作为,还是道德修养以及文学学术,都是宋代少有的一流人物,宋人笔记记载他虽为大家,在男女私情方面却不失人的真性情。

欧阳修担任主管司法的洛阳推官时,宋人钱世昭《钱氏私志》记载:夏日洛阳留守(相当于知府)钱惟演请客,邀欧阳修等人参加,欧阳修当时20多岁,正眷恋一妓。因为天热,二人午睡醒来,已到约定时间,起来匆忙就要去赴宴,可这位女子头上戴的金钗怎么也找不到,耽误了赴宴时间。钱惟演看到客人唯有欧阳修二人迟到,他没有当面批评,只是让解释一下迟到原因。女子实话实说。钱惟演对女子说:你如能让欧阳官人以此作词,我就赏你钗子。欧阳修一听,大文豪才思敏捷,以此为题,即席吟诵《临江仙》,下半阕为:

> 燕子飞来窥(一作栖)画栋,玉钩垂下帘旌。凉波不动簟纹平。水晶双枕,傍有堕钗横。

众人齐声称赞欧阳修词作,钱惟演立即命赏酒欧阳修。他随后私下告诫欧阳修应行宜收敛,不可影响声誉前程。自1045年欧阳修因受人诬陷与外甥女私通,他由京官外任滁州,到1067年又有人诬陷他与儿媳乱伦,他坚请辞去副宰相外任青州。20多年间屡受诬陷,对他声誉危害最大的莫过于以上两事谣言,虽然纯属无中生有,恶毒造谣中伤,除了他刚直不阿,疾恶如仇得罪权贵,亦与他对男女私情不够严谨自律,容易被造谣栽赃有关。而王安石变法改革受到天下权贵敌视,政敌满朝野,他多方面操守高尚,造他谣言也没人信。

文学大家欧阳修创作诗词丰硕,多有写爱情的,也可能是写心里隐秘,他的《生查子·元夕》写元宵节:

> 去年元夜时,花市灯如昼。月上柳梢头,人约黄昏后。
> 今年元夜时,月与灯依旧。不见去年人,泪湿满衫袖。

描写元宵夜繁华闹市灯光如同白天:当月亮爬上了柳梢头,这时相约黄昏后的情人互吐衷肠,谈情说爱甚至月下相许终身。古人有月中即阴历十五月亮最圆时赏月习俗,尤其是中秋赏月,许多有情人月下定亲,终成眷属。

我们再来看看苏轼这位旷世奇才文学艺术大家,苏轼不管任职何地,都为百姓做主,政绩出色。他的个人生活也很浪漫,吃喝玩乐,琴棋书画样样精通,是个风流才子。他43岁担任徐州太守时,喜一营妓马盼,宋人张邦基《墨庄漫录》中《营妓马盼学东坡书》完整记载了二人千古趣事:徐州城东门楼用黄土涂饰,取土胜水意,名曰黄楼;苏轼弟苏辙为其作《黄楼赋》,苏轼亲自书写碑文,尚未写完因事离开。马盼一看苏轼下来,忙别的事去了,她就上去续写了"山川开合"四字。马盼模仿苏轼风格,颇有些书法功力。苏轼回来一看,高兴大笑马盼续写仿己,他没有涂掉重写,而是将四字稍加润色,这样碑文是由苏轼和他喜好的才女马盼共同完成,马盼因此千载留名。

苏轼1079年"乌台诗案"后,1080年初被贬为黄州团练副使。做官期满将要离任时,许多官员为他饯行。苏轼曾交往的才女李宜(一说李琪)前来参加饯行宴会。其他人提醒李宜说:苏大官人明天就要离开了,你至今还没留他墨宝,今天还来得及,否则就没有机会了。李宜就向苏轼提出请求,苏轼听后哈哈一笑,端着酒杯应酬客人,随后放下手中的酒杯,伏案提笔写了两句:"苏轼五载黄州住,何事无言及李宜。"

李宜一看就这么两句,有点失望。苏轼写完之后,端着酒杯继续敬酒应酬,转了一圈回来后,续写了以下两句:"却似西川杜工部,海棠虽好不吟诗。"李宜得到了《赠官伎李宜》珍贵的墨宝。

说我在黄州住了5年,没有什么事情涉及李宜。正像杜工部(杜甫在"安史之乱"时居蜀8年,因曾担任检校工部员外郎,后人称杜工部),在西川(今四川）任职一样，那里海棠虽然好，杜甫却没有留下赞美海棠诗篇，我也没有给你留下什么。这首七绝不就留下墨宝了吗？不就是对李宜高度称赞吗？

苏轼故事很多，昆曲有个剧目《狮吼记》，上演的是苏轼和朋友陈季长踏春的情景，其时有伎女歌舞陪酒。陈季长回到家里，他的悍妇妻子责罚他长跪池边。苏轼到他家拜访，看到他跪"搓板"，就为他求情。陈季长的妻子拿起棍子追打苏轼，苏轼仓皇逃窜。虽然是戏剧，但是说明了苏轼与才女、与歌舞艺人交往比较多，在这方面比较开放，不太谨慎，是符合历史真实的。

明末冯梦龙《情史类略》中描写苏轼以妾换马：

> 坡公又有婢名春娘。公谪黄州，临行，有蒋运使者饯公。公命春娘劝酒。蒋问："春娘去否？"公曰："欲还母家。"蒋曰："我以白马易春娘可乎？"公诺之。蒋为诗曰："不惜霜毛雨雪蹄，等闲分付赎蛾眉。虽无金勒嘶明月，却有佳人捧玉卮。"公答诗曰："春娘此去太匆匆，不敢啼叹懊恨中。只为山行多险阻，故将红粉换追风。"
>
> 春娘敛衽而前曰："妾闻景公斩厩吏，而晏子谏之；夫子厩焚而不问马，皆贵人贱畜也。学士以人换马，则贵畜贱人矣！"
>
> 遂口占七绝辞谢，曰："为人莫作妇人身，百年苦乐由他人。今日始知人贱畜，此生苟活怨谁嗔。"下阶触槐而死。公甚惜之。

冯梦龙这段文字说苏轼"乌台诗案"后被贬黄州时，欲遣散家中侍妾数人。他的朋友蒋公相中苏轼家中一妾，名为春娘，愿以好马换之，苏轼答应其请求。春娘怒斥苏轼，春秋时期齐景公马厩失火，景公怒欲斩厩吏，名相晏婴劝谏景公：孔夫子马厩失火不问死伤马匹而问人，其所为是贵人贱畜。今学士以人换马，实为贵畜贱人。写诗斥责苏轼重马轻人，不尊重女性，轻视自己，走下台阶头撞槐树而死。相比孔子闻马棚失火所为及晏婴的见识，苏轼思想境界稍逊一筹。当然以上只是冯梦龙作品，并非出自正史。

与苏轼并称"苏辛"的词人辛弃疾为求医者精心调治夫人疾病，曾将爱妾赠医。两大豪放派词人所为远不如王安石尊重女性，根源在于当时儒家男尊女卑的道德伦理和社会风尚。

宋代仁宗时期的高官宋庠、宋祁兄弟同榜进士，主考官初定宋祁状元，仁宗皇帝将为兄者宋庠定为第一名。两人生活作风大相径庭。宋庠曾任宰相，道德修养自律极严；宋祁时任翰林学士，是皇帝的高级顾问，兄弟二人非常荣耀。宋代京城元宵节非常热闹，家家张灯结彩，人人身穿华丽服装，京城成为欢乐的海洋。有一年元宵节时，宋祁在花灯高照大庭广众之下拥抱美姬。宋庠听说非常反感，于是就派人转告宋祁说：你记不记得早年元宵节时，我们在山寺中吃菜粥苦读。要求他忆苦思甜，想想当年没有功名时，在山上寺院中读书时喝菜粥充饥的情景。宋祁就对来人说，请转告相公，就说那年在山上寺庙中我们吃菜粥，为的是什么？他的潜台词就是，我们那样吃苦受冻饿读书，不就是为了今天花天酒地吗？不就是为今天坐拥美女享乐人生吗？这就是宋祁这位皇帝顾问的思想境界。

南宋状元宰相文天祥面对元朝最高统治者的威逼利诱，他忠于大宋，坚贞不屈，视死如归："人生自古谁无死，留取丹心照汗青。"激励无数中华后人磨砺忠贞爱国至死不悔的气节。他的《正气歌》响彻云霄，《绝命诗》传颂千古：

孔曰成人，孟曰取义，惟其义尽，所以仁至。
读圣贤书，所学何事？而今而后，庶几无愧。

真是高山流水，义薄云天，千古绝唱。民族脊梁，中华灵魂，当之无愧。

就是这样一位民族脊梁中华灵魂人物，他的妻妾儿女11人都在乱世之中遭遇不幸。颜氏战乱中死于广州；黄氏投崖而死；结发妻子欧阳夫人长期受尽牢狱折磨，在他罹难后为他办理丧葬，数日后慷慨自尽，留下遗言：

夫君至死不负国家，妾身岂能辜负夫君！？

文天祥虽然三位妻妾，但皆夫唱妇随，与他共同奏响了大宋王朝感天动地的挽歌。三位女性文化教养及与文天祥生死与共大义壮举，与他媲美千古流芳。这与一般士大夫娶妾重色不可相提并论。

以上所举寇准、范仲淹、张方平、欧阳修、宋祁、苏轼、文天祥，多是高官兼社会精英，文学大家，学术大师，千古道德楷模。有的虽然妻妾歌舞艺人众多，没有人非议，不受道德谴责，有的还以此为荣。而王安石在生活上反对奢靡，远离歌舞演唱，反对那种把女子不当人看，随便送人，甚至公开买卖的行为。他尊重女性，在宋代那样的社会风气下实属不易。人们常说英雄难过美人关，吴王夫差与西施、吕布与貂蝉、唐玄宗与杨贵妃、吴三桂冲冠一怒为红颜等比比皆是。在中国封建社会男尊女卑、宋代名流妻妾众多风尚下，王安石坚持终生一妻，远离歌舞酒色，确实难能可贵。

王安石创作约 3353 篇诗词文章，几乎找不到描写爱情的作品。仅一首《君难托》以女子述说与男子相爱成亲，任劳任怨艰辛操持家务，无辜被遗弃的悲惨结局，严厉谴责负心的男子，是对封建社会中妇女地位低下、命运无常的同情与呼吁呐喊。也有学者认为这首词借被抛弃女子的控诉，喻指臣僚忠贞报国不被重用，甚至埋没弃置，批判无道君王寡情薄义，不能善待臣子。

　　王安石之所以与以上名家社会精英相比鹤立鸡群，他除了几十年坚持不懈追求报效天下以及文学学术贡献，他对自己品行、操守、气节道德修养的几乎所有方面，都严格恪守中华民族的传统美德，以理智统帅思想感情，以圣贤作为自己修身的最高标准践行终生。从而影响带动整个大家族，成为社会道德楷模，为天下士大夫树立了榜样。他不但终身践行追随圣贤，而且从理论上对这个问题有独到的阐述。

　　王安石的《礼乐论》谈道：

> 圣人之所轻、重、乐、悲等与世人相反，是因为：圣人内求，世人外求，内求者乐得其性，外求者乐得其欲。……圣人之道得诸己。

　　说圣人与世人相反，是因为圣人严格要求自己，不断提升自己的精神境界。一般人苛求别人，放纵自己以求满足私欲。追求圣人之道要靠自己。

　　他恪守修身"内得于己"，养成"自治""慎独"习惯，坚持"去情却欲以尽天下之性，修神致明以趋圣人之域"。他一生执着安邦治国建功天下，追求俯仰天地无愧，效仿圣贤修炼道德节义操守无人企及；他向着圣人大道永远登攀冲刺，负重奋进，坚持不懈，永无止境。这就是与众不同的王安石。

第三十二章 淡泊名利

司马迁《史记·货殖列传》:"天下熙熙,皆为利来;天下攘攘,皆为利往。"自古至今无数人为了追逐名利,丧失了自我,丧失了人格尊严,丧失了自由和健康,甚至不惜以身试法,身败名裂。跨世纪以来无数今人教训尤为令人惊愕。

王安石是怎样对待名利的?他参加科考本来初议第一名状元,仁宗把他降为第四,王安石终生未向人谈及此事。前三名首任即州府通判高官,他当了个小小的幕僚,竟毫不在乎,只要进入国家公务员队伍,经受锻炼和考验,为长远奠基;只要能改变家庭困境,奉养老人衣食无忧他就满足了。

王安石入仕从政以后,多次让他担任京官,他都坚辞不就。朝廷认为,他这样德才兼备的人就应当被用到重要岗位上;每考虑调他任京城高官肥缺,都担心他不来就任,不服从调动。他愿意在基层担任小官,坚持在地方辛辛苦苦为百姓做实事。他入仕从政直到当副宰相之前,近30年一以贯之。他坚持要到地方经受综合治政锻炼和考验,司马光评价他:难进易退。难进就是提拔他上进当高官很难;易退就是在处理公务中一旦触碰道德底线,不符合理想道义,他就坚决退下来,坚辞不干。他当官不失自我、不失人格、不失尊严、不失道德底线。他流传于今的文章中,辞状就达到60多篇。虽有少量对君王朝廷谦虚应酬之作,但大多属于坚辞之文,仅《辞同修起居注状》即辞皇帝秘书就达12篇,其辞之决绝可见一斑。请看其第一状:

> 臣蒙恩差臣同修起居注者。圣恩深厚,臣非陨首所能报称。然臣去年始蒙恩特除直集贤院,当是时,臣已黾勉不敢久违恩指,至今就职才及数月,又蒙恩有此除授。臣窃观朝廷用人,皆以资序,臣入馆最为日浅,而材何以异人,终不敢贪冒宠荣,以干朝廷公论,仗望圣慈察臣诚心,非敢饰让,特赐追还所授。

他在第二次辞状中谈道:

> 臣昨进状乞追还所授同修起居注敕,准中书札子,奉圣旨不许辞让,便令受敕供职。伏念臣前奏所陈,实系朝廷用人之体,非特于臣私义有所

不安。伏望圣慈检会臣前奏，特赐追还所授。

以上是他12道辞状中文字最简短的两篇，当两篇上呈后，朝廷仍坚持原议，他在后来的10道辞状中，就加重笔墨强调：他去年刚刚提拔到集贤院，仅几个月时间，现在又蒙恩再有同修起居任命。朝廷用人都是以资历为准，自己入馆阁时间短，才干无异他人，因此不敢贪图恩宠荣耀，以免有碍朝廷公论。最后恳请朝廷收回成命。第三篇辞文态度非常决绝说：

朝廷之命虽欲必行而不改，臣之愚心，亦将固守而不移。……

第四篇辞文重申以上决心，并且说绝不食言。他在第六篇辞文中公然表示："臣不任。"简直就是不给朝廷一点面子的公然抗旨。第七篇及其后辞文仍然坚定不移。对于皇帝秘书这一近水楼台先得月，出将入相前程似锦，名利双收荣华富贵，多少人梦寐以求的美差，他拒任竟至于此！他坚持任职地方，为百姓做些实实在在的好事，在综合治政的实践中增长才干，为报效天下奠定厚积薄发的基础。

在我国漫长的封建社会，出现了许多隐士。许多道德修养高尚者保持气节操守，不与专制统治者同流合污，拒绝与黑暗腐败的王朝合作，刀架在脖子上也绝不屈服，比如西晋时期的名士嵇康舍生取义等。当然也有淡泊名利，在正常的社会环境下不愿入仕从政为官，一生任性而为，以归隐山林田园为乐者，比如北宋时期终身不娶不仕，自谓"以梅为妻，以鹤为子"，人称"梅妻鹤子"的林逋。也有少数以隐为进的"随驾隐士"，专门隐居京城周围，以便皇帝随时听闻关注自己，等待皇帝召见，然后假惺惺辞让一番，最后似有脸面尊严担任官职，实现自己当官的目的，最终成为皇帝的奴仆。唐代假隐士卢藏用为了求官，专门隐居于离京城较近的终南山，实现了他以退为进，以隐为显早日当官的目的，为后世留下了"终南捷径"的笑料。当然，隐士拒绝当官，实质上是对治理国家的消极逃避，不可能为国家作出重大贡献。正因此，有与日月争辉建功立业天下、恩泽万民崇高理想的王安石，他绝不作隐士。他的反复辞任京官与隐士消极逃避根本不同。他是为了实现伟大理想，自加压力甘受磨砺。因此，他放弃享乐优越的京城生活条件和轻松升迁高位的政治前途，他拒绝高官厚禄捷径，披荆斩棘开拓前进、拼搏冲刺积极求索进取是他人生的主旋律，他要迈好人生各个阶段坚实的脚步，力争攀登人生巅峰。古今中外积极进取大写人生者不计其数，但像王安石壮志凌云为士弘毅、始终不渝者实属凤毛麟角。

　　王安石两次辞去相位,他深谙功成身退天道。当所有新法都推行天下,他的志向、才学及平生夙愿,已经充分施展;他深知辞相以后,宋神宗将继续推行变法改革,他不担心朝政因为他辞相而动荡,更不可能逆转,只要退休致仕有利变法改革大局,他就坚决辞去相位。他于1074年四月离开朝堂近一年,当他1076年十月不满55岁第二次辞相时,反复强调久居相位,平生才学已经施展,如果继续身居高位,恐怕有负朝廷重托,挡了后贤上进之路。他的身体也并非完全不能继续履职,以他的才学及成就贡献,以他学术大家威望,变法改革大见成效后,他接着当个太平宰相也未尝不可。且不说我国封建时代无数皇帝恋坐龙椅到老死,更有古今中外宰相高官死在任上比比皆是。张居正如此,商鞅实质上也是如此。身在高位急流勇退也需要有非凡的睿智和崇高的思想境界,也需要有坚定的决心、坚强的意志和顽强的毅力。他就是这样的人。王安石看到变法实现了初步预期目标,他审时度势,根据当时情况,仅凭一己之力,显然无论怎样执着,也难遂统一天下夙愿,就果断地退下。

　　我国五千年文明历史长河中,大一统思想始终是中华民族炎黄子孙共同的愿望,更是雄才大略的君主和追求功德圆满宰相辅臣崇高的理想。只有大一统的盛世,才能实现中华民族的全面发展进步,才能为中华文明作出更大的贡献,乃至推动世界历史文明的进程。而分裂割据的时代,历史的发展犹如进入黄河九曲十八弯。国家衰弱人民受难,面对北宋有限的统一和辽夏虎视眈眈的外部威胁,北宋连年付出巨额钱财,换取屈辱没有保障脆弱的和平,宋神宗追求的是实现先帝收复燕云十六州遗愿,而少小就立下"意气与日光辉"壮志凌云的王安石,追求的是大一统汉唐盛世的辉煌。王安石多次力谏神宗为长远"举大事",即平定辽、夏统一天下着想;但是宋神宗缺乏天下大一统的雄心壮志,而且除了王安石北宋所有宰相辅臣,对于收复燕云十六州汉唐故土也少有人想。他大鹏展翅九万里的胸怀格局神州大地无一知音。当变法改革覆盖社会所有方面,大见成效实现了第一步战略目标后,王安石继续前进无人跟随。接着当个太平守成宰相非他所愿,辞相归隐也足以成为他的不二选择。对于王安石坚辞相位,神宗再三挽留,甚至安排人看守其家门,防止其家人搬家离京。王安石除了当面反复恳谈,多次上书请求,还两次写信请求时为副相的同榜王珪帮助说情。他在《与参政王禹玉书》中写道:

……自春以来,求解职事至于四五……谓宜少敦僚友之义,曲为开陈,使得早遂所欲。

说是自春以来多次求辞未能获准,请王珪以同僚朋友情义向神宗进言,以便早日遂愿卸任。王珪向神宗奏报后,神宗不但没有同意,反而让王珪再次传达圣意极力挽留。王安石再次给王珪写了更加恳切、文字更长的第二封信。从古至今跑官要官者比比皆是,贪恋荣华富贵至老赖着不退者屡见不鲜。王安石从年龄、健康状况仍可继续履职,却反复恳请,求同僚说情请求坚辞一人之下、万人之上的大宰相,他的高风亮节少有人望其项背。

王安石对待名利地位就是这样。他教育家人淡泊名利,要为国家干实事,而不求做大官,不求高名,坚持为朝廷百官做榜样。他的弟弟王安礼文才品德卓尔不群,受到神宗召见,《宋史·王安石传》记载:"神宗召对,欲骤用之,安石当国,辞。"简短13个字,王安石律己齐家令人佩服。神宗要大用王安礼,主要是王安礼有才干,也可能有出于感激王安石辅佐变法改革为国巨大贡献的考虑。但王安石作为宰相深知,自己一举一动,家人及亲友仕途政绩,尤其是提拔升迁,对天下士大夫及朝野百官影响极大;他对神宗要越级提拔弟弟坚决请辞,为天下人率先垂范。他退休后王安礼曾任翰林学士、开封知府,1082年担任副宰相,其德才学识以及处理政务干练,证明了神宗的识人。王安礼为国家作出了较大贡献,为家族增添了光彩。

宋代官员俸禄较高。尤其是王安石做官,一路提拔当了宰相,退休后仍然享受比较高的待遇,他生活俭朴却扶危济困。前面讲到夫人为他买妾花出去900两银子,可不是小数,他竟然全部赠送人家。1084年,他把田产及"半山园"房产全部捐献社会,他把房宅田产看得很淡泊。神宗皇帝给他赏赐,他拒不接受,有时即使接受了,用于资助公益;或者他的子孙后代再奉还朝廷。比如河湟大捷时,神宗皇帝嘉奖他玉带,其后人又送还朝廷。他视名利财富如浮云,终生为社稷朝廷和天下万民着想,倾情文学创作、学术研究,从不考虑生活享用,在宋代高官享乐成风的社会环境下确实难能可贵,令人敬仰。

他和儿子王雱、吕惠卿,注释《周礼》《诗经》《尚书》,他审定编成《三经新义》颁行天下后,神宗论功行赏表彰他,要提拔吕惠卿和王雱,王安石同意提拔吕惠卿,他谦虚坚辞神宗提拔王雱担任龙图阁直学士。曾经三次上《辞男雱授龙图札子》辞状,说如果提拔王雱:

> 非特与臣父子私义所不敢安,窃恐朝廷赏罚之公,如此极为有累。……亦免众人与圣政有所讥议。

说提拔他儿子任龙图阁直学士,按父子私义来说于心不安。他说儿子编注《周礼》《诗经》《尚书》三部书时,因为患病没有坚持到底。如果一定要提拔他,对于圣上的圣政圣德及朝廷赏罚公平就要受到非议,切不可爱屋及乌。坚辞提拔其情之真,言之恳切,忠心为国,苍天可鉴!其实王雱独自注释编著《诗经》贡献巨大,也因此加重了他的病情。王安石坚辞是为天下做榜样,神宗任用他更有任用的道理。因为王雱学识广博,思想非常深刻,著述非常丰富,神宗皇帝坚持以学术成就把王雱提拔为龙图阁直学士。

王安石当政期间,对自己、对家人、对亲友都坚持以身作则,严格要求,作百官表率,即使政绩突出也坚持缓提拔。反对变法的政敌对他亦非常佩服。

自古以来官本位思想观念在我国根深蒂固,许多人为求官职低三下四求人,甚至不择手段跑官要官留下无数笑谈。唐宋散文八大家中只有苏洵没有考中进士,其余7人都是科班出身。苏洵的文章颇有战国纵横家的风格,整个成就难比欧阳修、王安石、曾巩及他两个儿子。宋代科举取士当官,皇帝身边或者朝廷重臣家人受到恩荫,只能是补充为下层公务员,不允许升高官,升高官唯有通过科考这条路。苏洵因为没能科考入仕,数年间奔忙于宰相韩琦、富弼及文坛领袖欧阳修等人之间,多年间求官难遂夙愿,心中的憋屈和郁闷烦恼可想而知。他在给韩琦《上韩丞相书》中埋怨说:

> 洵年老无聊,家产破坏,欲从相公乞一官职。……今洵幸为诸公所知似不甚浅,而相公尤为有意。至于一官,则反复迟疑不决者累岁。嗟夫!岂天下之官以洵故冗邪?

说我苏洵年纪大了,无以聊生,家产破败,想向相公乞求一个官职。今我有幸为诸位大臣熟知,你更是对我了解甚深。我求取一官,朝廷反复迟疑不决已经多年。难道天下多我苏洵一官就冗多啦?这简直就是满腹牢骚赤裸裸的要官。苏洵历来心高气傲,真是难为了他低三下四公开求人可怜,他敢发牢骚埋怨也有两个儿子天下奇才的底气。后来欧阳修反复推荐,朝廷任命他为秘书省校书郎九品官,一直到1066年去世前仅为文安县主簿八品官。苏洵去世后,英宗皇帝赐予金银丝绸等。由于他生前追求官位没能遂愿,苏轼兄弟退掉了英宗所赐钱物,要求朝廷给他父亲追赠官职,提高官职级别慰其在天之灵。

英宗皇帝鉴于兄弟一片孝心,为落实他父亲生前愿望,便将其追赠为光禄寺丞,加官一级至七品。苏轼非常旷达,是淡泊名利地位的文学艺术大师,为了父亲生前意愿,也不得不和俗人一样,向英宗请求父亲官位,看来世人脱俗真难!

古今中外向达官权贵求取一官半职的不计其数,但是像苏洵这样喊破嗓子的并不多见。许多人不管以信函还是诗词求官语言比较隐晦含蓄,既让朝廷权贵明白求官之意,又不失身份尊严。比如唐代孟浩然曾向诗文俱佳的宰相张九龄求官,留下了一篇至今为人称颂佳作。

张九龄是唐玄宗时期有胆识敢作敢为,深谋远虑的政治家。他留下了许多名诗佳作,比如《感遇》《望月怀远》等。"海上生明月,天涯共此时"成为千古传颂经典。更有值得一提的是,源于《旧唐书》《新唐书》的《资治通鉴》记载:早年安禄山讨伐奚、匈奴叛者,轻敌勇进战败,被押往京师;唐玄宗惜其才下令从宽处理。张九龄固争曰:"禄山失律丧师,于法不可不诛。且臣观其貌有反相,不杀必为后患。"他"预断"安禄山日后必反,不幸被他言中。"安史之乱"爆发后,唐玄宗逃到蜀地,后悔当年没有听从其忠谏,曾专门派人祭祀张九龄。如果唐玄宗听从他劝谏,就不可能出现摧毁大唐盛世的"安史之乱"。

孟浩然向这位千古名相求官与苏洵不同,请看其《望洞庭湖赠张丞相》:

八月湖水平,涵虚混太清。气蒸云梦泽,波撼岳阳城。
欲济无舟楫,端居耻圣明。坐观垂钓者,徒有羡鱼情。

开篇极力描写洞庭湖的壮阔景象和磅礴气势,下半阕说想要渡河却苦于没有舟船,如果甘心闲居就辜负了圣明之世。坐在旁边观察别人垂钓,心里徒有羡慕别人的纠结。潜台词则是自己愿意垂钓享受参与的喜悦,意为愿意跻身官场,为国家建功立业。语言分寸拿捏把握含而不露。上半阕写景铺垫,下半阕以景抒情,抒发政治理想,意境深远,格局宏大,成为千古名篇。

孟浩然取名意为效仿孟子养浩然之气,像他这样怀着崇高理想向权贵求取官位者,古往今来比比皆是。唐代"诗仙"李白、"诗圣"杜甫为追求入仕从政,建功立业报效天下,一生奔走呼号。李白虽然有"长风破浪会有时,直挂云帆济沧海"的雄心壮志,也有"安能摧眉折腰事权贵,使我不得开心颜"对权贵的蔑视与不屑;但他为实现理想游历天下广交朋友,也不得不想方设法结识权贵请托求助。他借助玉真公主推荐,进入皇宫担任供奉翰林,甚至不惜入赘官家；晚年竟然误入歧途，错上永王李璘贼船，至德二年（757）永王造反兵败，李白入狱，759年流放途中遇赦，惊喜感慨北返，写下千古名篇《早发白帝城》，762年病逝于当涂（今属安徽）。为了求官晚年竟然遭遇牢狱灾难。杜甫为了"致君尧舜上，再使风俗淳"，曾很不情愿拜谒名门："朝扣富儿门，暮随肥马尘"，忍受"残杯与冷炙，到处潜悲辛"的尴尬无奈。他当官荣耀远远赶不上李白，后半生颠沛流离，漂泊江海壮志未酬，大历五年（770）客死漂泊途中。

我国封建社会人生大有作为的出路狭窄，不像今天许多公务员及企、事业单位岗位。许多具有崇高理想文人，终生追求跻身独木桥的官场，为了实现人生价值高尚理想，委屈人格和尊严。这不是思想境界问题，因为只有进入官场，做官直至做大官，才有可能实现人生理想，为社会作出较大的贡献。

司马光早年私德为百官楷模，他和王安石同时被任命为同修起居注时，王安石上了12道辞章坚决不干，司马光以王安石文才比他高，坚辞拒任为榜样，辞了5次才接受。他晚年对待亲戚朋友官位，也难免为后人诟病。1086年他担任宰相，按照宋朝官员回避制度，宰相及其他朝廷重臣的亲人、朋友等，不允许任职御史台、谏院，以防徇私情误国事。这项规定意在制约朝廷宰相等重要执政大臣。为的是让监管机关充分发挥作用，避免高官滥用权力等。而司马光一旦当政，面对年幼小皇帝和不懂政务治国无方的高太后，他大权独揽。前文谈到司马光为了控制言路，要调任亲戚范纯仁及范祖禹二人任职监察机关，其他大臣提出质疑。司马光作了多年京官，也曾在皇帝身边当翰林学士，什么规矩他都懂。但是他就是要任用范纯仁二人，面对朝堂反对，司马光坚持二人就是德才兼备，是贤人就适合干这个岗位，你们说回避我回避，这个宰相我不干了。这实际上是赌气要挟，高氏能允许他不干吗？10岁的小皇帝能决定他干不干吗？司马光早年一贯恪守朝廷法度，他要求自己非常严格，是淡泊名利严肃纲纪，以身作则的楷模。晚年非要一意孤行，落了个蛮横任性违背朝廷回避制度名声。为后世留下低级笑柄。司马光比较王安石，思想境界是有差距的。

王安石对待仕途升迁去留，对待家人及故交严格要求，对待名利终身践行"在朝不蓄势，在野不蓄钱"，为宋代朝野百官等天下士大夫树立了标杆。

第三十三章 清廉俭朴

王安石朝堂上是大义凛然的宰相，朝堂之下脱去官服，他的日常生活怎样？今日最能检验一个人品德高下是8小时之外接触什么人、干什么事、有什么隐私，王安石有这么几件事，我们不妨依据事实再下结论。

北宋官场都知道王安石清廉自守，金银财宝送不进，贵重物品他拒绝。王安石爱文房四宝，于是有人就想以此取悦于他。据宋人吴炯《五总志》记载：

> 有献砚于王荆公者云："呵之可得水。"公笑而却之曰："纵得一担水，能直几何？"

有人把家里祖传的一副宝砚送给王安石，向他夸耀宝砚不用专门备水，只要哈一口气，就能生出水珠（研墨）。王安石笑着推辞不受，说我家自有笔墨纸砚，也不缺研磨之水。这位想投其所好结交他，以后大树下面好乘凉的客人，徒落尴尬无趣。

王安石自科考从政数十年求索奋斗，在每个岗位上兢兢业业，锐意兴革变法振兴宋廷，开创新时代，许多年超负荷如牛负重，透支健康，积劳成疾。据沈括《梦溪笔谈·王荆公不受紫团参》中记载：

> 王荆公病喘，药用紫团山人参，不可得。时薛师政自河东还，适有之，赠公数两，不受。人有劝公曰："公之疾，非此药不可治。疾可忧，药不足辞。"公曰："平生无紫团参，亦活到今日。"竟不受。公面黧黑，门人忧之，以问医。医曰："此垢污，非疾也。"进澡豆令公颒面，公曰："天生黑于予，澡豆其如予何？"

说他曾患哮喘病，药方中有紫团山人参，家人找了京城多家药店，一时缺这味药。这时有一位官员薛师政听说后，就把家里几两山西紫团山人参，给王安石送来，他坚辞不接受。家人劝他说：不用这一味药，影响药效疾病难除，为了治病不必推辞。王安石说以往治疗哮喘病，没有紫团参也活到今天吗？他最终坚持不接受。要说因为缺药，别人送来那么几两人参，用了也不会落下闲言碎语，不致造成不良影响，而且是他此前1060年上奏担保力荐提拔重用的同僚好友（王安石主政后其被重用为主管京城发运司,执行"均输法"有功于国家的坚定变法派）,以后找机会回赠他物补上人情也未尝不可。但是他坚持即使缺一味药也不接受。王安石面黑,家人求医,医生说面黑非病,建议用澡豆洗脸,王安石化用孔子"天生德于予,桓魋其如予何？"拒绝说：自己天生面黑,不必用澡豆洗脸。可见他文学的善谑和精神幽默。

王安石在京城担任知制诰时,其中有一项公务,就是要为提拔重用调动的官员写任命文件,写官员政绩、优点、任用职务及今后希望予以鼓励。按照当时不成文的潜规则,当事的官员往往要为书写文书的知制诰,多少送一点润笔费,给点银两或者贵重物品,知制诰接受点馈赠算不得受贿违法,大家也都习以为常。王安石为某人书写文书后,那人知道送钱财他不接受,于是就送了几瓶酒。对于送到办公室几瓶酒,实在难以推辞。王安石告诉同僚：可作为京城内外尤其是地方官员,办理公务需要招待备用酒水。他母亲去世时,他送母亲灵柩回南京,别人送他的酒他一瓶也没用。后来他的同僚祖无择将酒用掉,因此被人看不起。

王安石担任宰相期间,由于日理万机积劳成疾,神宗皇帝很关心他,就指派御医前去诊治。可能是按照当时规定,御医出皇宫为大臣治病,要收取出诊费。他深知王安石非常律己,一贯按规矩办事,就嘱咐御医,不要接受他的出诊费。御医到了王安石家里,看病后开了药方。王安石坚持要付出诊费,御医说明圣上旨意,坚持不受,王安石坚持按规矩办,执意付了出诊费。

王安石日常生活及与亲戚朋友交往,有哪些趣闻轶事？宋人曾敏行《独醒杂志》记载：

> 王荆公在相位,子妇之亲萧氏子至京师,因谒公,公约之饭。翌日,萧氏子盛服而往,意为公必盛馔。日过午,觉饥甚而不敢去。又久之,方命坐,果蔬皆不具,其人已心怪之。酒三行,初供胡饼两枚,次供猪胾数四,顷即供饭,傍置菜羹而已。萧氏子颇骄纵,不复下箸,唯啖胡饼中间少许,留其四傍。公顾取自食之。其人愧甚而退。人言公在相位,自奉类不过如此。

说王安石担任宰相时,他儿媳娘家萧公子来到京城后非常高兴,因为他要拜见姐姐的公爹乃当朝一品宰相,王安石听说后就约萧公子第二天请他吃饭。第二天萧公子穿上新衣服,盛装而去,心想必定有一顿美宴。到了中午快开饭时,觉得肚里饥饿又不敢离开,又等了好一会儿,有人请他坐下。他一看饭厅没有大摆宴席热闹的场景,饭桌上没有招待客人的瓜、果等,萧公子心中就有点疑惑。等一会儿王安石到了,接着就上了胡饼及简单的四菜一汤。萧公子是大户子弟,在家娇生惯养,吃穿很讲究,他原想到了宰相家一定有一顿隆重的宴请,他一看饭菜这样简单,心里很不是滋味,心想是不是王安石不欢迎他,或者是他的姐姐在婆家不受尊重。他心里正疑惑时,王安石向他劝酒,喝了几杯酒之后就上饭。萧公子看到主食里头有胡饼,他一摸饼边有点硬,他就把四周饼边撕下来,丢到桌子上,吃了比较绵软的饼心。王安石看到就不声不响地拿起饼边吃了,萧公子羞愧地退出了饭厅。人们都说,王安石身在相位,平常生活很俭朴,三餐粗茶淡饭,他的吃喝享用日常生活也就是这样。

我们看北宋其他宰相是如何享受生活的。太宗、真宗两朝宰相寇准(961—1023),19岁考中进士,994年34岁担任副宰相。他1004年担任宰相当年冬天,辽国大举进攻澶州(今河南濮阳),他力主宋真宗御驾亲征,宋与辽国签订"澶渊之盟",避免了北宋京城南迁的国耻。是挽救危局的救时名相。他深得太宗、真宗两帝倚重。但人无完人,他最大的缺点,正如《宋史·寇准传》所载:"准少年富贵,性豪侈,喜剧饮,每宴宾客,多阖扉脱骖。"寇准生活奢侈,挥金如土。比如平常对家里歌舞艺人赏赐出手大方。他的一个侍妾蒨桃,对他过度赏赐写诗两首提出批评,其中一首如下:

一曲清歌一束绫,美人犹自意嫌轻。
不知织女萤窗下,几度抛梭织得成!(《呈寇公二首·其一》)

说歌舞艺人唱一支歌就赏那么多绫罗绸缎,歌女尚嫌赏赐轻薄。须知这些绫罗绸缎,织女们在荧窗下守着织机抛梭,长期辛勤劳作才能织成。寇准的奢侈可见一斑。这个侍妾很有才气胆量,用诗歌劝诫寇准,流传至今。京剧《罢宴》剧情就是寇准庆祝生日大操大办,请戏班大宴群臣;仆人拿出他母亲生前绘制的《寒窗课子图》,寇准读到母亲遗诗七绝:"勤俭家风慈母训,他年富贵莫忘贫。"幡然悔悟,泪流满面,他遵循母亲遗训,当即罢宴,辞掉百官寿礼。从此为官廉洁简朴,终于成为北宋少有的名相。剧情说的是寇准知错就改。但不管是史载,还是民间流传形成的戏剧演出,足以证明寇准生活作风的这一瑕疵。司马光也曾谈及此。

寇准是大忠臣,是王安石之前的救时宰相。再看看王安石之后的宰相,宋徽宗时用蔡京为宰相,首倡"丰亨豫大"之说,诱惑徽宗以天下万物作为帝王享用的资源。他在鼓励帝王无度享乐的同时,也以天下万物供自己享乐。蔡京的奢侈豪华,铺张浪费,比较寇准,更有甚之。

传说开封的一个小官娶了曾在蔡京府里当过厨师的女子,就想品尝妻子的手艺。他的妻子为难说:我虽然在蔡府包子组,但我专管切葱丝,不做其他活计,要让我做包子,我还真做不好。可见蔡京府里厨师分工非常细致专业化。蔡京喝一顿鹌鹑汤,要杀掉300只鹌鹑;他一顿饭就是50户中等家庭全年的生活费用。蔡京穷奢极欲,他除了教唆徽宗皇帝昏君享乐,作为宰相荒淫误政,祸国殃民,致使北宋江河日下,走向不归之路,蔡京罪责深重。与寇准、蔡京等其他官员比较,像王安石这样俭朴的宰相,别说宋代,古今中外亦少有。

南京是王安石的第二故乡,他一生也没有在家乡临川及南京建设豪宅大院。他在京城的相府比较其他官员的豪华府院,也有些简陋寒酸。

1076年,王安石多次上章请求辞去宰相职位时,魏泰《东轩笔录》记载:

> 有练亨甫者,谓邓绾曰:"公何不言于上,以殊礼待丞相,则庶几可留也。所谓殊礼,以丞相子雱任枢密使,诸弟皆为两制,婿侄皆馆职,京师赐地宅田邸,则为礼备矣。"……"荆公即乞推劾遂落绾中丞,亨甫夺校书。"

说时任御史中丞(相当于今监察部官员)的邓绾,听从宰相府官员练亨甫建议,向神宗奏请:给王安石以特殊礼遇对待。建议提拔王雱为枢密使,即国家最高军事长官;提拔王安石诸位兄弟和晚辈担任朝廷重要官职;为王安石在京城建造府宅,赐以田产,以便挽留王安石继续主政或者辞相后不离京城。二人是王安石早年发现的人才,已在朝廷担任要职,而且是坚定的变法改革官员。二人可能有借重王安石以保个人前途的想法。王安石听神宗说起此事,他先是一头雾水,明白事情真相后非常震怒。他认为其越职言事,尤其是为宰相向皇帝求取私利及家人亲友提拔,应予惩处。他奏请神宗把邓绾和练亨甫调离京城要职外放地方,以端正官场风气。

他廉洁自律,终生淡泊名利,一贯从自身做起,坚辞相位,决意放弃京城优越的生活,回归第二故乡南京。

他避开南京闹市,融入百姓及山水美景的大自然中。《东轩笔录》记载:

> 筑第于南门外7里,去蒋山亦七里,平日乘一驴,从数僮游诸山寺。欲入城,则乘小舫,泛潮沟以行,盖未尝乘马与肩舆也。所居之地,四无人家,其宅仅蔽风雨,又不设垣墙,望之若逆旅之舍。有劝筑垣墙,辄不答。

元丰末,荆公被疾,奏舍此宅为寺,有旨赐名"报宁"。既而荆公疾愈,税城中屋以居,竟不复造宅。

说王安石在城南门外7里,与钟山等距建造宅院"半山园",平日他外出乘一驴,与人游览附近山景寺院;入城则乘小船,不曾骑马或坐轿。"半山园"四周无人家,其房屋也只是遮蔽风雨,宅院不设围墙,就好像城郊宾馆客舍。有人建议王安石为安全考虑筑围墙,他未予采纳。元丰(1077—1085)末即1084年,王安石患病,奏请神宗将"半山园"捐给寺院。神宗感于王安石为国祈福,下旨赐名"报宁"。他康复后,租住南京市内民房,直至去世再未建造房宅。

他在写给女婿蔡卞《示元度营半山园作》的诗中,对自己的新居以"更待春日长,黄鹂弄清昼"作了愉快的表述。南京是我国四大火炉城市之一,他晚年租住南京市内民房,房屋狭小且通风条件差。到了秋季仍暑热难熬。他自己动手在院内搭起凉棚遮阳蔽日,王安石的126字长诗《秋热》记录此事:

> 火腾为虐不可摧,屋窄无所逃吾骸。
> 织芦编竹继栏宇,架以松栎之条枚。……

宋代无疑是中国封建社会物质精神文明巅峰,天下官员享乐,万民康宁。许多官员府院亭台楼阁,穷奢极欲,追求舒适享乐,想方设法冬暖夏凉颐养天年。王安石居住暑热难耐的火炉城市平民小区,仅以树枝搭篷遮阳应对秋老虎的酷热,天下退休宰相还有第二人吗?!

南宋李壁为其诗作注时,很为王安石抱不平:

> 元丰末,公居金陵秦淮小宅,甚热,折松枝驾栏御暑。……公以前宰相俸祠,居所之陋乃至此,今有崇饰宅第者,视此得无愧乎?

王安石作为开创繁荣鼎盛新时代的退休宰相,辞相后独居山野,甚至普通民宅,古今中外能有几人?中国封建时代三大改革家,商鞅被车裂,明朝宰相之杰张居正去世后被抄家,家人被逼严刑拷打、饿死,亲友遭迫害。唯有王安石辞相后能够独居山野民宅10年,即使守旧派上台后,对他政治清算时,也无身家性命之忧,他与百姓零距离等方面品德高尚,操守高山仰止亦是重要原因。

《东轩笔录》谈到王安石退休后"盖未尝乘马或肩舆也"。其实,他入仕从政几十年一直坚持骑马坐车不坐轿,他在1061年担任知制诰时,曾代表宋朝伴送辽使回国,18日骑马奔波数千里。1076年他辞相后,宋神宗曾经赐他一匹好马,供他乘骑。他说:"引内厩之名驹,傅之错采。"表示对神宗赐马的感谢。也可能是对皇帝赐马的爱护,更可能是上了年纪身体原因,史料中未见退休后他乘马记载,多有乘车尤其是骑驴传为美谈。后来王安石作诗《马死》:

> 恩宽一老寄松筠,晏卧东窗度几春。
> 天厩赐驹龙化去,谩容小蹇载闲身。

意为感谢神宗重恩宽待他寄居林泉,安卧东窗,闲度岁月,颐养天年。既然君主赏赐的内厩名驹死去,姑且让蹇驴即比较驽弱的毛驴载我闲游吧。

王安石除了骑驴,有时也坐车外出。据《吕氏杂记》记载:

> 荆公好乘江州车,坐其一箱。其相对一箱,苟无宾朋,即使村仆坐焉。

说王安石坐车外出,没有重要宾朋同车时,就让仆人甚至村夫同坐一车。据《闻见近录》记载:王安石常骑驴与仆人外出,他累时:

> 或坐松石之下,或田野耕凿之家,或入寺随行。未尝无书,或乘而诵之,或憩而诵之。……或田野间人持饭饮献者,亦为食之。

说他外出想走就走,欲停则停。松树下、大石上、田间地头,随时随地休息。他有时也到寺院散步,与住持谈论佛经。他外出必带书卷,有时骑驴吟诵,休息时也口中不停。他常常拿出随身携带面饼,与百姓同桌共餐。谁能想到这就是当年叱咤风云、开创盛世的大宰相。他骑驴出行,真有点类似诙谐幽默、智慧风趣的电影人物平民阿凡提骑驴的故事。像他这样退休后返璞归真,"屡争席于渔樵",完全融入平民百姓的大宰相,堪称天下之奇。

宋代到王安石晚年,建国已120多年,承平日久且官员俸禄丰厚,官场中追求豪华、奢侈、排场的风气浓厚。许多高官在位追求名利地位、府宅田产、金银财宝,即使退休攀比不减当年。宋人王铚《默记》记载了原宰相陈升之衣锦还乡,大肆铺排,与王安石相见于南京的情景:

> 陈秀公(升之)罢相,以镇江军节度使判扬州。其先茔在润州,而镇江即本镇也。每岁十月旦寒食,诏许两往镇江展省,两州迎送,旌旗舳舰,官吏锦绣,相属于道。是时王荆公居蒋山,骑驴出入。会荆公病愈,秀公请于朝,许带人从往省荆公,诏许之。舟楫衔尾,蔽江而下,告街于舟内喝道不绝,人皆叹之。荆公闻其来,以二人肩鼠尾轿迎于江上,秀公鼓旗舰

舳正喝道,荆公忽于芦苇间驻车以俟。秀公令就岸,大舟回旋久之,乃能泊而相见。秀公大惭。其归也,令罢舟中喝道。

陈升之是当年与王安石统领变法领导机构制置三司条例司的宰相。王安石辞相后出行是一驴一卒,身着便装;而陈升之却与王安石天渊之别。他罢相后仍领衔镇江军节度使通判扬州。每年寒食、冬至两节都要去镇江扫墓,神宗下诏允许扬州镇江等二地迎送。每年迎送他的官员成群结队,他的船队彩旗蔽日,迎风飘扬,官吏盛装,鼓乐喧天。这次他从京城出发时,特向皇帝请旨扫墓完毕看望退休南京的王安石。神宗准其所请。他的船队浩浩荡荡,数十名兵卒站在主船前后船头大声喝道开路,威风胜似当年,人皆惊叹。王安石听说陈升之来看望,就到江边迎接。当陈升之发现芦苇滩边站立的王安石,于是喝令抛锚停船。由于芦苇滩边船掉头靠岸难,于是几番转弯,好不容易才把船停住。二人相见,他看到王安石村野农夫打扮,自己如此豪华奢侈,惊动沿途官吏百姓,非常惭愧。当他回去时,停止船上鼓乐及士卒喝道,静悄悄离开南京,他余生铺张排场大为收敛。

沈括《梦溪笔谈·"三不得"宅第》记载他的豪宅：

> 丞相陈秀公治第于润州,极为闳壮,池馆绵亘数百步。宅成,公(指陈升之)已疾甚,唯肩舆一登西楼而已。人谓之三不得：居不得、修不得、卖不得。

说陈升之在家乡润州(即镇江)建造府宅,宏大壮阔,里边水池馆阁亭廊长达数百步。极尽豪华的府第刚建成,陈升之重病难以自理,仅靠人抬轿登上西楼一观。陈升之身后留下了建造豪府,无福享受的话柄。

王安石与陈升之反差为何如此之大？根本在于人生观不同。王安石为国为民,而陈升之则为升官发财,荣耀享乐。王安石作为伟大的思想家,对世人万物、对人生荣华富贵有大彻大悟的认识,他认为财利荣耀对于人来讲,生不带来死不带去,人生在世应当追求有益社会民生,以求死后留下精神财富,不虚度此生,不白走一遭。除了生活必需,金银财宝、辉煌荣耀都是过眼烟云,追求之有害心志道德。而陈升之对人生认识世俗,缺乏睿智。他在北宋高官中,官德尚不属贪官奸臣之列,比他穷奢极欲、骄奢淫逸者大有人在。在当时病态的社会环境下,王安石终生俭朴实属凤毛麟角"另类"。古今中外像王安石超凡脱俗的人是少数,凡夫俗子比比皆是。今天栽倒在官位、金钱、女色等方面大至国家级高官,小至不入品级的村干部,何止万千?！

第三十四章　平民宰相

把天下万民放在什么位置？怎样对待九州庶民百姓？这不仅关系到国家长治久安的重大政治问题，更是封建政治家道德修养、思想境界、执政水平高低的标志。王安石少年时代随父亲转任迁徙，走遍了大半个中国，耳闻目睹全国各地风土人情，了解社会民生疾苦，成为他一生宝贵的精神财富。他从小就立志报效天下，造福万民。科考入仕以后，他任职辗转全国各地，从哲学与政治相结合的高度探讨百姓、国家、臣僚、帝王的关系，写下大量的诗文。

他在《杂咏八首》中主张："万物余一体，九州余一家。"即天下九州要成为一个大家庭一样，和睦相爱。他主张帝王应当"隆宽博爱"，也就是要崇尚厚道，关爱天下百姓，王者对百姓要施行仁政惠民。

他认为民众是君王和国家的根本。他注解《尚书·商书·汤诰》说：

> 汤之受命也，天与之，人立之……

说君主的权力来源于天意和民众，而天意依据民心，所以君主的权力，从根本上说来源于民众。君主虽然高高在上，但其命运与社会底层的民众紧密相连。君主不能使民众安居乐业其地位也不会稳固。没有民众支持，君主的统治就难以为继。正因为民为君本，所以君主一定要爱民、安民、惠民：

> 国以民为本，民居既奠之后，方事营造，先王之重民如此。

他继承和发扬先贤"民为国本，本固邦宁"的进步思想，恪守孟子"民为贵，社稷次之，君为轻"的民本观念，强调：庶民是国家的根本，百姓建好家园安居以后，再考虑国家建设，先王重视民众都是如此。他说：

> 民者，天之所以不能违也，而况于王乎？况于卿士乎？（《洪范传》）

说上天也不能违背民众意愿，帝王、卿士更应该尊重民意。君王与公卿士大夫都必须以民为"天"，要想民所想、急民所急，不能脱离百姓违背民意。

他作《答王深父书》："天之意，故尝甚重其民。"说天意就是重视万民。

他在《郊宗议》中更是直白："所谓得天，得民而已矣。"

在这里他把"天"作"民"看，认为"天"就是"民"，把天和民直接统一起来。帝王只要尊重民意,就等于尊重天命。他从理论上论述了二者的统一。

他坚持"国以民为本"。在帝王、国家、民众关系中,他强调民为根本。有了民众才有国家,有了国家才产生君王统治。没有民众,何来国家?没有国家,何有君主?他在《周官新义》中强调:

> 王者仁民爱物,其施如是,然后可以百姓之奉,备万物之养。

他主张国家大事应当充分征询尊重国之根本的民众意见。他注解《周礼·秋官·小司寇》:

> 国危、国迁、立君,大事也;有疑焉,则所谓大疑,故致万民而询焉。……民为贵,于是见矣。

说国家遭遇危难、国都迁移、立新国君等,这些都是大事。如果有疑问,意见不统一,就是事关大局的疑问,不要仓促决策,要到万民之中去征求百姓的意见。因为万民的眼睛是雪亮的,旁观者清。实际上就是要广泛吸取民间草野百姓的智慧和经验,采纳其合理意见建议,而使国家决策建立在比较科学正确的基础上。说于此可见民众是尊贵的。900年前的封建政治家,主张到民间征询对国家大事的意见,按今天的话说就是从群众中来,到群众中去,坚持群众路线,集中群众的智慧和力量,这是很了不起的。

基于以上认识,他呼吁国家应当尊重保护万民的利益,而不是争利于民。他在《收盐》中大声疾呼:"一民之生重天下,君子忍与争秋毫。"强调民生重于天下,每一个有道德操守的人,都不应与民众争秋毫蝇头小利,要让利于民。

他论述民众与国家关系说:

> 百姓所以养国家也,未闻国家以养百姓者也。

认为天下百姓终年辛苦劳作,创造无数物质财富,供应国家消费和各级官员享用。从来都是百姓养国家,而没有国家养百姓之说。

他在所有任职岗位上都坚持调查了解民生状况,为改善民生鼓与呼。前文谈到可能作于鄞县的《郊行》等,表达了他对百姓的深切同情。

他严厉批判天下高利贷对百姓造成倾家荡产甚至家破人亡的罪恶,他在《寓言十五首》之三写道:

> 婚丧孰不供,贷钱免尔萦。耕收孰不给,倾粟助之生。
> 物赢我收之,物窘出使营。后世不务此,区区挫兼并。

说百姓遇到婚丧、歉收等天灾人祸及特殊困难时,官府应当贷钱开仓解决百姓危难,粮物多时政府应当适价收购,防止谷贱伤农,粮少时售出,以平抑物价。他批判统治者不为农民百姓着想,怎能抑制兼并？怎能保障民生？

他在《寓言十五首》之四中说,赋税徭役之重,上层剥削百姓就像父母为满足己私而向儿子无限度索取钱财一样：

> 父母子所养,子肥父母充。欲富椎其子,惜哉术之穷。
> 霸者善一方,窘彼足自丰。四海皆吾家,奈何不知农。

说父母晚年要靠儿子赡养,儿子富裕则父母养老无忧;如果父母为自己富裕,关起门来与儿子争财,其结果儿子穷困,自己也得不到赡养。以此告诫最高统治者通过提高赋役过度剥削百姓,必将导致百姓穷困,国家也难以富足,实属治国无术。他主张国家制定政策应全面考虑,不能竭泽而渔不顾民生,避免顾此失彼。天下庶民皆皇帝家天下百姓,他质问最高统治者,为什么不用"知农"即发展农业生产,扩大经济总量来富国惠民呢？

王安石不仅写了许多诗文,为天下庶民百姓代言,严格要求君王以民为天,尊重民意,制定政策,改善民生;他更是终身严格践行以民为天的政治主张,在各个任职岗位一以贯之。他在鄞县甘冒政治风险,为万民做主,放开官仓贷粮于民,可谓解民于危难。他在舒州、常州等地方,只要力所能及,甚至超出职权范围,即使承担风险,他都能开创性地做一些对百姓有益的事情。他不管是任职一地,还是当宰相执掌天下,都坚持兴修水利,改善农业生产基本条件;办好教育培养人才。他辅佐神宗皇帝治国安天下之初,及早派官员调研农事。变法伊始,制定实施了多项惠民新法,收到了很好的效果,改善了天下民生,掀起建国后最大规模办学高潮,增强国家长远发展后劲。

1071年初,王安石将经过两年反复调研论证制定的"免役法",首先在开封府辖区试行,待总结经验再向全国推行。原来承担无偿劳役的许多百姓放归回家时,如获解放新生"皆欢呼而去"。可见这项法律救民于水火,深得百姓拥护。前文谈到守旧派上下勾结,不择手段,东明县令贾蕃毁法制造事端,企图达到罢免王安石的险恶目的。面对骇人听闻的突发京城大规模上访请愿事件,他首先考虑的是百姓的安危,不虑结局难以掌控,甘冒被诬陷宽容"造反"百姓风险,天塌下来一人擎,毅然亲切接待上访百姓,其爱民亲民,为民做主,直面百姓,布大信于天下的崇高品德实在令人敬佩。这样心系平民伟大的封建政治家,遍数中国封建社会少有人及。

王安石心系天下万民,重视农业生产。他写了许多农具方面的诗作,比如他嘉祐二年(1057)《和圣俞农具诗十五首》(梅尧臣字圣俞),其中有《田庐》即农民的田间房屋,《樵斧》即樵夫砍柴的斧头,《水车》《牧笛》《牛衣》及犁耧等。这在同时代社会精英作品中是少见的,更是一般倾情风花雪月及才子佳人士大夫所不屑的题材。其中《耕牛》诗:

> 朝耕草茫茫,……暮耕连月出。身无一毛利,主有千箱实。

说耕牛在草地露珠,水田池塘披星戴月耕田,毫无所得,主人收获粮食果蔬丰硕,赞扬耕牛辛劳和对农事的贡献。

他还描写了水车等农具的制造、作用等。他写农具组诗 15 首,如果对农民没有深厚感情和密切接触了解,没有对农具制造及农业生产深入观察,这些诗是写不出来的,可见他对农民的关注和对农业生产的重视。

此前他大约作于舒州通判时期(1051—1054)的《慎县修路者》:

> 畚筑今三岁,康庄始一修。……十年空志食,因汝起予羞。

感叹修路工人用畚箕运土,辛苦劳作三年,筑成一条康庄大道。赞扬修路工人用勤劳的双手,付出心血汗水为社会作出的贡献。为此想到自己做官食禄 10 年,为社会贡献不大,深感惭愧和内疚。他并非无所作为,而是限于当时他未任主官的局限,难以尽展平生抱负,是伟人欲造福天下难以遂愿的感慨。他在这期间所作长诗《发廪》"三年佐荒郡,市有弃饿婴"表达了同样的思想情怀。感叹担任通判三年,没能解决百姓温饱,甚至还有抛弃饿婴的人间悲剧,实际上他当时是力不从心。当他主政朝堂时,终于大展宏图恩泽九州万民。

王安石当政期间为民做主,在他退休之后更是"屡争席于渔樵",融入社会各界百姓之中,在这方面他更是封建政治家平民化的典范。他没有宰相的架子,完全就是一村翁老夫,在封建时代政治家中他鹤立鸡群。

王安石闲居南京时,经常深入田间农家,他耳闻目睹新法促进农业发展,民生改善,百姓安居乐业的景象,喜悦心情融于笔端,他直抒胸臆,写下许多脍炙人口的名篇佳作,讴歌了他奉献终生的新时代,比如《歌元丰五首》第一首:

> 水满陂塘谷满篝,漫移蔬果亦多收。

> 神林处处传萧鼓,共赛元丰第一秋。

说风调雨顺池塘水满,庄稼满沟苗壮茂盛,随便移栽的蔬菜水果也都获得丰收。社日祭祀土地神的树林传来喜庆的鼓乐,人们用祭祀酬神庆祝元丰第一年(1078)秋季五谷丰登。

他以诗作与各界广交朋友。他与号称湖阴先生杨德逢交往密切,为其写下《书湖阴先生壁二首》《元丰行示德逢》等,他在《招杨德逢》中写道:

> 山林投老倦纷纷,独卧看云却忆君。……

写游玩山林,独卧观云怀友,敦请友人出山共游,感情纯厚亲切。

他与邻居俞紫芝(字秀老)志趣相投,多有诗交,他以七律《示俞秀老》描写了美好钟山春景和农家丰收的欢乐。最后两句"暮年要与君携手,处处相烦作好歌",表达了晚年要与平民朋友携手同游,共同吟咏大好江山的真情。他作《酬俞秀老》"与君独爱故情长",其《次俞秀老韵》感情真挚热烈。

王安石与一张姓老头交往日久,《萍洲可谈》记载了他的平易近人:

> 公每步至其门,即呼"张公",张即应声呼"相公"。一日,公忽大哈曰:"我做宰相许时,止与汝一字不相同耳。"

说王安石每到张公门前,必呼"张公",张即应声呼其"相公"。一日王安石大笑道:我做宰相时被称为相公,与你仅是一字不同啊。900年前封建社会大宰相与百姓谈笑风生,其平民作风到老不变,实在难能可贵。

王安石退休南京半山园期间,他常去附近的定林寺。《青琐高议》记载:

> 王荆公介甫退处金陵,一日,幅巾杖履,独游山寺,遇数客盛谈文史,词辩纷然。公坐其下,人莫之顾。有一客徐问公曰:"亦知书否?"公唯唯而已。复问何姓,公拱手答曰:"安石姓王。"众人惶然,惭俯而去。

说王安石退休南京时,有一天他闲装挂杖,独自一人游览定林寺院,遇到几位游客谈论文史,各抒己见争辩非常热闹。他在一旁坐下静听,开始人们并没有注意他,可能是他的衣着不像读书人,有一个人就轻慢地问他:是否知书?王安石作肯定回答后,那人又问他姓什么,王安石礼貌地拱拱手,毫不隐瞒姓名,那些人听后非常惶恐。虽然他们不认识王安石,但是全才宰相变法改革惠及天下万民,现在退休在南京,这事他们应当听说过。几位游客原来以为他是乡村老叟,可能没念过书,和他们凑热闹,对他说话有失尊重,哪知遇到名贯天下大文豪,却有眼不识泰山。想到自己不礼貌行为,都很惭愧低着头走了。天下退休宰相有几人会像王安石被人误会为不知书的村夫?

有谁听说宰相为百姓治病的吗?王安石就有这事,据《高斋漫录》记载:

> 王和甫守金陵,荆公退居半山,每出跨驴从二村仆。一日入城,忽遇和甫之出,公亟入编户家避之。老姥自言病疽求药,公随行偶有药,取以贻之。姥酬以麻线一缕云:"相公可将归与相婆也。"荆公笑而受之。

说他退休南京时,有一天正要入城,远远看见时任江宁知府的弟弟王安礼(字和甫)出城。他不愿耽误弟弟公事,急忙躲入农户家;正遇上一老太婆患病,他用随身携带药物为她治愈疾病。老太婆以一缕麻线感谢王安石,请他带给夫人。终生不接受别人馈赠的王安石,高兴地接受了老太婆给他的麻线。天下宰相谁像王安石这样为村妇治病?谁能像他这样与百姓零距离呢?

邵伯温在《邵氏闻见录》中记载:

> 王荆公辞相位,居钟山,惟乘驴。或劝其令人肩舆,公正色曰:"自古王公虽(一作'至')不道,未尝敢以人代畜也。"

说王安石辞相居住南京期间,出行仅以骑驴。有人从安全舒适考虑建议他坐轿,王安石神色严肃地说:自古以来即使不讲道义的王公,也不坐轿以人力代替畜力。他把天下不管是高官权贵还是百姓役夫等,都看作是平等的人。他认为坐轿把人等同牲畜役使,自古以来不讲究道德修养的人还不以人代畜,他终生恪守绝不坐轿役人。像他这样尊重天下万民包括苦役力夫作为人的权利高尚思想境界,今天也非所有官员都能做到。当今,年轻人游山遇上陡峭山道,坐上仅二人抬的滑竿,抬者犹如古代轿夫,乘坐者悠然自得,谈笑惬意。谁曾想一个成年人的体重及滑竿重量,压在俩人尤其是老翁身上,老汉负重气喘汗流浃背,上山下山步履艰难,而坐者悠然自得,比比王安石,岂不汗颜!

王安石作为一人之下、万人之上的大宰相,居庙堂之高,则以民为本,视百姓为衣食父母,施政造福万民;处江湖之远,则心系朝堂,著书立说,勤奋创作,为时代鼓与呼,做推动时代进步的啦啦队,甘当纤夫铺路石;他将自己融入平民,与百姓同呼吸共命运,成为没有一点官气天下万民中的一员。在等级森严的封建时代,其思想境界实在令人感佩。

王安石把自己融入普通百姓"泯然众人",不愧为睿智的政治家。我国封建社会,儒家主张入世,强调仁义道德,追求修齐治平,立德立功立言"三立"圆满。道家主张避世,倡导自然无为,济世救人,物我同体,与道为一,长生成仙,有助于人们健康养生。佛家主张出世,认为人生是一场苦旅,万物为幻,修炼崇善以求来世。人生世上年富力强应当追求入世拼搏奋进建功立业;到了壮年应当急流勇退以求健康养生,老年则应当准循佛家静以养心。恪守"老骥伏枥,志在千里,烈士暮年,壮心不已"者仅是鹤立鸡群的人杰。知识分子入世难以如愿,则求避世信奉道家,避世不成归于出世。三教实为殊途同归,以不同的途径为其提供安身立命之所。中国知识分子政治上失意不得志,必然会转向佛道,这是其思想发展的一般规律。顺应这个规律,可求人生圆满;违背这个规律,人生难以完美,甚至难免悲剧。比如有的人早年尽人事拼搏奋斗出人头地,到了本该听天命的晚年贪恋权势,迷惑于财色等,晚节不保导致身败名裂。王安石广读百家万卷,他是对道教佛教深有研究是学养精深厚重的"通儒"。他深谙功成身退之天道,他在主政数年间,始终处在去留的矛盾之中。第一次主政 5 年中,他就曾 7 次求辞。他当他第二次接到任相诏命刚离开家门行至瓜洲,就感慨"明月何时照我还"。当时客观环境已经无法实现他追求的第二步战略构想,在位一年半他数次请辞,56 岁铁了心归隐,神宗让他留京犹如今日顾问,他深知神宗英明天子,已无需辅佐,婉言谢绝。对于疲惫的王安石来说,辞去宰相是休息解脱,是对身心创伤的疗养,他写诗多首表达欣喜之情。

　　但是,他作为演奏惊天动地变法改革大剧的主编和导演,不可能完全忘记激情澎湃的峥嵘岁月,"尧桀是非时入梦,固知余习未全忘"是他虽处江湖之远不能完全忘怀天下的心声写照。正因此,司马光蛮横专制废除所有新法,致使他忧愤逝世。但是纵观中国 2000 多年的封建社会,哪一位改革家有他那样安静的 10 年退休生活?又有哪一位改革家活到了他的年岁?这正是王安石高出其他许多政治家伟大睿智的体现。

　　王安石践行了入世大有作为,"三立"圆满;功成退隐结缘道家修身,老来钻研佛教淡泊静心,以求解脱符合人生规律的最高三重境界。

　　王安石作为卓尔不群伟大的封建政治家,他恪守民本思想,尊重百姓,心系黎庶,用权为天下谋利造福万民,恩惠天下芸芸众生;他融入普通百姓,与天下万民同呼吸共命运俱安乐,对于今天各级领导干部仍不无启迪教益。

　　王安石入仕几十年尤其是主政变法改革7年,经历了无数暴风骤雨、惊涛骇浪。退休后他完全融入百姓生活,广交平民朋友。他坚持从不坐轿,认为坐轿是把人当牲畜役使,思想境界令人崇敬。他经常骑驴读书漫游,以此平抚多年来政坛风波身心创伤,回归他热爱的大自然,写下了大量内容和艺术炉火纯青的诗词佳作,开创了后人称誉的"荆公体"。

王安石可能作于退休晚年的《读史》：

> 自古功名亦苦辛，行藏终欲付何人。
> 当时黮暗犹承误，末俗纷纭更乱真。
> 糟粕所传非粹美，丹青难写是精神。
> 区区岂尽高贤意，独守千秋纸上尘。

作为一生追求报效国家，以天下为己任的伟大政治家，他"尧桀是非时入梦，固知余习未全忘"，他不可能完全淡忘变法改革的峥嵘岁月。他作为睿智的思想家，认为历史上许多重大事件和人物，受各种因素影响，当时尚且看不清楚，后世更难免以假乱真，伟人也可能千古蒙冤，似乎对自己未来早有预料。

第三十五章 脊梁灵魂

中华民族五千年文明的历史长河中,曾经涌现出无数杰出人物。正是由于他们胸怀天下,终身求索,修身齐家治国平天下,以立德、立功、立言崇高的道德操守和经天纬地的才干,以及融会贯通百家的远见卓识,传承中华民族文明薪火,引领带动中华民族前进的步伐,才使得中华文明不断丰富、发展完善,才使得中华民族虽历尽沧桑,却永远巍然屹立于世界民族强林之列。他们是民族的脊梁,中华文明的灵魂。在众多杰出人物中,王安石更是其中的佼佼者,他是照亮夜空耀眼的明星;他留下的宝贵精神财富,成为激励我国人民世代传承,为实现中华民族伟大复兴拼搏进取,强劲不竭的精神力量。

一、求索勇进救世补天的政治巨人

王安石出身于书香门第,在父母亲家风家教潜移默化熏陶下,他发誓:"意气与日争光辉。"古今中外少年立志者不计其数,但是像王安石那样壮志凌云,誓与日月争辉,以天下为己任,与前代圣贤媲美,古往今来少有人比!

王安石为追求报效天下,治国安邦造福苍生的伟大理想,他勤奋读书奠基,发誓:"我读万卷书,识尽天下理。"他通读诸子百家,读书通宵达旦,"一灯岑寂拥书眠"。他注重钻研求索,必欲追根究底,知其所以然,消化吸收其精华,"断以己意",学以致用。他恪守为士弘毅,一生"未能忘慷慨,聊以古人谋","仰屋慨平生";矢志不移,永不懈怠,持之以恒拼搏冲刺,不达理想,绝不罢休。

他做官特立独行,为经受基层综合治政锻炼考验,增长才干,奠定日后担当大任坚实基础;他坚辞京官,甚至面对皇帝秘书别人梦寐以求的美差,他竟然连续数月拒任辞状达12篇。他反复强调提拔集贤校理时间短:"臣入馆资序最为在后,而独先被选,窃以为非朝廷用人之体。"他反复请求:"乞一知州军差遣。"朝廷不为所动。他甚至决绝抗争:"不失所守之信。臣不任。"王安石为什么吃了秤砣铁了心坚辞同修起居住,不当皇帝秘书?他于1060年辞任皇帝秘书时,已经担任过常州知州、群牧司判官、提点江东刑狱及财政官员等五品官,宋代俸禄比较高,此前以养家糊口尽孝等理由坚辞京官不复存在,何况有谁担任皇帝秘书忧虑家人衣食温饱?他之所以抗命坚辞,从根本上说就是要在基层一线为百姓做些实事,在综合治政实践中求索振兴国家之道,增长才干,为今后报效天下奠定坚实的基础。像他这样坚定不移拒绝担任皇帝秘书,放弃近水楼台先得月,淡泊出将入相前程似锦美差,少有人及!他在鄞县兴利除弊政务繁忙,却主动前去杭州拜访范仲淹,请教兴国之道;对于文坛领袖欧阳修关系其仕途前程的盛情邀请,直到10年后1056年入京任职时相见。这才是真正的谋国不谋身。

他"位卑未敢忘忧国",不在其位却思虑国家大政。身在一地登高远望天下,为了国泰民安,四海一统,早在担当大任前10年的1059年,上奏本应"肉食者谋之"全面改革振兴国家的"秦汉之后第一大文"《上皇帝言事书》。唱出了振聋发聩革故鼎新的最强音。

他辅佐神宗皇帝推行经济、军事、政治、文化等十几项新法,进行全方位变法改革;主持全国治理黄河等大江大河,从根本上改善农业生产条件,造福天下万民。使百年王朝焕发了生机活力,综合国力全面提升。

他对待敌国具有长远的战略设想,在当时因循守旧,妥协苟且,怯战忍辱,对于开国帝王赵匡胤收复燕云16州再也无人敢想的时代环境下,他曾经多次开导神宗,对待辽夏要做长远谋划。他高瞻远瞩,胸怀格局之浩瀚广阔时人无及。《续资治通鉴长编》记载熙宁五年(1072)五月,他激励神宗:

> 陛下富有四海,若以道御之,即何患吞服契丹之不得?

他告诫神宗:仅被动应对边境摩擦,不统筹谋划长远,"未足以安中国也"。

他是宋朝建国百年以来,所有辅政大臣中,唯一具有胆识和理性分析,敢于从战略上藐视辽国和西夏,志欲"举事"恢复汉唐一统远大战略理想大无畏的政治家。他设想变法改革两步走:第一步解决现实危机,奠定坚实的物质基础和国防实力,全面提升综合国力;第二步平定辽夏,实现四海一统。

事实也证明了他军事战略的正确性。他数年力挺王韶,排除内外干扰,解除神宗疑虑;指导王韶以先礼后兵、师出有名、攻心为上、严禁滥杀、善待降众等儒家用兵思想,取得断西夏右臂的河湟大捷,是自太宗后第一次对外军事斗争的伟大胜利,洗雪自1004年"澶渊之盟"四代帝王70年国耻;宋廷在与辽夏三足鼎立中真正挺直了腰杆。开创宋朝"换了人间"的新时代。朝野庆贺,举国振奋。神宗赐以玉带,他谦虚推功于君主和前线将士。他运筹帷幄,亲自起草反击交趾檄文《敕榜交趾》,用兵有理有利有节,取得了南疆对外自卫反击战的全胜。南北大捷证明了变法的巨大成效,王安石不愧为料事如神的军事战略家。他加强对湖南、四川等少数民族地区招抚及规范化管理,促进其与中原经济文化交流发展和社会进步,功莫大焉。

二、融通百家学贯千载的领袖泰斗

王安石的综合成就贡献,在中国政治家中可谓神奇。他吸收此前百家精髓,融会贯通,丰富和创新儒学。创立了以朴素唯物辩证法为基础,适应社会发展,治国安邦生机勃勃的"荆公新学"。可谓:究天人之际,通古今之变,成一家之言。他40岁前就被誉为"通儒",成为挽救宋廷众望所归的明星。

其学说博大精深,惊世骇俗;作为治国安邦指导思想,教育培养天下学子,转变社会思想观念,"靡然变天下之俗",使神州大地万象更新。

王安石的时代,自汉武帝独尊儒术,儒家思想作为封建时代国家意识形态近1200年;全社会信奉儒家至圣先师孔子敬畏天命、敬畏王公大人、敬畏圣人之言。他为推行变法改革,恪守"天变不足畏,祖宗不足法,流俗之言不足恤",其胆略和勇气无人比拟,其思想进步超前无人能及。

他终身实践"文者,务为有补于世"的文学主张,诗词文章成就极高。周宝珠教授所著《宋史》称他为上承欧阳修,下启苏轼的第二代文坛领袖。

他经学及文字学成就贡献巨大,著有《易解》20卷、《周礼义》30卷、《论语解》10卷及《孟子解》《老子注》等许多经典。他主编《三经新义》为天下学校教材及科考标准。他作22卷《字说》集文字学、哲学、经学等广博精深知识的结晶。他是我国古代政治家中少有人及的经学大家,唯一的文字学家。

他是当之无愧的教育家,成就很高。他一生钻研教育理论,兴办学校,讲学育人,冲破俗儒教条思想束缚,高举治政"与时偕行"思想旗帜,为变法改革更新天下人思想观念奔走呼号。培养了三位副宰相等许多栋梁之材。

王安石还是名副其实的经济学家。他顶住"君子喻于义,小人喻于利"的时代风气,钻研国家经济财政管理,为天下理财,扭转了积贫积弱,极大改善民生状况,基本实现了"民不加赋而国用饶"。谢谦教授编著60万字《国学词典》,将他与桑弘羊、鲁褒、刘晏、杨炎、盛宣怀、张謇7位列为经济学大家。

他对历史许多重大事件和人物多有一反传统观点,发人深省独到的评价。他的诗词文章哲理深刻,振聋发聩。比如《读孟尝君传》《乌江亭》《游褒禅山记》《伤仲永》《明妃曲》《贾生》。据不完全统计,他的诗文涉及评价前朝主要历史人物的有:仓颉、孔子、孟子、赐也、伯牙、宰嚭、田单、商鞅、苏秦、范雎、秦始皇、张良、韩信、范增、四皓、叔孙通、扬雄、曹参、汉文帝、贾谊、汉武帝、东汉元帝、司马迁、东方朔、王昭君、诸葛亮、谢安、杜甫、韩愈等。

他的书法自成一体,为苏轼、黄庭坚、米芾等所称道。

他一生政治成就贡献最大,对后世影响深远。他在许多学科和领域的造诣和建树,令人叹为观止。他精研法、道、佛等诸子百家学术,融会贯通,"断以己意",登攀到"会当凌绝顶,一览众山小"的巅峰。他是政治家中的不世出之才,是中华文化的全才巨匠。他和儿子两代帝师,儒学深厚的神宗皇帝尊他为良师益友;神宗成为明主,受益于他多年辅佐潜移默化的深刻影响。

三、追圣至善俯仰无愧的道德典范

政治家保持修养操守难;政治改革家恪守修养操守更难。历史上许多政治改革家热衷法家权、术、势,施政背离道义,治国为图霸业往往不择手段,比如走向极端的商鞅等。王安石终生追效圣贤,修身齐家近于苛刻,治国安邦遵循道义,一生践行中华民族传统美德,堂堂正正光明磊落,仰不愧天,俯不愧地,他是中华民族的脊梁、灵魂。何以见得?请看以下几点:

他一生远离歌舞,不狃声色。他尊重女性,在封建士大夫中鹤立鸡群。比如他终生一妻,退妾赠金,成为宋代士大夫有口皆碑的道德典范。

他淡泊名利,修身律己齐家。终生未向人言及曾被主考官初定为状元。为自己和弟弟王安礼及儿子王雱等亲人坚辞升迁,文集中辞状达60多篇。

他一反"文人相轻,自古而然"不良风气,与欧阳修、周敦颐、张载、司马光、程颢、程颐、苏轼兄弟等大家相善相容相重;即使政见有别,也一贯坚持礼贤下士,恪守君子风范,为和而不同的君子之交楷模。

他宽容善待政敌,对于司马光和苏轼等反对新法的过激行为,甚至诋毁其品德操守,他淡然处之,不与之计较。他和弟弟王安礼营救苏轼于死囚牢房。像他这样对待丧失理智诋毁自己,并且被实践证明反对错了的政敌,古今中外还有几人?

他继承和发扬孟子民本思想,呼吁"九州余一家","一民之生重天下"。他推行新法:"以农事为急,农以去其疾苦、抑兼并、便趣民为急。"(《续资治通鉴长编》卷二二〇)

他相信天下万民的智慧,主张国有疑难"可致万民而询焉",制定各项新法广泛征求民意。发扬民主做到了极致,少有人及!他试行和全国推行新法提前公示一个月,直到"民无异词",才颁行天下,并且允许各地因地制宜,进一步完善。

他尊重天下万民的基本权利。他认为坐轿就是把人当作牲畜役使，一生坚持骑马、坐车不坐轿，封建时代宰相不坐轿还有谁人？同为改革家的张居正为父亲丧事返乡时用轿夫达64名。王安石退休后经常骑驴代步，他"屡争席于渔樵"，深入田间农户；曾经为老妪治病，与平民百姓打成一片。文化泰斗竟被人疑为不识字的村老野夫。古今中外的宰相，谁像他这样与平民百姓零距离？！

王安石为了国家和万民，看准认定的事情，"虽千万人，吾往矣"。他意志坚定和毅力顽强亦非常人。他在鄞县勇于担当，造福百姓，受到万民敬仰，被誉为"江东三贤"之一。"政声人走后"，离任后鄞县百姓为他修建生祠，在他同时代大家中绝无仅有。这才是真正的民心所向。

他一生求真求实，即使为人写墓志铭这类多讳过虚夸的文章，也绝不随波逐流。他受同僚钱公辅请求，至和二年（1055）为钱母蒋氏写下墓志铭，钱不甚满意，欲有所增减。王安石认为"有可道"则写，"未可知"之事，绝不妄写，文章"自有意义，不可改"。看起来事小，但常人很难做到。其求真求实、一丝不苟、超脱世俗的写作态度，充分体现了他高尚人格和进步的创作主张。

他担任知制诰时，审理开封少年鹌鹑案，驳回开封府意见；刑部及大理寺终审支持开封府判案。按照当时制度惯例，他应向开封府赔礼道歉，他坚持依法断案已无过错，即使御史台催促，他坚持"我无罪"，绝不屈服。

中国2000多年封建社会是皇帝一言九鼎，家天下人治的时代，污浊的封建官场政治生态，产生了无数缺乏个性的奴才官僚。王安石鹤立鸡群，他铮铮铁骨大义凛然，昂首挺胸无畏君主。"青苗法"推行初期，面对神宗皇帝动摇，他称疾居家抗争，直到神宗皇帝下诏道歉，他才重返朝堂。他不是要与帝王赌气，他奋力抗争为的是制止神宗走回头路，避免变法大业半途而废。在帝王掌控天下生杀予夺，致使奴才官员遍天下，唯唯诺诺、卑躬屈膝跪惯了君主的封建时代，王安石坚持真理，对帝王挺直腰杆宁折不弯，难能可贵。

自南宋至明清900年来，世俗中王安石的形象与其真实面目相差甚远，大相径庭。原因一是由于他思想行为的进步超前，当天下大众黑夜酣睡时，他早已起床大步奔向东方迎接黎明，他的身后没有一人跟随。世上少有人责备酣睡甚至懒床者，却反倒怨恨他早早起床惊其美梦，他为天下勤劳反遭唾液淹身。时人对他多有羡慕，更有嫉妒恨而受到非议诋毁，正所谓"木秀于林，风必摧之"，人怕出名猪怕壮，阳春白雪和者盖寡。比如他具有现代金融管理思想雏形的新法，被美籍华人黄仁宇教授赞扬为：

在我们之前 900 年，中国即企图以金融管制的办法操纵国事，其范围与深度不曾在当日世界里任何其他地方提出。当王安石对神宗赵顼说"不加税而国用足"，他无疑已知道可以信用借款的办法刺激经济之成长。当生产增加货物流通时，即使用同一税率也能在高额的流通状态里收到增税之成果。这种扩张性的眼界与传统的看法不同，当时人的眼光将一切视为不能改变的定数。因此王安石与现代读者近，而反与他同时代人物远。(《中国大历史》)

二是由于守旧派废除新法对他进行政治与学术清算压制，助长了对他的造谣诬陷。许多政敌的私人笔记小说向他泼洒脏水，比如邵伯温《邵氏闻见录》，极尽造谣诬蔑诋毁之能事；至今难以澄清是否为苏洵所写的《辨奸论》，在他主政前隐晦诋毁其为奸佞，流毒至今。多数名流由于不理解跟不上他的步伐，认为其离经叛道且都有人脉能量影响，对他大加鞭挞诋毁，足以混淆视听，以假乱真。王安石的形象变得模糊不清，甚至面目全非；至今年代久远，我们很难洗刷泼在他身上的全部脏水，很难完全拂去他脸上厚厚的灰尘，还原他的容颜。

王安石蒙冤 900 年，与以上原因紧密相关的第三个也是最根本的原因，在于人为的史传失实。学术界公认我国 24 史中，元人所修《宋史》最为芜秽。清代赵翼《廿二史札记》等书指出其叙事错杂、失检、谬误、遗漏、矛盾等许多处，其各分传中更是错漏百出。我们看看苏轼在他去世后代表朝廷所著诏告天下的《王安石赠太傅制》，就足以想见他的形象被丑化失真的严重程度。其全文如下：

敕：朕式观古初，灼见天命。将有非常之大事，必生稀世之异人。使其名高一时，学贯千载；智足以达其道，辩足以行其言；瑰玮之文足以藻饰万物；卓绝之行足以风动四方。用能于期岁之间，靡然变天下之俗。

具官王安石，少学孔孟，晚师瞿聃；网罗六艺之遗文，断以己意；糠秕百家之陈迹，作新斯人。属熙宁之有为，冠群贤而首用。信任之笃，古今所无。方需功业之成，骤起山林之兴。浮云何有，脱屣如遗。屡争席于渔樵，不乱群于麋鹿。进退之美，雍容可观。

朕方临御之初，哀疚罔极。乃眷三朝之老，邈在大江之南。究观规摹，想见风采。岂谓告终之问，在予谅暗之中。胡不百年，为之一涕。於戏！死生用舍之际，孰能违天？赠赙哀荣之文，岂不在我！宠以师臣之位，蔚为儒者之光。庶几有知，服我休命。

上文试译如下：大宋皇帝敕令：我观察古初，闪亮如见到上天的旨意。将要发生十分重要非同寻常的大事，必定会有不同常人稀世奇才降生。上天让他声名显赫于当代，学问融通贯穿千载；智慧足以通达天道，思辨足以使他畅所欲言，践行主张。瑰丽奇绝的文采足以描绘润色世间万物；卓绝行为足以影响带动四方。任用他能在一年之间使天下移风易俗，神州面貌为之一新。

当代高官王安石，少年时学习孔孟儒家思想，晚年钻研师从老子道家和释迦牟尼佛教学说，广泛汇集《诗》《书》《礼》《易》《乐》《春秋》六经旧文作独出新意的解释；扬弃百家精华糟粕推陈出新。熙宁年间他是名冠群贤，最有作为的百官之首。他受到皇帝信任古今罕见。他所创建的功业正待大成之时，却突然产生归隐山林兴趣。他把高官荣耀看作天上浮云，辞去相位如脱掉鞋子一样毫不在乎。他经常跻身于渔民和樵夫等平民百姓，乐于安然与麋鹿为友，他出仕为官和归隐山林的美德，令人感叹雍容大度，可谓典范。

我登基不久，为先帝居丧极度悲痛。非常眷念这位三朝元老，但他远在长江之南的江宁，详细观察思考他的治国方略，很想亲眼看到他的风采。哪里想到在我哀痛之际惊闻其辞世，为什么不能长寿百岁？我不由得为之痛哭一场。我哀叹人的生死上天安排，谁能够违背天意？赠以钱财和哀荣文章，正是我的责任。追封为太傅列于师臣的名位，使之成为儒者的荣耀。如果你九泉之下有知，就请接受我给你的光荣诰命。

开篇以哲宗皇帝的口气，有可能借用汉武帝招贤诏书："盖有非常之功，必待非常之人。"说天将降以大任者，其必具备异常杰出的才学和变革天下超出常人的胆略勇气，以及无与伦比的影响带动力。第二段赞扬王安石学养深厚，融会贯通百家精华，形成自己的思想和理论；熙宁年间，他冠盖群贤，与神宗皇帝同心协力，互信笃诚，推进变法改革大业。正当大功告成，他却把宰相高官看作浮云，像脱掉鞋子一样坚辞离京，功成身退归隐。他经常与渔夫樵夫等平民百姓在一起，进退俱为国家万民的美德和思想境界令人钦佩。最后一段写了朝廷对王安石逝世的痛惜悼念及赠予太傅荣誉的褒奖肯定与慰藉。

这是在司马光主政否定王安石政治及学术长达一年时，朝廷对王安石终生的盖棺论定。当时小皇帝不满10岁，太皇太后高氏不谙朝政。对王安石的生前身后定论牵涉到对变法改革的评价，事关今后长远政局。这篇昭告于天下的官方文章，必经权倾天下的宰相司马光等守旧派高官审定；其实是迫于王安石崇高威望不得已的勉强同意。有人说苏轼多用模棱两可含糊双关语。所言有理。文中大事、异人等约 10 处皆是双关语，任凭读者自己理解。但对王安石文学、学术、道德操守即"文章节义"多处礼赞有加。苏轼不愧为妙笔生花的文章高手。他恃才傲物很少有人入其法眼，王安石是他佩服不多的人之一，他对王安石以"某游门下久矣"，表示长久以来想要作王安石的学生。他深知写好这篇公文责任重大，且必将成为他的千古留名之作。他在基本肯定王安石与司马光等勉强接受之间寻求平衡。肯定王安石及其新法就是对司马光逆转朝政的否定。他如果直言不讳旗帜鲜明歌颂新法巨大成效及王安石的盖世功勋，在当时是不可能通过的。尽管这是一篇未能真正实事求是评价王安石的官方结论，但在当时已经是最好的结果了。阅读上文就不难看出王安石当年崇高的威望和如日中天的影响力。可以想见后来数次修订《神宗实录》以及元人所著《宋史》，诋毁王安石多么荒谬至极。

《神宗实录》由司马光主持贬损王安石的一修；蔡卞主持纠正偏差的第二修；蔡京主持折中第三修；范冲等秉承顺遂高宗旨意，于绍兴四年（1134）第四修、1138 年第五修。五次修撰长达半个多世纪，最后两修时蔡卞二修本和最有重要参考价值王安石的《熙宁日录》，概从禁毁，已经失传。《神宗实录》不实多非，难以作为信史。不重文化的元人没有其他史料参考，将《实录》照搬照抄作为《宋史》依据，致使被万民建立生祠供奉纪念的王安石蒙冤千古。许多专家学者考证出宋史不计其数的谬误。笔者看到仅《宋史·王安石传》就有 10 余处失实，仅举三例：

> 友生曾巩携以示欧阳修，修为之延誉。擢进士上第，签书淮南判官。

说王安石的朋友曾巩将其诗文送给欧阳修，欧阳修为王安石扬名，提高了他的知名度影响力，容易使人误解因此被选拔为上等进士。很明显这是失实的。王安石 1042 年参加科考，曾巩向欧阳修呈送王安石诗文是在其科考高中 5 年后，1047 年王安石担任鄞县县令时，王安石和欧阳修首次见面是 1056 年。其二宋代科考之规范严格，不是高官权贵社会名流捧场力荐就能高中。前文谈到苏轼担任主考官时，欲选拔得意门生高中，结果其弟子竟然名落孙山。

前文 16 章谈到，王安石为神宗起草自卫反击交趾（今越南）檄文《敕榜交趾》，义正词严痛斥其背信弃义，侵我大面积国土，杀我军民 6.4 万人。对此《宋史》竟然说是："安石怒，自草敕榜诋之。"把他亲自起草口诛笔伐交趾侵略暴行檄文说成是对其诋毁，颠倒是非竟至于此！可见一斑。

王安石弟弟王安国、王安礼，王安世、王安上，《宋史·王安石传》记载：

"王安礼字和甫,安石之弟也……王安国字平甫,安礼之弟也。"将王安国和王安礼排序颠倒。《宋史》中大错多了:把坚定不移变法派,文武全才宰相章惇不为进士儿子谋升迁,说成不近人情。他在朝堂公开顶撞向太后,反对徽宗即位。他被守旧派恨得咬牙切齿,修史时被打入奸臣行列,更是永远难以澄清的天大的冤案。章惇所作所为咋看都不是奸臣,倒像是大义凛然奋不顾身的千古忠臣!这才真正是思想观念的颠倒黑白,《宋史》难以辨析的谬误真不知有多少!朱元璋和爱新觉罗·弘历,出于专制统治的需要,一再打压王安石。时至今日,即使有重大考古发现,也不可能全部还原真相。正因此王安石沉冤将永远得不到彻底昭雪。他这块半埋在矿井下硕大无比的金子,永远难以散发出全部的光芒。王安石的身后正应了孟子的"尽信书不如无书"至理名言,亦应验了他《读史》似对自己身后的预料。

他虽然一生谋国不谋身,为了国家和百姓甘愿赴汤蹈火,不计生前身后名,但作为睿智的思想家,他尚未主政没有受到诋毁时,对修史就有独到的看法。他在《答韶州张殿丞书》中,称赞古代史官不计个人安危秉笔直书,批判近世史官的堕落。前文他的《读史》说修史者对当时的事情尚且看不清、辩不明,以误传世,后世必然众说纷纭,莫衷一是,更难以弄清历史真相。流传后世的并非都是真实的粹美,几页史书难以表达伟人的精神境界。正常的修史尚且如此,而居心叵测的修史,更是真假是非难辨?!更体现了他的真知灼见。

国人被不实的历史误导,造成了王安石900年冤案。他的极其丰富的宝贵精神财富,没有得到应有的发扬传承,这是我们中华民族的损失与不幸。尽管如此,从流传至今资料字里行间,我们仍然能够管窥王安石救世补天的政治成就,广博精深的学术贡献,卓然超群的文学硕果等。他在许多学科和领域的建树堪称神奇。他追效圣贤,修身慎独,高山仰止的思想境界、修养操守少有人及。900年前他旗帜鲜明的民本思想,他尊重社会底层普通百姓;他尊重女性,不近声色,退妾赠金;他政敌虽众,私敌无一。中华民族传统美德的许多方面,在他的身上得到充分的体现,他不愧为中华民族传统美德的标志。

中国历史上许多改革家难以自保善终,下场悲惨;王安石却是唯一的例外。时代环境固然是重要因素,更重要的是王安石的人格魅力,道德修养的高尚。在南宋和明清官方否定诋毁的数百年中,许多有良知的大家顶住官方政治压力为王安石鸣不平。南宋与朱熹并称"朱陆"的陆九渊《荆国王文公祠堂记》,首开为王安石鸣不平翻案的先河,对其予以极高的评价,说王安石:

> 英特超迈，不屑于流俗，声色利达之习，介然无毫毛得以入于其心，洁白之操，寒于冰霜。公以盖世之英，绝俗之操，山川炳灵，殆不世有。

清代思想家龚自珍："少好读王介甫《上宋仁宗皇帝书》，手录凡九通，慨然有经世之志。"他把王安石万言大作手抄九遍，可见对王安石高山仰止的至极崇拜。清朝蔡上翔称该文秦汉以来，未有及此者。他作《王安石年谱考略》，为王安石澄冤辩诬。梁启超撰写《王安石传》亦称上文为秦汉之后第一大文；说王安石是几代才出一个的杰出人物，却蒙受天下人的指责和辱骂，这既是王安石的不幸，更是宋朝的悲哀。他说每次阅读《宋史》，他都为王安石大哭。他敬仰王安石：

> 其德量汪然若千顷之陂，其气节岳然若万仞之壁，其学术集九流之粹，其文章起八代之衰，其所设施之事功，适应于时代之要求而救其弊，其良法美意，往往传诸今日莫之能废……
> 若乃于三代下求完人，惟公庶足以当之矣。

说夏商周三朝至19世纪清朝末年，唯有王安石是当之无愧的完人。

他历数中国古代六大政治家管仲、商鞅、诸葛亮、李德裕、王安石、张居正，王安石是他最崇拜的偶像。柯昌颐《王安石评传》治学严谨，是继梁启超之后客观公正评价王安石的大家。

中国新文化运动创始人之一，原北京大学校长胡适说：

> 我的神龛里，有三位大神，一位是孔仲尼，取其"知其不可而为之"；一位是王介甫，取其"但能一切舍，管取佛欢喜"；一位是张江陵，取其"愿以其身为蓐荐，使人寝处其上，溲溺垢秽之"。
> 看惯了近世国家注重财政的趋势，自然不觉王安石的可怪了，懂得了近世社会主义的政策，自然不能不佩服王安石的见解和魄力了。

胡适把王安石和他之前1500年的孔子，之后500年的张居正三人视为神圣，可见其崇拜至极。他批判司马光的"无为"政治，崇拜王安石积极进取的人生精神，称其"有为主义"，认为其是王安石政治思想的核心，是中国焕发生机可资借鉴的思想资源；尤其"天变不足畏，祖宗不足法，人言不足恤"更是五四新文化运动可供化用的精神动力。

祖籍河南辉县的台湾学者柏杨所著《中国人史纲》说：

> 自从盘古开天辟地，到十九世纪为止，中国伟大的政治家，可怜兮兮

地只有六位:管仲、商鞅、诸葛亮、王猛、王安石、张居正。

王安石具有超人的智慧。

他和梁启超见解相同,都把王安石列入从古至今中国六位伟大政治家之一。他同情惋惜王安石:具有超人智慧的人总是寂寞的,甚至是悲哀的。

籍贯浙江绍兴的台湾学者范文汲,其《一代名臣王安石》,是以事实为依据,史料翔实、说理透彻、治学严谨,全方位肯定王安石的精品力作。

前文谈到王安石的影响远远超出了国界,从古至今受到亚、欧、美洲多国关注研究,尤其是受到社会政治制度、意识形态不同的中苏美三个大国领导人高度肯定,王安石尚属唯一。

被誉为20世纪海内外宋史第一人的我国宋史研究会原会长邓广铭,自1950年至2009年60年间倾情四写《王安石传》。其学生原副会长漆侠,对于宋代及辽夏金政治、经济等全方位研究著作宏富;其《王安石变法》以事实说话,以经济数据服人,学术界至今无出其右;学术贡献堪与其师媲美。

对于王安石,笔者想用以下语言,尽可能表达其光辉灿烂的一生:

王安石是壮志凌云、誓欲比肩伊、吕,"意气与日争光辉"的人。王安石是为士弘毅,一生"咬定青山不放松",向着远大理想百折不挠,自强不息奋进的人。王安石是"我读万卷书,识尽天下理",勤奋苦读、无所不读、潜心钻研,终生学无止境,学以致用的人。王安石是特立独行、求索磨砺、厚积薄发的官场非同寻常之人。王安石是勇进担当、救时补天、以"三不足"大无畏精神励精图治救世补天的人。王安石是"人习于苟且",畏敌忍辱社会环境下,整军强兵,提升综合国力,以儒驭下,洗雪国耻,唯一主张谋划天下一统的军事战略家。王安石是宁可衣带渐宽人憔悴,拉长生命宽度达到极致,综合成就贡献堪称神奇的人。王安石是名高当时、学贯千载、登峰造极的文化巨人。王安石是思想超前、高瞻远瞩、引领天下的人。王安石是谋国不谋身、鞠躬尽瘁,不惜生前身后名的人。王安石是节操至善、践行美德、俯仰无愧、"三立"圆满的人。其综合成熟贡献不愧为中国封建社会前无古人、后无来者;他是不世出的千载伟人、至善圣贤、民族脊梁、中华灵魂。

鲁迅先生曾经说过:"我们从古以来,就有埋头苦干的人,有拼命硬干的人,有为民请命的人,有舍身求法的人……这就是国家的脊梁。"王安石不正是鲁迅先生所说的国家脊梁吗?!他一生践行中华民族传统美德,所作所为日月可鉴,不正是完美体现了中华民族的灵魂吗?!

凡是被称为民族脊梁中华灵魂者,首先必须具备超出常人崇高的道德修养;其次必须具有杰出卓越的成就贡献;再次必须具有广博知识和精深进步的思想,即立德、立功、立言圆满。王安石在中国长达2315年封建社会中,他是思接千载视通万里,高瞻远瞩雄才大略,建立盖世功业"一览众山小"少见的政治家;他是不畏天命祖制,大刀阔斧披荆斩棘,勇往直前,百折不挠,坚持走自己的路,有进无退的改革家;他是具有独到文学理论,创作紧贴时代脉搏,作品宏丰,许多精品佳作脍炙人口的文坛领袖;他以厚重的儒家思想为底色,兼容并蓄法家、道家、佛家等各家精华,创立"荆公新学"指导治国安邦,是务求有补于世的思想家;他统领相当于今天国家社会科学院的"经局",重新解释儒家经典,殚精竭虑编著《三经新义》等,是不世出睿智"通儒"的经学家;他是逆时代士大夫空谈"义利"风气,不恤流言,破除积重难返坚冰,旗帜鲜明为国精准理财,全面提升国家管理水平,富国惠民,开创新时代的经济学家;他是北宋所有宰相中唯一提出对敌国实行正确的战略决策,运筹帷幄决胜千里,取得南北大捷,夺取战略主动,主张实现中华民族一统天下的军事战略家;他是创新教育科举培养人才,身体力行聚天下英才而教之,桃李天下的教育家;他是不思老之将至,勤治学论文字,穷尽天下字义,春蚕吐丝独自编著《字说》,中国封建时代宰相中唯一的文字学家;他是战国以来所有改革家道德修养操守高山仰止,唯一善终者。他是全面践行中华民族传统美德的化身和典范。

翻遍《辞海》中国封建社会所有名人,有几人比得上他追贤效圣,道德修养操守思想境界崇高? 有几人比得上他擘画新时代丰功伟绩成就贡献巨大? 有几人比得上他"究天人之际,通古今之变,成一家之言"思想深邃,以及文学等许多方面硕果繁多? 真不愧为千古文化巨匠。可能有人某一个方面可以与他相提并论,互相媲美抑或超越,但是以三个方面通盘考量,笔者敢说绝对没有人能够比肩王安石,可谓前无古人,甚至可能后无来者。

王安石为什么能够达到无人企及的高度? 除了宋代重文社会环境下书香家教父母亲的陶冶等外在因素,比如他的父亲心忧自然万物荣枯,终身追求润泽天下苍生,广博大爱的胸怀,对他潜移默化影响至深。但是最主要的是他后天自身的修为。他一生热爱忠诚于大宋王朝,深爱天下九州芸芸众生,他把广博的大爱奉献给了他的那个时代。他大爱的思想境界,修养操守崇高和学识的广博精深,决定了他追求完美永无止境,主政治国追求崇高理想:比如他为了天下长治久安,推进变法改革奋勇向前,不计生前身后名,抵挡明枪暗箭豁得上一切,剥夺统治阶级上层既得利益"横眉冷对千夫指";他肯定"商鞅能令政必行",为了社稷民生坚行新法心如磐石,处置干扰破坏新法者绝不手软,犹如杀伐决断、铁腕刚毅果敢的法家。但他反对苛政重刑,严厉批评秦始皇"举世不读易,但以刑名称"又与法家截然不同。他力行"损有余而补不足"等,治国安邦借鉴道家思想精髓。他恪守"一民之生重天下"民本思想,"俯首甘为孺子牛",主张国有疑难询问万民,力求科学决策;他一生坚持不坐轿,尊重天下庶民做人的权利和尊严;退休后骑驴徒步融入普通百姓,为老妇治病,这才是大儒的本色。他对天下万民的怜悯同情又颇有佛家的慈悲。很难想象一个力战天下庞大既得利益阵营,面对汹汹然泰山压顶不弯腰,疾恶如仇奋不顾身以霹雳手段推进新法的伟大政治家,竟然成为"屡争席于渔樵",与庶民同呼吸共命运,与天下百姓水乳交融的村野老夫。以上许多方面且不说中国封建时代改革大家商鞅、张居正不能与他相提并论,即使历代许多操守高尚的政治家亦难望其项背。他看似截然不同丰富多彩的人生多面,根源于对大宋王朝的忠诚、对天下万民的挚爱,对时代无私奉献崇高理想。这才是天下大爱无疆的思想境界。

现试以四字文概括王安石辉煌的一生。

王安石颂

一、勇进救世篇

遥想古人,荆公安石。先贤德泽,润物无声。少年弘毅,争辉日月。
子承父志,苦读磨砺。状元贬四,终生缄默。特立独行,敢为人先。
小试牛刀,兴革州县。有口皆碑,政坛新星。拒任京官,加压磨砺。
万言奏章,改革蓝图;文比秦汉,石破天惊。南京讲学,培育时才。
蓄势待发,名重华夏。君臣知遇,天降大任。治国安邦,与时偕行。
革故鼎新,激流勇进。运筹帷幄,励精图治。朝野汹汹,黑云压城;
巨柱擎天,巅峰劲松。治理江河,恩惠天下。均输市易,弱枝强干。
方田免役,民生改善。理财奠基,财富涌流。重教兴学,改革科举。
裁撤州县,消肿节流。胥吏定禄,政风清新。裁减皇裔,劳者得食。
精减整兵,奠基强军。保甲诸法,巩固国防。胸怀一统,综合施治。
以儒治军,决胜千里。力挺王韶,河湟大捷。辽夏刮目,重振雄风。
反击交趾,扬威南疆。招抚川湘,蛮夷归附。举国同庆,玉带殊荣。

二、文化巨匠篇

读万卷书,识天下理。潜心学术,不知菜味。求索百家,博采精华。
思接千载,视通万里。睿智通儒,厚积薄发。阴阳五行,天人合一。
网罗六艺,断以己意;糠秕众家,作新斯人。淮南杂说,比翼孟轲。
注释经典,创立新学。统一观念,奠基长远。唯物辩证,时代先声。
三不足说,划破夜空。博大精深,高山仰止。民为国本,本固邦宁。
百姓唯重,社稷君轻。民愿天道,实为一体。国有疑难,可询万民。
儒法兼用,德刑并重。为国理财,天下大义。学术经国,长达甲子。
风动四方,靡然变俗。新学常新,光耀至今。诗文三千,绝句第一。
文以载道,务为于世。唐宋八家,文坛领袖。教育大家,桃李天下。
旧题新意,惊世骇俗。殚精竭虑,吐丝字说。千古兴废,笔下风云。
无所不通,文化泰斗。名高一时,学贯千载。成就贡献,堪称神奇。
诗书传承,世家典范。有宋一代,绝无仅有。古往今来,高山仰止!

三、修齐至善篇

父亲科班,母亲名门。言传身教,春风化雨。修身慎独,追贤求圣。
执着州县,难进易退。辞弟高官,拒儿升迁。不迩声色,退妾赠银。
俭以养德,百官表率。营救苏轼,千古佳话。拒绝坐轿,尊重平民。
恪守天道,功成身退。坚辞相位,脱屣如遗。修齐治平,三立圆满。
父子县令,百姓修祠。两代帝师,媲美周孔。王雱早慧,才华四溢。
龙图学士,比肩包拯。宋史辞海,四人有载。临川三王,才华峥嵘。
兄弟宰相,才女最众。家族荣耀,亘古唯一。十年村夫,民居栖身。
名利富贵,视如浮云。一生许国,不谋自身。元祐更化,忧愤逝世。
朝廷制词:稀世异人。父子配享,孔庙序四。梁公崇拜,千古完人。
名家胡适,尊其为神。改革大家,多难自保。唯有荆公,得以善终。
影响世界,多国关注。大国领袖,赞誉有加。民族脊梁,俯仰无愧。
中华灵魂,名副其实。世代传承,砥砺前行。自强不息,民族复兴。

第三十六章　千载启示

我国古代尤其是封建社会，许多王朝因时制宜，革故鼎新，开创崭新时代，推动人类社会发展进步。比如商鞅、王安石、张居正变法改革，对于我们今天改革开放有什么启示？有什么借鉴意义？这是一个大课题，笔者仅就此谈点粗浅看法，以求抛砖引玉，古为今用。

我们首先简要回顾一下中国历代变法改革。中国最早的改革者是周武王的弟弟周公旦，他辅佐周成王（公元前1042—前1021年在位）制作礼乐，创建新制，确立奠定周室800年基业。管仲（约周平王四十年即公元前730年—周襄王七年即公元前645年）任相齐国推行改革，辅佐齐桓公成为春秋时期五霸的第一个霸主。春秋后期子产（？—前522）公元前543年在郑国变法，郑国由乱到治，逐步走向安定繁荣。李悝（前455—前395）、西门豹（生卒年不详）、吴起（约前440—前381）于战国初期，即公元前406年在魏国变法，魏国成为战国中最早强盛的国家。吴起公元前390年前往楚国变法，楚国崛起；他在楚悼王灵堂被贵族乱箭射杀后车裂肢解，成为中国封建社会为变法牺牲的第一人。接着是商鞅（约前390—前338）秦孝公六年（前356年，一说三年即前359年）在秦国变法，奠定秦始皇统一天下基础。秦孝公去世后，商鞅被诬陷谋反，战死后尸体被车裂即五马分尸，可见因变法被剥夺既得利益旧贵族对他之恨。其后赵武灵王十九年（前307）学习胡人"胡服骑射"，进行军事改革，灭中山、破林胡、楼烦，赵国成为强国。晁错（前200—前154）针对藩王坐大威胁中央王朝的现实，奏请汉景帝削藩弱枝，加强中央集权，诸侯七王以"清君侧"为名起兵反叛，晁错成为替罪羊，于公元前154年被景帝腰斩。北魏太和十八年（494）孝文帝拓跋宏继续冯太后改革，从平城（今山西大同）迁都洛阳。496年下诏改鲜卑姓氏为汉姓，他改姓元，鼓励鲜卑贵族与汉人通婚，重视发展农业生产等。他效法汉人重门第，尊重范阳卢氏、清河崔氏、荥阳郑氏、太原王氏及赵氏、陇西李氏大姓。孝文帝效法儒家汉化改革，顺应历史发展趋势，对于巩固中国北方统一、加强中央集权以及加速民族融合，都具有积极作用。唐朝"理财常以养民为先"，整顿漕运改革盐政等成效巨大的刘晏（715—780）死于杨炎的迫害。杨炎（727—780）推行"两税法"，使"赋有常规，人知定制"，为明代张居正实行"一条鞭法"、清代雍正皇帝推行"摊丁入亩"所借鉴,其死于朋党之争,刘晏、杨炎都未能善终。唐朝中后期则有王叔文(753—806)自顺宗李诵永贞元年(805)任翰林学士,改革弊政仅146天,于元和元年(806)被新君唐宪宗李纯贬为渝州司户参军,后赐死;同时被贬的还有王伾、柳宗元、刘禹锡等,史称"二王八司马"。王叔文主持的"永贞革新"昙花一现。北宋中期范仲淹(989—1052)主持的庆历新政(1043—1044)半途而废,范仲淹被贬外放,终生远离朝堂。他虽然客死赴任途中,却是此前中国封建社会改革家最好的结局。明朝张居正(1525—1582)面对几代帝王不理朝政,明神宗年少,内忧外患的烂摊子,他自1572年担任内阁首辅,10年兴利除弊,对内刷新政治,对外任用戚继光等将领扫平东南倭寇,北抗鞑靼,明朝全面振兴,综合国力极大提升,他实为不世出之才的救时宰相。然而他去世后,1584年即被清算抄家,许多亲友受株连致死、流放,下场悲惨。当明朝风雨飘摇国将不国时,时人感叹:世上再无张居正。清朝1898年百日维新,康有为、梁启超、谭嗣同等辅佐光绪皇帝,刚刚拉开改革大幕,六君子惨遭杀戮。

纵观20世纪前的中国封建社会历史,王安石推行的全方位变法改革,规模最大,历时长久,影响深远,遭遇阻力反抗空前绝后。尽管在他去世后,他的政治和学术受到否定和清算,但他生前并没有受到人身迫害,更没有株连家人和后代。他是中国封建社会所有政治改革大家唯一善终者。

我国封建社会任何王朝都难以逃脱兴亡周期律恶性循环的宿命。即使偶尔有明主贤臣主动变法改革,也仅仅是对生产关系中不适应生产力发展的某些环节进行自我调节,就像贴膏药保守治疗,仅能缓解社会矛盾,根本不可能触及封建政治制度,结果只能使王朝统治苟延残喘,而不能避免灭亡的悲剧一幕幕重演。这正像即使再高明的医生也终究"医不治己"一样。

虽然变法改革不能从根本上挽救封建王朝覆灭的命运,但是任何一次变革都对调节社会内部关系,缓解社会矛盾,舒缓民生困境,使老旧的封建国家机器经过保养维修润滑继续运转,甚至在一定时期内焕发出生机和活力,出现中兴的曙光。而变法改革的效果受各种主客观因素的制约是大不相同的。我们仅就中国封建社会前期商鞅、中期王安石及后期张居正推行的三次大的变法改革不同点作以比较。

一是时代背景不同,即封建社会历史发展阶段不同。 商鞅变法发生在公元前356年,属于中国封建社会前期,是封建社会创立阶段,是生气勃勃活力四射的大变革时期。各国尤其是齐国威王(前378—前320)继承扩大其父齐桓公稷下学宫规模,学宫长达100多年,百花齐放百家争鸣,思想空前大解放,人才朝秦暮楚大流动,孕育涌现了各种学派许多大家。孟子(前372—前289)、韩非(约前280—前233)、李斯(？—前208)等在这个舞台上都有过精彩的表演。荀子(前318—前230)先当学生出类拔萃,后来三次担任稷下学宫祭酒(校长)。战国七雄不管图谋统一天下还是为求生存自保,无不渴求争取重用天下英才,刷新政治,以变图强。变法强国为天下共识,时代潮流。

王安石变法发生在北宋熙宁二年即1069年,已是我国封建社会的中后期,中国2315年的封建社会已经走过1544年近2/3的历程。经历战国、秦汉尤其是盛唐等朝代中国封建社会的上升阶段,直至大唐鼎盛巅峰后"安史之乱",大唐断崖式跌落,封建社会的衰落颓废已经初现端倪。

1572年,张居正对明朝的改革已是中国封建社会后期,国家政治中儒家积极进取精神已经基本消失殆尽,腐朽畸形的社会政治积重难返。张居正1582年去世,距1840年中国进入半封建半殖民地社会仅258年,离1912年"中华民国"建立也仅有330年。明朝之后清朝的"康乾盛世",对于长达2315年的中国封建社会,只不过是晚年的回光返照。

二是国度大小不同。商鞅变法仅限战国七雄之一秦国,为七国中远离中原的西方边陲,当时其综合国力远逊于齐楚等国。王安石新法覆盖虽然仅约300万平方公里,但却是中华文明发源地,具有儒家思想作为主流意识形态成熟的政治制度,地理气候条件好,物产丰饶,经济发达,属于有限统一的中原封建王朝。尽管当时北方有辽、西北有夏等国与之对峙,但从综合国力比较,北宋仍高居首位。张居正主政的明朝国土与此前秦、汉、隋、唐一样,远远大于北宋,是真正大一统的封建王朝。

三是所依据的理论基础不同。商鞅为战国百家争鸣的时代,儒家思想只是其中一家,尚未占据正统地位。各国统治集团为求富国强兵一统天下,可以选择任何学术思想作为治国安邦的理论基础,纷纷不择手段,不讲道义,唯求遂愿一统天下,而法家思想比当时儒家等其他学派更适应时代需要,为各国普遍接受。所以商鞅无所忌讳,公开打出法家的旗帜进行变法改革,在外交、用兵方面无论什么背信弃义的手段,只要有助秦国一统天下,无所不用其极。"一怒而诸侯惧,安居而天下息"就是对张仪"连横"、苏秦"合纵"等纵横家阴谋诡计纵横捭阖,搅动天下的写照。那是一个霸道强权,各国间比拳头硬,奉行丛林法则,不讲道义的时代。

王安石的时代是自汉武帝"罢黜百家独尊儒术",儒家思想作为统治阶级治理天下指导思想已经 1000 多年,是皇帝与士大夫尊崇儒道共治天下的时代,变法改革公开的旗帜只能是儒家正统思想。不加掩饰公开打出法家的旗帜治国,必将遭到离经叛道的指责围攻,难以为时代所容。所以王安石只能将变法改革所必需的法家思想隐含其中。比如王安石为维持国家正常运转"理财",他亲自注释儒家经典《周礼》,并且以"政事所以理财,理财乃所谓义也。一部《周礼》,理财居其半,周公岂为利哉?……"以减轻守旧派纠缠君子小人义利之争干扰,缓解变法改革的巨大思想阻力。

明朝张居正主政时,束缚人们思想,更有利于专制统治的所谓纯正的儒学"程朱理学",作为封建统治阶级治国安邦的指导思想已长达 400 年,张居正改革时思想阻力更大。他父亲去世因为皇帝下诏"夺情",使他身处尽忠尽孝两难之中,他担心离开朝堂为父守孝三年,其多年励精图治成就将半途而废付之东流,所以选择遵旨回家处理完丧事,返回京城继续鞠躬尽瘁履职,支撑大明王朝国家机器运转,因此竟然在朝野士大夫中引起轩然大波,对他的人品操守声誉造成了极大的危害,并对此后政局造成严重不利影响。这其中虽然有政敌的煽动和鼓噪,但多数人不理解张居正心系国家安危以忠代孝,却逼他作百官道德榜样离京长期守孝。明朝士大夫思想僵化、迂腐误国,仅此事可见一斑。足可想见张居正作为中流砥柱的救时宰相之艰难。

四是变法内容及其侧重不同。商鞅变法虽然涉及军事、经济、政治等多方面,但轻视文化,以专制高压手段禁锢人言。奖励军功培养虎狼之师,以求战则必胜,统一天下。以鼓励农耕支撑"无义"的战争。虽然奠定强秦基础,但明显具有急功近利性,国家治理畸形。

王安石变法内容覆盖社会所有方面,其战略设想分两步:第一步是革除百年积弊,消除内忧外患富国强兵,改善民生,解放思想移风易俗,全面提升综合国力,实现国家中兴。第二步是重振汉唐雄风,实现天下一统。他的突破口首先是理财,强化国家对天下财富的监管,压缩天下既得利益者巧取豪夺的空间。其方法措施上则是开辟财源、节流、扩大再生产多管齐下。其变法成效表现为政治、经济、军事、思想、文化、科技、教育等所有领域。张居正面对北方鞑靼威胁,东北后金崛起,东南沿海倭寇猖獗,国家病入膏肓的政治状况,整顿国家主要是振兴经济、严肃纲纪、恢复秩序、提高效率等,既有改革变法的内容,比如改革税法,实行"一条鞭法";在全国丈量土地,清除瞒报漏税积弊,以求税赋公平及缓解民困,增加国家财政收入等。这与王安石推行"方田均税法"相似。也有对前朝经验的借鉴及建国初期对天下官吏严苛管理的恢复和继承。比如对官吏实行"考成法",犹如今天实行目标责任制考核,即明确岗位职责,将履职情况与官员奖惩、升降去留相联系。他对天下驿站整顿等,实质上就是狠杀当时盛行的公款吃喝、挥霍浪费之歪风。因此说张居正变法改革也对,但许多方面则是针对明朝晚期帝国颓废,风雨飘摇,世风沦落所进行的大刀阔斧整顿。他对"已是近黄昏"的大明王朝进行的是打强心针抢救性治疗,他比商鞅、王安石面临的形势还要严峻,更加危难。

五是君主对三人的支持不同。商鞅在选择任何管用的学说和理论、采取任何措施和手段方面,得到了秦孝公绝对无条件的支持。因此商鞅充分发挥才能达到极致。商鞅变法成为中国封建社会最成功的变法改革。

张居正主政10年,是皇帝由10岁到20岁的成长过程,他与商鞅、王安石不同的是,实质上他是代行皇权。所有大政方针只要得到皇帝母亲李太后同意即可推行天下。李太后不懂政治,对张居正绝对信任支持,张居正的才能得到了淋漓尽致的发挥。因此,张居正主政的10年,使明朝后期千疮百孔的烂摊子转变为自朱元璋、朱棣后综合国力最为强盛、治理最好的历史时期。

王安石在帝王与士大夫共治天下的宋代,基本上得到了宋神宗的大力支持,但政治的开明和对不同政见者宽松包容兼用,他变法改革受到了比商鞅和张居正变法更大的阻力。神宗皇帝刚健不足,对守旧派的宽容,对新法犹豫动摇以及变通偏离,使得变法改革步履维艰。王安石未能充分按照自己的意志施政,未能实现第二步战略设想。

从执政环境比较,王安石既没有秦孝公对商鞅绝对的支持,也没有张居正代行皇权一言九鼎、铁血宰相得天独厚的优势,受皇帝等制约因素多。

六是三人的学识、气质、修养不同。商鞅是被王安石称赞为"能令政必行"的著名法家。商鞅信奉的是权、术、势:

> 飞蓬遇飘风而行千里,乘风之势也;探渊者知千仞之深,县(同悬)绳之数也。(《商君书·禁使》)

讲的是借助外力即利用外部条件的道理。其变法前"徙木取信",布大信于天下。太子驷受到老师唆使,反对新法,商鞅对其老师公子虔和公孙贾分别施以劓刑(割鼻子)、黥刑(脸上刺字)。其变法立信立威绰绰有余。但其个人立德不足,比如禁止天下人议论新法,竟不知"防民之口,甚于防川"。其推行"连坐法"使天下百姓人人自危;其法律严苛轻罪重罚,杀人太多;他欺骗魏国故友公子卬,以建军功被封商地,因名商鞅;失信誉获军功失大于得。其《商君书》"以奸驭良""利出一孔"等丑陋极端思想观念为后世专制封建统治者所袭用,害莫大焉!他不谙功成身退天道,以上多种原因导致他难以自保善终。

王安石则与商鞅截然不同,他虽然发誓读万卷书,识尽天下理,融会贯通诸子百家,但他学术的根本却是儒家,他博采天下所有学说精华,继承创新丰富和完善儒学,他是能解决现实问题不同"纯儒"的"通儒"。由于时代重文且对知识分子实行开明的政策等原因,王安石推行新法虽然欲布大信于天下,但阻力重重及执行中的偏差,使得新法立信没有达到商鞅的效果。由于宋代特殊宽松的政治环境,而且王安石从根本上是全才学者型胸怀仁慈的政治家,不管是处理内政还是对外用兵,一贯主张多教化少杀戮,因此对于反对、干扰、破坏新法者无一人贬为庶民,更未杀一人,处置失之于宽。他推行新法立威不够,但个人立德却是绰绰有余。他在朝堂上以理服人,朝堂下光明磊落。他政敌满天下,私敌无一人,他是政敌司马光、苏轼等人都非常佩服的道德楷模。

张居正介于商鞅与王安石之间。他植根儒学,注重法家权、术、势,深谙官场潜规则,他位极人臣既不是商鞅时代天下人朝秦暮楚一步登天,也不是像王安石那样天下士人众星捧月,"千呼万唤始出来"。他科班出身,在晚明混浊的官场中先后为严嵩、徐阶、高拱三位首辅所欣赏器重,并在他们倾轧恶斗中审时度势而行,终于跻身万人之上的相位。他权倾天下,杀伐决断霹雳手段,他的决策对于万里疆域的明朝朝令夕至,令行禁止。他使明朝这个颓废疲惫的庞大帝国焕发了活力生机。他披荆斩棘,严厉处置反对整顿改革官员。他立信立威俱佳,但他立德虽胜于商鞅,却难比王安石。他处置反对他"夺情"的士大夫严厉粗暴;他为了创造良好的施政环境,堵塞天下杂音,关闭许多学院,致使具有独立思想人格的大才子何心隐被害狱中。他为父亲奔丧时乘坐轿夫64人的大轿,虽为处理政务方便,但过于排场张扬,留下僭越之嫌口实。比较王安石一生不坐轿役人,反差之大简直不是同一封建制度下,令人咋舌,难以置信。

七是三大改革家下场不同。商鞅、王安石、张居正都具有谋国不谋身的可贵品质,都具有勇往直前、坚定不移、百折不挠的意志和毅力。他们推行变法改革都取得了巨大成效，但是由于他们所处时代不同、所面对帝王不同以及他们个人的因素等，他们的下场天渊之别。商鞅下场最惨，而且被株连诛杀最多。张居正去世两年后1584年被抄家，长子被逼自杀，亲友流放，他重用的戚继光等被排斥。王安石1076年辞相后，度过商鞅和张居正都未享有的10年退休生活。元丰元年（1078）他被封为舒国公，三年（1080）改封为荆国公。即使"元祐更化"（1086—1093）8年间对他政治及学术否定清算时期，他和家人也从未受到人身迫害。绍圣初年他被追谥为文，配享神宗庙庭；徽宗崇宁三年（1104）他被尊为颜回孟子之后第三位儒家圣人配享孔庙，追封舒王。

他退休生活过得很平静，一个政敌满天下的改革家，竟然在荒郊野外夫妻二人无亲人陪伴安居10年，查遍中国封建社会改革家，独一无二，简直令人难以置信。除了宋代社会政治和社会治安环境等因素外，王安石道德修养操守等因素至关重要。商鞅没有接受高人赵良劝告功成身退自保善终建议，其结局却不幸为赵良言中。张居正去世前虽疾病缠身也曾有意辞去相位，但去意不坚病死任上。如果二人识时务遵天道，在大功告成之际急流勇退，很可能得以善终，下场绝不会那样悲惨。王安石"难进易退"，他深谙"功成不退皆殒身"，遵循功成身退天道，在大展宏图天下中兴之后，56岁尚可有为的年华，没有任何人劝退，他却反复坚辞相位，两次写信恳请同榜王珪说情退隐。尽管宋神宗皇帝数月执意挽留，他不改初衷，基本上落得了功德圆满全身而退，其他改革家所没有的最好结局。南宋昏君赵构及明清朱元璋、爱新觉罗弘历等专制残暴的封建帝王对他的否定，只不过是狂犬吠日，无法遮蔽太阳的光辉。

我们今天面临着世界百年未有之大变局，中国古代变法改革尤其是王安石变法，对于我们今天积极应对世界大变局，坚持深化改革，进一步扩大开放，全面建设现代化强国，实现中华民族伟大复兴有什么启示？有什么教益？有什么借鉴？谈以下三点浅见：

一、千秋大业关键在用人，尤其是选好用好各级领导干部。治国之要，治吏为先，官清民自安。用一贤人，贤人一片；用一小人，小人俱进。世上万事，皆在人为，但识人选人最难，历史经验教训触目惊心。北宋英宗高后错用司马光当宰相，他骤废新法，首开永无休止的折腾误国；任用其他任何守旧派领袖都不会象司马光那样赌气破堤泄洪废法，终至北宋灭亡。蔡京作为王安石女婿蔡卞的兄长，王安石知其虽有才而德不佳未对其重用；他退休后听到朝廷欲重用蔡京，王安石认为其德不配位，说："他如何做得知制诰？一屠沽耳。"

(《王安石轶事汇编》引自《南游记闻》)说蔡京是投机的政客,真是入木三分。司马光则未能识别其曲意迎合政治投机,1086年担任宰相时将其提拔为开封知府,又对其大加赞扬:天下人都像蔡公废除新法雷厉风行,国家何事而不可为？无独有偶,苏轼未能看透他的书童高俅,他到地方任职时,把高俅推荐给驸马王诜,高俅以球技受宠于端王。端王即后来的徽宗,徽宗即位后高俅攀升太尉。蔡京、高俅一文一武,实为北宋亡国罪魁祸首。王安石变法改革时日理万机,许多元老重臣不支持变法,他和神宗选拔下层官吏时也有用人失察,也重用了少数当时支持变法,后来晚节不保的官员,比如吕惠卿等,给变法改革造成了一定的危害。所以,古今中外用人都是大事,识人最难。

我国改革开放已经40多年,正处在全国人民向着中华民族伟大复兴奋进新的历史时期,选人用人关系到国家的前途命运。但是不容忽视的是,我国干部队伍管理监督仍然有待进一步加强。党的十八大以来,全国纪检监察机关共立案464.8万件；其中立案审查中管干部553人中,18、19届中央委员、候补委员61人,两届中纪委委员18人；处分厅局级干部2.5万多人、县处级干部18.2万人,审查调查各级一把手20.7万人；总共查处涉及教育医疗、养老社保、执法司法等民生领域的腐败和作风问题65万多件。这充分体现了我国10年来纪检监察工作力度和反腐败取得举世公认的成绩。但县处级以上、包括中央委员,各级一把手两项都超过20万人,说明了违纪违法犯罪级别之高、岗位之要,人数之众及其危害之深重。尚不知还有多少未被发现查处的漏网之鱼。我国纪检监察工作任重道远。

鉴于我们党是执政党,绝大多数各级领导干部出自党员,在实现现代化中华民族伟大复兴中发挥着中流砥柱的作用,切实加强对9800多万党员的教育和严格管理,实施法网恢恢全覆盖的监督,是选人用人重中之重的基础。只有奠基坚实,教育管理到位,监督不留死角,使全体党员成为全社会的道德楷模,工作先锋榜样,全国人民各方面的标兵,事关中华民族的千秋前途命运和人民长久根本福祉。

二、**必须坚持全面彻底永无止境的改革**。历史车轮滚滚向前,时代脚步永不停歇,解放思想永无止境,改革开放永远在路上。历史经验证明,必须永远坚持解放思想,进行全面彻底的改革,永远敞开国门融入世界,中华民族才能跻身于世界民族强林之列。否则必将重演历史悲剧。比如商鞅变法,即使商鞅被车裂,其法令仍然继续推行,奠定了强秦统一坚实的基础。王安石变法和张居正改革,是在新老皇帝交替时及张居正去世后,朝政发生逆转,复辟倒退走回头路,仅几十年北宋和明朝人亡政息。

翻开历史篇章,中华民族五千年文明时空中,许多历史时期领先世界。夏、商、周后公元前475年进入封建社会以来,自强盛的秦汉奠定中国封建社会政治制度的基本框架,中华民族曾经有过敞开国门海纳百川、世界万邦来朝盛唐的辉煌。世界领导人大会耀眼的唐装,证明了那个时代中国曾经有过遥遥领先于世界各国综合国力和高度的精神文明,今日仍为世界各国神往。英国科学家汤因比说愿意选择活在中国宋朝,说明了今人对宋朝高度的物质和精神文明的向往。我国四大发明等造极于世界的科技文化令世界刮目相看;曾经有过郑和七下西洋,世界航海史上神奇的首创,中国的文化思想、政治典章制度等为世界尤其是亚洲各国敬仰借鉴,至今令国人为之骄傲自豪。

但是,近代以来中国却没有跟上世界前进的步伐,被远远地甩在了后面,跌入了半封建半殖民地社会的深渊,自1840年中国人民遭受蹂躏奴役长达100多年。最沉痛的教训就是自从明朝郑和下西洋之后400年闭关锁国,面对西方工业革命潮流,世界经济融合,大国腾飞崛起,清朝后期最高统治者爱新觉罗·弘历没有睁开眼睛看世界,关闭国门,无视世界变革,采取钻头不顾屁股的鸵鸟政策,拒绝吸收新鲜空气,拒绝融入世界。因此导致封建专制统治下的洋务运动必然失败。稍微触动封建统治制度的"百日维新",以"六君子"惨遭杀戮告终。当世界许多国家由封建制脱胎换骨为充满生机和活力先进资本主义制度蓬勃发展时,我国人民却仍然在专制腐朽的封建制度黑暗污浊的囚笼中为生存苦苦挣扎。结局就是拥有5000年文明、1300万平方公里疆土及4.5亿人口的泱泱大国,被仅约我国领土2%的英国舰船打开门户;被领土仅37.8万平方公里,仅为我国3.44%,人口7000万,仅约我国16%的日本侵略奴役长达14年。我国人民为避免亡国灭种浴血抗战,死伤3500万人为世界历史之最,不堪回首惨不忍睹的历史教训告诉我们:只有坚持永无止境的全面彻底的改革,只有坚持永远敞开国门的开放,只有永续融入世界潮流,才能避免历史悲剧的重演,才能使中华民族的航船进入世界的中心,中华民族才能千秋万代稳如泰山,永远屹立于世界强林之列。

三、王安石当年追求富国强兵改善民生,对于我们今天仍然具有重要的现实意义。首先从经济上看,我国大唐盛世经济具体情况难以详考,但毫无疑问位于世界前列。有学者认为,宋朝的经济总量约占世界的80%,由于没有严格的统计学数据,尚待学术界考证。我们来个大折扣,即使占世界经济总量50%,也很了不起。总的来说,当时遥遥领先于世界其他各国是毋庸置疑的。而到了所谓"康乾盛世"时,由于西方工业革命,列强崛起,我国占世界经济的总量退居为30%—35%,也就是三分天下有其一。这不是我国经济绝对值下降,而是世界其他国家发展迅速,经济总量大幅度提升,降低了我国在世界经济中的比重。我国20世纪"文革"结束后的1978年,国内生产总值仅占世界总量1.8%,改革开放以来,我国经济持续高速增长,2010年成为美国之后世界第二大经济体。但仍未达到按人口比例所应占约20%,仍低于世界人均水平。与第一位美国、第三位日本、第四位德国等相比,人均悬殊更大。

我国的经济结构还需要调整,产品科技含量和经济效益还有待提高。目前,我国还面临继续改善国内生态环境及履行节能减排降低污染国际义务双重挑战。我国发展经济及进一步改善民生任重道远。

21世纪尤其是近年以来,我国综合国力有了极大的提升,这是有目共睹不争的事实。有的行业和领域已经处于世界先进行列,但还远没有达到"九天间阖开宫殿,万国衣冠拜冕旒"唐朝的鼎盛。与第一大国美国相比,许多方面差距还比较大。比如美国经济总量约为我国的1.4倍;美国军费开支占世界39%,其他所有国家军费之和为61%;美国11艘重型核动力航空母舰,总吨位(也称排水量)110万吨;其他国家航空母舰吨位之和不到40万吨。美国在包括我国近邻韩国、日本等世界各国军事基地达数百个。无须讳言,比较美国我国军事、科技硬件建设,差距还是比较大的。

中国人民自1840年以来110年的屈辱历史证明:弱国无外交,落后必挨打;常备则少患,能打方有和。面对世界百年未有之大变局,错综复杂的国际环境以及我国周边东海、台海、南海的严峻形势,无论是解决国内前进发展中的问题和矛盾,还是力争在国际舞台上占据主动,我们都必须坚持永无止境的改革开放,牢牢抓住发展经济第一要务,切实加强军队现代化建设,全面提升整个国防实力。要坚持"咬定青山不放松",全面提升我国的综合国力。只要我们14亿炎黄子孙坚持自强不息,拼搏登攀,永不懈怠,世代传承,我们就一定能够创造中华民族更加美好光辉灿烂的明天;我们就一定能够昂首挺立于世界民族强林之列,就一定能够实现中华民族伟大的复兴。

结　　语

　　中华民族五千年文明的历史长河中,不乏许多杰出人物品德操守追效圣贤,卓越成就贡献名垂青史,实为中华民族文明从未间断重要原因之一。王安石更是其中的佼佼者,中华民族的脊梁灵魂,少有人及。他效法三皇五帝、尧舜禹汤、文王周公等修齐治平,立德、立功、立言,许多方面达到极致圆满,其崇高达圣的思想境界"一览众山小"。他汲取百家精髓:"究天人之际,通古今之变,成一家之言。"其思想学术博大精深,成为符合时代需要的社会主流意识形态指导治国安邦,擘画蓝图,振兴国运,开创崭新时代。他为报效天下恩泽苍生求索创新,刚强勇毅,终生脚步匆匆,从不停歇,其成就贡献被誉为文章孔子、功业周公,精神文化遗产丰硕厚重,令人叹为观止。

　　2021年12月,笔者应邀参加中国社科院、江西省政府、北京大学在抚州举办的纪念王安石诞辰1000周年学术研讨会。置身千年纪念盛会,浮想感慨良多:在源远流长的中国历史长河中,不乏许多人留下美名;王安石终生不计个人得失,视名利如浮云敝屣,却留下"千秋万世名"。时值"新冠"疫情肆虐期间,召开国家级会议隆重纪念其千年诞辰,可见其崇高历史地位及深远影响。

　　人类社会矛盾无处不在、无时不有,人类在解决矛盾克服困难开拓创新中发展进步,实现由必然王国走向自由王国,永无止境迈向更高阶段。中国要进步发展,就要不断解决前进道路上必然出现的许多新的矛盾和问题;王安石终身求索,开拓创新,与时偕行的精神风范,是我们借鉴传承的宝贵精神财富。

　　1916年孙中山参观钱塘江大潮时,面对沉睡的国人发出"世界潮流,浩浩荡荡,顺之者昌,逆之者亡"振聋发聩的呼唤。近代以来中国最沉痛的教训就是没能睁开眼睛看世界,落伍于时代潮流,被西方远远甩在了后面,跌入了半封建半殖民地的深渊。历史告诉我们:中国要跻身世界强林之列,就必须勇立时代潮头,融入世界发展潮流,以己变积极应对世界之变。王安石高瞻远瞩客观分析天下大势,深谙"总把新桃换旧符",顺应新事物必然代替旧事物客观规律,变法改革兴国惠民,焕发全社会生机活力,国家蒸蒸日上。与司马光复辟倒退走回头路,宋朝江河日下,40年后北宋灭亡,正反两个方面的经验教训,启示我们必须在不断扬弃、继承创新中前进,必须永远敞开改革开放的大门,我国改革开放永远在路上。闭关锁国，落后挨打，百年长夜噩梦教训沉痛；因循守旧，教条盛行，经济和人民生活水平落伍于时代，前车可鉴。生于忧患，死于安乐；只有登高远望，勇往直前，因应世界形势变化，未雨绸缪，开拓创新，解决前进道路上必然出现的新的矛盾问题；全面提升我国的综合国力，经过几代人"咬定青山不放松"长期自强不息，拼搏奋进，我们伟大祖国才能永远立于不败之地，才能早日实现近代以来无数仁人志士梦寐以求的中华民族伟大复兴。

中华民族的伟大复兴毫无疑问包括台湾在内全体同胞，我们的祖国还有待统一。当前国际环境错综复杂。美俄两个核武器大国关系紧张尖锐降至冰点，俄罗斯启动核武器特殊战备程序，多国领导人言及核战争，人类面临着美苏 1962 年古巴导弹危机 60 年来最严重的世界大战甚至核大战危险。俄乌战争必将对世界政治、军事、经济等产生难以估量的巨大深远影响。世界不确定性、危险性致使我国面临着朝鲜战争 70 年来空前严峻的考验和挑战，这绝不是危言耸听。面对世界风云变幻，百年未有之大变局，古人智慧包括王安石变法改革经验教训或可为我们提供借鉴启示；我们这个时代需要更多具有王安石那样胸怀理想、人生观、价值观，昂扬向上家国情怀担当，负重攀登"会当凌绝顶"的人，尤其是高级领导干部。他的"天变不足畏、祖宗不足法、流言不足恤"的大无畏精神与我们改革开放的时代主旋律共振和鸣。中国乃至世界需要王安石宝贵精神财富，其国际影响正在于此。只要人类社会存在，人们就永远不会忘记他，他就将永远被纪念，他的精神风范就永远不会过时，在永续传承中历久弥新，成为中华民族世代永葆的强大精神力量。

今天我国经济、军事、科技、国土等综合国力远非宋朝可比。9800 万党员以及各类公职人员应超其总人口 2 倍。作为执政党切实管好近亿党员，中国就没有办不好的事情。所有党员和公职人员如果能够笃行中华传统美德，效法王安石以天下为己任家国情怀担当精神，以身作则争当时代先锋楷模，必将成为各个行业带头引领全体国民的核心中坚，淡化当今社会过度世俗功利、淡泊公序良俗、利己主义盛行等不良风气，净化改善社会政治文化生态环境。进而凝聚全国人民智慧力量，极大提升我国的软实力，激励 14 亿人民奋发有为自强不息，直面挑战攻坚克难，众志成城无往不胜。中国就一定能够做好自己的事情，加速中华民族伟大复兴进程，就一定能够跻身世界前列，为人类和平进步发展作出更大的贡献。

附 录

熙宁春雷
(10集电视剧文学剧本)

人 物 表

宋神宗——赵顼,宋朝第六位皇帝,与王安石推行熙宁、元丰(1068—1085)年间变法改革,励精图治,是自宋太祖、太宗后大有作为的英明君主。

王安石——北宋政治家、文学家、思想家,文化巨匠,"通儒"全才宰相。发扬"三不足"大无畏精神,辅佐神宗开创了宋朝繁荣鼎盛的新时代。

欧阳修——英宗朝副宰相,第一代文坛领袖,史学家,甘当伯乐荐贤,"庆历新政"骨干。晚年思想趋于保守,与王安石和而不同,终生情深谊厚。

章 惇——变法派骨干,文武全才,第七帝哲宗时期宰相,恢复新法,国有起色。抵制司马光废除新法,反对徽宗即位,列入奸臣传千年蒙冤。

王 韶——进士及第弃文从武,立志边疆,英雄虎胆,王安石鼎力支持其统兵取得河湟大捷,宋对西夏转为战略主动。军功至枢密副使。

曾公亮——三朝元老,宰相,曾主编《武经总要》,推荐王安石主政。

韩 绛——王安石同榜进士,1070年底二人同时任宰相,变法派骨干。

曾 布——曾巩之弟,制置三司条例司使,原变法骨干,后动摇。

吕惠卿——原变法骨干,曾任副宰相,后背离王安石,危害变法改革。

沈 括——司天监提举,翰林学士,支持变法。著名科学家,成就卓越。

王安国——王安石弟,文章著称于世,秘阁校理,不赞成兄长变法。

王安礼——王安石弟,开封知府,官至副宰相,与兄安石曾营救苏轼。

吴 氏——王安石夫人,出身书香门第,德高贤惠。

王文淑——王安石大妹,擅长诗词文赋,文化修养较高。

王 雱——王安石长子,学术成就高,与父同为帝师,龙图阁直学士。

蔡 卞——王安石女婿,12岁与兄蔡京同年进士,哲宗时副宰相。

司马光——翰林学士、右谏议大夫,保守派旗帜,史学成就巨大。丧失理智反对新法,1085年主政废尽新法,首开折腾误国先河,提拔蔡京后患无穷。

苏　轼——礼部尚书,与欧阳修、王安石俱为北宋文坛领袖,错荐高俅。王安石退休后三次被贬;曾深刻反省己错,抵制司马光蛮横废法。缺乏政治远见。

文彦博——四朝宰相,枢密使,反对变法,反对王安石、王韶经营西北。

富　弼——两朝宰相,"庆历新政"骨干,晚年消极朝政,反对变法。

韩　琦——三朝宰相,曾与范仲淹镇守西北,"庆历新政"骨干,反对变法。

吕公著——御史中丞,反变法骨干,后反对司马光偏执蛮横废尽新法。

冯　京——进士第一,翰林学士,知开封府,副宰相,屡与王安石争议。

苏　辙——苏轼弟,文学家,曾被王安石重用,反对新法;副宰相,后遭贬。

刘　挚——监察御史里行,反变法骨干,反对、干扰"免役法"被贬。

杨　绘——御史中丞,反变法骨干,反对、干扰"免役法"被贬。

贾　蕃——东明县令,文彦博门生,曾毁法致百姓请愿,扰乱京城。

曹太皇太后——仁宗皇后,神宗祖母,极力反对新法。

高太后——英宗皇后,神宗母亲,与司马光主政废尽新法。

向皇后——力主徽宗继位,废除哲宗新法,北宋江河日下。

字幕(男声解说,严肃、庄重、深沉、雄浑)

公元 11 世纪中叶,发动"陈桥兵变"建立起来的赵宋王朝历经百年,积弊难返。守内虚外导致辽夏铁蹄蹂躏,边境生灵涂炭。冗官、冗兵、冗费化作无穷无尽的赋税徭役,把人民推向了死亡的边缘。农民起义风起云涌,赵宋王朝积弱积贫,内忧外患,北宋统治者再也不能照旧统治下去了。为了挽救危难,振兴国运,天下长治久安,年轻的宋神宗赵顼即位后任用王安石为宰相进行了范围广泛、历时长久、影响深远的变法。变法焕发了全社会的生机活力,促进了社会全面发展进步,开创了宋朝综合国力繁荣鼎盛的新时代。王安石被誉为"中国 11 世纪时的改革家",名垂青史。

序　幕

1. 日食。天地苍茫,昏暗。

乌云翻滚,电闪雷鸣,大地震颤,暴雨倾盆。

雨后彩虹,残阳如血。

源远流长、蜿蜒东去的黄河。

黄河疲惫地在黄土高原上迂回、缓流……黄河咆哮着冲越千山万壑,巨浪翻滚,奔腾向前。

黄河惊涛拍岸,浊浪排空,一泻千里。

朝霞满天,一轮红日喷薄而出,冉冉升起,照亮了大地。

2. 夕阳斜照。稀疏干枯的禾苗在风中颤抖。萧索的村落,到处是破壁残垣,狂犬吠叫声令人惊悸,几缕炊烟袅袅升腾。

3. 农家矮墙破门院内,一官府都头手持账册,手抓跪地求饶的老妪衣服,几个兵丁如狼似虎地扑向低矮破旧的茅屋。

老妪匍匐前行,抱着都头的腿,苦苦哀求。都头恶狠狠地将其踢昏在地,老妪嘴角流出一缕殷红的鲜血。

几个兵丁从茅屋中扭出一个衣衫褴褛的少妇,少妇挣扎、凄惨呼救,扑向老妪。众兵丁强行将其架出门外,少妇一步一回头,拼命反抗,众兵丁挟持少妇远去。

一道闪电划破沉寂漆黑的夜幕,现出劫后的农家小院和倒在血泊中的老妪。雷声沉闷,风吹雨打老妪。

4. 一支手持刀枪的农民起义队伍潮水般冲进官府衙门,兵丁缴械逃窜,官吏磕头求饶。

"均贫富"的义旗在依山傍水的丛林中迎风飘扬。

5. 西北边陲

风沙蔽日,马蹄杂沓。大队剽悍的西夏骑兵挥戈追击宋军。宋军旗折将伤,士卒丢盔弃甲,溃不成军。西夏骑兵马踏老弱,宋军尸横遍野,血流成河。

6. 驿站

万山苍茫中一条驿道。尘头起处,一匹枣红马飞奔而来。近驿站时,一身带血的将官滚鞍下马,一差官接公文,翻身跳上一匹白马,沿驿道飞奔远去……

奔马,夜色,晨光,马后一片尘烟。

马跃小溪、马腾山涧,奔马飞驰,京城在望。

在以上背景下,急速推出凝重苍劲的魏体大字"熙宁春雷"。

第 一 集

1. 大庆殿

宋神宗端坐金銮殿龙椅,众多朝臣跪伏:"恭贺我主登基,吾皇万岁万岁万万岁!"

宋神宗:"众位爱卿平身。先帝不幸驾鹤西归,丢下天下社稷千钧重担,朕深感泰山之重难以独担。天下安危万民休戚与共,还望众位爱卿鼎力辅佐,共创我朝长治久安。"

众大臣:"臣当尽心竭力,以报陛下。"

2. 江宁

王安石面对无数学子:"夏之法至商而更之,商之法至周而更之,何也?"

众位学子聚精会神听讲。

3. 王安石书房

王安石手持《周礼》侃侃而谈,陆佃等学子围坐王安石身旁,聚精会神,如饥似渴地听取王安石讲解。

王安石府门外,陆佃对同学:"王大人高屋建瓴,振聋发聩,令人茅塞顿开。平日就师十年,不如从公一日也。"

4. 王安石书房

王安石与夫人、儿子王雱对坐。

吴夫人:"新君即位半年,连续委夫君重任,尤其是翰林学士乃皇帝近臣,岂能久居江宁?还请夫君早作打算。"

王雱:"儿子这次入京科考,父亲有何吩咐?"

王安石:"夫人所言正合吾意;雱儿这次入京,注意留心预置宅院,最好与司马光为邻,我儿当效仿其人品学识。"

5. 王安石宅院

江宁府同僚及各界人士欢声笑语,对王安石夫妇:"喜闻大人贵子王雱进士及第,我等特来祝贺;王大人书香传家,三代登科,实为我朝楷模。"

王安石:"各位大人过奖。"

6. 京城皇宫

宋神宗端坐,富弼侧坐。宋神宗:"爱卿长期主政中书,尤其与范文正公推行庆历新政,实为我朝功勋卓著三朝元老;当此内忧外患多事之秋,欲求我朝长治久安,何事为先?请见教于朕!"

富弼:"陛下刚刚即位,应该广布德泽;慎思治国方略,宜深藏不露,以防有人窥测圣意,投主所好,恃宠擅权。"

宋神宗略感失望:"我朝对外怀柔仁慈,辽、夏每年获我数十万银两绢帛,但其贪得无厌,反复无常,边境不得安宁,爱卿可有良策?"

富弼:"兵事关系国家安危,天下百姓祸福,愿陛下二十年不言兵,且勿奖励军功。"

宋神宗极度失望。

7. 京城皇宫

宋神宗端坐,韩琦侧坐。宋神宗:"爱卿乃三朝栋梁,为国甘当伯乐,历来荐才良多;当今积重难返,尤需睿智担当者辅朕,破除万马齐喑振兴朝纲。爱卿可为朕荐贤?"

韩琦:"陛下所托,臣当尽力,容臣慎思,回禀圣上。"

宋神宗:"王安石初入仕途,曾为爱卿属下,爱卿阅人无数,知其甚深,请道其详。"

韩琦:"安石为文学大家,学术精英,做翰林学士为其所长;但其特立独行,不善通融,用其执政,必将一意孤行,朝政波动,天下不宁。"

8. 京城皇宫

宋神宗对副宰相唐介:"尔说王安石难当重任,是文学不可任耶?经术不可任耶?或吏事不可任耶?"

唐介:"王安石虽为'通儒',但儒学不正,实为杂家。不可重用。"

宋神宗对副宰相吴奎:"王安石为何不能重用?"

吴奎:"王安石性格倔强,固执己见,不容他人,刚愎自用,对其重用必致天下波动。"

9. 京城皇宫

宋神宗与司马光对坐。宋神宗："爱卿德才有口皆碑,学识广博精深,通晓古今,可有良策兴利除弊,中兴我朝？"

司马光："我对陛下有六字建言：仁爱、明辨、决断；治国三点：任官、信赏、必罚。我曾经献于两代先帝,今再呈献陛下。"

宋神宗失望苦笑。

10. 宋神宗书房

宋神宗与曾公亮分主次对坐。宋神宗："爱卿说王安石俯仰无愧,大材可用,可是两代君王多次召他,他竟拒绝朝廷重用；朕任用他为江宁知府、翰林学士,他不为所动。怎样才能使他遵诏入京,尽快为朝廷大用？"

曾公亮："王安石不图荣华富贵,只为报效天下,立身处事遵循道义,仕宦难进易退；当今正如汉武帝招贤文：'盖有非常之功,必待非常之人。'消除我朝百年积弊,开创我朝繁荣中兴,非王安石莫属。陛下对其当以礼相待,以道义收服其心,待以三顾茅庐之诚；以陛下雄才大略,王安石士为知己,必将鞠躬尽瘁,何愁大宋不能长治久安？江山永固？但我朝百年因循守旧,不思进取,颓废成风。陛下如重用王安石,其思想学术鹤立鸡群,行事作风为众不容,必将引起朝野反弹震撼,陛下应深思熟虑,排除干扰,应对天下波动。"

宋神宗："爱卿起草诏命,宣王安石进京。"

字幕：宋神宗即位之初遴选宰辅,并没有把眼光放到王安石身上；但他此前受侍臣韩维介绍王安石治国理想,尤其是看到王安石上仁宗皇帝万言书,拍案叫好,深感王安石人才难得。当时王安石官级四品,且远在江宁。他即位三个月任命王安石为江宁知府,半年后重用其任翰林学士,以便朝廷重臣无人可担大任将其作为备选。当他遍询朝野重臣治国方略,多是如富弼玄妙以及宽泛不合实际,还有比较崇尚老生常谈,远水不解近渴如司马光等,令他极度失望；他不顾许多重臣对王安石"道不同不相为谋"本能的反对,毅然决定对王安石当面考察,决心冲破一切阻力,对其委以重任,君臣共同谱写历史新篇章。

11. 江宁

王安石,面对众多学子讲解："民为贵,社稷次之,君为轻。"

一差官飞身下马,闯入讲堂,高声呼唤："翰林学士王安石接旨。"

王安石走下讲坛,略整衣冠。

差官:"奉天承运,皇帝诏曰,免去翰林学士王安石江宁知府,即日进京,另有任用。"

王安石跪拜:"臣领旨谢恩。"

12. 王安石宅院

王安石嘱咐夫人:"诏命紧急,不容延误;吾将昼夜兼程赶往京城。家中诸事,你与雱儿料理,早日搬家京城相会。"

吴夫人:"夫君尽管放心,一路保重。"

13. 赴京途中

王安石眼望"江宁"城门渐行渐远,大地碧绿一望无际,万里晴空,莺歌燕舞;满面喜悦拭汗,散开上衣。口中吟咏:

白石冈头草木深,春风相与散衣襟。浮云映郭留佳气,飞鸟随人作好音。

王安石站立船头遥望西北,飞流直下;快马加鞭穿过田野平原山林。远处隐约"汴京"在望。

14. 京城皇宫

宣德门由远至近。

金钉朱漆的宫门缓缓打开,露出大庆殿的远景。

初春,旭日东升。几十名佩带刀剑、弓矢的侍卫两旁分立。相国寺钟声沉重迟缓。

15. 大庆殿

几十位朝臣跪伏于地。宋神宗赵顼神色凝重,愠怒地望着下面跪伏的大臣们。

宋神宗严厉斥责:"辽夏侵扰,边关危机,中原多灾,民生艰困,揭竿而起,'三冗'困扰,百业萧条,政事废弛,外邦虎视。尔等皆我朝重臣,俸高位尊,锦衣玉食,岂不愧对先祖!辜负天下万民?!"

满朝文武个个额头触地,不敢仰视。

老迈衰弱的文彦博、富弼、韩琦伏地:"臣等失职误政,有负陛下重托。"

殿内鸦雀无声。

神宗陷入沉思,脑海中浮现:宰相曾公亮与参知政事欧阳修陪同,神宗聚精会神阅视署名王安石的《上皇帝言事书》,眼前一亮,面露喜色地:"二位爱卿以为王安石何许人也?"

曾公亮："王安石学问博大精深,品德高山仰止,有经天纬地之才,陛下如委以重任,必为我朝中兴栋梁,辅佐圣上成就伟业。"

欧阳修："王安石学识广博精深,政声有口皆碑,不宜久居江宁,应宣旨入京,尽其才能,大有作为于朝廷,乃是朝廷社稷之福,天下万民之幸。"

曾公亮："先帝两朝多次宣王安石任职馆阁,但其心系天下苍生,执意州府治政,辞谢拒任。王安石德才可比周公诸葛,圣上欲作中兴名君,就应委其以宰辅,使其施展平生之志,我朝定可恢复汉唐一统。"

神宗从沉思中回过神来,手持王安石奏章严厉责问:"王安石多次上章奏请,变法图强,尔等以为如何?"

富弼:"国运困顿,似应改作,但安石奏请,亦多偏颇,变法改制,事关天下安危,陛下当三思而行!"

韩琦:"大人所言极是,更改祖制,事关社稷万民,请陛下慎重行事。"

吕公著:"违祖改制,实为动摇国本之举,安石奏请万不可行。"

神宗失望叹气,文彦博偷看神宗,与神宗目光相对。神宗强忍怒火,严厉地:"文大人以为如何?"

文彦博:"祖制不可更改,王安石奏请,背离儒学根本,不合时宜!"

"什么不合时宜!"神宗怒斥:"朝政至此,不思改作,尔等有何良策可治天下?"

神宗把目光转向翰林学士司马光,有所期待地:"君实博学多才,通古知今,有何高见?"

司马光出班上前,踌躇满志地:"变法改制,事关我朝根本,绝不可行!依臣之见,辽夏骚扰,乃肘腋之疾,如增兵加将,且恩泽夷狄,自然太平无事。刁民造反,实属心腹之患,须严加防范。当今之急,莫过于冗官冗费冗兵,国库空虚。须减少封赏,量入为出,施政节流从俭,以渡难关。"

神宗失望地摆手示意司马光退下:"增兵加将?今兵已六倍于前,兵饷已占赋税十之七八,穷吾国者兵也!恩泽夷狄?今已年逾数十万,仍然难免挑衅骚扰!万民铤而走险,皆因我朝赋税徭役苛重。节流固然重要,但是开源势在必行。治国须二者并重,缺一不可!"

司马光无言对答,汗流满面,悻悻退回朝班。

曾公亮抬头欲言,神宗:"曾爱卿诸位平身。"众朝臣站起。

曾公亮:"王安石励志效法圣贤不懈求索自勉。其德才学识、节义操守堪任宰辅,其多次奏请,实为治国安邦根本大计。若用安石辅政,必能振兴我大宋江山,实现先帝遗愿,成就圣上宏图。"

章惇毅然出班:"王安石奏请,高瞻远瞩,洞察天下,可谓振兴我朝良策,请圣上裁定。"

神宗眼望欧阳修:"爱卿才高八斗、学富五车,文坛领袖,士人楷模,以卿之见,王安石堪当何任?"

欧阳修:"王安石从政以来,京城内外履职勤勉,阅历丰富,政绩卓著。老臣深服其德才学识。其虽有宰辅之才,但其秉性耿直,愤世嫉俗,卓尔不群,如委以统揽朝纲重任,则施政难以通融服众。臣以为先以吏部尚书或统领馆阁,以备再作大用。"

韩绛出班:"革除百年积弊,恢复汉唐国威,圣上雄才大略当为首要。但亦需有忠心可鉴、执政坚韧不拔、百折不挠、披荆斩棘、勇往直前之宰辅佐助,方可成就千秋功业。当今我朝能担此大任者非王安石莫属,请陛下定夺!"

沈括:"韩大人所言极是,请陛下圣裁。"

神宗回头向执事太监:"传朕旨意,宣翰林学士王安石上殿。"

执事太监拉长声音喊:"翰林学士王安石上殿。"声音由近及远,传出殿外。

文彦博面对神宗,惶惑不安地:"先帝嘉祐年间,王安石不满朝政,数次抗旨不出,违背先祖意愿,此人不可大用。"

神宗不耐烦地挥手阻止,文彦博唯唯诺诺退至一旁。

王安石气宇轩昂,龙行虎步,走至朝堂,满朝大臣多刮目相视。

王安石行觐见礼:"臣王安石奉旨上殿。"

神宗端坐龙位,一字千钧地:"王安石,朕用你为参知政事,辅佐朝政,匡扶社稷,振兴宋廷,莫负朕望。"

王安石抬起头,微露喜色,声音铿锵有力:"臣谢主隆恩,微臣虽才疏学浅,但为大宋社稷天下苍生,赴汤蹈火、肝脑涂地亦在所不辞!"

满朝文武大员神色各异。

曾公亮、韩绛、章惇、沈括满面喜悦。

欧阳修喜忧参半,心事重重。

文彦博沮丧,司马光神色忧郁,富弼、韩琦、吕公著一脸阴沉。

执事太监:"退朝!"

字幕:治平四年(1067年)正月,英宗驾崩,宋神宗20岁继位。熙宁二年(1069年)二月,神宗任命王安石为参知政事(副宰相,正二品)辅政变法。

16. 福宁殿

高太后端坐,宫女侍候左右。

一太监入内禀报:"太后有所不知,圣上今日早朝已任用王安石为参知政事,革新朝政。"

"什么?"高太后起身:"可有老臣劝阻皇儿?"

太监:"文大人、富大人、韩大人与司马学士等元老重臣极力劝阻,怎奈圣意坚定。"

高太后怒不可遏,对宫女:"圣上现在何处?带我前去!"

17. 大庆殿

神宗正翻阅奏章,高太后一脸怒气走入,神宗忙走下龙位迎接。

神宗:"孩儿给母亲请安,近日朝政繁忙,未能拜见母亲,还望母亲恕孩儿不孝。"

神宗与高太后落座,高太后咄咄逼人:"我儿贵为天子,享帝王之尊,独断专行,不听为娘多次劝告,竟然任用王安石入参大政,祖宗法度将毁于一旦,我儿何颜面对先祖?"

神宗:"母亲常教儿执政要有主见胆识,任用朝中重臣需要制衡,使之异论相搅,方可防范朝臣恃宠骄横,擅权害政。儿臣正是遵循母亲教诲,由文大人掌管军事,曾公亮、富弼两相共掌中书。今日虽任王安石为参知政事,但其上两位宰相,曾相中庸,富弼守成,王安石年富力强,励精图治,可为我朝执政增添生机活力,同时有孩儿和两位宰相,其欲变革更张尽在吾掌控之中。"

高太后:"看来我儿确有帝王驾驭之才。但须注意,王安石虽师承孔孟,但其崇尚法、道杂术,须谨防其离经叛道,变乱祖宗法度,天下波动。"

神宗:"母亲教诲,儿谨记取。"

18. 王府书房

王安石端坐中央,夫人、弟弟王安国和王安礼、大妹王文淑、儿子王雱坐于两旁。

王安国:"今日朝堂圣上任用兄长执政,为弟深感荣幸。兄长受任于危难之际,目前朝野对兄长施政多有疑虑,还望兄长慎思而后行!"

王安礼:"我朝立国百年,天下官僚因循守旧,祖制萧规曹随,奢侈风行,

'三冗'困顿,每况愈下,危机四伏,唯有变法改制,可使我朝中兴。但更改祖制势必朝堂纷争,天下汹汹,兄长及家族毁誉安危难料,小弟实在替兄长忧虑!"

王文淑:"两位兄长言之有理。但大哥胸怀天下,誓作贤相,圣上知遇,励精图治振兴我朝时不我待,变法图强势在必行。两位哥哥当鼎力相助,成就大哥治国平天下,辅助圣上实现四海一统。"

王安国:"当今我朝病入膏肓,治理衰乱之世须用重典,变法改制实有必要。但通观历史,唯有今朝难以施行。一是相权最弱。朝廷机构叠床架屋,大权集于皇帝,较之汉唐相权最小,难以发挥中枢统领作用;当今之急莫过于理财,但按祖制从不许宰相过问财计。二是相府执政大臣多,兄长施政难有较大作为。我朝同设两相三参政五位宰辅,且政见不一,相互掣肘,兄长纵有雄心壮志亦难施展。哥哥应深思圣上前日任命富弼为相,意在制衡为兄。外人传言五位宰执大臣有'生、老、病、死、苦'之说:生指兄长,生机勃勃,心志高远;余则指曾公亮、富弼宰相和两位副相,目前除风烛残年的曾相对兄长有推荐之恩,尚可共事外,其余三位皆反对兄长施政主张。三是我朝监察御史权重,谏官林立,朝廷允许风闻言事,从不以言罪人,甚至诬陷栽赃都不受追究。朝政稍有更作,朝野纷纷喧嚣,掣肘宰执;谏官往往以弹劾执政博取名声。宰辅动辄得咎,诚惶诚恐,忧谗畏讥,明哲保身尚难,何谈改制变法。四是自古至今,政治家改革往往有功国家而殃及自身,甚至家人不得善终。古有吴起、商鞅,汉有晁错,唐有王叔文等前车之鉴。我朝以范仲淹、富弼、欧阳修大人的德才威望,推行庆历新政仅数月,天下哗然。仁宗虽深知其忠贞,但终因其推行新政,结怨权贵后宫,先帝迫不得已,违心将其贬谪出京,庆历新政昙花一现。我劝兄长还是先广结人缘,顺应朝野,做个太平宰辅,改制变法应从长计议,以待时机。"

王雱:"叔父之见,侄儿实难苟同。父亲既执朝政,就应施展平生才志,兴利除弊,励精图治,大有作为于天下,但求有功于社稷苍生,不计生前身后名声才是!"

王安石面露喜色,但仍嗔责地对王雱:"长辈议事,关系朝政大计,尔为晚辈,当聆听教诲,不必多言!"

夫人吴氏对王安国等:"父亲英年早逝,母亲亦已过世,你哥执政朝纲,事关重大,尔等手足情深,家事国事尽说无妨。雱儿年轻,口无遮拦,顶撞安国兄弟，还请安国弟见谅。"

王安国："为弟甚喜雱儿有兄长风范胆识。"

夫人："平日你们兄妹难得一聚，今日我们全家吃顿团圆饭。"

夫人离开书房，王安石兄妹等继续谈论。

19. 王府卧室

月光入窗，王安石与夫人盖被仰卧。

夫人："夫君，您早年州县执行公务多徒步骑马，少用车驾，拒不坐轿，招致他人非议。今置身宰辅，应酬群僚，政务繁忙，日理万机，不必执意坐车骑马，坐轿也并非奢侈。且年近半百，为安全计，出行还是坐轿为好。"

王安石："坐轿比之坐车骑马，轿夫犹如马匹，我若坐轿，岂不是把人当牲畜役使？"

夫人："看来谁也不能强你坐轿，但已近知天命之年，不要再骑马，多坐车安全为好。"

王安石："夫人言之有理。"

夫人："还有一事，务请夫君允准。雱儿体弱多病，我亦年老体衰，不比当年，夫君现今身为执政，肩负朝政千钧重担，再不能像当年那样废寝忘食，不顾惜身体，生活起居确需专人精心照料。我已为夫君物色一贤惠女子，万望夫君接纳，也好与我共同照顾夫君衣食起居。"

王安石："夫人贤德吾感激心领。但吾绝不违背早年誓言；现今辅佐圣上，理应作百官表率。安石恪守誓言，终生一妻，不涉他女，此事请夫人永不再提。"

夫人打声哈欠，逐渐闭目入睡。

王安石辗转反侧，不能安眠，凝眉沉思，脑海中浮现：

（1）父亲王益病卧床头，少气无力断断续续地对王安石："为父一生，常以天下为己任，然位卑言轻，力不从心，眼下我朝积弊重重，江河日下，我儿素有大志，当匡扶社稷，以求强国救民。"

（2）母亲吴氏对王安石："我儿少年苦读，子承父志，早成功名。当今圣上皇恩浩荡，委我儿知制诰四品重任，实为我王氏家族荣耀。你父有知，也当含笑于九泉。儿当再接再厉，辅佐圣上，成就宏图伟业。"

"我儿上次担任京官，为娘固辞朝廷封赏。当今冗官糜费，百姓生计艰难，这次务必转告圣上，吾绝不接受那太君封赏赐予。"

（3）邓州

知州范仲淹银发飘逸，目光炯炯有神，挥毫疾书"先天下之忧而忧，后天下之乐而乐！"字体苍劲洒脱。

立于一旁的王安石边看边诵，情不自禁地："范大人心系社稷民生，高风亮节，兴利除弊，实施新政，实为我朝栋梁，晚辈楷模！"

范仲淹落笔转身，语重心长地说："吾与尔父同年进士，志同道合。王大人英年早逝，吾亦廉颇老矣！有心报国，无力回天。介甫贤侄素怀大志，改制变法，强我大宋，非尔莫属。范某拜托啦！"

王安石双手合揖："范大人过奖，晚辈铭记大人教诲，为兴我大宋，纵有千难万险，何惜身家性命。"

20. 文府客厅

夜，月色朦胧。蟋蟀声声，蛙鸣。

正厅，摆设豪华，宴席丰盛。文彦博、御史大夫吕公著、御史中丞刘挚、杨绘4人围桌对饮。

文彦博："近闻王安石欲设立制置三司条例司，意在削弱三司职权，揽财权于相府。我朝祖制宰相执政不涉财计，我等应维护祖制，决不允许王安石插手财政。"

吕公著："关键是要广结朝野官吏士绅，劝阻圣上缓行新法，则王安石自然难以作为。欧阳修、韩琦、富弼皆为当年推行'庆历新政'重臣，范仲淹儿子范纯仁亦居高位，影响举足轻重，俱不满王安石主张，应广为联络，合力上章参奏，定能动摇圣意。"

刘挚："还应结好司马光、苏家父子、程颢、程颐兄弟等学界名流联动，制约王安石变法。"

杨绘："圣上乃仁孝君主，太皇太后、高太后、向皇后家族皆为京城豪富，皆厌恶王安石更张，应结好皇亲国戚为我所用。"

文彦博："三位大人言之有理，亦应关注辽夏两国对我朝政反应，以边事制衡王安石兴革。"

21. 欧阳修府客厅

欧阳修、司马光、苏轼、程颢、程颐5人端坐。

欧阳修："老夫有一事恳请各位相助。吾等与安石同朝为官多年，且谈诗论文，切磋百家学术，互相仰慕敬重。今圣上委任王安石主持朝政，老夫素知其胸怀大志,心系天下,忠于社稷;然其刚直执拗,任地方官时虽有口皆碑,但已是阳春白雪和者盖寡,现置身宰辅,必然变我朝祖宗法度,势必引起内外纷争,天下不宁。还请各位以江山社稷为重,念及与安石友情,与其开诚布公,劝其缓行新法,以免安石日后结怨天下,与吾等有失和谐。否则,将是朝廷之不幸,亦是文坛之不幸。"

苏轼:"欧阳大人所言极是。吾虽为晚生,但为朝廷社稷和文坛兴盛,定与王大人倾吐肺腑,肝胆相见。"

程颢、程颐:"晚生谨遵大人之托。"

欧阳修:"司马大人年长安石,且与其共事多年,与介甫有'嘉祐四友'情谊,官居谏议,还请多加劝阻,吾料安石定会三思而后行。"

司马光:"安石人品学识,天下赞誉。但其施政天马行空,独来独往,实难通融。昔日我俩同为包拯副职,中秋佳节,包大人设宴赏月,吾虽不善饮酒尚强饮一杯,但王安石却以饮酒伤身,强人所难非包大人心愿为由,以包拯之尊其竟滴酒未沾。包拯曾称赞其卓尔不群,日后必建功于天下。先帝两朝鉴于其德才政声,几次传旨让其入京为官,王安石愿在地方历练,竟数次抗旨,甚至躲在茅厕拒见传旨官员,终使朝廷退让。以帝王之尊朝廷之威,他竟一意孤行。'其人意欲所为,人主不能夺,天下不能移'。当今圣上锐意更张,王安石深得圣宠,如蛟龙入海,大鹏展翅。吾等与之道不同不相为谋。虽倾情劝阻,亦只能是极尽心意,恐将是徒劳之举。"

欧阳修:"且莫论其是否能够听从,但于公于私吾等都应尽力而为,减轻朝政动荡,以免千古遗憾。"

22. *王安石府*

一人上前敲门,门童开门:"客官何事?"来人上前:"这是我家司马大人书信,请转交王大人。"

门童接信,正欲关门,又一青年差官上前:"请禀告王大人,欧阳公和苏轼大人求见。"

门童:"大人已有吩咐,欧阳大人过来不必禀告,请随我来。"苏轼眼望欧阳修,深服其德高望重。随门童入内。

二人走进书房,缓步落座。书童倒茶后走出。

欧阳修:"老夫已数次与王安石讨论施政,其至今不为所动,今日拜会,事关重大,还望苏大人以天下学士之愿,尽力规劝才是。"

苏轼:"大人对安石有举荐之恩,且德高望重,王安石尊重恩师,必当慎重行事。晚生虽人微言轻,定当尽力劝谏。"

欧阳修起身观看王安石24架书籍:"人称王安石才高八斗,学富五车,今观藏书可见一斑。"

苏轼见桌上有笔墨纸砚,起身细看,纸上墨迹未干。

咏 菊

西风昨夜过园林,吹落黄花满地金。

苏轼自言自语笑道:"菊花何有落瓣?人称王相公博学多才,无所不知,今日诗作岂非无知?"

言毕,苏轼挥笔在原纸上续写:

秋花不比春花落,说与诗人仔细吟。

门外传来脚步声,苏轼急忙放下笔,走回坐定。

王安石入室,拱手见礼(抱歉地):"程颢兄弟昨晚来府谈诗论政,不觉已至凌晨,困睡晚起,有劳恩师和苏大人等候。"

欧阳修:"王大人与程氏兄弟彻夜长谈,我等文坛诗友难得相聚,今日亦可人逢知己,海阔天空。"

王安石猜测二位来意必是朝政。侧视桌上苏轼续句,佯装未见,乃先入为主:"苏大人诗文政声,天下敬仰,实为长江后浪,今日我等难得相聚,切磋交流文赋诗词乃人生快事。烦请苏学士点题。"

苏轼:"王大人地方执政多年,游历名山大川,吾亦登过五岳、庐山等名胜景观。今日我俩皆以山为题,赋诗,以景喻理。由欧阳大人评判,敢问王大人肯赐教否?"

王安石:"赐教不敢,就以苏学士所言。"

欧阳修:"今日二位比试诗文,老夫也可见证精妙佳作,荣幸大饱眼福。"

王安石稍作思考,挥毫疾书。苏轼亦握笔泼墨。

欧阳修走至王安石身旁,默声诵读:

登飞来峰

飞来山上千寻塔,闻说鸡鸣见日升。
不畏浮云遮望眼,自缘身在最高层。

欧阳修读毕,拍手叫绝:"好诗,好诗,写景、哲理俱佳,老夫不及也。"

欧阳修走至苏轼身旁,默声诵读:

庐山观感

横看成岭侧成峰,远近高低各不同。

不识庐山真面目,只缘身在此山中。

欧阳修读毕,放声大笑:"苏学士与王大人诗文意境、哲理珠联璧合,书法同工异曲。二位文坛高手,今日比试诗文,必将成为千古佳话。"

王安石、苏轼挪步,欣赏对方诗文,啧啧称颂:"好诗!好诗!"

苏轼意犹未尽,且欲显示才学,对王安石:"世人皆知王大人博学强记,过目成诵,吾从大人书架上任取书籍,读出上句,请王大人续出下句,如何?"

王安石:"请。"

苏轼走至里边墙角书架,见一书架上布满灰尘,猜其近期未读该架图书,乃抽取一本厚书,翻开观看,思忖:"这篇为何人所作?吾怎从未见过?且看他如何回答。"

他选出一大段中间一句:"如意君安乐否?"

王安石:"窃已哕之矣。"

苏轼大惊。

王安石:"敢问此句如何讲?"

苏轼沉思良久,不得其解,满面羞愧:"王大人才学广博精深,晚生望尘莫及,请予赐教。"

王安石谦虚地:"且听恩师教诲。"

欧阳修急忙摆手:"罢啦,罢啦,二位奇才,天下少有,以苏大人之学识,到老夫和王大人这般年纪,定能青出于蓝而胜于蓝,今日切磋文章已见高低。王大人来日再考苏学士不迟。"

欧阳修对王安石:"王大人才高学富,天下闻名,胸怀大志,誓做贤相,政声卓著。近日荣任执政,老夫和文坛同仁深感荣幸。但朝野对王大人今后施政颇多疑虑,上次信函及王大人光临舍下时老夫都已言过,似不应再来多讲。但尔身为宰执,变法事关社稷朝廷天下苍生,乃至尔生前身后名声,老夫今日再来叨扰,还望王大人务必慎思。革除我朝百年积弊,富国强兵,造福天下苍生乃老夫终生夙愿。但我朝目前已是积重难返,沉疴难医。且如前日所言,目前相权弱化,宰执难有作为;谏官邀功参劾宰辅,文人攻击时政,后宫怨恨。若推行新法将陷入力战天下人之困境而绝不会成功。我与范仲淹、富弼大人推行'庆历新政'仅几个月,即被贬谪外放。范大人贬途劳顿,患病客死异乡。前事不忘后事之师,吾实在不忍心王大人推行新法而使学界反目,朝政动荡,天下骇然,栋梁夭折!"

苏轼:"欧阳大人多年关爱我等,今日谆谆教诲,实为长辈恩师肺腑殷切呵护告诫,还请王大人深思慎行。"

王安石:"大人多年举荐,安石才有今日,恩师倾吐肺腑,肝胆相照,晚生当终生铭记。但当今我朝'三冗',寅吃卯粮,难以施政;苛捐杂税徭役,天下民不聊生;西北辽夏侵扰,边境生灵涂炭;官风奢侈颓废,朝廷因循守旧;贫富分化严重,百姓揭竿而起。实在是内忧外患,危机四伏,已到生死存亡关头。唯有变法改制,才能富国强兵,我朝才能无惧夷狄,威加四海;唯有变法改制,才能兴利除弊,兼济天下,解民于倒悬;唯有变法改制,才能从根本上振兴国运,实现长治久安。安石早年聆听恩师和范大人、包大人教诲:大丈夫当以天下为己任,为国为民,何惜身家性命。晚辈常以此励志自勉,安石既作执政大臣,岂能仅为己身而当太平官?为强我大宋,实现天下一统,安石决意效法先贤革故鼎新,即使赴汤蹈火、粉身碎骨亦在所不辞,岂有退缩之理?吾绝不辜负恩师多年教诲,以诸葛丞相为榜样,为大宋江山和天下百姓,鞠躬尽瘁,死而后已。"

欧阳修、苏轼惊叹,佩服。

第 二 集

23. 王府餐厅

餐桌上菜冒热气,筷子、酒坛、酒杯。王安石、韩绛、章惇、沈括、曾布围桌对坐。

王安石逐个斟酒后,端起酒杯站起说道:"各位大人与吾一道筹谋变法,须知历史上变法图强者无不经历艰难险阻,吴起、商鞅、晁错惨遭极刑,祸及后人。吾任参政时日虽短,已深感变法虽在酝酿,尚未拉开序幕,朝野反变法已是暗流涌动,狂潮迭起,可谓黑云压城,山雨欲来。欲图富国强兵,汉唐一统,吾等须经长期奋斗,变法才能成功,这将是一场前无古人的恢宏大业,各位必将承受无与伦比的严峻考验。诽谤、诬陷、明枪暗箭、罢官、流放,人生之苦吾等必将尽尝,各位跟随王安石将苦伴常年,前程莫测。我虽不习饮酒,然则今天这杯苦酒,我先干杯,以敬诸位。"

王安石带头一饮而尽,众人皆喝个杯底朝天。

"哎呀,王大人,你这是什么酒,为何这般苦?"曾布苦得咧嘴失态。

王安石:"我令家人将鸭胆放入酒中,酒岂能不苦?各位大人随我王安石变法,岂不是人人都端了杯苦酒,陪我同饮。"

众人都哈哈大笑起来。

"各位用菜!"王安石举箸指着一盘菜。众位持箸夹菜送进嘴里。

"哎哟,王大人,你这又是什么苦菜?"沈括说道。

王安石笑道:"这个是我特意命家人做的一盘苦瓜丝,从今晚始各位大人都随我入了苦海。"

王安石:"各位为国为民,除旧布新,今后一定会有许多苦头。"

四位同声:"变法强国,为民造福,何惜自身,吃点苦头算得了什么。"

章惇将苦酒斟满一碗,一饮而尽。沈括亦随之毫不含糊满饮一碗。

五人持箸,抢吃苦瓜。韩绛倒完酒坛中酒,笑着对王安石:"有王大人这坛苦酒垫底,日后再苦的酒,我们都能喝得下。"

王安石:"新法即将颁行,朝堂论争,后宫反对,士人指责,谏官御史参奏,地方阻挠毁法,我们今后要吃的苦不可胜数。"

沈括:"沈某无怨无悔。"

章惇:"我们愿终生追随大人知难而上,激流勇进,变法改制,强我大宋,何惜生前身后名!"

24. 京城郊外

王安石一身农夫打扮,在道旁微服私访。

逃荒的人群中,一衣衫破烂的妇女含泪将婴儿弃之路旁。

唢呐声中出现了一迎亲队伍,轿中坐着一位满头白发、泪流满面的新娘,来往行人无不惊叹,一农夫:"为降户等,儿孙免役,老来出嫁,这是什么世道?!"

王安石神色严峻,叹息。

十字路口,送殡人群与王安石不期而遇,一身重孝的青年,痛不欲生,眩晕倒地。围观者:"为了逃役躲差,老翁投河而死,这是什么世道!"

王安石脸色铁青,呆立。

王安石来到一棵大树下,见一群人围观,近前见一少女趴在一死者身上痛哭,一妇女上前:"父亲被债主逼死,母亲又病死在此,姑娘无依无靠,咋活下去呀!"

王安石示意随行予其银两,随行者将银两赠予姑娘。

王安石走出人群,义愤填膺:"苛政猛于虎,似这等坑国害民之法,非改不可!"

25. 中原大地

千里焦土,飞蝗蔽日,禾苗旱死,树木枯萎。

破败的村落,乡民扶老携幼出外逃荒。

一辆手推车轧在坎坷不平的土地上,发出"咯吱、咯吱"的响声,一个瘦骨嶙峋的老翁架车,车子的一旁坐着一老妪,怀抱面黄肌瘦的婴儿,另一边放着破烂的被子、锅碗等家什,车前一弱女子背着一条绳弯腰拉车,车后留下了深深的辙印。

26. 王府书房

一双脚在地板上缓缓踱步。

书房的陈设简朴典雅,书案上摆满了书籍。醒目的位置上放着《韩非子》《论衡》《神灭论》。另一桌上放着笔墨纸砚,一册摊开的书,扉页上写着"荀子"字样。墙上挂着奔马图及条幅:"一声长嘶风九重,四蹄腾云志千里。"

王安石倒背双手踱步,低声吟咏魏武帝《短歌行》:"青青子衿,悠悠我心。但为君故,沉吟至今。……山不厌高,海不厌深。周公吐哺,天下归心。"

字幕:兴利除弊,变法图强,成败关键在于人才。如何培养、发现一大批勇于改革的新人,成了王安石朝思暮想的问题。

27. 王府厨房

王安石及夫人、儿子王雱和女儿同桌就餐。王安石边咀嚼边沉思,手持筷子不知用菜。女儿望着王安石:"父亲,请用菜。"

夫人把靠近王安石的菜盘挪到一旁,王安石沉思中下意识地从桌边夹菜,空筷送口。夫人疼爱嗔责地:"平日你思虑朝政,仅吃近桌边菜,今日竟然不知用菜;夫君早年读书万卷,过度用脑落下头晕目眩。今上了年纪,肩负千斤重担。朝堂之外,尤其是用餐,应当放下政务学术,否则心有二用,有碍健康。吃饭保重身体要紧。"

28．汴河

绿柳倒影清晰,河中一轻舟缓缓前行。青年水手划船,吕惠卿、吕和卿船头对饮。

吕惠卿站立船头,眺望远方,无限感慨地:"人生在世,惟立德、立功、立言可名垂青史。吾沉居下僚,虽近不惑之年,三者一无所成。"

吕和卿劝慰:"大哥不必伤感,您满腹经纶,只是未遇伯乐,当今圣上乃治世明主,兄长岂能久屈州府。"

吕惠卿:"无人举荐,卑职难见龙颜。"

吕和卿:"当今王安石执政,急需人才,兄长何不趁此秩满入京,前去拜见,以求进身。"

吕惠卿忧虑地:"弟言虽然有理,然吾与王安石素不相识,唐突投奔,恐难委以重任。"

吕和卿:"欧阳大人对王安石有荐举之恩,且赏识兄长才能,由欧阳大人推举,王安石焉能不委兄长以重任?"

吕惠卿:"王安石新政未施,朝野已是哗然,变法改制前途难卜,我若助之必与朝野结怨,前程莫测!"

吕和卿劝导:"兄不闻'木秀于林,风必摧之',王安石虽德才盖世,然其刚正不阿、鹤立鸡群,焉能长久执政?以兄长之才,只要能跻身朝廷中枢,即使文秘下僚,亦是前途无量。萧何之后自有曹参。况且古人有云:富贵险中求,变法改制虽有风险,然亦是机遇。"

二人相视而笑,举杯一饮而尽。吕和卿对船家:"早到汴京,赏钱加倍。"青年水手奋力划船,轻舟飞快驶向前方。

29．王府书房

王安石与吕惠卿对坐。王安石拆视署名欧阳修信件。

吕惠卿:"王大人德才盖世,政声誉满朝野,晚生今日得见,实在是三生有幸。"

王安石:"欧阳大人赞誉大人才学,真州施政百姓称道,吕大人实为我朝英才。"

吕惠卿:"王大人过奖,大人置身宰辅,主持新政,兴利除弊,除旧布新,此乃万民之福,朝廷之幸。"

王安石感慨地:"承蒙圣意,委以重任,虽欲富国强兵,安民济物,然我朝百年积弊,内忧外患。"转口询问吕惠卿:"吕大人秩满进京,今后作何打算?"

吕惠卿:"真州三年秩满,吾虽欲为新政效力,然才疏学浅,不敢自荐,王大人倘若不弃,惠卿能在大人身边时时聆听教诲,实吾平生之愿。"

王安石诚恳地:"国家非常之时,须用非凡之人。吕大人愿为新法效力,实在难得,待我禀明圣上,再作定夺。"

吕惠卿如愿以偿:"多谢王大人举荐提携,惠卿当效犬马之劳,以报效万一。"

30. 迩英殿

宋神宗与王安石对坐。

宋神宗:"当今治国何以为先?朕愿爱卿赐教。"

王安石:"臣蒙陛下知遇之恩,常思效法先贤,竭尽才智报效朝廷。"

"当今治国,当先立法度,变风俗。法度立,则人有遵循,事有准绳,政有规则;法度立,则国家治,则礼义廉耻之俗成,则君子长,小人消。法度不立,则国家衰,则礼义廉耻之俗坏,则君子消,小人长。故立法度实为治国之先,强国之本,商鞅变法强秦一统即为明证。"

宋神宗:"欲立法度变风俗,则何事为先?"

王安石:"我朝'三冗'靡费,积贫积弱,以致四海之广不能容纳官,天下财力不足供俸禄,顾内则不能无以社稷为忧,外则不能无惧于夷狄。圣上欲立法度变风俗当以理财为先,以求富民富国强兵。天下财富非为定数,善立法度,理财有道,则民不加赋而国库充盈。法度不善,理财乏术,即使增加赋税,民愈贫困而难供天下之用。富其家者资之国,富其国者资之天下,欲富天下则资之天地。如果仅靠强征暴敛,就像父亲关门与儿子做买卖,虽然尽得子财,家犹贫也。且苛政导致民不聊生,天下百姓必将铤而走险,危及社稷宗庙。"

宋神宗:"爱卿一席话令朕茅塞顿开,如沐春风。卿当抓紧制订法令,改变风俗,激励内外臣僚勤勉履职,庶民百姓关注农事,天下百业兴盛,实现我朝振兴。"

王安石:"治政万事,事在人为。来日颁行新法,得其人者则强国利民,不得其人则误国害民。陛下欲大有作为于天下,必须选拔大批勇于创新经世致用的人才,而其基础则在改革学校教育和科举取士制度,统一道德观念。应使学子通晓农、商、医,尤其刑律等学问。科举取士亦应取消诗赋,侧重治政实用,这样方可适应变法兴革思想道德和人才之需。避免官僚士大夫食古不化,空谈误国。新法唯在统一道德思想文化、破格选拔人才基础上推行,才能天下大治,否则欲速则不达,难免重蹈庆历新政覆辙。"

宋神宗:"朕亦知治政当先治吏,治吏当先选拔人才,治吏选才确为长久之策,学校教育科举实为基础。但当今辽夏觊觎我朝,虎视眈眈,朕每闻边关奏报,常常寝食难安。爱卿当先谋划理财,整军强吾国力军力,以尽早扭转贫弱,固我边境,雪我国耻。"

王安石:"为臣深知陛下苦衷,臣何曾不想早日富强,恢复大国天朝汉唐雄风。只是我朝积重难返,百废待兴,施政兴革既要大刀阔斧,勇往直前,又要依据国情,统筹考虑轻重缓急。当今非常之时尤应关注辽夏动向,告诫边将不可轻举生事,以求边境安宁。如若边境陷于战事,内部兴革纷争,则国家安危难料。以臣之见,为防其边境滋事,我朝应主动派出使者,对辽夏予以安抚,为我内修朝政争取时日。"

宋神宗:"爱卿对理财有何见教?"

王安石:"变法理财当设统领机构,鉴于原三司事权不清,相互掣肘,且官员多老迈庸臣,难以担当重任。以臣之见,应设立制置三司条例司,破格选拔勇于任事干练官员供职,统筹全国变法兴革大政。"

"理财当以农事为先,并行以商贸经济举措。将大地主商贾垄断暴利归于朝廷,为天下所用,损有余以补不足,方可长治久安。"

王安石:"陛下当知历代兴革,天下哗然,商鞅、晁错惨遭极刑。当年以范仲淹大人等之德高望重,'庆历新政'尚且昙花一现,范公客死异乡。臣不畏变法兴革身家性命,但忧以天下颓废因循苟且之风,阻力重重,尚无圣上成就千秋大业社会环境。秦孝公、汉景帝、汉武帝、北魏孝文帝曾因兴革而致朝野非议,其百折不挠,历经数载乃至几十年终成大业。陛下欲变法图强,就须不畏天命,不畏祖宗,不畏流言,勇往直前,矢志不渝,持之以恒。"

宋神宗:"爱卿运筹帷幄,才过周公、管仲、孔明,你我虽为君臣,爱卿才学实为朕师。当今理财强兵等多项兴革,卿当统筹谋划。设立制置三司条例司甚合朕意,朕委卿主持条例司各项政务。"

王安石:"陛下过誉,臣不敢当。圣上雄才大略,励精图治,安石当效先贤以图报陛下。"

31. 宰相府

王安石同韩绛、吕惠卿、章惇、曾布、沈括商议新法。

王安石："当今圣上励精图治，为宋室中兴，委托吾等于大政，诸位应常思圣上知遇之恩，肝胆相照，荣辱与共，不畏天命，不畏祖制，不畏流俗，革除弊端，强我大宋，凡有济世强国之见，尽可直言不讳。"

韩绛："今天下之害莫过于豪强高利盘剥，百姓倾家荡产。变法改制当先解此燃眉之急，救民于水火。"

章惇："差役之法苦民最甚，百姓耽误农时，影响生计，如牛负重，往往铤而走险，宜早革除。"

曾布："制定新法应首先从缓解民困筹谋，兴修水利实为解决民困根本，势在必行。"

吕惠卿："三位大人所言极是。当今宜选派干练官员到全国各地察访，可就改革旧制实施新法之轻重缓急，提交条例司统筹谋划。"

沈括："调查研究乃谋事之基，成事之道；微臣愿到州县民间察访，倾听民声民意，也好堵塞朝堂他人口舌。"

韩绛："我朝京城供应混乱，深为朝野诟病。豪商垄断暴利，物价波动上扬，中小商贩惨淡破产，士庶深受其害。朝廷花费无穷，百姓怨声载道。万事开头难，变法改制以此突破，则少非议收效快，必将首战告捷开门红。为后续改革营造良好环境。"

王安石："韩大人所言极是，正和我多日思考。诸位应当就此集思广益，制定切实可行方案，迅速提交圣上裁定。"

王安石："天下以民为本，由国家发放借贷，避免百姓青黄不接时遭受高利盘剥，解民倒悬迫在眉睫。吾意选派多路官员到各地察访，依据察访情况，诸位可参阅历代法典，广泛征求社会各界意见建议。草拟青苗、农田水利两法推行天下。兴修水利，避免旱涝灾害，改善民生状况，既是当务之急，亦是争议少见效快，万民盼之善政。沈大人为我朝科学巨匠，精通水利事务，就委沈大人担此重任。改革役法，使民生产有时，虽然关系重大，然其牵一发而动全身，势必阻力重重，要避免欲速则不达。不可四面出击；目前先做筹谋，深思熟虑再作定夺。其他各项变革亦须早作谋划。"

众点头赞许。

王安石："变法改革事关天下所有阶层，应当广泛争取最大多数人参与和支持,贤才尽为朝廷所用。选派各路调研官员等应充分考虑社会精英融入其中,比如程颢等。苏氏兄弟为天下才子,重用苏辙入朝廷中枢多有赞扬。各位尤其要待之以诚,促其有为,支持兴革为国所用。为天下士大夫起到旗帜导向效应。"

字幕:为了争取广大士大夫的理解支持,扩大变法改革的声势和基础,王安石对周敦颐、张载等名流大家礼贤下士,重用程颢作为全国调研八路负责官员之一,任用苏辙为变法领导机构文字秘书。尽可能团结士大夫精英为朝廷所用。

32. 宰相府

王安石端坐,苏辙侧坐。王安石:"尔父虽有文名,但非科举入仕,未能显达官场。汝兄已被朝廷重用。尔虽详检文字,但为朝廷中枢青年才俊,前途无量。还望继续勤勉政务,历练上进。"

苏辙:"晚生感谢圣上重用与王大人赐教栽培。"

程颢向王安石等:"这次微臣带领多人察访 5 个州、县,赋役苛重,河湖失修,水旱多灾,民生艰辛。"

33. 大庆殿

宋神宗端坐龙位,侍卫、宫女、文武大臣肃立。

殿内气氛严肃。

王安石手捧奏折,从容出列,庄重洪亮:"臣据八路官员考察情况,参阅历代经书法典,草拟了均输、青苗、农田水利三法,请圣上裁定。"

执事太监转呈奏折。

神宗阅览奏折,面露喜色,对执事太监:"将王爱卿奏请传阅。"

文彦博略看奏折,与朝班中的司马光、吕公著、刘挚、杨绘等交换了一下眼神,迈步出列,气急败坏地:"臣以为王安石多次奏请,欲尽变祖宗之法,求近功而忘旧宗,尚法令颂商鞅,言财利背孔孟,鄙老成为守旧,弃众论为流俗,若准其奏请,势必危及社稷,请陛下详察。"

神宗愠怒:"尔言何以为证?"

文彦博猝不及防,无言答对,惶恐,拭汗。

众大臣窃窃私语,表情各异。

韩琦出班:"臣观王安石多年施政,违我朝制,变我祖法,标新立异,沽名钓誉,哗众取宠,圣上若准其奏请,必误朝廷。"

神宗恼怒地:"朝堂议政,当秉持公心,以社稷为重,应据事实讲道理。信口开河,成何体统!"

司马光上前:"祖宗之法不可变,有史可鉴。使三代之君常守禹汤文武之法,虽至今存可也。汉初萧规曹随,天下吉庆;汉武帝更改旧制,神州纷争,涂炭生灵;王莽改制,前汉遂倾;北魏孝文帝改变祖制,朝野不宁。由此可见,祖宗之法,不可变也。望陛下以天下社稷为重,谨守祖制,方可天下太平。"

王安石大义凛然,从容辩言:"适才三位所言,吾实不敢苟同,自古法度,因时而异,商鞅变法,天下归秦;汉初改秦暴政,开创'文景之治'。汉武帝承前启后,更改祖制,成就千秋大业。西汉倾覆,盖因政治腐败;刘秀革除旧制,开创'光武中兴',唐太宗制定新法治理天下,'贞观之治'今人称颂;奠基开元盛世,大唐威加四海,万国来朝。自古从无一成不变法度,法度适应时代则天下治、国家盛;否则天下乱,国家倾。"

冯京:"今我大宋虽非汉唐强盛,然朝政尚可运行,兴革似应缓行。"

苏轼出班上前:"今天下虽有困顿,然大事者不可速成,积弊难以顿革,不宜急功近利,还应慎重行事。"

神宗怒气冲冲:"迂腐之谈,当今内忧外患,尔等有何良策革除?难道来个黄巢纵横,辽夏饮马汴河再思改作不成?"

王安石:"我大宋自太祖立制,历经百年,至今已弊端丛生:豪强兼并民不聊生。百姓揭竿烈火燎原。辽夏发难,输以'岁币'失我尊严,边境尚不得安。财源枯竭,捉襟见肘,朝野因循守旧,苟且偷安,奢侈靡费。天下危机四伏,唯有变法改制,除旧布新,才能摆脱困境,振兴我朝。"

章惇:"王大人以史为鉴,所谈实为真知灼见。"

韩琦出班:"当年范仲淹实行新政,徒落朝野震荡喧嚣,党争不休,未见富国强兵。今日变法,必将重蹈覆辙,神州不宁。"

王安石:"'庆历新政'半途而废,失在佞臣用权,圣意浮动。望陛下引以为鉴,不为流言所惑,不为庸论所阻。唯有坚定不移,锐意革故鼎新,才能振兴大宋,造福天下苍生。"

司马光:"古人云:'治大国如烹小鲜。'施政稍有不慎,则天下波动。我朝祖制俱全,不宜兴革。解决当今财计困难,首要在于精打细算,量入为出,节流堵漏。宜减少恩荫、封赏等。"

韩绛:"变法当先理财;节流固然有理,开源则是理财的根本。唐朝杨炎改变税法,民不加赋国库充盈。只有变法改制,天下繁荣富庶,才能财源涌流,满足供天下之用。"

司马光:"臣观王安石虽言师承孔孟,但其治政理念历来淡化儒家大义,反而侈谈理财求利。'君子喻于义,小人喻于利。'王大人身为朝廷重臣,治政重求财问利,言行有悖儒家根本,岂不让天下人耻笑?且依我朝祖制,宰辅从不干预财计。今王安石以制置三司条例司,侵夺超越原三司权限,中书大权独揽,实为越俎代庖。"

王安石:"我朝入不敷出,寅吃卯粮。官吏无俸难以施政,士兵无饷难以戍边御敌,百姓困顿民不聊生。故为天下理财求利,以求我朝长治久安乃当今最大之义。空谈义而不理财我朝国将不国!'仓廪实而知礼节'。官有俸禄、士兵有饷、民有衣食,百业兴旺,然后才可教之礼义儒经。至于宰辅理财,鉴于我朝财计为施政第一急难,宰辅统揽朝政,焉能不问财计?!原三司职权不清,相互掣肘,庸官失职误政,圣上委中书省统管财计势在必行。为臣谨遵圣命。"

文彦博:"王安石奏请,损害朝野官吏、皇室宗亲及天下绅士,利在庶民百姓,势必天下纷争。陛下与士大夫治天下,而非与百姓治天下,新法断不能行。"

王安石:"水可载舟,亦可覆舟。人心向背,兴亡之道。我朝欲世代传承,当损有余补不足,施恩于天下百姓,使其无虑温饱、安居乐业,否则我朝宗庙社稷难保。秦二世、隋炀帝苛政苦民,短命倾覆,实为前车之鉴。"

司马光:"天下财富,皆有定数,不在百姓,则在官府。王大人所谈开源敛财,必将加重百姓负担。如天下百姓揭竿而起,我朝难保太平。"

王安石:"天下财富,实为变数。我朝人众地广,善理财者,制订法律,发挥天下百姓潜力,则财富涌流,万民富裕,国家强盛。若为定数,今日天下财富怎能数倍于太祖时期?故天下财富在于开发创造,加强管理。施以善政,借之民力,生财有道,则国库充盈,百姓安乐,国力强盛,我朝中兴。"

神宗:"委王爱卿统领制置三司条例司。将'均输法'颁行天下。青苗、农田水利两法,广征朝野众智,再作切磋斟酌,下次朝议定夺。"

34. 汴京街头

相国寺墙上,众人热议"均输法"公告,三字赫然醒目。

开封府衙墙旁,众人围观"均输法"。

35. 西夏都城兴庆府(今宁夏银川东南)朝堂

惠宗端坐中央,群臣分列两旁。

惠宗:"近闻宋廷任用王安石执政,各位有何见教?"

站在前面的一位重臣从班内走出:"臣闻王安石志欲变法振兴朝廷,我朝不能袖手旁观,宜未雨绸缪,早与辽国联手,以牵制宋廷变法,阻其富国强兵。"

一武官出班:"应以铁骑沿边袭扰宋境,牵制宋廷内政,促使元老重臣主政,使王安石难有作为。"

惠宗:"爱卿言之有理,委卿抓紧速行。"

36. 辽都上京(今内蒙古巴林左旗南波罗城)朝堂

辽道宗洪基端坐朝堂,朝臣分列两旁。

文官萧禧出班:"宋朝任用王安石变法图强。文彦博等元老重臣皆已失宠,若听任其兴革强盛,则与我朝不利。"

道宗:"宋廷兴衰事关我朝安危,应密切注意其动向,抓紧联络夏国于宋边境,对其牵制同时要结好宋廷元老,促其内讧,使其重蹈庆历新政朝臣分裂,变法夭折覆辙。"

一差官入内:"禀报我主,夏国使臣求见。"

道宗:"快快有请。"

第 三 集

37. 文府客厅

月色朦胧,蟋蟀声声,蛙鸣。

文府正厅,富丽堂皇,烛光如昼,宴席丰盛。文彦博、吕公著、刘挚、杨绘围桌对饮。

文彦博:"'均输法'颁行不到三月,家中少收银两数万,如此下去,新法成功之日,我等恐无今日田宅衣食,我等不能坐以待毙。尤其是吕大人、刘大人要广泛联络御史台同僚,盯紧王安石及三司动向,一旦抓住把柄,及时联名弹劾,把王安石逐出朝堂。"

吕公著:"吾等应广结朝野元老重臣,群起而攻之。"

刘挚:"应多收集新法失当害民之例证,请求后宫出面向圣上施压,圣上极尽孝道,历来尊重祖母母亲,必可奏效。"

杨绘:"王安石以改善民生安天下,说服圣上实行青苗、农田水利两法,如能在京畿酿成新法害民,百姓滋事骚扰京城之骇人听闻震动朝野大案,王安石岂不下野?"

文彦博:"杨大人此计甚妙!"

弯月渐入浮云中,大地昏暗,蛙声低鸣。

38. 司马光府书房

司马光、苏轼二人端坐。

苏轼:"欧阳大人不愿眼见王安石变法,士人反目结怨朝野,已自请出知蔡州,避开朝堂是非之地。当今仅靠我俩规劝王安石难以奏效,不知司马大人有何见教?"

司马光:"吾已两次致信劝告介甫,其回函决意变法改制,头撞南墙不回。我朝历来重视士人言政,王安石身为文坛泰斗,甚重天下士大夫人心向背。应广结天下士大夫上书,圣上为有道明君,亦会慎思朝野百官反对缓行新法。若得朝野重臣、皇室后宫和天下名流合力,王安石即使不辞相位,亦是寸步难行。"

苏轼:"司马大人高见。"

39. 苏轼书房

苏轼对苏辙:"王安石以'天变不足畏、祖宗不足法、流言不足恤'强行新法,言必财利,淡化道义,崇尚法家,背离儒学;恩师张方平和欧阳修大人甚为不满,朝野王公贵族、皇亲国戚切齿痛恨。司马大人等名流百官旗帜鲜明反对新法。你我虽受圣上及王安石重用期望,当此社会变革之际,变法改制涉及我朝根本。你我不应沉默,应当挺身担当。于公捍卫儒学正统,匡扶朝纲,于私应当追随佐助恩公。且变法改革者自古难以善终,随波逐流方为上策。为兄已撰写《上皇帝万言书》。对王安石主政以来所有兴革进行全面系统批判,必将波动朝堂,连累弟等。"

苏辙:"司马光大人曾经说过,王安石意欲所为:人主不能夺,天下不能移。要让王安石停行新法,除非日出西山。兄长再上书皇帝,恐将无济于事。"

苏轼:"王安石不回头,我等抗争永无止休!一定要把他拉下马。"

苏辙:我朝虽然宽容士大夫上书言事,善待政见不同者。但上书君王应恪守理智,不可言词意气过度,否则吾兄弟难以久居京城,甚至贬放地方。

苏轼：我朝敢于犯颜圣上，抗争宰辅势不两立之铮臣，虽然仕途坎坷，但多有大器晚成青史留名。况且我等与王安石为道义之争，何须计较生前身后名？

40. 京城皇宫

宋神宗聚精会神翻看奏章，封面署名苏轼《上皇帝万言书》：

> 今日之政，小用则小败，大用则大败，若力行而不已，则乱亡随之。

宋神宗面对王安石，边看边啧啧称赞批评："真不愧旷世奇才，但也太偏激专断，一派胡言。似这等目中无人，尚须恩威并重！过于恩宠有害无益。"

宋神宗将苏轼奏折递给王安石："苏轼恃才傲物，妙笔生花影响士人，前则已经重用其为开封府推官，掌管偌大一个京城司法刑狱。以爱卿地方历练十几年，百姓修生祠纪念，人品政绩天下称颂，也不过如此，但愿苏轼不再辜负朕之期望。"

王安石："苏轼年轻，书生气重，纸上谈兵，缺乏一线历练，但人才难得。以其聪明才智，经过地方主官实践，或可幡然悔悟，大有用于我朝。"

宋神宗："上有天堂，下有苏杭。杭州空缺通判，就让苏轼去杭州历练，提拔重用苏轼，可为天下士大夫树立导向。爱卿以为如何？"

王安石："如此甚好。"

宋神宗："来人。"太监应声入内，宋神宗对太监："传苏轼进宫。"

41. 苏轼书房

苏轼端坐，面对书童高俅："尔多年书房侍候，勤勉精干；吾将远赴杭州，已将尔托付驸马王诜。尔明日前去王府，日后必将有更加美好前途。"

高俅："小人铭记苏大人提携举荐大恩，日后结草衔环当报答万一。"

42. 宰相府

苏辙对王安石："吾前日已对朝廷施政直言不讳，尽诉肺腑之言。今日就青苗法之不可行，再尽逆耳之见……"

王安石："君言甚长，当徐议而行之。此后有异论幸相告，勿相外也。"

43. 王府书房

王雱欢声诵读《商鞅》：

> 自古驱民在信诚，一言为重百金轻。
>
> 今人未可非商鞅，商鞅能令政必行。

王雱："父亲效法商鞅变法,布大信于天下,我朝中兴有望!"

王安石女儿手执《桂枝香·金陵怀古》词稿,边看边吟：

> 念往昔,繁华竞逐。叹门外楼头,悲恨相续。千古凭高对此,谩嗟荣辱。六朝旧事随流水,但寒烟芳草凝绿。至今商女,时时犹唱,后庭遗曲。

王雱佩服地："父亲写得好,六朝覆亡,皆因竞相奢侈靡费,挥霍享乐,声色犬马,不思进取,教训沉痛。"

王安石入内。王雱："父亲荐书,儿已读完,请父赐教。"

王安石："吾儿除读经书诗赋,还要多读农、工、医、刑、律等百科杂书,要广读世间书,识尽天下理。"

女儿："读书章法,请父亲指教。"

王安石："读书之大忌,在于迷信古人、名士、圣贤,人云亦云,食古不化。从政则循规蹈矩,缺乏主见,庸碌无为。读书须精读慎思,理解要旨,博采众长,精通古今,融会贯通,学以致用。总之,读书任事贵在能发新义,要书为己用,不可为书所困。务求有为于社稷民生,唯此才能担当大任,造福于天下百姓。"

王雱："父亲所谈,儿当铭记。您前日说欲回复司马大人来信,请父亲口授,由儿代笔如何？"

王安石："为父正要看我儿书法可有长进。"王安石口授,王雱挥毫,洋洋洒洒,龙飞凤舞《答司马谏议书》：

> 某启：昨日蒙教,窃以为与君实游处相好之日久,而议事每不合,所操之术多异故也。……某则以谓受命于人主,议法度而修之于朝廷,以授之于有司,不为侵官。举先王之政,以兴利除弊,不为生事。为天下理财,不为征利。解邪说,难壬人,不为拒谏……
>
> 人习于苟且非一日,士大夫多以不恤国事,同俗自媚与众为善……
>
> ……盖度义而后动。是以不见可悔故也。如君实责我以在位久,未能助上大有为,以膏泽斯民,则某知罪矣。如曰今日当一切不事事,守前所为而已。则非某之所敢知。

王雱："父亲文笔犀利,不失儒雅,言简意赅,精辟独到。"

王安石："我儿可将此信速送于司马大人。"

王雱："孩儿谨遵父命。"

44. 中原大地

州、县府衙门墙上"青苗法""农田水利法"赫然醒目。众多乡民议论围观，欢声笑语。

一老翁："朝廷心系万民百姓，今后再不受那还不清的高利贷坑害啦！"

一教书先生："这才是：明君贤相行仁政，万民生计有保证。"

45. 宰相府

王安石眼睛凝视墙上黄河流域地图，低声吟咏：

> 派出昆仑五色流，一支黄浊贯中州。
>
> 吹沙走浪几千里，转侧屋间无处求。

王安石："黄河水患不除，吾誓不为相。"对韩绛等众人："'农田水利法'事关百姓根本长远。水利工程周期长见效慢，一定要树立坚定不移持之以恒的决心和信心。'青苗法'斩断全国地主豪绅暴利，解民于水火倒悬，必将引起天下既得利益者反弹。切实保障两法不打折扣推行全国，一定要加强监管，及时处置干扰破坏等不测事件。真正改善百姓生计，使其安居乐业。此事由曾布、吕惠卿两位大人具体负责。'免役法'即将在开封府辖区试行，还望章惇、沈括两位时刻关注，及时掌握进展情况；排除干扰把握全局，迅速果断处理难以预见突发状况。务求试行成功，总结经验推向全国。"

王安石："兴修水利，地方各有职责分工。治理大江大河须举全国之力。尤其是我朝百年河湖失修。黄河等泛滥殃及无数百姓生命财产。目前黄河向东入海两股河道，泥沙严重，已成京城悬河。堵塞北河口，河道两股归一，刻不容缓，一定要赶在秋季大水之前完工。沈大人精于水利测绘，侯叔献大人亦通水利工程。你二人全权负责治黄大事。"

46. 黄河北入海口

王安石和沈括、侯叔献行进在黄河岸上。数万民众士气昂扬，肩挑土筐，背负土袋，大坝即将合龙。

沈括："各路州县按照相府严令紧张施工，百姓感激朝廷治黄，造福沿岸，乐于效力用命。目前工程即将完工。堵塞北流既避免沿岸水灾，又可获得数万顷良田。百姓感激大人为民造福。"

王安石："新君圣明，才有此举。吾等照旨行事乃是本分。"

王安石："前日你俩所谈创制机械，疏浚京城河段泥沙，降低河床，可有进展？"

沈括："吾二人已命属下建造铁龙爪、浚川耙，就等大坝合龙后，立即转入实验，力争黄河汛期京城安澜。"

王安石脸上露出了少见微笑："两项发明创造意义重大。切不可像孔子高足子贡那样，赞扬汉阴老人拒绝使用桔槔，说是防止机巧心理，丢掉吃苦耐劳传统，坚持抱瓮浇田，低效劳累，事倍功半。我朝百年创新促进了社会发展，一定要发扬光大，助力我朝腾飞，奠基我朝长远发展后劲。"

王安石："机械疏浚河床，古来未有，可谓天下先。届时两位大人不要忘了约我同观。"

47. 亳州府公堂

师爷对富弼："老爷贵为宰辅，为保祖宗之法外放至此，朝廷两法已到，还请老爷谨慎行事为好。"

富弼面对众官吏衙役："各位仍依祖宗成法，履职奉公办事，不得有误！如朝廷追究，由我一人承担，绝不连累众位。"

48. 大名府公堂

知府韩琦端坐公堂，众豪绅跪地求情："韩大人历相三朝，德高望重，恳请韩大人为吾等做主！"

师爷上前与韩琦耳语："老爷因朝争辞相至此，且不可抗拒朝廷法令，再违圣命。否则朝廷追究，前程堪忧。"

韩琦："各位请起，大名有我韩琦执政，变乱祖制之法断难实行！老夫从政40余载，谨遵节义操守，捍卫祖宗法度，何惧个人安危！"

49. 颍州府衙

欧阳修端坐，对众僚属："朝廷青苗、免役两法暂缓实行。待详细斟酌，择善而行；其不合民情处上奏朝廷。"

50. 东明县令贾蕃客房

贾蕃与师爷对坐饮茶。

贾蕃："京城来人吩咐吾等借行新法，制造两法害民之口实，引火京师，以撼动朝廷，尔有何高见？"

师爷："朝廷新法，实为损有余而补不足。庶民百姓受益，自然难为我用，前番官绅大户请愿汴京,抗拒缴纳助役钱,我等已受到朝廷训斥。"

贾蕃:"难就难在新法利民,焉能驱使其滋事京城?如何激起下等农户大闹京城?"

师爷:"小人有计,可使百姓入京闹腾。"言毕嘴靠近贾蕃耳边窃窃低语。

贾蕃奸笑:"妙!妙!"

51. 京城考场

司马光面对众多参加馆阁考试官员,口讲试题:

> 今施政者曰:天地与人,了不相关,日食地震皆有常数,不足畏忌;祖宗之法,未必尽善,可革则革,不足循守;庸人守旧,因循而惮改为,多附流俗之议,不足听采,流俗之言不足恤。愿诸位辩之。

众考生惊愕,面面相觑,无所适从。

司马光:"我朝历来广开言路,当今圣上求贤纳谏,各位不必顾忌,可秉笔直书。"

司马光走下讲台,众考生摊纸握笔蘸墨,动笔作文。

52. 东明城乡

茅草屋旁,一都头带领数名兵丁正向一名老翁催逼役钱。

老翁据理力争:"我家户定四等,怎能说是三等?多收役钱,与法不合,与理不通!"

都头:"圣上有旨,中书省下令,难道你敢对抗不成!"对二兵丁:"搜!"

老翁阻挡,被都头踢倒地上。

一高楼大门前。

一群穷苦百姓排队向豪绅借贷青苗钱。

一个家丁满脸凶相面对百姓,拉长高声:"老爷有令,朝廷新法,借贷青苗钱利息四成,半年还清。"

一名秀才路过上前,愤愤不平:"朝廷说由官府发放,利钱两成,咋又由大户放贷,利息倍增,这是什么新法?"

家丁:"少说废话!不借滚开!"

众百姓怒不可遏,拥上前去,与家丁争辩。

53. 东明县衙

秀才愤怒击鼓。

公堂上"公正廉明"匾额高悬,两班衙役如狼似虎执杖侍立,县令贾蕃匆匆登堂。

贾蕃:"带刁民上堂!"

兵丁推搡,秀才踉跄走到堂前,被衙役一脚踩倒。

贾蕃:"大胆刁民,你身为秀才,读书懂礼,本应带头遵从朝廷新法,为何却对抗官府,拒交役钱?"

秀才:"国有常法,黎民循之。你身为朝廷命官,擅自提高户等,多收役钱,搜刮全县百姓,践踏朝廷王法!天理难容"

贾蕃:"大胆!竟敢狡辩,我倒要看看是你的嘴硬还是我的板子硬。"

秀才:"我为全县百姓鸣冤,狗官尔可猖狂一时,必受王法严惩。"

贾蕃拍动惊堂木,喝令:"左右伺候,重打四十。"

众衙役杖起杖落,秀才皮开肉绽。

54. 东明县衙

成群结队的乡民冲入县衙。人声嘈杂,县衙大乱。两青壮乡民抓住一个躲藏不及的衙役,愤怒地:"狗官贾蕃藏到哪里去了?"

衙役颤抖地:"老爷……高升了,前天,到京城……进奏院供职去了。"

乡民中有一个青年大汉挥手说:"走,咱们大伙到京城说理去!"众随之涌出县衙。

千余名愤怒的乡民拥挤在东明至京城的大道上,脚步杂沓,尘土弥漫。

京城,乡民吵吵嚷嚷行进在繁华的大街上,市民惊异,驻足观望。

为首的乡民:"清平世道,朗朗乾坤,明主贤相坐镇京城,岂容贾蕃那狗官提高户等,强迫多交役钱!我们找开封府公断。"

另一乡民:"不弄个水落石出,我们大伙就去宰相府,到皇宫告御状。"

众人在两青壮乡民带领下,潮水般涌向开封府。天空骤然出现的乌云遮没了太阳。

市民纷纷关门闭户,从门窗缝隙观察大街乡民动静。

55. 御史台府

刘挚、杨绘眉飞色舞,对下官:"速去告知开封知府,关闭府门,可引乡民到宰相府和王安石宅院。"

二人嘿嘿奸笑:"今日乡民大闹京城,看他王安石如何收场!"

56. 开封府门

悬有"开封府"匾牌的门外，人头攒动，群情激愤，许多人拍门，一小官挤到门口高声："新法乃中书省王安石制订，与开封府无关，诸位何不去相府衙门和王安石府宅讨个说法？"

领头的乡民对另一人："我去相府衙门，你去王府家院，今天不给个说法绝不罢休！"

请愿乡民在二人带领下离开府门，路过相国寺，人声鼎沸。市民多惊讶、躲避。

57. 王安石府

夕阳西下，大门外，大批愤怒的乡民聚集王府门口，围个水泄不通，为首的一人用力拍打大门，"请王大人出来，为我们做主！"其余几人跟着拍门。

王安石走出书房，夫人忙上前拦挡："天色已晚，夫君不可出面，外面群情激愤，乡民善恶难辨，还是请朝廷派人来，你再出面为好。"

王安石："百姓京城告状饱受冻饿，开封府置之不理，我身为执政大臣，岂能拒之门外？！我王安石不做有负百姓事，不怕百姓找上门。夫人尽管放心，我去去就来。"

王安石在王雱等人跟随下，急步走向大门。

管家打开大门，王安石面对众人："各位父老乡亲，请安静。朝廷推行新法意在利民，如果有人借新法害民，大家尽可讲清，我一定会禀明圣上，为百姓做主！"

许多乡民纷纷跪下："宰相大人，请您体察民情，贾蕃提高户等，逼交役钱，家人被捕入监，请王相爷为我们讨还公道！"

后边几个人高声喊："县令贾蕃不顾百姓死活多收役钱，害得民不聊生，开封府闭门不理。你身为宰相，今日必须给个说法。"

为首的一个对后面："大家安静一下，王宰相为国为民，实如当年包拯。各位父老乡亲不得无礼！"他接着说："县令贾蕃倚仗朝臣撑腰，且为前相范仲淹大人女婿，毁坏朝廷法度，不收官绅富户役钱，擅自提高小民户等，强征多收役钱，坑害全县百姓，我们到县衙无人理睬，开封府闭门不理，有人说新法是您制定的，这事该您来管。我们素知王大人人品官德，不愿惊扰家院，实在万不得已，恳请王大人为小民做主！"

王安石神情严峻，面色疲惫，诚恳耐心地对众百姓："朝廷颁行新法，旨在缓解民困,利民生计,与民休养生息,各地初见成效。贾蕃借行新法,坑害庶民,我身为朝廷执政大臣,对地方官员失察,深感愧对百姓。吾将派人严查贾蕃罪行。当官为民做主,自古天经地义。莫说其为县令,即使是皇亲国戚、王公重臣,老夫也定会禀明圣上,严惩不贷!"

大队御林军赶到,一将领走到王安石面前:"卑职来迟,王大人受惊了。听说乡民滋事大人家院,吾等特前来护卫。"

王安石:"百姓入京请愿情有可原,罪在县令贾蕃,尔等且退下,不可造次。"

将领示意兵丁退下,其与几人站立百姓后面。

王安石接着讲:"各位父老乡亲冻饿一天,家有妻儿老小惦记。贾蕃一案非今日所能了结,可留人随我到家院详谈,余众可由我儿带领用餐。"

王安石转身对王雱:"快领大家就餐,凡生计困难者分发银两救急。"

大批乡民情绪缓解,面露愧疚之色。后面的几人走向前对王安石:"我等不知实情,刚才对王大人多有不敬,冒犯尊严,还望王大人恕罪海涵。"

为首一人:"王大人真乃包公再世,小民感激不尽。"说罢再次下跪,众乡民随之跪倒地上,王安石急忙扶起。

58. 宰相府

王安石、韩绛、章惇、沈括、曾布、吕惠卿端坐。

王安石:"各位对昨日东明案件及今后施政,尽可直言。"

曾布:"昨日东明乡民聚众相府和王大人宅院请愿,实乃骇人听闻,王大人为国为民,受此惊扰屈辱,吾心难安。必须查清真相,严惩贾蕃。"

章惇:"东明案件绝非偶然,近闻文彦博等人正与御史谏官联络后宫,兴风作浪。司马光、苏轼等正广结天下士人联名上书,欲在士林中孤立大人。东明案件势必成为朝野发难口实,动摇圣意。吾愿去东明彻查此案,使其早日真相大白于天下,严惩不法官员,迎头痛击朝野毁法图谋。"

吕惠卿:"可借查处东明案件,揭露朝野毁法阴谋,以正天下视听,为推行新法扫除障碍。"

韩绛:"二位大人言之有理,应迅速彻查东明案件,将朝廷变法引向深入。"

沈括:"东明案件事关大局,吾愿随章大人一同前往。"

王雱从门外闯入:"贾蕃受人唆使公然毁法,草菅人命,激起民变,京师哗然,其后必有朝臣撑腰。当顺藤摸瓜,严惩所有涉案官员,方可震慑天下,正我朝纲。儿愿随两位叔叔前往东明,查它个水落石出。"

王安石严厉地:"为父正与诸位大人议论政事,休得多言,还不退下!"

王雱不服气且不情愿地退出客厅。

章惇:"侄儿虽然年轻,所谈实为真知灼见。我朝素以仁德与士人共治天下,朝臣犯罪多以京官外放而不加惩处,实难震慑朝野官吏。"

王安石:"当今朝中重臣发难,皇亲国戚喧嚣,天下士人上书。地方官吏毁法,百姓请愿京城,实属古来未有。新政已是逆水行舟,诸位唯有激流勇进,披荆斩棘,和衷共济,力挽狂澜,方可渡此难关。东明一案关系重大,且昨日初步察访,纯属上下勾结毁法重案。吾等正可以此契机整肃朝纲,撤换抗法官吏,举荐贤能,遴选地方官员,布大信于天下,以利今后施政。"

王安石:"鉴于此案事关重大,章大人勇担重任,有劳章大人深入东明,迅速查明真相,匡正天下视听。"

章惇:"章某决不辜负王大人重托,但我有一个请求。"

王安石:"请讲。"

章惇:"让侄儿王雱同往,历练一下也好。"

王安石:"就依你言,但须严加管束,切不可授人以柄。"

王安石对沈括:"沈大人肩负水利治理黄河重任,这次就不必身赴东明了。"

沈括:"沈某谨听王大人吩咐。"

第 四 集

59. 福宁殿

高太后脸色愠怒地看着神宗,宫女侍立两旁。

神宗:"孩儿近日忙于朝政,今日特来向母亲请安。"

高太后:"为娘一再告诫治政须有主见,要有驾驭之才,要兼听多方,平衡朝野,尔却一味倚信王安石变乱祖制。昨日东明乡民大闹京城,成何体统!"

神宗:"东明案件事关重大,朝野震动,待孩儿查清真相严加处置。"

高太后:"新法颁行以来,天下汹汹然。东明乡民两次滋事扰乱京城,历朝历代绝无仅有,更是我大宋建国百年亘古奇闻,朝廷颜面无地自容,皇室尊威荡然无存。王安石身为执政大臣,处置失当,轻许民愿,有愧朝廷,此人决不可再作执政。现今唯有釜底抽薪,罢安石,复祖法,可保天下安宁。"

神宗:"儿遍观天下,能横身担当大事,助孩儿富国强兵,中兴宋廷者,非王安石莫属。"

高太后:"天下纷乱至此,儿尚优柔寡断,难道来个王小波、李顺造反,尔再处置不成?!"

60. 宫廷

宋神宗端坐龙位,太监、宫女侍立两旁。

吕公著:"两法颁行,民心浮动,朝野怨声载道。"

神宗:"朕愿闻其详。"

吕公著:"近期天下反对新法,各地多有骚动,东明乡民抗拒,把县衙洗劫一空;更有甚者,前日千余人竟闯进京师,大闹开封府和中书省。闻听王安石被乡民围攻羞辱,损我朝廷颜面,不成体统,长此以往,我朝国将不国!"

宋神宗惊愕:"真是无法无天!是可忍,孰不可忍?!"

吕公著:"王安石身为宰辅,对东明民变不加弹压,反而轻许民愿,有损朝廷威严。微臣身负御史职责,恳请圣上当机立断,罢免王安石!"

神宗:"朕始谓青苗、募役两法利民,不意竟致如此,出令不可不审!"

61. 大庆殿

龙案上摆满了奏折:《乡民造反,咎在新法——御史府》《请废新法以慰万民——东明乡民》《请罢王安石疏——吕公著、刘挚》《东明民变察访疏——章惇》,奏折封面相继出现司马光、苏轼、程颢、程颐、韩琦、富弼、文彦博等名字。

神宗凝视奏折,眉头紧皱,神色严峻。

满朝文武肃立两旁。

神宗满腹疑虑,心情沉重,直视王安石,严肃地:"近日朝野对青苗、募役两法颇多议论,毁誉不一,爱卿何见?"

王安石:"臣派人去各地察看,'青苗法'行,百姓免受高利盘剥之苦,国家增收可观;'募役法'施,庶民耕作有时,无虑凶荒,两法利国利民,天下百姓皆颂圣上英明。然而有个别州县实行两法颇多阻难。尤为令人发指者,东明县令贾蕃为毁新法,擅自提高户等,重刑催逼役钱,草菅人命,激起民变,千余乡民含愤涌至开封府和中书省公堂,乡民受人唆使,请愿吾府,实为我朝百年未见。少数地方官所以藐视新法,亵渎圣意,肆无忌惮,盖因朝中有大臣撑腰,士人中有司马光、苏轼等鼓舌,州路有元老重臣首起发难。贾蕃破坏新法,反被举荐升迁,致使朝野沸腾,民生怨言,似这等坑国害民小人,应严惩不贷以振朝纲,布大信于天下。"

吕公著出班奏道:"新法违逆民愿,百姓抗法,乡民造反,铁证如山,王大人岂能狡辩?"

吕惠卿:"东明民变罪在贾蕃毁法,百姓虽然过激,情有可原,请圣上明鉴。"

曾布:"全国独有东明民变,咎不在法而在贾蕃毁法害民。"

司马光:"东明民变,皆因新法乱政。为治本计,陛下当去安石,废新法。"

文彦博:"新法变乱天下,招致东明民变。"

章惇:"贾蕃受朝臣指使,毁法害民,激起民变,请陛下严惩贾蕃及涉案官员,以儆效尤。"

沈括:"章大人所言句句属实,严惩贾蕃等涉案官吏,方可正我纲纪。"

吕公著:"察访此案应奏请陛下颁旨,御使台承办。王安石指使章惇和其子王雱,私入东明,其欺君越权应予惩戒。且章惇、王雱查案有失公正之嫌,陛下应重新派人察访,严肃查办!"

神宗眉头紧皱:"此案交大理寺王安国审理。"

王安国出班:"臣遵旨。"

神宗:"爱卿素怀忠义,耿直无私,务要客观公正,从速查办。"

王安国:"臣决不辜负陛下重托。"

执事太监:"退朝。"

62. 福宁殿

高太后正襟危坐,宫女侍候两旁。

高太后对王安国:"王大人素怀忠义,公正无私,此去东明察访民变一案,定能秉公办理。"

王安国:"承蒙太后过奖,臣谨遵圣命,铭记太后教诲。"

63. 皇宫内廷

宋神宗与王安国对坐。

王安国:"臣奉旨审理东明民变,其情确如章大人所言,贾蕃毁法害民,百姓负担重于新法之前,激起民变。更有甚者,竟有朝廷重臣授意贾蕃,串通豪绅,冒名乡民抗法,酿成东明两次大规模入京滋事。"

神宗神色严肃。王安国:"贾蕃原为文大人门生,且为已故范仲淹大人女婿,未闻范纯仁大人参与其事。传言文大人事前曾授意贾蕃,未有实证,臣不敢妄下断言。"

神宗心事重重地:"事关元老重臣,爱卿不宜深究。且范文正公去世已20年,其子范纯仁等忠贞为国。传闻其余重臣容朕妥处。"

王安国:"章惇和王雱东明察访,实为兄长处事不周。但侄儿王雱子承父志,忠君爱民,为行新法,察明民变,不辞劳苦,百姓赞誉,以臣愚见,可予以诫勉。"

神宗:"事出紧急,卿兄为国施政,不拘小节,不计嫌疑毁誉,勇于担当,忠心可嘉。何过之有!朕将重用卿兄父子!"

64. 大庆殿

神宗端坐龙位,目光审视满朝文武。

殿内气氛紧张,个个神情严肃。

神宗:"贾蕃身为县令,蓄意毁法,坑害百姓,草菅人命,激起民变,削职为民永不叙用!吕公著、刘挚、杨绘失职误政,降职外放。苏轼多年反对新法,印发诗词诋毁朝政,涣散人心,影响朝野视听,有损朝廷权威,众爱卿以为如何处置?"

文彦博战战兢兢出班,跪向神宗:"贾蕃固然有罪,应予惩处。但东明地近京城,差役繁多,每年支出远多于他县,多取点役钱,情有可原。以老臣之见,似宜降职。吕大人等素怀忠义,偶有过失,且年事已高,不宜外放……"

神宗声色俱厉地打断文彦博话语:"尔为三朝元老,不思辅朕治国,反为罪臣开脱,汝当自重!"

王安石:"贾蕃居心叵测,毁法害民,乡民入京,骇人视听,亘古未闻。解职为民不足以儆效尤;苏轼为我朝旷世奇才,恃才傲物,初到杭州任职,对社会民生知之尚浅,虽对新法多有偏见,但其生性耿直,心胸坦荡,纯属思想认识。我朝历来善待士大夫,还请圣上从宽。"

神宗:"以爱卿之见?"

王安石:"应当流放贾蕃,以解天下民怨。对苏轼可教化开导,调地方历练,接触社会民生时间稍长,其或可转变观念。"

满朝大臣窃窃私语,对王安石多投以佩服眼光。

神宗:"就以爱卿奏请,爱卿善待政见异己,可谓宰相肚里行舟船,实为我朝之幸。"

字幕：1071年五月，守旧派上下勾结，文彦博门生、东明县令贾蕃蓄意毁法激起民变，千余乡民涌入京城相府，围堵王安石府宅请愿。王安石出面安抚百姓，了解实情，派人查清真相，严惩贾蕃等不法官员，迎头痛击，粉碎了守旧派的图谋，将变法改革引向深入。

65. 迩英殿

宋神宗与王安石对坐。

王安石："圣上严处东明案件，朝堂反变法之声有所收敛，但司马大人执迷不悟，我行我素。朝野反变法者视其为旗帜，且位居谏官，无益朝政运作。不如另作任用。"

神宗："以卿之见，如何是好？"

王安石："司马光德才学识，实为士大夫楷模，应调离谏官，升迁其职，慰其心怀，又少干预变法大政！"

神宗欣慰地："爱卿心胸宽广豁达，宽厚反对新法政敌，朕心甚慰。"

66. 迩英殿

神宗与司马光对坐。

司马光："微臣多次奏请，陛下少有采纳，臣自知忤逆圣意，难有作为，不知圣上召臣有何旨意？"

神宗："司马大人品行高洁，学识超人，忠心可嘉。任谏官时日已久，现今枢密院文大人年老体衰，朕欲委任爱卿枢密副使，以助朕掌管军事如何？"

司马光："臣对军事知之甚少，陛下如认为臣可任现职，则臣愿效犬马之劳；如认为臣未尽职，则臣请免官回乡。至于枢密副使，臣固知陛下眷顾微臣心意，但臣绝不敢当。"

神宗："朕看重大人德才学识，委臣以重任。朕意已决，望卿勿辞。"

司马光："臣与安石犹冰炭之不可同器，若寒暑之不可同时。陛下如欲臣任枢密副使，当允臣所奏，去安石，废新法！否则请陛下收回成命，臣绝不从命。臣请陛下恩准吾暂居西都，兼修史书。"

神宗："爱卿固辞，朕亦不勉强于你。朕准你所请，封你为永兴知府，兼顾撰书修史，以弘扬传承我朝学术文化。"

司马光："臣领旨谢恩。"

司马光走出殿外，停步回头，怨恨地："他年用我来执政，定废新法复祖宗！"

67. 广袤原野

江南水乡,水牛耕田,百姓插秧,层层梯田茶女采茶。家人炉桌饭菜丰盛。

北方中原大地,麦苗苗壮,碧绿海洋;黍(玉米)穗硕长,粟苗苗壮一望无际,大豆饱满;农民中耕除草,汗流浃背。农家酒食满桌。

68. 大庆殿

神宗端坐,文武大臣分列两旁。

沈括出班:"新法推行不满两年,天下大见成效。全国开支节约四成,今年粮食收成为我朝最高,较去年增长五成。各地赋税多有盈余,上交国库增长六成。我朝百业俱兴,民康物阜。辽夏对我朝刮目相视,边境亦无侵扰之忧。"

神宗兴奋异常:"参知政事王安石听旨。"王安石出班跪拜于地。

神宗直视王安石:"爱卿主政以来,呕心沥血,励精图治,高瞻远瞩,运筹帷幄,有功社稷,造福苍生。朕封你为同中书门下平章事,统领朝野,兼管百官,主持朝政!"

文彦博匆匆出班,声嘶力竭地:"陛下万万不可!"

神宗怒斥:"还不给我退下!"

文彦博尴尬地退回朝班。

王安石跪拜:"臣实难担此重任,还请陛下另择贤明。"

神宗:"朕意已决,爱卿不必谦辞!王雱供职天章阁,学识超众颇有政绩,注释经典,劳苦功高,忠心可嘉,朕封你为龙图阁直学士。"

王雱出班跪拜:"陛下过奖,臣不敢当。"

王安石:"臣谢陛下隆恩,吾儿德才学识难担此任,请皇上收回成命。"

神宗:"朕唯尔父子德才是用,请勿再辞。"韩绛、沈括、章惇惊喜,曾布笑颜赞许,吕惠卿似笑非笑,继而脸色阴沉。

文彦博等垂头丧气。

字幕:王安石任参知政事近两年,推行新法初见成效。熙宁三年(1070年)十二月,宋神宗任用其同中书门下平章事(宰相),全面主持统领朝政。

69. 王安石府

院内梧桐参天,树上喜鹊鸣叫。

王安石对王雱:"我儿多年苦读,终有机遇施展才华,钻研学术,助我新政。"

王雱："孩儿绝不辜负父亲期望！"

王安石："吾正欲闭门谢客,再上辞章,雱儿快把告示贴至门上,以免百官祝贺琐礼。"

王雱手持告示走出门外。

夫人走进书房,见王安石书写《辞同中书门下平章事书》,兴奋地说："喜鹊叫,喜讯到。圣上委夫君宰相,夫君终有机遇施展平生宏愿,这真是天大喜讯。"

70. 王府门外

几十名官员站立门口,围观诵读告示：

诸位同僚文友：圣上皇恩浩荡,委臣以宰辅。吾自思德才难以担此重任。日下居家闭门撰写辞章。请前来道贺者止步,改日再面受教诲并致歉意。敬请见谅！

——王安石

司马光读毕对苏轼等人感叹道："宰相乃百官之首,天下敬仰,朝野无不梦寐以求,独介甫朝堂力辞,回家再写辞章。其卓尔不群,真天下怪拗奇人也。"

苏轼："入阁拜相,朝野祝贺,礼尚往来,实属常情,有谁拒人门外。王大人立身行事,众所不及也。"

71. 王府书房

王安石望着落款"赵顼"的手诏凝眉沉思。

王雱入内："圣上以手诏赐父,其意绝不许再辞,足见圣上对父亲之倚重厚望。请父亲即刻上章,勇担朝纲,以免朝野人心浮动,圣上不安。"

王安石："为父并非急流勇退,当此朝野喧嚣、后宫阻挠、变法兴革困难重重之际,吾多次请辞,亦是为坚定圣上变法信心,堵塞朝野后宫口舌,以利推行新政。"

王安石："我儿笔墨伺候！"

王雱铺好纸,递上狼毫。

王安石饱蘸浓墨,在纸上方中央写下：浪淘沙令。

书童入内对王安石："老爷,韩绛、章惇等5位大人已是三次拜访,现在门外等候,说是老爷不见,决不回府。"

王雱对王安石："父亲告示百官不准祝贺,但几位叔叔辅助新政,风雨同舟,岂可不见？况今后推行新法仍须叔叔鼎力相助。"

王安石："正合吾意,吾儿代我出门迎接！"

王雱走出书房,王安石继续书写。

王雱领章惇等5人入内。韩绛、章惇、曾布、沈括、吕惠卿5人对王安石抱拳施礼："王大人荣任宰相,令郎晋升龙图阁直学士,可谓双喜临门,吾等特来祝贺。"

王安石还礼,对众人："圣上器重,诸位大人助我,安石才有今日。雱儿虽有长进,亦是各位大人相助,今后仍需各位大人赐教。"

章惇眼观桌上,含笑吟诵《浪淘沙令》：

伊吕两衰翁,历遍穷通,一为钓叟一耕佣。若使当时身不遇,老了英雄。
汤武偶相逢,风虎云龙,兴亡只在谈笑中。直至如今千载后,谁与争功？

沈括："'直至如今千载后,谁与争功？'千载贤相,非王大人莫属。"

韩绛："王大人得遇明主,必将功盖伊吕！"

王安石摇头："各位过奖,此乃老夫自勉之词。"

王雱从外边急步走入："父相您看,欧阳大人、曾巩大人还有姑母来信。"

王安石接过《贺王相公拜相启——欧阳修》,激情难抑,泪流满面："新政实行尚未两载,文坛好友多别我而去,唯独恩公虽政见有别,却时常挂念于我,知我者,恩公也。公恩比天高地厚,安石终生难忘也。"

72. 宰相府

王安石、韩绛、章惇、沈括、曾布、吕惠卿商议新法。

章惇："我朝军力积弱,皆因百年守内虚外；实行'更戍法',将士常年迁徙疲惫,缺乏操练。且将无常兵,兵无常将,每当战事则天时、地利、人和俱失,一触即溃。应当废止'更戍法',稳定将士驻防,避免迁徙靡费劳顿,集中力量苦练精兵。战时则将兵熟知默契,又可尽用天时、地利,如此则必将极大提高我朝军力。"

王安石："章大人言之有理。当前应深入州县督察,坚持不懈巩固新法实施成效,避免东明民变案件重演。同时,统筹经济诸法实施推进,富我百姓强我国力。推进经济诸法要积极稳妥,思虑缜密,注意轻重缓急,从长计议,严格把握各个环节步骤,及时解决突发问题,请曾大人、吕大人费心多劳。"

王安石："当今虽然边境尚无战事,但辽夏对我虎视眈眈,我朝须居安思危,应抓紧制定将兵、保甲、保马诸法,强我军队,固我边境。强兵诸法由章大人、沈大人主持。"

王安石:"吾多次与圣上论及统一道德、思想、改革学校教育、科举取士等,圣上变法图强心切,主张变法当理财富国强兵为先。但道德、文化、思想、教育、科举乃变法之基石、新法长久成功实施之保障。我和吕大人、雱儿继续注释审定三经,编撰教材,改革科举。"

韩绛:"王大人所谈涉及多项兴革,实行之我朝将有翻天覆地巨变,我看应效仿上次八路官员察访出台两法,挑选干练官员察访,广纳民智,征求朝野各界有识之士建言献策,以求新法切实可行,以利新法推行。"

王安石:"韩大人所言极是,各项新法制定务须广泛征询天下,尤其是农工医刑律等百业贤才之真知灼见。韩大人统筹协调各项新法进展。"

73. 王府客厅

王安石对沈括:"沈大人地方治政、军事、科技等多有建树,精于天文、律历、地理、水利农事、音乐、医药,实乃奇才。当今治国推行新法尤需借重大人渊博学识!"

沈括:"吾自幼牢记父亲教诲:勤奋博学,廉正礼义,除弊兴利,富强大宋。父亲遗嘱时刻铭记在心。吾自沭阳治水,宁国坪田,进士及第至扬州掌管诉讼刑狱,再到京师馆阁供职,虽位卑言轻,但常思报效社稷黎民,沈某愿终生以大人为楷模,为强我大宋建功立业。"

王安石:"当前我朝推行新法,三事有劳沈大人:国家百业以农为本,天下百姓以食为天。大人身兼司天监提举,掌察天文,观星月,编修历法之重任,关系农事万民。当整肃司天监颓废之风,钻研日月星辰运行之道,探求地震日食天灾之因,做好监测预报,谨防朝野迷惑圣聪,从根本上坚定圣上不畏天变推行新法信心;亦须精编历法指导农事,确保百姓耕作遵循农时,助农丰产增收。二是制定全国治水方案。纵观古今,水利乃农业命脉。现今黄河汴河等多年淤塞,水面高悬平地两丈;汴河水患危及京城,黄河近年泛滥,百姓生命财产损失惨痛,治黄疏汴刻不容缓,统筹全国江河治理造福百姓,势在必行。这也正是我朝推行新法之初衷。沈大人早年执政地方治水有术,今日正好英雄用武惠泽天下。三是大人对我朝指南针、火药等发明颇有钻研,我欲禀明圣上,由沈大人兼管军器监,将我朝发明用于军器制造,创新军械铸造,精良我朝兵器,增强我国军力。沈大人除条例司事务,又有以上三项重任,皆事关新法推行、我朝兴衰大事。"

沈括："沈某承蒙圣上知遇、王大人厚爱,托以国计民生大事,大人之托亦吾夙愿。侄儿王雱曾就军器监事上奏朝廷,圣上对其赞赏有加,我意由他助我,请大人首肯。"

王安石："雱儿仍在注释三经,且有条例司公务,既然沈大人提议,由你统筹让他兼顾,随你左右也好历练长进。"

第 五 集

74. 迩英殿

宋神宗端坐龙位,王安石、韩绛、章惇、沈括、吕惠卿等分坐两旁。

神宗："王雱上次奏请革除兵器制作弊端,全国统筹管理,实行大作坊专业化因地制宜规模生产,切中我朝军事改革关键。"

王安石："我朝军事改革任重道远。太祖时20多万军队所向无敌,现已增至6倍,军费不堪重负,却逢战多败难以御敌,兵不在多而在精,将不在多而在能。变革军制势在必行。应首先裁减老弱病残将士,瘦身消肿;其次应恢复和重视武科取士,奖励军功,选拔任用武官治军。实行'将兵法',使兵有常将,将有常兵,将士协同,提高训练水平和作战能力。实行'军器监法',将我朝发明创造用于兵器制造,研制新型兵器,提高兵器质量性能。以'保甲法'寓兵于民,既可节省军费,又可治安防范,且可提高军民协同作战水平。北方推行'保马法',保障军队充足优良战马。三是废除指派前线监军,避免监军不懂军事,干扰将帅临阵指挥,使前线将领不受掣肘,充分施展才能。如此则我朝军队战则必胜,雪我国耻,扬我国威。亦可不战而屈人之兵。"

章惇："王大人奏请深思熟虑整军强兵之策,恳请陛下明鉴,及早实行。"

韩绛："恳请陛下将强兵诸法早日颁行天下。"

沈括："以上诸条,王韶经营西北实践初见成效,请陛下圣裁。"

神宗："军制兴革事关重大,委王爱卿协同枢密院酌审,下次朝议裁决。"

75. 王府门前

官吏、乡绅、士人、百姓纷纷观看门上告示,一人高声诵读:

求 贤 榜

圣上皇恩浩荡,委臣以宰辅,期望臣辅佐以治天下。吾自知德才有限,为报圣上知遇之恩,辅佐明君兴国长治久安,诚向天下讨教。凡农夫市井百工,或胥吏商贾,乃至罪废等人,有一技之长或安邦定国良策者,恳请来府上赐教。老夫当聆听高见,且视才委以重任,或为佐属。能文者治文,知农事者治农,知财者理财,知典狱者治法,知兵者治武,使天下贤才尽为朝廷所用,共同开创我朝盛世。老夫热忱诚望之。

——王安石

门口多人议论纷纷:"古往今来未见有如此贤明宰相,实为我朝洪福,万民之幸。"

人群中有一农夫,推开众人,跨进大门,径直入内。

王雱迎接来人入内。

76. 王府书房

农夫进入书房,王安石起身前迎。农夫:"小民闻相爷礼贤下士,治国求计。小民家住河岸边,熟知治黄事宜,愿为朝廷效力。"

王安石接待一富贾。富贾:"庶民魏某愿就京师平抑物价事,建言相爷。"

王安石接待一将官。将官:"吾多年戍边,愿就边境御敌之策献于朝廷。"

77. 京城郊外

沈括率领有关人员沿汴河与黄河交汇处进行勘察,人们用水平尺、标杆、皮尺等工具认真仔细测量。沈括忙碌奔走,指挥,不时停下绘图。

78. 司天监

沈括面对众人:"本提举奉诏上任,本监职事天文历法,事关国计民生,吾愿与各位齐心协力,报效朝廷。现约法三章:一、按时到监,不得无故缺席;二、尽心尽责,不得敷衍塞责;三、进取求精,奖功罚过决不姑息。以上三章,必须严行恪守,沈某愿与大家共勉。违章者不管何人,本提举决不宽容!"

司天监少监高绶左顾右盼,一幅满不在乎的样子。

79. 王府客厅

沈括手持图册对王安石:"这是对黄河中下游及汴河勘察测量绘制的200多幅图册,请王大人过目。"沈括把厚厚的绘图册递给王安石。王安石粗略翻看,面露喜色:"张张图谱凝结着沈大人心血汗水,沈大人真乃我朝栋梁!"

沈括:"我朝立国初期,对黄河汴河年年疏浚,自祥符年间改为3年一次。先帝仁宗朝至今,入不敷出财计拮据,治黄经费短缺,现已30多年未予疏浚。治黄政事废弛,年年淤积,今河底高出城区两丈有余,汴京城中房屋犹处深谷。河水逐年泛滥,沿黄百姓苦不堪言,治理黄河水患势在必行、迫在眉睫。治理黄河首先须疏浚降低河床,既可以防治水患,又可利用淤泥造田肥田。但朝廷须增拨银两,雇民出役,筹备制作大型疏浚船只及器械,还请王大人禀明圣上裁定。"

王安石:"沈大人尽管放心,明日早朝你我同奏,力促圣上早做治黄疏汴决断,抓紧实施利国利民工程。"

沈括:"吾潜心研究秦汉以来至今25家历书,比较优劣异同,正在博采众长,编写精确历书,总结天地运行规律,探求自然灾害成因。下官决意挑灯夜读,力争早日完成。下官所为难者,身为副职的少监高绥乃高太后侄子,常年击球赌博狎妓,多年不做观测研究,竟与天文院密谋,造假欺骗朝廷,沈某几次警告,他竟置若罔闻,实乃司天监害群之马,还请王大人为下官做主!"

王安石:"司天监关系天下百姓和我朝变法大计,岂容高绥渎职误政,沈大人将实情上奏朝廷,我将力请圣上严惩。"

80. 皇宫内廷

神宗与王安石、沈括、韩绛对坐。

王安石:"我朝实施'农田水利法'以来,各地修河挖渠,淤土造田,大见成效。唯有黄河、汴河等大河关系天下民生,且非州县所能治理,必待朝廷统一筹谋,举国之财力、物力、人力,方可奏效。数月来,沈大人遍访治黄之策,勘测设计,绘制图册,恳请陛下定夺。"

神宗:"朕意欲根治河患,但司马光和文彦博大人皆言不治黄河则至多水患,治理黄河则涉及我朝许多州县,几十万民工聚集,如有不测,一人振臂万民响应,我朝社稷难安。故二人皆言治理黄河犹如玩火自焚。王爱卿对此有何见教?"

王安石:"治理大江大河事关天下民生安危,事关我朝经济发展、国家兴衰。如施暴政不治河患,难防百姓造反;如施善政,天下百姓齐集京城亦不足虑。根治黄河乃天下民愿,二人所谈实属杞人忧天。目前诸法实施,民困缓解,安居乐业,国家财力可资。治理大江大河造福天下苍生,强我国力,时不我待！且吾已与沈大人亲见铁龙爪等疏浚河床试验,功效显著。"

神宗:"就依王爱卿奏请,委尔统筹,沈大人协助。"

81. 中原大地

晚秋,落叶遍地,大地浓雾笼罩。

东方红日从云雾中钻出,大地一片朝阳灿烂。一望无际的河渠中,修渠百姓沿黄河两岸排成长蛇阵。有的手拿铁锹从河底向上甩泥,有的抬大筐向堤上运土,还有年轻力壮者,挑着土筐汗流浃背,奔忙不停。

一老农边擦脸上汗水边说:"朝廷颁行'农田水利法',天下百姓治河修渠,旱可浇,涝可排,王相爷心系黎民,咱老百姓何愁衣食温饱!"

一青年接着说:"咱老百姓就盼个风调雨顺,五谷丰登,六畜兴旺,王相爷执政治理水患,实在是强农之策,兴国之本啊!"

河渠上下一片忙碌景象。

82. 东明县境

王安石率章惇、沈括等官员视察治理黄河工程。

沿黄工地,人来车往,人喊马嘶,石料、草袋堆积如山。成千上万的民工担土如飞。水中青年农民挥锤打桩,填石筑坝,大坝即将合龙。

一道又宽又长的拦河大坝将北流河水拦腰截断。浪击坝石,涛声如雷,大坝巍然屹立。

东流的河道中,几十条拖着铁龙爪的大船顺流而下。黄河泥沙泛起,浑浊的黄河水顺着滔滔水势滚滚东流。

王安石等沿着河岸,沈括边走边说:"正如王大人所言,往年黄河泛滥,盖因向北向东两股分流,致使水流缓慢,泥沙沉淀,河床升高,成为悬河,危及两岸百姓。今堵塞北流既节省巨资河防费用,又新增膏腴良田无数。现河水尽归东流,水急流快,有铁龙爪和浚川耙疏挖河床,可保京师和下游安澜。"

王安石、章惇、沈括等眺望滚滚东去的流水,露出欣喜的笑脸。

字幕:王安石心系民本,重视农业,深入州县察访,制定农田水利等惠农安民法令。选派侯叔献等干练官员治理黄河等大江大河,根治水患,全国兴修水利田 10793 处,促进了农业发展和人民生活的改善。

83. 福宁殿

高太后气急败坏,严厉地训斥文彦博、刘挚、杨绘:"尔等皆我朝元老重臣,竟守不住祖宗之法！任由王安石变法惑上！今王安石稳掌朝政,祖宗之法几将废尽,尔等岂不自惭?"

文彦博:"臣无能,有负太后重托。"

刘挚:"贬放地方重臣抗阻新法,王安石无可奈何,其已日益孤立,我等须再待良机。"

杨绘:"王安石刚愎自用、一意孤行,变法者分裂亦是迟早之事,我等宜多添把火,促其内讧。"

文彦博:"辽国声称,我朝若终止新法,则愿修世代之好,否则将难免战事。西夏因我朝推行新法,陈兵边境。近闻我于交趾(今越南)边境不宁,王安石可依圣宠治理内政,但其手无兵权,对外无力掌控。若辽夏联动,必致其辞相罢政。"

84. 王府书房

室外皓月当空,室内蜡烛明亮。

书案上放着《诗》《书》《周礼》等书,王安石挥毫书写《三经新义》,女儿研磨侍立观看。

王雱持文稿对王安石:"父相,这是儿批注的《诗义》,还有章大人送来的《将兵法》,请父相审阅。"

王安石停下笔,王雱请求:"父相日理万机,不可事无巨细,儿来初审《三经新义》,您定稿如何?"

女儿:"父相审定,我来抄写。"

王安石满意地:"好！雱儿初审,我来审定,女儿抄写。"

王雱挥毫书写,王安石精心修改,女儿翻书,三人忙个不停。

烛泪越堆越高,烛光由明转暗。王安石困倦,伏案睡着,书稿摆满了桌案。

雄鸡报晓,曙光入窗,照亮了书房,映红了王安石父子。

85. 京城太学教室

程颢、程颐等学官在多个教室为学生分发试卷。

学生打开试卷,看到题目《论王莽改制》,纷纷窃窃私语:"西汉王莽改制,意在夺王室之权,窃国篡位,今日出此试题意欲何为?"

学生:"这纯粹是借古讽今,诋毁王宰相推行新法！"

另一学生:"我们何不反其意而为之。借批王莽以颂新法。"

程颐等人巡视室内,见生员们认真作文,脸上露出得意神情。

生员陆续交卷,程颐阅卷,脸色大变,再抽卷审阅,勃然大怒:"此等狂生,竟敢借考试吹捧新法,实属攀上之徒。我判你跑题,试卷作废!"

许多生员上前,与之讲理:"尔等身为师表,利用考试讽刺朝政,污蔑王大人,我们到中书省评理去。"

大批太学生愤愤不平,走出太学大门。

程颐气急败坏地对另一学官:"生员请愿中书省,朝廷岂能罢休?试题既是司马公授意,我俩找他谋划应对才是。"

二人走至书有"谏院"的高大门楼前,上前敲门。

86. 京城太学讲坛

王安石耐心听太学生申述。

王安石与沈括站在太学讲坛。王安石:"圣上有旨:罢免程颐太学讲官,委任沈括、王雱担任太学讲官。将《三经新义》颁行于天下学堂。"

广大太学生欢声雷动。程颐等人垂头丧气。

87. 科举考场

王安石与众官员巡视科举考场。

科场内生员满堂,应试举人凝视考题《论当今治世策》,全神贯注挥毫答卷。

王安石在考场中踱来踱去。

考场内,一少年聚精会神,行笔如飞。王安石驻足观看,情不自禁:"好文章,真是后生可畏,自古英雄出少年!"

88. 王府客厅

王安石端坐翻阅试卷,王雱从外快步入内,高兴地:"父相,考场少年名叫蔡卞,仅12岁。圣上看了文章,连声称赞少年神童有七步之才,现已通过殿试,与其兄蔡京同榜进士。"

王安石:"我朝曾有曾巩、苏轼等多个家庭兄弟同年进士,先帝仁宗欣赏苏轼兄弟文才,曾说为后世子孙选了栋梁之材。可惜其书生意气,不谙经世致用。今蔡氏兄弟尤其蔡卞小小年纪,竟能深察社会弊端,且有独到兴革政见,长大必为我朝栋梁。"

王雱:"父亲何不召见蔡卞,当面鼓励褒奖。"

王安石女儿:"请父亲召见神童,吾好当面考他文才。"

王安石:"孩儿所言,正合吾意,雱儿礼请蔡卞前来,老夫与他共进午餐。"

王雱:"孩儿遵命。"

女儿高兴随兄外出。

89. 崇政殿

宋神宗端坐中央。王安石、韩绛、文彦博、韩琦、富弼、章惇、沈括分坐两旁。

神宗:"西夏以我行保甲将兵诸法为借口,多处侵扰,辽国边境亦集结重兵,诸位爱卿有何见教?"

富弼:"西夏骑兵骁勇,我军绝非对手,唯有多予财帛,安抚和议为上,愿圣上内修国政,切勿奖励军功。"

韩绛:"骚扰边境乃西夏一贯伎俩,目前其绝无力量侵我内地。辽国边境陈兵亦为恐吓,意在谋我财帛,我朝早作和战筹谋即可,陛下不必过分忧虑。"

韩琦:"富大人言之有理,韩大人所言差矣!辽夏和亲结盟,以目前我之国力,如对两国轻开战衅,我朝必败,将危及社稷,祸及天下苍生。"

文彦博:"辽夏屯兵侵扰,俱因疑我行强兵诸法欲对其用兵图之,如欲边境安定,应废将兵保甲诸法,拆除新修设施,示其以诚,自然天下太平。"

章惇:"废除新法拆除边备,辽夏长驱直入,我朝危矣!"

王安石:"我大宋自太祖立国,就以天下一统为己任。但我朝多年积弱积贫,力不从心。我与辽夏三足鼎立数十载不得安宁,迟早难免决一死战以定天下。唯有全面推行新法,强我国力军力,方可扫灭夷狄,保我朝长治久安。妥协退让、废除边备实为开门揖盗,势必助长辽夏气焰危及社稷。当今辽夏虽和亲结盟,然其各有所图,同床异梦。我当远交近攻分而治之。辽国京都遥远,军力较强,我朝严守边境,同时派一使臣予以安抚,即可无忧。西夏虽铁骑骁勇,但其疆域国力远弱于我,我朝对夏须双管齐下。一是选派重臣赴夏,晓以大义,使其师出无名;同时朝廷选派得力将领严守边境,使其不敢轻举妄动,待时机成熟,再图大事。"

沈括:"王大人真可谓深谋远虑,运筹帷幄。"

神宗:"爱卿之言,洞察天下,甚合朕意。"

王安石:"建昌军习理王韶文武兼备,治政有方,对西夏战事已有筹谋。臣请圣上下诏王韶主持西北军政,必可为我朝建立奇功。"

神宗:"就依爱卿奏请。"

90. 杭州府

府后花园,秋风飒飒,吹落遍地菊花。

苏轼入园,见状大惊,默声:"西风昨夜过园林,吹落黄花遍地金。"

苏轼自言自语:"王大人学识广博,吾见识浅薄,实难及也。"

91. 王府书房

苏轼拜见王安石,落座。

苏轼:"上次错续大人咏菊诗作,实是晚生班门弄斧,学识浅薄;《庐山观感》亦是微臣早游庐山时所作,还请大人海涵。"

王安石:"即使圣人全才,岂能尽知天下事,苏学士不必介意。老夫托你带中峡水可曾办妥?"

苏轼呼唤随从:"给王相爷送水。"随从抬大瓮入内。

苏轼手指大瓮:"这是晚生带来的三峡之水。"

王安石:"来人,给苏学士煮茶。"仆人从瓮中取水走下,王安石与苏轼谈笑甚欢。

仆人为两人送茶。王安石观察茶水,摇头苦笑:"老夫让你带中峡之水,看来老夫难以如愿。"

苏轼大惊,羞愧跪拜:"下官乘船入睡,行至下峡醒来已是黄昏,欲让船工返回取水,怎奈午夜逆舟,船工恐险不应。晚生询问当地百姓三峡之水无甚差别。区区小事受托,未能办妥且欺瞒大人,实乃晚生之过。敢问王大人怎知非中峡之水?"

王安石大笑:"学士言重了。上峡水急则浊,下峡水缓则清,中峡水缓急清浊相宜,老夫煎药,正宜服用中峡之水。"

苏轼:"王大人学识广博,苏某不及,愿终生以大人为师。"

王安石:"学士年轻,切记事无大小须恪守认真诚信。杭州供职数年有何见教于老夫?"

苏轼:"晚生初入京城,书生意气,见识多有偏颇。地方历练,体察民情,身受感同,新法虽非尽善尽美,但对缓解兼并,与民休养生息,强我国力,成效显著。晚生深愧当初见识浅薄,附庸流俗,诗讽新法,贻误朝政民生。"

王安石:"苏学士见识大有长进。真可谓士别三日,当刮目相看。"

苏轼:"王大人过奖,下官愧不敢当。"

92. 高俅府

苏轼与高俅对饮。高俅给苏轼斟满酒杯,非常感激地:"晚生跟随大人多年,深受大人栽培,现今侍候端王左右,今日富贵荣耀,一切皆源于大人提携。高某日后如有上进,世代不忘大人厚恩。"

93. 京城

除夕日,爆竹阵阵,火树银花,千家万户欢腾喜庆。

一幅崭新的对联,尤为醒目:"行新法万民称颂,庆盛世九州欢腾。"

横联(特写):"普天同庆。"

大街上,一派盛世繁华热闹景象;游龙、舞狮、高跷、大头娃娃、秧歌舞、背阁……人如潮涌,男女老少欢天喜地。

除夕夜景,烟火五彩缤纷,爆竹响彻云霄,灯火辉煌,儿童手持灯笼玩耍。

94. 王安石府

王安石缓缓打开临街房屋窗户,远望除夕场景,情不能抑,欣然吟咏:

> 爆竹声中一岁除,春风送暖入屠苏。
> 千门万户曈曈日,总把新桃换旧符。

琵琶声起,男女轻快地欢歌:"爆竹声中一岁除……"

歌声中出现以下镜头:乡民喜贷青苗钱;田野一望无际的丰收景象;京城除夕喜庆烟火、游龙、舞狮、高跷、大头娃娃、秧歌舞、背阁、灯笼等。

第 六 集

95. 澶州府公堂

王安石与知府及其他幕僚端坐。

王安石:"我朝改革弊制,制定新法,历来坚持广泛征询天下百业建言,以求新法切实可行,达到预期目的。今日老夫特为我朝强兵、兴农事宜愿听诸位畅所欲言。"

知府:"王相爷所谈我朝实施新法以富国强兵惠民为根本宗旨,实为高屋建瓴,真知灼见。我朝应借鉴汉唐盛世法典,改革百年积弊,以求长治久安。"

另一官员:"王相爷走街串巷,微服询访,广征农、工、商、兵、百业治国方略,平民宰相风范令人钦佩。"

96. 澶州知府书房

王安石在知府陪同下翻看书架藏书。

知府:"王大人身为我朝文坛领袖,既到下官书房,恳请王大人留下墨宝。"

王安石:"澶州古城历史悠久,文化积淀深厚,老夫且以此为题如何?"

知府:"如此甚好。"王安石走近桌边,手持狼毫,饱蘸浓墨,即席挥笔《澶州》:

> 去都二百五十里,河流中间两城峙。
> 南城草草不受兵,北城楼橹如边城。
> 城中老人为予语,契丹此地经钞虏。
> 黄屋亲乘矢石间,胡马欲踏河水渡。
> 天发一矢胡无酋,河水亦破沙水流。
> 欢盟从此至今日,丞相莱公功第一。

知府:"相爷亘古全才,德高望重,必将超迈寇公。"

王安石:"寇公痛斥迁都谬说,力谏真宗御驾亲征,保我大宋领土完整,建立盖世功勋,实为我等楷模。"

97. 交趾国(今越南)朝堂

国王李乾德端坐中央,太监、宫女侍立两旁,文武大臣立于朝班。

朝班前排一重臣上前:"近日闻听宋朝行保甲、将兵诸法,整军备战,一旦其北征西夏凯旋,必将对我朝立国兴师问罪,我朝不可等闲视之。"

李乾德:"派使入宋,收集其朝政军情。"

98. 文府客厅

程颢、程颐兄弟坐于文彦博两侧。

文彦博:"二位不必烦闷,今日以两宫太后之尊威尚不能阻止王安石推行新法,我等也只有从长计议。二位学识天下敬仰,何不聚徒讲学,以正天下视听。维护祖制,使天下士人为我所用。"

程氏兄弟:"晚生谨遵大人教诲。"

99. 王府客厅

王安石对王韶:"圣上誓雪国耻,数年心系兵事。朝廷虽有人以你我同乡非议老夫,圣上用人不疑,撤换地方大员,破格委任大人经略西北,足见圣上对我等期望殷切。王大人身负千钧重担,当以仁德文治与武功强兵相辅,繁荣边境与备战练兵双管齐下,尽快提升我西北军事经济整体实力。对夏战事事关重大,实为我朝一统天下之序幕先声,务求全胜,震慑夷邦,以消弭朝野元老重臣之恐敌苟且喧嚣鼓噪,长我志气,坚定圣上变法攻坚克难信心,为长远举大事奠定基础。"

王韶:"士为知己者用,下官绝不辜负圣上和宰相期望重托。"

100. 京城军器作坊

王安石、沈括、章惇、王雱行进在作坊。作坊内数百人忙碌不停,无数炉火火光熊熊,铁匠汗流满面湿透衣衫。抡锤、掌钳、淬火,作坊四周挂满刀枪剑戟斧钺钩叉等。

沈括边走边谈:"兵器贵在精良。吾等参阅历代制作要领,借鉴辽、夏兵器长处,精确配料,严格工序监管,新造兵器质量大为提高。"

王安石拿起一把剑,剑光闪闪,沈括手拿片纸对剑刃落下,白纸分为两半,王安石脸上露出欣慰的笑容。

沈括领王安石等走进另一作坊,作坊内无数弓箭堆放有序,工匠繁忙。章惇顺手摘下一弓,双手用力拉开,口中赞叹:"真乃好弓啊!"

王安石等人又走进另一作坊,作坊内许多工役将制成的火药正运往仓库,仓库火药堆积如山。

沈括:"火药用于军器大有进展,我朝再也无惧辽夏夷狄。"

王安石脸上露出了满意的笑容。

101. 京郊校场

王安石、韩绛、文彦博、章惇、沈括等陪同宋神宗视察将士训练。

训练场上,一队宋兵在练习徒手格斗,各循路数,进退有序,变化无穷;一队宋兵在弯弓射箭,箭射铜钱,喝彩声响成一片;一队宋兵在练习刀枪对阵,刀来枪往,寒光闪闪,神出鬼没;一队宋兵在训练军马、俯卧、冲锋、越障……

宋神宗、王安石满脸喜悦。

102. 西夏都城兴庆朝堂

西夏惠宗端坐中央,大臣肃立两旁。

一官员出奏:"宋军大将王韶调军练兵,征集粮草,似有意对我用兵。"

另一官员出奏:"宋朝变法国富兵强,今非昔比,且王韶智勇双全,我朝决不能大意。"

惠宗:"派使入宋,探听虚实借以缓兵,派使对辽国晓以利害,让其在边境互为策应,牵制宋军。告诫边将严阵以待。"

103. 王府书房

王安石挥毫书写《对西夏用兵方略》。

章惇走进,王安石:"章大人,我朝对西夏战事难免,但不知王韶西北近况,请问大人有何高见?"

书童入内:"王韶求见。"

王安石:"来得正好,快快请进。"

王安石、章惇出门迎接,王韶急步入内施礼:"下官王韶拜见王大人、章大人。"

王安石急忙拦住:"你让老夫想得好苦啊!"三人入内,王安石:"快请坐下,西北军情如何?"

王韶;"下官时常感念圣上和王大人重托,深知经管西北边境事关重大,精心筹谋,现已大见成效。一是按大人教诲创立市易司,利用边贸税收民不加赋筹措大量军费;二是对西夏边民和各少数民族施以教化,宣传我大国仁德天威,民心可为我用;三是全部更新作战器械,士兵骁勇善战,我军兵强马壮,士气高昂,用兵西夏,雪我国耻,正当其时。"

王安石:"可知西夏朝廷动向?"

王韶:"西夏近年为决战我朝,与辽国和亲结盟,笼络辽国对我牵制,近来调遣军队,修城筑堡,操练兵丁,西北难以久安,大人应敦促圣上早作决断。"

王安石:"对夏战事关系洗雪我朝百年耻辱、朝廷变法大计和长远一统大局,仍应继续从军事、财力、道义教化等方面做好准备,做到有备无患、师出有名、战则必胜。"

王韶:"听说朝中对战事尚有疑虑,下官不惧战死疆场,但恐朝廷犹豫不决,监军临阵贻误战机,西北战事则胜负难料。"

王安石:"王大人尽管放心,圣上急欲雪耻扬威,犹恐战无胜算,王大人从速筹谋就是。鉴于以往教训,这次吾将向圣上保奏不派监军,赐尔尚方宝剑。"

王韶:"如此则下官诚无后顾之忧,吾将誓死不辱使命!"

104. 宰相府

王安石、韩绛、曾布、吕惠卿、章惇、沈括六人端坐。

王安石:"新法实施三载,我朝国力增强,百姓生计改善,兵精将勇。但朝野官绅复辟旧制之心不死,无时不在蠢蠢欲动。司马光在洛阳著书聚徒讲学,肆意诬蔑新法。近闻辽国、西夏、交趾疑我朝变法图强,效法汉唐天下一统,意欲牵制我朝干涉我内政。尤其是与夏国战事难免,事关我朝尊威和圣上宏图大略,事关变法大局,各位当殚精竭虑,精诚报国,履职勤政,辅佐圣上成就千秋大功。诸位大人可就对夏战事和朝政大计畅谈。"

105. 王府厨房

桌上四菜、酒壶、酒杯。

王安石、沈括、王雱围桌而坐。

王安石对沈括:"沈大人近年来佐助老夫推行新法,兴修水利,治理水患;钻研军器创新,改善我朝兵器;精研天文,撰修历法,为我朝灿烂文化续写新篇,功勋卓著,老夫佩服。今日老夫特设家宴,聊表对大人谢意。"

沈括:"王大人过奖,实不敢当。下官生逢有时,有缘追随大人报效国家,乃吾平生之愿,下官决不辜负朝廷期望和大人重托。"

王安石:"老夫尚有一事,关系重大,还望沈大人相助。"

沈括:"下官义不容辞。"

王安石:"眼下我朝与西夏战事在即,辽国动向事关重大。沈大人精通古今,学识广博,内外敬仰,出使辽国非大人莫属。"

沈括:"下官感谢大人信任,王雱侄儿见识独到,前途无量,吾欲让其同行,见识异邦,开阔眼界,增长才干。"

王安石:"你出使后雱儿还需兼管军器监事,实难脱身。由新科进士少年蔡卞与你同往,沈大人意下如何?"

沈括:"蔡卞神童,心志高远,出使辽国必长我朝志气。"

106. 辽国上京皇宫

辽道宗洪基坐于龙位,文武大臣分列两旁。

文官萧禧上前:"今夏国和宋廷调兵遣将剑拔弩张,战事难免,俱派使者欲结好于我,两国和战胜负事关我朝长远,应早作筹谋。"

辽道宗:"我与宋夏三分天下,然其两国靠近,边境漫长,今宋军强于我朝西夏。两国都欲结好于我,然则各有所图。夏与我虽曾结盟,意在联我抗宋,宋结好于我,意在安定北方边境,避免腹背受敌。两国和则我国困,两国战则我国安。宋夏两国一亡,则胜国今后必与我一决高下。以目前两国国力战则必将元气俱伤,皆难以征服他国,我国不如皆以礼相待,任其两国放心搏杀,我可静观其变,坐收渔利。乘此良机逼迫宋朝退让领土于我。"

萧禧等官员:"我主英明远见,臣等佩服。"

辽道宗:"委萧爱卿与宋夏使臣周旋。"

107. 苏州田野

暮秋。几人手持标杆、尺子在丈量田地。一人手持算盘拨拉了一阵:"吕和卿第三方,合地四千亩。"

另一清丈者:"吕和卿依仗其兄权势,巧取豪夺,置下这样多肥沃田产。"

一官吏模样的人隐秘地说:"这是芝麻小事,吕氏兄弟安插亲信,占据要职。真可谓'一人得道,鸡犬升天'。"

108. 吕府

吕惠卿与吕和卿茶桌对饮。

吕惠卿:"当初为兄一再劝告,待到王安石急流勇退,为兄跻身宰辅,尔广置田产不迟。此事如若败露,你我前程堪忧,如今只有亡羊补牢,尔速去江南,办事谨记天衣无缝。"

吕和卿:"都怪弟弟办事不周,吾明日即去苏州弥补善后。"

吕惠卿:"目前新法已大见成效,圣上对王安石宠信有加,新议诸法即将颁行,且对夏战事难免,朝堂必起波澜。吾等应韬光养晦,谨慎行事,静观其变。"

吕和卿:"哥哥高见,弟谨记取。"

109. 王府书房

王安石手持《西北军情疏——王韶》,显示内文:"……西夏边境重兵集结,战事一触即发,恳请朝廷早作定夺……"

王安石凝眉沉思,书童入内禀报:"沈大人使辽归来求见。"

王安石:"快快有请。"

王安石出门迎接,沈括和蔡卞急步入内。

王安石:"沈大人出使辽国月余,老夫期盼佳音,圣上急待沈大人回来,以定对夏和战大计!"

沈括:"不出大人所料,辽国曾有趁我用兵夏国之际,对我图谋讹诈。吾此次使辽,朝堂几次舌战群僚,晓之以大义,示彼以诚信友好,辽国亦知用兵胜负难料,答应两国维持现有边界。依下官看来,我朝与西夏战事,辽国基于其国力和自身利害,虽心向西夏暗助之,但表面恪守中立。目前须严令我边境将官行事谨慎低调,切勿刺激辽国,不要授之以柄,以保北方安宁,朝廷可全力以赴对夏用兵。"

王安石:"沈大人出使辽邦,解除我朝北方之忧,劳苦功高!"

沈括:"蔡卞虽然年少,但学识广博,才华横溢,朝堂论争,大义凛然,折服辽国群臣,辽国君臣听说蔡卞兄弟进士,深服我朝文化底蕴深厚,社会文明,人才济济。"

王安石女儿驻足门外,听沈括夸奖蔡卞后,面色喜悦。

蔡卞:"沈大人过奖,小生这次随大人出使,沈大人言传身教,沿途耳闻目睹,留心辽国状况,开阔眼界,见识增长。"

110. 王府院内

蔡卞自王安石客厅走出,王安石女儿听见动静,急忙走开。

王安石女儿与蔡卞相遇:"听说你与沈大人出使辽邦,长我大宋威风,请你讲说使辽见闻。"

蔡卞调皮地:"上次王大人盛情邀请,饭桌上小姐难煞蔡某,今日吾亦要考你。吾出上联,你若能对出下联,再讲辽国观感不迟,如对不上,那就只有下次过府再讲。"言毕莞尔一笑。

王安石女儿:"比试对联小菜一碟,岂能难住本小姐。请你任出上联。"

王安石夫妇和沈括走出书房,见女儿与蔡卞谈论,非常高兴。女儿迎见父母羞涩脸红。

夫人对王安石:"您常说要为女儿选个才貌相当且符合你治国理想的儿郎,我看女儿才高志远,与蔡卞倒是有缘。"

王安石:"夫人所言甚合吾意,但女儿蔡卞尚小,婚嫁乃一生大事,父母不可包办,当为孩儿终生着想,一切要看他们缘分。"

111. 交趾朝堂

朝班中前排一人上前:"我朝使臣和潜入宋都细作奏报,宋廷欲征夏国及西南湘川,我朝何不乘其无暇南顾之机,出兵夺其物产,扩我疆域和战略纵深。宋廷即使出兵,我朝北疆林深茂密,崇山峻岭,江河纵横,地利俱为我有,其亦无可奈何于我。"

另一朝臣:"宋廷三处用兵,且对我鞭长莫及,此乃天赐良机。"

李乾德:"我朝脱离宋廷独立以来,宋廷并未深究,如若出兵北疆,我朝师出无名。且宋廷乃泱泱大国,我朝出兵胜负难断,还应慎重行事。"

太子李洪真出班:"宋廷朝野官吏对新法多有抗阻,亦有毁法害民案件。

我朝可以其行新法害生民,拯救万民于暴政,则既师出有名,亦可牵制其变法图强。儿虽不才,愿统兵北征,建立军功,报效于国家。"

李乾德高兴地:"两位爱卿言之有理,准卿奏请。"

112. 钦州(今广西钦州市)

城门上方"钦州"醒目。李洪真率兵攻入城内,砍杀士卒百姓,血流成河。

李洪真对众将:"大军休整两日,与其他两路合围邕州。"

113. 廉州(今广西合浦县)

"廉州"城门。交趾将士城头与宋军厮杀,火光熊熊,宋军败退,交趾将士见人就杀,城内宋朝军民尸横遍地。

一交趾将官飞骑下马,奔向主帅:"太子有令,明日午时合兵邕州城下。"

114. 邕州(今广西南宁东南邕宁)

"邕州"城门。城上宋军严阵以待。

城外,李洪真端坐军帐对众将官:"各位奋勇杀敌,连破二州,吾已奏请父王将论功行赏。邕州虽城池坚固,知州苏缄智谋过人,但其孤立无援,我三路大军合兵锐不可当。大丈夫为国建功,正当其时,谁先攻入城门,活捉苏缄一家者重赏,违令者军法不容!"

115. 邕州知府公堂

知府苏缄面对众官:"交趾背信弃义,侵我国土,杀我军民,今四面围城。我州附近既无军兵,且远离京城3000多里之遥。我等世受皇恩,大丈夫为国捐躯,重于泰山。今日为报效朝廷,吾将与城池万民共存亡!"

116. 邕州府公堂

一将官对苏缄:"我朝军民死守城池已40余日,无一降贼。但现已粮尽泉涸,军民渴饿倒毙难以御敌,城池危在旦夕,还请大人早作决断!"

苏缄:"吾义不死贼手。请随我到城头督战。"言毕,全身披挂,走出府门。众官大义凛然,紧随其后。

字幕:1075 年十一月,交趾(今越南)以宋朝"行新法,穷困民生,我今出兵,欲相拯济",干涉宋朝内政,三路进攻南疆,连破三州。邕州知府苏缄率领全城军民死守 42 日,粮尽水绝,孤城陷落,苏缄全家 37 人自焚;交趾泄怒我朝军民誓死抵抗,逞恶屠城,杀我军民 58000 余人,邕州尸横遍城。王安石闻听义愤填膺,亲自起草《敕榜交趾》,调集军队讨伐反击。

117. 大庆殿

宋神宗凝视边关告急文书，王安石、文彦博、韩绛、冯京、章惇、沈括等文武大臣分列两旁。

宋神宗："西夏军队侵我边境。南方交趾（今越南）攻陷三州，杀我军民64000余人，邕州知府苏缄死守城池，城陷全家37口自焚，其英烈忠义实为我朝野楷模。四川泸州夷狄起兵滋事，辰州（今湖南沅陵）奏请欲趁诸蛮内讧请求用兵，众卿有何高见？"

文彦博："老臣历来主张对辽夏应遵循儒家教义，以和为贵，多赠财帛待之以诚，则天下太平，两国百姓安居乐业，朝廷亦无军费征战之忧。然则王安石侈谈洗雪国耻，四海一统。行强军诸法两国疑惧，袭扰边境，致使今日我朝四面楚歌，多事之秋。"

文彦博幸灾乐祸地："解铃还须系铃人，想王大人必有良策退兵。"

章惇怒不可遏："文大人身为枢密使，三朝重臣，畏敌如虎，不思御敌退兵之策，而一味主张我朝忍辱妥协退让，此前我朝军无战力，辽军长驱直入；然以我今日国力、民心、军队士气，分兵出击何尝不可。章惇不才，愿带军出征，平定一方，报效于朝廷。"

王安石："我朝立国百年，邻国侵扰不止。70年前澶渊城下之盟，我朝蒙受奇耻大辱，至今仍以输以'岁币'才得苟安。西夏脱离我朝，我朝束手无策，亦靠多予银绢难以换取和平。交趾原为我朝属郡，独立建国我朝默不作声，尽失尊严。我朝何曾有一天挺起腰杆，直面辽夏和周边夷蛮？文大人身为枢密使，辅佐圣上掌管军事，岂不失职？还有何颜面侈谈和议？"

文彦博瞠目结舌，拭汗。

神宗："尔为三朝元老，位居中枢，掌管军事，多年喋喋不休废弛边境军备，不惜天下百姓血汗屈事辽夏，苟且偷安，失职误政，意气用事，朝堂不宁。朝廷重臣如皆尔所为，我朝岂不朝不保夕，国脉何以延续？"

文彦博惊惧、羞愧、跪地："老臣有负陛下重托。"

王安石："如按文大人奏请，撤除边备予以钱帛求和，我朝别说中兴天下一统，半壁江山尚难瓦全。我朝最大忧虑是辽夏联手，现今沈大人出使辽国，辽欲坐取渔利，承诺中立。王韶主政西北以来，依所辖地域军力财力民心士气，出兵西夏战之可胜。交趾乃弹丸小国，借口我行新法侵我三州，派一上将统领南方军队即可退敌。虽有南北战事，京城雄师和各地军队无须调遣。至于安抚平定泸州、沅州诸蛮为我内政,重在礼义教化用兵为辅,教训交趾势在必行!"

冯京:"王大人所言虽然有理,但南北用兵,四面出击为兵家大忌,一旦战事蔓延,则京师岂可无忧?"

神宗:"交趾距京城甚远,且其蕞尔之国,难以撼动我朝。西夏战事朕实难决断。近年为御西夏侵扰,我朝损兵折将,边境生灵涂炭,当年范仲淹、韩琦镇边尚难胜算。况今日两线作战,事关社稷民生与我朝安危,朕每思对辽夏战事,常常寝食难安。"

王安石:"王韶主政西北,其文韬武略足以抵御西夏,且军费充足,兵器精良,将士为我军中精锐,士气高昂,肯于用命。雪我国耻,扬我国威,时不我待,请圣上定夺。"

神宗:"爱卿言之有理,依卿奏请。"

王安石:"我朝以往战事不利之沉痛教训在于朝廷派监军掌控前线,监军不懂军事,贻误战机,战场形势瞬息万变,将帅无权临阵决断则机遇失。请圣上勿派监军,授予王韶临阵指挥之权,赐以尚方宝剑。若圣上准臣奏请,王韶不能凯旋,则臣自请贬职。"

神宗:"就依王爱卿所奏,四方战事,委王爱卿运筹谋划。对西夏前线战事,一切由王韶临阵决断。"

第 七 集

118. 西北王韶军帐

王韶将封面书有《王宰相亲启》的书信交于青年将领:"即刻出发,600里加急!"

骏马急驰,青年将领精神抖擞,弓身飞奔。

马跃溪水,马腾山谷,马驰峻岭,马入平川,马近"汴京"。

119. 王府门前

青年将领下马倒地,口喊:"王大人……"

门内家人出来,将领手指上身衣袋:"快交王大人。"言毕昏迷过去。家人忙将其抬至院内,从其上衣掏出书信,飞奔王安石书房。

家人用勺向青年将领口中送水。

120. 王府书房

王安石奋笔疾书:"对夏用兵,事关重大,谨记攻心与攻城结合,招抚与武力并用,恩威兼施,务求全胜……"

王安石在封面上写上:王韶亲启。

王安石书写《敕榜交趾》。

121. 熙河地区(今甘肃临夏、临洮和青海东部)

西风劲吹,军旗猎猎,威武雄壮出师行进的宋军。

送行犒军的百姓,将热茶送到兵丁手中,兵丁接过一饮而尽。出征将士挥手致意,队伍渐渐远去。

122. 熙河地区

秋高气爽。西风漫卷"宋"字大旗,王韶带领浩浩荡荡大队宋兵追逐敌军,其势如排山倒海,敌军丢盔弃甲,人仰马翻,刀光闪处,身首两段。敌军兵败如山倒,夺路溃逃。宋军马踏老弱,乘胜追击。

123. 河州

王韶身先士卒攻城,城上箭如雨下,宋兵以盾护身攀登,城头火起,大队宋兵破门而入。王韶一马当先,英勇杀敌,一杆"宋"字大旗插上城头,映着夕阳迎风飘扬。

124. 王韶军帐

王韶端坐中军,下面跪着羌族首领10余人:"我等仰慕大宋朝廷仁德天威,愿献四州城池百姓,永远归附大宋,请王大人禀明圣上,赐我等以忠臣包拯之姓,以表我等永远忠贞宋廷心志。"

王韶走至帐下,搀扶诸位:"各位请起。"

125. 王府客厅

王安石对章惇:"章大人为国为民请缨辰州,实为朝臣表率。近日西北捷报传来,朝野振奋,我意乘西北战事捷报东风,由章大人率军招抚平定辰州,以解夷族百姓困苦。"

章惇:"章惇不才,决不辜负圣上和王大人期望重托。近闻四川泸州蛮夷侵扰,王大人亦应早作决断。"

王安石:"吾欲派遣梓夔察访使熊本为主帅,平定泸州等西南诸地。"

章惇:"熊本长期镇守边郡,智勇双全,定能担当此任。"

126. 章惇军帐

章惇面对众将:"我大军所至,蛮夷望风披靡,唯有懿州田之猛自恃骁勇善战,城墙坚固,拼死顽抗。懿州决战,事关平定西南大局,打败田之猛,则蛮夷诸部将彻底归附我朝。今日我带中军主攻,其余左右两路策应,不攻下懿州城,决不收兵!"

127. 懿州城外

章惇带领宋军攻城,宋军将士搬云梯立于城墙攀登,城上万箭齐发,云梯多被掀翻地上,城墙周围一片火海。士兵轮换用巨木撞砸城门,门被砸开,章惇威风凛凛,奋不顾身,一马当先冲向城门。后边将士急喊:"章大人万万不可入城!"章惇毫不犹豫,冲向城内,其余将士紧跟。敌军围堵城门,章惇率众奋勇冲杀,敌军拉起吊桥,宋军后续将士被阻,章惇等少数将士被困城中。田之猛与几名大将围战章惇,章惇枪似蛟龙,武艺超群,独战田之猛等几十回合。章惇鼓励将士:"大丈夫报效国家,正当其时,死有何憾。"章惇愈战愈猛,敌军层层围攻,宋军将士危在旦夕。

城外两路宋军将领督促攻城,士卒高喊:"解救章大帅,活捉田之猛。"攻势凌厉猛烈。城下弓弩手射箭,掩护沿云梯登城士兵,几处士兵登上城墙,杀入城中。

入城宋军放下吊桥,宋军潮水般涌入城中,田之猛溃不成军,仓皇奔逃,章惇率人追赶,将田之猛从马上生擒,宋军大胜。

128. 章惇军帐

峒蛮首领彭师晏与少数民族首领十余人,跪地对章惇:"吾等敬佩宋廷仁德天威和将军神勇,愿世代为宋廷臣民,特呈40州城池、户籍图册。"

章惇:"彭将军率领诸部诚心归附朝廷,即日可随我前往京城面君受封。"

彭师晏等人:"我等忠心大宋朝廷,决不反悔,日月可鉴。"

129. 南海

海面浩瀚无际,波涛汹涌,战船张帆南下。船上刀枪映着夕阳,浮光耀金,"宋"字军旗随风飘扬。

130. 富良江(今越南红河)

数十艘交趾战船逆流而上。安南招讨使郭逵全身披挂,英姿勃发,站立船头。上游数只满载硫黄、干柴的轻舟乘风顺流冲进敌阵,宋军点燃硫黄干柴,火光熊熊冲天烧向敌船,火焰蔓延,交趾战船一片火海。宋军金鼓齐鸣,敌船大部烧坏,交趾士卒跳河逃命,宋军水师乘胜追杀。

太子李洪真负隅顽抗,宋军箭似飞蝗,李洪真中箭倒地。交趾士卒忙抬至大船上,李洪真有气无力,断断续续:"吾国背弃盟约,侵占宋朝城池,涂炭三州生灵,上天报应,致有今日之败。请转告父王,与宋廷重修旧好,永续睦邻。"言毕气绝身亡。

131. 南方边境

郭逵率宋兵跨越山涧、丛林、峻岭,站立船头,向交趾进军。

132. 交趾国境

郭逵率宋军行至坦途,前边探马飞奔来报:"前方90里即为交趾都城(今河内),交趾国王李乾德因痛失太子李洪真,懊悔不已,现已派议和使臣,在前边城内等候。"

郭逵:"速到前边城中。"

133. 王府书房

王安石灯下聚精会神审阅《裁减皇族恩例》,门童入内,高兴地:"老爷,章大人求见。"

王安石欣然异常,匆忙起身大步外出,行至门口正遇章惇:"老夫昼思夜想,总算把你盼来了!"

章惇:"章某亦无时无刻不在思念大人!"

王安石对家人:"快去拿来圣上所赐御酒,吾今日与章大人喝个痛快。"

王安石:"王韶、熊本三路告捷,皆已还朝。老夫听说章大人身先士卒,深入懿州,冒死决战田之猛,至今后怕不已。章大人报效朝廷,将生死置之度外,可歌可泣,老夫佩服,但身为主帅,不可冒此风险!"

章惇:"兵法云:置之死地而后生。吾固知蛮夷将兵骁勇,但吾为主帅,身入绝境,则可激励将士拼死杀敌,唯此则可早取懿州,平定西南边陲。"

王安石:"章大人英勇征战,终获大捷,实为我朝臣僚楷模,且大长朝野变法同仁志气。章大人当以这次出征见闻,就我朝对夏、交趾之策、四川边境军政设置、边贸民生、治理夷狄统筹谋划,以供朝廷参用,促使周边安居繁荣。"

134. 宰相府

王安石对小吏:"快请熊大人。"

135. 大庆殿

宋神宗满面春风端坐龙位,王安石等文武大臣站满朝堂。

王安石出班："陛下雄才大略,对夏战事,取得熙河6州,辟地20万平方公里,收复大小蕃族30多万帐,沦没200多年之疆土得以恢复。剿抚辰州,招降臣酋10数人,收复40余州之地。平定泸州、溱州,西南10余郡诸夷归附,收复溱州500里。今我朝开疆扩土,威加四海,边民安居乐业。南方用兵得3州6县,交趾丧胆臣服。臣请选派使臣身赴交趾国以示友好,请为诸酋赐姓以奖励忠贞,封赏有功将士以示激励。并请为西南诸地设置州县,以固边境,繁荣百业,造福天下。"

宋神宗："就以王爱卿所奏,传朕旨意,宣诸酋首领上殿。"

执事太监："宣诸酋首领上殿。"

百余名身着不同服饰的少数民族首领步入殿内,跪拜："圣上英明神武,宋廷大国天威,文明礼仪之邦,吾等高山仰止。闻听包拯为朝廷忠臣,我等愿圣上赐以包姓,藉附荣光,亦表忠诚朝廷之志。"

神宗大喜："各位忠于朝廷,朕心甚慰,准赐包姓。并由吏部酌议封赏,昭告天下。"

众酋首领起身,退出殿外。

宋神宗："传交趾使臣上殿。"

执事太监："传交趾使臣上殿。"

交趾使臣步入殿内,跪拜神宗："交趾使臣谨向大宋皇帝转告国王李乾德谢罪之意,我朝愿与贵国永结友好,世代贡奉,绝不食言,天地可鉴!"

宋神宗："我朝虽泱泱大国,然以儒教为本,以仁德治理天下,请转告贵国国王,朕将退还贵国之地,签订两国睦邻友好文书,以造福两国百姓。"

交趾使臣："宋廷天威仁德,吾国臣民感佩至极。"

交趾使臣起身,退出殿外。

宋神宗："四方征战,扬我国威,扩我疆域,八方宾服,天下安宁,百姓乐业。皆倚王爱卿筹谋,将士疆场用命,朕欲对有功将士封赏,王爱卿有何见教?"

王安石："南北大捷雪我百年国耻,西夏陷入被动,难以与我抗衡;辽国亦对我朝刮目;交趾朝贡,我朝仁德教化,达于边陲外邦。臣请陛下重赏有功将士,以振国威、军威,借此应继续全面推行新法强我国力、军力,以求早日实现先帝遗愿和圣上宏图。"

宋神宗："卿所奏请,正合朕意。王韶、郭逵、章惇、熊本听旨。"

王韶、郭逵、章惇、熊本自朝班走出,跪拜神宗。

神宗:"前线四方征战,众爱卿出生入死,才有今日我朝开国以来之大捷。王韶任枢密副使,章惇任知制诰兼三司使,郭逵任兵部侍郎,熊本任集贤殿修撰,赐三品冠服。"

王韶等4人:"臣谢主隆恩。"起身回至朝班中。

宋神宗(感激地)对王安石:"四方征战大捷,王爱卿当推首功。当初朝野多有疑虑,惟卿启迪,迄有成功。今将朕佩玉带赐卿,以旌卿功。"

王安石:"陛下知人善任,慧眼选拔王韶等人,统帅将士成此大功,臣与二三执政奉旨而已,不敢独当此赐。"

宋神宗:"当初议战,朝堂群疑难决,朕亦欲中止。非卿助朕,此功不成。众醉爱卿独醒,洞察天下,运筹帷幄,决胜于千里之外。真可谓全才贤相。赐卿玉带以传遗子孙,表朕与卿君臣知遇之美也。"

王安石跪拜:"陛下过奖,臣谨遵圣命。"从神宗手中接过玉带。

神宗对王安石:"我朝用兵,疆域大增,爱卿可就增设州县,巩固边备,繁荣周边少数民族地区经济文化发展,统筹谋划。"

王安石:"臣领旨谢恩。"

136. 王府书房

王安石挥毫书写《赐玉带谢表》。

王雱手持诗卷对王安石:"父相,这是群臣祝贺边陲大捷的诗篇,请父相过目。"王安石眼望元绛的《平戎庆捷》:"……何人更得通天节,谋合君心只晋公。"兴奋异常,饱蘸浓墨:"为父也来和他一首。"挥毫写下《次韵元厚之平戎庆捷》:

> 朝廷今日四夷功,先以招怀后碰戎。
> 胡地马牛归陇底,汉人烟火起湟中。
> 挥戈更讲诸儒议,免胄争趋上将风。
> 文武佐时惭吉甫,宣王征战自肤公。

字幕:王安石高瞻远瞩,力排众议,运筹帷幄,用兵西北、征战交趾(今越南)、平定西南、决胜于千里之外,取得了史无前例的巨大军事胜利;并加强对周边少数民族地区的规范管理,促进了周边地区经济文化发展进步。开创了宋代综合国力绝无仅有的辉煌鼎盛。

137. 大庆殿

王安石与宋神宗、向皇后端坐。

众文武大臣台下分坐于两侧,桌上水果、酒菜丰盛。

宋神宗:"我朝推行新法数载,国运兴旺,百业繁荣,民生安定。值此新春将至,四方大捷,朝野振奋,朕与众卿同喜同贺,共祝我朝辉煌美好明天。众爱卿同饮此杯。"

王安石带头举杯,文武大臣随之举杯一饮而尽。

王安石:"陛下雄才大略,胸怀九州四海,励精图治,我朝才有今日。吾愿与百官共勉,辅佐陛下开创我朝盛世。请诸位共祝陛下、皇后福寿安康,同干此杯。"

满殿大臣同举干杯。

138. 蔡京府

书房,蔡京、蔡卞兄弟对坐。

蔡京对蔡卞:"听说相爷欣赏小弟文才,还请小弟在王相爷面前为兄美言,成全为兄入京供职夙愿。"

蔡卞:"为弟佩服王相爷德才学识、节义操守、治国理念,终生愿以其为楷模。兄长欲为国勇担重担,当从地方治政造福百姓做起,倚凭政绩官德晋升。且王大人公正无私,兄长且不可心存侥幸。"

蔡京一脸不满的神情。

139. 京城大街

店铺林立,人头攒动,商贩叫卖,百业繁荣。"汴京丝绸店"匾额高悬。

店内掌柜愁眉苦脸对高绶:"市易司掌控京城商业流通,平衡百业物价。我店虽惨淡经营,半年来盈利无几,只要市易司不撤,停业关门只是迟早。"

高绶气急败坏:"备轿入宫。"

"京城木料行"匾牌金光耀眼,场院内木材堆积,无人问津,生意冷清。

掌柜对曹佾:"国舅爷何不赊买,以求暴利。"

曹佾:"市易司定价适中,且付现银,谁肯赊卖于吾?"

掌柜:"可许以高价计息赊买,使各大商户皆与我交易,垄断京城木材市场,到时是否兑现,则主动操于我手,且以国舅爷在京城之威势,谁敢告官?"

曹佾奸笑:"此计甚妙!"

"东京茶庄"店内,铁观音、龙井等各种名茶装潢精致,琳琅满目。

市易司官员和两名差役走至门内，正遇上向经。官员："有人告发贵庄违法欺诈，下官今日到此，还请将账目交市易司审核，也好依法办事，规范京城茶市秩序。"

向经："欲带走吾茶庄账目，除非当今皇上下旨，王安石来取也休想拿走。"

官员："下官三次来此宣谕市易司法令，已是仁至义尽。向大人身为皇亲国戚，理应带头守法，如此肆无忌惮，视国法为儿戏，下官只好如实禀报，请王相爷裁定。"

向经："尔休以王安石吓唬老身，他王安石也不能忤逆当今圣上，吾贵为国丈，其能奈我何？"

140. 宰相府

王安石、韩绛、章惇、吕惠卿、沈括、曾布议政。

章惇："'市易法'实施以来，全国大中都市物价稳定，市场繁荣，万民称颂，国库收入大增，京城成效显著。但皇亲曹佾、高缵、向经拒不执行市易法令，尤其是曹佾威逼欺诈外来客商，勒索同行赊买材料，囤积居奇，操纵市价。向经更是有恃无恐，京城富豪天下世族皆视其为旗帜，如此抗拒朝廷法令，若不严惩，'市易法'必将梗阻难行，如依法处置，势必惊动圣上，且须防范后宫。"

王安石："以章大人之见，该如何处置？"

章惇："法无贵贱，人人平等，绝不能姑息迁就。"

曾布："曹佾等人为三代皇后至亲，还是稍作变通，以免三宫忿怒，圣上不安。"

韩绛："王子犯法，与庶民同罪，但为朝政大计，还需讲究策略。"

吕惠卿："事关朝政大局，绝不能优柔宽容！"

沈括："法律尊严不容亵渎。可由市易司奏明圣上，王大人面圣后再作处置，以免三宫联动，圣上动摇，危害我朝政大局。"

王安石："由市易司再次通牒，晓以大义，做到仁至义尽；同时收集其违法确凿证据，执法不枉不纵，我再面圣依法严惩。"

141. 宰相府

王安石坐中，章惇、沈括分坐两旁。

章惇："颁行《裁减皇族恩例》势在必行。唯此才能裁减冗官，精简机构，避免皇恩滥施，节省财力；且对扫除官场苟且因循不思进取积弊，激励官吏勤奋履职,以政绩求进取尤为重要。然以往推行诸法,王公贵族等既得利益阶层,对损其皮毛尚且汹汹然,这次釜底抽薪,削除爵位,减其俸禄封赏,其必然拼死抗争。仅京城皇族喧器,后宫抗阻,士绅纠集,足可动摇圣意,甚至危及变法大局。况且'市易法'实施以来,富商大贾官僚豪绅请愿滋事不断,京城秩序紊乱,圣上忧心,恳请王大人慎思!"

王安石:"章大人所虑,亦是我多日思量难以决断之所在。我朝变法数载,为天下理财,实施'青苗法''农田水利法''方田均税法''免役法''均输法'诸法,兴利除弊,与民休养生息,增强国力,天下有目共睹。改革学校教育尤其科举制度,统一道德思想,培养经世致用人才初见成效。将兵保甲诸法实施强我军力,夷狄慑服,开疆扩土,实为我朝百年未见之辉煌。王韶创办市易司,成效显著,征战西北,朝廷不花银两,民不加赋,市易税收成就大功。'市易法'施于全国各大都城,已使朝廷掌握大中城市物资开阖敛散之权,平抑物价,民生安宁,我朝收入大增,可对全国统筹调剂财供。吾深知对天下富商大贾、官商一体者利害大者,莫过于'市易法',故天下汹汹然不足为奇。对皇亲国戚利害大者莫过于《裁减皇族恩例》。能够动摇圣意,危害变法大局的莫过于朝野尤其是后宫对裁减冗官,减少食禄官俸的抗争。但是治国之要,治吏为先,整顿吏治事关我朝长治久安宏图伟业。当今圣上励精图治,边境大捷精神振奋,对我等倚信有加,应乘此东风,力谏圣上颁行,否则,诚恐时不再来。吾等为社稷黎民唯有拼命搏击,为达天下大治、我朝中兴,即使刀山火海,粉身碎骨,老夫也在所不辞!"

章惇感慨地:"千载贤相惟王大人,章某愿随大人披荆斩棘,勇往直前!"

王安石:"章大人文武全才,辰州大捷,圣上委以重任。行新法兴我朝需后继有人,这次章大人不必出头,以免圣上为难,后宫迁怒于大人,影响大人前程。老夫已是过河卒子有进无退,义无反顾,我朝中兴大业今后还靠章大人等力行。"

142. 王府卧室

王安石辗转反侧,不能安眠,脑海中浮现:

包拯对王安石:"我朝积弱积贫,社稷堪忧。老身仅执掌开封府衙,难以振兴朝纲,拯救天下苍生。王大人胸怀天下,德才操守为朝野楷模,中兴宋廷非王大人莫属。"

王安石:"晚生多年受包大人言传身教,受益匪浅。吾谨记大人教诲,终生以天下社稷为己任,何惜生前身后名。"

143. 文府客厅

文彦博对冯京、刘挚:"王安石这次可谓作茧自缚,引火烧身。'市易法'施行数月,京城喧嚣,富商大贾几次联名请愿朝廷,市易司严惩曹国舅、向国丈等,后宫不宁。这次裁减皇族封赏恩荫,更是火上浇油,各界聚众请愿相府有增无减,于今为烈。王安石朝堂街巷遭受围攻,其府门多次喧嚣吵闹,难得安宁。更改祖制就要让他尝到苦头,要让他吃不了兜着走。"

冯京:"中原州路多旱情严重,圣上忧心忡忡。听说这次王安石以辞相要挟,圣上才勉强同意颁行《裁减皇族恩例》,但仍疑虑重重。当今旱灾持续,京城骚乱不止,王安石的末日就要到了!"

刘挚:"近闻吕惠卿兄弟在江南广置田产,民怨沸腾。吾欲向圣上举荐王安国查处,既可扳倒吕氏朋党,又可使王吕反目成仇,伤其元气,可谓一箭双雕。曾布目前已有急流勇退之意,王安石党徒已是穷途末路。"

文彦博:"太后之侄高绥乃京城巨富,且对王安石贬其官职怀恨在心。当今应以天灾缘于王安石人祸,以动摇圣意;同时广泛联络各方,促请三宫联动,催化变法派内讧。王安石已是秋后蚂蚱,蹦不了几天啦。"

刘挚:"遍观变法重臣,惟曾布胆小怕事,气节不坚,文大人何不让太后出面,施以威逼利诱,曾布或可倒戈,则可早断王安石臂膀。"

文彦博:"此计甚好,老夫即刻入宫。"

144. 崇政殿

宋神宗坐于龙位,冯京侍立。

冯京:"吕惠卿身为朝廷重臣,其兄弟巧取豪夺,在江南广置豪宅田产,朝野议论纷纷,以微臣之见,应派人查明实情,按律处置。"

宋神宗:"吕惠卿供职制置三司条例司以来,推行新法有功于朝廷,还是派人密查为好,以免影响朝政大局。"

冯京:"人人皆称大理寺丞王安国忠于朝廷,办事严谨,上次东明案件涉及兄侄,其秉持公正,执法严明,圣上何不让王安国去江南查个究竟?"

宋神宗:"就依爱卿所言。"

145. 福宁殿

高太后坐在中央,两侧宫女侍立,下面曾布局促不安,额头流汗。

高太后讽刺地对曾布:"卿辅助王安石变法治国,主管三司以来,可谓劳苦功高。"

曾布："臣不敢当。"

高太后威胁地："为我大宋江山振兴,亦我心愿,但近来有人托名变法,意在向皇亲开刀,与我作对……"

曾布惊恐拭汗,诚惶诚恐地："微臣发誓绝无此意!"

高太后："谁假借变法,与皇亲作对,那商鞅、晁错的下场……"

曾布吓得站立不稳,扑通跪倒在地："微臣受圣上重托,掌管三司,然德才有限,如有失职差错之处,还请太后指教海涵。"

高太后软硬兼施,转换口气："吾亦知曾大人素讲忠义,当初圣上欲任用尔三司使,众臣以你与王安石同乡朋党多有疑议,文大人向我保举,尔才有今天,现曾大人春风得意,想来不会知恩不报吧。"

曾布："臣今后愿听太后训示。"

太后："起来吧!只要尔忠心朝廷,与王安石划清界限,老身不会亏待于你。"

146. 吕惠卿府

吕惠卿漫步花园荷花池边,仆人随其身后侍立,荷花含苞待放,鱼儿游动,其不时撒放鱼饵,鱼儿争食,跃出水面,吕惠卿满面笑容。

吕和卿匆匆走来,朝吕惠卿耳边低语几句,二人快步走入书房。

吕和卿："闻听王安国已出京暗查兄长江南宅院田产,王安石焉能不知!定是其指使所为。"

吕惠卿："你这次到苏州,嘱咐州县官员务必守口如瓶,让他查无实证。"

吕和卿："兄长为王安石推行新法劳苦功高,其兄弟竟合谋毁我等前程,吾等决不能束手待毙。目前王安石已是天怒人怨,执政时日难久。化解今日困局,可使人参奏王安国诗文言行讥讽朝政,圣上必治罪王安国,王安石焉有脸面站立朝堂?兄长必可早日入阁参政。"

吕惠卿："弟弟所言,关系重大,容吾慎思。"

147. 景福殿

太皇太后曹氏双目微闭,手捻佛珠,宫女为其捶背。

太监张茂则入内跪下："奴才给太皇太后请安。"

曹氏眼睛慢慢睁开："起来说话。"

张茂则站起："圣上倚信王安石行'市易法',裁减皇族恩荫。京城请愿不止,秩序混乱,不成体统,尽失朝廷威严,如此下去,我朝社稷危矣。"

曹氏:"这还了得!事关社稷安危,老身岂能不管!"

148. 福宁殿

高太后满面春风,兴致勃勃对着鸟笼,笼中八哥:"太后吉祥,太后吉祥。"其高兴得前仰后合。

高绶入内跪拜:"侄儿给姑母请安。"

高太后:"快快请起。"

高绶:"侄儿有一事请姑母做主,请姑母务必答应。"

高太后:"有事起来说话,姑母为尔做主就是了。"

二人起身落座,高绶说:"姑母50大寿,侄儿本来想孝敬姑母,多置寿礼,但'市易法'施,侄儿生意萧条,入不敷出。近日朝廷又颁裁减皇族恩荫法令,倘若再依王安石裁减俸银,侄儿自身生计艰难,何能孝敬姑母?请姑母务必做主,罢免王安石,废除'市易法'。"

高太后:"起来吧。"

高绶:"侄儿还有一事相求,请姑母恩准。司天监沈括有王安石撑腰,身兼数职,与吾作对,奏请圣上罢掉侄儿少监之职。还口出狂言:即使太后侄子也绝不宽容!沈括此举明对侄儿,实为对您老人家肆无忌惮,请姑母罢免沈括,否则侄儿将无颜于世。"

高太后怒气冲冲对宫女:"尔去转告圣上,让他前来见我。"

第 八 集

149. 皇宫球场

宽阔平坦的球场,传来阵阵喝彩声。嘉王和岐王与一班皇家子弟在蹴球玩耍。神情忧郁的神宗由太监引路经过球场。击球的双方见神宗到来,停止蹴球,谦敬地恭立着。

神宗:"御弟免礼。"

嘉王:"皇兄前约蹴球一赌输赢,今日可与吾等同乐?"

岐王:"如皇兄胜吾,小弟听皇兄发落。否则……"

神宗:"否则怎讲?"

二人跪地:"不求赏赐,只求废新法,罢免王安石!"

神宗愠怒地:"朝政岂容戏言,尔等不在其位,不知为兄苦衷。念尔年少无知,朕不怪罪,以后莫再信口胡言!"

太监禀报:"圣上,太后有请!"神宗匆匆离开球场。

150. 福宁殿

高太后声色俱厉地对神宗:"韩琦、富弼皆为三朝元老,忠心可鉴。司马光胸有经世治国之才,汝皆弃而不用。偏信王安石,祖宗之法废尽,招致内忧外患,天怒人怨,当此百患并生之时,唯有迷途知返,下诏广求天下人直言朝政,求取善策,去安石,复旧制,以求天下太平。"

神宗为难地:"新法虽非尽善,然优于旧制确属实情;安石虽难通融,然其德才盖世,政绩卓著,忠心可鉴,请恕儿违忤母意。"

高太后气急败坏地:"嘉祐年间,王安石诽谤朝政,先帝仁厚,宣他入京,他几次抗旨不出,何忠可谈?而今借口消除贫弱,富国强兵,托名变法,意在离间损我宗亲;任相以来,结党伐异,现以权倾朝野,天下人知有名相,何人信尔圣君?长此以往,尾大不掉,祸及社稷。当断不断,必遗后患。"

神宗:"新法实行数年,国势已有转机,儿亦欲重新审订新法律令,以缓朝野积怨。安石忠心,毋庸置疑。去安石废新法,儿实难从命。孩儿有事正要告知母亲,倒是文彦博老迈,精力不济,军事懈怠,苟且惧外,应妥善予以辞政致仕。"

高太后大发雷霆:"文彦博维护祖制,忠心耿耿,对外坚持和议,心忧天下生灵,对内可制衡朝政。尔如自作主张,为娘绝不答应。"

神宗:"孩儿尊重母亲,文彦博事可先搁置,但母亲亦不必过分逼儿罢免王安石。"

高太后怒不可遏:"我儿聪明睿智,倒学会给为娘讨价还价啦!高缭为你表弟,司天监少监官位不高,且属清水衙门,你竟丝毫不顾为娘脸面,准王安石、沈括奏请罢免,你眼里若还有为娘,就立即下旨,高缭官复原职!"

宋神宗:"高缭赌博狎妓,不务正业,多年假编天文蒙蔽朝廷,致使司天监政务废弛,天文律历贻误朝廷庶民,按我朝律条当治重罪。儿顾及母亲,已是从宽发落,还望母亲体谅儿之苦衷。"

高太后暴跳如雷:"王安石、沈括借行新法,刻意作对皇亲国戚,必须严惩!否则为娘决不答应,尔祖母决不答应!"

高太后言毕,拂袖而去。

151. 福宁殿

曾布跪拜神宗。

神宗:"爱卿平身赐坐。"

曾布起身入座。神宗:"'市易法'颁行以来,京城哗然,请愿骚动。朕每思至此,食不甘味,枕不安眠,且母亲为高缓事郁郁寡欢,祝寿在即,患病卧床,此事难煞朕也。爱卿当思朕之苦衷,想个两全之策。"

曾布:"臣当竭尽全力以解圣忧。"

152. 宰相府

王安石语重心长地对吕惠卿:"吕大人,你我共为新法效力,天下万人注目。近闻你弟结好地方官吏,在苏州等地广置田产,朝野哗然。古人云:'己不正难以正人。'你我位居中书,肩负治国重任,尤应注意修身齐家才是。"

吕惠卿貌似诚恳:"惠卿铭记大人教训,定严管家人,知错改过。"

王安石转向曾布:"吾与尔兄曾巩情同手足,曾大人助吾数载,为行新法,历经坎坷,颇多建树,当今市易诸法推行困难重重,还望曾大人为我朝长远,知难而进!"

曾布:"微臣多年追随大人,至今已身衰多病,力不从心,恐将有负大人重托。"

王安石神情痛苦、失望。

153. 崇政殿

宋神宗满面忧容,对王安石:"当初朕欲缓行《市易法》,但念爱卿忠心为国,朕准爱卿所奏,及时颁行。上月爱卿奏请裁减皇室恩荫,朕恐天下喧嚣,尤其宗亲后宫不安,虽犹豫不定,但念爱卿心系我朝长远,决意改革吏治,赤胆忠心,朕亦准奏。但正如吾君臣所料,当今京城商贾请愿,富绅联名上书,宗亲子弟抗争,宫门滋事不散,后宫不宁。朕日日处在朝野纷争,无时不在惊惧忧虑之中。你我君臣相知,史所少见,朕知爱卿辅朕成就大业不易,望爱卿亦体谅朕之苦衷!今日特请爱卿商议,朕意重审《市易法》,修订《裁减皇族恩例》,愿闻爱卿高见。"

王安石:"为臣多次赘述,我朝数载所行新法,无不步履维艰,天下汹汹然。皆因朝野官吏思想僵化,观念陈旧,安于现状,惧怕兴革损及既得利益,视任何兴革为洪水猛兽,天下末日。动辄流言铺天盖地,将一切兴革者打入小人奸党之列,造谣诬陷,众口铄金,足使任何兴革者畏难却步。守旧势力正是利用圣上仁慈,体恤人言,而欲使我朝因袭旧制世代不变。再就是历代变法多施以严刑,惩处不法官员,震慑天下,秦朝商鞅变法,太子犯法老师亦受严惩。因此政令畅行无阻,变法彻底,奠定强秦一统。我朝官吏抗法,朝廷仅仅外放执政地方,惩处不痛不痒。新法施之于民要靠州县官吏,但其多为庸官俗吏。每行新法皆是朝廷热、百姓盼,梗阻于州县。以至抗法毁法事件层出不穷,恶性循环,法不责众。陛下治天下少施极刑,确为仁慈君主。但惩处抗法官员,应削其职权,违法重者严惩不贷,以儆效尤;起用一代新人,改善州县官员构成,激励地方官员奉公守法,以利新法推行。"

神宗:"爱卿言之有理,但两法实施以来,宫中喧嚣不止,京城不安,州县滋事不断,你我君臣结怨天下甚深。朕诚恐内外有变,社稷难安。"

王安石心情沉重:"陛下拔臣于江宁知府,委臣以重任,臣欲中兴大宋,施政诚惶诚恐,常思效法周公、孔明,鞠躬尽瘁,死而后已。数载所行新法,成效大见。实施'市易法'意在抑制豪强,聚财朝廷,兼济天下苍生;整饬吏治裁减皇恩,事关我朝长远兴盛。两法兴革确属推行新法不可回避之坚冰,天下喧嚣,在所难免。彩虹艳阳常现于狂风雷暴之后,坦途常与九曲十八弯相连。陛下当以泰山青松巍然挺立,以中流砥柱勇搏激流。唯有百折不挠、勇往直前,全面坚行新法,才能成就千秋功业,否则将功亏一篑,抱憾终生。自古变法改制,富国强兵,无不是惊天动地。秦国统一六国,商鞅虽遭车裂,亦可含笑九泉。晁错削藩,惨遭极刑,换得景帝治世。吾得遇明主,为国为民,即使刀山火海、深渊悬崖,在所不辞。朝野愤怨,老臣一身承担。老臣辅佐圣上所行十余项新法得以推行天下,利在国计民生。再行市易、整饬吏治裁减皇室恩荫诸法,所行新法涵盖我朝百业,治内安外,强国富民,我朝中兴。老臣已展平生之志,无甚遗憾。近日常思辞相卸任,以平息朝野纷争,陛下亦可回复皇室后宫,以求圣心稍得安宁。"

宋神宗不安地:"爱卿何出此言,你我君臣相知亘古未有,卿为社稷尽忠,不惜荣辱毁誉身家性命,朕将与新法相始终。"

154. 京城宣德门外

王安石骑马行至门外,驭者紧牵缰绳,骏马缓步而行。

街上突然闯出百余皇家子弟,将王安石围至中间,众人喧嚣,其中一人高声:"你王家百年世受大宋皇恩,三代帝王待汝不薄,汝何故专与皇室宗亲作对,更改祖制,削我等俸禄。你身为宰相,今日必须说清!"

王安石坐骑惊惧,驭者紧握缰绳。

王安石镇定自若,大义凛然:"正因我王家世受皇恩,圣上委吾宰辅重任,吾唯有辅佐圣上变法改制中兴我朝,才不辜负朝廷和圣上隆恩。"

众皇家子弟人声鼎沸,王安石坐骑愈加不安,两前蹄奔向空中嘶鸣,驭者惊恐高喊:"快快闪开……"

众人闪开,王安石坐骑奔向宣德门,驭者紧牵缰绳,马奔不止。驭者被拖倒地上,爬起来追马。

宣德门内,两名太监和驭者共同拦住惊马,太监张茂则高喊:"依照祖制,除当朝天子,凡入宣德门者,文武百官皆须下马步行,宰相岂可僭越欺君!"

后面皇室子弟又围过来。驭者对张茂则:"以前王大人随曾宰相多年出入此门从未闻下马,今日事急,吾去矣!"言毕手持马缰随马入内。

张茂则抓着驭者殴打:"宰相亦人臣也,难道是王莽者乎?"

王安石坐骑再惊,狂奔,驭者忍痛紧握缰绳保护王安石,坐骑远去。

155. 王府餐厅

王安石、王雱及妻弟庞公子对坐。

家人端上一盘烧饼,一碟腊肉,一碗青菜豆腐等4菜。

王安石吩咐:"取家乡烧酒!"

家人送上标有"临川烧酒"的酒坛。

庞公子注目家人上菜,忽听王安石讲:"公子请用饭,老夫不善饮酒,你和雱儿亦不可过量。"庞公子看着饭菜,脸上闪过不易觉察的不快,拿起烧饼挖出饼芯吃掉,将硬边留下,操起筷子匆匆吃了几口,便提前离席。

王安石拿起庞公子剩下的烧饼,被儿子抢去吃掉。

王雱走出饭厅,见庞公子佯装看花,一脸不高兴。走上前去:"莫不是为今天餐饭?"

庞公子忙说:"哪里,哪里。"

王雱:"尔有所不知,父相生活历来简朴,尔今日所剩硬饼,父亲待你离席吃掉,从不浪费一粒粮食。"庞公子羞愧。

156. 迩英殿

章惇面对神宗:"王大人让我转告圣上,近日旧病复发,暂不能上朝理事。"

神宗对执事太监:"传朕旨意,快唤御医前去诊治。"执事太监外出。

章惇:"陛下有所不知,前日王大人骑马行至宣德门外,遭皇室宗亲等请愿围困,坐骑惊惧,奔于宣德门,被守门太监张茂则以违祖制殴打驭者,将王大人比作王莽肆意侮辱。"

宋神宗惊讶:"竟有这等事情,张茂则这个奴才也太狂妄。王爱卿为国受此屈辱,朕心难安!"

章惇:"我朝先帝时曾有此制,自仁宗皇帝嘉祐年间以来,朝中重臣骑马过门已成习惯。几十年来如此,且王大人这次是因马惊入门,竟然受此侮辱。"

"张茂则前日曾面见太后,出来后扬言有治王安石欺君之罪妙计,此事绝非一个太监敢为。"

宋神宗恼怒地:"传朕旨意,将张茂则交刑部量刑治罪,驱逐京城。"

执事太监:"遵旨。"走出殿外。

157. 王安石卧室

吴夫人对躺在床上的王安石:"前者有人给你送砚台、古镜,你婉言谢绝;有人欲以字画相赠,投你所好,你不为所动。为妻皆能理解你为百官率先垂范,廉洁律己。这次御医处方需人参调补,京城药店难找,就不必拒绝薛大人送来的紫团山人参,还是抓紧治疗,早日康复身体要紧。"

王安石:"吾入仕从政以来,从未接受过别人馈赠,以前吾数次患病从未用过人参,照样痊愈康复,这次老病复发,料无大碍。请派人速将人参送与薛大人,切不可破了我数十年规矩。"

夫人:"难怪朝野多有人说老爷你性格执拗,其实为治病康复用药,大可不必如此认真。你如果过意不去,我派人给薛大人送上银两即可。"

王安石:"薛大人岂能接受我家银两?我意已决,勿复多言,待京城药店有货,再买不迟。"

158. 王安石卧室

吴夫人和王文淑坐于王安石病榻之侧。

王文淑:"闻听哥哥身体欠安,吾心急如焚,归心似箭。哥哥为国为民,但也要注意身体。"言毕落泪。

夫人:"裁减皇室宗亲恩荫,京城不宁,富商士绅联手请愿,你哥朝堂遭受诬陷,后宫催逼,下朝受到诘责,出门遭受围攻。偌大年纪,政务通宵达旦,常年不得安宁,焉能不病?"

王安石:"老病发作,过几日即好,夫人和妹妹不必忧心。"

夫人:"文淑妹妹,嫂嫂正有一事相商。蔡卞文才官声朝野赞誉,与其兄蔡京判若两人。近日向你侄女求婚,我意定下这门婚事。前年大女儿出嫁,你哥执意操办简朴,遭人非议。这次择日完婚时,我意多置些嫁妆,操办大方些,也免得人家笑话。"

王文淑:"嫂嫂言之有理,哥哥应当依嫂嫂所言。"

王安石:"蔡卞人品才学足堪大任,可允婚事。女儿婚事关键是为孩子择好夫婿,则一生幸福美满。我身为百官之首,王家世受皇恩厚重,自应带头力行节俭,避免奢侈和众官破费,小女出嫁,一切从俭,以正官风。"

159. 崇政殿

吕惠卿跪地对宋神宗:"臣有负陛下重托,愧对圣上厚望重恩。"

宋神宗惊讶:"吕爱卿何出此言,快请起来叙话。"

吕惠卿:"臣管家不严,弟弟行为有失检点,背着微臣在苏州置买田产宅院。臣身受陛下重托,未能修身齐家,恳请圣上发落!"

宋神宗:"尔身为朝堂重臣,本应作朝野楷模,以天下社稷为重,今日之事朕深感痛心。人非圣贤,孰能无过,朕但求尔今后知错必改,谨循王爱卿节义操守……"

吕惠卿:"微臣谨记陛下教诲。王大人确有过人之处,值得吕某效仿。但臣与其共事多年,王大人亦有陛下失察之处,微臣本不想给圣上添烦,但圣上待臣厚恩,惠卿常思报效万一,故不虑个人得失,也要据实坦言。"

宋神宗惊讶:"吕爱卿但讲无妨。"

吕惠卿:"王安石刚愎自用,所能合作共事者甚少。人常讲为臣应循君臣大礼,陛下不合他意,他亦常托病甚至辞相要挟。且遇有朝中大政,王安石为图自作主张,常嘱臣等不让陛下和冯京知晓。"

宋神宗惊愕:"卿言何以为证?"

吕惠卿:"今有王安石书信,请圣上审阅。"吕惠卿向神宗呈递书信。

160. 迩英殿

宋神宗对王安石:"朕闻王爱卿疾患,心不得安。宣德门事王大人为国受辱,朕已将张茂则交刑部治罪。"

"朕闻臣弟王安礼才高学富,政绩卓著,朕欲重任其为开封知府。"

王安石:"王家世受皇恩,为朝廷尽忠理所应当。尤其当今新法推行尚在攻坚克难之时,不应因此使陛下和为臣再受朝野非议,臣请陛下收回成命。"

宋神宗:"吾意已决,爱卿既然谦辞,稍缓时日朝堂颁旨亦可。朕有一事难以委决,请爱卿先看几封信件,再帮朕决断。"

王安石接过信件,见信件落款署名"王安石",惊讶,翻看内文,脸色骤变。

宋神宗:"朕知爱卿一片忠心为社稷,依爱卿举荐,让吕惠卿入京为官,委以重任,朝野多人皆曰其德不配位。其弟吕升卿主持国子监考试,舞弊取其妻弟。吕和卿凭借权势,强迫商户大量借款,在苏州置买田产。吕惠卿觊觎相位,竟不择手段对待爱卿。朕深知爱卿为行新法减轻朕忧,曾对其开导规劝,然其却欲离间你我君臣。也怪朕处事不周,同意安国江南查案,致使其对爱卿心生愤怨。如何处置吕惠卿,朕愿闻听爱卿之见。"

王安石:"感谢陛下对臣的宽厚信赖,惠卿之事臣曾对其告诫,这次安国查其江南田产,其疑为臣所指使,竟然反目成仇,都怪臣举荐失误,致有今天,臣不胜惭愧、惶恐。臣自请降职罚俸,以弥补用人失察之过。"

宋神宗:"爱卿忠心为国朕岂不知,再莫言自请处罚。朕欲将其贬放地方,爱卿意下如何?"

王安石:"事已至此,为朝政变法大计,为臣也别无良策,请陛下定夺。"

161. 宰相府

章惇对王安石:"曾大人让我转告您,他因病不能上朝理事,吕大人已接圣旨,出知陈州,正办理交接事宜。"

王安石神情沮丧。

章惇:"王大人不必烦闷,吕惠卿实为咎由自取。"

王安石:"曾布急流勇退,吕惠卿有失检点外放,且忌恨老夫,必致朝野非议,势必伤我朝元气,损吾变法大计。吾实痛心!"

沈括:"沈某誓死追随大人报效国家,目前蔡卞等人后生可畏,我朝中兴后继有人。"

王安石稍感欣慰,脸上闪现勉强笑容。

162. 王安石府

王安石和夫人坐在儿子王雱床边,王雱艰难地欲从床上坐起,王安石轻按儿子,手托儿子躺下。

王雱脸色憔悴:"孩儿刚过而立,正当为国效力之时,怎奈力不从心,不能再助父相推行新法,父亲公务繁忙,牵挂孩儿,心实不安。"

夫人:"孩儿年轻,只要静养身体,定可早日康复。朝中之事有圣上和你父亲,我儿不必多虑。"

王安石:"我儿修撰经义,起草律令,圣上感念孩儿功绩,派御医诊治,且执意封赏龙图阁直学士,足见圣上对我家厚爱和对我儿期望。我儿且静心养病,不必牵挂朝政。"

163. 王安石府

吴夫人对王安石:"为妻按照吩咐,女儿婚事正在从简筹办,请夫君择日为其完婚。"

王安石:"待安国兄弟和孩儿病有好转再办婚事不迟。"

仆人匆匆行至室内,在王安石耳边悄语:"安国大人已病危,请老爷速去。"

王安石猛惊,强作镇静,不愿夫人知道,待夫人走出后,王安石泪流满面,吩咐家人:"快去备车。"

164. 王安石府

王安石心情郁闷,神情悲伤。

家人匆匆走入:"相爷,刚才颍州差人来报,欧阳先生已于前日病逝,这是先生临终对老爷的绝笔。"

王安石泪如泉涌,悲痛不已,手颤抖不停地拆开书信,悲痛欲绝:"恩公早年对我举荐提携,今弃我而去,我朝失却铮臣,文坛失却领袖巨匠,我大宋失却栋梁。"

王安石拿起狼毫,挥笔书写《祭欧阳文忠公文》:

……惟公生有闻于当时,死有传于后世……

果敢之气,刚正之节,至晚而不衰……念公之不可复见,而其谁与归?

写毕,王安石颓然蹲坐下来。

字幕:王安石为宋朝长治久安,实现天下归一宏愿,坚行市易、整饬吏治,裁减皇族恩荫,省兵诸法,招致所有既得利益阶层疯狂拼命反抗。天下震慑,京城骚动,宋神宗动摇,变法派分裂,文友反目,王安国英年早逝,王雱病重,王安石这个具有超人智慧、非凡勇毅的政治家深陷寂寞悲哀。

第 九 集

165. 华山

天空阴云密布。

阴霾中依稀可见华山巍峨险峻。

华山脚下,一群老鼠"吱吱"叫着争相奔跑,鸡鸣狗吠不止。

百姓扶老携幼纷纷走出家门,个个惊恐不安。

地光闪过,沉闷的雷声,大地震颤,众多虔诚的老妪跪在地上祈求苍天。

雷声过后,华山剧烈崩塌,崩落的山石顺着山势飞滚,飞滚……

山石砸塌房屋,砸死祈祷百姓。

166. 白沟河宋辽边境

辽国使者萧禧一行数人并辔而行。副使对萧禧殷勤地说:"近闻宋朝久旱地震山崩,朝臣内讧,逢此天赐良机,凭大人的才能,这次出使大宋,必能拓我疆土。"

萧禧骄横地:"我主志向恢宏,胸怀天下一统,宋朝迟早必为我属邦。"说罢仰天大笑,笑声中众人前仰后合,得意忘形。

大队全副武装的辽兵杀气腾腾地越过宋辽边境白沟河,抢劫农家牛、羊、粮食,在白沟河南岸挖壕沟、修城堡、建哨所。

167. 文彦博府

文彦博与辽使萧禧轻声交谈。

萧禧:"宋辽多年结好,只因王安石近年变法,穷兵黩武,征战四方,致使两国边境不宁,我主深知文大人一向致力两国友好,特来拜见。"

文彦博:"吾定向圣上转达贵国诚意,老夫定为宋辽长远和平效力。"

168. 洛阳司马光府

司马光手捧诏书,欣喜若狂地阅读:"我朝遭遇旱灾地震山崩,所有文武臣等,皆可直言朝政,朕将亲自审阅,择善而行,匡正偏颇……"

司马光仰天高呼:"我主圣明,终于迷途知返了,老夫终有用武之地啦!"言毕挥笔写下《罢免王安石疏》。

夫人对司马光:"看来卦师预言必将应验,老爷入阁拜相为期不远啦!"

司马光喜形于色。

169. 洛阳程颢府

程颢对程颐："圣上所颁似为罪己之诏，看来王安石已是末日来临，吾等应密切注意朝政动向。"

程颐对程颢："这是我草拟的奏章和对文大人的回函，请兄长过目。"

170. 杭州府

苏轼临窗眺望。窗外，远山朦胧，钱塘潮涌，浪花飞溅，涛声如雷。苏轼满怀激情吟咏："大江东去，浪淘尽，千古风流人物……"

苏辙入内："吾观圣上诏书，朝政似将变通，兄当慎思言政！"

苏轼："新政诸法确有利国利民之处，王大人学识官德亦为天下敬仰，这次上书奏章，为兄将秉持公论。"

仆人入内禀告："京城文大人差人来信。"

苏轼转身对仆人："快快有请。"

171. 大名府

一师爷对韩琦："文大人来信言之有理，圣上下诏，意欲变通朝政，司马先生等返京将被重用，还请老爷早作打算……"

韩琦："速去准备，我近日入京面圣。"

172. 亳州富弼府宅

富弼老泪纵横："圣上终不愧明主，但愿我朝早日恢复祖制，则为天下之幸，万民之幸！"

173. 文府客厅

夜深人静，弯月西斜，树影斑驳，蟋蟀声声。

客厅明灯高照，宴席丰盛。文彦博、冯京、司马光、刘挚围桌饮酒。

文彦博："司马先生完成编著《资治通鉴》浩瀚工程，到京面圣。今日吾等特为学士接风。"

文彦博："吾等为捍卫祖宗之法，数载抗争。今朝廷皇亲宗室群起而攻，富商士绅纷扰京城，北方大旱百年未遇，天怒人怨，华山山崩，王安石党徒分崩离析，太后催逼，圣意浮动，下诏让天下人言事，欲召集重臣议政。乘此天时地利人和俱为我有，这次务必将王氏党羽逐出朝堂。诸位应广泛联络朝野后宫，力荐司马光大人入阁，以求早日恢复祖法。当今须阻止圣上任用韩绛等人续行新政。司马先生须抓紧面圣，拜见后宫，以求大事早成。"

刘挚:"近闻王安石自宣德门受辱,王安国去世,王雱患病,吕惠卿与其反目成仇,曾布转向,王安石已是众叛亲离,内外交困,心灰意冷,几次上章辞相。我等应一鼓作气,罢免王安石、废新法、复旧制已是指日可待。"

冯京:"应借欧阳公逝世,广泛联络天下士人参奏其忘恩负义,有亏欧公。只要扳倒王安石,新政党徒自然树倒猢狲散。我已派人绘制《河北流民图》,将择日早朝上呈,必然轰动朝堂。"

文彦博:"我等为复祖制多年抗争,为预祝成功,诸位大人干杯。"

4人碰杯,一饮而尽。

174. 福宁殿

高太后与司马光对坐。

高太后:"司马学士西京修史,成就巨典,实为我朝文化盛事。且忠心赤诚,应诏朝堂议政,必将大有作为于朝廷。"

司马光:"微臣离京十余载修史,《资治通鉴》已近尾声,时刻感念太后、圣上仁厚恩宠。这次来京,还请太后为臣做主。臣愿随太后、圣上左右,竭力报效朝廷。"

高太后:"老身思来想去,惟学士入阁参政,深负众望。王安石行新法天怒人怨,众叛亲离,近期屡上辞章,主政已是时日可数,司马爱卿众望所归。"

司马光:"微臣终生感谢太后栽培,世代忠于朝廷,矢志不渝。"

175. 大庆殿

宋神宗端坐龙位,神情忧郁、严峻。

百余名文武大臣分列两旁,眼望神宗,面面相觑,默不作声。

宋神宗:"新法实行数载,富国强兵利民不容置疑。然今年以来地震山崩,大旱不止,百姓流离失所。尤其行市易诸法商贾请愿,裁撤官员京城滋事,皇室不宁。辽国边境增兵挑衅,遣使讹诈谋我大宋。值此多事之秋,朕已下诏天下,朝野皆可言政,各位爱卿奏章朕已详览。今日众臣朝堂议事,尽可直言不讳。即使朕之过失,但讲无妨,凡属济世良策,朕定采纳。"

文彦博偷看王安石,脸上露出庆幸得意之色。

宋神宗眼望司马光:"君实数载勤奋笔耕,即将完成编修《资治通鉴》浩瀚工程,实为我朝学界盛事。朕粗览内文章节,爱卿精通古今,治学严谨,见解深邃,不愧我朝学界泰斗。朕数载未见卿面,还请直言赐教。"

司马光神情得意,出班侃侃而谈:"河北数州大旱百年未闻,地震山崩亦我朝立国以来仅有。然此天灾皆缘于人祸。盖因王安石变更祖制,惑乱朝纲,致使上天儆示惩戒。欲求消除天灾,国泰民安,当先去人祸。应罢免王安石,废除新法,恢复祖制。否则天怒人怨,四海沸腾,若辽夏联动,我朝宗庙危矣!"

神宗:"修史十余年,老调又重谈。尔何时能有新意可行政见助朕!"

文彦博抢步出班,咄咄逼人地:"司马先生乃我朝文豪,德才学识天下敬仰,所谈实为真知灼见,治政良策。王安石辅政以来,刚愎自用,亵渎先朝圣典,释以己意,抛弃祖宗之法,唯务改作;标新立异,文过饰非;罔上欺下,大奸似忠,大诈似信,贻害苍生,致使内外纷扰,百祸并生,为我大宋社稷计,去安石,万民幸。"

神宗:"尔为朝廷重臣,内政外交乏术,每逢朝议内耗纷争,无益我朝纲纪官风。尔扪心自问,岂不失职?有负皇恩!"

文彦博脸上冷汗,无地自容。

王安石从容出班,理直气壮地:"适才两位所言,非愚即诬,天地日月与朝政人事毫不相干,历代先贤早有远见卓识。战国荀况《荀子》、韩非《韩非子》、汉代王充《论衡》、南北朝时范缜《神灭论》、唐代柳宗元《天说》、刘禹锡《天论》思想深远,皆传世不朽名篇。古人尚知:'天行有常,不为尧存,不为桀亡。'天地变化,日月运行,水旱震灾自有规律,既非人意,亦非天命。且有史实为证,尧时曾有9年洪水,商汤曾有7年大旱,汉代文景之治、光武中兴之时皆有天灾,唐朝贞观之治及开元盛世亦不可免。"

"我朝太宗淳化三年(992),30多州严重旱灾;真宗咸平元年(998),46州大旱,仅萧山县饿死数千;仁宗庆历三年(1043)、皇祐元年(1049),旱涝水灾饿死、淹死百姓数万;英宗治平元年(1064)、二年(1065),20多州旱涝水灾、地震,百姓十室九空,积尸成丘。包拯大人曾多次领旨,赈灾州县。以上4位帝王仁慈,皆循太祖旧制,未予兴革,难免天灾,岂能说是上天警示?可见自然灾害与朝政人事并无关联。今虽有旱情及山崩地震灾害,然新法推行数载,国库粮谷充盈,只要选派得力官员及时赈济百姓,天下自可安宁。"

冯京出班:"河北大旱,数州百姓流浪乞讨,灾民遍野,身处水火,臣有郑侠实地察访绘制的《河北流民图》,请陛下阅览。"

执事太监呈上图卷,打开图册,图上黄沙遮日、飞蝗遍野,道上逃荒人群扶老携幼等惨不忍睹。

宋神宗凝眉审看图卷,流泪。

宋神宗对沈括:"沈爱卿多年治政,功勋卓著,我朝奇才。当此内忧外患之际,必有良策赐教于朕。"

沈括出班:"臣多年供职司天监,深知日月星辰运行皆有规律,地壳变动致使地震山崩,气候变化导致旱灾水涝。尧舜之年和我朝几代先帝时确有天灾,自然灾害确与朝政人事毫不相干,望陛下明鉴。"

章惇出班:"两位大人所言极是,请圣上不必忧心。当务之急需及时赈灾救民,恳请圣上颁旨。"

神宗:"委王爱卿、沈大人统筹赈灾济民。"

宋神宗眼望韩琦、富弼:"我朝诚意对待辽国,然近岁以来,其贪得无厌,生事弥甚,今遣使复至,意欲割地索银,朕欲严词退使,诚恐兵连祸结,若待之宽善,又恐强虏得寸进尺,遗患无穷,古之大政,必询故老,二卿素怀忠义,历相三朝,有何见教?"

韩琦:"河北大旱,赤地千里。百姓十室九空,辽兵压境,一旦邦交破裂,势必危及京城。老臣以为:所以大旱山崩,边境不宁,咎在强臣专权,尽失朝政;尤其我朝行新法,编排保甲,操练兵丁,用兵西夏,致使北虏生疑寻衅。欲免战事,须废除新法,待夷以诚,撤除近年新修边境堡寨,消其疑虑,必能使辽罢兵。"

富弼:"韩大人所言,实为当今对辽良策,望陛下以天下生灵社稷为重,采纳施行。"

神宗厌烦地:"朕闻两位所言如出一辙。除了忍辱苟安,有何御敌之策?!"

刘挚:"两位前相所言极是,辽兵剽悍勇猛,非我宋兵所能对抗,且西夏虎视中原,辽夏联手,我朝若战必败。当今之计,和为上策,请陛下决断。"

王安石义正词严:"三位大人所言,实为危言耸听,误国之谈。辽国谋我大宋由来已久。自'澶渊之盟'70余载,我输以银绢不止,其发难无度,亡我之心不休。先帝之时,无力与之抗衡,然而今非昔比。韩大人奏请实为饮鸩止渴,若尽除防御之策,辽兵长驱直入,难免割地纳贡,社稷宗庙难保。"

"臣窃以为,熙河之役,西夏丧胆,不会轻举妄动,若为辽策应,王韶足以抗衡。当今之策,需对辽据理力争。如轻开战衅,我师出有名,民心可用,战则能胜。请陛下勿忧。"

沈括:"臣请圣上先礼后兵,为臣不才,愿再赴辽国,誓死不辱使命。"

章惇目光如炬:"沈大人使辽实有必要,然亦须做好用兵准备。如开战衅,臣愿带兵征讨,且以身家性命担保,不获全胜决不罢兵。"

韩琦:"我朝旱灾地震,河北无粮饷可用,若轻开战衅,且不说消耗国力涂炭生灵,若百姓乘势造反,我朝危矣。"

神宗:"众卿所言,皆为国尽忠,当此内忧外患之际,应待之宽容,示我诚意。沈爱卿可再出使辽国,说服辽国再续两国友好。"

文彦博等人面露得意之色。

王安石急促地:"沈大人使辽同时,确须做好用兵准备。辽国居心叵测,我若屈己示弱,后患无穷!"

韩绛:"王大人为国尽忠,呕心沥血,有口皆碑,所言高瞻远瞩,实属治内安外唯一良策,望陛下圣鉴。"

神宗为难地:"朕何不想以战取胜,扬我国威,然逢多事之秋,尤应息事宁人,朕亦不得已耳,望卿体谅朕之苦衷!"

王安石沮丧,韩绛、章惇、沈括失望。

司马光、韩琦、富弼得意。文彦博、冯京、刘挚互视窃喜。

176. 王府书房

王安石神情沉重。

夫人:"京城波动,谣言四起,众口铄金,积毁销骨,夫君还是早作打算为好。"

王安石:"流俗之言,不足采恤。王莽篡汉前虽以圣贤称颂九州,但其终为国贼。周公辅政,佞臣流言诋毁,遍布四海,但其仍不愧千载贤相。"言毕,手握狼毫奋笔疾书:

众人纷纷何足竞,是非吾喜非吾病。颂声交作莽岂贤?四国流言旦犹圣。

王安石继续书写,写毕,走到窗前,眼望室外参天梧桐,默默自语:

天质自森森,孤高几百寻……岁老叶弥壮,阳骄叶更荫……

177. 宰相府

王安石坐中,韩绛、沈括、章惇分坐两旁。

王安石:"赈灾救民,刻不容缓。务必标本兼顾,抓紧办理。首先应妥善安置来京灾民,城郊应多设粥棚,确保灾民有饭,避免冻饿死亡;其次作为长远根本之策,应由朝廷统筹受灾州县赈济灾民,促使外出灾民返乡。亦可以工代赈,促进生产自救。目前关键要派官员深入州县,雷厉风行,坐镇督察,确保救助及时,雪中送炭。沈大人还需去华山辛苦一趟,我与章大人今日动身分赴河北州县。赈灾执法务必从严,凡地方官吏玩忽职守违法者,一律从严查处,绝不宽容!"

韩绛对王安石:"朝廷离不开王大人,还是我去河北。"

王安石:"韩大人就不必争了,朝堂之事拜托啦。"

178. 河北大名府

几位官员陪同王安石察看赈灾。

灾民排队领取粮食,衙役分发粮食紧张忙碌。

知府侯叔献对王安石:"韩大人上月致仕,敝职刚刚到任。下官已按朝廷旨意,排查辖县所有受灾农户,今日赈粮已发放十之八、九,保证明日受灾农户全部领取完毕。下官亦欲以此为契机,集中灾民以工代赈,根治渭河淤积堵塞,畅通水道,尽早引上游水入境,缓解旱情,亦可奠基今后长远农业发展。"

王安石:"近年全国兴修水利工程无数,为何渭河至今如此。"

侯叔献:"韩琦以新法害民,与民休养生息,抗拒治理渭河,致使今日全国旱灾大名尤重。"

王安石:"韩琦不去,渭河难治。执行新法惟得其人才能利民。侯大人去年治水有功,今日赴任大名,亦是大名万民之幸。"

179. 华山脚下

沈括在几位官员陪同下察看赈灾。

村民测量、放绳、盖房,忙碌,有的房屋正在上梁。

当地官员:"震灾伤亡农户皆已领取朝廷抚恤钱粮,本县所毁房屋,朝廷正在抓紧进行救助,现正督促百姓盖房进度,确保冬前百姓住进新居。"

180. 东明县城

章惇、蔡卞等人骑马行进在城郊,走进标有"东明"的城墙大门。

城内,百姓领取救灾粮食,衙役分发救灾物品,忙碌。

章惇、蔡卞等人下马,驻足观看。

百姓议论:"往年天灾,朝廷多设粥棚。今则调拨大批银粮,皆以粮食衣被救济万民免于冻饿,万岁爷和王宰相心里想着咱百姓安危冷暖。"

另一百姓:"王相爷去年严惩犯官贾蕃,我县百姓按律少交役钱数万,实为万民青天。"

章惇、蔡卞等人面露喜色。

181. 王府书房

王安石与王安礼对坐，王安石神情忧郁，惆怅。

王安石："当今最使为兄忧心的当是朝野和后宫蛊惑圣上对辽退让。圣意动摇，隐忍欲和，则沈大人虽使辽国，辽国必欺我无征战准备，谋我国土，我朝难免屈辱割地，甚至重蹈先帝兵败覆辙，大伤我朝元气。"

王安礼："兄长所虑有理，但对朝廷已是恪尽职守，犯颜直谏。安国兄亦因兄长推行新法，遭受不白之冤一病不起，雱儿多年佐助变法，积劳成疾病势沉重。我看嫂嫂所言确有道理，兄长不如急流勇退，早辞相位，摆脱朝堂嚣喧，以求身心安宁。"

王安石："兄长非恋相位，辞相已是迟早，待吾辅佐圣上渡过难关即罢政务。"

夫人从外走入，见二人畅谈，欲言又止，神情悲哀，脸上泪痕。

王安礼起身："嫂嫂请坐。"

王安石惊讶："夫人为何如此？"

夫人泪眼模糊，泣不成声。

王安石："莫非安国兄弟他……"

夫人痛哭："安国兄弟已离我们而去……"王安石悲痛难抑，身体颤抖摇晃，昏厥，王安礼和夫人忙上前扶住。

182. 福宁殿

殿前，送礼品的宾客络绎不绝，仆人来往匆忙，殿门两侧上方圆灯笼上"寿"字醒目。

殿中，贵官达宦跪拜高太后："恭贺太后50大寿，祝太后万寿无疆，万寿无疆！"

殿内，礼品中显现文彦博、韩琦、富弼、司马光、冯京、曾布等名字。

一太监到高太后面前低声道："往岁寿诞仅收银两就逾数十万。今载尚不足半。"

高太后勃然变色。

太监："朝野官员皆因新法夺利，入不敷出。"

几个乐工上来，准备奏乐。

高太后怒对太监："以往寿诞，乐队庞大，鼓乐喧天，今日为何冷冷清清？"

太监:"小人不敢,是圣上听从王安石奏请,祝寿从简。"

"王安石可有贺礼?"

"仅有松鹤图一卷?"

太监随将松鹤图呈于太后,太后接过,狠狠地摔在地上,庆寿宾客等面面相觑,默不作声。

183. 皇宫墙壁

狂风蔽日,尘土飞扬,暴雨倾盆,宫墙上《市易法》《裁减皇族恩例》片片脱落于地上泥水中。

184. 王府书房

王安石、韩绛、沈括、章惇对坐。

沈括:"这次辽国之行,吾虽以史书图籍,据理争取和议,但辽国知我地震旱灾,朝廷无意用兵,以出兵要挟,意欲割我国土,下官有辱使命,甚愧大人举荐。"

章惇愤慨地:"明日早朝,我再上奏,如不准奏,我随王大人辞官归隐。"

王安石:"章大人万万不可,对辽和战,我已多次面谏,圣上为震灾旱情忧心,执意和议,吾欲辞相,圣上亦不允准,老夫去意已决。日前唯有三位大人坚行新法,章大人如早辞归,朝政势必危艰,吾几十年心血将付之东流。老夫拜托三位大人,完成老夫未竟之业。"

韩绛劝阻:"王大人万万不可,您若辞相,岂不正中小人下怀?依吾之见,不如兼顾朝政休养身体,唯有王大人坐镇朝堂,才能保障我朝续行新法,国运振兴。"

沈括眼含热泪:"王大人深孚众望,天下仰慕,你若辞相,新法推行将是雪上加霜,国家前途无望。"

王安石:"自古俊杰,皆识时务。眼下群奸俱汇,后宫催逼,圣上动摇,意欲变更市易诸法,辽国割地恐将难免。我虽居相位,于政无补,老夫辞相,三位大人必为长江后浪。"

章惇:"章某谨遵王大人教诲,终生誓与新法相始终。"

王安石脸上露出满意的神情,对沈括:"沈大人为我朝学界天才,日后年老致仕,可著书立说,以彰显我大宋学术辉煌,光耀当今,功泽后世。"

沈括:"王大人教诲,沈某终生铭记。"

185. 王府书房

夜深人静,万籁俱寂,猫头鹰鸣叫声声。

王安石临窗凝望茫茫夜空,暴雨扑面入室,他仍伫立不动。

夫人悄悄走入书房,劝慰地说:"夫君身体欠安,且莫过度忧伤,凡事需从长计议。"

王安石:"辽使骄横猖獗,声言要以黄河为界,圣上忍痛割让北方数县疆土,吾身居相位,于事无补,愧对天下。"

王安石目光呆滞(眼前幻景):宋朝北方农民扶老携幼,肩挑车推家什南迁,牛羊叫声夹杂着妇孺的啼哭,一幅催人泪下的逃难图。辽兵肆无忌惮地鞭笞百姓,抢掠财物。

夫人感慨:"割地苟安,我朝奇耻!"

王安石悲痛激愤:"我身为宰辅,上不能助君,下不能安民,内不能修政治世,外不能退敌御侮,惭愧啊!惭愧……"

王安石控制不住咳嗽、哮喘、眩晕,夫人见状,大惊失色,泪如泉涌。

夫人将王安石扶到椅子上坐下,回身给王安石端水。

家人急步入内,对王安石悲痛地:"老爷,大事不好,少爷他……已薄命归天……"

王安石站立不稳,昏迷于椅,夫人、家人急忙扶住,抬至卧室。

窗外,倾盆大雨,狂风呼啸,电闪雷鸣。

夫人伏在王雱身上号啕痛哭,哭声撕心裂肺。

186. 王府书房

王安石走向书案,百感交集,手颤抖地提笔写《乞罢政事书》。并在下方书写"王安石"三字。

187. 王府卧室

王安石卧床,夫人坐于床边,家人端药碗递于夫人。

夫人对王安石:"夫君请用药。"

王安石起身半卧,端起药碗缓缓喝药。喝毕放下药碗。

王安石对夫人:"雱儿英年早逝,儿媳虽然贤惠孝敬,吾不忍心其长期哀思痛苦。夫人可关注儿媳有何主见,如愿重新嫁人,夫人应注意操心,今后按女儿出嫁操办。"

夫人:"老爷言之有理,待雱儿丧期过后,吾开导儿媳,尊重其愿,以了却我俩一桩心事。"

王安石："多年忙碌朝堂,唯恐有负圣恩,常思作百官表率。如今我已上章辞归,只待圣上恩准,即可还乡。夫人应抓紧在京不多时日为女儿筹办婚事。待圣上准我辞政,再为女儿完婚,免得百官破费。即使辞归,也应力戒奢侈铺张之风。"

第 十 集

188. 迩英殿

神宗对韩绛："王爱卿积劳成疾,不能上朝理政,安国和王雱英年早逝,尔随朕前去府宅,以慰爱卿。"

神宗和韩绛走至一书有"王府"的普通门楼前："王爱卿身为宰辅,府宅如此简陋,上次朕来时,就已为其另选府宅,其却至今仍未搬迁。一个为天下理财的宰相,如此律己节俭,古今未有。而言必谈儒家经义,诋毁王安石为天下理财的朝堂重臣,天下士大夫多声色犬马,广置田宅,奢侈享乐,岂不汗颜?"

189. 王府卧室

王安石满头白发,脸色憔悴。站立,久久不动。老泪纵横,悲痛难抑："雱儿,你不该撇下为父;我儿壮志未酬离我而去,怎不教为父痛断肝肠!"

王安石目视笔架上的一排大小狼毫和端砚,双手颤抖,抚摸桌案上王雱编注的《诗义》。

王安石观看王雱遗作《山松》《冬梅》《雪竹图》。他的目光久久停留在一副《雪竹图》上,走上前去,老泪纵横,口中反复不停地念叨："雱儿……"

夫人走入,泪流满面,搀住王安石,叹气道："我儿英年早逝,吾亦痛彻肺腑,昼夜哀思难眠。全府上下谁不悲伤?但雱儿已死岂能复生,倘若不能节哀保重,今后如何是好?"

王安石缓缓走至书案,从笔架上取出狼毫。夫人急忙研墨,展纸于上。他边挥毫书写边自言自语："一日凤鸟去,千年梁木摧。"

王安石目光久久停留墙上:

雪压翠竹傲涧旁,岁时风露每凄惶。

残骸岂久人间世,故有情钟未可忘。

家人急匆匆走入,对王安石:"老爷,圣上与韩大人已进府门。"

王安石丢下手中狼毫,在夫人搀扶下匆忙出迎。

王安石迎面神宗和韩绛,欲行下跪之礼,神宗急忙上前抚其双手。

王安石:"不知陛下驾到,还请圣上恕臣失迎!"

神宗:"王雱才高学富,编注经义,钻研军事,有功社稷,怎奈英年早逝,实为我朝不幸,朕心深为悲痛。还望王爱卿节哀,保重身体。孤家今日带来人参、灵芝,诚望爱卿调养身体,早日康复。"

太监将神宗赠品交于吴夫人。

王安石:"陛下数次亲临府门,老臣不胜荣幸。老臣虽多次奏请,欲辞相静养修身,但圣上信任有加,老臣不管身在朝堂,还是江湖之远,世代不忘君恩。"

神宗:"今日不谈政事,朕允你在家静养,但绝不答应你辞相罢政。"

190. 福宁殿

高太后与太皇太后曹氏对坐,宫女为二人捶背。

高太后:"王安石任相以来,尽变祖宗法度,损我皇室宗亲,毁弃前朝盟约,对外穷兵黩武,涂炭天下生灵,我朝国将不国。现今王安国与其儿相继辞世,王安石病卧在家。近闻其万念俱灰,连上辞章,当乘天赐良机,劝告顼儿,罢免王安石,恢复祖宗法度。"

曹氏:"多年来老身向圣上请废新法,罢免王安石。圣上刚愎自用,不听劝告,这次他再一意孤行,老身绝不答应。"

向皇后自外边入内,跪拜:"孩儿给祖母、母亲请安。"

高太后:"快快请起,来得正好。"

向皇后:"孩儿有一事为难,请祖母、母亲做主。市易司以父亲经营茶叶违犯法令,竟将父亲拘捕。吾托人求其放人,市易司说王宰相有言:'王子犯法与庶民同罪。'祖母、母亲您要为孩儿做主啊!"向皇后言毕,泪流满面。

太皇太后曹氏:"吾弟曹佾亦被市易司拘捕数日,看来市易司藐视皇家,专与老身作对!"

191. 福宁殿

太皇太后曹氏、高太后端坐怒视神宗。

神宗焦躁愠怒无奈:"顼儿何事惹祖母、母亲生气,请予明示。"

曹氏:"圣人言:孝子三年不改父政。尔为赵氏子孙,继位即废祖法,愧对先帝列祖列宗。今日你若不罢免王安石,恢复祖宗之法,老身以死相报,以慰先帝在天之灵。"

神宗搀扶劝慰不止。向皇后进来,见此情景,慌忙上前:"祖母、母亲何故如此,圣上和臣妾不孝,惹二老生气。孩儿代圣上跪下请安。"向后跪地。

神宗扑通跪地:"孩儿不孝,惹祖母、母亲生气。朕非不答应祖母、母亲,难在朝野内外德才学识无人可比王安石,治国辅政非他莫属。吾也不愿尽废祖宗之法,难在国家内忧外患,大厦将倾,唯有变法才可使我朝中兴。吾眼见推行新法百姓受益,富国强兵,洗雪百年国耻,扬我朝仁德威风。这一切皆安石辅政之功。若依祖母、母亲早罢王安石,我朝何能有今日。若听祖母、母亲之言任用司马光、苏轼入参大政,则必将大兴清议之风,而无今日成功。吾继位九载,无一日不思开创盛世,作个中兴有为明君。因此才始终坚定不移任用王安石辅政。请祖母、母亲体谅吾之苦衷!"

曹氏:"祖母亦不过分难为孙儿。罢免王安石或废新法,以除老身多年心病纠结,二者尔选其一。"

向皇后跪向神宗:"臣妾恳请圣上准祖母、母亲请求,罢免王安石,则天下安宁、家室安宁!"

神宗泪流满面,无可奈何地:"祖母、母亲请求,容吾慎思,请容孩儿时日。"

192. 皇室

宋神宗搀扶跪地的王安石:"爱卿请起,有话但讲无妨。"

王安石起身,手捧《乞罢政事书》,双手递给神宗:"陛下对老臣有知遇之恩。老臣常思效法贤相,辅助圣上成就千秋伟业。只是臣年老体衰,疾病缠身,难以理政治国。如再居相位,诚恐误政。况臣辅政以来,坚意推行新法,施政绝不通融,朝野内宫积怨甚深,累及陛下忧心烦闷,数载不得安宁,臣因此不胜惶恐。今日万望圣上成全老臣所愿。"

神宗望着面容憔悴的王安石,非常难过:"朕非不允爱卿恳请,怎奈爱卿离去,天下难寻如卿辅朕开创盛世宰臣!"

193. 大庆殿

神宗对侍卫:"派人看守王爱卿宅院。防止其家人搬家离京,朕不允许王爱卿辞相归隐。"

194. 宰相府

王安石与王珪对坐。

王珪:"受王大人所托,前日我已向圣上请求随你所愿,怎奈圣上坚意不允。"

王安石:"恳请王大人念同年之谊,多年同僚好友之情,再次替我说服圣上,早遂我愿,避让后贤。"

195. 皇宫

神宗与王安石对坐。

神宗:"爱卿恳辞相位数月,诚请僚友向朕说情。朕虽欲强留,恐违卿心愿,只好忍痛允准。但朕有一请,请爱卿不要推辞。"

王安石:"请圣上恩准离京,我到江宁养老。"

神宗:"朕本来想让爱卿不离京城,朕有疑难也可随时讨教。既然爱卿欲归江宁,朕全依爱卿所愿。请爱卿为朕荐才辅政。"

王安石:"王珪大人入仕30多年,德才学识朝野称颂,已为副相数载,坚行新法,可代吾辅政!"

宋神宗:"你我君臣一别,今后相见不易。爱卿请对施政赐教。"

王安石:"赐教不敢,老臣有三事相求,恳请陛下恩准。"

"我与辽夏三朝并立,辽夏联姻互为友邻,皆欲谋我。我朝务须继续推行新法,保障我朝边境安定,天下百姓安居乐业。老臣一求陛下知难而进,始终不渝坚行新法。则我朝兴,国家盛,否则社稷衰,天下危!"

神宗眼含热泪:"朕矢志不渝,誓与新法相始终。"

王安石:"推行新法关键在人,实行新法难,根本在于培养人才滞后,推行新法不得其人。须大力统一道德思想,培养选拔任用新人。老臣二求陛下大力培养经世致用人才,破格选拔任用新人,淘汰朝野循臣俗吏,确保新法顺利实行。尤其当前老臣辞政,须谨防朝野内外,策划逆转朝政。宜将文彦博安置致仕,以清除新法障碍,除去守旧势力朝堂旗帜。重用章惇、沈括等忠贞干练、坚行新法官员,向朝野臣僚和天下万民表明陛下坚行新法心志,以免有人借机毁法,须谨防倒行逆施图谋得逞。"

宋神宗:"朕照准爱卿奏请。"

王安石:"老臣自进士及第,入仕从政35载,得遇陛下明主,你我君臣相知。吾有俩人终生难以释怀。

一是欧阳大人对吾恩高情深,近年政见有别,恩公外任。公既仙逝,留给老臣永世哀思怀念隐痛。

二是最令老臣痛心疾首的是司马光。早年我以兄长事之,切磋诗文,情深疳厚,实为挚友。自老臣辅政以来,其与安石分道扬镳,竟至与吾不共戴天,水火不容。老臣为解圣忧,缓解朝野百官士林愤怨,以利新法推行,常以海纳百川自勉对其善待宽容,但其广结朝野,唆使文坛士林,反对新法肆无忌惮。老臣将辞政务,为我朝长治久安,实现圣上宏愿,三求陛下万万不可任用其作辅臣。"

"司马光学识操守确有过人之处,主持馆阁,著书修史绰绰有余。但其施政则食古不化,墨守成规,舍本逐末,夸夸其谈,华而不实,国计民生少策,治国安邦乏术;执着无关紧要之芝麻琐事,当作治政根本,刚愎自用,必欲争个高低输赢,致使朝臣分裂,政务废弛,士林内耗。合其意者美名君子,逆其意者斥为小人,党同伐异。先帝英宗时,司马光带领群臣参奏,坚持英宗称亲父为伯父,将此看作重于内政不修、辽夏入侵、社稷难保之头等大事。欧阳大人等与之争辩,被其指责为小人。缘此旷日持久朝臣反目,士林内讧,涉及司马光类似多事困扰,朝野喧嚣,朝政难以运作,先帝英宗在位4年不得安宁,忧郁成疾,英年驾崩。"

"听说太后赏识其才,曾多次举荐入参大政,以臣之见,其如作辅臣,则必然废新法,误国家、害万民。且大兴清谈之风,朝臣士林倾轧,我朝必将江河日下,重蹈贫弱、遭受侵凌之覆辙,老臣与陛下多年心血必将付之东流。老臣为国为民,恳请陛下坚定圣意,万勿任用司马光入阁执政!"

王安石言毕,泪流奴颊,扑通跪地:"老臣为我朝长治久安、世代兴盛,所求三事,务求陛下恩准!"

神宗急忙上前搀扶:"爱卿快快请起!"神宗:"司马光作文章、修史书人才难得,但空谈误国。朕在位一日,绝不用他辅政。爱卿多年辅政,实为朕师,所求三事关系我朝长远兴盛,朕皆铭记,照准实行。朕虽然已经答应你回归江宁;亦有事求卿,请爱卿勿辞!爱卿辞政后应继续关心朝政,朕将朝政大事随时告卿,还望爱卿不吝赐教。"

王安石:"江宁乃臣祖灵所在,第二故乡。臣多年未能陪伴父母,既已辞相,愿为父母年年坟上添土,以慰祖宗。正因此为臣执意回归江宁。今后国政赐教不敢,但老臣有生之年,圣上如有垂询,臣当忠贞不渝,直言不讳!"

神宗激情难抑,泪流满面,声音哽咽地:"就依爱卿所言。朕与爱卿君臣相知,开创我朝盛世,必将成为千古佳话!"言毕,双手颤抖地接过《乞罢政事书》。

王安石:"老臣辅政结怨朝野,皇亲后宫不容,臣但求报效天下,吾愿足矣!"

196. 皇宫内廷

韩绛、章惇、沈括、蔡卞跪于神宗面前:"圣上万万不可恩准王大人辞请。"

神宗:"各位大人起来,有话但讲无妨。"

沈括:"我朝推行农田水利、方田均税法令以来,水利田达1万多处,受益农田超过361万亩。全国清查隐瞒田产365万亩,并对全国耕地依照肥沃贫瘠,审定税赋。农业收成超过一倍,税赋激增。我朝仁宗嘉祐八年,天下人口26421651,英宗治平三年20506980,三年减少600万人,今日超过29000000人,10年间激增900多万人,皆因新法惠民,天下太平,百姓安居乐业。《市易法》抑制豪商垄断暴利,都市物价稳定,商贸百业繁荣,且为我朝增收数倍,州县府库充盈。这一切除了王大人德才学识和超凡智慧勇毅,其付出心血和汗水,可谓呕心沥血、鞠躬尽瘁。王大人对朝廷忠心耿耿,圣上志向恢宏,绝不能允准王大人辞相,否则再无他人辅佐圣上成就千秋大业。"

章惇:"我朝近年发展繁荣昌盛,仅以用作百业交换流通的铸币可见一斑。治平年间仅为130万贯,而今年已达360万贯,增至2.8倍。我朝军制改革,裁减老弱冗兵十之超三,110多万军队精减超过36万,既节省军费开支,又极大提高我国军力,周边夷狄对我朝刮目,不敢轻举妄动。整军省兵、整饬吏治、裁减皇族恩荫虽损及朝野各阶层既得利益,但事关我朝长远,天下波动在所难免。陛下且不可允准王大人辞政。唯有王大人继续辅政,才能开创我朝政治、经济、军事、文化、教育、学术百业兴盛,提升我朝综合国力,实现陛下强国一统宏愿。"

韩绛:"王大人辅助陛下推行新法数载,我朝一扫贫弱,国富兵强,扬威四疆,农工医商、教育、学术、科考百业俱兴。我朝立国百年从无今日鼎盛辉煌。正处在千载难逢腾飞良机,唯有王大人继续辅政,推动前无古人之革故鼎新大业,我朝才可重振汉唐雄风。"

沈括:"王大人品德如汪洋大海,浩瀚碧波;气节如万仞之壁,泰山嵩岳;其才能经天纬地,高山仰止;其胸怀包举宇内,囊括九州四海;其学术集三教九流之萃,其文章开一代新风;其终生追求变法图强,开创辉煌盛世,奠定我朝千秋万代基业之宏图大略。王大人实为我华夏民族少见完人,不世出之千载全才贤相。恳请陛下万万不可准其辞政。"

蔡卞:"我与王大人虽为翁婿,但微臣今日恳请圣上非为私情。王大人德高望重,才贯古今,学博百家,文坛领袖。孟子曰'五百年必有王者兴',陛下雄才大略,欲作中兴名君,由王大人继续辅政,陛下必将与秦皇、汉武、唐宗、我朝先祖媲美而名垂青史。"

神宗:"各位大人所谈皆至理忠言,王大人忠心为国,功高盖世,不计个人毁誉安危,多年代朕承受朝野喧嚣责难。现今亲人去世,疾患缠身,数次上章辞相,甚至委朝中重臣求朕允准。朕虽不忍爱卿离去,但其意已决,恐难挽留。况朕亦不愿王大人为朝事劳神烦心,损折我朝栋梁,还请诸位大人谅朕之苦衷!"

197. 王府书房

王安石聚精会神读书,家人走入:"老爷,圣上派内侍已进家门。"王安石放下书籍,匆忙外出,与一太监迎面院内。

太监:"王安石接旨。"

王安石跪地。

太监:"奉天承运,皇帝诏曰:爱卿王安石佐朕辅政,坚行新法,富国利民强兵,功盖古今。朕不忍其疾患损身,特准辞相。封荆国公,尚书左仆射同中书门下平章事,镇南军节度使,知江宁府。钦此!"

王安石:"臣王安石谢主隆恩!"

198. 崇政殿

宋神宗面对群臣:"爱卿王安石辅政七载,功高盖世,实为千载全才贤相,但因长年呕心沥血朝政,积劳成疾,力辞政务,朕不忍心爱卿疾病缠身痛苦,特准辞政。封荆国公,尚书左仆射同中书门下平章事,镇南军节度使,知江宁府。"

王安石出班跪拜:"臣王安石谢主隆恩。"

神宗:"爱卿文彦博年事已高,准予致仕。"

文彦博出班跪拜:"臣文彦博谢主隆恩。"

神宗:"封韩绛为同中书门下平章事,辅朕主持朝政;封章惇为枢密副使兼参知政事,辅朕主持枢密院军事。"

韩绛、章惇出班跪拜："臣谢主隆恩。"

神宗："封沈括为三司使,封王安礼为开封知府、蔡卞为资政殿大学士。"

沈括、王安礼、蔡卞出班跪拜："臣谢主隆恩。"

字幕:朝野守旧顽固派利用自然灾害恶毒攻击王安石。宋神宗迫于内外压力,畏难退缩,投降派鼓噪,割地辽国。王安石痛心抱负再难施展。王安国和王雱相继去世,王安石身心受到极大打击,数次上章辞相。熙宁九年(1076)十月,王安石第二次罢相,回归第二故乡江宁。

199. 王府书房

王安石指挥家人装箱整理书籍。他的目光久久停留在墙上诗作:

梅　花

墙角数枝梅,凌寒独自开。

遥知不是雪,为有暗香来。

咏　竹

一经森然四座凉,残阳余韵去何长。

人怜直节生来瘦,自许高材老更刚。

曾与蒿藜同雨露,终随松柏到冰霜。

烦君借取根株在,欲乞怜伦学凤凰。

王安石小心取下卷起诗作。

夫人走入对王安石："女儿婚事已按夫君吩咐,俱已筹办齐备。儿媳愿与我等同回江宁。"

王安石："抓紧办理女儿婚事。近日吾等闭门谢客,以免百官贺礼破费。日后尊儿媳自主。"

200. 王府客厅

王安石、王安礼端坐。

蔡卞跪地："岳父大人、叔父大人在上,请受小婿一拜。"

王安石、王安礼急忙起身："贤婿免礼,快快请起。"

201. 王府客厅

王安石、韩绛、章惇、沈括、王安礼、蔡卞围坐。

王安石："吾明日离京,回归江宁,朝政大局拜托三位大人。三位要多指教、关照吾弟安礼和蔡卞贤婿,将其历练成为传承我朝新法、实现天下大治的中坚。"

韩绛："安礼担任开封知府不足 3 月,察访乡民,调研百业,整顿吏役,平反冤狱,清理积案百余件,并将政务张榜公布。百姓称颂,京城臣僚刮目。圣上闻听辽国使臣佩服赞赏,高兴夸赞安礼为我朝治政栋梁。蔡卞已按圣上旨意供职中书三司。沈大人和安礼、蔡卞必为天下推行新法后起之秀,续写我朝辉煌灿烂新篇。"

王安石脸上露出了欣慰的笑容。

202. 汴河岸边

蓝天白云,秋风阵阵,千里沃野,碧绿无际。

王安礼、韩绛、章惇、沈括、王文淑、蔡卞等人为王安石岸边送行。

韩绛："圣上闻大人回归江宁,编著《字说》,修订《三经新义》,特赠国藏图书典籍万卷,并赐骏马一匹,嘱咐我等为大人送行,并转告大人保重身体。圣上将为大人鸿篇巨著,作序题写书名。大人治政改天换地,文学独领风骚,思想睿智深邃,对我朝之巨大贡献,必将与天地共存、与日月同辉。"

王安石和夫人等登船离岸,众人恋恋不舍,挥泪话别。

夕阳霞光,映红了江面,映红了大地,映红了苍穹。

天色渐暗,明月升起,小船在月色中缓缓前行。

船尾,王安石遥望北方,浮想联翩,激情难抑,放声吟咏：

人间投老事纷纷,才薄何能强致君。

一马黄尘南陌路,眼中惟见北山云。

声音响彻千山万水,在天地间回荡。

小船载着王安石由近到远,缓缓消失在水天相连的茫茫夜色中。

字幕：王安石 1076 年十月第二次辞相后,回到了他的第二故乡——江宁,即今日的南京。他避开繁华闹市,自己亲手建造了非常简陋的"半山园"。他修改整理自己的文学作品和学术著作,殚精竭虑创作了大部作品《字说》,以博大精深学识和独树一帜的先进思想观念重新解释文字,赋诗《进学说》二首上呈朝廷,神宗颁行天下。他广交社会各界平民朋友,寄情山水政治田园,创作了大量精品佳作。他的学术集九流之粹、文章起八代之衰,他在文学和学术等方面的综合成就贡献为整个宋代320年间无人企及的巅峰。

203. 京城皇宫

神宗对蔡卞:"王爱卿诞辰将至,朕委你前去庆贺慰问,以后年年照此不误。"

蔡卞:"微臣遵旨,谢主隆恩。"

204. 王安石半山园

王安石埋头读书,案头堆满墨迹未干的诗文。

205. 王安石书房

王安石对夫人:"我去江边迎接苏大学士,你安排好今日少饭,少不得多饮几杯。"

夫人:"夫君放心前去,骑驴慢走保重。"

王安石走出室外,骑上毛驴离家上路。

字幕:王安石10年退休生活中,被后世传为佳话的是他与苏轼"相逢一笑泯恩仇"。苏轼衷心感谢1079年"乌台诗案"面临生命危险时,王安石倾情上书,神宗尊重王安石建言,使他大难不死重见天日。而且他经过多年地方实践,深刻反省当年反对变法错误。1084年八月转任途中专门拜访退休南京的王安石,两人相聚月余,王安石以宰相肚里行舟船宽广的胸怀原谅了他的过错。两人谈天论地,话佛品道,唱和诗文,切磋学问,尽释前嫌,成为至交。苏轼感慨:长久以来欲以王安石以师,一直没能实现心愿。今日"从公已觉十年迟"。他离开江宁后,两人通信不断。两大文坛领袖握手言欢,惺惺相惜,成为中国文学史上千古佳话。

206. 大庆殿

哲宗9岁儿童端坐龙位,一旁珠帘里面高太后端坐。

宰相王珪面对堂下众臣:"先帝不幸驾崩,我等万分悲痛。国不可一日无主,新君年幼即位,由太皇太后摄政,各位大人务必尽心辅助。"

207. 洛阳

司马光眼看《资治通鉴》和满屋书稿自言自语:"新君少不更事,太皇太后恪守祖制,废除新法,恢复祖制,就在今朝。我何不以参加先帝葬礼为名,前去京城,静观时局。"

司马光伏案书写《先帝葬礼入京疏》。

208. 福宁殿

高太皇太后对司马光:"新君年幼,爱卿素怀忠义,三朝元老,当此主少国疑之时,治国何以为先?"

司马光:"当今之际,应广开言路,匡正朝政缺失,恢复祖宗法度。"

209. 大庆殿

儿童哲宗与高氏端坐朝堂,众大臣分列两旁。

高氏:"宰相王珪不幸病逝,司马光任同中书门下侍郎。"

司马光:"臣谢主隆恩,誓肝脑涂地以报朝廷。"

210. 大庆殿

儿童哲宗和高氏面对众臣。

司马光出班:"蔡京担任中书舍人,政绩卓著,臣保举其宜担任开封知府,以尽其才。"

众臣交头接耳,多有不满神情。

高氏:"准爱卿奏请。"

枢密使章惇出班:"朝野对蔡京多有异论,还请太皇太后三思收回成命。当今之际,应下诏继续推行先帝新法,以安天下人心。"

司马光:"恢复祖宗法度,刻不容缓。请太皇太后明鉴。"

章惇:"臣观司马大人近期两次奏请,一说免役法优于上等户,另说免役法使上等户年年当差不得安闲,请问司马大人免役法与上等户究竟利弊如何?许多臣僚奏请续行新法,皆被司马大人压下不报,请废新法奏章尽入朝议,司马大人有何解释?这难道就是司马大人恪守的正大光明?"

司马光满头大汗,无言以对,恼羞成怒。

211. 蔡京府宅

蔡京举杯一饮而尽,满桌酒菜丰盛。一官员对蔡京:"大人高明,王安石多年主政,知大人才干未予重用。追随司马大人数月,高升开封知府,大人前程似锦,日后必将入阁拜相,万人之上。"

蔡京:"抓紧草拟废除'免役法'恢复'差役法'奏折,今日速送司马大人。"

212. 大庆殿

儿童哲宗、高氏及众臣。

司马光:"臣请废除王安石蒙蔽先帝推行所有新法,恢复祖宗旧制。"

吕公著:"当详思新法利弊得失,择善而行之,不善者去之。"

范纯仁:"治大国如烹小鲜,当前应慎思治国大事,严肃对待先帝新法,切不可盲目意气用事。"

司马光:"蔡京禀报,开封府已准备好千人应役。废除新法犹如救焚拯溺,刻不容缓。"

苏轼:"先帝行新法十几年,成效显著,新法存废,万望三思而后行。"

司马光对高氏:"王安石推行新法时,许多官员迎合其意,助纣为虐,臣请免去毁我祖法朝野一干官吏。许多忠贞耿直之士,为保祖宗法度,丢官罢职外放,设立'诉理所'以来,无数官员冤情得以申诉昭雪,臣请拨乱反正,予以重用。这是臣草拟的降免、升迁官员名单,请太皇太后恩准。"

章惇:"司马大人一朝天子一朝臣,顺者昌逆者亡,必将大伤我朝元气。任用亲戚范纯仁、范祖禹担任御史台、谏官要职,直接违背我朝宰辅亲朋不准担任监察官员,这一行之有效重要回避制度。请太皇太后慎思。"

司马光:"范纯仁、范祖禹人品才学为我朝士大夫楷模。如果一定要回避,这个宰相我不当,我回避。"

范纯仁、范祖禹出列:"章大人等人所言有理,吾愿改任他职,请恩准。"

司马光:"当今拨乱反正,恢复祖制犹如解民倒悬,救百姓于水火,非常时期须有非常之策,破格启用非常之人,请太皇太后恩准。"

213. 江宁

王安石骑驴看书。徒步田野,麦苗嫩绿,杏花、桃花一望无际。口中吟诵:

缭绕山如涌翠波,人家一半在烟萝。
时丰笑语春声早,地僻追寻野兴多。
窣堵朱甍开北向,招提素脊隐西阿。
暮年要与君携手,处处相烦作好歌。

214. 江宁

王安石行进在农田中,眼望五谷丰登,场上玉米堆积如山……低声吟诵:

水满陂塘谷满沟,漫移蔬果亦多收。
神林处处传箫鼓,共赛元丰第一秋。

秋收农场上,百姓面对满场丰收的庄稼,欢声笑语:"若无朝廷推行惠民新法,哪有我们今天百姓的好日子!"

215. 大庆殿

司马光对高氏:"王安石推行新法,穷兵黩武,纵容王韶开疆扩土,斩断西夏右臂,所得领土于我朝无甚大用,西夏失去战略主动,时刻忧心难安,虎视眈眈。为安国保民,边境安宁,我应对其施以仁和,不如归还西夏,以结世代友好。"

章惇:"西夏原为汉唐故土,其独立建国38年来,我朝深受其害。先帝与王安石力挺王韶,前线将士用鲜血收复故土,我朝掌握战略主动。若将我朝故土送还西夏,我朝将被动挨打,且西夏贪婪残暴绝非妇人之仁所能感化!此事万万不可!"

高太皇太后:"司马爱卿宽厚仁慈,高瞻远瞩,推恩西夏,边境安宁。准奏。"

司马光:"臣奏请废除免役等所有新法。全面恢复祖制,否则老臣死不瞑目。"

216. 江宁

病卧的王安石扶杖行进在田野中。百姓吵吵嚷嚷:"听说司马光专门与老宰相作对,废除了全部新法,好日子到头啦,今后我们该怎么过啊?!"

王安石听后一阵晕眩,仆人慌忙扶住。

217. 江宁

弥留之际的王安石断断续续:"亦罢至此乎,司马光也太过分了。"

言毕双目紧闭,掉头右侧,王安石溘然长逝,家人千呼万唤。

218. 苏轼书房

苏轼、苏辙对坐。

苏辙:"兄长以君主名义代表朝廷为王安石撰写制辞,事关重大。这绝不是对王安石个人评价问题,事关神宗皇帝与王安石变法改革盖棺论定;事关如何评价司马光废除新法,恢复祖制;事关今后施政。制辞公布天下,朝野士庶关注,传之后世千载。兄长须推敲斟酌,慎思谨言下笔。"

苏轼:"为兄亦知此文重如千钧。王安石德才学识、成就贡献堪称前少有古人,后难有来者。即使今日对他政治学术朝堂全盘否定,许多人唯恐避之不及,为兄也要秉持公心,客观公正,仗义执言,或稍可匡正对他颠倒黑白、混淆是非肆意诋毁,且可以正后人视听。但鉴于目前政治环境,为司马相公勉强过关,亦需春秋笔法微言大义,以求各方平衡。为兄务求制辞经得起历史检验,文章流芳千古。"苏轼神情凝重。手握狼毫泼墨,苏辙聚精会神旁观。

王安石赠太傅制

敕：朕式观古初,灼见天命。将有非常之大事,必生稀世之异人。使其名高一时,学贯千载；智足以达其道,辩足以行其言；瑰玮之文足以藻饰万物；卓绝之行足以风动四方。用能于期岁之间,靡然变天下之俗。

具官王安石,少学孔孟,晚师瞿聃；网罗六艺之遗文,断以己意；糠秕百家之陈迹,作新斯人。属熙宁之有为,冠群贤而首用。……

219. 司马光府宅

病危在床的司马光对家人断断续续,有气无力地："吾从政近50年,早年任职地方京城,虽有小为却无大成。年过半百所成两件大事甚感欣慰：一是编著史作《资治通鉴》,二是废除先帝与王安石所有新法,恢复旧制,维护祖宗法度,吾不虚此生。虽死无憾矣！"

言毕闭目,头倒枕侧。家人痛哭,呼唤不已。

字幕：熙宁九年(1076)王安石第二次辞相后,宋神宗继续推行新法9年。1085年神宗去世,1077年出生的哲宗9岁即位。高太后临朝称制,司马光出任宰相。二人互相倚重,犹如破堤泄洪废尽新法,首开永无休止折腾误国先河。王安石元祐元年(1086)四月忧愤逝世,司马光九月去世。与王安石长达十几年政见之争,发誓与其不共戴天的司马光赢了,他笑到了最后。但从此拉开了赵宋王朝灭亡的序幕,仅40年后金朝灭亡北宋。大宋锦绣江山社稷输了,天下万民哭了。《清明上河图》描绘的繁华盛世成为过眼烟云,京城开封断壁残垣废墟瓦砾。金人掠走徽宗、钦宗及王公贵族后宫等3000多人。高宗赵构仓皇南逃杭州,建立苟延残喘的南宋,中国历史进入了长达150年战乱不已的第二个南北朝时期。赵构为保帝位享乐,充当金国儿皇帝,杀害了坚持北伐中原迎还二帝尽忠报国的名将岳飞。1276年南宋灭亡,历时317年创造了高度物质文明和精神文明的赵宋王朝,湮没在历史的长河中。

王安石变法虽然未能实现一统天下的雄心壮志,但他励精图治发展经济、富国强兵、改善民生,开创繁荣鼎盛新时代的盖世功绩永垂史册。他的德才学识、节义操守,一生追求报效天下、四海一统,勇往直前,无畏求索,百折不挠的崇高风范,已经成为中华民族宝贵财富和强大的精神力量,激励炎黄子孙自强不息,奋发有为,拼搏进取,世代传承,为实现中华民族伟大复兴,续写崭新辉煌华章。

王安石生平及重要作品表

纪 年	年龄	国内外时事	生平与重要作品
真宗天禧五年辛酉（1021）	1	北宋自建隆元年（960）建国，至第三代皇帝真宗景德元年（1004）与契丹签订"澶渊之盟"，输以"岁币"。1006年西夏紧随其后对宋索取。40年代庆历年间两国勾结互为犄角，趁火打劫，宋对外输出钱物倍增。宋帝国"一身二疾"，被动应对辽夏挑衅侵扰，未老先衰。在屈辱中苟且偷安。 九月，吐蕃唃厮啰请降。 十一月，贬王钦若分司南京。 是年，范仲淹33岁，张先32岁，晏殊31岁，曾公亮24岁，包拯23岁，梅尧臣20岁，富弼18岁，文彦博16岁，欧阳修15岁，韩琦14岁，苏洵13岁，邵雍11岁，韩绛10岁，周敦颐、韩维5岁，吕公著4岁，曾巩、司马光、刘敞、王珪3岁，张载2岁。	农历十一月十二日（公历12月18日），王安石生于临江军（今江西省清江县），字介甫，号半山，江西临川县人。祖籍山西太原，曾祖父王明（字永泰，生三子）迁居江西临川（今抚州）。长子王贯（字用之）为安石祖父。父益，时为临江军判官。17岁只身游历升州（今南京），以文谒工部尚书、知州张咏，张寄予厚望改其字损之为舜良。祥符八年（1015）王益小范仲淹5岁同榜进士。任建安主簿。 母徐氏，生母吴氏。兄弟7人：兄安仁、安道，弟安国、安世、安礼、安上；妻吴氏，大妹文淑丈夫张奎；次妹丈夫天长朱明之；三妹丈夫扬州沈季长。 （生年据《能改斋漫录》）
乾兴元年壬戌（1022）	2	二月，真宗赵恒薨，子赵祯立，年13岁，是为仁宗，太后刘氏同听政。十一月，吐蕃首领李立遵来附。 丁谓贬崖州（海南三亚）司马。	王益任新淦县令，安石随父。
天圣元年癸亥（1023）	3	正月，以兵冗吏冗，上下困于财，三司使李谘请省浮费。 十一月，置益州交子务。 寇准1004年担任宰相，63岁逝世于贬所。此前1020年受丁谓与翰林学士钱惟演陷害，其被贬为道州（湖南道县）司马，再贬雷州（今广东）司马，丁谓升宰相。	王益以大理寺丞调知吉州首县庐陵县，辖九乡一镇。安石随父。

续表

纪 年	年龄	国内外时事	生平与重要作品
天圣二年 甲子 （1024）	4	二月，宋发放交子。禁私造，限在川蜀流通。为中国发行纸币之始；长王益48岁与之忘年之交的益州知州张咏有功于此。 三月，真宗实录修成。 十月，始令诏书摹印颁行。	安石随父在庐陵。 岳父吴芮中进士；妻吴琼生，其祖父吴敏太宗淳化三年（992）进士；早于王安石家族入仕。
天圣三年 己丑 （1025）	5	十二月，以张知白同平章事，张旻为枢密使。	王益以殿中丞任四川新繁县令，辖28乡。安石随父。 安石大妹文淑生。
天圣四年 丙寅 （1026）	6	五月，契丹攻甘州回鹘，兵败而还。闰五月，修复陕西永丰渠。	安石随父在新繁。
天圣五年 丁卯 （1027）	7	**晏殊罢枢密副使，以夏竦继任。** 七月，发丁夫士卒6万塞滑州决河。	随父在新繁。王益任职三年间微服私访，查询民情，惩治邪恶，教化百姓，造福万民等。后人将他与曾任新繁县令唐朝宰相李德裕及乡贤梅挚建"三贤堂"纪念。
天圣六年 戊辰 （1028）	8	二月，同平章事张知白卒，以张士逊继任。七月，江宁府、扬、真、润州江水溢。	安石随父在新繁。咸平三年（1000）家族南迁后登陈尧咨榜第一名进士，王益二叔（安石叔祖父）右谏议大夫王贯之卒，享年62岁。
天圣七年 己巳 （1029）	9	二月，复置制举十科。 三月，契丹饥民流至宋境，诏分与唐、邓州闲田。	安石随父进京。
天圣八年 庚午 （1030）	10	有人上书陈榷盐官得利微，而民困于转输，诏议更法度，遂罢榷盐法。	王益改太常博士、尚书屯田员外郎（从六品）调知韶州（今广东）。辖四县二十七乡、二镇。安石随父。
天圣九年 辛未 （1031）	11	六月，契丹主耶律隆绪卒，子宗真立为兴宗，宋遣龙图阁待制孔道辅为贺册及吊祭使使契丹。沈括生。	安石随父在韶州。弟安国（平甫）生（另说1028年）。

续表

纪年	年龄	国内外时事	生平与重要作品
明道元年 壬申 （1032）	12	仁宋生母李宸妃去世。 十一月，夏王赵德明去世，子元昊嗣位，仿宋廷置文武班，立藩汉学，图谋反宋。宋始置谏院。 诗人王令、理学家程颢生。	安石随父在韶州。
明道二年 癸酉 （1033）	13	三月，皇太后刘氏去世，仁宗始亲政。始知其生母。 理学家程颐生。	安石祖父卫尉丞王贯去世，王益丁父忧自韶州归江宁，安石从父还家。（据《伤仲永》）
景祐元年 甲戌 （1034）	14	十月，元昊侵环庆，杀掠居民，庆州柔远寨驻军破之。元昊举兵报复，缘边都巡检杨遵与战败退，环庆都监齐宗矩出援，伏发被执。	安石居临川、金溪外祖父家读书。少壮自负："意气与日争光辉""欲与稷契遐相希"。 三弟安礼（和甫）生（另说1035年）。
景祐二年 乙亥 （1035）	15	十二月，赵元昊领兵攻吐蕃唃厮啰（河湟地区藏族首领）大败。唃厮啰来宋献捷，诏加保顺军留后。	继续在家乡读书。有不满14岁传世最早七律《闲居遣兴》："南去干戈何日解……谁将天下安危事，一把诗书子细论。"感慨边境动乱，有谁依据诗书儒术，研讨天下大事，治乱安邦。
景祐三年 丙子 （1036）	16	五月，知开封府范仲淹上书指斥时弊，触怒执政吕夷简，落职被贬筠州。尹洙上疏论救，欧阳修贻书责司谏高若讷，均被贬谪。 西夏王李元昊制定使用夏国文字12卷。西攻回鹘，取甘肃兰州等三州，疆土倍增。苏轼生。	王益守丧期满。安石随父至汴京，京城初交曾巩。 父子拜访开封知府范仲淹，范称赞王安石聪颖。 幼弟安上（纯甫）生。
景祐四年 丁丑 （1037）	17	十二月，汴京及定、襄、忻等州地震，坏民庐舍，死者2万余人。	王益任江宁（今南京）通判，与知州同级别。安石随父。
宝元元年 戊寅 （1038）	18	范仲淹受人谗间，远谪岭南，论谏者众。十月，诏戒百官朋党。 元昊称帝改元，立国号夏。 司马光中进士甲科。	居江宁。大妹文淑出嫁。 安石舅、其夫人吴琼四叔吴蒙中进士。

续表

纪 年	年龄	国内外时事	生平与重要作品
宝元二年 己卯 （1039）	19	六月，削元昊官爵赐姓，绝互市。命三司议减浮费，韩琦言省费当自掖庭始，诏宫掖所需务从简约。	二月，王益病故（994—1039），年46，葬于江宁牛首山（后追封楚国公）。自是全家定居江宁。 与异母兄安仁（常甫）、安道（勤甫）入江宁府学。
康定元年 庚辰 （1040）	20	正月，元昊自将陷金明寨，侵延州，大破宋军还。宋将刘平殉国。命韩琦安抚陕西。 五月，以范仲淹兼知延州。 九月，元昊侵三川诸寨，宋军攻夏白豹城，取得小胜。	安石与兄长江宁居丧苦读，准备科考。
庆历元年 辛巳 （1041）	21	二月，元昊侵渭川，宋将任福、桑怿等与战好水川，遇伏兵宋军惨败；韩琦、范仲淹被贬官。 八月，元昊攻陷丰州，知州王余庆战死。	五月，守丧期满，与兄安仁入京参加礼部科考。再遇曾巩结谊深厚。 王安石贤惠外祖母黄夫人去世，安石曾为其著文纪念。这一时期作《龙泉寺石井二首》，壮志凌云。
庆历二年 壬午 （1042）	22	正月，复榷盐法。官置盐场，官自辇运，禁私贩。 二月，诏选河北丁壮刺字为义勇军以备契丹。 五月，契丹聚兵幽蓟，声言南下，宋建大名府为北京，以示抗衡。 九月，契丹胁迫增币，富弼赴辽谈判，定宋岁增银绢各10万两、匹，称"纳"币，与契丹和。夏军扰边，宋出师抗御，大败；夏军大掠渭州。	三月，登杨寘榜进士第四名。（主考官推荐第一名，仁宗降之）入扬州韩琦幕下任签书淮南判官厅公事。作《送孙正之序》《上田正言书》。同榜六位后荣任宰相：王安石、韩绛与韩缜（其父韩亿为仁宗朝副宰相）、王珪、苏颂、吕公著（叔祖父吕蒙正、父吕夷简，家族三代宰相）。王安石诗"一时同榜用三人"记他与韩绛、王珪共同主政。
庆历三年 癸未 （1043）	23	正月，夏主李元昊因战争死伤众多，国内人困财乏，遂遣使向宋请和。仁宗任范仲淹参加政事，富弼、韩琦为枢密副使，欧阳修等知谏院。 九月，范仲淹条陈十事，朝廷颁行全国，后称"庆历新政"。	签书淮南判官。暮春乞假归省临川，夏秋间与表妹吴琼完婚。 作《扬州新园亭记》《忆昨诗示诸外弟》《伤仲永》《张刑部诗序》《同学一首别子固》《到家》《还自舅家书所感》《过外弟饮》《次韵答陈正叔二首》等。

续表

纪年	年龄	国内外时事	生平与重要作品
庆历四年 甲申 (1044)	24	三月，诏天下州县立学，选部属官为教授，士需在学三百日，乃可预秋试，先策论，次诗赋。 十月，宋夏定和议，宋册元昊为夏国主，夏对宋称臣，"岁赐"夏绢15.3万匹，银7.2万两，茶2万斤。 以万民血汗资敌辽、夏，实宋之耻辱，且绝非小钱；仅1005—1068年合计达银1113万两、绢1955.5万匹、茶叶141万斤，且辽国使臣入宋等及节日馈赠靡费无数。 辽国、西夏战于河曲，契丹大败，辽兴宗险被擒。	签书淮南判官。任职期间创作哲学著作《淮南杂说》，影响巨大："世谓其言与孟轲相上下。"有《读柳宗元传》《答曾子固》《杂咏四首》，本年或下年《上人书》。 关注"庆历新政"改革，作《读镇南邸报，癸未四月作》，担忧仁宗动摇，"天意慎猜嫌"新政难行。后来不幸言中，虽然年轻预见深远。 长子王雱生。
庆历五年 乙酉 (1045)	25	"庆历新政"遭挫折，正月，罢范仲淹、富弼、杜衍、韩琦出知扬州。新政失败。复行旧贡举法。 诗人黄庭坚生。	淮南扬州任满，还京。有《赠曾子固》《送陈长之序》《次韵和中甫兄春日有感》及对陆子履上年被贬袁州安慰诗《次韵子履寄远》。
庆历六年 丙戌 (1046)	26	五月，汴京雨雹，河北、河东、京东地震，登州、莱州尤甚。	在汴京任大理评事。正月充点检试卷官。作《丙戌五月京师作》二首，有"传闻城外八九里，雹大如拳死飞鸟"句。
庆历七年 丁亥 (1047)	27	二月，大旱，诏求直言。 十一月，贝州（河北清河县）军卒王则据城起事，自称东平郡王，国号安阳。	任知鄞县。四月鄞女生。离任时告别赋诗："从此死生各西东。" 十一月，下乡巡查14乡，督办水利。有《读诏书》《与马运判书》《鄞县经游记》《上相府书》。
庆历八年 戊子 (1048)	28	正月，宋军破贝州，王则据城60日兵败被擒处死。 夏李元昊死，子谅祚立，1岁位，生母没藏太后临朝。四月，宋册其为夏国主。河北京东西大水。 宋神宗赵顼生。	在鄞县任。六月长女14个月夭亡，写祭文葬之。曾回江宁葬父。有《先大夫述》《上杜学士言开河书》《上运使孙司谏书》《越州余姚县海塘记》《龙赋》《伍子胥庙碑》《答姚辟书》《扬州龙兴讲院记》《慈溪县学记》《请杜醇先生入县学书》两篇、《答王景山书》等。

续表

纪　年	年龄	国内外时事	生平与重要作品
皇祐元年己丑（1049）	29	九月,广源州侬智高据安德州,称南天国,建元景瑞,扰宋邕州。文彦博、庞籍建议省兵,朝廷放陕西乡兵归农者3.5万余人,岁省缗钱245万。 契丹派韩国王萧惠攻西夏自败。	在鄞县任。作《善救方后序》《省兵》《收盐》《鄞县西亭》《天童山溪上》《寄伯兄》《秃山》《答曾子固书》。秋,赴杭州拜访请教范仲淹兴革天下大计。 长兄安仁登冯京榜进士,授宣州(今安徽宣成县)司户参军。
皇祐二年庚寅（1050）	30	十一月,诏外戚毋得任二府。诏更定雅乐。 西夏没藏太后遣使赴契丹,乞依旧称藩。	鄞县任满,归临川、江宁。有《别鄞女》《登飞来峰》《葛溪驿》《抚州通判厅见山阁记》《抚州祥观三清殿记》《信州兴造记》《书陈祁兄弟屋壁》诗。 任职3年,勇担风险,敢为天下先,进行经济文化等改革。政通人和,百业俱兴。誉为"江东三贤宰"之一。离任后百姓修建生祠纪念。
皇祐三年辛卯（1051）	31	正月,宋分淮南为两路。同中书门下平章事文彦博罢,以庞籍充任。 江淮连年荒歉。	四月,文彦博荐,召其赴京,安石上《乞免就试状》。秋间赴任舒州通判。有《登越州城楼》《若耶溪归兴》《到舒州次韵答平甫》《舒州七月十七日雨》《题舒州山谷寺石牛洞泉穴》等诗。 七月,长兄安仁37岁去世。
皇祐四年壬辰（1052）	32	知谏院包拯任龙图阁直学士。五月,侬智高破邕州,号仁惠皇帝,随入横、贵、龚、藤、梧、封、康、端等州,进围广州。九月,破昭州。 朝廷以狄青为宣抚使征讨。 五月,资政殿学士范仲淹去世（989—1052）,享年64岁。	舒州通判任。作《老杜诗后集序》《祭范颍州仲淹文》。四月回江宁葬兄安仁,有《亡兄王常甫墓志铭》《宣州府君丧过金陵》《慎县修路者》《壬辰寒食》等诗文。 七月,仲兄安道36岁去世。
皇祐五年癸巳（1053）	33	五月,高若讷罢,狄青平定侬智高,任枢密使。闰七月,庞籍罢,以陈执中、梁适同平章事;同月诏礼部贡院,定科举经义评判标准。	在舒州任。六月,祖母谢氏病逝于临川,享年90岁,王安石曾著文纪念。作《发廪》《感事》《兼并》《桂州新城记》《芝阁记》《郊行》《促织》《杜甫画像》《偶成二首》等。

续表

纪 年	年龄	国内外时事	生平与重要作品
至和元年 甲午 (1054)	34	正月,京师大寒,多冻死者。枢密使、同平章事王永贻罢,以王德用为枢密使。 八月,以刘沆同平章事。	在舒州。七月,作《游褒禅山记》。秩满,辞试馆职,求任地方,以家贫口众,难住京师,四上《辞集贤校理状》。听从欧阳修劝告,九月任群牧司判官。回京时道出淮南,过高邮,遇王令聚学,投书并赠《南山之田》诗,两人定交。有《与王逢原书二》《送梅龙图》《通州海门兴利记》,约作于此时《寓言15首》。冬寄住舟中失火,烧毁生活用品,为母亲治病。
至和二年 乙未 (1055)	35	三月,改封孔子四十七代孙世愿为衍圣公。四月,罢诸路里正衙前。六月,以文彦博、富弼同平章事。 契丹帝兴宗耶律宗真去世,子耶律洪基即位,史称道宗。	在汴京任群牧司判官。有《韩持国见访》《乙未冬妇子病至春不已》《平山堂》,此时或下年《赠曾子固》《日出堂上饮》等诗。
嘉祐元年 丙申 (1056)	36	京都自五月大雨连绵,坏官和庐舍,诸路江河决溢,河北尤甚。 八月,狄青罢,以韩琦为枢密使。 十一月,王德用罢,以贾昌朝为枢密使。十二月,刘沆罢,以曾公亮参知政事;龙图阁直学士包拯任开封知府,至1058年6月。	任群牧判官。推迟10年会谒翰林侍读欧阳修,有《奉酬永叔见赠》诗。七月受命考试锁厅举人。十二月,提点开封府界诸县镇公事。王令有《送介甫行畿县》诗。有《桃源行》《虎图》《寄题郢州白雪楼》《河北民》《丙申八月作》《答钱公辅学士书》《答王深父书》《冲卿席上得昨字》《送宋中道通判洺州》诗,《上执政书》《上欧阳永叔书二》等。
嘉祐二年 丁酉 (1057)	37	春,翰林学士欧阳修知贡举,痛抑太学体,文风大变;取曾巩兄弟4人、苏轼兄弟、章惇、张载、程颢、王韶、吕惠卿等。后曾布、章惇两宰相、苏辙三位副相等,各领域贡献巨大,被称为"龙虎榜"。此前1042年,王安石榜六宰相可与媲美。两榜为中国科考史的辉煌。 秋,幽州地震,坏城郭。 十二月诏间岁一举士,增置明经科。	五月,改太常博士,知常州;六月,至楚州(今江苏淮安)因幼弟病,留40日;七月到常州。 有《平山堂》《次韵吴仲庶省中画壁》诗,《上欧阳永叔书三》《与刘原父书》《寄阙下诸父兄兼示平甫兄弟》《和农具诗十五首》。 曾邀王令来常州修学,见《与吴司录议王逢原姻事书》。

续表

纪 年	年龄	国内外时事	生平与重要作品
嘉祐三年 戊戌 （1058）	38	六月，文彦博、贾昌朝罢，以韩琦同平章事，宋庠、田况为枢密使。 自冬雨雪不止，民多饥寒，死于道路者甚众。	二月，调任提点江东刑狱，官署饶州。察访榷茶法弊害，上《议茶法》。十月，任三司度支判官。 赴京前归访临川，见《再宿金峰诗》。有《答刘季孙》《江东召归》《寄虔州江阴二妹》诗，《答段缝书》《上邵学士书》《与刘原父书》。
嘉祐四年 己亥 （1059）	39	春，翰林学士胡宿权知贡举。 诏弛茶禁。	年初入京，上《万言书》，任度支判官。作《明妃曲二首》《酬王詹叔奉使江东访茶法利害见寄》《与丁元珍书》等。 王令去世，作《王逢原墓志铭》等。
嘉祐五年 庚子 （1060）	40	五月，置宽恤民力司。 秋《新唐书》成，欧阳修、宋祁等上呈朝廷。 十一月，宋庠免，以曾公亮为枢密使。张升、孙抃参知政事。梅尧臣去世（1002—1060）。	春，奉敕伴送契丹使回国，由汴京经澶州、馆陶、永济、临清、贝州、至涿州，三月还京，计18日。 途中有《澶州》《白沟行》《王村》《道逢文通北使归》《示长安君》《北客置酒》《涿州》《出塞》《入塞》等诗40余篇。 作《度支副使厅壁题名记》《唐百家诗选序》《哭梅圣俞》。
嘉祐六年 辛丑 （1061）	41	六月，以司马光知谏院。 八月，曾公亮任宰相，张升为枢密使，欧阳修参知政事。试贤良方正之士，苏轼入第三等，苏辙入第四等。三馆秘阁上所编校书9450卷。	在汴京。春，试进士、明经诸科举人，为详定官。六月，迁知制诰。有《上时政疏》《详定试卷二首》等诗文。八月秘阁试制科，有《……苏轼受大理评事制》《激励诸道转运使精画财利宽恤民力制》。 弟安礼考中进士，入唐介幕府。
嘉祐七年 壬寅 （1062）	42	八月，仁宗立从侄宗实为皇子，赐名曙。枢密副使包拯去世（999—1062），享年64岁。	在知制诰任。 有《送程公辟知豫章》《读孟尝君传》《拟上殿札子》《上富相公书》。

纪 年	年龄	国内外时事	生平与重要作品
嘉祐八年癸卯（1063）	43	正月,王安石与范缜、司马光同知贡举,沈括考中进士。 三月,仁宗薨,皇子赵曙立为英宗,因其病,皇太后曹氏权垂帘听政。 五月,以富弼为枢密使。 十月,葬仁宗于永昭陵。	八月,安石母吴氏去世于京师（后追封魏国太夫人）,护丧归葬江宁。有《送陈景初》诗。弟安国举茂才异等,有司考校第一,因守丧耽误制试。任京官数年选杜甫、欧阳修、韩愈、李白,编《四家诗》。尊崇杜甫忧国爱民,排其首位。
英宗治平元年甲辰（1064）	44	五月,太后撤帘还政。 十一月,刺陕西民为义勇军。	安石江宁居丧,其二妹去世。有《虔州学记》。
治平二年乙巳（1065）	45	七月,以文彦博为枢密使,吕公弼为副使。修太常因革礼成。 英宗命群臣议定生父称谓。天章阁待制司马光、翰林学士王珪、侍御史吕诲等坚持称生父为伯;昭文馆大学士（宰相）韩琦、副宰相欧阳修坚持称父,双方激烈争执对抗。	七月居丧期满,朝廷召归,三次上《辞赴阙状》,皆以疾辞。有《上富相公书》《王深父墓志铭》。 冬,弟安礼赴京,王微之置酒饯行,作《和甫如京师微之置酒》诗。 曾巩寄《与王介甫第三书》。
治平三年丙午（1066）	46	司马光之党汹汹,侍御史范纯仁等3人上表称韩、欧2人奸邪,乞斩之以谢天下。曹太后下诏依韩琦等人主张。范纯仁等抗议请辞,其3人遭贬,史称"濮议之争"。辅臣治政不思轻重,抓芝麻丢西瓜,小事折腾2年,内讧可见一斑。 契丹复国号为辽。 九月,夏主谅祚举兵侵庆州。 十二月,英宗卧病,立颖王赵顼为皇太子。苏洵去世（1009—1066）。	居江宁。作《和微之登高斋》《次韵微之高斋有感》《寄和甫》《金陵怀古四首》《桂枝香·金陵怀古》《句容道中》《自金陵至丹阳道中有感》《南乡子·自古帝王州》等。

续表

纪 年	年龄	国内外时事	生平与重要作品
治平四年丁未（1067）	47	英宗原有疯病，长期受朝臣争斗内耗等，正月，不满35岁英年早逝（1032—1067）。子赵顼即位，史称"宋神宗"，志欲振兴图强。 副宰相欧阳修疾恶如仇，弹劾官多遭忌恨。1045年被诬与无血缘关系甥女通奸；1065年"濮议之争"遭受沉重打击；此年再被御史官员蒋之奇、彭思永诬与儿媳"乱伦。"其心灰意冷，反复请求绝意离京。 宋、夏交战于陕西志丹。 十二月，西夏帝毅宗谅祚去世，子惠宗李秉常即位。	闰三月，应召知江宁府；九月任翰林学士。子王雱二月登许安世榜进士，24岁。 居丧期间康复身体同时讲学，学子云集，培养出陆佃（陆游的祖父）等3位副宰相及许多英才，为日后变法奠定了思想和人才基础。有《浪淘沙令.伊吕两衰翁》《太平州新学记》《勇惠》《材论》《知人》。
神宗熙宁元年戊申（1068）	48	神宗依欧阳修恳请，其以观文殿学士知亳州。神宗谓朝臣：天下弊事至多，不可不革。当今理财最为急务。七月，以陈升之知枢密院事。 王韶1057年进士及第后赴西北，长期潜心研究边事；立志建功边疆，上《平戎策》，陈述对夏策略。受到神宗与王安石重用。	四月，安石应诏越次入对，帝问为治所先，对以择术为先。上《本朝百年无事札子》。有《出金陵》《松间》《题西太一宫壁》六言诗二首，苏轼、黄庭坚称颂唱和。韩绛等以安国文才超凡荐，神宗赐安国进士及第，任武昌军节度推官。
熙宁二年己酉（1069）	49	二月，以富弼同平章事，王安石参知政事。设制置三司条例司，命陈升之与其主事，筹划变法大计。 六月，御史中丞吕诲列举十大罪状，劾奏王安石。 翰林学士司马光反对新法绝对化："禹汤文武之法，虽至今存可也。" 七月行《均输法》。九月行《青苗法》。 十月，富弼罢，以陈升之同平章事。 十一月，行《农田水利法》。王安石支持发明创造器械疏浚降低河床；改变黄河两股入海，泥沙严重淤积，河床高于京城市区约两丈严峻状况，主持堵塞北流。 制定《裁宗室授官法》，减皇族特权。	二月，任参知政事。上《乞制置三司条例》《进戒疏》《乞改科条制札子》。面对天下地震海啸般反对变法，其泰山崩于前面不改色，坚持开源节流并重，铁腕裁减数千皇家宗室既得利益，节省近于京城诸军月11万缗开支。 绝大部分皇家子弟基本转为自食其力平民；凭科考入仕做官，有助形成社会公平风气。 重用苏辙入变法领导机构；选程颢等八路官员赴州县调查。 有《元日》《夜直》《孟子》《商鞅》《赐也》诗。

续表

纪 年	年龄	国内外时事	生平与重要作品
熙宁三年 庚戌 (1070)	50	二月,韩琦请罢《青苗法》,王安石称疾不朝,司马光代神宗批答,对其横加指责,企图激怒王安石赌气辞职。苏轼连续两年作《上神宗皇帝书》,反对新法,诋毁王安石。 八月,夏军进犯环庆路。 十二月,韩绛、王安石任同平章事(宰相),王珪参知政事。 行《将兵法》《保甲法》。 "再裁定后、妃、公主及臣僚恩荫补官"。	十二月任宰相。有《答手诏封还乞罢政事表札子》《谢手诏慰抚札子》《答司马谏议书》《答曾公立书》《题中书壁》诗等。 连续两年克难攻坚,剥夺皇室、后宫特权,反弹剧烈;宗室子弟曾聚集街头,趁其上朝遮道请愿施压,王安石义正词严驳斥。 蔡京和13岁弟蔡卞(后为王安石女婿)中进士。
熙宁四年 辛亥 (1071)	51	二月,改革科考,罢进士试诗赋及明经诸科,以经义策论试进士。 八月,置洮河安抚司,命王韶主持。 十月,罢《差役法》,行《募役法》。 立太学生三舍法:外、内、上舍分别700、200、100人。 苏轼入仕10余年中守孝6年,缺乏主官历练,看问题片面,主观臆断;多次诋毁王安石。四月,任人间天堂、与知府同级杭州通判。他难比王安石入仕相同年月德才政绩,任职毫不逊色,可谓重用。	在同中书门下平章事(宰相)任。 弟安国任太子中允、崇文院校书。 子雱为崇政殿说书。 有《上元从驾至集禧观次冲卿韵》《送李太保知仪州》《和吴相公东府偶成》《次韵和甫咏雪》等。
熙宁五年 壬子 (1072)	52	三月,行《市易法》。五月,行《保马法》《方田均税法》。 十月,宋增置熙河路,重用王韶为经略安抚使。 章惇自七月至1076年初招抚湖南辰州(今沅陵)峒蛮首领10余人,平定40余州,加强对其规范管理,促进其经济发展和文明进步。	在宰相任。王安石排除内外干扰及神宗动摇,始终不渝鼎力支持王韶,苦心经营西北数年,初见成效。 八月,欧阳修去世(1007—1072)。有《祭欧阳文忠公文》《与王子醇书》《上五事札子》及《壬子偶题》诗。

续表

纪 年	年龄	国内外时事	生平与重要作品
熙宁六年癸丑（1073）	53	三月，增设经义局。王韶续行断西夏右臂战略，克河州，进据洮州、岷州、宕州等，拓地2000里，约20万平方公里，史称"熙河之役"。自真宗以来70年间第一次挺直了腰杆。王韶以军功任枢密副使。 熊本自本年至1075年招抚平定四川10余州，收复滦州（今重庆市）500里。建南平军。促进少数民族地区社会全面进步。	在宰相任。兼经义局提举，王雱任修撰，修诗、书、周礼三经义。有《与王子醇书二、三》。因复河湟，神宗以玉带赐王安石。有《西帅》《和蔡副枢》《次韵元厚之平戎庆捷》及与王珪和诗。 四月其奏成立"疏浚黄河司"，荐李公义主共事，从领导机构、人员、经费等统筹治理黄河事务。 六月依王雱奏请设军器监。弟安国任著作佐郎。
熙宁七年甲寅（1074）	54	自去秋不雨，至本年夏大旱，流民载道。郑侠绘流民图，神宗震撼。 四月，以韩绛同平章事，吕惠卿参知政事。 七月，行《手实法》。	王安石6次上《乞解机务札子》，四月允准。受神宗委托再函安抚王韶。出知江宁府。六月，王雱任右正言、天章阁待制、侍讲（帝师）。有谢上表《初到金陵》《经局感言》《读眉山集次韵雪诗五首》《思北山》《人间》《芙蓉堂》《六年》诗。
熙宁八年乙卯（1075）	55	正月，贬郑侠于英州。 十月，罢吕惠卿副相，出知陈州，罢《手实法》。 十二月，元绛任参知政事。 交趾（今越南）原为唐朝故土，公元973年独立建国。十一月，因边境冲突，国王李乾德派三路大军侵入两广三地，杀死我军民6.4万人。邕州（今广西南宁）知州苏缄抵抗42天，城陷后全家37人殉国。 韩琦去世（1008—1075）。 辽国耶律乙辛诬陷皇后萧观音与伶人通奸，萧被缢死；诬太子耶律濬谋反，1076年囚禁太子上京（内蒙古巴林左旗）。	二月，由江宁应诏赴京复相。 六月，加尚书左仆射兼门下侍郎，王安石上《三经新义》，诏颁于学校。有《周礼义序》《诗义序》《书义序》《泊船瓜洲》《入瓜步望扬州》《读史》《寄张氏女弟》《道人北山来》《世故》《老树》《寄道光大师》诗。幼弟安上任赞美大夫、权发遣度支判官。 十二月，弟安礼知润州。 王雱任龙图阁直学士。

续表

纪　年	年龄	国内外时事	生平与重要作品
熙宁九年丙辰（1076）	56	宋军穿越崇山峻岭、密林河流，距交趾城（今河内）90里。交趾太子李洪真战场身亡，国王请罪求和。宋军一马平川可灭其国，却退还攻占领土班师，是继西北大捷后宋军扬威南国。至南宋末200余年交趾朝贡于宋，南方长远和平。 以吴充（其儿吴安持官至天章阁待制，王安石女婿）、王珪同平章事，冯京知枢密院事。	王安石亲自起草战争文告《敕榜交趾》，调兵遣将，运筹帷幄，派郭逵领兵自卫反击。七月，王雱病逝。 王安石复相后，变法派分裂，朝政步履维艰。其反复求辞，十月，诏准免相；此前有《与参政王禹玉书》《中书即事》《怀金陵三首》《出定力院作》等诗文。 主政期间恪守先礼后兵、攻心为上，少杀善待降众等，内外用兵，四战四捷。遍观北宋辅臣唯其无惧夷狄，料事如神，军事战略思想高超无人可及。 弟安国去世（另说1074、1077年）。
熙宁十年丁巳（1077）	57	宋哲宗赵煦生。七月，河决于澶州曹村，北流断绝，河道南徙，灌郡四十五，齐、郓、徐等四地尤甚。 邵雍、张载去世（1020—1077）。	居江宁。神宗关照任安石二子旁勾当江宁府粮科院。六月，辞去判江宁府衔，以集禧观使名义闲居钟山。有《辞免使判江宁府表》《除集禧观使乞免使相表》《题雱祠堂》《赠僧》《寄吴氏女子》。
元丰元年戊午（1078）	58	五月，塞澶州曹村决河成，筑新堤114里。九月，吕公著、薛向同知枢密院事。 神宗意欲恢复幽燕，聚金帛数十库预为兵费。	居钟山。正月，封为尚书左仆射舒国公集禧观使。有《封舒国公谢表》及《封舒国公三绝》《与吕望之上东岭》《书定林院窗》《两山间》诗。

续表

纪 年	年龄	国内外时事	生平与重要作品
元丰二年 己未 （1079）	59	五月，元绛罢，以蔡确参知政事。御史中丞李定、御史舒亶弹劾湖州知州苏轼讥刺新法诗集广为流传。说发放青苗钱，百姓来往于城借贷还贷："赢得儿童语音好，一年强半在城中"；指责食盐严管："岂是闻诏解忘味，尔来三月食无盐。"非议官员普法、兴修水利等。七月，逮轼赴台狱。十二月，贬其黄州团练副使本州安置。史称"乌台诗案"。 收受诗集官员易地降职或罚铜20—30斤者：驸马都尉王诜、张方平、李清臣、司马光、曾巩、范镇、刘攽、苏辙、黄庭坚、安石幼弟王安上等20人；受影响共涉及官员76人。	居钟山营造半山园。有《示元度》《己未耿天骘……逆沈氏妹于白鹭洲遇雪作此诗》《示蔡天启三首》《岁晚》《胡笳十八拍》《与耿天骘会话》三首。 与时任侍从官弟安礼为苏轼求情；他："岂有圣世杀才子者乎？"说动神宗："上以公（王安石）疏入方为决。"其尽力营救苏轼大难不死。如此善待丧失理智一贯诋毁自己政敌，谁人可比？
元丰三年 庚申 （1080）	60	二月，以章惇参知政事。 三月，吴充罢，逾月去世。 九月，改散阶官制。以冯京为枢密使。 十月，修元丰郡县志成。	居钟山。正月，文淑去世（曾封长安县君，丈夫张奎官至尚书比部郎中）。九月，改封荆国公。有《祭吴侍中冲卿文》《封荆国公谢表》《论改诗义札子》《答吕吉甫书》《成字说》《进字说》《庚申游齐安院》《次吴氏女子韵》《渔家傲》《闻望之解舟》等诗。 安礼知开封府，治政雷厉风行，政绩卓著，受辽使称赞，神宗奖励。
元丰四年 辛酉 （1081）	61	正月，冯京罢，以孙固知枢密院事。三月，章惇罢，以张璪参知政事。夏兵屡犯边。 九月，李宪、种谔、王中正、刘昌祚、高遵裕五路伐夏，种谔小胜。 十一月，夏诱敌深入，决黄河水大败宋军，宋军死20余万人。	居钟山。三月弟安礼任翰林学士。有《南浦》《染云》《即事》《元丰行示德逢》《后元丰行》《歌元丰五首》等。蔡卞改任崇政殿说书，1097年，任尚书左丞（副宰相），王安石二女儿封福国夫人。哲宗亲政后蔡卞为恢复新法贡献较大。

续表

纪　年	年龄	国内外时事	生平与重要作品
元丰五年 壬戌 （1082）	62	宋改官制，史称"元丰改制"。 四月，以王珪、蔡确为宰相，章惇为门下侍郎，张璪为中书侍郎。 九月，夏军30万陷永乐城。朝堂无王安石主政筹谋，宋攻夏大败，军民两年死亡达60万，北宋元气大伤，神宗身心遭受巨大创伤。	居钟山。有《送和甫至龙安微雨因寄吴氏女子》《答吕吉甫文》《壬戌正月晦与仲元自淮上复至齐安》《同陈和叔游齐安院》《寄吴氏女子》等诗。 弟安礼以翰林学士任尚书右丞（副宰相）。
元丰六年 癸亥 （1083）	63	二月，夏军围兰州，王文郁败之。 闰六月，夏主秉常遣使请和，许之。 六月，富弼去世（1004—1083）。	居钟山。有《书湖阴先生壁二首》《南浦》《昭文斋》《送邓监簿南归》《拟寒山拾得诗二十首》等诗。
元丰七年 甲子 （1084）	64	春，王安石得疾，神宗派御医诊治。五月，诏中书舍人、女婿蔡卞到江宁省视其疾病。 诏封孟轲为邹国公，配食孔子。 九月，神宗依端明殿学士王安礼照顾兄长，诏其知江宁。神宗赐王安石金五十两，其尽施于定林僧舍。 十二月，司马光等修《资治通鉴》成，奏进朝廷。 西夏再次攻打兰州、延州，均无果。	居钟山。春卧病，病愈，捐"半山园"为报宁禅寺。租城区民房，自搭凉棚避暑。大宰相甘为无产者，天下有几人？苏轼由黄州改贬汝州，七月过金陵，会谒王安石，相互酬唱。此前他已深刻反省反对新法错误，感慨王安石人品才学："从公已觉十年迟。"有《和子瞻同王胜之游蒋山》《回苏子瞻简》。《寄蔡氏女子二首》苏轼誉为：自屈原没世，旷千年后一见之离骚句法。他爱其《径暖》手书之。和其四绝之三《北山》。有《钟山即事》《昼寝》《病中睡起折杏花数枝二首》。
元丰八年 辛酉 （1085）	65	三月，神宗38岁去世（1048—1085），子哲宗赵煦9岁即位。祖母高太后临朝称制。司马光一贯恪守男尊女卑，却发奇想"以母改子"，以破除废新法伦理障碍。 五月，王珪去世，司马光主政，称废除新法如救焚拯溺。 七月，吕公著为尚书左丞。先后罢《保甲法》《方田法》《市易法》《保马法》。	居钟山。三月，诏特进王安石为司空。有《神宗皇帝挽词》《秋热》《题半山寺壁》《谢微之见过》《秣陵道中口占二首》《江上》《赠外孙》。 心忧主少，朝政逆转，想到孔子3年不改父道为孝，且同榜王珪任相，心稍慰藉。闲居诗作清新雅丽，艺术炉火纯青，后世称"荆公体。"

续表

纪　年	年龄	国内外时事	生平与重要作品
哲宗元祐元年丙寅（1086）	66	闰二月，司马光任宰相。吕公著为门下侍郎。"置诉理所，许熙宁以来得罪者申诉。"鼓动守旧派清算变法派。 司马光知大限将近，废除新法如破堤泄洪，罢《青苗法》《免役法》。 他为怀柔宽厚西夏，将宋军浴血征战收复部分故土拱手归还西夏，放弃战略主动。不愧妇人之仁！ 六月，吕惠卿安置建州。 九月，司马光去世（1019—1086）。 苏轼任翰林学士。	病中忧愤司马光废新法，听到与神宗殚精竭虑两年多，解放劳动力万民拥护的《募役法》被废时，悲愤交加："亦罢至此乎！太过分了！"数十年超负荷奉献付出，疾病折磨，忧虑国家前途交织，四月初六（公历5月21日），千古伟人阖然长逝（1021—1086）。苏轼代哲宗草《王安石赠太傅制》。其病中有《杖藜》《新花》诗。 王安石晚欧阳修14年，早苏轼（1036—1101）15年；三大文坛领袖皆66岁。曾巩（1019—1083、1084），后说亦同三人寿命，是上天安排？还是偶然巧合？

以上表格内容鉴于史书浩繁，许多人事尤其名作时间说法不一，经反复查阅史料，《辞海》等，参考刘乃昌《王安石诗文编年选释》、台湾学者柏杨《中国历史年表》等甄别考证，采纳一说或注明他说。仅知为某一时期难以确定年份名作则编入该阶段末。难以确定时期，唯有遗憾忍爱不取。比如其学术大作《洪范传》《书洪范传后》；批判刘邦残杀功臣的《读汉功臣表》；批判唐玄宗政治腐败断送盛唐的《开元行》；呼吁加强边防的《阴山画虎图》；批判贪图享乐苟且偷安，必将导致亡国的政治寓言诗《同昌叔赋雁奴》；批判索取无度，蕴含可持续发展思想的《秃山》；抒发高洁志向的《古松》《孤桐》《梅花》《北陂杏花》；批判守旧支持发明创新的《赐也》；不畏流俗的《众人》；坚持政治理想的《孟子》；坚行新法令行禁止的《商鞅》；抒发朝代兴亡人事沧桑的《自金陵至丹阳道中有感》；虽然功成身退却难以忘怀峥嵘岁月政治是非，心系国家前途的《杖藜》《偶书》。评说历史重大事件重要人物，抒发政治见解以及人生感悟，道理深邃的哲理篇章等。王安石一生创作诗词文章约3353篇，名篇佳作不胜枚举，几乎涉及中国文化所有重要方面。他真正践行了"我读万卷书，识尽天下理"的誓言。他的思想博大精深，高山仰止。

神宗从心底里佩服敬重他这位"通儒"全才宰相老师；他作为推行变法改革的总设计师、总执行官辅佐朝政七年，对于神宗成长为英明君主功不可没。

他对于天下许多大事小情都能讲出道理。比如熙宁六年(1073)他与神宗谈到熙河经略司上报河州立功官兵名单说:"举事则才者出,不才者困,此不才者所以不举事也。"(《续资治通鉴》第六十九卷)说是办大事则人才能够经过历练显露,脱颖而出;无才能的人就受困窘,显露无能干不成事,这就是无才能者不愿意办大事的原因。他的潜台词则是:古往今来无能者往往对有才者羡慕嫉妒恨,甚至为掩饰无能设置障碍阻挠他人成功,我做不成你也别想做成,不能显示你能我笨,这何尝不是变法改革受到天下守旧派反对的原因之一?这与他初入仕途力挺困境中的曾巩,作《答段缝书》谈道:天下愚钝人多,贤明者少,愚者原本就嫉妒其,贤明者自有操守,不愿混同愚者,则愚钝的人就更加怨恨贤者。他对于两种不良社会现象阐述道理相通,批判说理透彻。他批判社会陋习政论诗文多,且见解深刻独到,言简意赅。清代刘熙载评价其文章:"半山(王安石辞相后居住南京时号半山)文善用揭过法,只下一二语,便可扫却他人数大段,是何简贵。"比如《答司马谏议书》,以君子风范文明用语,仅300多字,有理有节回答驳斥司马光指责变法数千字来信,成为收入学校教材千古名篇。他创作用字精炼,治学严谨,用典虽多贵在恰切。

他变法改革借鉴了法家依法治国的经验,汲取其犹如西医治病速效的长处,但他更是一贯重视儒家治国犹如中医治病,为治国安邦解决根本长远奠定坚实基础。他一生坚持以儒家思想作为治国的底色。比如他非常重视社会道德风俗建设。他终身恪守践行"俭以养德",他作《风俗》强调:"君子制俗以俭,其弊为奢。"主张俭朴反对奢侈。说:"风俗之变,迁染民志,关乎盛衰,不可不慎也。"认为道德风俗事关天下万民文明素质,关系国家长远兴衰成败,必须当作大事严肃慎重对待。他推行新法促进全社会解放思想,更新观念,移风易俗,以符合时代发展的新思想"靡然变天下之俗。"催生了崭新的时代。

王安石一生经历五位帝王:真宗2年、仁宗41年、英宗4年、神宗18年、哲宗1年,实际寿命64周年5个月。他自少年时代立下"意气与日争光辉"冲天凌云雄心壮志,发誓"我读万卷书,识尽天下理";广读百家,知识奠基厚重坚实。高中进士后牢记宰相起于州部古训,反复请求地方历练,求索治国之道登攀磨砺,负重奋进20年。主政天下大展宏图已是胸有成竹,机遇终于降临有准备的他。神宗朝他经天纬地励精图治7年,谱写了光辉灿烂的北宋历史新篇章;退休归隐10年不知老之将至,勤治学论文字;文学创作炉火纯青;诗作后世称作"荆公体"。他骑驴徒步与百姓零距离,浑然村翁与万民鱼水情深。

他一生践行中华民族传统美德至善至圣,其精神境界高山仰止。中国封建政治改革大家得以善终,家人平安无忧的唯他一人。在他的带领下大家族文化学术政治成就贡献达到了鼎盛。他在许多学科和领域造诣高深厚重,尤其是集政治改革家、文学家、思想家、文字学家、教育家等全才于一身,古今中外绝无仅有。他是封建政治家修身齐家治国平天下,立德、立功、立言圆满的楷模。

元丰八年(1086)王安石去世后,在高太后和宰相司马光对他进行政治清算,蛮横废除新法,逆转朝政,开启永无休止折腾环境下,知制诰苏轼以哲宗名义代表朝廷作《王安石赠太傅制》昭告天下,虽淡化其政治贡献,却充分肯定其道德文章。南宋及明清最高统治者根据其政治需要,对他多否定诋毁,不世出的伟人面目全非。但其实犹如狂犬吠日,所有对他的诋毁都难以完全遮蔽其灿烂的光辉。其身后声名荣衰升降起伏如下:

1. 元丰八年(1085)三月五日神宗逝世,哲宗九岁即位。北宋历史进入下行拐点。元祐元年(1086)正月,科考停止以《字说》《三经新义》为标准,改用"古今诸儒之说"。

2. 哲宗绍圣元年(1094),定其谥号"文"。尊其配享神宗庙庭。依太学博士詹文奏请解禁《字说》。

3. 哲宗绍圣二年(1095),赠太师。

4. 徽宗崇宁三年(1104),尊其配享孔庙,位列孟子之次。

5. 徽宗政和三年(1113),追封舒王。子雱封临川伯,从祀孔庙。

6. 钦宗靖康元年(1126),禁《字说》。准杨时奏罢配享孔庙,降为从祀。

7. 南宋高宗建炎三年(1129),依赵鼎二人奏,罢配享神宗庙。

8. 高宗绍兴四年(1134),削其舒王封号。

9. 高宗绍兴十年(1140),临川知州詹大和重刊《临川文集》。

10. 高宗绍兴二十一年(1151),其曾孙王珏刻《临川先生文集》。

11. 孝宗淳熙四年(1177),罢子雱从祀孔庙(从祀计64年)。

12. 理宗淳祐元年(1241),罢其从祀孔庙(从祀115年,与配享计137年)。

宋史·王安石传(节选)

王安石,字介甫,抚州临川人。父益,都官员外郎。安石少好读书,一过目终身不忘。其属文动笔如飞,初若不经意,既成,见者皆服其精妙。友生曾巩携以示欧阳修,修为之延誉。擢进士上第,签书淮南判官。旧制,秩满许献文求试馆职,安石独否。再调知鄞县,起堤堰,决陂塘,为水陆之利;贷谷与民,出息以偿,俾新陈相易,邑人便之。通判舒州。文彦博为相,荐安石恬退,乞不次进用,以激奔竞之风。寻召试馆职,不就。修荐为谏官,以祖母年高辞。修以其须禄养言于朝,用为群牧判官,请知常州。移提点江东刑狱,入为度支判官。时嘉祐三年也。

安石议论高奇,能以辨博济其说,果于自用,慨然有矫世变俗之志。于是上万言书,以为:"今天下之财力日以困穷,风俗日以衰坏,患在不知法度,不法先王之政故也。法先王之政者,法其意而已。法其意,则吾所改易更革,不至乎倾骇天下之耳目,嚣天下之口,而固已合先王之政矣。因天下之力以生天下之财,取天下之财以供天下之费,自古治世,未尝以财不足为公患也,患在治财无其道尔。在位之人才既不足,而闾巷草野之间亦少可用之才,社稷之托,封疆之守,陛下其能久以天幸为常,而无一旦之忧乎?愿监苟且因循之弊,明诏大臣,为之以渐,期合于当世之变。臣之所称,流俗之所不讲,而议者以为迂阔而熟烂者也。"后安石当国,其所注措,大抵皆祖此书。

俄直集贤院。先是,馆阁之命屡下,安石屡辞;士大夫谓其无意于世,恨不识其面,朝廷每欲畀以美官,惟患其不就也。明年,同修起居注,辞之累日。阁门吏赍敕就付之,拒不受;吏随而拜之,则避于厕;吏置敕于案而去,又追还之;上章至八九,乃受。遂知制诰,纠察在京刑狱,自是不复辞官矣。

有少年得斗鹑,其侪求之不与,恃与之昵辄持去,少年追杀之。开封当此人死,安石驳曰:"按律,公取、窃取皆为盗。此不与而彼携以去,是盗也;追而杀之,是捕盗也,虽死当勿论。"遂劾府司失入。府官不伏,事下审刑、大理,皆以府断为是。诏放安石罪,当诣阁门谢。安石言:"我无罪。"不肯谢。御史举奏之,置不问。

时有诏舍人院无得申请除改文字,安石争之曰:"审如是,则舍人不得复行其职,而一听大臣所为。自非大臣欲倾侧而为私,则立法不当如此。今大臣之弱者不敢为陛下守法;而强者则挟上旨以造令,谏官、御史无敢逆其意者,臣实惧焉。"语皆侵执政,由是益与之忤。以母忧去,终英宗世,召不起。

安石本楚士,未知名于中朝,以韩、吕二族为巨室,欲藉以取重。乃深与韩绛、绛弟维及吕公著交,三人更称扬之,名始盛。神宗在颖邸,维为记室,每讲说见称,辄曰:"此非维之说,维之友王安石之说也。"及为太子庶子,又荐自代。帝由是想见其人,甫即位,命知江宁府。数月,召为翰林学士兼侍讲。熙宁元年四月,始造朝。入对,帝问为治所先,对曰:"择术为先。"帝曰:"唐太宗何如?"曰:"陛下当法尧、舜,何以太宗为哉?尧舜之道,至简而不烦,至要而不迂,至易而不难。但末世学者不能通知,以为高不可及尔。"帝曰:"卿可谓责难于君。朕自视眇躬,恐无以副卿此意。可悉意辅朕,庶同济此道。"

一日讲席,群臣退,帝留安石坐,曰:"有欲与卿从容论议者。"因言:"唐太宗必得魏徵,刘备必得诸葛亮,然后可以有为,二子诚不世出之人也。"安石曰:"陛下诚能为尧、舜,则必有皋、夔、稷、卨;诚能为高宗,则必有傅说。彼二子皆有道者所羞,何足道哉?以天下之大,人民之众,百年承平,学者不为不多。然常患无人可以助治者,以陛下择术未明,推诚未至,虽有皋、夔、稷、卨、傅说之贤,亦将为小人所蔽,卷怀而去尔。"帝曰:"何世无小人?虽尧舜之时,不能无四凶。"安石曰:"惟能辨四凶而诛之,此其所以为尧舜也。若使四凶得肆其谗慝,则皋、夔、稷、卨亦安肯苟食其禄以终身乎?"

登州妇人恶其夫寝陋,夜以刃斫之,伤而不死。狱上,朝议皆当之死,安石独援律辨证之,为合从谋杀伤,减二等论。帝从安石说,具著为令。

二年二月,拜参知政事。上谓曰:"人皆不能知卿,以为卿但知经术,不晓世务。"安石对曰:"经术正所以经世务,但后世所谓儒者,大抵皆庸人,故世俗皆以为经术不可施于世务尔。"上问:"然则卿所施设以何先?"安石曰:"变风俗,立法度,最方今之所急也。"上以为然。于是设制置三司条例司,命与知枢密院事陈升之同领之。安石令其党吕惠卿任其事。而农田水利、青苗、均输、保甲、免役、市易、保马、方田诸役相继并兴,号为新法,遣提举官四十余辈,颁行天下。

青苗法者,以常平籴本作青苗钱,散与人户,令出息二分,春散秋敛。均输法者,以发运之职改为均输,假以钱货,凡上供之物,皆得徙贵就贱,用近易远,预知在京仓库所当办者,得以便宜蓄买。保甲之法,籍乡村之民,二丁取一,十家为保,保丁皆授以弓弩,教之战阵。免役之法,据家资高下,各令出钱雇人充役,下至单丁、女户,本来无役者,亦一概输钱,谓之助役钱。市易之法,听人赊贷县官财货,以田宅或金帛为抵当,出息十分之二。过期不输,息外每月更加罚钱百分之二。保马之法,凡五路义保愿养马者,户一匹,以监牧见马给之,或官与其直,使自市,岁一阅其肥瘠,死病者补偿。方田之法,以东、西、南、北各千步,当四十一顷六十六亩,一百六十步为一方,岁以九月,令、佐分地计量,验地土肥瘠,定其色号,分为五等,以地之等,均定税数。又有免行钱者,约京师百物诸行利入厚薄,皆令纳钱,与免行户祗应。自是四方争言农田水利,古陂废堰,悉务兴复。又令民封状增价以买坊场,又增茶盐之额,又设措置河北籴便司,广积粮谷于临流州县,以备馈运。由是赋敛愈重,而天下骚然矣。

御史中丞吕诲论安石过失十事,帝为出诲,安石荐吕公著代之。韩琦谏疏至,帝感悟,欲从之,安石求去。司马光答诏,有"士夫沸腾,黎民骚动"之语,安石怒,抗章自辨,帝为巽辞谢,令吕惠卿谕旨,韩绛又劝帝留之。安石入谢,因为上言中外大臣、从官、台谏、朝士朋比之情,且曰:"陛下欲以先王之正道胜天下流俗,故与天下流俗相为重轻。流俗权重,则天下之人归流俗;陛下权重,则天下之人归陛下。权者与物相为重轻,虽千钧之物,所加损不过铢两而移。今奸人欲败先王之正道,以沮陛下之所为。于是陛下与流俗之权适争轻重之时,加铢两之力,则用力至微,而天下之权,已归于流俗矣。此所以纷纷也。"上以为然。安石乃视事,琦说不得行。

安石与光素厚,光援朋友责善之义,三诒书反覆劝之,安石不乐。帝用光副枢密,光辞未拜而安石出,命遂寝。公著虽为所引,亦以请罢新法出颍州。御史刘述、刘琦、钱顗、孙昌龄、王子韶、程颢、张戬、陈襄、陈荐、谢景温、杨绘、刘挚,谏官范纯仁、李常、孙觉、胡宗愈皆不得其言,相继去。骤用秀州推官李定为御史,知制诰宋敏求、李大临、苏颂封还词头,御史林旦、薛昌朝、范育论定不孝,皆罢逐。翰林学士范镇三疏言青苗,夺职致仕。惠卿遭丧去,安石未知所托,得曾布,信任之,亚于惠卿。

三年十二月,拜同中书门下平章事。明年春,京东、河北有烈风之异,民大恐。帝批付中书,令省事安静以应天变,放遣两路募夫,责监司、郡守不以上闻者。安石执不下。

开封民避保甲,有截指断腕者。知府韩维言之,帝问安石,安石曰:"此固未可知,就令有之,亦不足怪。今士大夫睹新政,尚或纷然惊异;况于二十万户百姓，固有蠢愚为人所惑动者，岂应为此遂不敢一有所为邪？"帝曰："民言合而听之则胜，亦不可不畏也。"

东明民或遮宰相马诉助役钱，安石白帝曰："知县贾蕃乃范仲淹之婿，好附流俗，致民如是。"又曰："治民当知其情伪利病，不可示姑息。若纵之使妄经省台，鸣鼓邀驾，恃众侥幸，则非所以为政。"其强辩背理率类此。

帝用韩维为中丞，安石憾曩言，指为善附流俗以非上所建立，因维辞而止。欧阳修乞致仕，冯京请留之，安石曰："修附丽韩琦，以琦为社稷臣。如此人，在一郡则坏一郡，在朝廷则坏朝廷，留之何用？"乃听之。富弼以格青苗解使相，安石谓不足以阻奸，至比之共、鲧。灵台郎尤瑛言天久阴，星失度，宜退安石，即黥隶英州。唐坰本以安石引荐为谏官，因请对极论其罪，谪死。文彦博言市易与下争利，致华岳山崩。安石曰："华山之变，殆天意为小人发。市易之起，自为细民久困，以抑兼并尔，于官何利焉？"阁其奏，出彦博守魏。于是吕公著、韩维，安石藉以立声誉者也；欧阳修、文彦博，荐己者也；富弼、韩琦，用为侍从者也；司马光、范镇，交友之善者也：悉排斥不遗力。

礼官议正太庙太祖东向之位，安石独定议还僖祖于祧庙，议者合争之，弗得。上元夕，从驾乘马入宣德门，卫士呵止之，策其马。安石怒，上章请逮治。御史蔡确言："宿卫之士，拱扈至尊而已，宰相下马非其处，所应呵止。"帝卒为杖卫士，斥内侍，安石犹不平。王韶开熙河奏功，帝以安石主议，解所服玉带赐之。

七年春，天下久旱，饥民流离，帝忧形于色，对朝嗟叹，欲尽罢法度之不善者。安石曰："水旱常数，尧、汤所不免，此不足招圣虑，但当修人事以应之。"帝曰："此岂细事？朕所以恐惧者，正为人事之未修尔。今取免行钱太重，人情咨怨，至出不逊语。自近臣以至后族，无不言其害。两宫泣下，忧京师乱起，以为天旱更失人心。"安石曰："近臣不知为谁？若两宫有言，乃向经、曹佾所为尔。"冯京曰："臣亦闻之。"安石曰："士大夫不逞者以京为归，故京独闻此言，臣未之闻也。"

监安上门郑侠上疏，绘所见流民扶老携幼困苦之状，为图以献，曰："旱由安石所致。去安石，天必雨。"侠又坐窜岭南。慈圣、宣仁二太后流涕谓帝曰："安石乱天下。"帝亦疑之，遂罢为观文殿大学士、知江宁府，自礼部侍郎超九转为吏部尚书。

吕惠卿服阕，安石朝夕汲引之，至是，白为参知政事，又乞召韩绛代己。二人守其成模，不少失，时号绛为"传法沙门"，惠卿为"护法善神"。而惠卿实欲自得政，忌安石复来，因郑侠狱陷其弟安国，又起李士宁狱以倾安石。绛觉其意，密白帝请召之。八年二月，复拜相，安石承命，即倍道来。《三经义》成，加尚书左仆射兼门下侍郎，以子雱为龙图阁直学士。雱辞，惠卿劝帝允其请，由是嫌隙愈著。惠卿为蔡承禧所击，居家俟命。雱风御史中丞邓绾，复弹惠卿与知华亭县张若济为奸利事，置狱鞫之，惠卿出守陈。

十月，彗出东方，诏求直言，及询政事之未协于民者。安石率同列疏言："晋武帝五年，彗出轸；十年，又有孛。而其在位二十八年，与《乙巳占》所期不合。盖天道远，先王虽有官占，而所信者人事而已。天文之变无穷，上下傅会，岂无偶合？周公、召公，岂欺成王哉？其言中宗享国日久，则曰：'严恭寅畏，天命自度，治民不敢荒宁。'其言夏、商多历年所，亦曰'德'而已。裨灶言火而验，欲禳之，国侨不听，则曰：'不用吾言，郑又将火。'侨终不听，郑亦不火。有如裨灶，未免妄诞，况今星工哉？所传占书，又世所禁，誊写讹误，尤不可知。陛下盛德至善，非特贤于中宗，周、召所言，则既阅而尽之矣，岂须愚瞽复有所陈。窃闻两宫以此为忧，望以臣等所言，力行开慰。"帝曰："闻民间殊苦新法。"安石曰："祁寒暑雨，民犹怨咨，此无庸恤。"帝曰："岂若并祁寒暑雨之怨亦无邪？"安石不悦，退而属疾卧，帝慰勉起之。其党谋曰："今不取上素所不喜者暴进用之，则权轻，将有窥人间隙者。"安石是其策。帝喜其出，悉从之。时出师安南，谋得其露布，言："中国作青苗、助役之法，穷困生民。我今出兵，欲相拯济。"安石怒，自草敕榜诋之。

华亭狱久不成，雱以属门下客吕嘉问、练亨甫共议，取邓绾所列惠卿事，杂他书下制狱，安石不知也。省吏告惠卿于陈，惠卿以状闻，且讼安石曰："安石尽弃所学，隆尚纵横之末数，方命矫令，罔上要君。此数恶力行于年岁之间，虽古之失志倒行而逆施者，殆不如此。"又发安石私书曰"无使上知"者。帝以示安石，安石谢无有，归以问雱，雱言其情，安石咎之。雱愤恚，疽发背死。安石暴绾罪，云"为臣子弟求官及荐臣婿蔡卞"，遂与亨甫皆得罪。绾始以附安石居言职，及安石与吕惠卿相倾，绾极力助攻惠卿。上颇厌安石所为，绾惧失势，屡留之于上，其言无所顾忌；亨甫险薄，诸事雱以进，至是皆斥。

安石之再相也，屡谢病求去。及子雱死，尤悲伤不堪，力请解机务。上益厌之，罢为镇南军节度使、同平章事、判江宁府。明年，改集禧观使，封舒国公。屡乞还将相印。元丰二年，复拜左仆射、观文殿大学士。换特进，改封荆。哲宗立，加司空。

元祐元年卒，年六十六，赠太傅。绍圣中，谥曰文，配享神宗庙庭。崇宁三年，又配食文宣王庙，列于颜、孟之次，追封舒王。钦宗时，杨时以为言，诏停之。高宗用赵鼎、吕聪问言，停宗庙配享，削其王封。

初，安石训释《诗》《书》《周礼》，既成，颁之学官，天下号曰"新义"。晚居金陵，又作《字说》，多穿凿傅会。其流入于佛、老。一时学者，无敢不传习，主司纯用以取士，士莫得自名一说，先儒传注，一切废不用。黜《春秋》之书，不使列于学官，至戏目为"断烂朝报"。

安石未贵时，名震京师，性不好华腴，自奉至俭，或衣垢不浣，面垢不洗，世多称其贤。蜀人苏洵独曰："是不近人情者，鲜不为大奸慝。"作《辨奸论》以刺之，谓王衍、卢杞合为一人。

安石性强忮，遇事无可否，自信所见，执意不回。至议变法，而在廷交执不可，安石傅经义，出己意，辩论辄数百言，众不能诎。甚者谓"天变不足畏，祖宗不足法，人言不足恤"。罢黜中外老成人几尽，多用门下儇慧少年。久之，以旱引去。洎复相，岁余罢，终神宗世不复召。凡八年。子雱。

雱字元泽，为人剽悍阴刻，无所顾忌。性敏甚，未冠，已著书数万言。年十三，得秦卒言洮、河事，叹曰："此可抚而有也。使西夏得之，则吾敌强而边患博矣。"其后王韶开熙河，安石力主其议，盖兆于此。举进士，调旌德尉。雱气豪，睥睨一世，不能作小官，作策三十余篇，极论天下事。又作《老子训传》及《佛书义解》，亦数万言。时安石执政，所用多少年，雱亦欲预选。乃与父谋曰："执政子虽不可预事，而经筵可处。"安石欲上知而自用，乃以雱所作策及注《道德经》镂板鬻于市，遂传达于上。邓绾、曾布又力荐之。召见，除太子中允、崇政殿说书，神宗数留与语。受诏撰《诗》《书》义，擢天章阁待制兼侍讲。书成，迁龙图阁直学士，以病辞不拜。安石更张政事，雱实导之。常称商鞅为豪杰之士，言不诛异议者法不行。安石与程颢语，雱囚首跣足，携妇人冠以出，问父所言何事。曰："以新法数为人所阻，故与程君议。"雱大言曰："枭韩琦、富弼之头于市，则法行矣！"安石遽曰："儿误矣！"卒时，才三十三。特赠左谏议大夫。

忧乐人生范仲淹

从课堂听老师讲授《岳阳楼记》开始,范仲淹的名字就深深地刻印在我的脑海。多年来,我在阅读钻研《宋史》、创作《解读王安石》的同时,常常以范仲淹主持揭开北宋改革序幕的"庆历新政"与王安石"熙宁变法"相比较。比较二人的道德文章、胸怀节操、推行改革的成败得失;二人的政治成就、文化贡献高山仰止。其修齐治平、"三立"圆满,为中国封建社会士大夫精英典范;二人壮志凌云报效天下,心系社稷造福百姓,被万民建立生祠永远纪念,是中国封建社会少有善终的政治改革家。其追效圣贤俯仰无愧的崇高精神风范,可谓民族脊梁、中华灵魂,中国封建社会不世出的天地间一流人物。

少有志操奋发苦读成大器

范仲淹,苏州吴县人,宋端拱二年(989)八月生于徐州,唐朝宰相范履冰后代。范仲淹两岁时,其父范墉病逝于武宁(今徐州)军节度掌书记任上。因母亲谢氏为其父侧室,范仲淹母子受冷落歧视,贫困无依;母亲改嫁山东淄州长白山(今山东邹平长山镇)人,时任苏州推官朱文翰,范仲淹改从继父朱姓,他少年时在其继父家乡读书。大中祥符四年(1011),范仲淹好意劝阻朱家兄弟不要奢侈浪费,受到反唇相讥:"我等自用我朱家钱财,与你何干!"原来不知自己身世的范仲淹,听后十分震撼。当有知情人告知其身世后,虽然继父对他关爱备至,但他决心自立门户。他毅然离家出走求学,发誓苦读:"待将来登第为官,再来迎接娘亲归祖。"《宋史·范仲淹传》详细记载了他感奋自立、昼夜苦读的情形:

少有志操,既长,知其家世,乃感泣辞母,去之应天府……

这才是"天将降大任于斯人也,必先苦其心志,劳其筋骨,饿其体肤……"。贫寒家境尤其是少年孤苦特殊的艰辛生活,过早地磨砺了范仲淹。

欧阳修称赞他:"少有大节,其富贵贫贱,毁誉欢戚,不一动其心,而慨然有志于天下,常自诵曰:士当先天下之忧而忧,后天下之乐而乐也。"

范仲淹从小就胸怀远大理想,他少年苦读时,就以报效天下为己任。他对于未来的设想,首先是做宰相以兼济众生,他认为:"夫不能利泽生民,非大丈夫平生之志。"他终生追求在上:"能及大小生民者,固为相为然。"

他在邹平醴泉寺僧舍读书时,虽然有家里供养,但他"日作粥一器,分为四块,早晚各取两块,拌腌菜食之"。他夜以继日,三年苦读不懈。当他知道身世后,百感交集,自绝家庭供养,徒步游学,长途跋涉来到当时全国规模大、藏书多的睢阳应天府书院。他废寝忘食,遨游书海:

> 昼夜苦学,五年未尝解衣就枕,夜或昏怠,以水沃面。往往粥食不充,日昃始食。

冬夜读书,倦怠思睡,就用冷水浇脸。日以稀粥为食,还常常吃不饱。《宋史》记载其生活窘迫穷苦"人不能堪,仲淹不苦也"。应天府长官之子见他终年吃粥,便送些美食给他,他却一口不尝,并从容致谢说道:我已安于过喝粥的生活,一旦享受美餐,日后怕吃不得苦。他在苦读的同时,还坚持习武练剑,文武并重。一次真宗皇帝路过应天府,同学们都争相前趋欲睹"圣颜",他却闭门不出,诵读如旧。同学怪他怎能错过观望皇上的良机,他却非常自信地回答:"日后再见,也未必晚!"

经过多年发奋苦读,范仲淹"大通六经之旨,为文章论说,必本于仁义孝悌忠信"。宋真宗大中祥符八年(1015)春,他考中进士金榜题名,与王安石的父亲王益(994—1039)同榜。在崇政殿参加御试时,他终于看到年近50的真宗皇帝,后来还荣赴御赐宴席。不久他被派往广德军(今安徽广德县)任司理参军,负责处理狱案等事。他把母亲接来赡养并恢复范姓。

正是幼年孤苦不同常人的身世,更使他自加压力,磨砺了他的意志,坚韧了他的性情,锻炼了他的筋骨。多年的苦读不懈、中国优秀传统文化的熏陶,奠定了他从政坚实的德才学识基础。他在为母亲服丧期间,应宰相晏殊邀请,协助主持应天府书院教务时,学生多慕名远道而来求教于他。他治学严谨,诲人不倦,管理有方,学院风气很快就焕然一新。他还用自己的微薄俸禄接济贫困学生,倾力资助富弼、孙复、张载、石介等一批后来多方面有突出成就的学者,为宋代文化教育繁荣发展作出了很大贡献。

范仲淹一生写下了大量的论著、文赋、诗词,收在《范文正公集》等书籍中,各类文章共计388篇。除部分文学作品外,其他多是他从事政治、军事活动中写下的公文,即奏议、上书等。有的作品达到了思想性和艺术性高度的统一,如作于1046年的《岳阳楼记》实为散文绝唱的经典名篇。他的政论文明白晓畅,具有强烈的爱国思想和忧患意识,如《奏上时务书》《上执政书》《答手诏条陈十事》等;军事著作如《奏陕西河北攻守等策》《论西事札子》等占有相当比重。有关军事、政治的论著有理有据,透彻精辟,逻辑性较强,文采超凡。

范仲淹传世诗词有230多首,涉及各种题材,形式多样,内容丰富,服务现实,风格昂扬向上。比如他的七律《松》,歌颂青松的高风亮节,实际上是他高尚品德的自我写照。"谏诤臣微敢殉身"亦是其铮铮铁骨,为国家不惜自身的誓言。他的《四民诗·农》深刻地表现了人民的疾苦和忧患思想。他在陕西前线所作《渔家傲》等词,则是戍边将士爱国激情、浓重乡思、艰苦军旅生活的写照,更是脍炙人口,千古传颂。

范仲淹文才学识博大精深,他是上继李、杜、韩、柳,下开欧、王、曾、苏,承前启后卓越的文学家、政治家。经他培养和荐拔的一大批学者,为宋代文化鼎盛奠定了坚实基础。他的道德操守、精神风范从古至今为人敬仰。

心系朝廷直言屡贬铮骨臣

范仲淹为了社稷朝廷和天下苍生,从政几十年始终坚持理所当言,死无所避;宁鸣而死,不默而生。他曾因直言无忌招致多次放逐贬官,但他终生从不为安身缄口,受到天下士大夫的崇拜。《宋史·范仲淹传》记载其:

> 每感激说天下事,奋不顾身,一时士大夫矫厉尚风节,自仲淹倡之。

天圣六年(1028),范仲淹为母亲服丧结束,经过宰相晏殊推荐,他结束了多年地方任职,荣升秘阁校理即负责皇家图书典籍的校勘和整理,实际上属于皇帝的文学侍从。对于宋代官员来说,这实在是难得的腾达捷径。但他回京不久就于1029年上书管了一件论官位、职责都不该管的皇室内部事务,第一次招致放逐贬官。当时仁宗皇帝虽已20岁,但朝中军政大事却都由60多岁的刘太后一手处置。仁宗为倡孝道,要在冬至这天率百官一起为太后叩头庆寿。范仲淹认为家礼与国礼不能混淆,他认为此举不合礼制,有损君主权威,于是立即上书劝阻。宰相晏殊责备他如此轻狂将连累举主。他历来敬重晏殊,且感激其举荐之恩,但这次却寸步不让,义正词严:"我正为受了您的举荐,才常怕不能尽职,让您替我难堪,不料今天因正直议论而获罪于您!"一席话说得晏殊哑口无言。后来他索性再上一章,奏请刘太后撤帘罢政,将朝政大权交还仁宗。朝廷对此默不作声,却降下诏令,贬范仲淹离京,任河中府(今山西省永济市一带)通判。明道元年(1032),他在受贬任陈州通判期间,听说京师不少人得官多出自太后,他不惧再贬甚至削职为民,以唐中宗时后宫纳贿卖官致使祸乱朝纲的史鉴为戒,犯颜直谏,告诫太后和仁宗切不可开内廷封官之风。

明道二年(1033)二月,太后去世,仁宗把他召回京师,任专门监督帝王及朝政的言官。这时当初靠讨好太后升迁的官员多说其坏话,他却上书仁宗:"太后受遗先帝,调护陛下10余年,宜掩其小故,以全后德。"他对待太后生前死后的行为,仁宗皇帝和朝臣深服其贤。不久仁宗皇帝因后宫矛盾,受宰相吕夷简和内侍官的挑唆,下诏废掉郭皇后,明令禁止百官参议此事。范仲淹考虑到历代后宫废立多引起朝政动荡甚至宫廷杀戮,且皇后无大过,废后有宰相个人图谋。他与其他官员一道,求见仁宗面谏,仁宗闭门不见,范仲淹等人在宫门口请愿,并准备次日早朝辩论。第二天他未及朝堂,忽听降旨传呼,贬他远离京城,去做睦州(今浙江桐庐县附近)知州,朝廷派人催促他即刻起身。

景祐二年(1035)三月,他因为在苏州治水有功,又被调回京师以天章阁待制荣衔,提拔任命为开封知府。范仲淹听说宰相吕夷简任人唯亲,他详细调查后,绘制了一张依托宰相升迁的百官图,于景祐三年(1036)呈给仁宗,他连上四章,弹劾吕夷简。吕则诬蔑范仲淹勾结朋党离间君臣,被绘入图的大批官员及其社会关系更是对他恨之入骨。他因此得罪了宰相等朝廷重臣及无数官吏。

范吕之争虽然朝臣看得分明,但吕夷简位高权重,善于讨好仁宗,结果范仲淹被贬为饶州知州(今江西鄱阳湖畔),他为此还付出了后来,夫人病死饶州的惨重代价。欧阳修等人也因为其鸣不平,被贬离京。

按说前两次受贬皆涉及仁宗后宫,一般官员避之不及,而范仲淹却言其所当言、谏其所当谏两次遭贬。后来,仁宗不计前嫌诏他回京师担任开封府知府时,他如果不弹劾宰相使仁宗为难,其仕途将非常通达,甚至会早日入阁拜相。但他从不这样想,范仲淹一生因直言屡次受贬,但他却决不闭口安身。为了社稷和天下百姓他死无所避,许多好友甚至其恩师晏殊宰相劝他都不为所动。其实自古以来,历朝历代最高统治者很少有从谏如流者,即使以善纳谏言开创贞观盛世著称的唐太宗,也曾有过恼怒魏征力谏不屈,欲对其严惩甚至诛杀的念头。他非常清楚直言批评皇帝后宫,将危及自身甚至株连家人,他也深知弹劾百官尤其是宰相的严重后果;但他恪守的是文臣尽忠,为国为民当以死谏,其崇高的思想境界确实令人感佩。

儒将雄才边帅军功誉神州

范仲淹少年习武,喜读兵书,尤其是对孙子兵法深有研究。康定元年(1040)三月,由于宋朝与西夏关系紧张,边关告急,形势严峻。他被朝廷委以天章阁待制、陕西都转运使与韩琦镇守边关。五月又以龙图阁直学士,并与韩琦同时被任命为陕西经略安抚副使,共同主持西北边境军政事务。他到任后,以52岁高龄亲至延州(今延安)等地视察,走遍了数百里边境线上城镇寨堡等军事据点,希望能够"深见边事",苦思坚固边关防御的良策。但范仲淹看到的是宋廷在防止将帅专权,力避重演陈桥兵变指导思想下,采取"将无常兵,兵无常将"等许多限制前线将帅的措施,致使边备废弛,军队战斗力低下,将帅缺乏临阵指挥权往往招致战场被动兵败。他根据视察情况,采取了一系列切实可行的措施,如选拔将领、整顿军队、严肃军纪、修复城堡村寨加强防务,大兴屯田,发展生产;他惜兵爱民,废除了士兵曝面陋习。《宋史》记载:"仲淹为将,号令严明,爱抚士卒。"这些都对提高军队战斗力、抵御西夏侵略、巩固边境、安定人民生活起到了积极作用。他勤奋好学、博览兵书,钻研西北防务,逐渐形成了一整套军事思想,写下了许多军事论著。

他强调训练精兵提振军威,所虑所图,并不在于成一战之胜,而要使边关长安久固。他在宋军弱于西夏的情况下注重积极防御。他反对韩琦"大凡用兵,置胜败于度外",不计后果、不爱惜将士生命的主张;范仲淹主张作战要周密部署,尽量减少伤亡。他说:"大军一动,万命皆悬,怎能将胜败置之度外?"他根据边境形势决定军事行动,多次对朝廷的错误决策极力抗争。庆历元年(1041)一月,在不具备对西夏用兵的条件下,朝廷作出了要他和韩琦统一行动征讨西夏的决定。当时30岁出头的韩琦血气方刚,与宋廷前线监军一再催促范仲淹出战。他冒着抗旨的风险,向仁宗上书《奏论夏贼未亦进讨》,强调将帅乏人、兵未精练、城堡未固且时值严冬等不利条件,说明进攻将徒落败绩,危及整个边关安全的利害关系,甚至引用《孙子兵法》以表达自己"将在外,君命有所不受",他不惧抗旨将受严惩。后来,朝廷折中采纳了他的部分意见,而由韩琦率18000精兵出战好水川(今宁夏固原一带),虽然打得非常惨烈,将士视死如归,但正如范仲淹预言宋军大败,16员将领战死疆场,士兵生还者少。韩琦突围回来时,战死将士家属数千人拦于韩琦马前哀恸声震天地;韩琦方后悔不听范仲淹之言,轻率冒进铸成大错。范仲淹以此为教训,引用《孙子兵法》:"主不可以怒而兴兵,将不可以愠而致战……若盛怒用兵,为小利所诱,劳敝我师,则其落贼策中,患有不测,或更差失,忧其不大?"他向仁宗皇帝上书《论不可乘盛怒而进兵奏》,说服朝廷同意其首先筑城练兵、积极防御的正确决策。

范仲淹在坚持积极防御的同时,对于事关全局具有重要战略意义的军事行动,总是周密部署,亲临前线指挥。1042年,他亲自指挥,经历多次激战,修建了位于庆州(今甘肃庆阳)马铺城这一艰难的工程。因为马铺为战略要地,他命年仅19岁的长子范纯佑和另一将领偷袭西夏军,夺回马铺城后负责筑城,他和其他两地将士与马铺成掎角之势支援筑城。夏兵激烈争夺,筑城将士边战边建,范仲淹率领将士们击退夏兵多次进攻,夏兵伤亡惨重。仅用10天时间,新筑起的马铺城像一把匕首插入夏境。仁宗皇帝为嘉奖范仲淹筑城之功,将马铺赐名为大顺城。

范仲淹在采取措施提高宋军整体战斗力、加强边境防御的同时,对少数民族部落积极开展边贸友好往来。对其首领真诚相待,凡有求见者,他常常至卧室之内,撤去警卫,倾诚接待,使之心悦诚服。《宋史》记载:"诸羌来者,推心接之不疑。"他招募少数民族补充军队,使之成为边军劲旅,促进边境的长安久固。西夏感恩畏威"不敢辄犯其境"。延州一带曾流传他的歌谣:"军中有一范,西贼闻之惊破胆。"夏人称范仲淹"胸中有数万甲兵"。

范仲淹自1040年初受任于危难之际至1043年3年多军旅生活中,以50多岁高龄,既要在前线极端艰难困苦的条件下亲自视察边境和制定落实各项强军固边的措施,又要根据前线情况说服朝廷取消束缚一线将帅的许多陈规,排除对前线将帅的干扰,争取朝廷的理解和支持;同时,还须说服韩琦等将领,抑制其年轻气盛不虑后果轻易用兵。范仲淹的长子范纯佑18岁随其出征,且不说父子战场拼杀生死难测,仅鞍马颠簸劳顿和塞外严寒亦可想见其苦。边塞军旅艰辛生活的深切体验和对家乡亲人的思念,及对朝廷的忧虑融于笔端,他写下开创词作豪放先声的千载佳作《渔家傲》:

塞下秋来风景异,衡阳雁去无留意。四面边声连角起。千障里,长烟落日孤城闭。

浊酒一杯家万里,燕然未勒归无计。羌笛悠悠霜满地。人不寐,将军白发征夫泪。

范仲淹所采取的一系列措施,扭转了宋廷对西夏的被动局面,一定程度上改变了宋朝对外屈辱的历史;巩固了西北边防,实现了西北长期稳定,促进了边境地区经济发展和人民生活的改善。

范仲淹镇守延安一带3年多,是他一生中少有的充分发挥才干施展抱负的时期。朝廷考虑其戍边之苦和他的功绩,几次要增加其俸禄,范仲淹多次都以自己未建大功,守边将士生活极为艰苦,甚至累饿倒毙,自己与将士同甘苦,才能使其为国用命,巩固边防为由谢绝。他的高风亮节对于凝聚全体将士,构筑起西北坚固防线居功至伟。

正当其在西北边关大有作为时,仁宗则因其治军有方、安边有功将其调回京师,提拔为参知政事即副宰相。范仲淹施展平生理想治国安邦,谱写了他一生中光辉灿烂的新篇章。

励精图治披荆斩棘行新政

北宋王朝自"陈桥兵变"(960)建国80余载至庆历年间,冗官冗兵冗费,百姓不堪重负,农民起义连绵不断;积弱积贫,对外屈己苟安,天下危机四伏。尽管仁宗是个求稳守成的帝王,但面对内忧外患,为了维护宋廷统治,以求天下长治久安,于庆历三年(1043)九月任用范仲淹为参知政事(副宰相)改革朝政,即历史上有名的"庆历新政"。其实在此之前,早在1025年,范仲淹仅为从九品小吏时,就向皇帝写出过改革弊政的奏章;1027年他在母亲去世服丧期间,按说不准参议朝政,他为尽忠写了《上执政书》,涉及军事、政治、经济等多面的改革。1030年,他任河中府通判时继续上书关于地方政权建设、减轻赋税差役的奏章。改革弊政强盛大宋是他多年的理想和追求,但原来多次上书皆如石沉大海,没有引起朝廷的高度重视。

当宋廷内外交困,风雨飘摇,再也不能照旧统治下去时,这时范仲淹誉满朝野,被士大夫公认为改革朝政、振兴大宋的希望,成了众望所归挽大厦于将倾的栋梁。受任于危难之际的范仲淹,综合多年来从政经验和改革设想并加以补充完善,于1043年九月他奏请《上十事疏》,涉及全社会多方面系统的改革方案。"十事"指:明黜陟、抑侥幸、精贡举、择长官、均公田、厚农桑、修武备、减徭役、覃恩信、重命令。其主旨大体上是三个方面内容:一是改革官制,进用贤能,淘汰庸官,以求吏治整肃;二是严肃纲纪,修明法令,以责官员实效;三是宽民使富,修武强兵,以使国家安定。"十事"被朝廷采纳并颁布天下。为了裁撤不称职的赃官冗员,为推行新政扫清障碍,范仲淹派出许多按察使,到各路逐一考察地方官员的德能劳绩。他一手持薄听取考察汇报,一手执笔,毫不留情地把一些不称职官员的姓名划掉。富弼从旁劝他:"你这大笔一勾,可就有一家人要哭!"他回答说:"宁让一家人哭,也不能让州县的老百姓哭!"

他坚定不移实行十个方面改革,短短几个月时间,朝廷政治局面焕然一新。官僚机构开始精简;以往受恩荫做官的子弟受到了一定程度限制;官员晋升由原来主要凭资历改变为注重业绩品德;优秀人才得到了破格提拔;中央机关多元领导和虚职分设的体制得到了改变;宰相较前扩大了实权,提高了行政效率;改革科举突出选拔经世致用人才,全国普遍办起了学校。

改革的深度和广度,往往与他所遭到的反对抵制成正比。范仲淹的改革措施触犯了天下官僚的政治特权和经济利益。大批守旧派官员在宰相章得象等朝廷重臣的支持下,勾结台谏官员,攻击新政官员结成"朋党",欺上擅权,"怀奸不忠"。夏竦更是恶毒地施展阴谋诡计,他及早令其女仆长期模仿新政官员石介的笔迹,伪造石介给富弼隐含欲废仁宗的信件,以便构成仁宗不能容忍的罪状,打击报复范仲淹等新政官员,企图彻底逆转朝政。此案一出,流言蜚语四起,甚至牵连到范仲淹改革中央官制、扩大相权的动机。这时,宋夏之间已正式议和,国内危机也大略消弭,仁宗对于改革的热情也逐渐冷漠。富弼为了避嫌出使边地,欧阳修、韩琦和石介等变法派官员先后被贬出朝,范仲淹于1044年六月也被迫离京出使陕西河东。此后新政官员一再遭受迫害,朝臣"皆惧谗畏祸,不敢挺然当国家之事"。范仲淹革除弊政的改革成果,不到一年付之东流。1045年初,范仲淹被撤去军政要职,调知邠州(今陕西彬县一带),各项新政也先后罢废。守旧派官员继续"因循不改"内外奢侈,浑浑噩噩过日子。大宋王朝重新陷入万马齐喑,"弊坏日甚",死气沉沉的局面。

"庆历新政"虽然失败了,但却使封建统治者中的有识之士形成了振兴朝廷唯有改革的共识,为后来王安石大规模全方位波澜壮阔的变法,提供了借鉴经验,并且作了一定的舆论准备。而当王安石改革时,原来支持"庆历新政"的大部分官僚已经丧失锐气,日益变得保守,如韩琦、富弼、欧阳修等,甚至成为变法的反对派。

忧乐天下兼济苍生千载颂

纵观范仲淹的一生,是"不以一己之戚,而忘天下之忧",誓与天下同忧乐的一生,是"及观民患,不忍自安"为民请命兼济百姓的一生。1021年,他被调往泰州海陵西溪镇(今江苏东台市附近)任盐仓监官。1022年,海涛水淹泰州城下,成千上万灾民流离失所。这事按说不属于他的职责,但他毅然上书,建议在通州至海州(今连云港至长江口北岸)沿海修筑一道坚固的捍海堤堰。他从三个方面说服朝廷:一是修堰可从根本上消除灾患,永保百姓生命财产安全,使人民安居乐业;二是防止灾民迫于生计起义造反天下不宁;三是以工代赈朝廷节约工程开支,亦可救济灾民。朝廷同意他的建议,并调其任兴化县令,全面负责治堰。从范仲淹征用民夫修筑工程、赈济百姓也可看出:虽然其初任县令,但其治政见解较其他封建官吏高出一等。他察看地形、规划设计,统帅十几万人筑堰大军,亲临一线。筑堤期间一场海潮吞噬了100多民工,部分官员认为这是天意,堤堰不可再修,京师朝臣犹豫不定,而范仲淹临危不惧,任凭海浪扑身,坚守堤堰。经过一年多的努力奋战,一条长达100多公里的捍海大堰巍然挺立在东海岸边,往年受灾流民中有2600多户扶老携幼返回家园。人们感激范县令的功绩,都把海堰叫作"范公堤",兴化县不少灾民竟随他改姓范。

天圣八年(1030),朝廷决定大兴土木修建宫殿,仅木材就需从陕西运进94000多根。范仲淹鉴于真宗时大兴土木6年,建造玉清昭应宫劳民伤财,后来毁于雷电火灾,他以河中府通判上书朝廷,希望能取消这一计划。他在上书中殷切谏言:"……侈土木,破民产,非所以顺民心,宜天意也","土木之兴,久为大蠹","取民人膏血之利,辍军国急难之备……"说大兴土木往往搜刮民财违背民意;动用国家战略储备,必定误国家大事。他建议朝廷考虑裁并郡县,以改变郡县多、差役繁,使"堪役之家,无所休息"的状况,所议内容都是关于国计民生、朝廷兴衰的大事。

明道二年(1033),范仲淹任右司谏时,干旱和蝗灾蔓延山东半岛与淮河、长江流域。范仲淹上书,请立即派人赈灾。他见朝廷一时尚无反映,便当面质问仁宗:"如宫廷之中半日停食,陛下该当如何?"仁宗悚然惭悟,就让他前去赈灾。他心系百姓,雷厉风行赶往各地开仓赈济灾民。他赈灾归来时,带回了灾民充饥的野草,送给仁宗和后宫,以警示治政应思百姓疾苦。

景祐元年(1034),范仲淹调知家乡苏州。苏州西南太湖往往因夏秋多雨,水淹诸郡,致使田不得耕、民不得食,受灾民户达10万。治水事关民生安危,他亲自对苏州水道进行勘察研究,提出疏导太湖东南之水由长江入海,在太湖西北开挖河道,导水入扬子江的方案。他的方案受到来自各方面的干扰,范仲淹深感"有所兴作,横议先至"。但他认定有益于百姓的事情就一定要坚持到底,他多次上书朝廷,力陈苏州治水的重要和紧迫性,对于反对治水的各种议论据理说服或予以驳斥。在他的努力下,苏州治水工程成功,范仲淹为苏州百姓做了一件功在千秋的好事。

范仲淹任职家乡期间,他思考继承前人创业精神,在家乡建一处新居,有人向他推荐了五代吴越广陵王钱氏家府旧址,说是苏州最好的风水宝地。在该地建造府宅,子孙后代科举及第,公卿将相,永续传承。范仲淹听到后,经过慎重思考改变了主意:

> 吾家有其贵,孰若天下之士咸教育于此。贵将无已焉。

他想到的是与其自己一家长久富贵,不如天下学子都在此风水宝地受到良好教育,成为国家栋梁,建功立业于天下。他精心考虑,协调解决资金等许多方面的问题,建起了规模宏大、气势雄伟、时为全国地方第一的苏州公学。受到仁宗皇帝的褒奖,并且向全国推广。范仲淹创立苏州府学,促进了苏州文化教育全面繁荣。宋元明清四朝苏州文运昌盛,共3000余人考中进士,状元达50多名,状元中有10人官至一品宰相或朝廷重臣。明代全国文状元89人、武状元11名,苏州9名状元;清代全国文状元114名,苏州26名,占全国近1/4。这些都与范仲淹创办苏州府学是分不开的,是苏州府学教育延续繁荣的丰硕成果。

皇祐元年(1046),范仲淹移知杭州,这里距苏州家乡较近,他有感于当年孙复贫困不能读书,后受他资助成为名士,他便把多年想兴办的义举实行起来。他用自己的积蓄买了1000多亩好田,置为"义庄",选亲戚中品德高尚的人经营管理。他制订《义庄规矩》13条,宗旨就是土地收入全部储入义仓作为公积金,用于周济天下族内贫困家庭,资助丧葬嫁娶,奖励子弟读书上进。虽然仅是他首创的一种家族扶贫济困助弱的公益事业,但实质上是他轻财好施、下忧民生品德的体现。当时,朝廷大臣多在洛阳置买田宅,他刚移知杭州,有人劝他在洛阳营造或购买住宅,被他断然拒绝说:

> 自祖宗以来,积德百余年,而始发于我,得至大官,若独享富贵而不恤宗族,异日何以见祖宗于地下,今何颜入宗庙乎?

他坚持"俸赐之余"以助宗族。他的"义庄"之举,轰动了全国各地,人们把他视为最大的慈善家,天下范姓的人,都为他感到荣耀。

庆历五年(1045)冬,范仲淹移知邓州(今河南省邓州市),期间他的好友同榜进士滕宗谅贬谪岳州(今湖南岳阳一带),1046年派人送他一幅重修的岳阳楼图,希望他写一篇记文。九月十四日晚,范仲淹回想早年在安乡(今湖南安乡县)读书到过岳阳的情景,眼望挂图凝神构思,写下了思想性、艺术性高度统一,誓与天下同忧乐的不朽绝唱《岳阳楼记》。范仲淹在勾勒洞庭湖秀色与前人情致后,以深邃的哲理见解,熔铸崇高的思想境界,借以勉励自己和友人,启发和教育后代。文章结尾更是震撼心灵、余音绕梁:

> 嗟夫!予尝求古仁人之心,或异二者之为,何哉?不以物喜,不以己悲。居庙堂之高则忧其民;处江湖之远,则忧其君;是进亦忧,退亦忧。然则,何时而乐耶?其必曰:先天下之忧则忧,后天下之乐而乐欤!噫!微斯人,吾谁与归!

范仲淹终生与天下同忧患共安乐,与百姓苍生同甘苦共患难,而他正因此"千载成迂阔";铮铮铁骨不识时务,一生净谏屡次被贬,仕途坎坷多艰。他自从政至病逝37年宦海浮沉,做京官养尊处优过舒心日子很少,长期做地方官,为民请命兴利除弊。最能充分施展其抱负的当数镇守边关和"庆历新政"两个阶段4年时间;其余30多年中,从政初时在低职上徘徊及为母服丧讲学达十几年,其他时间辗转数省十几个州,几乎每年一地,甚至一年3次调任,像他这样受贬5次之多,在地方任职频繁迁移十几地,实在是绝无仅有。但从另一方面说,其贬后多次提拔,从开封知府到边关将帅,直至位列宰辅,主持推行新政,除了其德才卓越外,也体现了宋代政治环境宽松和仁宗惜才与宽容大度。古代交通不便,他数次受贬,官员多怕连累,无人迎送。悲凉艰辛的赴任旅途耗去了他大量时间,最后抱病赴任颍州时,走至徐州病重,也是历史的巧合,他于1052年5月在出生地徐州病逝,终年未满63岁。这时他的积蓄已尽,一家人贫病交困,仅借官屋暂栖,略避风雨。

范仲淹一生轻财好疏、乐于助人、生活俭朴,常拒绝朝廷赏赐,攒下余俸资助读书士子和穷困百姓。《宋史·范仲淹传》记载:

> 性至孝,以母在时方贫,其后虽贵,非宾客不重肉,妻子衣食,仅能自充。

他的崇高品德受到当代敬仰和后世传颂,父风垂范施及后代子孙。仅苏州吴县一带,效法他置办"义庄"的就有64家。他的4个儿子《宋史》有传。除长子范纯佑18岁随他戍边,立有战功,20多岁时因病未得重用外,其余三子皆有善政。三子范纯礼,徽宗时任礼部尚书,官至尚书右丞,总辖兵、刑、工三部,相当于副宰相。四子范纯粹,在地方任职多年后官至户部侍郎。次子范纯仁最为显达，1049年进士，哲宗时两度任相，《宋史》称他："位过其父，而几有父风。"在古代名臣中，父子皆居相位广得赞誉，还没有超过范仲淹的。他以政治家、文学家的定论和次子范纯仁被收入《辞海》。他的文章诗词收入中学教材和《唐宋词鉴赏词典》等书籍。他文治武功、节义操守誉满神州，传颂千载，足以令后人叹为观止，倾慕崇拜。

范仲淹一生，实践了封建政治家修身齐家治国平天下的崇高理想，树立了立德、立功、立言三不朽的圣贤风范。他的忧乐思想成为激励后世志士仁人修身报国的标杆，成为中华民族的宝贵精神财富。他学识博大精深，人品高山仰止，胸怀包容九州，铮铮铁骨进退不惧、宠辱不惊浩然正气是为名士；他从政37年，历任兴化县令和睦州、陆州、苏州、明州、饶州、润州、延州、耀州、郴州、邓州、杭州、青州等12州通判、知州和开封知府，皆有善政，万民称颂是为名吏；他以龙图阁直学士任陕西经略招讨使，平靖边关，卫国干城，使边境百姓安居乐业，少数民族臣服朝廷是为名帅；他任枢密副使、参知政事，位列宰辅，披荆斩棘主持新政振兴朝廷是为名相。人们仰慕他而随范姓，他活着时西北边境百姓为其建生祠：

邠、庆二州之民与诸羌，皆画像立生祠事之。

像他这样威望之高、民之拥戴者，古代政治家能有几人？他的去世"四方闻者，皆为叹息"。"羌酋数百人，哭之如父，斋三日而去。"仁宗闻讯后"嗟悼久之"，下诏辍朝一日以示哀悼，且亲书其碑"褒贤之碑"，赐以谥号"文正"。按宋代礼制：道德博洽曰文，经天纬地曰文，内外宾服曰正。文正则为我国封建时代大臣最高的谥号。

北宋名臣曾任宰相的韩琦称其："前不愧于古人，后可师于来哲。"

金元遗山称颂范仲淹："求之千百年间，盖不一二见。"

南宋哲学家、教育家朱熹则称他：

有史以来天地间第一流人物！

王安石满怀悲痛写下感情真挚的四言长篇《祭范颍州文》，对范仲淹一生道德操守、成就贡献作了充分肯定、高度评价：

呜呼我公，一世之师。由初迄终，名节无疵。明肃之盛，身危志殖。
瑶华失位，又随以斥。治功亟闻，尹帝之都。闭奸兴良，稚子歌呼。
赫赫之家，万首俯趋。独绳其私，以走江湖。士争留公，蹈祸不慄。
有危其辞，谒与俱出。风俗之衰，骇正怡邪。寨寨我初，人以疑嗟。

力行不回，慕者兴起。儒先茵茵，以节相侪。

公之在贬，愈勇为忠。稽前引古，谊不营躬。外更三州，施有余泽。
如酾河江，以灌寻尺。宿赃自解，不以刑加。猾盗涵仁，终老无邪。
讲艺弦歌，慕来千里。沟川障泽，田桑有喜。

戎孽猘狂，敢齕我疆。铸印刻符，公屏一方。取将于伍，后常名显。
收士至佐，维邦之颜。声之所加，虏不敢濒。以其余威，走敌完邻。
昔也始至，疮痍满道。药之养之，内外完好。既其无为，饮酒笑歌。
百城宴眠，吏士委蛇。

上嘉曰材，以副枢密。稽首辞让，至于六七。遂参宰相，厘我典常。
扶贤赞杰，乱冗除荒。官更于朝，士变于乡。百治俱修，偷堕勉强。
彼阋不遂，归侍帝侧。卒屏于外，身屯道塞。谓宜考老，尚有以为。
神乎孰忍，使至于斯！盖公之才，犹不尽试。肆其经纶，功孰与计？

自公之贵，厩库逾空。夷其色辞，傲讦以容。化于妇妾，不靡珠玉。
翼翼公子，弊绨恶粟。闵死怜穷，惟是之奢。孤女以嫁，男成厥家。
孰堙于深？孰锲乎厚？其传甚详，以法永久。

硕人今亡，邦国之忧。矧鄙不肖，辱公知尤！承凶万里，不往而留。
涕哭驰辞，以赞醪羞。

《王安石散文全集》所收 37 篇祭文中，上篇最多达 448 字，而且是四言诗，是王安石对时贤评价最高的一篇祭文，表达了他对一生忧乐天下前辈政治改革家无比的敬仰和深切的怀念。

范仲淹逝世已经 970 多年了，他为华夏文明留下的宝贵财富，他誓与天下共忧乐的思想和道德风范，将与山河同在、与天地长存。必将成为中华民族建设繁荣富强现代化国家的强大精神动力，激励后人，生生不息、代代传承，实现中华民族的伟大复兴！

参考书目

(宋)王安石:《王文公文集》
(宋)沈括:《梦溪笔谈》
(宋)李焘:《续资治通鉴长编》
(元)脱脱:《宋史》
(明)陈邦瞻:《宋史纪事本末》
(清)毕沅:《续资治通鉴》
(清)蔡上翔:《王荆公年谱考略》
(清)梁启超:《王安石传》
(清)柯昌颐:《王安石评传》
范文汲:《一代名臣王安石》
今日中国出版社:《王安石散文全集》
邓广铭:《北宋政治改革家王安石》
漆侠:《王安石变法》《宋代经济史》《宋学的发展和演变》
李华瑞:《王安石变法研究史》
张祥浩、魏福明:《王安石评传》
李之鉴:《王安石哲学思想初论》
李之亮注译:《唐宋名家文集·王安石集》
李祥俊:《王安石学术思想研究》
傅林辉:《王安石全传》《王安石世系传论》
魏峰、刘成国、郭红超:《王安石鄞县足迹》
杨华林:《王安石轶事汇编》
饶媛兰、高崎:《王安石与故里临川》
方亚伟、左国春:《王安石品节录》
崔铭:《王安石传》
刘乃昌、高洪奎:《王安石诗文编年选释》
汤江浩:《王安石·勇进人生》《北宋临川王氏家族及文学考论:以王安石为中心》

叶坦:《大变法·宋神宗与十一世纪的改革运动》
柏杨:《中国人史纲》《中国历史年表》
全国高等院校古籍整理研究工作委员会:《全宋诗》
范敬中、张晓旭:《中国范仲淹研究论文集》
岳希仁:《宋诗绝句精华》
虞文霞、王河:《宋代江西文化史》
方健:《北宋士人交游录》
沈松勤:《北宋文人与党争》
王瑞明:《宋儒风采》
李沛诚:《中国历代改革者》
周月亮:《历代大儒传》
夏征农、罗小风主编:《辞海》《大辞海》
中国历史大辞典编纂委员会:《中国历史大辞典》
王善栋:《中国传统文化论》
白钢主编:《中国政治制度通史》

王魁英发表作品简表

王安石题材		其他题材	
作品	体裁	作品	体裁
熙宁风云	电影文学剧本	浅谈范仲淹	散文
王安石变法	10集电视剧本	丹心正气文天祥	散文
千载伟人王安石	散文	难忘师恩	散文
圣贤宰相王安石	散文	怀念到永远(纪念父亲)	散文
王安石轶事	散文	我圆大学梦	散文
王安石与司马光	散文	中央党校学习散记	散文
王安石与苏轼	散文	激情燃烧的岁末	散文
特立独行　卓尔不群——王安石对待仕途	散文	公民皆应深思——我们究竟该忙些什么	散文
解读王安石	央视国学频道讲稿	中华诗词选	诗词选编

后 记

我于1953年出生于河南省内黄县东庄镇北街农民家庭,父亲王凤林,母亲刘秋玉。家族虽非书香门第,亦是耕读传家,历代重视读书求学上进。从高祖父王国昌为曾祖父、叔曾祖父取名好学、好仁,可见先人重学崇儒。父亲和堂叔凤廷、堂伯父凤鸣作为祖父王振怀、叔祖父王振东、堂伯祖父王振刚的长子,都恪守勤劳、俭朴、向学等中华传统美德,传承家风做出了榜样。

父亲兄弟姊妹四人。祖父1947年52岁去世,战乱年代父亲26岁接过生计艰难的大家庭重担。大姑母一家4人1960年去山西逃荒路上,夜宿废弃窑洞,因窑洞坍塌去世,为全家尤其是父亲终生隐痛。叔父王凤桐务农。离家3里汉晁村二姑父吴景运,与父亲30年同心互助,共克时艰。

父亲上过四年半小学,在那个时代已是农村的知识分子。他曾在陈毅部队担任排级文化教员。1958年他任公社运输站会计,他口算快,珠算好,记忆力强。1962年全国精简干部支援农业父亲回家务农。他经常为生产队计算夏秋分配大账,账目精准,家乡少有人及。父亲学以致用,思想睿智深远,眼光前瞻,带领全家历经艰难险阻,精准掌舵,稳步前进,奠基了全家幸福的今天。

小时候父亲常给我讲史地常识、封建王朝兴亡教训;讲孙中山推翻封建帝制,创立"中华民国"及其《政治遗嘱》;讲英雄人物故事;讲解"少壮不努力,老大徒伤悲",激励我珍惜光阴奋发上进。1960年我进入本村小学,两年后转入西街县教育局所属重点完小。1964年春父亲送母亲去濮阳县做手术,为我买了《小伙伴》《我们爱科学》,我爱不释手。当年堂叔凤起和大哥俊英同时考入河南医学院;我也取得了作文《给胡志明伯伯的一封信》97分,算术100分,初小升高小全公社第一名的好成绩,被编入仅100名学生两个班的38班。父亲鼓励我说:你叔你哥学医属理科,将来为百姓治病,自古就属行善积德;你长大上大学,学文史,写文章,当作家。从那时起我发誓决不辜负父亲的期望。

高小两年中我抓紧点滴时间阅读课外书,以求广博知识,扩大视野。《钢铁是怎样炼成的》中名言"人最宝贵的是生命。生命每个人只有一次。人的一生应当这样度过:当回忆往事的时候,他不会因为虚度年华而悔恨,也不会因为碌碌无为而羞愧"给了我极大的鞭策和激励,我决心一定要脚踏实地走好人生每一步,拼搏奋斗,积极进取、有所作为,回报祖国人民,决不虚度此生。

班主任李桂林老师品行高尚,超凡脱俗,对学生教以中华民族传统美德,既春风化雨润物无声,又严厉有度,使我受益终身。我和学兄董怀保(父辈同窗),勤学互相激励,勇争考试成绩第一。正当我满怀信心憧憬美好未来时,1966年"文化大革命"席卷全国,中学及大专院校停止招生,我14岁过早辍学务农3年。堂兄新立和景元也因此未能进入大学殿堂。辍学期间父亲嘱咐我:"任何时代都不可能长期停办教育,你要注意复习功课,准备以后考学。"

1969年春我进入初中,在学校教育革命活动中,我唯一被选作学生登讲台,讲球体的体积。1970年12月毕业前,到地方带兵的刘连长欲带我到部队当文书,由于我出身中农,不具备优先参军条件,未能遂愿。1971年春,高中招生名额少,录取不以学习成绩,由不了解学生情况的贫下中农讨论决定。这真是天下奇闻,古今中外绝无仅有!我未能踏入高中校门。

第一次辍学,我年龄属半劳力,参加生产队劳动每天挣6分(10分为一个工,工值约2角钱),我一个月即使出勤30天,仅挣3.6元;成人出满勤月工值约7元。当时参加大队批斗会、生产队政治学习等会议都记工,无劳动能力听不懂会议精神的老弱病残场场到会,生产队开出许多时称"不收一粒粮食"的工分。为了挣够工分,避免交口粮钱,夏天我到离家10里黎庄舅父刘孟丹家铲草、铲麦茬,拉回家多积肥交生产队,每年可多挣几十个工。生产队200多口人,夏收1.4万斤小麦,除去留种子粮、牲口饲料粮等,每户分粮很少。

1966年"文革"辍学,天塌砸大家无人幸免;1971年再次辍学,我已经19岁,年龄不等人,眼看其他同学进入高中,我心中愤愤不平。想到可能一辈子走不出家门,我心中困惑失望迷茫,在沮丧悲凉煎熬中,期盼上天眷顾。

再次辍学三年我参加了拉大车、拉犁耕地、制作红薯粉条等高强度劳动。与父亲去超160里的安阳西北铜冶拉煤,连续4天苦累达到身体极限。与二哥群英、西台头村姐夫马喜林深挖地下黏土烧砖,两次盖房。冬季到卫河沿岸村住下参加河道清淤,我站在河底水中用铁锹向岸上甩泥,沿着陡坡抬筐运土,累得满身大汗咬牙坚持,北风吹透全身衣服冰凉。除每天1.2个工,生产队管饭是远超工值的实惠,更是难得的享受,约半月杂面馍管吃饱,幸福生活啊!三年中曾因过度劳累患"气胸"到县医院治疗,膝关节受冻留下后遗症。王春元曾给我以帮助。

我曾经想跟着大哥学医,也曾自学《新编中医入门》,但为生活所迫,困难重重难遂心愿。后进入师范一心学好功课,憧憬将来教书育人媲美医者。

巧妇难为无米之炊,当时做饭是母亲的最难。在极端困难条件下,母亲想方设法调剂生活。她将过滤淀粉的红薯渣晒干后磨成面,掺入榆树皮面,蒸熟后轧面条,浇上蒜汁、醋,虽有点味道却缺乏营养,吃下产生胃酸太多难受,俗称"烧心"。母亲偶尔到大街上花1角钱买碗羊肉汤(当时羊肉每斤4—5角钱),回家倒入饭锅,就是全家人的改善生活。母亲端着汤碗往家走的身影,与父亲铡草满脸灰尘、晚上纺棉织布等辛勤劳动场景,至今还时常浮现眼前。

母亲最大的优点就是刚强不屈。新中国成立前父亲长期不在家,她无所畏惧直面危难,协助爷爷处理家庭内外事务,支撑家庭门户。她的意志毅力,关键时刻的胆略和勇气不让须眉,绝非寻常农妇可比!她曾晚上步行来回近20里送还马固村祖父朋友王付考家耕马。母亲虽深受旧社会裹足之害,当1947年祖父病危时,她冒着滂沱秋雨,行走庄稼地80里到父亲所在军队驻地濮阳,与父亲连夜回家处理祖父后事。三年饥荒生产队大食堂时,她坚持按家庭人口标准领取菜粥,绝不允许少给一口。在那特殊的年代,母亲强势抗争,勇求公平,对维护家庭正当权益、保护我们兄弟姐妹存活成人,居功至伟。

父亲为了维持全家生计,供大哥上大学,拼命多挣工分,他坚持蹬轧花机等透支健康的高强度劳动。自1968年担任最苦累脏的生产队饲养员,住牛棚,起五更担水,晚上喂牲口喂猪,直到病倒,10年呼吸污浊的空气,没睡过一个囫囵觉。他为公社卫生院担粪、打扫卫生;从深坑担土在家门外围成小菜园,种菜补贴生活。父亲操持了1947年、1964年、1972年、1973年、1975年5次盖房,天下少有人经历如此多次盖房。那时农民不得温饱,盖房缺钱,主要是靠拼体力长期筹备。父亲因盖房多次累病,常年过度劳累50岁时牙齿脱落。

"文革"后期,全国招收少量工农兵学员。1973年我参加中专考试。虽然成绩好但政治资历浅,公社仅一名已内定。父亲教我给招生老师写信,说明坎坷经历及人生理想,说古有贫寒学子自荐,考官力举成才者。我遵从父教,承蒙恩师杨秉乾、唐建宇力荐如愿。父亲睿智一言成就了我人生的春天。10月12日我从地里劳动回来,父亲在牲口棚外递给我喜从天降的杨老师来信:

> 魁英:
>
> 在内黄招生时,因你成绩好,而且辍学多年,经历坎坷,是个有理想有志气的青年,虽然极力争取未能成功,深感内疚。返校后,我们把你的情况向领导作了汇报,经学校研究决定,退掉一名不合格学生,已发公函点名补录你,除你学校概不接受他人。希望你抓紧做好入校准备,争取早日到校学习。书不尽言,来校畅谈。

在天下绝大多数青年被迫困守故土的年代,大哥为我做好前期工作,父亲指点迷津,恩师托举天助,三者合力,我转户口跳农门,吃国粮一步登天,犹如久旱即将枯萎的禾苗终于盼来天降甘霖,人生从此转折,我才有今天。李桂林和杨秉乾等老师对我恩重如山,我对老师的感恩思念延及与其后人友好交往不断。我愿与世人共勉报答恩师:心怀感恩,笃行师训,奋发有为,永做好人。

师范两年我被选为班委会生活劳动、文娱体育委员。1974年冬季参加濮阳县水利建设会战,被授予劳动模范。毕业前我婉言谢绝留校工作。此前大哥为替父母分忧,大学毕业时放弃可能留安阳市优越的工作生活机会,毅然到离家15里亳城公社卫生院工作。我岂能远离家乡,使二老思念挂牵?我愿守家尽孝道以宽慰父母。我分配到离家10里的马固中学,后到更近的流河中学教数学课,1977年秋担任西街母校内黄四中(高中)教导员、团委书记,后兼教政治课。1982年进入团县委,工作中受到书记来德庄(后任汤阴县副县长)、副书记张爱芬(后任洛阳涧西区委副书记、人大主任)、团市委副书记胡文录(后任安阳市政协副主席)大力支持。5年教导员工作我由学生愿听讲课的老师转变为校长得力助手教育行政工作者。团省委方晓宇(后任海南省委常委、副省长)1983年冬参加内黄县整党试点,高度肯定我在全县整团工作中的成绩。整党结束前初议提拔我,后因我尚未入党作罢。推迟至1989年提拔。1984年我进入濮阳市委机关,领导李益民(后任市人大副主任)对我工作关心,支持我上大学;他品德好、平易近人、受人尊敬,具有很高的威信和影响力。

我1987年河南大学毕业后,数年工作勤奋创新,曾经到北京汇报工作,受全国会议表彰等。1994年任职南乐县委5年,1999年任职华龙区委3年,8年间获得包括国家级表彰5项荣誉。2002年到市文化部门工作直至退休。

1998年我参加中央党校地厅级干部班学习近5个月,两次聆听气质儒雅的校长胡锦涛报告并合影;一身正气人民爱戴的"铁面总理"朱镕基授课3小时,我听课做笔记6千多字。毕业前党校从荣获全国表彰5名基层学员中选一人,为包括省部级班等千余名学员作基层工作报告。党校邹登贵要我接受殊荣,因我反复婉言谦辞,全体学员观看了上年学员报告录像。

回首往事百感交集。人生不如意十之八九,人的命运往往受时代等影响难求圆满。但我自慰的是:数十年恪守"天生我材必有用""人生能有几回搏,今日不搏成蹉跎"。发誓人生在世不能白走一遭;农家子弟干为根本,干不成大事做小事,决不虚度年华。人生苦短,只有不懈登攀,拼搏冲刺,尽可能拉长生命宽度,才能无愧祖国人民和先人。我至今没有主观懈怠的遗憾,比多数面朝黄土背朝天,日日围着宅院转的中小学同学,回首去日我心释然:

> 幼少立志勤学文,六年蹉跎尝艰辛。父亲睿智指迷津,恩师助我跃龙门。
> 从政修德建功勋,凤愿未遂无愧心。悠闲求索书海乐,淡泊宁静四季春。

父亲前半生兵荒马乱,多次经历生命危险,后半生为我们吃尽人间苦,受尽天下累。1978年突患高血压,1982年又做大手术,5年间受尽病痛折磨,1983年8月8日,年仅62岁就永远离开了我们。此为全家人至今心中的隐痛。他去世前为我们留下录音遗嘱,指出每人优缺点及今后注意事项,"可怜天下父母心"!父亲看准认定的事情尽力而为,意志坚定、毅力顽强。他因祖父未能上学留下遗憾;他上学时间短,自感终生无大作为,常教育我们:家人读书才有希望。迫于全家生计他未能实现让我们兄弟姐妹五人都上学的心愿;激励我和哥哥只要能考上,困难再大也要供读完大学。他带领全家忍受饥寒,累断筋骨供大哥和我上学,真不容易啊!这才是父亲一生最大的作为和苦中大乐。

父亲数十年领航言传身行,殷切教诲,奉献终生。他以中华民族传统美德尤其是儒家思想给我们春风化雨的滋养,教我们以善良、仁慈、诚信、宽厚;他为人处事常将心比心,换位思考。父亲给人家东西总嫌少:"不能拿不出门去。"常教育我们:做善事好事不能一时一事,要持之以恒。他身在牛棚胸怀天下,晚上听耳机了解天下大事,是他快乐的精神享受。他对于历代王朝兴衰、20世纪40年代中国巨变、资本主义经济危机等见解独到。他为农民艰辛困顿不平:"民以食为天,百姓吃穿事比天大!这样扭天别地的政策(生产队工分制等)岂能长久?迟早要变。"我国1978年底改革开放证明了父亲的预见。

每当想起父亲历尽沧桑,终生负重,为我们操碎了心,没有享过一天福,我常常悲从中来。父亲去世后,我在人生征途尤其是文学创作每前进一步,清明节上坟都要向父亲汇报。《解读王安石》的出版,终于告慰父亲在天之灵。今年是父亲诞辰100周年,去世39周年,永无休止的怀念萦绕心头,融入笔端,特为平凡人生、品德高尚、德泽深厚、大爱无疆的父亲献上《缅怀慈父》:

> 生逢乱世苦童年,勤奋求知四年半。倭患内战长夜漫,三年饥荒受熬煎。
> "文革"内乱忍饥寒,十年牛棚不安眠。睿智掌舵避风险,负重奋进有今天。
> 终生践行美德传,精心育后爱无边。寸草怎报三春晖,来世阖家续圆满。

大哥因"文革"推迟至1970年毕业,农家子弟上学18年,岁月漫长,父母艰辛难熬啊!他参加工作后10余年深孚众望,1983年秋组织部主持县医院职工测评,大哥推荐院长票达65%;担任院长20年至退休。他辞任县卫生局长,30多年用手术刀精准救人无数。他为父亲分忧解难,鼎力承担家庭重任,为二哥、妹妹及晚辈学习成长进步贡献很大。全家有今天父母乃根本,大哥长兄若父,数十年操持功不可没。他为我费心上师范转行政,我才有今日作为。

我与妻子陈新朵结婚45年来,她为我吃苦受累,更对我工作和创作给予了极大支持。1978年儿子出生时,岳母年事已高,为我们照顾孩子不幸摔伤骨折,生活不能自理。1980年女儿出生后,岳父及大哥二哥全家人照顾岳母同时,替我们抚养女儿直到上小学。每想起这些,我心里总有不能忘怀的感激。我长期大量时间精力用于工作和读书创作,妻子多年从事繁重的教学一线工作,又要照顾孩子,她独自承担所有家务,含辛茹苦无怨无悔,为大家庭生活及晚辈读书成长上进作出了奉献。2003年"非典"时期,我发烧住院,她不让他人陪护,始终守候在床前。如今儿女已经成家立业,儿子儿媳在我俩身边工作,女儿女婿在北京安家。今后我将与妻子儿女共创幸福美好的生活。

我在创作《解读王安石》、选编《中华诗词选》及长期工作中,得到许多领导、同仁、好友的大力支持帮助:为两书作序的河南省人大常委会原副主任吴全智,省政府原省长助理何东成,濮阳市人大常委会原主任张云法,省人事厅原厅长郭俊民,省委组织部原副巡视员徐留金;开封市人大常委会主任闫红心;安阳市直党委原书记李建斌(全国优秀党务工作者);濮阳市人大常委会副主任邹东波,市政协原副主席郭孝义;中国最高人民法院高级法官郭艳地;范县县委书记王小鹏;市委宣传部副部长崔清林、张成驿;周口市新华书店经理刘学武;市妇联主席闫巧云,市史志办主任李振林,市文联原主席王泽培、原副主席著名书法家刘文选,市卫生局原局长李忠信,市中医院原院长韩文朝、院长刘同坤、副院长王献印,市信访局副局长刘德彬,市全民阅读促进会会长魏胜先,市电台原台长赵军甫,市书画院原院长郭瑞生,华龙区医院原院长栗兰海。市文联主席赵雍、市退役军人局局长仇运凯、濮阳县委原领导姜爱国、市开发区朱国勇题写了诗词,市书画院张国杰精心绘制插图。为两书付出辛劳的还有张向东、陈现瑞、王凯、王梅燕、王红霞、付凤、王韵茗、张希墨。

感谢河南大学副校长孙功奇精心指导,感谢河南大学出版社副总编程新晓、责任编辑李云、排版申立萍等费心审稿付出辛劳,为本书增色添彩。感谢河南初日润彩印务有限公司聂升晨经理、侯艳红等同志的劳作。

谨向所有支持、帮助我的领导、同仁、亲友等表示衷心的谢意。

王魁英

2021年12月于濮阳恒大悦龙台